中国人工智能2.0
发展战略研究

Strategic Research on
Artificial Intelligence 2.0
in China

上 册

中国人工智能2.0发展战略研究项目组　编

“中国人工智能2.0发展战略研究”项目组成员

项目顾问

徐匡迪	中国工程院	中国工程院主席团名誉主席、院士，第十届全国政协副主席
周　济	中国工程院	中国工程院主席团名誉主席、院士
王志刚	中华人民共和国科学技术部	党组书记、部长
陈左宁	中国工程院	副院长、院士

项目组长

潘云鹤	中国工程院、浙江大学	原常务副院长、院士

综合组

组　长

潘云鹤	中国工程院、浙江大学	原常务副院长、院士

副组长

李　未	北京航空航天大学	院　士
高　文	北京大学	院　士
郑南宁	西安交通大学	院　士

吴　澄	清华大学	院　士
李伯虎	中国航天科工集团第二研究院	院　士

成　员

李仁涵	中国工程院三局	原局长
庄越挺	浙江大学计算机科学与技术学院	教　授
吴　飞	浙江大学计算机科学与技术学院	教　授

课题1：基于大数据的人工智能

组　长

潘云鹤	中国工程院、浙江大学	原常务副院长、院士

副组长

陈　纯	浙江大学	院　士
谭建荣	浙江大学	院　士

成　员

刘韵洁	中国联合网络通信集团有限公司	院　士
鄂维南	北京大学	院　士
邓中翰	中星微电子有限公司	院　士
丁志军	同济大学电子与信息工程学院	教　授
于俊清	华中科技大学计算机科学与技术学院	教　授
马利庄	上海交通大学计算机科学与工程系	教　授
王　昀	中国美术学院设计艺术学院	教　授
王志坚	浙江大学社会科学研究院	教　授

王海峰	百度公司	高级副总裁
车万翔	哈尔滨工业大学计算机科学与技术学院	教　授
尹宝才	大连理工大学电子信息与电气工程学部	教　授
尹建伟	浙江大学计算机科学与技术学院	教　授
邓小铁	北京大学信息科学技术学院	教　授
邓水光	浙江大学计算机科学与技术学院	教　授
甘中学	复旦大学工程与应用技术研究院	教　授
冯建峰	复旦大学数学科学学院	教　授
冯春培	蚂蚁金服	资深总监
华先胜	阿里巴巴	集团副总裁
庄越挺	浙江大学计算机科学与技术学院	教　授
刘　立	北京大学工学院先进智能机械系统及应用联合实验室	教　授
刘　挺	哈尔滨工业大学计算机科学与技术学院	教　授
刘永进	清华大学计算机科学与技术系	教　授
刘振宇	浙江大学机械工程学院	教　授
安　波	南洋理工大学计算机科学与工程学院	教　授
许端清	浙江大学计算机科学与技术学院	教　授
孙茂松	清华大学计算机科学与技术系	教　授
孙凌云	浙江大学计算机科学与技术学院	教　授
杜小勇	中国人民大学信息学院	教　授
巫英才	浙江大学计算机科学与技术学院	教　授
李　彦	四川大学制造科学与工程学院	教　授
李　玺	浙江大学计算机科学与技术学院	教　授

李学龙	中国科学院西安光学精密机械研究所	教　授
李建中	哈尔滨工业大学计算机科学与技术学院	教　授
杨小虎	浙江大学计算机科学与技术学院	教　授
肖　俊	浙江大学计算机科学与技术学院	教　授
吴　飞	浙江大学计算机科学与技术学院	教　授
吴　枫	中国科学技术大学信息科学技术学院	教　授
邱炜伟	杭州趣链科技	副总裁
汪　源	网易杭州研究院	执行院长
张　潼	腾讯公司人工智能实验室	主　任
张文强	复旦大学计算机科学技术学院	研究员
张立华	复旦大学工程与应用技术研究院	教　授
张宝峰	华为消费者业务智慧工程部	负责人
张艳宁	西北工业大学计算机学院	教　授
张韵东	中星微电子有限公司	董事长
陈　为	浙江大学计算机科学与技术学院	教　授
陈　刚	浙江大学计算机科学与技术学院	教　授
林　伟	复旦大学数学科学学院	教　授
欧　毅	中国科学院微电子研究所智能感知研发中心	研究员
罗仕鉴	浙江大学计算机科学与技术学院	教　授
季　铁	湖南大学设计艺术学院	教　授
周　明	微软亚洲研究院	副院长
周晓方	苏州大学计算机科学与技术学院	教　授
赵鸿滨	北京有色金属研究总院智能传感功能材料国家重点实验室	研究员

胡　洁	上海交通大学设计学院	教　授
胡事民	清华大学计算机科学与技术系	教　授
胡国平	科大讯飞研究院	院　长
耿　直	北京大学数学科学学院	教　授
钱　徽	浙江大学计算机科学与技术学院	教　授
徐　雷	上海交通大学计算机科学与工程系	教　授
徐迎庆	清华大学美术学院信息艺术设计系	教　授
高　阳	南京大学计算机科学与技术系	教　授
高云君	浙江大学计算机科学与技术学院	教　授
浦世亮	海康威视研究院	院　长
黄　韬	北京邮电大学信息与通信工程学院	教　授
曹　楠	同济大学设计创意学院	教　授
戚骁亚	宁波市智能制造产业研究院	研究员
蒋昌俊	东华大学/同济大学电子与信息工程学院	教　授
韩　挺	上海交通大学设计学院	教　授
程　立	蚂蚁金服	首席技术官
傅利民	阿里巴巴人机交互实验室	负责人
鲁东明	浙江大学计算机科学与技术学院	教　授
温志庆	宁波市智能制造产业研究院	研究员
谢少荣	上海大学计算机工程与科学学院	教　授
廖　军	中国联通网络技术研究院	研究员
谭　浩	湖南大学设计艺术学院	教　授
薛向阳	复旦大学计算机科学技术学院	教　授

檀润华	河北工业大学机械工程学院	教　授
魏　峰	北京有色金属研究总院智能传感功能材料国家重点实验室	研究员
王鹏伟	东华大学计算机科学与技术学院	副教授
卢策吾	上海交通大学计算机科学与工程系	特别研究员
刘　洋	清华大学计算机科学与技术系	副教授
刘世霞	清华大学计算机科学与技术系	副教授
刘知远	清华大学计算机科学与技术系	副教授
汤斯亮	浙江大学计算机科学与技术学院	副教授
杨　洋	浙江大学计算机科学与技术学院	副教授
张　娇	北京邮电大学信息与通信工程学院	副教授
张　寅	浙江大学计算机科学与技术学院	副教授
张松海	清华大学计算机科学与技术系	副教授
郑小林	浙江大学计算机科学与技术学院	副教授
赵　洲	浙江大学计算机科学与技术学院	副教授
涂仕奎	上海交通大学计算机科学与工程系	特别研究员
夏佳志	中南大学信息科学与工程学院	副教授
徐　昆	清华大学计算机科学与技术系	副教授
唐平中	清华大学交叉信息研究院	副教授
鲁伟明	浙江大学计算机科学与技术学院	副教授
廖子承	浙江大学计算机科学与技术学院	副教授
马军锋	中国信息通信研究院	主任工程师
方　斌	清华大学计算机科学与技术系	助理教授

课题2：基于互联网的群体智能的理论、方法与技术

组　长

李　未	北京航空航天大学	院　士

副组长

李国杰	中国科学院计算技术研究所	院　士
郑志明	北京航空航天大学	院　士

成　员

马殿富	北京航空航天大学计算机学院	教　授
王　珵	第四范式	研究科学家
王云鹏	北京航空航天大学交通科学与工程学院	教　授
王怀民	国防科技大学计算机学院	教　授
王国仁	北京理工大学计算机学院	教　授
王蕴红	北京航空航天大学计算机学院	教　授
毛新军	国防科技大学计算机学院	教　授
文继荣	中国人民大学信息学院	教　授
叶杰平	滴滴研究院	教　授
印　鉴	中山大学数据科学与计算机学院	教　授
吕卫锋	北京航空航天大学计算机学院	教　授
吕金虎	北京航空航天大学自动化科学与电气工程学院	教　授
许　可	北京航空航天大学计算机学院	教　授
李战怀	西北工业大学计算机学院	教　授
杨　强	香港科技大学计算机科学与工程学系	教　授
吴　健	浙江大学计算机科学与技术学院	教　授

吴文峻	北京航空航天大学计算机学院	教　授
余贵珍	北京航空航天大学交通科学与工程学院	教　授
沈华伟	中国科学院计算技术研究所	研究员
张　辉	北京航空航天大学计算机学院	教　授
陈　雷	香港科技大学计算机科学与工程学系	教　授
陈华钧	浙江大学计算机科学与技术学院	教　授
陈雨强	第四范式	首席研究科学家
周志华	南京大学计算机科学与技术系/人工智能学院	教　授
周傲英	华东师范大学计算机科学与软件工程学院	教　授
郎　波	北京航空航天大学计算机学院	教　授
袁　野	东北大学计算机科学与工程学院	教　授
高　宏	哈尔滨工业大学计算机科学与技术学院	教　授
崔　斌	北京大学信息科学技术学院	教　授
程学旗	中国科学院计算技术研究所	研究员
王德庆	北京航空航天大学计算机学院	特聘研究员
童咏昕	北京航空航天大学计算机学院	特聘研究员
谭少林	湖南大学电气与信息工程学院	教　授
戴文渊	第四范式	首席执行官
丁　嵘	北京航空航天大学计算机学院	副教授
王　魏	南京大学计算机科学与技术系	副教授
尹　刚	国防科技大学计算机学院/绿色计算产业联盟	副研究员
刘祥龙	北京航空航天大学计算机学院	副教授
孙海龙	北京航空航天大学计算机学院	副教授

李国良	清华大学计算机科学与技术系	副教授
欧阳文涛	中国科学院计算技术研究所	副研究员
赵永望	北京航空航天大学计算机学院	副教授
俞　扬	南京大学计算机科学与技术系	副教授
黄　迪	北京航空航天大学计算机学院	副教授
章宗长	苏州大学计算机科学与技术学院	副教授
王　涛	国防科技大学计算机学院	助理研究员
李　骁	国防科技大学军事职业教育技术服务中心	助理研究员
邱望洁	北京航空航天大学苏州创新研究院	助理研究员
余　跃	国防科技大学计算机学院	助理研究员
罗　杰	北京航空航天大学计算机学院	讲　师
徐　毅	北京航空航天大学计算机学院	讲　师

课题3：跨媒体推理

组　长

高　文	北京大学	院　士

副组长

何新贵	北京大学	院　士

成　员

黄　如	北京大学	院　士
王　尉	北京印刷学院印刷电子中心	教　授
王亦洲	北京大学信息科学技术学院计算机科学技术系	教　授

王海坤	科大讯飞研究院	研究员
王涌天	北京理工大学光电学院	教　授
韦世奎	北京交通大学信息科学研究所	教　授
石光明	西安电子科技大学电子工程学院	教　授
卢汉清	中国科学院自动化研究所模式识别国家重点实验室	研究员
田永鸿	北京大学信息科学技术学院计算机科学技术系	教　授
朱文武	清华大学计算机科学与技术系	教　授
刘　静	中国科学院自动化研究所模式识别国家重点实验室	研究员
刘成林	中国科学院自动化研究所模式识别国家重点实验室	研究员
刘怡俊	广东工业大学信息工程学院	教　授
孙　栩	北京大学信息科学技术学院计算机科学技术系	研究员
纪荣嵘	厦门大学信息科学与技术学院	教　授
李　波	北京航空航天大学人工智能研究院	教　授
李永杰	电子科技大学生命科学与技术学院	教　授
李向阳	中国科学技术大学计算机科学与技术学院	教　授
李厚强	中国科学技术大学信息科学技术学院	教　授
杨小康	上海交通大学电子信息与电气工程学院	教　授
杨玉超	北京大学信息科学技术学院微纳电子学研究院	研究员
吴　思	北京大学前沿计算研究中心	教　授
吴南健	中国科学院半导体研究所	研究员
吴玺宏	北京大学信息科学技术学院智能科学系	教　授
汪　萌	合肥工业大学计算机与信息学院	教　授
张勇东	中国科学技术大学信息科学技术学院	教　授

陈云霁	中国科学院计算技术研究所智能处理器研究中心	研究员
陈志刚	科大讯飞研究院	研究员
陈宝权	北京大学前沿计算研究中心	教　授
陈熙霖	中国科学院计算技术研究所智能信息处理重点实验室	研究员
林宙辰	北京大学信息科学技术学院智能科学系	教　授
罗国杰	北京大学信息科学技术学院计算机科学技术系	研究员
罗钟铉	大连理工大学软件学院	教　授
季向阳	清华大学自动化系	教　授
郑庆华	西安交通大学电子与信息工程学院	教　授
赵　耀	北京交通大学信息科学研究所	教　授
胡　斌	兰州大学信息科学与工程学院	教　授
胡卫明	中国科学院自动化研究所模式识别国家重点实验室	研究员
查红彬	北京大学信息科学技术学院智能科学系	教　授
施柏鑫	北京大学信息科学技术学院计算机科学技术系	研究员
徐常胜	中国科学院自动化研究所模式识别国家重点实验室	研究员
翁冬冬	北京理工大学光电学院	研究员
郭　耀	北京大学信息科学技术学院计算机科学技术系	教　授
唐华锦	四川大学计算机学院	教　授
唐金辉	南京理工大学计算机科学与工程学院	教　授
陶建华	中国科学院自动化研究所模式识别国家重点实验室	研究员
桑基韬	北京交通大学计算机与信息技术学院	教　授
黄　华	北京理工大学计算机学院	教　授
黄庆明	中国科学院大学计算机与控制学院	教　授

黄铁军	北京大学信息科学技术学院计算机科学技术系	教　授
曹　汛	南京大学电子科学与工程学院	教　授
彭宇新	北京大学计算机科学技术研究所	教　授
程　旭	北京大学信息科学技术学院计算机科学技术系	教　授
曾　毅	中国科学院自动化研究所类脑智能研究中心	研究员
鲍虎军	浙江大学计算机科学与技术学院	教　授
蔡明琦	科大讯飞研究院	研究员
熊红凯	上海交通大学电子信息与电气工程学院	教　授
马　德	浙江大学计算机科学与技术学院	副教授
王树徽	中国科学院计算技术研究所智能信息处理重点实验室	副研究员
钱步月	西安交通大学电子与信息工程学院	副教授
崔　鹏	清华大学计算机科学与技术系	副教授

课题4：人机协同的混合智能

组　长

郑南宁	西安交通大学	院　士

副组长

徐扬生	香港中文大学	院　士

成　员

王飞跃	中国科学院自动化研究所	研究员
王国胤	重庆邮电大学计算机科学与技术学院	教　授

王建强	清华大学汽车工程系	教　授
兰旭光	西安交通大学人工智能与机器人研究所	教　授
朱　军	清华大学计算机科学与技术系	教　授
刘　均	西安交通大学计算机科学与技术系	教　授
孙　剑	北京旷视科技有限公司	首席科学家
孙富春	清华大学计算机科学与技术系	教　授
李远清	华南理工大学自动化科学与工程学院	教　授
李灵犀	中国科学院自动化研究所	研究员
杨　明	上海交通大学自动化系	教　授
杨　健	南京理工大学计算机科学与工程学院	教　授
时龙兴	东南大学集成电路学院	教　授
张军平	复旦大学计算机科学技术学院	教　授
陈　虹	吉林大学通信工程学院	教　授
陈启军	同济大学电子与信息工程学院	教　授
陈俊龙	澳门大学科学与技术学院	教　授
陈霸东	西安交通大学人工智能与机器人研究所	教　授
明　东	天津大学精密仪器与光电子工程学院	教　授
宗成庆	中国科学院自动化研究所	研究员
胡德文	国防科技大学智能科学学院	教　授
段海滨	北京航空航天大学自动化科学与电气工程学院	教　授
侯增广	中国科学院自动化研究所	研究员
贺　威	北京科技大学自动化学院	教　授
徐志伟	中国科学院计算技术研究所	研究员

曹志敏	北京旷视科技有限公司	博　士
龚建伟	北京理工大学机械与车辆学院	教　授
韩军伟	西北工业大学自动化学院	教　授
谢向辉	江南计算技术研究所	研究员
窦　勇	国防科技大学计算机学院	教　授
蔡海滨	华东师范大学计算机科学与软件工程学院	教　授
谭　珂	中广核国家重点实验室	研究员
潘　纲	浙江大学计算机科学与技术学院	教　授
薛建儒	西安交通大学人工智能与机器人研究所	教　授
魏少军	清华大学微电子学研究所	教　授
任鹏举	西安交通大学人工智能与机器人研究所	副教授
李　力	清华大学自动化系	副教授
邱锡鹏	复旦大学计算机科学技术学院	副教授
周　玉	中国科学院自动化研究所	副研究员
袁　勇	中国科学院自动化研究所	副研究员

课题5：自主式高级无人系统

组　长

吴　澄	清华大学	院　士

副组长

孙优贤	浙江大学	院　士
王天然	中国科学院沈阳自动化研究所	院　士

成　员

王文海	浙江大学控制科学与工程学院	教　授
王田苗	北京航空航天大学机械工程及自动化学院	教　授
朱云龙	东莞理工学院电子工程与智能化学院	教　授
李　平	浙江大学控制科学与工程学院	教　授
李　硕	中国科学院沈阳自动化研究所	研究员
李开成	北京交通大学电子信息工程学院	研究员
肖余之	中国航天科技集团公司第八研究院	研究员
库　涛	中国科学院沈阳自动化研究所数字工厂研究室	研究员
张　涛	清华大学自动化系	教　授
张长水	清华大学自动化系	教　授
陈　萌	中国航天科技集团公司第八O五研究所	研究员
邵之江	浙江大学控制科学与工程学院	教　授
段星光	北京理工大学机电学院	教　授
唐　涛	北京交通大学电子信息工程学院	教　授
黄　强	北京理工大学机电学院	教　授
梁华为	中国科学院合肥物质科学研究院	研究员
王学谦	清华大学深圳研究生院	副教授
朱力强	北京交通大学机械与电子控制工程学院	副教授
易晓东	军事科学院国防科技创新研究院	副研究员
陶　永	北京航空航天大学机械工程及自动化学院	副教授

课题6：人工智能2.0的创新性应用

组　长

李伯虎	中国航天科工集团第二研究院	院　士

副组长

徐志磊	中国工程物理研究院	院　士
刘　玠	中信泰富特钢集团	院　士
李兰娟	浙江大学医学院附属第一医院	院　士
汪懋华	中国农业大学	院　士
孙九林	中国科学院地理科学与资源研究所	院　士
赵春江	国家农业信息化工程技术研究中心	院　士
吴志强	同济大学	院　士

成　员

王　龙	上海大学材料科学与工程学院	高级工程师
王　秀	北京农业智能装备技术研究中心	研究员
王　楠	中国航天科工集团智慧产业发展有限公司	研究员
王丽红	中国农业机械化科学研究院	研究员
方宪法	中国农业机械化科学研究院	研究员
史　云	中国农业科学院农业资源与农业区划研究所	研究员
白　涛	生态环境部机动车排污监控中心	高级工程师
白　蛟	中国航天科工集团智慧产业发展有限公司	高级工程师
吉增涛	北京农业信息技术研究中心	高级工程师
吕黄珍	中国农业机械化科学研究院	研究员

刘　飞	浙江大学农业信息技术研究所	教　授
刘　阳	中国航天科工集团航天云网公司	高级工程师
刘朝晖	中国城市科学研究会数字城市工程研究中心	研究员
孙　想	北京农业信息技术研究中心	研究员
李　壮	中国农业科学院果树研究所	研究员
李召良	中国农业科学院农业资源与农业区划研究所	研究员
李克强	清华大学汽车工程系	教　授
李劲松	浙江大学生物医学工程与仪器科学学院	教　授
李易平	浙江数字医疗卫生技术研究院	高级工程师
李道亮	中国农业大学信息与电气工程学院	教　授
杨　健	上海大学材料科学与工程学院	教　授
杨仕贵	浙江大学医学院附属第一医院	研究员
杨其长	中国农业科学院农业环境与可持续发展研究所	研究员
杨贵军	北京农业信息技术研究中心	研究员
杨信廷	北京农业信息技术研究中心	研究员
杨炳南	中国农业机械化科学研究院	研究员
吴文斌	中国农业科学院农业资源与农业区划研究所	研究员
吴华瑞	北京农业信息技术研究中心	研究员
吴海华	中国农业机械化科学研究院	研究员
岑海燕	浙江大学生物系统工程与食品科学学院	教　授
何　勇	浙江大学生物系统工程与食品科学学院	教　授
宋卫堂	中国农业大学水利与土木工程学院	教　授
陆小兵	中国航天科工集团航天云网公司	高级工程师

陈仲新	中国农业科学院农业资源与农业区划研究所	研究员
明新国	上海交通大学机械与动力工程学院	教　授
周　翔	中国航天科工集团智慧产业发展有限公司	研究员
周国民	中国农业科学院农业信息研究所	研究员
周海燕	中国农业机械化科学研究院	研究员
周增产	北京市农业机械研究所	研究员
郑　杰	树兰医疗管理集团	总裁/高级工程师
单　峰	中国城市科学研究会	高级工程师
居　斌	树兰医疗云服务研究院	高级工程师
孟志军	北京农业智能装备技术研究中心	研究员
赵龙军	中国雄安集团数字城市公司	研究员
赵有斌	中国农业机械化科学研究院	研究员
段青玲	中国农业大学信息与电气工程学院	教　授
侯宝存	中国航天科工集团航天云网公司	研究员
姜　凯	北京农业智能装备技术研究中心	高级工程师
姜　唯	浙江数字医疗卫生技术研究院	高级工程师
柴旭东	中国航天科工集团航天云网公司	研究员
钱建平	北京农业信息技术研究中心	研究员
郭文忠	北京农业智能装备中心	研究员
曹永生	中国农业科学院郑州果树研究所	研究员
程存刚	中国农业科学院果树研究所	研究员
熊本海	中国农业科学院北京畜牧兽医研究所	研究员
刘升平	中国农业科学院农业信息研究所	副研究员

孙龙清	中国农业大学信息与电气工程学院	副教授
孙传恒	北京农业信息技术研究中心	副研究员
李　明	北京农业信息技术研究中心	副研究员
李振波	中国农业大学信息与电气工程学院	副教授
邱　权	北京农业智能装备技术研究中心	副研究员
位耀光	中国农业大学信息与电气工程学院	副教授
陈英义	中国农业大学信息与电气工程学院	副教授
陈晓丽	北京农业智能装备中心	副研究员
夏　琦	浙江大学医学院附属第一医院	副主任医师
顾静秋	北京农业信息技术研究中心	副研究员
高登涛	中国农业科学院郑州果树研究所	副研究员
董占勋	上海交通大学媒体与设计学院	副教授
程瑞锋	中国农业科学院农业环境与可持续发展研究所	副研究员
吴　杰	浙江大学医学院附属第一医院	助理研究员

项目办公室

主　任

李仁涵	中国工程院三局	原局长
安耀辉	中国工程院三局	巡视员
庄越挺	浙江大学计算机科学与技术学院	教　授

成　员

吴　飞	浙江大学计算机科学与技术学院	教　授

张　松	中国工程院三局土木、水利与建筑工程学部办公室	主　任
范桂梅	中国工程院一局综合处	调研员
田　沄	北京师范大学信息科学与技术学院	副教授
陈　磊	中国工程院战略咨询中心	工程师
葛　琴	中国工程院战略咨询中心	工程师
张　佳	中国工程院二局信息与电子工程学部办公室	主任科员

报告执笔组

吴　飞	浙江大学计算机科学与技术学院	教　授
吴文峻	北京航空航天大学计算机学院	教　授
黄铁军	北京大学信息科学技术学院计算机科学技术系	教　授
薛建儒	西安交通大学人工智能与机器人研究所	教　授
张　涛	清华大学自动化系	教　授
侯宝存	中国航天科工集团航天云网公司	研究员
杨仕贵	浙江大学医学院附属第一医院	研究员
赵龙军	中国雄安集团数字城市公司	研究员
赵春江	国家农业信息化工程技术研究中心	院　士

序

随着互联网的普及、传感网的渗透、大数据的涌现、信息社区的崛起，数据和信息在人类社会、物理空间和信息空间之间的交叉融合与相互作用，以及大众创业和万众创新浪潮的涌动，新技术、新产业和新业态不断涌现，信息技术正深刻改变着人类的生产和生活，使人类社会由信息化时代步入智能化阶段。

与30年前的人工智能——我们称之为“人工智能1.0”相比，当前人工智能已进入一个崭新的发展阶段——“人工智能2.0”时代。“人工智能2.0”的主要技术变化是：从早期的知识工程到当今的数据驱动学习，人工智能的学习方式正转化为数据驱动与知识工程相结合，从表象和特征的机器学习到机器综合推理；从利用类型单一的结构化数据到深度整合多种媒体的非结构化数据，人工智能正在跨入跨媒体感知、学习和推理的深层次；从早期以“机器为中心”到人机和脑机交互技术，人工智能正在走向人机混合的增强智能时代；从强调与追求“个体智能”研究，转化为重视基于网络的群体智能，形成群体使能的互联网服务（如百科知识编辑和共享经济等）；从机器人到自主智能系统。

未来5到10年，人工智能将引发国民经济、国计民生、国家安全等领域的重大变革，成为增强国力的利器。因此，发展人工智能时不我待。

在与互联网、物联网、大数据、多媒体、虚拟现实结合后，人工智能将从原有的机器智能转向群体智能与人机融合智能以解决人类社会面临的各种难题，践行从数据到知识，从知识到预测、规划、决策等智能的巨大升级。人工智能的基础性研究突破将引发其他科学技术的链式突破，成为整个科学技术发展的新资源、新支撑。在日益激烈的竞争中，掌握人工智能科学技术，与掌握竞争的制胜权密切相关。

可以看出，信息环境的巨大变化正带动人工智能基本技术、方法乃至理论发生重大变化。当前，这种变化已初露端倪，中国工程院于2015年12月批准启动了“中国人工智能2.0发展战略研究”重大咨询研究项目，率先提出并启动“人工智能2.0计划”。

“中国人工智能2.0发展战略研究”重大咨询研究项目得到了党和国家领导人的高度重视。在科技部和中国工程院的领导下，项目组完成了《新一代人工智能规划建议研究报告》和《新一代人工智能重大科技项目实施方案》的编制工作，得到了党中央和国务院领导的高度认可。

2017年7月20日，《国务院关于印发新一代人工智能发展规划的通知》（国发〔2017〕35号）对外发布。

2018年4月26日，“中国人工智能2.0发展战略研究”重大咨询研究项目在杭州验收，项目组将研究成果结集成书，编写了《中国人工智能2.0发展战略研究》。

发展“人工智能2.0”，对我国而言，有利于激活“人才智能红利”，创造出大量以智力竞争为特点的新就业机会，促进我国经济转型升级，进入价值链中更高端的创造性区段，促进“两个一百年”目标的实现；对全球而言，有利于超越有限的资源和环境条件对经济增长的约束，分享人类社会发展成果，为全世界发展中国家的经济跃升提供新的发展模式。

我为参与“中国人工智能2.0发展战略研究”重大咨询研究项目的各位院士、领导和专家所取得的成绩而高兴。

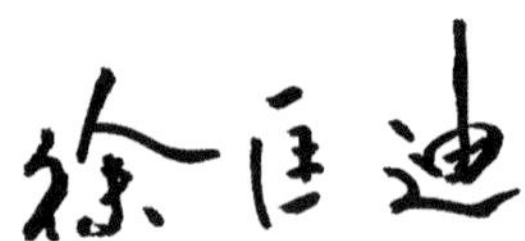

2018年5月

前　言

为了给国家人工智能发展提供政策咨询，中国工程院于2015年12月批准启动了“中国人工智能2.0发展战略研究”重大咨询研究项目，该项目得到了原中国工程院两位院长——徐匡迪院士、周济院士，以及科技部部长王志刚的大力支持，他们也都担任了项目顾问。

为了推动该咨询项目，项目被分为1个综合课题（负责项目综合汇总）和6个子课题。6个子课题分别是大数据智能、群体智能、跨媒体智能、混合增强智能、智能无人系统、智能应用（含智能制造、智能城市、智能农业和智能医疗4个方面）。

“中国人工智能2.0发展战略研究”重大咨询研究项目启动后，立即得到了党和国家领导人的高度重视。在科技部和中国工程院的领导下，项目组完成了《新一代人工智能规划建议研究报告》和《新一代人工智能重大科技项目实施方案》的编制工作。

2017年7月20日，《国务院关于印发新一代人工智能发展规划的通知》（国发〔2017〕35号）对外发布。2018年10月12日，《科技部关于发布科技创新2030—“新一代人工智能”重大项目2018年度项目申报指南的通知》（国科发资〔2018〕208号）正式发布。

今天，新一代人工智能已在全球范围内蓬勃兴起。它作为新一轮产业变革的核心驱动力，正促进人类社会生活、生产和消费模式产生变革，为经济社会发展提供新动能，推动经济社会高质量发展，并加速新一轮科技革命和产业变革进程。人工智能技术发展将深刻改变人类生活、改变世界，要在此高技术领域加快部署。

人工智能是国家战略必争的科技制高点。我们要重视人工智能的多学科交叉特点，夯实人工智能基础理论研究，提升原始创新能力，因此要重视研究新理论模型、核心算法、关键技术、关键器件和设备，从基础理论、算法技术、芯片、系统和平台等入手，培育人工智能产业生态链。

中国经济、社会的高质量发展需要人工智能赋能。新一代人工智能的典型特征是应用驱动。当今人工智能已经渗透于各行各业，正不断提高实体经济发展的质量和效益，因此我们要重视在丰富场景下推动人工智能应用不断壮大。

人才是智能经济时代国家赢得发展主动权的战略性资源，中国人工智能人才的发展依赖于高质量的人工智能教育，要培育人工智能人才队伍，锻造培养一批具有国际水平的战略科技人才、科技领军人才、青年科技人才和高水平创新团队。

《中国人工智能2.0发展战略研究》这本书集合了项目组在人工智能基础理论、模型算法、关键技术和示范应用等方面的思考，共计10章。

我也借着本书出版这个契机，感谢科技部和中国工程院对“中国人工智能2.0发展战略研究”重大咨询研究项目的大力支持，感谢各位专家的辛勤工作。

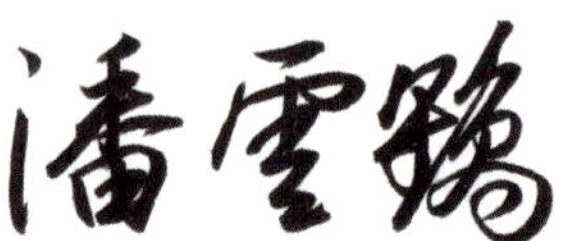

2018年11月

目　录

CONTENTS

第1章

人工智能2.0概述

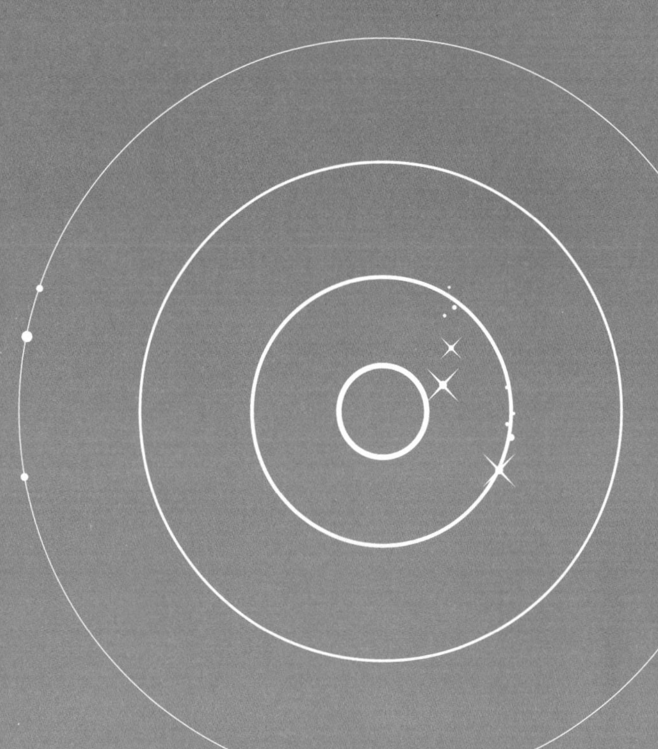

1.1 人工智能60年发展历程

1955年8月，约翰·麦卡锡（John McCarthy，时任达特茅斯学院数学系助理教授，1971年度图灵奖获得者）、马文·明斯基［Marvin Minsky，时任哈佛大学数学系和神经学系初级研究员（Junior Fellow），1969年度图灵奖获得者］、克劳德·香农（Claude Shannon，时任贝尔实验室数学家，信息论之父）和纳撒尼尔·罗彻斯特（Nathaniel Rochester，时任IBM信息研究主管，IBM第一代通用计算机701主设计师）四位学者在一份题为《关于举办达特茅斯人工智能夏季研讨会的提议》（“A Proposal for the Dartmouth Summer Research Project on Artificial Intelligence”）的报告中，首次使用了“Artificial Intelligence”（人工智能，AI）这个术语，从此，人工智能开始登上人类历史舞台。

在这份报告中，四位学者希望美国洛克菲勒私人基金会能够出资，资助一批学者在1956年夏天于达特茅斯学院研究“让机器能像人那样认知、思考和学习，即用计算机模拟人的智能”。这份报告同时列举了人工智能所面临的七类问题——自动计算机、计算机编程、神经网络（通过连接神经元来形成概念）、计算的复杂度、自我学习与提高、抽象能力以及随机性与创造力。

从那个时代开始，计算机就沿着代替人完成部分工作或取代人这一轨迹不断发展，如用机器定理证明程序来部分取代解题者，用疾病就诊专家系统来取代医生等。人工智能领域形成了符号学派、连接学派、行为学派这三大研究学派。

然而人工智能的发展并非一帆风顺，在60多年里经历了三次大挫折。

第一次挫折发生在1973年，英国科学研究委员会（Science Research Council）发表了基于剑桥大学教授詹姆斯·莱特希尔

（James Lighthill）的调查的报告。该报告主要评判人工智能基础研究中的自动机、机器人和中央神经系统，并得出结论："自动机和中央神经系统的研究有价值，但进展令人失望。机器人的研究没有价值，进展非常令人失望。建议取消机器人研究。"遭此打击之后，人工智能进入严冬（AI winter）。现在看来，当时的人工智能尚属婴儿期，其实很难对其进行准确的评判。

人工智能的第二次挫折是由日本智能（第五代）计算机的研制失败引发的。日本通产省于1982年开始第五代计算机的研制计划，希望计算机能具备直接推理与知识处理的新型能力。该计划的目标是构成一个具有1000个处理单元的并行推理机，连接10亿信息组的数据和知识库，且推理机具备听说能力。到1992年，该计划耗资约8.5亿美元，因没能突破关键性的技术难题，不得不以失败告终。这次的失败说明：人工智能的发展主要靠创新的知识和软件驱动，硬件的作用是支持其运行。

人工智能的第三次挫折开始于1984年，斯坦福大学试图通过专家人工的方式来构建一个包含人类常识的知识百科全书"Cyc"（Poli et al.，2010），并期望基于此实现类人的推理能力。虽然到2015年11月，Cyc已包括超过23万个概念、实体和超过200万个三元组，但实际上，因为搜索引擎开始崛起，互联网和大数据更显威力，Cyc在20世纪90年代后期就开始衰败。虽然Cyc后来也开始链接外部知识库，如DBpedia（Auer et al.，2007）、Freebase（Bollacker et al.，2008）以及美国中央情报局（Central Intelligence Agency，CIA）的世界概况（World Factbook）等，但已无法挽回衰败的倾向。这次挫折带给人们的教训是：海量知识不能靠专家人工表达，而要从环境中自动学习。

1.2 促进人工智能走向2.0的外在动力

回顾人工智能发展历程中的主要挫折，我们不难发现，当人工智能的发展与信息环境的变化趋势不符时，人工智能往往就会失败。促使人工智能变化的动力既有来自人工智能研究的内部驱动力，也有来自信息环境与社会目标的外部驱动力，两者都很重要，相比之下，往往后者更加强大。

随着互联网的普及、传感器的泛在、大数据的涌现、电子商务的发展、信息社区的兴起，以及数据和知识在信息空间、物理空间和人类社会之间交叉融合并相互作用，人工智能发展所处的信息和数据环境已经发生了巨大而深刻的变化，这些变化形成了驱动人工智能走向新阶段的外部驱动力。与此同时，一系列技术萌芽也预示着内部驱动力的成长。

促进人工智能走向2.0的外部驱动力至少来自以下四种变化。

（1）21世纪的信息环境已发生巨大而深刻的变化。随着移动终端、互联网、传感器网、车联网、可穿戴设备等的流行，感知设备已遍布城市，计算也与人类密切相伴，遍布全球的网络正史无前例地连接着个体和群体，开始快速反映与聚集他们的发现、需求、创意、知识和能力。与此同时，世界已从二元空间即物理—人类（physics-human，PH）空间演变为三元空间即赛博—物理—人类（cyber-physics-human，CPH）空间。CPH空间三者间的互动将形成各种新计算，包括感知融合、人机共融、增强现实（augmented reality，AR）、虚拟现实（virtual reality，VR）、跨媒体计算等。三元空间相互融合与互动的情况如图1.1所示。可见，在三元空间中形成的新的信息流带来了如下几种新变化：①人工智能2.0新计算，其建立在CPH空间互动之上；②新通道，其为自然科学、工程技术和社会科学研究提供了新途径、新方法；③新门类，其让人们能够认识复杂巨系统，如城市运行系统、环境生态系统和健康医疗系统（科学+工程+社会影响）。

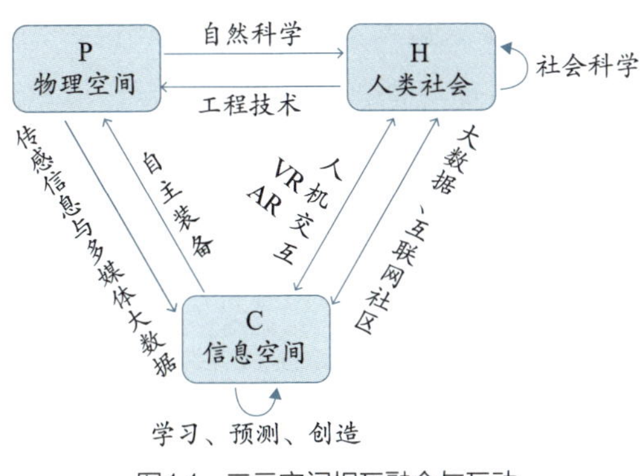

图1.1 三元空间相互融合与互动

（2）社会对人工智能的需求急剧扩大。人工智能研究正从过去的学术牵引迅速转化为需求牵引。智能社会、智能城市、智能经济、智能制造、智能医疗、智能交通、智能物流、无人驾驶、智能机器人、智能手机、智能游戏等应用的进步，都依赖于人工智能的新发展。为此，很多城市和企业已主动布局，进行人工智能新研发。

（3）人工智能的目标在发生大转变。人工智能过去追求“用计算机模拟人的智能”，现呈现出以下三个趋势：①将机器与人结合成混合增强智能系统；②将机器、人、网络结合组织成新的群体智能（简称群智）系统；③将人、机器、网络和物结合成智能城市等更复杂的智能系统。

（4）人工智能的数据资源在发生大改变。人工智能的基本方法是数据驱动的算法，今后会更多地涌现出大数据驱动计算、传感器和网络驱动计算、跨媒体驱动计算。因此，大数据智能、感知融合智能、跨媒体智能的发展是必然的，而传统的以字符为基础的机器智能测试方法（即图灵测试）将受到挑战。

上述种种巨变将促进人工智能技术的重大提升，为人工智能2.0的形成与发展创造有利的外部环境。同时，一系列新智能技术已处在萌芽状态。

1.3 人工智能2.0的构成

人工智能2.0是在正在发生重大变化的信息新环境中，面向新目标的新一代人工智能。其中，信息新环境是指互联网的普及、传感网的渗透、大数据的涌现和群智社区的崛起等。新目标是指类人智能、仿脑智能、群体智能、混合智能（hybrid intelligence，HI）和自主智能等智能新形态。有望升级的人工智能新技术有直觉感知、自主学习和综合推理等。

区别于传统人工智能，人工智能2.0主要推动以下五个方面的发展：①从人工知识表达技术到大数据驱动知识学习技术，人工智能的实现方法正转变为从大数据中进行知识发现和学习，使得机器学习（machine learning）从表象深入到综合推理；②从聚焦研究“个体智能”到聚焦研究基于互联网络的群体智能，形成群智能力的互联网服务创新（如共享经济）体系；③从只能处理类型单一的数据到能够综合视觉、听觉、文字等多种媒体的语义，迈向跨媒体认知、学习和推理的新高度；④从追求“智能机器”和高水平的人机与脑机交互技术，走向人机混合的增强智能；⑤从机器人到自主智能系统。

人工智能2.0研究内容不仅包括基础理论、发展支撑体系，还包括大数据智能、群体智能、跨媒体智能、混合增强智能和智能无人系统五大技术方向，以及创新应用（见图1.2）。其中，人工智能技术方向的简要介绍如下。

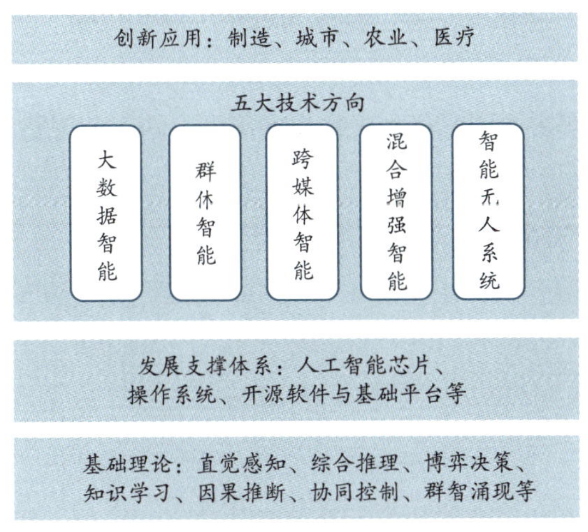

图1.2　人工智能2.0研究内容概况

（1）大数据智能。大数据智能是指通过人工智能手段对大数据进行深入分析，以探究其隐含模式和规律的智能形态，发掘从大数据提取知识，进而从大数据得到决策的理论方法和支撑技术。大数据智能将建立可解释通用人工智能（artificial general intelligence，AGI）模型，实现“大数据+人工智能”的方法论。

（2）群体智能。群体智能是指通过特定的组织结构吸引、汇聚和管理大规模自主参与者，令自主参与者以竞争和合作等多种自主协同方式共同应对挑战性任务。特别是在面对开放环境下的复杂系统任务时，群体智能涌现出来的智能超越个体智力。

（3）跨媒体智能。跨媒体智能综合利用视觉、语言、听觉等各种感知通道所记忆的信息，构建出实体世界的统一语义表达，完成识别、推理、设计、创作、预测等功能。跨媒体智能是各类智能系统与外界沟通的重要信息源和“使能器”。

（4）混合增强智能。混合增强智能是指将人的作用或人的认知模型引入人工智能系统，形成更强的智能形态。这种形态有两种基本实现形式：①人在回路的混合增强智能；②基于认知计算的混合增强智能。

（5）智能无人系统。智能无人系统是指在无人干预的前提下，利用先进智能技术实现自主操作与管理。智能无人系统以海、陆、空、天自主无人载运操作平台、复杂无人生产加工系统、无人化作战平台等为典型对象，是具备自主感知、理解、协同、任务规划与决策能力的复杂智能系统。

1.4 人工智能2.0研究历程

为了推动人工智能与经济、社会深度融合，提升我国人工智能科技创新能力，中国工程院于2015年12月批准了由潘云鹤院士负责的“中国人工智能2.0发展战略研究”重大咨询研究项目，将加强人工智能研究和应用作为当前我国实施国家战略创新发展非常重要的工作之一。中国工程院院长周济院士和副院长陈左宁院士担任项目顾问。

该项目分为1个综合课题（负责综合汇总）和6个子课题。6个子课题概况如表1.1所示。

表1.1 “中国人工智能2.0发展战略研究”重大咨询研究项目子课题概况

课题名称	课题组组长	课题组副组长
基于大数据的人工智能	潘云鹤（中国工程院、浙江大学）	陈纯（浙江大学）、谭建荣（浙江大学）
基于互联网的群体智能的理论、方法与技术	李未（北京航空航天大学）	李国杰（中国科学院计算技术研究所）、郑志明（北京航空航天大学）
跨媒体推理	高文（北京大学）	何新贵（北京大学）
人机协同的混合智能	郑南宁（西安交通大学）	徐扬生（香港中文大学）

（续表）

课题名称	课题组组长	课题组副组长
自主式高级无人系统	吴澄（清华大学）	孙优贤（浙江大学）、王天然（中国科学院沈阳自动化研究所）
人工智能2.0的创新性应用	李伯虎（中国航天科工集团第二研究院）	徐志磊（中国工程物理研究院）、刘玠（中信泰富特钢集团）、李兰娟（浙江大学医学院附属第一医院）、汪懋华（中国农业大学）、孙九林（中国科学院地理科学与资源研究所）、赵春江（国家农业信息化工程技术研究中心）、吴志强（同济大学）

“中国人工智能2.0”相关规划的发展历程如下。

2015年12月，中国工程院批准“中国人工智能2.0发展战略研究”重大咨询研究项目。

2016年3月22日，“中国人工智能2.0发展战略研究”重大咨询研究项目启动会召开。

2016年5月，中国工程院向国家上报了《建议我国启动“中国人工智能2.0”重大科技计划》建议书。

2016年6月，中国工程院向国家上报了上述建议书补充附件。

2016年7月16日，中国工程院在上海召开项目组第二次会议，传达、学习和贯彻中央批示。

2016年8月11日，中国工程院在北京召开项目组第三次会议。

2016年9月1日，“中国人工智能2.0”规划建议研究和专家委员会成立大会召开，潘云鹤受聘为专家委员会主任委员。徐匡迪、周济、王志刚、赵宪庚担任专家委员会顾问。

2016年9月28日，“中国人工智能2.0”规划建议研究报告会在杭州举行。

2017年1月13日，《中国“人工智能2.0”重大科技项目实施方案》编制研讨会在北京举行。

2017年1月24日，《中国“人工智能2.0”重大科技项目实施方案》（初稿）汇报会在北京举行。

2017年2月17日，《中国“人工智能2.0”重大科技项目规划》部际联合研讨会召开。

2017年2月23日，国家科技体制改革和创新体系建设领导小组第十二次会议讨论《中国“人工智能2.0”重大科技项目规划》和《中国“人工智能2.0”重大科技项目实施方案》。

2017年4月，国务院常务会议讨论《中国“人工智能2.0”重大科技项目规划》和《中国“人工智能2.0”重大科技项目实施方案》。

2017年7月，国务院印发《新一代人工智能发展规划》。据统计，来自院校、研究院所、企业的院士和专家（正高级）共219位以各种形式参与了《新一代人工智能发展规划》中规划和方案的撰写。

2017年11月15日，科技部全面启动实施新一代人工智能重大科技项目。

1.5 人工智能2.0专刊论文

为了更好地与学术同行交流人工智能2.0理论、方法和技术，潘云鹤院士于2016年12月在中国工程院院刊*Engineering*上发表了论文“Heading Toward Artificial Intelligence 2.0”（Pan，2016），从人工智能60多年的发展历史出发，通过介绍促成人工智能2.0形成的外部环境与目标的转变，分析了其技术萌芽，提出了人工智能2.0的核心理念，并结合中国社会发展的需求与信息环境特色，给出了发展人工智能2.0的建议。

2017年1月，期刊*Frontiers of Information Technology & Electronic Engineering*（《信息与电子工程前沿》）出版了*Artificial Intelligence 2.0*特刊，该特刊对人工智能2.0涉及的大数据智能、群体智能、跨媒体智能、混合增强智能和智能无人系统等进行了阐述。潘云鹤院士为专刊撰写了社论“Special Issue on Artificial Intelligence 2.0”（Pan，2017）。下面对专刊中的七篇综述类论文进行介绍。

（1）庄越挺等的《挑战与希望：AI 2.0时代从大数据到知识》对大数据时代人工智能领域近期出现的若干理论和技术进展进行了综述（Zhuang et al.,

2017），认为将数据驱动机器学习方法和人类的常识先验与隐式直觉有效结合起来，可实现可解释、鲁棒性更好和更通用的人工智能。人工智能2.0时代，大数据人工智能具体表现为：①从浅层计算到深度神经推理（deep neural reasoning）；②从单纯依赖于数据驱动的模型到数据驱动与知识引导相互结合学习；③从领域任务驱动智能到更为通用条件下的强人工智能（从经验中学习）。人工智能2.0将改变计算本身，将大数据转变为知识以支持人类社会做出更好的决策。

（2）李未等的《AI 2.0时代的群体智能》认为（Li W et al.，2017），基于互联网的信息物理世界深刻地改变了人工智能发展的信息环境，并且将人工智能研究的新浪潮推进到了人工智能2.0新纪元。作为人工智能2.0时代最突出的研究之一，群体智能引起了产业界和学术界的广泛关注。具体来说，为应对挑战，群体智能提供了一种通过聚集群体的智慧解决问题的新模式。特别是随着共享经济的快速发展，群体智能不仅成了解决科学难题的新途径，而且也已融入日常生活的各个方面，例如线上到线下（online-to-offline，O2O）应用、实时交通监控以及物流管理。该文献对现有群体智能研究成果进行了总结和综述：①论述了群体智能的基本概念，并对其与现有相关概念［如众包（crowdsourcing）和人本计算（human computing）］的关系进行了解释；②介绍了四类具有代表性的群体智能平台，总结了三项核心问题以及最新的群体智能技术；③讨论了群体智能研究的未来发展方向。

（3）彭宇新等的《跨媒体分析与推理：研究进展与发展方向》从七个方面对跨媒体分析与推理进行了综述（Peng et al.，2017）：①跨媒体统一表征理论与模型；②跨媒体关联理解与深度挖掘；③跨媒体知识图谱（knowledge graph）构建与学习方法；④跨媒体知识演化与推理；⑤跨媒体描述与生成；⑥跨媒体智能引擎；⑦跨媒体智能应用。

（4）田永鸿等的《AI 2.0时代的类人与超人感知：研究综述与趋势展望》简要回顾了不同智能感知领域的研究现状（Tian et al.，2017），包括视觉感知、听觉感知、言语感知、感知信息处理与学习引擎等方面。在此基础上，该文献对即将到来的人工智能2.0时代智能感知领域需要大力研究发展的重点方向进行了展望：①类人和超人的主动视觉；②自然声学场景的听知觉感知；③自然交互环境下的言语感知及计算；④面向媒体感知的自主学习；⑤大规模感知信息处理与学习引擎；⑥城市全维度智能感知推理引擎。

（5）郑南宁等的《混合—增强智能：协作与认知》认为（Zheng et al.，2017），由于人类面临的许多问题具有不确定性、脆弱性和开放性，具有任何智能程度的机器都无法完全取代人类，这就需要将人的作用或人的认知模型引入到人工智能系统中，形成混合—增强智能形态，这种形态是人工智能或机器智能的可行的、重要的成长模式。混合—增强智能有两类基本形式：①人在回路的人机协同混合增强智能；②将认知模型嵌入机器学习系统中，形成基于认知计算的混合增强智能。该文献讨论了人机协同的混合—增强智能的基本框架，以及基于认知计算的混合—增强智能的基本要素，包括直觉推理与因果模型、记忆和知识演化；特别论述了直觉推理在求解复杂问题中的作用和基本原理，以及基于记忆与推理的视觉场景理解的认知学习网络；阐述了竞争—对抗式认知学习方法，并讨论了其在自动驾驶方面的应用；最后给出了混合—增强智能在相关领域的典型应用。

（6）张涛等的《智能无人自主系统发展趋势》介绍了智能无人自主系统的发展趋势（Zhang et al.，2017），将相关技术分成了人工智能技术、无人车、无人机、服务机器人、空间机器人、海洋机器人和无人车间/智能工厂（smart factory）等七个领域，对每个领域的发展趋势进行了介绍。

（7）李伯虎等的《人工智能在智能制造领域的应用研究》介绍了近年来作者团队将人工智能技术应用于制造领域的研究与实践（Li B H et al.，2017）。该文献首先简析了“互联网+人工智能”时代，核心技术的飞速发展正引发制造领域的模式、手段和生态系统的重大变革，以及人工智能的新发展；其次基于人工智能技术与信息通信技术、制造技术及产品有关专业技术等的融合，提出了智能制造新模式、新手段、新业态，智能制造系统（intelligence manufacturing system，IMS）体系架构，以及智能制造系统技术体系；最后从智能制造的应用技术、产业和应用示范等角度，简述了智能制造领域的国内外发展现状。

2018年3月，期刊*Frontiers of Information Technology & Electronic Engineering*再次出版了*Artificial Intelligence 2.0*特刊，潘云鹤院士撰写了社论“2018 Special Issue on Artificial Intelligence 2.0: Theories and Applications”（Pan，2018）。特刊主要涵盖了以下五个方面的内容：①人工智能基本理论问题，如可解释性深度学习和无监督学习（具体为领域自适应学习和生成对抗性学习等内容）；②类脑学习，如脉冲神经网络（spiking neuron networks，SNN）和记忆增强推理等内容；③人在回路的智能学习，如众包设计和数字大脑等内容；④创意智能应用，如社交聊天机器人（微软小冰）和自动语音识别等内容；⑤人工智能研究人员的观点，如卡内基·梅隆大学的Raj Reddy博士分享了他对新一代人工智能的看法，加州大学伯克利分校的Bin Yu教授主张在人机协作中更高效地使用统计概念来提升智能，中国科学院研究人员程健等综述了深度神经网络（deep neural network，DNN）的加速方法。

1.6 结　论

人工智能2.0将全面建立新一代人工智能理论体系，推动我国在大数据智能、群体智能、跨媒体智能、混合增强智能和智能无人系统等理论方面取得重大突破，促使我国人工智能理论、技术和应用总体达到世界领先水平，使得人工智能在生产生活、社会治理等方面应用的广度和深度得到极大拓展，形成一批全球领先的科技创新和人才培养基地。

致谢：本章内容参考了潘云鹤院士刊发于中国工程院院刊*Engineering*的论文“Heading Toward Artificial Intelligence 2.0”。

参考文献

Auer S, Bizer C, Kobilarov G, et al., 2007. DBpedia: a nucleus for a web of open data[C]// International Semantic Web Conference, Asian Semantic Web Conference. DBLP: 722-735.

Bollacker K, Evans C, Paritosh P, et al., 2008. Freebase: a collaboratively created graph database for structuring human knowledge[C]//SIGMOD Conference: 1247-1250.

Li B H, Hou B C, Yu W T, et al., 2017. Applications of artificial intelligence in intelligent manufacturing: a review[J]. Frontiers of Information Technology & Electronic Engineering, 18(1): 86-96.

Li W, Wu W J, Wang H M, et al., 2017. Crowd intelligence in AI 2.0 era[J]. Frontiers of Information Technology & Electronic Engineering, 18(1): 15-43.

Pan Y H, 2016. Heading toward artificial intelligence 2.0[J]. Engineering, 2 (4): 409-413.

Pan Y H, 2017. Special issue on artificial intelligence 2.0[J]. Frontiers of Information Technology & Electronic Engineering, 18 (1): 1-2.

Pan Y H, 2018. 2018 Special issue on artificial intelligence 2.0[J]. Frontiers of Information Technology & Electronic Engineering, 19 (1): 1–2.

Peng Y X, Zhu W W, Zhao Y, et al., 2017. Cross-media analysis and reasoning: advances and directions[J]. Frontiers of Information Technology & Electronic Engineering, 18(1): 44-57.

Poli R, Healy M, Kameas A, 2010. Theory and applications of ontology: computer applications[M]. Berlin: Springer.

Science Research Council, 1973. Artificial intelligence: a paper symposium[R].

Tian Y H, Chen X L, Xiong H K, et al., 2017. Towards human-like and transhuman perception in AI 2.0: a review[J]. Frontiers of Information Technology & Electronic Engineering, 18(1): 58-67.

Zhang T, Li Q, Zhang C S, et al., 2017. Current trends in the development of intelligent unmanned autonomous systems[J]. Frontiers of Information Technology & Electronic Engineering, 18(1): 68-85.

Zheng N N, Liu Z Y, Ren P J, et al., 2017. Hybrid-augmented intelligence: collaboration and cognition[J]. Frontiers of Information Technology & Electronic Engineering, 18(2): 153-179.

Zhuang Y T, Wu F, Chen C, et al., 2017. Challenges and opportunities: from big data to knowledge in AI 2.0[J]. Frontiers of Information Technology & Electronic Engineering, 18(1): 3-14.

第2章

大数据智能

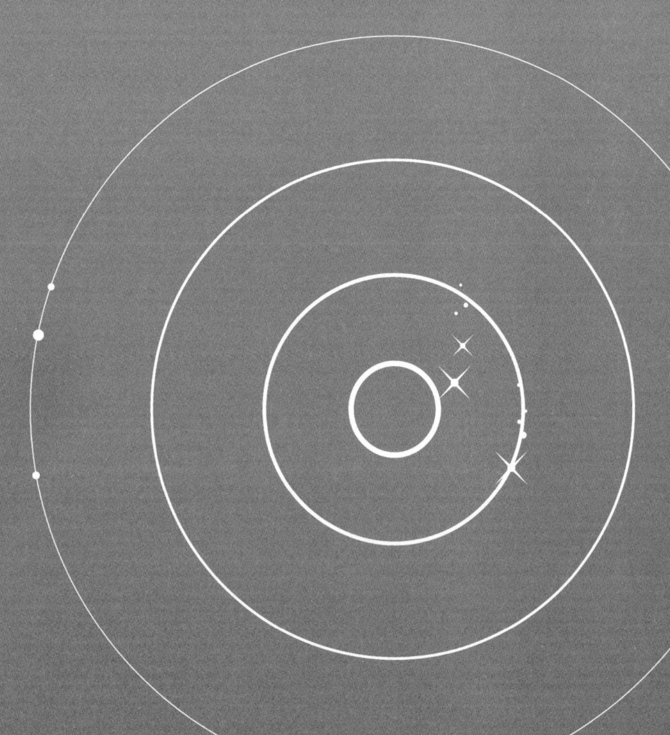

2.1　内容概述

大数据智能是以人工智能手段对大数据进行深入分析，探析其隐含模式和规律的智能形态，实现从大数据到知识进而到决策的理论方法和支撑技术。大数据智能将建立可解释通用人工智能模型，实现“大数据+人工智能”的方法论。

2017年7月，国务院印发的《新一代人工智能发展规划》明确指出，在建立新一代人工智能基础理论体系方面，大数据智能理论要重点突破无监督学习、综合深度推理等难点问题，建立数据驱动、以自然语言理解（natural language processing，NLP）为核心的认知计算模型；在建立新一代人工智能关键共性技术体系方面，大数据智能要研究知识计算引擎和知识服务技术，形成开放兼容、稳定成熟的技术体系，重点突破知识加工、深度搜索和可视交互核心技术；在统筹布局人工智能创新平台方面，强化对人工智能研发应用的基础支撑，建立大数据人工智能开源软件基础平台、终端与云端协同的人工智能云服务平台、新型多元智能传感器件与集成平台、基于人工智能硬件的新产品设计平台、未来网络中的大数据智能化服务平台等。

应该说，从数据到知识、从知识到决策是当前大数据智能的计算范式。如果说人工智能是经济发展的新引擎，正在重构生产、分配、交换、消费等经济活动各环节，那么大数据就是这个引擎的燃料，大数据与人工智能有机结合则是发动这个引擎的金钥匙。传统人工智能一般基于专家手工构造的知识库（如专家系统）来进行学习推理。由于难以构造较为全面的人类常识知识库，而且还存在不确定性知识，依赖于知识库的人工智能方法在提升学习推理方法性能方面遇到了难以跨越的鸿沟。与基于规则、逻辑和知识的推理学习方法不同，机器学习方法从大数据出发去洞悉海量数据中隐藏的规律和模式，如从网购商品中自动挖掘用户消费偏好和从用户检索词条中洞悉文化概念的演化变迁等。

更进一步，随着互联网的普及、传感网的渗透、大数据的涌现、信息社区的崛起，以及数据和信息在CPH三元空间的交叉融合与相互作用，CPH空间所产生的数据在个体（或群体）所呈现的具有前所未有广度和深度的交互行为中正在进一步深度融合。CPH空间数据的深度融合推动了文本、图像、位置、视频等海量数据涌现，使得隐藏在这些海量数据中的知识呈现不确定性、复杂性和多样性。

大数据刻画了个体（或群体）生活、工作和学习的规律与模式。为了洞悉这些隐性知识，迫切需要建立从大数据到知识的一般性手段和方法。这些手段和方法应具有从文本、图像、视频等大数据中永不停息地学习规则、模式和知识的能力，帮助决策者对大量非结构化数据进行非凡的洞察；同时，要具备提供知识云计算服务的能力，通过知识服务打破数据藩篱，推动多领域数据的融合碰撞，让数据畅通流动，从而发挥最大效益。

本章将重点介绍基于大数据智能的基础理论、关键技术和支撑平台。

2.2 大数据智能基础理论

大数据智能基础理论包括如下几个方面：智能融合计算、以自然语言理解为核心的认知方法、综合推理与创意人工智能、非完全信息下的智能决策基础理论与框架、通用智能数学模型与算法理论。

2.2.1 智能融合计算

1. 研究背景

人工智能系统一般有三种实现方法。①用规则教。依靠人类设计者的知识输入，为系统建立一定的专家知识库和推理机制。传统意义上的专家系统属于这一范畴。这一方法所获取的“智能”受限于专家知识库，难以获得在新任务和新环境中的适应性，不能够用于实现通用智能。②用数据学。通过数据驱动的归纳式学习，从数据中挖掘概念模式，多数机器学习算法属于这一范畴。这一方法受限于标注大数据，是一种示范类学习方法，难以拓展到标注样本以外的概念和模式。③用问题引导。智能体通过与环境交互，学习经验和知识并更新知识表示。这需要对庞大无比的策略空间进行优化，因此对开放空间探索问题的求解面临着巨大挑战。

人工智能的三种实现方法各有优势和不足（见表2.1）：①用规则教——知识引导，长于推理，但是难以拓展；②用数据学——数据驱动，擅于预测识别，但是其过程难以理解；③用问题引导——经验学习，能对未知空间进行探索，但是依赖于搜索策略。因此，需要有机协调知识引导、数据驱动和经验学习的优势，建立集三者于一体的框架，形成知识引导下的演绎、数据驱动中的归纳、经验学习内的规划的有机融合（见图2.1）。

表2.1 智能的三种来源的优劣对比

来源	学习方法	优势	不足
用规则教	知识引导	与人类逻辑推理相似，解释性强	难以构建完备的知识规则库
用数据学	数据驱动	直接从数据中学习	以深度学习为例，依赖于数据，解释性不强
用问题引导	经验学习	从经验中持续学习	非穷举式搜索，需更好策略

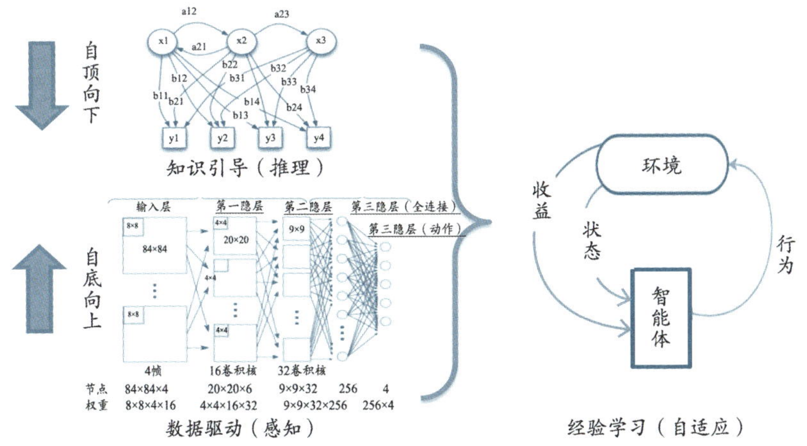

图2.1 集知识引导、数据驱动和经验学习于一体的人工智能模型

2. 研究现状

近年来，以深度学习为代表的数据驱动方法在自然语言理解、语音识别、视觉计算等方面取得了显著成效。与依赖于人工经验、通过手工构建特征的学习方法不同，深度学习以端到端的方式进行特征学习，其基本动机在于构建多层网络来学习隐含在数据内部的关系，从而使学习得到的特征具有更强、更泛化的表达能力。但是，这一犹如“黑箱”的学习机制未能充分利用数据中蕴含的先验知识，且未能有效利用深度学习过程中产生的描述高层语义的中间特征层，在一定程度上减弱了深度学习得到的特征表达所具有的泛化能力和区别能力。

为了弥补上述不足，一些研究开始在深度学习过程中引入先验知识或更加重视中间特征层，以建立解释性更强的深度学习机制。值得注意的是，由于概率模型能表达组合和因果等复杂先验［（如Lake等（2015）在《科学》（*Science*）杂志发表的从一个范例中进行学习的贝叶斯模型研究成果］，如何将数据驱动的深度学习方法与知识引导模型结合起来，已成为当前研究的一个热点问题。

神经科学研究发现，为了应对各种认知任务，大脑要在短时间内保存和处理各种自己感兴趣的信息，完成这个过程的大脑系统就是“工作记忆”。工作记忆是形成语言理解、学习与记忆、推理与计划等复杂认知能力的基础。

在工作记忆区域中，通过各种感觉器官获得的当前信息跟存储在长期记忆区内的相关信息与知识一起发生作用，并与外界不断交互而修改工作记忆和长期记忆中的信息。也就是说，人脑在进行感知和认知时，不仅要处理当前数据，还需要调动大脑中存储的相关信息。

人脑在理解当前场景和环境时，有效利用了与当前输入数据相关的信息，这些信息存储在外部记忆体（external memory）中。神经图灵机（Neural Turing Machine，NTM）很好地“模拟”了人类的认知思维过程，其通过一个控制器［以长短期记忆（long short-term memory，LSTM）网络实现］来对一个外部记忆库（相当于图灵机中的纸带）中的知识进行读、写操作，以有效利用已有知识和先验信息，这被称为是一种深度神经推理的方法（Graves et al.，2016）。

人类认知是指在某一特定任务或激励下与场景进行交互反馈而对场景产生整体性解释，对场景做出合理决策和行动。这种对环境进行反馈、探索（直觉牵引）的自主学习被称为强化学习。强化学习的核心概念由加拿大阿尔伯塔大学的理查德·萨顿（Richard Sutton）整理完善，其思想假设来自于心理学中的行为主义，即通过试错（trial and error）来进行学习（Sutton et al.，1998）。

强化学习强调如何基于环境行动，以取得最大化的预期利益。这种思想具有普适性，因此在博弈论、控制论、运筹学、信息论、模拟优化方法、多智能体系统（multi-agent system）学习、群体智能、统计学、遗传算法（genetic algorithm，GA）等其他许多领域的理论研究中都有应用。在2013年12月人工智能企业DeepMind发表深度强化学习（deep reinforcement learning）研究成果Deep Q-Network（DQN）之前，Q-learning——一种强化学习算法的研究已进入瓶颈期，主要原因是高维状态带来的维度灾难（Mnih et al.，2015）。DQN的基本思想是用深度神经网络来计算Q函数，采用的是基于价值（value-based）的方法。在DQN之前，所有尝试用深度神经网络进行Q-learning的方法都失败了，主要原因是此类结构不稳定。DQN采用了奖励截断（clip rewards）、经验重放、固定目标Q网络等技术手段实现了稳定的深度增强学习。2015年在《自然》（*Nature*）杂志上发表了改进版的DQN之后，DeepMind又对DQN进行了一系列重要改进，包括Prioritized Replay、Double DQN、Dueling Network等。

完全信息条件下的围棋程序AlphaGo以及非完全信息条件下的德州扑克程序均利用了深度强化学习，在一定程度上证明了经验学习这种强化学习机制对复杂交互环境中的问题建模具有强大的应对能力（Zhuang et al.，2017）。

3．研究内容

为了有机协调知识引导下的演绎、数据驱动中的归纳、经验学习内的规划等理论模型和方法手段，建立集知识引导、数据驱动和经验学习于一体的智能学习模型，需要加强如下几方面的研究。

（1）基于人类记忆认知过程的大数据自主学习框架。借鉴人类思维和学习的认知机制，加强以注意力、记忆为核心的脑启发可计算模型研究，实现大数据智能学习中自适应的主动探索学习方法。具体而言，要加强大脑中感知记忆、工作记忆和长期记忆中信息或知识表达与构造方法的研究，在此基础上，加强大数据知识学习和理解过程中场景理解驱动的激活模型自更新与自调整机制，实现大数据中知识的自适应学习。

（2）三元空间大数据可表达机制。研究面向CPH三元空间的知识表达新方法，特别是对非符号知识和直觉知识的表达刻画方法，形成CPH空间互为映照的知识表示体系，连接实体、个体和语义；建立起严密知识和不确定知识以及形象知识的表达体系，刻画三元空间相互验证的常识性知识，为感知、理解、推理和决策提供支撑，形成从数据中不断学习、自我更新知识的自主学习能力。

（3）知识引导与数据驱动的智能计算模型。将人类先验与知识巧妙引入数据驱动计算框架，提高现有人工智能方法的适应性和可拓展性，提高识别、分类、推理、预测等能力；突破无监督学习、经验记忆利用、内隐知识加载、注意力选择等难点问题，建立知识依赖和数据依赖灵活的机器学习模型（见图2.2）。

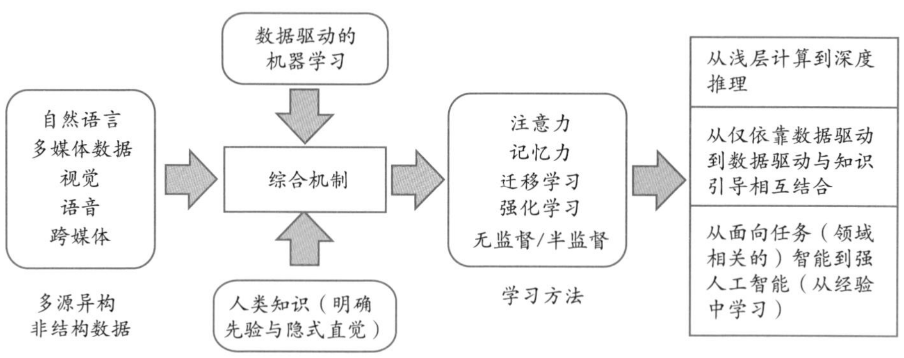

图2.2　知识引导与数据驱动的智能计算模型

（4）大数据智能模型可计算融合机制。加强知识引导、数据驱动和经验学习交互的智能融合机制研究，提高大数据学习可解释性、鲁棒性和泛化能力；重点开展深度强化学习、迁移学习、生成式对抗网络（generative adversalrial network，GAN）等基本学习模型。

（执笔人：吴飞，浙江大学；薛向阳，复旦大学；吴枫，中国科学技术大学；李学龙，中国科学院西安光学精密机械研究所；谢少荣，上海大学；高阳，南京大学）

2.2.2　以自然语言理解为核心的认知方法

1. 研究背景

让计算机具备类似人脑的感知、理解、推理、决策和学习能力，是认知计算的主要目标。自然语言作为人类思维表达和交际的重要工具，是人类区别于其他动物的本质特性，在认知过程中起着承载文本、视觉和听觉等模态中所蕴含知识的基础性作用和中介作用。图像、视频计算存在着难以逾越的“语义鸿沟”，唯有语言天然地具备复杂、深刻的语义表达能力。因此，让计算机具备理解自然语言的能力，是实现认知计算的核心问题。

尽管近年来深度学习在认知计算中逐渐占据了主导地位并显著提升了自然语言理解性能，但相对于人类的自然语言认知，基于大数据的深度神经网络方法仍然存在着严重依赖数据规模、可解释性差、缺乏知识指导、多模态信息综合利用非常不充分等重要缺陷。研究以自然语言理解为核心的认知方法，着重探索认知的神经机制、小数据语言学习、具备可解释性的深层语言分析、知识驱动的语言生成以及跨模态情境下的认知计算，对于实现大数据智能具有重要意义。

2. 研究现状

2006年以来，以著名深度学习学者、加拿大多伦多大学杰弗里·欣顿（Geoffrey Hinton）教授关于深层信念网络（deep belief network，DBN）的革命性工作（Hinton et al.，2014）为代表，深度学习技术在语音、图像、文本等领域接连取得突破性进展。2011年，微软公司利用深度学习技术在语音识别方面取得重大突破，显著提升了语音技术商业化的潜力。2012年，谷歌X

实验室（Google X）基于深度学习推出由16000多个处理器和10亿个内部连接组成的“虚拟大脑”，“虚拟大脑”通过1000万帧无标签视频剪辑图像，自主地“学会”了猫的概念。2016年，谷歌推出了基于编码器—解码器架构的神经机器翻译系统，相对于传统方法大幅度提高了自然语言自动翻译的准确度。深度学习已经成为自然语言理解等认知计算的主流方法，但在语言认知计算模型、语言分析、语言生成、跨模态等方面仍面临着若干严峻挑战。

（1）在语言认知计算模型方面，深度学习面临着小数据学习的挑战。一方面，现有的深度学习属于典型的大数据驱动方法，需要大量标注数据进行参数训练，在长尾分布的小数据条件下，深度学习性能将受到严重影响。可以说，深度学习目前只能实现“举万反一”，却难以像人一样做到“举一反三”。针对此问题，著名认知计算学者、美国麻省理工学院乔希·特南鲍姆（Josh Tenenbaum）教授团队2011年在《科学》杂志上提出更“类似人”的机器学习系统（Tenenbaum et al.，2011），2015年进一步在《科学》杂志上提出概率程序归纳算法（Lake et al.，2015），在小数据条件下初步实现了单次学习（one-shot learning）。另一方面，以著名语言学家和认知学家、美国麻省理工学院诺姆·乔姆斯基（Noam Chomsky）教授为代表的语言天赋论者提出的“刺激贫乏理论”（Chomsky，1980）已经获得大量实验印证，表明人类的语言学习过程是典型的小数据学习。近年来，单次学习开始引入深度学习并崭露头角，但针对自然语言的小数据学习研究几乎还是空白，在语义组合性、事件因果性和关于语言的“学习的学习”能力上亟待突破。

（2）在语言分析方面，深度学习面临着可解释性的挑战。深度学习通过复杂非线性函数从数据中自动学习从底层特征到高层概念的多层抽象表示（涉及词法、句法、语义、篇章等多个语言层次），但这些抽象表示往往以数字的形式存在，缺乏各个语言层次上对应自然语言处理的可解释性。可解释性是人工智能系统鲁棒性的关键所在，也是人类语言认知能力的重要体现。深度神经网络缺乏可解释性，对构建于其上的语言分析系统的理解造成了困难，增加了此类系统的设计和分析难度，导致其鲁棒性受到严重影响，进一步，更严重制约了在单句分析基础上对篇章进行有效分析的能力。深度学习中的注意力机制（Bahdanau et al.，2014）能够在一定程度上反映输入序列和输出序列各成分之间的关联强度，但仍然停留在分析深层神经网络内部关联程度的阶段，并且其视域局限在单句中，难以建立神经网络向量表示空间与外部语义空间的鲁棒关联。从模型构造的角度来看，可解释性的提升空间还很大。

（3）在语言生成方面，深度学习面临着整合多元先验知识资源的挑战。人类的语言生成过程受到大脑中先验语言知识和世界知识的驱动，因而能够产生蕴含丰富语义的文本内容。实际上，传统理性主义方法已积累了大量人工编纂的高质量知识资源，基于离散表示的概率模型也提出了很多行之有效的结构约束和特征函数（Cohn et al.，2016）。这些独立于训练数据的大规模多元先验知识资源，应该成为基于深度学习的语言生成模型不可或缺的支撑。至于如何将离散表示的先验语言知识和实体世界知识与连续表示的神经网络有机结合，如何在此基础上实现知识驱动的高质量语言生成，目前相关研究尚十分薄弱。

（4）在跨模态方面，深度学习面临着文本、语音、图像、视频等多模态信息相互融通以提高机器整体理解能力的挑战。以机器翻译为例，如果能够使用视觉信息识别场景，使用听觉信息识别声调和语气，将有助于消解仅仅使用文本信息所产生的歧义，从而实现更精准的翻译。但是由于文本、语音、图像和视频在表示与处理方法上具有显著差异，传统方法在融通文本、语音、图像和视频信息上遇到了很大困难。深度学习的向量表示在很大程度上缓解了这一问题：文本、语音、图像和视频均可表示为连续的向量，多模态信息在向量空间中得到融通。因此，基于深度学习的跨模态计算获得了广泛关注（Xu et al.，2015）。然而，如何在时空域实地感知的条件下，以自然语言理解为核心，实现文本、视觉和听觉各要素之间精准而细致的语义绑定及理解，仍有待深入探究。

此外，值得注意的一点是，自然语言理解技术近年来开始反过来辅助研究者更好地探索人脑工作机制，成功绘制了大脑皮层语义地图（Huth et al.，2016）。

3. 研究内容

为了实现以自然语言理解为核心的认知方法，需要加强如下几个方面的研究（见图2.3）。其中，语言认知的脑机制为语言相关的认知计算提供生理和理论基础，小数据语言学习、具备可解释性的深层语言分析、知识驱动的语言生成以及跨模态情境下的认知计算是关键突破点。最终融合各项关键技术，形成完整、完善的技术闭环，构建一个能充分体现机器语言认知能力的“虚拟语言中枢”。这个虚拟语言中枢对动态开放环境具有很好的适应性，可以通过持续学习和知识及时更新，不断实现演化。

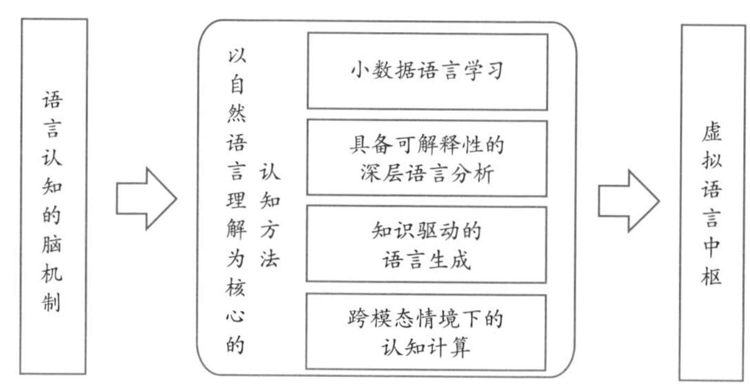

图2.3 以自然语言理解为核心的认知方法研究框架

（1）语言认知的脑机制。语言认知的脑机制是认知计算的生理基础和理论基础。探索语言认知功能与视觉、听觉等多模态认知间的相互作用机制，以及词汇、句法、语义、语用乃至知识表征、记忆、推理等语言各相关部分的脑加工模式和相互影响机制，为机器最大限度地模拟脑语言加工认知机制提供生物学启示和模型启发，为语言认知计算原始创新创造条件。在这个过程中，应积极发挥自然语言处理技术对脑机制研究的“反作用”，争取相互启发、相互促进。

（2）小数据语言学习。面向小数据的“举一反三”式的学习能力是人类独特的认知机制。探索借助于贝叶斯信息准则的小数据语言学习方法，研究基于自然标注大数据的半监督语言学习方法，并进一步地研究将基于大数据的深度学习模型和基于小数据的单次学习模型有机结合的语言学习方法，显著提高语言深度学习模型的可组合性、因果性和“学习的学习”能力，显著提升小数据条件下表示学习、机器翻译、情感分析等语言学习关键任务的性能水平。

（3）具备可解释性的深层语言分析。语言分析是将文本信息映射到语义认知空间的必经之路。研究将深度神经网络的连续向量表示与语言结构的离散符号表示有机结合的方法，建立基于深度神经网络的语言分析模型与外部语义空间的关联，对语言分析赋予可解释能力，让语言分析不仅“知其然”，更能“知其所以然”，在动态开放环境下实现机器对自然语言（尤其是中文）在句法、语义乃至篇章等层次上的深层鲁棒性分析，从而使机器掌握较强的语言逻辑和推理能力。

（4）知识驱动的语言生成。在人类业已构建的形式化语言知识库和世界知识库的基础上，以具备可解释性的深层语言分析为主要支撑，研究实体世界知识更新方法，着重克服当前世界知识库中动态性事件知识严重匮乏的问题，探索深度学习模型融合大规模先验知识的有效机制，进而研究知识驱动的语言生成模型，显著提升机器在诗歌、散文、新闻报道等语言生成关键任务中自动生成文本的质量。

（5）跨模态情境下的认知计算。深入理解多模态信息对语言学习与计算的作用机制，研究与视觉、听觉相关的实地语言学习方法，在时空域实地感知的条件下，实现语言各要素和视觉、听觉各要素之间的精准而细致的语义绑定及理解，建立以自然语言为中介的多模态统一空间表示及认知计算模型。

（执笔人：孙茂松，清华大学；刘挺，哈尔滨工业大学；周明，微软亚洲研究院；刘洋，清华大学；刘知远，清华大学；车万翔，哈尔滨工业大学）

2.2.3　综合推理与创意人工智能

1. 研究背景

标志着人工智能开端的达特茅斯会议于1956年召开，美国教育心理学家本杰明·布卢姆（Benjamin Bloom）也是在这一年首次提出了他的金字塔模型，描述了人类教育中认知能力的六个水平，把评估能力和综合能力分别放在前两位。这个金字塔模型在2001年被修改，综合被改为创意，并被进一步调换到最顶端。人工智能和创意研究的发展，是紧密交织在一起的，尤其是在早期，两者几乎是同义语（Newell et al.，1962）。自1999年起，每年在国际人工智能协会（Association for the Advancement of Artificial Intelligence，AAAI）会议、国际人工智能联合会议（International Joint Conference on Artificial Intelligence，IJCAI）、欧洲人工智能会议（European Conference on Artificial Intelligence，ECAI）以及欧美其他人工智能相关会议上，都有关于创意智能的专题讨论会，并从2010年开始举办计算创意国际会议（International Conference on Computational Creativity，ICCC）年会，至今已举办了九届，创意智能仍是大会主题之一，会议主题还包括创造力与计算的其他方方面面。

中国人工智能第一次浪潮始于20世纪80年代早期，正值符号推理研究占据主导地位的人工智能研究在国际上达到高潮之际。那时，我国科学家钱学森先生就开始倡导研究包括人工智能在内的思维科学（钱学森，1986），认为形象思维在创意过程中起主导作用，富有预见性地把形象思维研究作为思维科学的突破口。1996年，潘云鹤院士分析指出（潘云鹤，1996），从严格的演绎逻辑开放到类比推理再到视觉推理，推理过程呈现明显的松绑趋势，使得推理研究逐步走向对思维的广泛模拟，潘云鹤院士还相应地提出了综合推理模型，阐述了其与形象思维的关系，并比较了其与传统推理的区别。

2．研究现状

2010年左右，人工智能迎来了大发展，深度学习在人脸识别和语音识别方面取得突破，其后多年深度学习由科技巨头公司持续推高，形成了前所未有的全球热潮。近年来，研究重点之一是通过深度学习和对抗学习生成图像、音乐和文本，这些研究或多或少与综合推理和形象思维有间接或直接关系。这些发展，不仅印证了钱学森先生当年对形象思维重要性的见解（钱学森，1986）和潘云鹤院士对推理过程呈现松绑趋势的预见（潘云鹤，1996），而且涉及的学习方法大多与1996年中国学者徐雷提出并继续发展多年的对偶和谐学习理论（Xu，1996）有密切联系。这些前期基础，鼓励中国学者在创意人工智能这一方向争取跨越式发展，以取得具有中国特色的研究成果。

创意智能研究涉及新闻写作、作曲作画、舞蹈动漫、广告视频、智能设计等方方面面，目前缺乏一个可被广为接受的分类体系。徐雷在最近发表的文章中（Xu，2018），不仅将经典的综合推理（潘云鹤，1996）进一步发展为一种双向三域的深度综合推理，而且尝试用I-C-O格式建立创意智能问题或任务的一种三维分类阵列，其中，I是input或ideas的缩写（代表创意结果输入），O是output或originality的缩写（代表创意结果输出），C是creative coding或contemplation的缩写（代表一种创意操作）。对每例具体研究而言，就是一个特定值或事例输入I，通过编码器认知投射到C域，由一个特定的创意操作选定C域中一个或几个特定的点为码钥，再由解码器生成输出O的一个特定创意。限于篇幅，下面仅按O的特征分类，简要介绍六个方向的发展现状。

（1）线条画图形。远古时期崖壁上的线条画和龟背上的甲骨文以及今天的速写和漫画，都是人类用若干简单线条勾勒而出的画面。线条画通过少数几笔就抽象概括出视觉景象中的关键内容和主要结构关系，也形象地勾勒了脑中的思维创意内容。文献（潘云鹤，1996）提出的综合推理，描述了用头像和香蕉的形状合成的香蕉状的头像漫画。2017年5月，谷歌Magenta团队提出了Sketch-RNN模型，通过学习用户提供的线条画作品生成新的线条画。在这一模型中，将线条画表示成向量序列，用循环神经网络（recurrent neural networks，RNN）模型构成输入I和输出O的解码器，用变分自编码器（variational autoencoder，VAE）来学习模型中的未知参数。当I输入一个特定线条画（例如“猫”）时，通过改变一个相应参数，O可产生若干变化多端的猫的图像。Sketch-RNN给出的结果中有好有坏。Sketch-RNN也学会了一些新创意（例如将“卡车”画作为I，可让描述“猪”的解码器输出O为形似猪的“卡车”画），还可能纠正I中的错误（例如去掉I的三眼“猫”中多余的一只眼）。这个方法还可在C域内插，得到综合码钥去驱动解码器输出新的O。沿用文献（潘云鹤，1996）的语境，这个方法可被认为是综合推理借助深度学习得到的一种发展，并且回避了需要人工选择综合源、结构和源场的困难。不仅如此，仅输入I的一小部分，就可让O推断生成其余部分，可应用于创意的启发和教学。但是，将二维的线条画表示成向量序列以便使用RNN来编码和解码，却会丢失线条画中的一些依存信息，也会增加虚假的动力学特征，从而降低创意绘画性能。最近文献Chen 等（2018）用RNN-CNN来编码和解码，用不同于VAE的一种新方法进行学习，处理多个类别的线条画，性能显著提高。线条画看似简单，其实是高度的归纳和写意。仅线条画的分类识别，已是一件不容易的工作（Ballester et al.，2016）。线条画不仅是速写、漫画等艺术创作，而且是图像认知和理解的一个重要基础。

（2）泛线条图形。泛线条图形是由线条构成但又不同于线条画的图形。其中，一种比较常见的图形是将图像分割成不同的区域，由不同区域之间的边缘所构成。经典机器视觉中通过图像分割和边缘抽取来提取物体边缘，这个问题至今仍没有得到完满解决。分割所得不同的视觉区域，可通过区域轮廓来表示。另外一种常见的泛线条图形由零件图与部件图组合而成，常见于机械制图、建筑设计、室内设计、广告设计等。再有一种泛线条图形是书法或水墨画，它们以线条为骨架，辅以轮廓一起描述视觉形状，再由水墨浓淡来反映风格。早年就有对后两种泛线条图形进行综合推理的研究（潘云鹤等，2009），不过当时需要人工选择推理源、结构和源场等要件，而在双向学习的框架下，这些要件的确定可在数据驱动的深度神经网络学习中获得（Xu，2018）。我们知道，图像中每个像素只记录了一个孤立点的明暗亮度，而画面的结构关系是由视觉来感知的。线条画和上面提到的这些泛线条图形的共同特点，就是以线条为要素来描述画面结构关系。进一步地，还可以在线条中增加若干其他属性（例如水墨的浓淡）参数，不妨用“泛线条图形”来指这类图形。用计算图形学术语来说，它们通常适合用向量图形表示，线条画是其中一特例，如可借鉴Sketch-RNN研究（Ha et al.，2017）。下文还会谈到，用泛线条图形做结构先验，能帮助生成多种基于图像的创意。

（3）图像视频。近几年涌现了不少分析如何让O生成通常的图像乃至视频的研究。这里简述主要的三类。①用对抗学习实现图像到图像的变换（Isola et al.，2017；Wu et al.，2016），其应用场景不少，可归纳为如下两种：I输入是轮廓图像、标签图像、灰度图像、街区图像、二维图像等信息含量相对较低的形式，变换到O生成信息含量更高的图像，如彩色图像、航空照片、三维图像；从航空照片到街区图，从日照到夜照，从路况照片到其分割所得的标签图。目前还没有看到O生成线条图的相关研究。文献（Ha et al.，2017）在C域中内插是受到了文献（Wu et al.，2016）的启发，后者还在C域中对图像做了算法式的综合推理。②用对抗学习将当前图像场景变换到未来场景图像，如此迭代前推，形成一段短视频（Vondrick et al.，2017）。③用深度卷积神经网络（convolutional neural network，CNN）学习生成艺术图像。一个典型例子是神经风格转换（neural style transfer）（Gatys et al.，2016），该方法综合图像A的风格和图像B的内容，让生成图像在内容上与图像B差别最小且在风格上与图像A最相似，通过能量最小化来优化求解，保持这两个最小差别的结果。沿用文献（潘云鹤，1996）的语境，这可被认为是综合推理中正域推理的一种发展。另一个典型例子是DeepDream，该项目最初只是谷歌公司为了更好地理解神经网络每层学习到的内容而开发的Inceptionism技术的一项应用。谷歌研究人员偶然发现，在深度学习中将若干层梯度下降学习改为上升，并随机扰动，加以重复输入，就能获得一张非常后现代的画作。DeepDream可谓综合推理中逆域推理的一种发展。

（4）音乐舞蹈。将前面的O输出图像换成O输出音乐信号，就能实现音乐创作。在人工智能研究的各个阶段，音乐创作始终是一个兴趣点，也获得了一定程度的成功。2017年5月，英伟达（NVIDIA）的GPU[①]技术峰会（GPU Technology Conference，GTC）上开场播放了一段视频，其主题伴音就是智能自动作曲。在以符号推理为主的阶段，以巴赫风格的曲子为例，其既可通过产生式专家系统CHORAL来实现，也可通过Kohonen自学习音乐语法来实现。在神经网络研究第一次热潮期间，有不少学者用RNN来进行音乐建模。

① GPU为图形处理器，全称为graphic processing unit。

根据2017年8月《科学》的一个报道（Hutson，2017），谷歌Magenta团队在谱曲开源软件中使用了RNN、CNN、变分深度学习、对抗学习、增强学习等方法。但是这些方法大都依赖时序模型进行一步或几步预测，即只擅长于短篇情节的作曲，若能综合符号推理方法，则有望改进这些方法，还可能实现音乐风格转换和对歌词谱曲。音乐与舞蹈经常是联系在一起的，可通过时变信号来表现创意。控制机器人四肢运动来表现创意性舞蹈，正在变成一门新兴艺术。例如，通过LSTM-RNN和变分深度学习，机器人可从听到的音乐中学到与之同步的舞蹈（Augello et al.，2017）。

（5）文本故事。2006年，美国汤姆森公司实现了用机器算法来撰写经济和金融等方面的新闻。2014年，美联社全面利用机器人Wordsmith进行写作，仅用0.3秒就可撰写、发布上市公司盈利报道，还能定制多种语言风格。2015年9月，腾讯财经推出了机器人Dreamwriter撰写的“机器人新闻”。两个月后，新华社推出“快笔小新”来撰写体育和经济信息报道。到2017年4月，Dreamwriter每天发稿量已超过2000篇。自动化写作一般从具体话题大数据中寻找新闻点，然后抓取相关资料片段，根据学习所得的文本生成规则和章法来撰写故事；也可将文本片段映射到相应图片或视频片段空间，依据学习所得的规则来生成视频故事。不尽如人意的是，如此得到的故事呆板乏味、缺乏创意。一个解决方向是人机合作，IBM用机器学习方法来分析几百个恐怖电影预告片，其中的算法建议了前10个关键片段，然后由人类制片人剪辑生成影片预告片；另一个解决方向是模仿人类写作高手，将读者注意力吸引到若干焦点上，并适当地埋藏惊喜。在自然语言理解和目标识别研究方面，2015年出现了一种基于注意力的神经网络学习方法，引起了学术界的关注。

（6）智能设计。最早的智能设计是由人工归纳总结的设计规则驱动的。以平面设计为例，一张平面设计图包含了图形、图像、文字等设计元素以及对这些设计元素的描述，如布局、色彩。从图形领域的形状文法，到字体生成应用Prototypo，都是用人为定义的设计元规则为算法衍化做基础，通过不断的随机迭代优化，生成满足规则约束的设计结果。布局问题也可描述为多种设计规则的参数优化问题，如平衡、对齐、留白、大小等；色彩规则的典型代表是Matsuda的色彩和谐模型和Kobayashi的色彩语义模型。在这些研究的基础上，可通过损失函数，将多种设计规则整合到一起，从而实现平面图形的自动化设计（Yang et al.，2016）。对于具有明显领域性、强调个性化的设计问题，规则与数据相结合的方式越来越受到重视。以图像色彩为例，一张图像可包含多个规则导向的色彩空间，如色彩语义、色彩和谐、色彩对比等。在每一个色彩空间中，可针对不同的设计人群与设计问题，构建不同的色彩优化模型。从浅层神经网络的概率估计模型到深度学习得到的多层神经网络，通过不同的数据，训练不同的算法模型。

3. 研究内容

综合推理与创意人工智能研究涉及三个层面的多项工作（见图2.4）。下面就三个层面各自的内涵简要介绍其中涉及的一些研究内容。

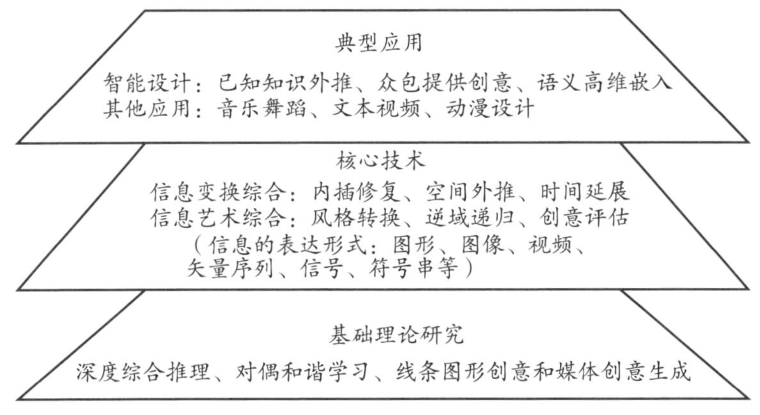

图2.4 综合推理与创意人工智能研究框架

（1）基础理论研究：深度综合推理、对偶和谐学习、线条图形创意和媒体创意生成

一方面，研究和分析各种神经网络结构可形成的综合空间、综合源、结构和源场强度，分析比较优缺点，发展面向不同媒体数据的深度综合推理框架，从不同角度实现言语—视觉、视觉—听觉、言语—听觉等双向投射模型。另一方面，在对偶和谐学习统一理论的指导下，系统地分析比较，发展适于深度综合推理且由数据驱动的创新学习理论。以线条图形创意和媒体创

意为场景，开发更贴近各种深度综合推理结构的新学习算法。在此基础上，建立视觉认知和形象思维的可计算模型，通过样例、知识和先验，生成漫画、速写、媒体对象等创意作品。

（2）信息变换综合：内插修复、空间外推、时间延展

近来出现了各种用对抗学习实现图像A到图像B的变换研究，这些研究基本上还处在定性的举例演示阶段。从数学上来说，图像A到图像B的变换其实就是A到B的多变量回归。若A、B在同一空间，有缺损的A通过内插可能修复B；若A是二维图像，B是三维图像，则图像A到图像B是低维空间到高维空间的外推；若现在的图像A变换为将来的图像B，则是时间的延展。另外，也可将图像变换理解为以综合源A和B为基础，在基于深度学习的综合空间中推理。因此，不仅要展开大数据量、不同场景下的实验分析和比较，还要结合对抗学习与已有监督学习技术，拓展到小样本应用场景；并进一步深入理论探讨，发现基本约束条件，评估现有各种研究方法的可靠性，对多步外推延展时的误差积累进行分析与控制，并在线条画、轮廓图、标签图、街区图乃至一般图像等各种结构下，发展算法，开发相应的创意软件。

（3）信息艺术综合：风格转换、逆域递归，创意评估

为了实现媒体A中风格和媒体B中风格的相互融合，需要研究风格挖掘与建模方法，实现不同媒体数据之间的无缝拼接。同时要研究媒体作品中的发散性递归机制，开发基于认知的逆域推理新技术，增加新生媒体对象被接受的机会。此外，还应探讨艺术风格解读和评估方法，发现什么是导致可接受的必要约束条件，进而发展一套可计算的创意评估体系，开发相应的评估软件。

（4）智能设计：已知知识外推、众包提供创意、语义高维嵌入

①基于对已存在的创意方案（训练数据）的学习和重构，借助推理、证明、分类、聚类，从已有知识中推理出新知识。但这其中的创造能力有限。为了突破已有求解空间，解决未定义的设计问题，可通过引入新知识并结合已有知识，扩大求解空间。②运用众包支撑创造性（Michelucci et al.，2016），即运用设计众包发现优质的创意方案，训练和提升创意输出能力。③由于设

计空间中知识内容多样，形式不一，难以在多源知识之间表达与推理，因此可利用词嵌入（word embedding）方法将各种源知识以分布式表达方式映射到高维空间，进行综合推理。

（5）其他应用：音乐舞蹈、文本视频、动漫设计

创意智能的应用遍及方方面面，这里建议三个典型方向：①音乐舞蹈，可以从大量的音乐数据中学习音乐里的情绪、风格、节奏等，也可以重新演绎经典歌曲，还可根据音乐的节奏，设计符合音乐美感的即兴表演舞蹈动作；②文本视频，包括新闻自动生成系统、合成切合主题的创意新广告视频等；③动漫设计，它集音乐、美术、舞蹈、文本、视频等研究之大成，是创意智能研究的一个很好的综合应用场景和重要的应用领域。

（执笔人：徐雷，上海交通大学；吴飞，浙江大学；孙凌云，浙江大学；涂仕奎，上海交通大学；卢策吾，上海交通大学）

2.2.4　非完全信息下的智能决策基础理论与框架

1. 研究背景

人工智能，按照其经典的定义（Russell et al.，2010），分为思考和行动两个方面。近年来，智能科学在这两个方面均取得了长足的进步与发展。一方面，以大数据、机器学习、计算机视觉和语言为代表的学科分支，极大地提高了机器预测与思考的准度和精度；另一方面，以搜索、博弈和强化学习为代表的学科分支，以前面提到的认知与思考为输入进行建模，优化智能体的决策与行为。

传统的决策理论研究，主要关注完全信息下的决策问题。其典型应用为完全信息下的双人博弈，包括三子棋（tic-tac-toe）、国际象棋、中国象棋，以及近年来取得突破的围棋（Silver et al.，2016）。更具挑战性的则是非完全信息下的决策问题，即智能体在缺失（部分）状态信息的情形下进行决策。其典型应用包括非完全信息下的路径规划（如无人机、无人车等），以德州扑克为代表的非完全信息二人博弈（Brown et al.，2017），以电子商务和计算广

告为代表的多智能体平台的算法机制优化，以及非完全信息下的多智能体协同等。

对非完全信息下的智能决策的研究，是完全信息下决策研究的自然延伸，非完全信息场景较完全信息场景具有更大的挑战性和更广阔的应用前景，因此是当前人工智能的热点前沿领域。

2. 研究现状

近年来，研究者在非完全信息下的智能决策相关领域取得了显著进展。对于单人决策问题，即单个智能体直接与环境进行交互，这里的非完全信息指的是智能体对状态参数的未知和不确定，例如对状态奖励（reward）的不确定。这类问题的典型解决方法是强化学习，即通过与环境的交互与反馈，获取状态和奖励信息，并逐渐改进策略。当前强化学习的研究热点主要集中在解决连续状态空间和连续行动空间的最优策略搜索问题，具有代表性的解决方案包括DeepMind提出的DQN（Silver et al.，2016）和同样由DeepMind团队提出的深度确定性策略梯度（deep deterministic policy gradient，DDPG）算法（Lillicrap et al.，2015）。

针对多人的决策场景，主要有两个问题：①从玩家的角度，如何在多人博弈场景中做出最优决策；②从博弈设计者的角度，如何针对多人场景设计博弈游戏规则，使得设计者的目标实现最大化。

第一个问题的典型解决方法是将博弈场景建模成静态博弈或博弈树，并对其进行搜索求解。对于静态博弈，已提出了诸多可计算博弈的算法和模型（Nisan et al.，2007），例如在多项式时间内计算纳什均衡（Chen et al.，2006）和最优承诺（Conitzer et al.，2006）。对于小规模的博弈树（例如三子棋），可以通过暴力搜索的方法得到最优策略；对于中等规模的博弈树（例如国际象棋），则需引入Alpha-Beta剪枝等策略缩小状态空间；对于大规模的博弈树（例如围棋），则需要事先通过监督学习（Silver et al.,2016）或自我博弈（Silver et al.，2017）的方法对状态估值进行精确评估，以制定有效的启发函数，进行高效的启发式搜索。

但是，在非完全信息博弈中，博弈树建模过程中存在所谓的信息集（information set），即玩家因为并不能完全观测自己所处的状态，所以无法区分多个状态，例如，在扑克或桥牌中，玩家无法观测对手的手牌。这类问题通常出现在二人零和非完全信息博弈中，解决该问题的典型方案是求解该博弈树的纳什均衡（Chen et al.，2006）。由于非完全信息的特点，此类博弈树的规模通常更大，而且内部节点之间的关联性也导致该类博弈树不易于被剪枝，因此现有的解决方法通常分为三个步骤：①博弈抽象（game abstraction），即通过博弈抽象对博弈树进行压缩，对等价的状态进行合并（Sandholm，2015）；②自我博弈，通过迭代算法［如基于无悔学习的悔恨值最小化算法（Bowling et al.，2015）］对博弈树进行自我博弈，并迭代求解；③残局精确求解（endgame solving）（Brown et al.，2017）。基于上述框架的人工智能机器人现已能在双人无限注德州扑克博弈上击败世界顶级玩家。

第二个问题，即针对非完全信息场景设计游戏规则以优化设计者目标的问题，在微观经济学和博弈论中亦被称为机制设计问题，有较长的研究历史。典型的一例应用是在买卖交易场景中，在买卖双方具有非对称信息的前提下，卖家如何设计价格等机制进行销售。基于人工智能的机制设计方法在当前的人工智能与经济学的交叉学科研究中非常热门，主要的研究热点包括通过强化学习的方法优化机制设计（Tang P，2017），通过机器学习和行为经济学的方法对玩家进行建模（Hartford et al.，2016），以及通过实验经济学的方法对玩家建模和机制设计进行验证和评估（Wang Z et al.，2014，2016）。值得一提的是，2007年的诺贝尔经济学奖颁发给了三位在机制设计方面有突出贡献的美国经济学家。

3. 研究内容

针对当前非完全信息下的智能决策研究的进展与不足，如下几个重要研究方向值得探索。

（1）对于人工智能在二人零和博弈的进展，如何将其扩展到二人非零和博弈或多人博弈。当前围棋和德州扑克方面的进展，仅限于解决二人零和博弈问题，如何将其中的方法和智慧扩展到非零和博弈或者多人博弈，是当前人工智能研究的热点和难点。在多人零和博弈中，纳什均衡等博弈解决方案依赖于对手的理性程度，因此缺乏最优性保障，如何设计多人博弈的策略仍然是未解决的问题。

（2）对于当前非完全信息博弈的进展，如何将其扩展到非博弈的领域。在现实世界中，大多数情形并非像博弈那样有确定性规则（如金融市场），具体环境难以模拟，因此基于自我博弈（围棋和德州扑克均依赖这一技术）的方法很难扩展到现实应用场景，如何解决多人非确定信息环境下的可模拟性问题是成功应用上述技术的关键。

（3）对于机制设计问题，传统的解决方案是根据行为经济学模型，结合机器学习模型，对玩家进行建模，从而预测玩家在机制中的行为。近年来，基于数据的行为建模得到了广泛认可，并取得了瞩目的进展，如何将基于数据的行为建模列入机制设计框架，也是当前非完全信息决策研究中的热点课题。

（4）不确定信息下的单智能体规划以及分布式的多智能体规划。现有的最优算法（如分散型马尔可夫决策过程）只能解决非常小规模的问题，未来需要进一步探索能解决大规模问题的算法，这些算法将可能在军事航天等领域得到应用。

（5）对于开放环境的决策问题，目前还没有理论保障。如何对开放环境进行理论建模，保证最坏情况下的决策质量，也是极具挑战性和现实意义的研究问题。

（执笔人：唐平中，清华大学；王志坚，浙江大学；安波，南洋理工大学；邓小铁，北京大学）

2.2.5 通用智能数学模型与算法理论

1. 研究背景

近年来，人工智能及其新一代体系的发展备受世人瞩目，被不少科学家、工程学家和未来学家誉为继信息技术（information technology，IT）革命之后的“第四次浪潮”。传统的人工智能技术是“弱人工智能”，主要依靠人工神经网络对判断决策行为进行简单化、抽象化、符号化的模拟，普遍将其转化为一类特定的计算模型，最终通过计算机强大的运算能力进行处理。然而，一旦涉及感知觉、认知思维、学习记忆、情感意识等“强人工智能”领域，目前的人工智能水平与真正的人类尚有很大差距。随着脑研究中一些标志性成果的突破，生物层面的脑结构与功能图谱、脑重大疾病机理、神经元与突触连接机制、脑区间链路特征、脑信息表达与处理机制等成为研究热点，为人工智能的下一轮发展提供了新的启发——通过脑科学研究，“破译”大脑进行信息处理与神经编码的原理，再通过信息技术予以参照、模拟和逆向工程，形成以大数据驱动的通用智能数学模型与算法理论。

2. 研究现状

无论是早期的多层神经网络，还是如今在图像识别等领域应用广泛的深度神经网络（仅仅涉及初级视觉皮层的架构），或是在语音识别和翻译领域表现突出的递归神经网络，以及适用于一定量数据样本的生成式对抗网络，其基本的核心数学理论基础都是科尔莫戈罗夫—阿诺德（Kolmogorov-Arnold）表示定理，即函数的适当加和嵌套结构可以具有“万有逼近”的效用。目前，借鉴初级视觉皮层的架构构建深度神经网络起到了显著的作用。因此，如何进一步通过模拟人脑皮层下系统的增强学习和皮层上系统的有监督学习，构建新型仿生网络结构，从而提出认知计算的学习算法及其架构（包括皮层上和皮层下系统的整合计算、多通道的感知觉整合计算等），成为目前研究的前沿问题。

由于生物体的生长发育过程与大脑神经系统的可塑性有着密切的关系，单个神经元的输入输出应答机制远非传统的单调类激励函数可以完全描述。因此，借助符合神经生理学机制的神经元网络耦合模型，同时结合动态（特别是具有随机动态、稀疏等特性）的网络结构以及相关强化学习等信息处理过程，发展新型神经网络架构，将有助于理解和认识大脑高级认知机制，创新类脑算法，这也成为发展通用智能数学模型与算法理论的重要方向之一。

目前常用的用大数据特征提取统计算法和无监督学习聚类等方法主要面向具有静态特性的大数据集。但是，现实数据采集和分析面向的更多的是具有一定动力学特性的动态数据集。因此，通过合适的智能数据同化算法来进行动态数据的特征提取、参数识别、短时预测等，具有重要的意义。目前，基于动力学和滤波理论，人们发展了数据模型缺失时的预测与因果推断算法；基于再生核空间概率嵌入理论，陆续提出了泛函形式的贝叶斯法则的相关理论与方法，以处理复杂非高斯和非参数化分布，并证明了经验估计的渐进性质和误差收敛速度，应用在基于机器视觉的空间追踪问题中。

3. 研究内容

通用智能数学模型与算法理论的研究内容主要包括通用智能算法数学模型构架与优化、多尺度调控网络与计算神经形态模拟和大数据智能同化算法发展与应用三个领域及其细分领域（见图2.5）。

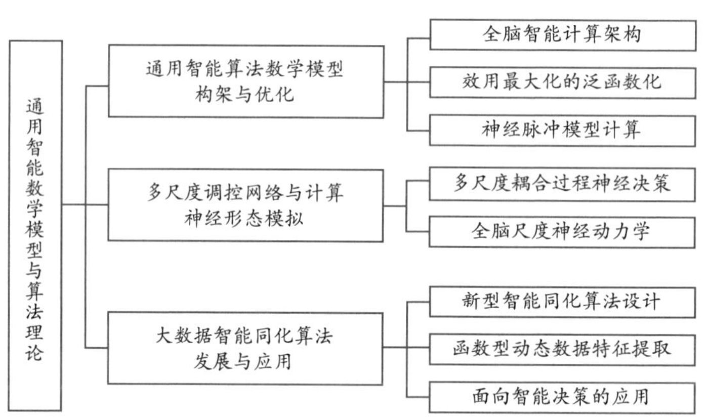

图2.5 通用智能数学模型与算法理论框架

（1）通用智能算法数学模型构架与优化。结合最新脑科学关于高级认知的研究成果，发展包含自组织、自学习、自适应、自涌现等人脑学习机制，并且融入人脑决策、情感、注意力等因素的高性能并行分布式智能计算算法。①基于生物脑模拟发展全脑智能计算架构。目前，深度网络主要模拟了大脑的视觉皮层，增强学习则主要受皮层下奖赏系统的启发。新的网络结构应可同时模拟人脑皮层下脑区的增强学习系统和皮层上脑区的有监督学习系统。全脑认知计算学习算法作为一种全新的计算构架，将包括皮层上和皮层下系统的整合计算、多通道的感知觉整合计算、左右半脑高低频信号处理的整合计算等受脑机制启发的计算模型。②基于数学理论发展新型学习算法。除了传统梯度下降算法，充分利用信息几何学和微分几何学，发展新的有效的学习算法，使得轨道不仅能达到学习目标，并且是信息黎曼几何流形的测地线，确保误差达到最优同时收敛速度最快。将所发展的新型学习算法理论应用于全脑计算架构的训练，设计出一套有效的全脑计算架构训练算法，防止网络优化过程中陷入局部最优，以更快的速度达到全局最优以及效用函数最大化。③基于神经脉冲模型的计算。与深度网络中的神经元不同，生物系统中的神经元采用脉冲计算。神经元只在电位达到阈值之后才发射出脉冲信号，并且可能同时利用脉冲频率和脉冲间隔时间编码。在计算神经形态模拟的基础上，可以探索神经脉冲计算模型，为实现高效节能的神经网络计算提供新的可能。

（2）多尺度调控网络与计算神经形态模拟。利用全维度多模态大数据，基于神经元的生物物理模型（如Hodgkin-Huxley模型、Integrate-and-Fire模型、Memristor模型等），构建多尺度脑网络模型，研究多尺度耦合过程中的神经决策机制，进而探究一些高级认知功能背后的大脑运作基本机制，逐步认识脑的工作机理；集成多尺度数据，发展介观尺度的数据同化方法，估计超大规模神经元网络的参数模型，构建从微观到宏观的大脑调控网络，研究其静态结构表征、实时工作机制和动态属性，并结合随机耦合计算神经形态模拟，仿真大脑的部分认知功能，比如工作记忆、决策、情感、注意力等。利用计算神经网络形态模型，结合多模态大脑数据，建立全脑尺度神经动力学行为理论，分析大脑认知行为以及典型脑疾病发生发展过程中的异常局部结构和系统同步动力学行为变化，揭示整体涌现的动力学行为特征与功能实现与疾病发生的关系和动力学机制。

（3）大数据智能同化算法发展与应用。发展一系列新型智能同化算法，包括高维关联分析、复杂因果分析、社团结构检测、时间序列分析、动态网络分析、函数型数据分析等，将其应用于包括脑数据在内的各类大数据问题的机制研究和解析过程。特别是要研究在数据产生的系统模型部分或完全缺失、观测模型缺失时的智能同化算法，基于复杂系统非参数建模，进一步丰富与完备现有特征提取、参数识别、短时预测等非监督智能算法体系。基于以上新型智能算法，构建面向应用开发的软硬件平台，在智能决策的多个相关具体领域实现典型应用。

（执笔人：冯建峰，复旦大学；林伟，复旦大学）

2.3 大数据智能关键技术

2.3.1 知识计算引擎

1. 研究背景

从数据到知识，再从知识到决策是实现大数据支撑下知识服务的主要途径。知识计算引擎是将非结构化数据转换为结构化知识及提供创新服务的一系列应用程序编程接口（application programming interface，API）和工具的集合，涵盖了从大数据到知识全过程中的核心功能，包括实体检测、实体链接、属性填充、事件抽取、图像识别、文本描述生成、跨媒体分析等技术内容。在这里，我们把人类社会中所描述的具体对象或概念称为实体。

2. 研究现状

1977年，斯坦福大学爱德华·费根鲍姆（Edward Feigenbaum）教授在第五届AAAI会议上提出了“知识工程”（knowledge engineering）这一概念，其基本思想是一个包含了知识库和推理引擎的计算机程序（即专家系统）可为现实问题提供解决方案。

知识库一般用知识图谱来表示，知识图谱刻画了实体之间以及实体与属性之间的关系，可支持智能自主系统理解外部环境和场景。早期的知识图谱的构建几乎都依赖于专家知识，即知识图谱中的实体、属性与关系完全由专家人工构造，如WordNet和Cyc等。随着互联网信息时代的兴起，传统手工构造方法尽管具有所构造知识准确度高这一特点，但其完备性和可拓展性无法适应大数据时代数据和知识大量涌现的需求，为此，基于数据驱动的自动知识图谱构建方法逐渐成为国际知识图谱研究的主要方向。

目前，国际上主流的知识图谱构建方法根据其知识来源与顶层概念设计理念大致可分为四类。①基于Wikipedia Infoboxes等结构化数据的构建方法。这一方法以百科作为知识的主要来源，抽取百科词条作为实体，利用词条中的Infoboxes来填充实体的属性。其主要代表有YAGO、DBpedia、Freebase等。此类构建方法的特点是质量较高，但更新较慢。②基于开放文档的构建方法。这一方法以互联网开放网页文档作为知识的主要来源。假定已知两个实体存在特定语义关系，那么包含实体对的句子在某种程度上就存在表征二者语义关系的作用。因此其通过共现关联与句法分析来发现句子中实体间所具有的关系。其主要代表系统有ReVerb、Ollie、Prismatic等。此类构建方法可以汇聚大量实体与实体间的关系谓词，但主要缺点是发现的知识噪声很大。③基于固定本体或模式的构建方法。这一方法以少量人工定义的固定本体或模式作为知识图谱的顶层概念设计，以此充实和汇聚符合顶层概念的实体与实体的关系，并在此基础上进一步发现新的概念。其代表系统有NELL、Prospera和DeepDive等。此类方法可用于构建面向特定领域的知识图谱。④基于层次化本体的构建方法。

3. 研究内容

关于知识计算引擎，需要进行如下研究：突破知识加工、深度搜索等核心技术，充分利用结构信息，实现知识持续增量的自动化获取（知识的自我繁殖和自我清洗）；完善概念识别、实体发现、属性预测、关系挖掘等功能，具备知识演化建模、知识归纳演绎等能力，从而实现知识的准确推理；开放共享知识计算核心工具，提供知识云计算服务；提供知识协作加工云服务，支持不同终端平台协作式提取本体、概念词典的ID化和协作编辑；建设国家综合知识中心，支撑新技术和新业态的跨界融合与知识创新服务。知识计算引擎框架如图2.6所示。

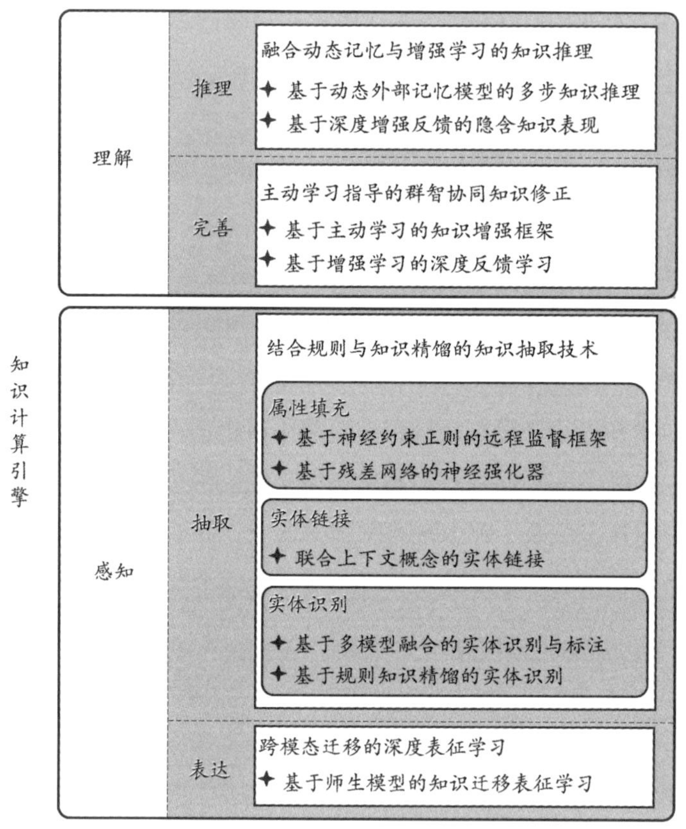

图2.6 知识计算引擎框架

具体而言，知识计算引擎研究可分成如下四个部分。

（1）知识表达。针对文本、图像、语音等多模态数据的知识表达问题，利用现有的单一模态深度表征学习工具以及与模态间关联的特性，重点研究迁移学习技术在知识表达中的应用，即通过模态间关联，在不引入额外训练数据标注的基础上，实现将一个模态知识迁移到另外一个模态的深度模型中，从而训练新模态表征的技术。

（2）知识抽取。针对自动知识图谱构建所需的实体识别、实体链接、属性填充等知识抽取技术，通过结合先验、规则与深度神经网络，指导知识迁移、上下文嵌入以及后验概率正则化，缓解数据驱动知识图谱构建过程中训练数据稀缺、质量低下、来源差异大、可信度参差不齐的问题。

（3）知识完善。利用群智计算的方法与理论，缓解数据驱动的知识抽取方法所获取知识中大量冗余、噪声、错误、不一致等问题。通过构建人机协同的标注平台，结合主动学习与增强学习，减少在人工数据标注与校验过程中的工作量，提高工作效率，简化任务难度。

（4）知识推理。针对隐含知识缺失问题，研究新型知识推理技术，解决过去知识推理算法推理质量差、精度低等缺陷。一方面研究利用外部记忆网络，在知识图谱中直接进行多步知识推理与挖掘；另一方面，研究基于深度增强学习在知识推理中的应用，结合外部记忆网络，发现知识节点之间的隐含高阶关联。

（执笔人：庄越挺，浙江大学；汤斯亮，浙江大学）

2.3.2 可视交互引擎

1. 研究背景

在人工智能2.0时代，各种新兴的智能化技术与应用推陈出新，在给人们带来极大便利的同时，也带来了诸多新的挑战。其中，如何高效地与智能设备进行交互，准确直观地获得设备所提供的各种数据与信息，并通过交互反馈指导智能化应用进行偏差矫正以获取更多精准信息，已经成为一个有待解决的重要问题。“可视交互引擎”技术的提出旨在通过可视的人机交互（human-computer interaction，HCI）、数据呈现和知识表达，形成人机协同网络中混合增强智能的最主要的交互界面，促使不同来源的数据到可理解的知识的迭代更新（Rowley，2007），从而实现大数据驱动的人机融合智能。可视化和可视分析是构建高效可视交互引擎的主要途径。通过融合机器智能与人类智慧，交互的智能可视化和可视分析将成为以人为中心的分析和决策场景下（如安全、军事、医疗、防灾减灾等）的核心分析模式。

2. 研究现状

现代可视化技术具备三大功能：记录信息、传播交流和分析推理（Ward et al.,

2010）。自20世纪80年代发展至今，现代可视化技术经历了信息可视化（注重数据与信息的展现）、可视分析（注重人利用交互可视化对分析过程的辅助）以及可视机器学习（注重对机器学习模型的可视化诠释）三个重要阶段。

信息可视化源自于人们对复杂多维度数据直观表达的追求，旨在利用人类自身极强的模式辨别能力及无穷大的视觉带宽，发现数据的图形化表达之中所潜在的模式与规律（Card et al.，1999）。在近40年的发展历程中，信息可视化领域针对多维度数据、网络数据、时间序列数据、空间数据、文本数据等多样化的数据类型，提出了一系列图形化表达形式，并由此总结出了一系列设计准则、布局算法和交互方式，从而形成了一个完整的学术体系，奠定了可视化领域的基础（Chen et al.，2013）。

大数据时代为传统的信息可视化技术带来了新的挑战与发展机遇。研究表明，可视化在支持人的宏观概览、态势感知、证据关联、模糊搜索等方面天赋异禀，能够极大地扩展计算机的分析能力（Chen et al.，2013）。与此同时，机器学习领域也提出了有必要将人作为分析过程中的一个重要环节，借助可视化手段将人机智能有机结合，形成交互分析环境，可有效提升数据关联分析的效率（Endert et al.，2012）。在此背景下，可视分析应运而生（Cook et al.，2005），它将数据分析、信息可视化，以及人机交互紧密结合在一起，构成一个完整的数据分析体系（见图2.7），涉及认知科学、信息科学、神经科学、数学、统计学等多个学科方向。在图2.7中，上半部分是可视化的可视表达建模，下半部分是机器学习的特征表达的建模，两者都完成了从数据到知识的转换。

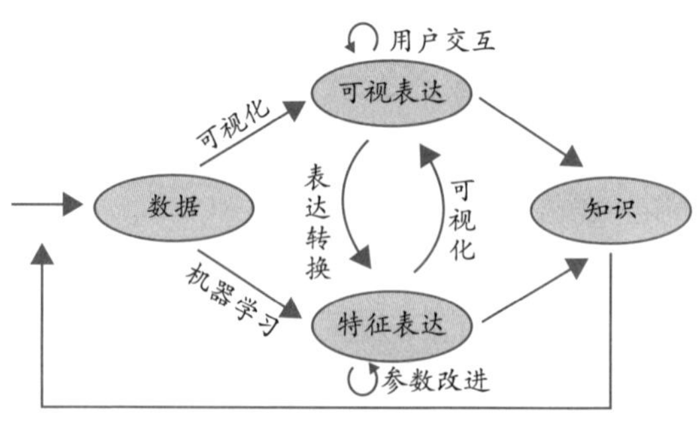

图2.7　交互式可视分析的循环

近年以深度学习为代表的机器学习的热浪，极大地促进了数据驱动的人工智能的发展，也催生了可视化与机器学习的进一步融合。清华大学的研究组在2016年发表了面向深度学习过程的可视化解读的成果（Liu et al., 2017）。哈佛大学科研组也面向LTSM提出了可视化方案（Strobelt et al., 2017）。在产业界，IBM Watson Analytic和微软Power BI由于其日渐强大的智能化分析功能，在市场占有率上取得了大幅增长。

现有的研究思路主要遵循融合可视化与机器学习的技术路线，着重于利用机器学习的自动学习能力。在未来的研究中，还需克服当前可视分析方法以人为中心的交互分析模态带来的问题：当缺乏有效的引导信息或用户经验不足时，交互的分析过程常陷入漫无目的的试错循环，容易导致人力密集的分析流程。在智能2.0时代，需推进更符合人类感知和认知规律的大数据可视化方法，构建人机高度协同的智能可视分析方法，突破增强现实和虚拟现实的沉浸式大数据可视分析的瓶颈。

3. 研究内容

为实现高效的智能可视交互引擎，我们将展开以下四方面研究：大数据可视化理论与方法、大数据可视化工具与引擎、智能式可视分析方法与技术以及沉浸式可视分析架构与平台（见图2.8）。这四方面研究内容由下向上覆盖了智能可视分析的理论、工具、方法和平台。

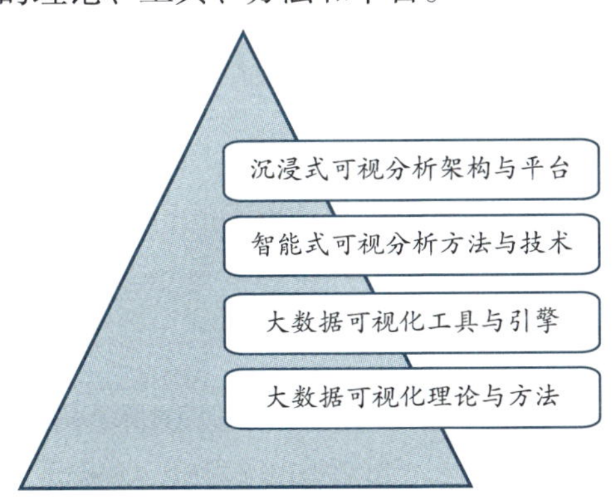

图2.8 可视交互引擎的主要研究内容

（1）大数据可视化理论与方法。为提高大数据应用的智能性和效率，需构建大数据可视化的新理论、新方法与新范式，具体包括：面向大数据的视觉感知和认知机理；利用人机交互、可视化、图形学、心理学等理论与方法，针对大数据海量、异构、涌现等特点，构建大数据高效可视表达与智能交互的新理论；结合增强数据挖掘、人工智能、可视化等技术，提出探索式可视分析和渐进式推演，开发面向超大规模数据的智能可视化以及可视分析新方法；探索可视分析在大数据智能处理中的适用性和适用机制；面向大数据的可视分析基础模式和方法规范；可视分析在大数据分析中的效果评测与量化标准。

（2）大数据可视化工具与引擎。随着大数据和人工智能的广泛应用以及可视化界面的普及，研发面向行业的底层可视化工具与引擎刻不容缓。相关技术内容包括：面向行业的可视化设计标准与规范；综合前端与后台的可视分析设计标准与规范；面向行业的Web可视化组件库与中间件；多类环境（如大屏幕拼接、沉浸式环境、平板、手机、可穿戴式设备、云计算）下的可视化设计工具；面向空间和非空间信息的共性可视化技术规范。

（3）智能式可视分析方法与技术。传统的大科学和大工程的数据来源是计算仿真。物联网（Internet of things，IOT）、互联网和社交媒体所产生的海量数据有效地补充了仿真数据，也为实现大科学和大工程提供了新的维度与视角。交互智能可视分析的含义是突破传统的计算密集型范式（计算+可视化），通过新型交互手段与数据展现方式，将模型、数据、计算与人机混合智能有机综合，增强数据密集型科学的效率（即第四范式）。相关技术内容包括：交互智能可视分析的基础理论与基本范式；与科学领域结合的可视分析流程与方法；基于可视分析的人机混合智能基础理论；面向工程领域的可视分析理解与决策方法。

（4）沉浸式可视分析架构与平台。真实物理场景承载了大量处理和分析后的相关感知信息，符合用户感知和认知习惯的交互呈现界面是实现增强用户对现实物理空间感知的关键。因此要结合虚拟现实、增强现实、人机交互、心理学、可视化等技术，构建多人协同的大数据可视分析与交互方法，提出沉浸式智能大数据分析新范式。相关技术内容包括：面向沉浸式分析决策环境下的增强物理空间感知信息的交互融合呈现技术；面向真实物理场景的虚拟现实可视化架构与平台；现实物理空间的沉浸式增强感知技术。

（执笔人：陈为，浙江大学；曹楠，同济大学；巫英才，浙江大学；刘世霞，清华大学；夏佳志，中南大学；陈宝权，北京大学）

2.3.3　创新设计知识服务技术

1. 研究背景

设计是人类对有目的的创新实践活动的设想、计划和策划，是将信息、知识、技术、创意转化为产品、工艺装备、经营服务的先导和准备，决定着制造和服务的品质和价值，是提升自主创新能力的关键环节（路甬祥，2017）。创新设计通过充分发挥设计者的创造性思维，采用新思维、运用新知识、使用新发明，设计出具有新颖性、创造性和实用性的新产品，从而提高产品质量、降低产品成本、提高产品竞争力（路甬祥，2014）。新一代创新设计技术，是大数据驱动和人机交互下的知识创新过程，本质上是体现人工智能2.0的创新设计技术。创新设计中最重要、最有价值的是设计知识，通过知识服务为设计人员推送设计知识，这对实现创新设计发挥着重要的作用。产品设计技术竞争的关键在于从全生命周期大数据中快速寻找有价值的信息和知识，以大数据为重要知识资源，构建知识计算引擎，提供创新设计知识服务，这对提高产品创新设计能力和实现人工智能2.0在设计领域的应用具有重要的意义。

2. 研究现状

21世纪以来，建设创新型国家已成为发达国家的重大发展战略，美国、德国、英国、芬兰、日本等发达国家相继围绕提升创新设计能力实施了一系列重大政策纲要与战略决策，开展了一系列创新设计知识服务的研究。加州大学伯克利分校提出了一种新的创新范式——开放式创新，强调在技术创新过程中，将内部与外部有价值的创意、知识和技术结合到企业的产品研发体系结构中（切萨布鲁夫，2005）。麻省理工学院构建了以用户为中心，融合从设计、制造到调试、分析各个环节的用户创新设计环境，使得产品创新更加迅速（Gershenfeld，2011）。普渡大学提出从知识获取和表征的角度来描述产品创新设计过程，提供产品创新设计知识服务（Chandrasegaran et al.，2013）。斯特拉斯堡大学提出一种将知识管理活动融入创新设计的分层模型，实现创新设计知识管理模型的工业化应用（Xu et al.，2011）。同时，美国、德国等发达国家的一批跨国集团公司依靠创新设计知识服务占领相关产业的全球市场主导权，引领全球产业创新发展的潮流。例如，美国Autodesk公司和Bandito Brothers公司合作开发了一辆完全由人工智能设计的汽车，人工智能系统通过物联网和庞大的数据库，获取和学习汽车所需要的知识，并将客户输入的需求自动转化为汽车的设计蓝图。特斯拉（Tesla）公司在云端搭建虚拟开发测试环境，采用基于人工智能的云计算辅助汽车设计，同时对云端客户进行大数据分析，提供精准的数字化和个性化的知识推送服务。通用电气（GE）公司利用传感器收集飞机性能大数据，开发数字分析工具和知识服务系统，精确检测飞机运行状况，推送预防维护、故障预测服务，优化产品设计。

我国高度重视设计对创新驱动发展的引领作用，各高校、科研机构、企业等陆续开展对创新设计知识服务的研究。例如，浙江大学积极推进创新设计知识服务系统软件平台、创新设计双创平台、虚拟现实仿真平台以及基础资源库的建设，研发了相关的众包、众创知识服务工具和平台；四川大学提出一种面向产品创新设计的知识检索模型，通过解析设计者以自然语言表达的检索意图，匹配符合检索意图的功能本体，弥补计算机辅助创新系统在中文知识检索方面的不足（涂建维等，2013）；河北工业大学利用知识服务工具解决专利设计问题，结合现有专利技术的优势开发出具有创新性技术的新产品，从而实现了对现有专利群的创新规避设计（江屏等，2015）。

目前，创新设计的发展仍面临诸多问题和挑战：设计人员知识获取能力偏弱，获取效率较低；设计知识结构单一，未能挖掘深层知识；产品设计阶段孤立化，忽视全生命周期过程设计知识与设计任务的关联性。这些问题都急需新一代的创新设计知识服务技术来解决。

体现人工智能2.0的创新设计知识服务是今后创新设计技术的发展趋势，具体来看，主要体现在以下三方面：①从设计知识检索发展为设计知识推送；②从单一显性知识构造发展为深层隐性的设计知识发现；③从数据挖掘发展为全生命周期设计大数据学习。在产品模型大数据、设计知识大数据、产品生命周期过程大数据的支持下，体现人工智能2.0的创新设计首先能够智能准确地预测客户产品需求，智能准确地对设计人员水平做出评价，智能快速地找到最合适的设计师，并获取所需要的设计知识，然后利用知识的关联、交叉和融合，构建产品全生命周期大数据设计智能计算模型，进而智能快速地匹配所需要的产品模块，最终智能生成新的产品创新设计方案。

3. 研究内容

为实现高效智能的创新设计知识服务，需要解决设计知识网络与知识图谱构建、创新设计知识获取与知识导航、创新设计方案智能求解等关键技术，开发基于大数据智能的创新设计知识服务平台，为创新设计知识服务提供技术、工具与平台支持（见图2.9）。

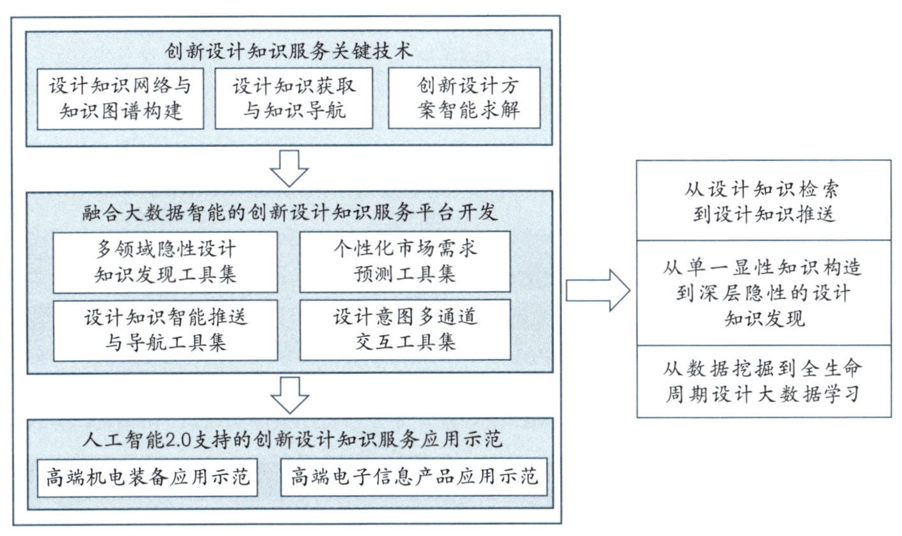

图2.9 体现人工智能2.0的创新设计知识服务

（1）跨媒体融合的设计知识网络与知识图谱构建。研究综合消费数据、个体偏好、文化元素、加工制造、运行维护等跨媒体数据的产品全生命周期大数据构建方法，实现产品全生命周期多源异构跨媒体大数据的知识挖掘。研究创新设计过程中以不同媒体为载体的知识建模、知识融合与知识推理问题，充分利用数据的关联、交叉和融合，实现设计大数据的价值最大化。研究基于深度学习的隐性设计知识发现与多学科设计知识关联等难点问题，获取产品设计参数、设计约束和设计知识的匹配规律，建立多学科多领域设计知识网络与知识图谱。

（2）大数据驱动的创新设计知识获取与知识导航。通过基于全生命周期大数据的市场需求挖掘、客户偏好计算、设计任务分析等，实现个性化的创新设计知识需求获取。研究产品全生命周期设计知识推送方法，将产品知识推送和设计任务、设计人员知识水平进行关联匹配，实现精准化的创新设计知识导航。

（3）融合多感知人机交互的创新设计方案智能求解。通过虚拟现实和增强现实，对设计者的模糊设计语义进行分析、理解、表达和转化，实现产品创新设计意图与设计概念的多感知交互。研究设计者先验知识与计算机辅助设计（computer aided design，CAD）系统知识图谱的知识融合技术，构建设计智能的知识计算模型，解决融合数据流与知识流的设计模型求解问题，实现产品创新设计方案的智能生成。

（4）基于大数据智能的创新设计知识服务平台开发。开发融合大数据智能的创新设计知识服务平台与工具集，通过人工智能2.0技术和设计知识服务的深度集成与有机融合，为复杂装备与产品创新设计知识服务提供平台支持。

（5）人工智能2.0支持的创新设计知识服务应用示范。在高端机电装备与高端电子信息产品等领域进行人工智能2.0支持的创新设计知识服务应用示范，在全生命周期大数据驱动和人机交互下，利用隐性知识，快速智能地获得高端机电装备与高端电子信息产品的设计方案，有效提高我国高端机电装备与高端电子信息产品的创新设计能力。

（执笔人：谭建荣，浙江大学；刘振宇，浙江大学；孙凌云，浙江大学；檀润华，河北工业大学；李彦，四川大学；胡洁，上海交通大学）

2.3.4 数字创意知识服务技术

1. 研究背景

现代信息技术与传统创意产业深度融合，形成了数字创意产业。数字创意产业是以创意为核心、由数字技术引领的战略性新兴产业。

创意首先表现为人的创造性智慧，而在创意过程中，一般都需要获取相关的创意素材和知识来启发创意灵感，形成创意概念，并借助于数字技术手段来生成创意结果。

以文物、书画、音乐、戏曲等为代表的各种文化艺术资源中蕴含了丰富的创意知识，是数字创意的重要源泉之一。目前对文化艺术资源的利用，大多停留在以素材库直接检索和一些显性知识获取为主的直观层面上，而文化艺术对象中的隐性知识未被充分发掘，因而也未能在数字创意中发挥出其应有的价值和作用。因此，为数字创意提供深层次的知识服务，是亟待研究解决的一个重要问题。

2. 研究现状

一般地，创意设计的主要技术工具是计算机动画（computer animation，CG）等现代数字技术。自20世纪80年代以来，程序生成已被用于纹理绘制、产生3D模型、在视频游戏中自动生成大量内容等，并出现了Photoshop、CorelDraw、AutoCAD、MAYA、3DMAX等创意设计软件系统。

随着人工智能技术的发展，有学者将一些专家知识融入创意设计，借助于数字技术实现智能创意（简正三等，1999），提出基于专家构图知识的推理模型来模拟人类形象思维，并实现了图案智能创作。

近年来，基于大数据的人工智能技术不断地被用于数字创意中。21世纪福克斯公司利用IBM“沃森”超级计算机为人工智能惊悚片《摩根》（Morgan）制作了一段预告片。IBM的研究员利用超过1000段电影预告片训练“沃森”，帮助“沃森”成功学习了预告片的一般风格和节奏。随后，“沃森”处理了整部电影，并选出了6分钟的片段作为预告片。

索尼CSL实验室的Flow Machines软件在输入超过1.3万首不同的流行歌曲之后，创作出一首类似甲壳虫乐队（The Beatles）风格的歌曲。谷歌人工智能Magenta项目自动创作了一段90秒的旋律，其中的鼓点来自人工，而钢琴旋律完全来自于计算机算法。

诗人兼软件工程师卡梅尔·埃里森（Karmel Allison）将自己的两项技能合而为一，向自己的神经网络中输入了19万个单词。这一名为Deep Gimble I的系统能在不到1分钟的时间里写出一首诗。谷歌也在与斯坦福大学和马萨诸塞大学的合作中用机器创作了诗篇。

EyeEm杂志开发了一种算法，能分析照片并评价其艺术价值。通过训练算法去分析照片，并按照预设的审美标准进行百分制的打分，系统的开发者将最新杂志的编辑主导权交给了人工智能，最终诞生了一份完全由人工智能编辑的杂志。

美国罗格斯大学的计算机科学实验室、Facebook的人工智能研究部和查尔斯顿学院的艺术史系联合提出了创造性对抗网络（creative adversarial networks），通过学习风格和偏离风格规范来生成各种风格的作品。Tubingen的研究人员使用深度学习技术开发了风格转换算法，将图像转换为莫奈或毕加索的风格。谷歌的DeepDream系统在学习了大量样本图片的规律后，可以对输入的一幅照片进行再创作，生成一幅迷幻而奇特的图像。

可以预见，大数据人工智能技术在未来的数字创意中将会扮演越来越重要的角色，而如何从文物、书画、音乐、戏曲等各种文化艺术资源大数据中挖掘各种对象和技艺的隐性知识，建立创意知识库和服务平台，为数字创意产业提供知识服务，促进数字创意产业的发展，则是一项重大的挑战。

3. 研究内容

针对数字创意的应用需求，研究从文化艺术资源大数据中获取创意知识的模型和方法，研究创意知识表达及其知识图谱的构建和可视化方法，研究面向数字创意流程的知识服务技术，研发面向数字创意知识服务的平台、环境与专用装置，实现从艺术资源中提取创意知识、表达创意知识、利用创意知识的目的。具体的研究内容关系如图2.10所示。

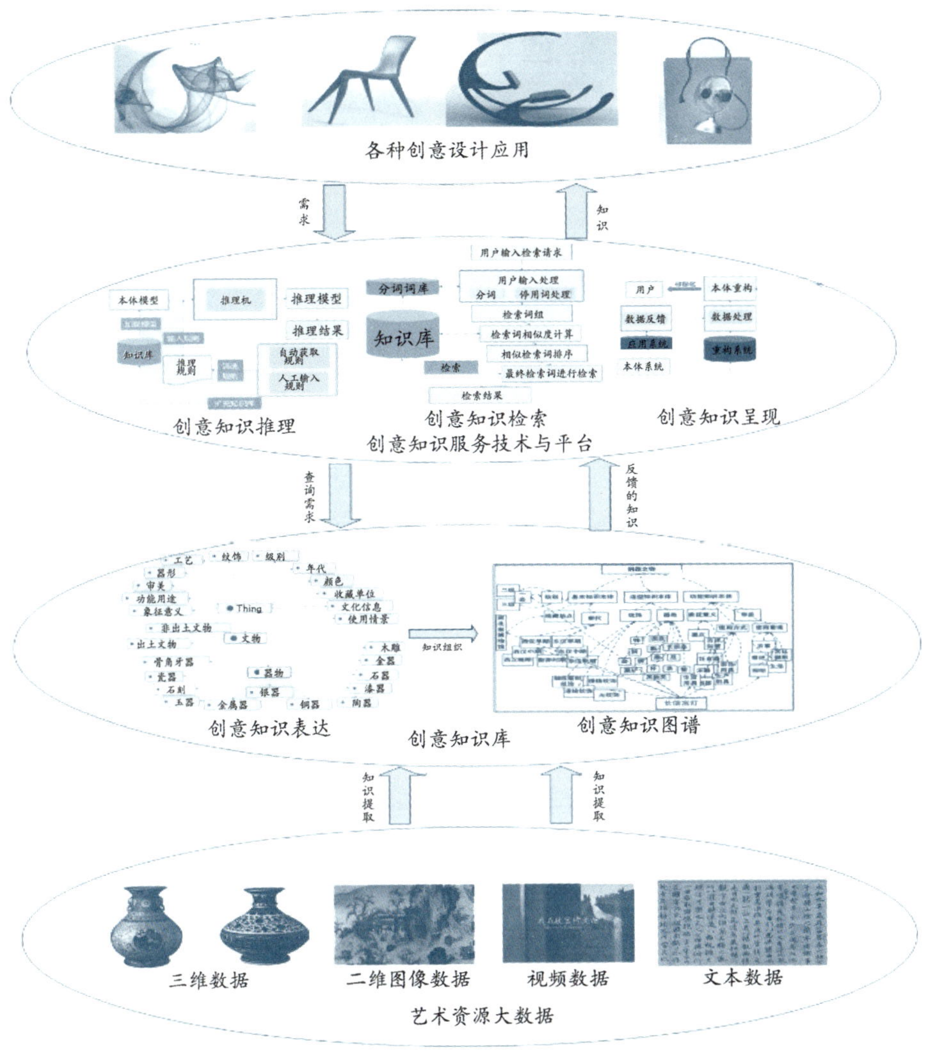

图2.10　数字创意知识服务研究内容关系

（1）创意知识获取。研究从艺术资源大数据知识源中获取创意事实和规则、规则演绎约束、创意基本元素等知识模型和方法；研究创意知识分类、整合、精炼以及一致性、完整性维护等技术；实现创意领域知识、用户知识和专家知识的有效获取。

（2）创意知识表达模型与知识图谱。研究面向创意领域知识、用户知识、专家知识的表示学习方法以及对应的知识图谱的构建和可视化方法，构建、绘制和显示创意知识及其相互联系，实现创意知识的有效组织、存储和管理，明确表示知识发展进程与结构关系。

（3）面向数字创意流程的知识服务技术。基于文化艺术资源大数据，研究面向创意灵感激发的知识服务技术，支持创意概念的智能形成；研究创意概念的智能生成技术，实现创意结果的快速呈现；研究面向创意结果评价的知识服务技术，实现创意效果的评价；研究用户评测大数据的实时深度挖掘，形成创意产品设计市场预测体系。

（4）面向数字创意的知识服务平台、环境与专用装置研发。搭建艺术资源大数据云平台，实现创意知识的智能检索和呈现；研发基于虚拟现实技术的艺术资源全方位展示平台，融入艺术风格和文化艺术场景等信息，构建虚拟场景环境，建立艺术资源的多维感知模型，提供一种可视化、多感知、交互性的艺术资源展示方式；研发基于人工智能的人机互动数字艺术创作系统与设备。

（执笔人：鲁东明，浙江大学；许端清，浙江大学；罗仕鉴，浙江大学；季铁，湖南大学；王昀，中国美术学院）

2.3.5 以可视媒体为核心的商业智能知识服务技术

1. 研究背景

视觉是人类认知世界最重要的手段之一，承载视觉信息的媒体类型包括图像、视频、三维数字几何模型，统称为可视媒体。近年来，随着社会经济的快速发展和城市化进程的不断加速，传感器技术、互联网技术、大数据技术及其他高新技术开始融入城市的各个系统，物理世界中的巨量信息被采集、分析和呈现，产生了大量的可视媒体。可视媒体已经成为信息处理和信息资源建设的主体，是知识服务的主要手段。以可视媒体为核心的商业智能知识服务，指的是探索高维时空可视媒体信息的结构化分析和语义理解的新方法，并结合城市中地理位置、网络媒体、城市基础数据等跨媒体大数据资源，为电子商务、导航、物流等商业智能提供知识服务。

2. 研究现状

城市的数字化与信息化建设已经成为国家现代化建设的主流和趋势。城市街景数字平台将数字街景数据与网络地图相结合，为大众和政府部门提供各种便利和服务，已在很大程度上改变了人们的生产生活方式，成为城市现代化建设和为人们提供智能服务的重要平台。经过多年的发展，大规模城市场景的三维数字化得到了广泛研究，并取得了重大进展。已有部分商业公司成功推出了各自的街景系统。国际上的街景系统包括谷歌的谷歌街景、微软的Streetside系统等。在国内，腾讯公司推出了腾讯街景系统，覆盖了全国主要城市。街景系统首先利用街景采景车，对城市街道进行全景图扫描，然后将这些信息存储在服务器上，供用户进行真实的街景实时浏览。这项工作使得用户能够方便直观地浏览大规模城市景观，是在线地图的直接、有益的补充。目前街景平台所存在的一个问题是，只能在街道的某些点进行拍摄和拼接，拍摄点之间的地段采用直接图像融合的办法，可视效果还有进一步提升的空间。通过将城市街景与增强现实、电子商务等技术结合，商家可以在街景上投放广告、设置虚拟商店，与全球定位系统（global positioning system，GPS）及地理信息系统（geographic information system，GIS）集成还能实现个性化广告投放和引导，产生比传统广告更高的效益。城市街景正逐渐成为一种新型商业媒介。

为了有效实现城市管理，现有的舆情监管系统一般利用搜索引擎技术和网络信息挖掘技术，通过网页内容的自动采集、聚类分类、主题检测、统计分析，实现对相关网络动态监督管理，为决策层全面掌握网络动态，做出正确舆论引导提供分析依据。其中，对海量异构可视媒体数据进行快速精确匹配、查询与检索是目前研究的一个热点和难点。可视媒体数据也是数字城市街景平台中的重要数据来源。基于街景视觉要素信息的匹配、查询与检索逐渐成为一门热门的交叉学科。基于内容的图像检索涉及图像视觉信息表示、图像感知模型、高维大规模的数据处理及索引等方面，它的基本思想是通过分析图像的视觉特征和上下文联系进行检索。它以图像处理、模式识别、计算机视觉、图像理解等领域的知识为基础，从认知科学、人工智能、数据库管理系统以及人机交互、信息检索等领域引入新的媒体数据表示和数据模型，从而设计出可靠、有效的检索算法和系统结构以及友好的人机界面。在国际上，各大研究机构和公司，如麻省理工学院（Pentland et al.，1996；Torralba et al.，2003）、斯坦福大学（Heits et al.，2008）、多伦多大学（Mnih et al.，2012）、IBM（Niblack et al.，1993）等，相继推出了它们的可视媒体匹配、查询与检索系统。

3. 研究内容

基于国内外研究现状，建议从以下两个方面开展以可视媒体为核心的商业智能知识服务技术研究。这两个方面分别涉及社会基础公共服务和市场营销的商业模式，对提高人们的生活水平和促进社会经济的发展有着重要作用。

（1）基于街景大数据的导航增值信息挖掘。目前开放的街景平台拥有国内主要城市主要景点详尽的高清街景全景图。通过对街景大数据的有效分析，这些街景平台可以有效辅助高清导航地图的构建。针对街景全景图的特点，研究端到端的深度学习网络，重点考虑大场景下小样本目标的自动识别方法，街景场景的自动语义分割方法，以及道路静态和动态目标的高精度检测、定位与识别方法。基于街景大数据的交通全要素数据库自动构建的内容，至少包括路面、建筑、树木植物、电子眼、交通标志、路牌、车道线、隔离带、路灯杆，以及以上交通要素的实时检测；车辆、行人等交通参与对象自动检测与定位及其行为预测；交通灯、路障等动态交通信号设施的自动检测、定位与识别。同时，研发基于街景大数据的高清导航地图构建系统，并实现应用示范。

（2）面向图像与视频大数据的商业智能。图像与视频占互联网数据总量的70%以上，是信息传播的重要媒介。微信、微博、视频网站、直播视频吸引了大量的用户，蕴含着巨大的广告商机。与传统广告不同，视频广告方法主要研究基于视频内容分析的精准广告推荐、基于用户画像的图像与视频偏好预测以及利用虚拟对象的无缝植入。研究基于大数据的商业智能，具体包括基于视频的场景语义分割、物体识别、文字识别、动作识别等多模态信息的精确广告推荐，基于图像上下文语义信息和人类主观感受（包括视觉显著性和美学度量）的广告植入位置推荐方法，视频中场景的几何、材质、光照恢复，以及基于恢复信息的真实感对象植入方法。

（执笔人：胡事民，清华大学；徐昆，清华大学；刘永进，清华大学；张松海，清华大学）

2.3.6 基于全息数据的通用人工智能发展技术

1. 研究背景

我国已将发展人工智能与机器人产业确立为提升国家竞争力、维护国家安全的重大战略，然而目前基于大数据、深度学习的人工智能和机器人理论体系依然存在着一些亟待解决的问题，比如信息模态单一，任务单一，学习模型基于数据驱动、严重依赖大数据样本，模型可解释能力和泛化迁移能力差、无法适应复杂多变的现实环境等。这也说明，大数据支撑的深度学习的复兴固然是人工智能领域的里程碑式进步，但并不意味着深度学习具有解决全部人工智能问题的潜力。究其原因，目前的人工智能和机器人理论体系还没有完全了解人类意识和思维的本质。比如，人与环境的交互和协同是人类智能发展的主要途径，但目前相关研究还没有被充分挖掘和开展。面对这些瓶颈和挑战，我们提出用全息理论和拓扑性思想去指导实现更加高层次的通用人工智能。

2. 研究现状

现代全息理论之父David Bohm（1981）认为，宇宙是一个巨大而细节丰富的全息图（hologram），是一个不可分割的、各部分之间紧密关联的整体，任何一个部分都包含整体的信息。这就解释了物理学家Alain Aspect所发现的次原子粒子之间不管距离有多远，都能够彼此保持联系的现象。

脑神经科学家Karl Pribram（2007）曾提出全息大脑理论（holonomic brain theory），并对人类认知建立模型，通过基于记忆存储的非局域性特征，将大脑描述为一个全息存储网络，认为脑部使用全息原理把经由感官收到的波动（如光波、声波等）转变为我们内在知觉的世界。Brandon West（2014）曾多次引用加拿大神经外科医生Wilder Penfield（2007）的实验结果来进一步说明大脑对感知数据的记忆是全息的，而并不是单纯的一幅图像、一种声音或一种感觉。

Bohm与Pribram的合成理论，被称为全息模型理论（holographic paradigm），这也许是科学到目前为止关于现实最准确的解释模型。

这些全息理论的探索，对人工智能具有启示和借鉴作用。人利用眼、耳、鼻、舌、手五种感官器官，实现视觉、听觉、嗅觉、味觉、触觉五种信息感知能力，从而可以感受外界刺激获得环境信息。人的这种感知能力是全息的，即把获得的所有关于环境的信息以完整的方式进行记忆、访问与处理，从而为人对事物的全貌进行感知提供了可能，由此人可以进行学习、推理、判断、预测、决策、行为、反馈等一系列智能活动。这种与目前大数据人工智能技术的显著区别，提示我们可以用全息的思想去探索新的人工智能实现方式。

从本质上说，所谓部分包括整体，就是自然界的自相似原理。大自然的任何物体，在结构、功能、过程等某一方面都存在着自相似性，因此，我们可以用拓扑性结构来构建数据。这种拓扑性结构，就是自相似分形结构。

事实上，“拓扑性”的思想在人类的创造力、想象力和基于语言的沟通能力中处于最核心的位置。智能有了拓扑结构，就可以发现信息背后的本质，就可以获取积累知识，并建立反映事物规律的模型，进而在事物的本质层面进行逻辑推理和判断决策，同时通过与环境的不断交互，实现人工智能的进化、涌现和升华，一步步达到具有创造力的可能。

基于全息理论和这种拓扑性的新理念，我们提出一个新的基于算法、数据、模式和行为的四元并行全反馈的特征—概念—知识—模型四元可变结构的递阶全息智能反馈网络；再基于该智能反馈网络，构造由全息感知、全息认知、全息决策和全息执行组成的四元全息智能系统（见图2.11）。

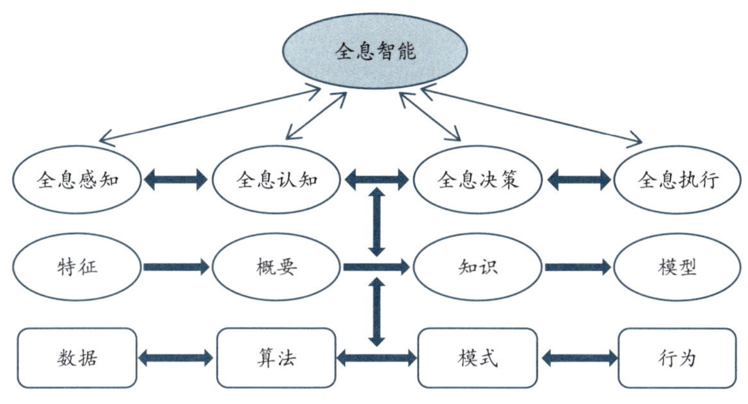

图2.11 四元全息智能拓扑结构

全息智能的提出，在理论上整合了深度学习、可解释人工智能和强人工智能。比如，在图2.11中，自下而上第一层包括数据、算法、模式和行为，这里将数据和算法相结合，进行特征层面学习，也就是目前最热的深度学习。它是一种端到端的学习，相当于一个“黑箱”，不具有逻辑的可解释性。第二层将数据、算法与模式及行为相结合，进行从特征到概念的扩展，也就是目前将要开展的可解释人工智能。从第二层向知识和模型扩展，就是人们目前追求的强人工智能。而要真正实现具有类人的强人工智能（即机器的思考和推理就像人的思维一样），就必须进一步研究第三层的全息感知、全息认知、全息决策和全息执行。与约翰·罗杰斯·希尔勒（John Rogers Searle）的“强人工智能”相比，全息人工智能理论首次清晰地给出了基于全息数据实现强人工智能的四层拓扑结构，从而为迈向通用人工智能开辟了一条新的发展途径。

3. 研究内容

所谓基于全息数据的通用人工智能模式，就是我们根据大自然的自相似原理，模拟人的大脑从感知中获取信息的模式，用全息的方法获取事物的时空的结构化信息和事物本质的特征值信息，再以分形模式建立数据的拓扑结构，从而把整体信息建立在“局部包含整体，时空内嵌本质”的分形结构范式。这就为后面的学习、预测、决策进而控制提供了与大数据不同的人工智能范式。为达到上述目的，我们将重点研究以下几部分内容。

（1）全息智能的基础理论

建立并完善四元全息智能基础理论架构，研究全息数据、全息传感、全息拓扑存储、全息主动感知与处理、全息概念空间、全息模型空间、全息认知、全息决策以及全息执行的基本理论、实现机制和关键技术。

通过新的基于数据、算法、模式和行为的四元并行全反馈的特征—概念—知识—模型四元可变结构的智能反馈网络，利用全息智能中的部分与整体关系，探索实现人工智能的自动升级、发育、进化到涌现的机制，研究全息群体智能算法和智能涌现计算的理论基础与算法。

研究基于全息数据的全息智能的学习机制。基于全息信息的模态多样化特征，实现深度学习、强化学习、迁移学习及类脑计算等的有效组合，实现任务多元化、泛化迁移能力强、适应复杂多变的学习机制。注重借鉴利用以往学习获得的模型及所形成的概念空间，而不仅仅依赖对原始数据的重复学习。

发展在全息智能体系架构下的异构计算技术、边缘技术、群智计算技术等新的高效计算模型。

（2）基于全息智能的全息智能机器人

全息智能理论是现有智能理论的颠覆性创新，从基础理论层面对智能机器人的感知、认知和执行提供了全系统支撑。全息智能机器人就定义为采用全息智能理论实现的机器人（见图2.12），具备多通道、多模态、多模式、多层次的主动感知、进化认知、智能决策和自主行为，将是实现强人工智能的最佳载体，它通过全息信息，汇聚人机群智，通过持续的智能反馈循环，实现智能涌现，从而逐渐逼近人类智能奇点，实现人机协同的智能社会。

为实现全息智能机器人的构想，借鉴人的神经系统层次划分，我们将展开以下四方面的研究：仿大脑的全息智能机器人决策环节的全息智能技术、仿中枢的全息智能机器人管理环节的网络智能技术、仿小脑的全息智能机器人控制环节的泛在智能技术，以及仿神经末梢的全息智能机器人感知环节的全息传感技术（见图2.13）。

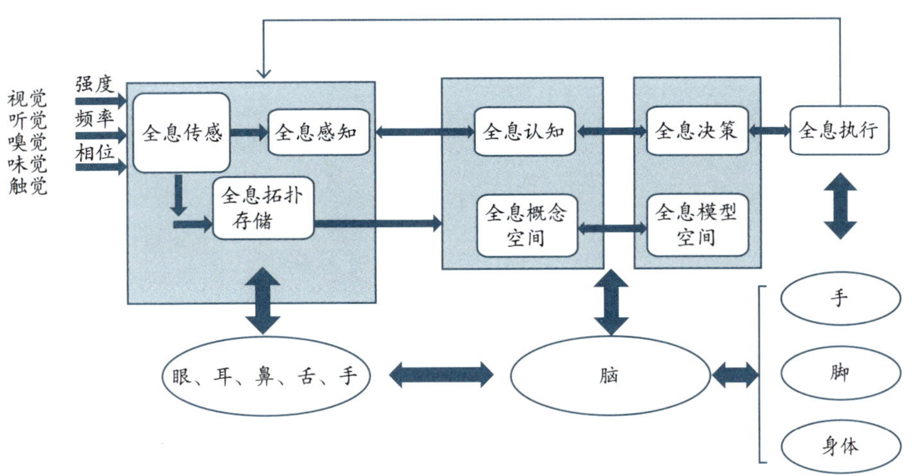

图2.12 全息智能理论对智能机器人的系统支撑

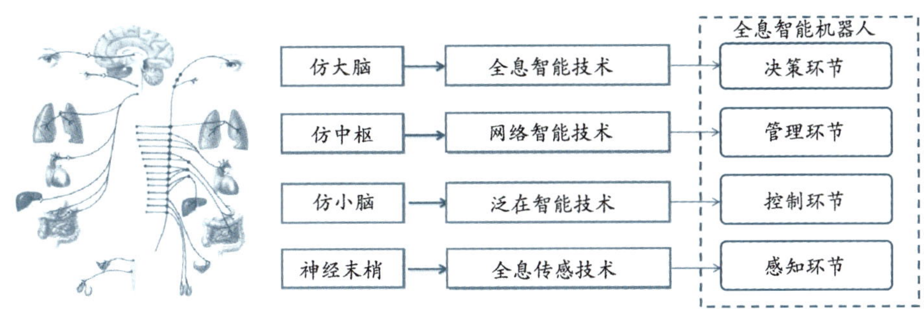

图2.13 基于全息智能理论的智能机器人

（执笔人：甘中学，复旦大学；孙富春，清华大学；刘立，北京大学；张立华，复旦大学；戚骁亚，宁波市智能制造产业研究院；温志庆，宁波市智能制造产业研究院；张文强，复旦大学）

2.4 大数据智能支撑平台

2.4.1 大数据人工智能开源软件集基础平台

1. 研究背景

数据与信息在CPH三元空间中的高度交互与融合，使得CPH三元空间中的大数据智能计算成为新的研究挑战。为了战胜这一挑战，人们需要具备驾驭大数据能力的人工智能——大数据人工智能。斯坦福大学在一份报告中指出，人工智能软件的作用越来越强大，对人类社会、经济有强大影响力的人工智能软件将于2030年前面世（Stanford University，2016）。在大数据人工智能的生态体系中，开源软件集基础平台的构建是其中一项关键的基础支撑课题。大数据人工智能开源软件集基础平台的设计初衷为：在大数据环境下提供能够满足逻辑推理、概率统计、深度学习等人工智能主流范式的统一计算框架平台，为大数据人工智能研究提供所需的各种基础组件，同时形成代码与数据一并开源且具有影响力的平台，从而对各类人工智能应用的高效实现提供支持。

2. 研究现状

人工智能领域在经过了几十年的发展后，已演化出三大学派（蔡自兴等，2010）：①符号主义学派，又称逻辑主义或计算机学派，该学派认为人工智能源于数理逻辑，其原理主要为物理符号系统、假设和有限合理性原理；②连接主义学派，又称仿生学派或生理学派，该学派认为人工智能源于仿生学（特别是人脑模型的研究），其原理主要为神经网络及神经网络间的连接机制与学习算法；③行为主义学派，又称进化主义或控制论学派，该学派认为人工智能源于控制论，其原理为控制论和感知—动作模型下的控制系统。不同学派的观点代表了人类从不同角度对人工智能的认识与看法。各大学派在解决不同类型的问题时，各有所长，彼此互补。

相应地，在处理人工智能问题的方法上，目前发展出了逻辑推理、概率统计、深度学习为代表的三大范式。20世纪80年代，逻辑推理范式占据人工智能领域的主导地位。逻辑推理范式具有很强的知识表示能力，可以较容易地表达出复杂数据关系。然而，其表示能力太强，导致学习过程面临假设空间过大、复杂度极高等问题。所以，当问题规模稍大时就难以进行有效的学习，故90年代中期后这方面的研究陷入低潮。接着，概率统计范式登上了人工智能的舞台并成为主流。其代表性技术是支持向量机（support vector machine，SVM）（Cortes et al.，1995）以及更一般的“核方法”（kernel methods）。在支持向量机被普遍接受后，核技巧（kernel trick）几乎被人们应用到人工智能的每一个角落。从21世纪初至今，深度学习进入了发展热潮。深度学习，狭义地说，就是指“很多层”的神经网络。在许多国际竞赛上，尤其是涉及语音、图像等复杂对象处理的应用中，深度学习技术都体现出了优越的性能（LeCun et al.，2015）。然而，深度学习最大的局限性在于其“试错性”，主要靠手工“调参”，进行“黑箱”训练，这导致其不具备可解释性。在大数据时代，这些人工智能范式都面临着计算效率上的挑战。

随着数据的不断增长和积累以及人们对数据分析需求的不断丰富，近年来出现了各种新颖的数据处理框架（见图2.14）。大数据人工智能处理框架包括批式（分布式）大数据处理平台和流式大数据处理平台等。目前，主流的大数据分布式处理技术是Hadoop[①]及其衍生系统。Hadoop自2006年首次发布以来，其体系已经从传统的三驾马车发展为包含Spark[②]框架在内的60多个相关组件的庞大生态圈。其中，支持人工智能分析的系统（代码库）包括Hadoop框架上的Mahout以及Spark框架上的MLlib和SystemML（Boehm et al.，2016）等。此外，面向流式大数据的人工智能计算正处于起步阶段。Flink[③]、Spark Streaming、Storm等是专门针对流式数据的系统。浙江大学与邦盛科技联合开发了大数据极速流处理平台“流立方”，其技术能力处于国际前列。2017年1月，Apache基金会发布了Beam[④]项目。Beam项目可集成多种

① 详见http://hadoop.apache.org。
② 详见http://spark.apache.org。
③ 详见http://flink.apache.org。
④ 详见http://beam.apache.org。

图2.14　大数据人工智能处理框架

大数据处理平台，为批式大数据和流式大数据融合处理提供统一编程框架。总的来说，大数据人工智能计算研究尚处于起步阶段，大部分工作都为人工智能计算提供通用的计算支持；而对于每一特定的人工智能计算范式，仍存在很大的优化空间。

与此同时，社会环境中无处不在的传感设备正在将互联网转变成“万物互联”的物联网（Ashton，2011）。物联网将智能感知、识别技术、云计算等通信感知技术广泛应用于网络的融合中，也因此被称为继计算机、互联网之后世界信息产业发展的第三次浪潮。物联网浪潮为人工智能带来的挑战是：如何设计即席（ad hoc）的人工智能解决方案，有针对性地从各种复杂传感网络中选取有价值的知识和信息。目前，这部分工作还比较少。现有的工作仅限于使用一些简单的监督学习或无监督学习方法对传感设备获取的数据进行浅层的机器学习（Kulkarni et al.，2011），或是借助云平台收集传感器数据进行基于人工智能的分析（Gubbi et al.，2013）。在大数据人工智能开源软件集基础平台的构建中，需要考虑在物联网类系统、设备和云等平台上搭建各类人工智能系统，以支持现有冯诺依曼模型的新体系架构和专用硬件中的数据分析与智能学习。

3. 研究内容

大数据人工智能开源软件集基础平台的研究目标为：研发一套大数据环境下同时支持逻辑推理、概率统计、深度学习等人工智能范式的统一计算框架平台，为人工智能研究提供所需的各种基础组件集，推动人工智能应用的高效实现；同时，对代码和应用数据进行开源，形成具有国际影响力的开源社区，促进我国人工智能技术和产业生态链的发展。其研究内容的总体框架如图2.15所示，下面对其进行展开描述。

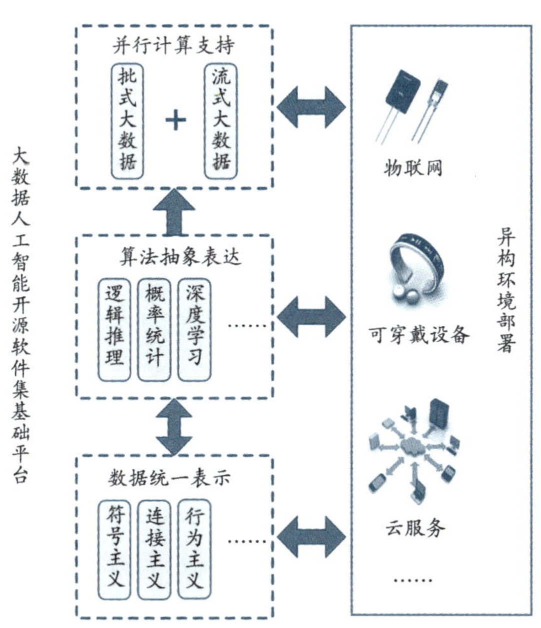

图2.15 大数据人工智能开源软件集基础平台研究框架

如前所述，人工智能领域三大学派的观点代表了人类对人工智能不同的认识与看法，总结出了研究人工智能的途径与方法。各学派经过了几十年的发展，都已积累了大量的人类先验知识、定理公式等研究成果，在解决不同类型的问题时，各有所长，彼此互补。鉴于此，大数据智能开源软件集基础平台应以大数据处理技术为纽带，融合各类学派中的方法，统一各类学派的研究成果，进而将上述各种智能形式有机地结合起来。

此外，为了解决人工智能涉及的技术问题，该领域已发展出逻辑推理、概率统计、深度学习等主流范式。逻辑推理范式使用一阶谓词进行知识的表达和归纳；概率统计范式以支持向量机方法以及更一般的“核方法”为代表；深度学习范式使用多层神经网络，利用海量数据对复杂度极高的模型进行训练。上述范式各有利弊：逻辑推理范式对知识的表示能力很强，但学习面临的假设空间太大，复杂度极高；概率统计范式以统计学习理论为直接支撑，模型可解释性高，但表达能力较差；深度学习范式为人工智能技术走向工程实践提供了便利，但由于其进行“黑箱”训练，可解释性差，且实现过程需要依赖大量标记数据。因此，大数据智能开源软件集基础平台拟对各类人工智能主流范式进行抽象表达，重点突破逻辑推理、概率统计、深度学习等范式的高效实现。

大数据人工智能计算主要面向两种类型的大数据：批式（历史）大数据和流式（实时）大数据。前者需要分布式计算框架的批处理支持，后者需要借助流式数据平台进行实时的大数据处理。根据研究现状部分的阐述，学术界与工业界当前已存在以Hadoop、Flink和Beam为代表的支持人工智能计算的并行分布式、流式或批式与流式结合的大数据平台。然而，这些平台仅提供通用的并行计算支持，而针对每一特定人工智能范式，现有的工作仍有很大的优化空间。因此，大数据智能开源软件集基础平台需为各个计算范式提供优化的并行模型，提升大数据人工智能计算效率。

在物联网引领的世界信息产业发展浪潮下，我们应当思考如何在物联网类系统、设备和云等不同平台上部署人工智能，而这将成为大数据人工智能开源软件集基础平台的又一研究挑战。目前，该类工作尚处于起步阶段，仅能支持一些浅层的人工智能计算。物联网涉及的传感器、可穿戴设备等与传统计算机设备不同，属于冯·诺依曼模型的新体系结构与专用硬件。大数据人工智能开源软件集基础平台需对应设计自适应、分布式、增量计算的人工智能工具集，在上述异构环境中部署人工智能，以支持物联网中海量数据的高效、实时处理。

（执笔人：陈刚，浙江大学；高云君，浙江大学）

2.4.2 终端与云端协同的人工智能云服务平台

1. 研究背景

云计算为用户提供按需付费、动态可扩展的强大计算能力，是推动人工智能快速发展和应用的重要计算引擎。在人工智能2.0时代，智能服务都以大数据的实时处理和智能分析为基础。例如图像识别、语音识别、智能导航等，都需要进行大规模的样本训练和密集的在线计算。这对于任何单个设备或系统来说都难以胜任，往往需要借助强大的云端计算能力，为终端用户提供快速计算服务，从而获得高质量的服务体验。与此同时，随着终端计算能力的不断增强，特别是以边缘计算为代表的新型计算范式的广泛应用，终端和边缘端将成为云端计算的重要补充，就近为终端用户提供计算能力、内容和服务。云端与终端的融合及协同发展将成为云计算范式未来重要的发展趋势，将为人工智能服务的广泛应用提供重要的计算支撑。因此，研究探索终端与云端协同的人工智能云服务平台对加速智能应用和服务具有重要意义。

2. 研究现状

当前，围绕终端与云端协同的人工智能云服务平台的研究主要围绕平台架构、平台性能、平台安全等方面展开。

传统云服务平台利用云端资源池解决计算和存储问题。而随着边缘计算特别是移动边缘计算的发展，终端与边缘端将成为云端计算的重要延伸和拓展。如何从平台架构上支持终端、边缘端、云端三端的协同计算成为人工智能云服务平台需要解决的首要问题。卡耐基梅隆大学提出微云服务平台架构Cloudlet（Satyanarayanan et al.，2009），通过边缘局域网提供低延时、高带宽的实时交互式服务，克服终端到云端的广域网时延问题，从而实现终端、边缘端与云端的有效协作。Nawrocki等（2017）比较了三种不同的云服务平台架构，并对移动云服务架构进行改进，以提高系统资源的利用率。Zhu等（2013）考虑了移动边缘服务的非功能特性，通过动态调整服务呈现方式改善服务体验。

终端与云端协同的人工智能云服务平台对性能要求极高，现有的研究主要集中于云服务部署、服务供应策略等方面。Deng等（2014）针对数据密集型服务中数据传输耗时长这一突出特点，根据云服务平台的拓扑结构优化服务部署方案；Wang等（2016）从云服务提供的角度出发，通过多阶段、多角色的服务协商来实现服务的提供过程，并设计了修改策略来应对服务提供过程中的服务动态变化问题；Wu等（2017）则从移动终端提供服务的角度出发，结合终端用户服务请求的约束条件和终端资源的分配策略，提出了以终端收益为目标的服务供应策略。

在终端与云端协同过程中，数据在两端间进行传递和流转，将面临数据泄露、被窃听和用户隐私暴露等安全威胁。提高云服务平台的安全性以及保障平台数据全权和用户隐私是建立终端与云端协同的人工智能云服务平台的重要目标。在确保云服务平台数据安全方面，身份认证与访问控制、数据完整性保障、计算过程的机密性保护等成为研究的重点。例如，Chow等（2010）结合终端移动性，设计了一种云安全认证平台，结合了TrustCube和隐式认证的特点；Yuan等（2014）引入第三方审计，实现多项式认证标签和安全代理标签的完整性验证，从而抵御用户攻击。在用户隐私保护方面，研究人员分别针对身份隐私、位置隐私和行为隐私展开研究。例如，Jung等（2013）为避免用户身份信息的泄露，设计了基于属性加密的访问控制机制，实现用户身份认证。

3. 研究内容

终端与云端相互融合与协同，为人工智能提供计算与存储等能力保障，是云计算与人工智能协同发展的重要趋势。建立终端与云端协同的人工智能云服务平台，还需加强如下几方面的研究。

（1）支持多端融合与协同的云服务平台架构研究。研究终端、边缘端、云端高效协同的工作机制，探索分层、分治的多端融合的云服务平台架构，突破服务平台架构动态伸缩、云服务按需动态供应、平台资源智能调度等关键技术，为实现多端动态接入、服务智能寻址和路由、服务高效交互与可靠运行、服务全生命周期管理提供平台架构和关键技术支撑。

（2）云服务平台性能优化的策略与方法研究。结合智能服务对大数据处理、分析与传输的要求以及云端、终端、边缘端的能力特性，针对不同云服务的资源需求特点，研究云服务平台性能优化方法，具体包括云服务的优化部署方法、服务静态与动态加载策略、服务缓存与替换方法、服务高效执行与可靠保障机制、服务动态迁移与任务卸载方法等。

（3）云服务平台的数据安全、服务质量和用户隐私保护研究。为确保终端与云端协同的人工智能云服务平台的可用性，需研究面向云端、终端、边缘端的数据安全保护方法，确保数据在多端之间传输时的安全性以及数据访问控制的安全性；需研究面向移动终端用户的服务质量模型、用户体验定量评估方法，建立较完备的服务质量评价体系；需研究面向用户身份、用户位置、用户行为、用户敏感信息等一系列用户隐私的保护方法，确保用户安全。

（执笔人：邓水光，浙江大学；尹建伟，浙江大学）

2.4.3　新型多元智能传感器件与集成平台

1. 研究背景

传感器作为信息时代的感知层，是海量数据的接收和传递信息的入口，是万物互联的重要基础。21世纪以来，随着低能耗模拟和数字电路技术、无线射频（radio frequency，RF）技术以及传感器技术的发展，智能传感器朝向小体积、低成本和低功耗的特征发展。具备信号的检测和处理、逻辑判断、双向通信、闭环控制、自检和自诊断、智能校正和补偿、功能计算、网络通信等多种功能的传感器件已成为当前的重要发展趋势。

受到机器人、汽车领域、航空、安防监控、医疗保健等应用的需求驱动，智能传感器正处于较快的增长时期。随着人工智能技术的兴起，智能传感器件面临着新的发展机遇和变革，也面临着诸多的重新定义和颠覆性认识。

2. 研究现状

近年来，智能传感器件的研究、开发及产业应用方面都在迅速发展，主要表现出以下几个特点。

（1）基于新原理、新材料、新工艺的智能传感器不断涌现

基于新原理、新材料、新工艺形成的智能传感器件（如量子测量、纳米聚合物传感、光纤传感等）对传统传感器件而言形成颠覆性变革。以微加工技术为代表的微机电系统（micro-electro-mechanical system，MEMS）的兴起，使得在单一系统上将信息的获取、传输、处理和执行等功能集成起来成为现实。

（2）智能传感器朝着微型化、集成化、网络化、低能耗方向发展

微型化已经成为智能器件当前和未来技术发展的重要方向。传感器阵列的集成和多功能、多传感参数的复合传感组合传感器发展迅速，并受到市场需求的持续牵引；智能传感硬件系统与数据运算处理系统的集成强化了数据分析、学习、识别和自反馈处理的功能集成，是人工智能技术发展的必要途径。无线传感器网络已经成为未来传感技术发展的重要形式之一，成为集信息采集、信息传输、信息处理于一体的综合智能信息系统。高集成度器件对能源也提出了更高的要求。

（3）人工智能对智能传感器技术格局将形成挑战

伴随人工智能理念的深入，传感器正和人工智能技术逐步融合。人工智能发展对传感器材料以及器件的性能和精度提出了新的更高要求。同时为了与人工智能技术相适应，这些传感器在未来还需要和处理器、反馈网络、模糊计算等技术紧密结合。人工智能技术会创造更多富有竞争力的传感器系统和应用。数据模拟、分析能力和传感器的融合催生了智能传感技术的进步，智能传感器的功能得到进一步的延伸。

与国外相比，国内智能传感器的起步相对较晚；与国际水平相比，有大概三分之二的传感器品种我国尚未掌握。国内智能传感器的不足主要表现在以下几个方面。①国内智能传感器核心技术少、制造水平有差距。尽管国内近几年在传感技术和制造水平上有了长远的进步，但是国内传感器产品还远不能满足国内需求。特别是智能微型集成度高的MEMS传感器，主要依赖进口，国产化缺口巨大，传感器进口占比80%，传感器芯片进口占比达90%。

这主要是因为国内传感器的核心技术少，创新能力弱，某些关键的共性技术尚未获得真正突破，且品种规格少，性能指标低。当前国内传感器技术产业链能力不足，无论是在技术素质、生产能力还是在生产规模方面与国际先进技术的差距都比较大。②基于人工智能架构的智能传感技术理论和器件应用基础还很薄弱。智能传感器是构建人机交互接触、感知与反应的重要功能的基础，是发展人工智能创新体系的组成部分。未来智能传感技术涉及多源感知和运动信息获取、融合处理，神经网络、专家系统、自组织系统、模糊逻辑和遗传算法等技术将更多地渗透于智能传感技术。传感器系统在日益智能化的同时，也使得自身更为复杂，因此需要从系统的角度对若干理论和应用进行研究。而我国智能传感技术理论和器件应用基础尚不足以满足未来人工智能发展的需要。我国在智能传感器上需要完成跨越式发展。

3. 研究内容

新型多元智能传感器件集成平台研究涉及智能传感器理论与设计技术、传感器加工制备工艺、多元智能传感器集成技术、多元智能传感器数据融合感知技术、多元智能传感系统测试及标准体系等内容。并且，各项内容之间呈并列或递进关系（见图2.16）。

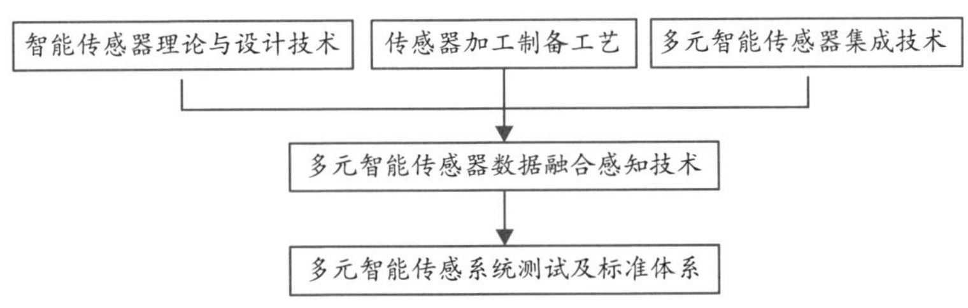

图2.16 新型多元智能传感器件集成平台研究内容

（1）传感器理论与设计技术研究。针对物联网、智慧城市、智慧交通等人工智能的应用场景，利用数学建模、仿真计算等手段，研究并设计基于新原理、新效应的新型传感器件，开展微纳尺度下的新型传感器件的研制工作；大力发展材料、生物、机电等交叉学科相结合的新型传感器件，开展传感器阵列的设计与优化、性能模拟分析及系统管理设计等研究。研究自诊断、自修复智能传感器的方法与设计。

（2）智能传感器加工制备工艺研究。探索先进智能传感器制造技术，开展基于MEMS工艺的硅基微机械加工关键技术研究，开展金属、陶瓷、树脂材料等非硅基材料的制造工艺技术研究，开展薄膜沉积、薄膜应力控制等核心制造工艺开发；发展与互补金属氧化物半导体（complementary metal oxide semiconductor，CMOS）工艺相兼容的制造工艺，推进深硅刻蚀、三维结构加工与键合等关键技术的应用化技术；针对柔性传感器、透明传感器等非硅基新型器件的加工工艺展开研究。

（3）多元智能传感器集成技术研究。围绕智能传感器件及传感需求，根据传感器和系统信号处理模块具体需求，开展多元传感器件设计，并研究开发相关专用集成电路（application specific integrated circuit，ASIC）、微处理器、通信接口、软件协议等模块单元。针对未来微型化、无线网络化等发展需要，探索多元智能传感器的先进集成方法。

（4）多元智能传感系统的数据融合感知技术研究。针对多元传感器实际测量获取的多模态信息，建立统一的特征表示与融合方法，建立多模态信息的潜层关联空间模型，实现对环境的多模态理解，并在此基础上建立面向人工智能应用场景的感知计算模型。

（5）多元智能传感系统测试及标准体系。发展多元传感器的测试理论及技术。综合测试平台应包括器件制造过程测试、传感器性能测试、传感器软件测试、传感器可靠性测试、智能传感器系统集成测试等全部相关流程。研制符合相应激励信号测试的标准物质，建立并形成满足我国人工智能领域发展需求的智能传感器件检测技术与标准。

（执笔人：魏峰，北京有色金属研究总院智能传感功能材料国家重点实验室；欧毅，中国科学院微电子研究所智能感知中心；方斌，清华大学智能技术与系统国家重点实验室；赵鸿滨，北京有色金属研究总院智能传感功能材料国家重点实验室）

2.4.4 基于AI硬件的新产品设计及其平台

1．研究背景

随着智能计算芯片与系统、新型多元智能传感器件与集成平台等新一代人工智能基础支撑平台的日渐成熟，以AI芯片、智能前移的新型传感器件等为代表的AI硬件将迅速发展起来。而伴随着软件算法的成熟和学习数据的日益丰富，新一代智能新产品设计开发的基础技术条件也迅速成熟起来。以AI硬件为基础，在“端+云+芯片”协同发展的背景下，产品的感知、理解、推理和决策能力将实现突破，基于AI硬件的智能产品面临着全新的发展机遇。而人工智能作为一种前所未有的设计要素，也为新产品设计及其平台带来了挑战。

2．研究现状

（1）AI硬件在智能产品中的应用模式

人工智能解决方案正由“软件”模式转变到“软件+硬件”模式，而芯片作为硬件的核心部分，吸引着国内外众多科技巨头和初创公司进入该领域，如英伟达、谷歌、英特尔、AMD、IBM等国外知名企业，以及我国的寒武纪科技（Cambricon Technologies）、中星微电子、华为等公司。与此同时，面向智能应用的生物、运动、医学、健康、环境类智能传感器以及面向智能制造、工业互联网应用的微机电器件等发展迅速。人工智能发展重心呈现向硬件底层快速渗透的趋势，AI芯片的发展直接推动智能前移的新型传感器件的研发。在应用阶段，AI芯片及相应AI硬件的应用场景可分为云端推断（inference on cloud）和终端推断（inference on device）两类。云端推断即在服务器端进行人工智能计算的云端智能。这一模式中的AI芯片以GPU为主流，具有数量众多的计算单元和超长流水线，具备强大并行计算能力和浮点计算能力。而终端推断是指用于消费级电子产品等的设备端智能。随着低功耗、高灵活性的AI芯片及相应解决方案的发展，以往需要云端计算的人工智能应用可以在本地终端运行。这类设备端智能需要高度定制化、低功耗的

AI芯片产品支持。因此，现场可编程门阵列（field programmable gate array，FPGA）、专用集成电路等解决方案正迅速发展。

（2）AI硬件支持的智能产品

AI硬件的发展为新产品设计特别是电子信息产品设计带来了全新的发展机会。通过云端智能模式、终端智能模式或者二者融合的混合模式的应用，产品的感知、思考和反馈能力可以得到有效提升。

认知计算是目前AI硬件驱动的新产品智能化的关键，也是当前智能硬件入口的竞争热点。苹果Siri、谷歌Assistant、亚马逊Alexa等正致力于开发以自然语言理解为核心的认知计算平台（Tang B Q，2017；Chung et al.，2017）。

通信技术是智能产品实现网络化和协同化智能模式的基础。如5G为低延时高可靠、低功耗大连接等应用场景提供的解决方案支撑了AI硬件支持的智能产品设计。在穿戴式计算领域，利用新材料的特性并结合人体工程学的相关知识所构建的具备感知、连接、计算与人机互动等能力的体域网（body area network，BAN）正广受关注（European Commission，2017）。

（3）基于AI硬件的新产品设计的挑战

从基于AI硬件的新产品设计及其平台的现状可见，当前该领域主要存在以下挑战：①智能下移挑战，即传感器等元器件如何具备更强的感知、思考和反馈能力；②产品转化挑战，即人工智能成果难以转化为产品，智能产品设计开发的效率低、难度大；③认知汇聚挑战，即支持智能产品的认知计算难度大，产品间难以实现认知共享；④人机交互挑战，即多通道、对话式、沉浸式交互开始成为智能产品交互的主要模式，同时，用户的心智模型发生变化。

3. 研究内容

针对上述研究现状，建议开展以下几方面的研究（见图2.17）。

（1）智能产品设计方法。AI的持续学习、进化发展、不可预测等特性是基于AI硬件的智能产品设计的主要挑战。基于AI硬件的智能产品需要研究产品与用户之间的新型关系，研究面向智能产品全生命周期的新设计模式，

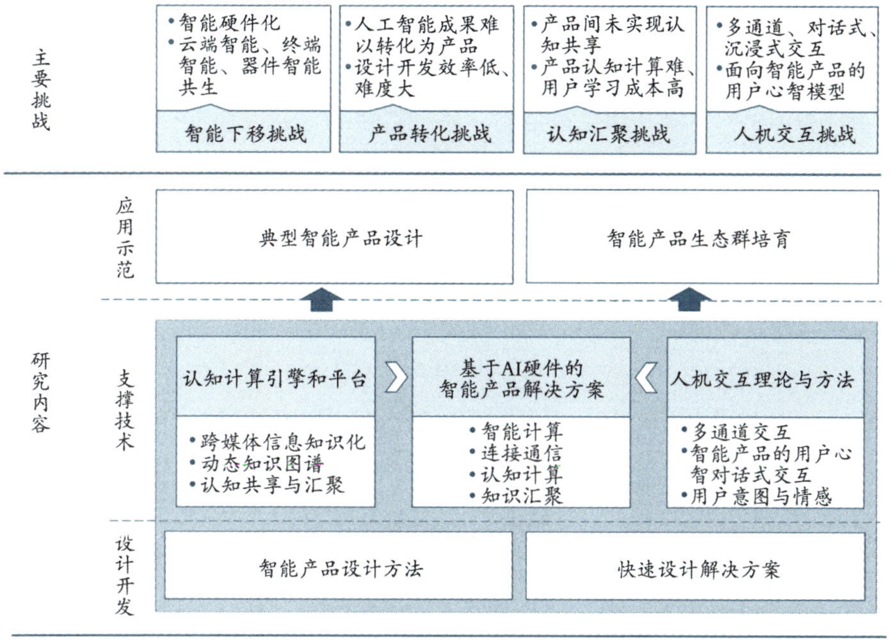

图2.17　基于AI硬件的新产品设计及其平台

以及研究支持非预期方式运行系统的设计方法（Holmquist，2017）。

（2）认知计算引擎和平台。构建动态、多模态和个性化的知识图谱的技术和方法；建立知识图谱及相应的维护和更新技术；构建认知计算引擎和汇聚平台；构建多个不同种类的智能产品之间的统一认知模型，实现智能产品之间的认知共享与汇聚。

（3）基于AI硬件的智能产品解决方案。开发基于AI硬件、面向新产品开发的低成本、低能耗、可扩展、高智能的嵌入式快速原型平台；建立丰富的支持工具、软硬件、数据集以及测试和部署环境；降低智能产品原型设计开发的门槛，提高原型设计开发和测试的质量和速度。

（4）人机交互理论与方法。研究用户与产品在交互过程中互相激发与博弈的模式，构建系统反馈与用户预期的映射关系，建立面向智能产品的用户心智模型。重点针对在多通道交互中的对话式交互模式，建立相应的人机交互解决方案；研究轻量级和高分辨率的脑机交互、肌电交互等交互模式；研究基于增强现实的沉浸式交互模式在智能产品中的应用。

（5）基于AI硬件的智能产品部署运行解决方案。建立智能前移的新型传感器件和传感构件集；建立可定制、易定制的AI芯片及驱动构件集；构建初始训练数据集和初始功能逻辑，以及基于产品使用过程的增量数据与增量逻辑的AI训练模型和增量学习模型；建立面向云计算、分布式计算和终端轻量计算的操作系统或智能驱动构件；建立融合AI芯片智能和产品、场景、业务及用户自身认知的混合智能；建立智能产品的学习更新技术体系。

（6）典型智能产品设计开发和智能产品生态群培育。研究智能产品的用户研究和需求挖掘方法；确立智能产品的测试、运行及维护标准；设计和开发一批智能程度高、功能完善、种类丰富、市场竞争力强且具有示范性、创造性和引领性的智能新产品，培育一批智能产品生态群。

（执笔人：孙凌云，浙江大学；傅利民，阿里巴巴；徐迎庆，清华大学；谭浩，湖南大学；韩挺，上海交通大学）

2.4.5 未来网络中大数据智能化服务平台

1. 研究背景

随着各项信息通信新技术的突破发展和全面应用，人类社会正在快速进入智能社会。作为智能社会的重要支撑，人工智能的应用前景无限。人工智能为人类社会的持续创新提供了强大的驱动力，并为创新开辟了广阔的应用空间。同时，由于当前网络核心功能与基础设施紧密绑定，出现了网络结构日趋复杂、难以有效管控、资源利用率低下等诸多问题，限制了业务规模和业务模式的进一步发展。为了解决上述问题，以软件定义网络（software defined network，SDN）和网络功能虚拟化（network functions virtualization，NFV）为代表的未来网络技术不断涌现。人工智能的快速发展和逐渐普及也将对未来网络的发展产生积极影响。人工智能时代将出现更丰富的智能化信息通信业务，要求信息通信网络与时俱进，以适应新的时代需求。

2. 研究现状

国内外众多企业和研究机构针对人工智能在未来网络中的应用进行了各方面的研究，主要研究内容可以分为高速网络流量测量与数据采集和网络人工智能应用两大类。

（1）高速网络流量测量与数据采集

人工智能需要大量数据为基础。然而目前互联网中的公开数据量不足以满足人工智能需要，因此，网络测量与采集系统是大数据智能化平台定位故障信息、最大限度地提高网络可靠性、进行高效智能化网络管理的基石。

在SDN发展初期，网络测量方法以控制平面为主导。著名的开源SDN网络控制器ONOS的网络监测模块就是通过读取网络设备的流表信息，进行路由环路、黑洞等检错分析或配合探测包完成网络拥塞信息收集。但这种方案过多地依赖于控制平面，开销过高，且无法进行精确的网络测量。

P4等数据平面编程语言的提出，极大地扩展了数据平面的灵活性，测量方法也开始转向数据平面主导。FlowRadar就是一种基于P4的流粒度网络监控系统（Li et al.，2016），它可通过分析数据传输过程中的编码得到丢包率等信息。P4联盟也提出了带内网络遥测（In-band Network Telemetry, INT）框架，用于收集和汇报网络状态信息。它通过添加在数据包头部中的遥测命令收集遥测信息，实现对网络实时状态的监控。通过INT框架，控制器无须发送额外的探测包，就可以直接收集数据包转发过程中的网络信息。同时，网络性能查询语言Marple（Narayana et al.，2017）的提出也进一步简化了网络测量和信息采集过程。

（2）网络人工智能应用

近年来，网络人工智能应用的研究聚焦在基于人工智能的网络资源与流量智能管控、基于人工智能的自动化网络运维、基于人工智能的网络安全等方面。

未来的通信网络将变得更加自动化和智能化。基于人工智能技术的网络资源管控，可以进一步提升网络资源的利用率。目前，谷歌利用数据中心里数千个传感器收集的相关历史数据训练神经网络模型，使数据中心内冷却系统的能源消耗量减少了40%。此外，麻省理工学院和微软研究院联合设计了基于人工智能的网络资源管理平台DeepRM（Mao et al.，2016）。DeepRM使用增强学习与深度神经网络结合的学习系统，实现了对网络中CPU①资源的高效管理和网络带宽资源的智能分配，大大提高了网络资源的利用率。

由于网络中业务纷杂，对性能要求差异悬殊，因此不同业务需采用不同的网络策略。目前，华为诺亚方舟实验室开发了网络大脑（Network Mind）系统，该系统通过预测网络流量变化，做出相应数据流的路由决策，使完成任务的平均时间比以往缩短了50%。在网络视频流量管理与优化上，麻省理工学院的研究者提出了一款名为Pensieve的人工智能视频流量优化系统（Mao et al.，2017）。该系统通过对网络中历史视频流量占用带宽的学习，预测未来流量带宽，从而为视频流选择最优码率，极大地提升了用户体验。

近几年来，随着虚拟化技术、分布式架构和云计算解决方案的广泛应用，传统的人工运维方式难以为继。诺亚方舟实验室开发了智能故障诊断系统。该系统可依据历史网络故障记录自动构建知识图谱，并以自动问答的形式协助工程师快速找出故障原因。微软也发布了针对数据中心故障定位的NetPoirot系统，该系统可以通过传输控制协议（Transmission Control Protocol，TCP）信息判断故障的大致位置（Arzani et al.，2016）。

网络安全威胁一直存在于网络中，新型网络技术若要普及，安全问题不可忽视。甲骨文（Oracle）公司运用机器学习改进云安全服务产品，将新的自适应访问功能添加到Oracle身份识别云服务（Security Operations Center，SOC）中，扩展云接入安全代理服务（Cloud Access Security Broker，CASB）以支持软件即服务（software as a service，SaaS）产品，使这些产品具有自动检测威胁的功能。与此同时，亚马逊云服务（Amazon Web Services，AWS）发布的新一代云服务安全工具Macie也通过使用机器学习自动保护云端数据安全。

---

① CPU为中央处理器，全称为central processing unit。

在初步尝试中，人工智能已取得了一定的成效，将给我们带来非常美好的前景。但从各方面来看，目前其仍然存在很多问题。比如，由于人工智能在网络领域的发展刚刚起步，网络人工智能应用依然缺少核心算法与关键技术，缺乏统一的管理平台，其准确性、高效性、智能化程度都还不足。

3. 研究内容

未来网络人工智能的研究内容主要有网络人工智能设备、网络状态实时采集和网络人工智能应用三大方面（见图2.18）。

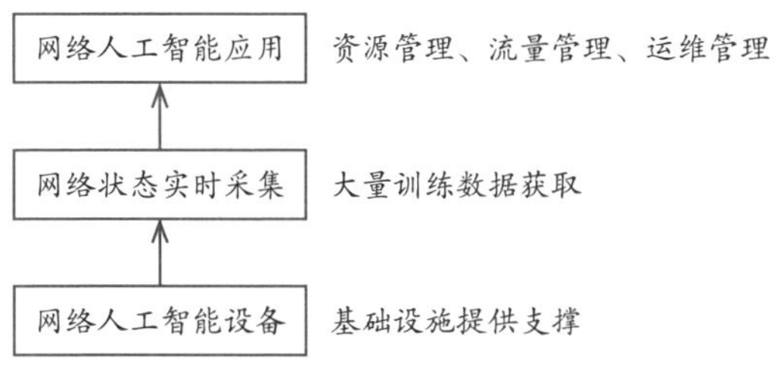

图2.18 网络人工智能研究内容

（1）网络人工智能设备

传统网络设备无法在芯片级对新兴业务提供再编程的能力，未来人工智能生态系统需要网络核心设备的支撑。因此需要协议无关转发设备研究，例如可以基于专用芯片或通用性硬件虚拟化技术承载网络处理任务，降低设备建设与运维成本，提升开发和部署新业务速度，形成网络功能高效迭代开发和自动化部署能力，为网络人工智能创新提供基础设施。

（2）网络状态实时采集

在SDN环境下，数据采集和分析仍然面临可扩展性、高效性、可视化等诸多方面的挑战。针对这些挑战，需要进一步研究如下内容。

①可扩展精确的高速网络状态采集机制。针对网络状态采集性能可扩展问题，研究网络探测包按需上报机制、网络探测包预处理过滤机制、控制器端的数据采集高效算法。针对状态采集网络链路覆盖问题，研究图论中路径覆盖算法在实际网络中的应用。针对人工智能网络设备增量部署问题，研究设备之间时间高精度同步机制。

②面向网络人工智能的毫秒级数据可视化。为了更好地进行网络人工智能算法设计，数据平面需要将采集到的网络状态传送到集中式控制器上，集中式控制器需要处理高速率的状态数据包，将其分析存储并进行毫秒级数据可视化。

（3）网络人工智能应用

根据基础设施层人工智能网络设备采集上来的大量网络状态数据，结合深度神经网络、聚类等典型机器学习算法，解决网络在资源管理、流量管理、运维管理等方面的诸多挑战。针对这些挑战，具体研究内容如下。

①基于深度增强学习的网络功能资源动态伸缩。根据业务的流量变化，利用深度增强学习算法对虚拟功能网元进行动态的缩容和扩容，使得在满足业务需求的基础上，降低业务的整体开销。

②基于机器学习的网络流量管理。建立符合现实网络的新型流量模型，量化网络流量新特性，基于机器学习构建流量预判系统，自适应调整网络路由策略、安全防范策略。

③基于机器学习的SDN网络智能运维。定义度量来量化操作者的经验；建立机器学习模型用以不断优化和调整SDN控制层自动化操作动作；收集网络和操作数据，通过机器学习实现智能分析，改进SDN控制器系统响应等。

④人工智能驱动的数据中心节能设计。通过深度学习算法，对网络状态进行实时分析，获取整个网络的负载情况，自动唤醒或休眠部分交换机，在保证流量传输的前提下尽量节省能源。

（执笔人：刘韵洁，中国联合网络通信集团有限公司；黄韬，北京邮电大学；于俊清，华中科技大学；廖军，中国联通网络技术研究院；马军锋，中国信息通信研究院；张娇，北京邮电大学）

2.4.6 城市新经济大数据智能服务平台

1. 研究背景

新经济是指在经济全球化背景下，由信息技术革命带动的、以高新科技产业为龙头的经济。当前的新经济是指创新性知识在知识中占主导地位、创意产业成为龙头产业的智慧经济形态。通过构建多业态的大数据智能服务平台，有效整合城市新兴产业及其服务过程中的海量数据资源，利用区块链技术实现数据共享和安全保障，利用大数据和人工智能等技术进行分析挖掘，实现基于数据的新经济科学决策以及服务于新经济的新金融智能，进而推动产业经济的结构调整，为经济提供新增长极。

2. 研究现状

尽管大数据时代已经来临，但数据往往掌握在不同机构中，数据所有权、数据安全以及信用中介成了数据共享的障碍。为了解决这些问题，需要新一代互联网技术去解决去中心化的问题，区块链应运而生。区块链的概念于2008年首次被提出。随着数字货币比特币的推广和使用，其技术的相关研究和应用也呈现井喷的趋势。以太坊（Ethereum）是第一个图灵完备的开源去中心化智能合约系统（Buterin，2014），其通过工作量证明（proof of work，PoW）机制来保障分布式记账的一致性。共识机制和安全保障是区块链技术的重要组成部分，如何在分布式系统中高效达成共识并保障交易数据安全是该领域的重要研究问题。研究者们提出了多种不同的共识机制，例如权益证明（proof of stake，PoS）、实用拜占庭容错（practical Byzantine fault tolerance，PBFT）和algorand。除了共识机制，安全问题一直是区块链技术的研究重点。PoS机制在一定程度上解决了PoW机制面临的51%攻击问题，却也引入了无利害关系（nothing at stake，N@S）攻击问题（Rosenfeld，2014），对于这些攻击问题还需要进一步的研究。

新经济规划预测是制定科学决策的依据，也是提高经济效益、提升管理水平和降低区域发展不均衡的途径。Parkes和Wellman（2015）在《科学》杂志上首次提出了“机器经济人”（machina economicus）的概念，并指出AI智能体相较于人类代理更符合理性假设，认为未来的经济体将由AI多智能体系统、人类社会及两者之间的交互构成，人工智能技术将在经济推理中发挥重大作用。谷歌首席经济学家Varian（2014）也指出，相较于传统的计量模型，机器学习、深度学习等技术可以更有效地挖掘海量数据中潜在的复杂模式，从而提高经济预测的精度。Chakraborty等（2016）使用LDA模型对手机时空数据进行建模，来挖掘潜在的跨区域群体行为模式，再通过SVM、RF等分类器预测区域经济水平。其结果表明，社会经济水平跟区域社交网络和人群流动范围等因素相关。更进一步地，Hong等（2016）认为社会经济指标往往受突发事件影响，例如运输问题可能导致食品价格上涨，其通过定义事件类和事件触发器来获取新闻中的事件，并采用时间序列模型自回归积分滑动平均模型（autoregressive integrated moving average model，ARIMA）来识别跟经济指标相关的重要事件，从而实现对波动情况的预测。

金融智能是新经济服务中非常重要的一个环节，通过大数据、云计算、区块链、人工智能等新兴科技，引领金融业全方位变革。人工智能技术可以有效结合金融大数据和个人征信数据，感知用户的风险情况，降低信息不对称情况下的金融交易风险。安全风控场景涉及用户、终端设备、机构等多个实体，它们之间通过资金流动形成互联。Ribeiro等（2017）设计Struc2vec系统利用嵌入（embedding）技术构建深度学习网络检测金融安全问题中的盗号行为。金融理财的智能推荐服务则是推荐系统在金融场景中的一种智能应用。现有方法往往将推荐系统与现代证券组合选择理论相结合，基于不同风险的刻画和不同投资准则进行投资组合推荐。其中，Zhao等（2016）充分考虑了投资人的多目标（multi-objective）需求，例如中标概率、借贷风险等，并利用梯度提升决策树（gradient boosting decision tree，GBDT）算法为投资人提供借款标的投资组合推荐；Heaton等（2016）利用深度神经网络对金融资产重编码，从而构建投资组合和管理风险。此外，Jiang等（2017）引入深度强化学习的思想，将资产价格的历史记录当作外部环境的观测，通过确定性策略梯度（deterministic policy gradients，DPG）来实现连续控制，输出投资组合排序向量。其结果表明，强化学习框架能够高效地构建投资组合，并最大化资产价值。

3. 研究内容

城市新经济大数据智能服务平台总体研究方案如图2.19所示，城市新经济大数据智能研究路线主要包括以下三个方面。

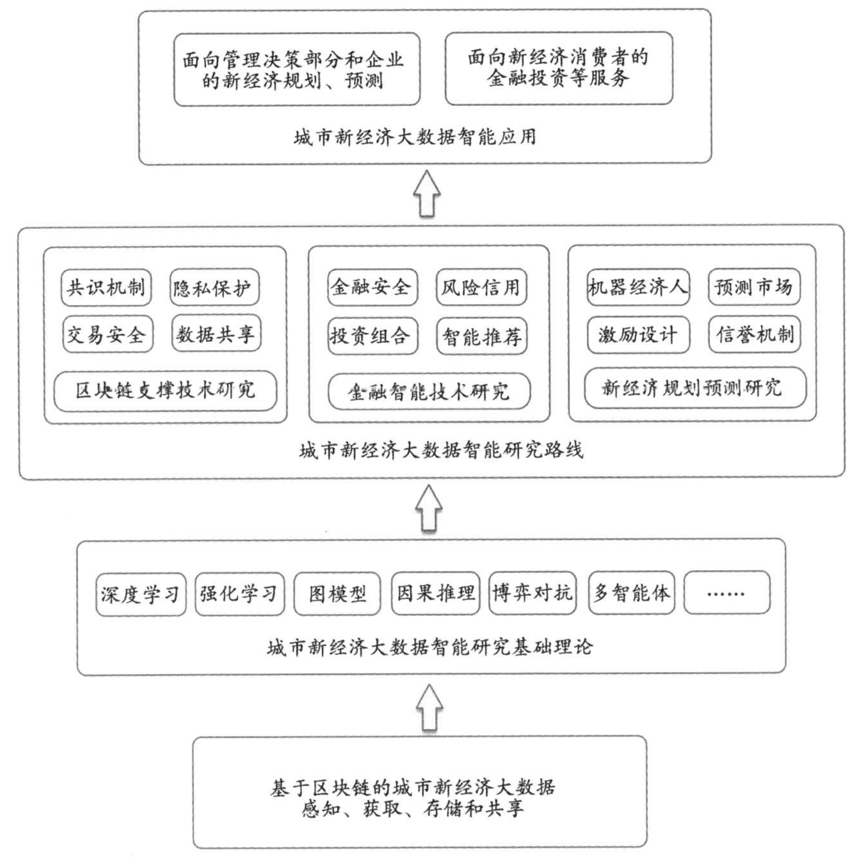

图2.19　城市新经济大数据智能服务平台总体研究方案

（1）区块链支撑技术研究。面向新经济大数据安全共享，针对现有共识机制存在极度依赖服务器算力、严重消耗资源的问题，研究高效、安全、公平、可靠的共识节点选举算法。通过研究PBFT算法，解决联盟链共识网络扩展问题，让区块链技术更好地为城市新经济大数据建设服务。针对盗窃、欺诈、数据隐私泄漏等问题，开展基于格密码的对抗量子计算攻击的强化安全设计研究，以构建更加强大的城市新经济大数据的安全保障。针对区块链的隐私安全问题，研究加法同态加密机制来隐藏交易信息；基于零知识证明算法，解决智能合约层交易内容的隐私保护问题。

（2）金融智能技术研究。如何准确刻画非完全信息条件下的信用风险，并有效构建用户兴趣画像，实现资产组合配置和智能推荐服务，是当前金融智能服务面临的重要挑战。为此，我们从安全、信用（风控）、资产组合优化和智能推荐四个方面出发，将研究内容概括为两大部分。①构建多维信用体系，打造信用安全机制。建立科学合理且动态可拓展的多维信用度量指标；通过金融知识图谱对接非结构化行为大数据与结构化金融数据；建立完整的信任准入、风险预警等安全机制，基于无监督生成对抗学习，实现反欺诈、反套现等异常行为检测。②构建用户画像，实现投资组合和推荐服务。建立完整的用户风险承受水平和投资偏好模型；针对金融理财多变复杂的业务，研究在不同环境下用户需求随产品属性和经济环境的变化，建立用户需求动态感知的个性化推荐模型；利用行为金融学原理，使金融投资组合的效果达到最佳，从而实现金融理财产品配置的最优化。

（3）新经济规划预测研究。如何实现不确定性环境下的经济模式感知和经济指标预测从而构建理性的决策代理，以及如何设计AI经济生态的交互规则和激励机制，是当前新经济规划预测的两大挑战。为此，研究内容包括两大部分。①“机器经济人”及其感知、预测和决策。通过深度学习、表示学习感知识别区域性的模式，包括群体行为模式、经济运作模式等；针对复杂多变的现实环境，研究上下文动态感知的突发事件监控模型，捕捉外部环境和经济指标间的动态模式关联，从而有效预测市场变化；基于因果推理刻画区域经济指标和大数据模式间的因果关系，利用经济学原理实现可解释的新经济科学决策。②面向AI经济生态的规划大脑及其机制设计。针对智能体理性、自私的特点，研究基于博弈对抗的审计系统，确保智能体如实汇报各自的经济状况；针对逆向选择和道德风险问题，研究基于声誉的信任管理机制，同时促使新参与智能体及时建立信誉，避免身份易变性和流动性所带来的安全问题；设计高效的信息聚合机制，充分评估、整合和调度新经济产业资源，实现科学合理的新经济规划。

（执笔人：郑小林，浙江大学；杨小虎，浙江大学；邱炜伟，杭州趣链科技）

2.4.7 人工智能交易风控

1. 研究背景

在“互联网+”及大数据技术快速发展的时代背景下，近年来我国互联网经济得到了蓬勃发展，通过网络进行购物、交易、支付、理财、贸易等形式的互联网金融交易的新经济模式发展迅速。然而，与此同时，以“欺诈”为主要特征的互联网金融交易风险事件日益严重，网络支付欺诈、互联网金融欺诈、互联网证券欺诈、网络贸易逃税、网络洗钱等互联网金融交易风险案件出现了高速增长态势，受到了国家领导人和政府的高度关注和重视。以“欺诈”为主要特征的互联网金融交易安全威胁是目前以身份认证为核心、以防御攻击为目标的信息安全技术所难以防范的。因此，亟须开展互联网金融交易欺诈防控的研究，保障国家金融安全、维护社会稳定。

2. 研究现状

关于电子交易与支付、信用卡等网络交易系统的风险分析与控制的研究是近年来国内外重要的研究领域，目前主要集中于如下几个方面。①业务流程分析与验证。网络交易系统及其业务流程设计不当，将造成资金处理与业务处理不一致，并为客户和第三方支付公司造成损失，因此需要研究识别业务流程与系统实现中的潜在安全风险，设计针对性的防控体系。目前国内外主要有流程正确性与安全性控制和平台软件脆弱点分析两大研究方向。②网络交易威胁防御。钓鱼网站和新型交易木马是现在影响网络购物与支付安全的两大主要威胁。对于网络钓鱼的防治，在业界主要有部署数字证书、黑白名单等方法，在学术界主要有针对邮件协议漏洞、对比网页相似度、基于面向文档模型对比、判断发件人可信度等方法。这些技术和方法与传统防病毒软件利用特征码反病毒类似，具有一定的局限性，无法预防新的钓鱼攻击，更无法应对跨站钓鱼这种技术含量较高的钓鱼方式。交易劫持是2010年以后新兴的一种交易威胁，由于木马种类繁多、千变万化，目前还没有能够有效应对交易劫持的办法。③交易系统防范与监测。在网络交易系统实际运行过程中进行在线监测，实时监控用户交易行为，处理非法活动。目前在此方面主要有基于截获器、基于监测API、基于异常处理等在线监测技术。对用户行为的在线数据挖掘是及时发现欺诈事件的重要方法（Park et al.，2009），目前的挖掘技术多是对一类用户进行建模，抽象出其偏好或消费习惯等行为特征，通过不同用户群的不同特征来识别欺诈风险较高的客户。④信用卡欺诈检测。数据挖掘和人工智能等相关技术在信用卡欺诈检测领域已得到广泛应用，包括人工神经网络、支持向量机、随机森林、规则归纳技术、决策树、logistic回归、遗传算法等。这些技术可以单独使用，也可以使用集成或元学习技术构建检测分类器。Srivastava等（2008）使用隐马尔可夫模型（hidden Markov model，HMM）对信用卡事务处理中的操作序列进行建模，其对持卡人的正常行为进行训练，如果某笔信用卡交易未被训练好的HMM以足够高的概率接受，则被认为是欺诈交易。Whitrow等（2009）指出，对交易进行聚类对信用卡欺诈检测是有用的。Kundu等（2009）提到需要结合异常检测和误用检测技术，并提出了一种基于BLAH算法的信用卡风险检测系统。Razooqi等（2016）讨论了模糊逻辑方法、模糊规则、隶属函数和模糊化，并提出了通过模糊逻辑和神经网络来检测信用卡欺诈。Halvaiee等（2014）通过改进免疫系统启发算法，提出一种新的基于人工免疫系统的信用卡欺诈模型。Kültür等（2017）集成了决策树、随机森林、贝叶斯网络（Bayesian network）、朴素贝叶斯、支持向量机等方法来进行信用卡欺诈检测，重点介绍了集成学习投票机制，并提出了乐观、悲观和加权的投票策略。

3. 研究内容

人工智能交易风控体系主要包括以下四方面内容（见图2.20）。

（1）面向互联网金融交易的基础理论与系统技术。互联网金融交易的高速增长带来的是交易数据量成指数级增长，交易系统及环境也演变成为复杂网络信息服务系统。因此需要研究大规模网络资源的组织与管理、虚拟化、优化调度、负载均衡等方法，支持大数据处理的分布式计算和实时并发，研

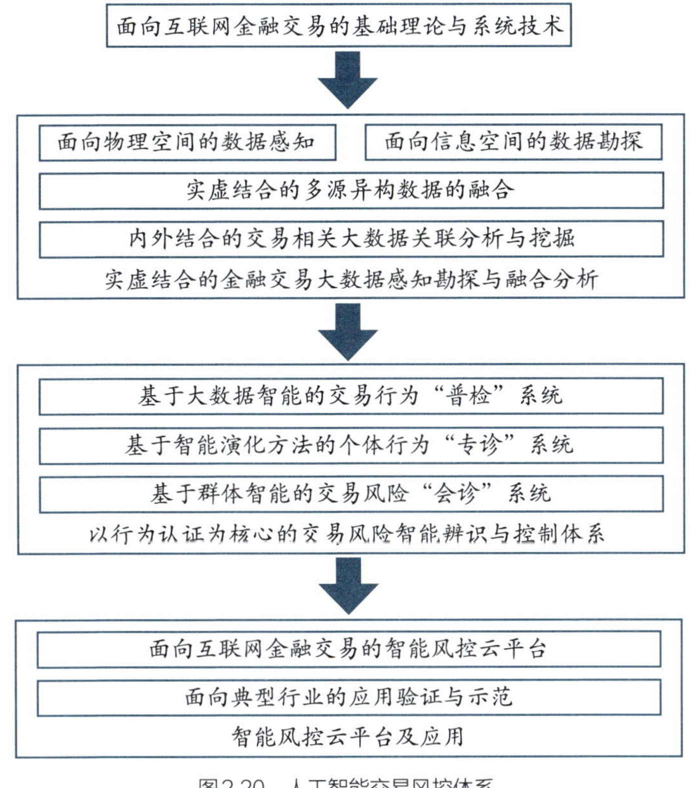

图2.20　人工智能交易风控体系

究应变适配、区块链等基础理论、方法与技术，从底层来支撑解决互联网交易风险的整体认知、实时辨识、优化控制等共性挑战问题。

（2）实虚结合的金融交易大数据感知勘探与融合分析。目前人们的生活时刻穿梭于实体物理空间和虚拟信息空间之中，各类互联网交易风险事件中呈现的行为痕迹数据也穿梭留存于这两个空间之中。为此，需要将两个空间融合协作起来，研究面向物理空间的数据感知、面向信息空间的数据勘探、多源异构数据的融合、内外结合的交易相关大数据关联分析与挖掘等关键技术，充分发掘两个空间中的行为痕迹信息，更好地支撑风险防控。

（3）以行为认证为核心的交易风险智能辨识与控制体系。“行为”这个更为天然和本质的特征是解决当前以“欺诈”为主要特征的互联网交易风险事件的最有利抓手。在实虚空间的大数据感知勘探与融合分析基础上，首先利用深度学习等数据智能方法构建交易行为特征的“普检”系统；利用解析模型推演分析的智能演化方法建立个体行为的“专诊”系统；结合群体智能等技术构建交易风险的“会诊”系统；最终以“行为”为核心，形成“普检—专诊—会诊”三位一体的交易风险智能辨识与控制体系，并在人工智能2.0的支撑下，使得风控体系具备自我学习、自主演化、持续增强的能力。

（4）智能风控云平台及应用。构建面向互联网金融交易的智能风控云关键技术体系并研制相关平台，以智能云服务的形式对外输出风控核心技术，服务并应用于互联网交易支付、银行、证券、自贸区电子贸易等相关行业。

（执笔人：蒋昌俊，东华大学/同济大学；程立，蚂蚁金服；冯春培，蚂蚁金服；王鹏伟，东华大学；丁志军，同济大学）

参考文献

蔡自兴，徐光祐，2010. 人工智能及其应用[M]. 4版. 北京：清华大学出版社.

陈为，沈则潜，陶煜波，2013. 数据可视化[M]. 北京：电子工业出版社.

简正三，李海龙，潘云鹤，1999. 图案设计中形象思维模拟的研究[J]. 计算机研究与发展，36（5）：594-600.

江屏，王川，孙建广，等，2015. IPC聚类分析与TRIZ相结合的专利群规避设计方法与应用[J]. 机械工程学报，51（7）：144-154.

路甬祥，2014. 关于设计进化的再思考[J]. 机械工程导报（2）：3-5.

路甬祥，2017. 论创新设计[M]. 北京：中国科学技术出版社.

潘云鹤，1996. 综合推理的研究[J]. 模式识别与人工智能，9（3）：201-208.

潘云鹤，庄越挺，2009. 走向设计与创造的人工智能[C]// 中国人工智能学会第10届全国学术年会.

钱学森，1986. 关于思维科学[M]. 上海：上海人民出版社.

切萨布鲁夫，2005. 开放式创新：进行技术创新并从中赢利的新规则[M]. 金马，译. 北京：清华大学出版社.

涂建伟，李彦，李文强，等，2013. 一种面向产品创新设计的知识检索模型与实现[J]. 计算机集成制造系统，19（2）：300-308.

赵南元，1994. 认知科学与广义进化论[M]. 北京：清华大学出版社.

Abdallah A, Maarof M A, Zainal A, 2016. Fraud detection system: a survey[J]. Journal of Network and Computer Applications(68): 90-113.

Akyildiz I F, Su W, Sankarasubramaniam Y, et al., 2002. A survey on sensor networks[J]. IEEE Communications magazine, 40(8): 102-114.

Arzani B, Ciraci S, Loo B T, et al., 2016. Taking the blame game out of data centers operations with NetPoirot[C]//Proceedings of the 2016 ACM SIGCOMM Conference. ACM: 440-453.

Ashton K, 2011. That "internet of things" thing[J]. RFID Journal, 22(7).

Augello A, Cipolla E, Infantino I, et al., 2017. Creative robot dance with variational encoder[J]. arXiv: 1707.01489.

Bahdanau D, Cho K, Bengio Y, 2014. Neural machine translation by jointly learning to align and translate[J]. arXiv: 1409.0473v6.

Baldwin J R, Batko T J, Ellison D F, 1999. Multifunction sensor and network sensor system: U.S. Patent 5971597 [P].1999-10-26.

Ballester P, Araujo R M, 2016. On the performance of GoogLeNet and AlexNet applied to sketches[C]//13th AAAI Conference on Artificial Intelligence. AAAI: 1124-1128.

Bizer C, Lehmann J, Kobilarov G, et al., 2009. DBpedia-a crystallization point for the web of data[J]. Web Semantics Science Services and Agents on the World Wide Web, 7(3): 154-165.

Boehm M, Dusenberry M W, Eriksson D, et al., 2016. SystemML: declarative machine learning on spark[J]. Proceedings of the VLDB Endowment, 9(13): 1425-1436.

Bohm D, Park D, 1981. Wholeness and the implicate order[M]. London: Routledge & Kegan Paul.

Bollacker K, Evans C, Paritosh P, et al., 2008. Freebase: a collaboratively created graph database for structuring human knowledge[C]//SIGMOD Conference: 1247-1250.

Bowling M, Burch N, Johanson M, et al., 2015. Heads-up limit hold'em poker is solved[J]. Science, 347(6218): 145-149.

Brown N, Sandholm T, 2017. Safe and nested subgame solving for imperfect-information games[C]//31st Conference on Neural Information Processing Systems (NIPS 2017), Long Beach, CA, USA.

Buterin V, 2014. A next generation smart contract and decentralized application platform[EB/OL]. (2014-07-23) [2017-12-16]. http: //www.ethereum.org/pdfs/EthereumWhitePaper. pdf.

Card S K, Mackinlay J D, Shneiderman B, 1999. Readings in information visualization: using vision to think[M]. San Francisco: Morgan Kaufmann Publishers.

Chakraborty S, Venkataraman A, Jagabathula S, et al., 2016. Predicting socio-economic indicators using news events[C]//Proceedings of the 22nd ACM SIGKDD International Conference on Knowledge Discovery and Data Mining: 1455-1464.

Chandrasegaran S K, Ramani K, Sriram R D, et al., 2013. The evolution, challenges, and future of knowledge representation in product design systems[J]. Computer-Aided Design, 45(2): 204-228.

Chen X, Deng X, 2006. Settling the complexity of two-player Nash equilibrium[C]//Foundations of Computer Science: 261-272.

Chen Y, Tu S, Yi Y, et al., 2018. Sketch-pix2seq: a model to generate sketches of multiple categories[J]. arXiv: 1709.04121.

Chen Y, Wang D Z, 2013. Web-scale knowledge inference using markov logic networks[C]//ICML workshop on Structured Learning: Inferring Graphs from Structured and Unstructured Inputs. Association for Computational Linguistics: 106-110.

Cho S, Jo H, Jang S, et al., 2010. Structural health monitoring of a cable-stayed bridge using smart sensor technology: deployment and evaluation[J]. Smart Structures and Systems, 6(5-6): 439-459.

Chomsky N, 1980. Rules and representations[J]. Behavioral and Brain Sciences, 3(1): 1-15.

Chow R, Jakobsson M, Masuoka R, et al., 2010. Authentication in the clouds: a framework and its application to mobile users[C]//ACM Cloud Computing Security Workshop: 1-6.

Chung H, Park J, Lee S, 2017. Digital forensic approaches for Amazon Alexa ecosystem[J]. Digital Investigation(22): S15-S25.

Cohn T, Cong D V H, Vymolova E, et al., 2016. Incorporating structural alignment biases into an attentional neural translation model[C]//Conference of the North American Chapter of the Association for Computational Linguistics: Human Language Technologies: 876-885.

Conitzer V, Sandholm T, 2006. Computing the optimal strategy to commit to[C]//ACM Conference on Electronic Commerce. ACM: 82-90.

Conrad D. Google magenta project-AI makes music, 2016. (2016-06-05)[2018-01-07]. http: //www.i-programmer.info/news/105-artificial-intelligence/9800-google-magenta-project.html.

Cook K A, Thomas J J, 2005. Illuminating the path: the research and development agenda for visual analytics[M]. IEEE Computer Society Press.

Cortes C, Vapnik V, 1995. Support-vector networks[J]. Machine Learning, 20(3): 273-297.

Dal Pozzolo A, Caelen O, Le Borgne Y A, et al., 2014. Learned lessons in credit card fraud detection from a practitioner perspective[J]. Expert Systems with Applications, 41(10): 4915-4928.

De Schotten M T., Dell'Acqua F, Forkel S J, et al., 2011. A lateralized brain network for visuospatial attention[J]. Nature Neuroscience, 14(10): 1245-1246.

Deng S, Huang L, Li Y, et al., 2014. Deploying data-intensive service composition with a negative selection algorithm[J]. International Journal of Web Services Research, 11(1): 76-93.

Dove G, Halskov K, Forlizzi J, et al., 2017. UX design innovation: challenges for working with machine learning as a design material[C]//CHI Conference on Human Factors in Computing Systems. ACM: 278-288.

Elgammal A, Liu B, Elhoseiny M, et al., 2017. CAN: creative adversarial networks, generating "art" by learning about styles and deviating from style norms[J]. arXiv:1706.07068.

Endert A, Fiaux P, North C, 2012. Semantic interaction for sensemaking: inferring analytical reasoning for model steering[J]. IEEE Transactions on Visualization & Computer Graphics, 18(12): 2879-2888.

Escherich M, Goertz W, 2015. Market trends: voice as a UI on consumer devices—what do users want? [EB/OL]. (2015-04-02)[2018-01-05]. https: //www.gartner.com/doc/3021226/market-trends-voice-ui-consumer.

European Commission, 2017. Smart wearables: reflection and orientation paper[EB/OL]. (2017-01-13)[2017-12-15]. https: //www.aea-audio.org/portal/index.php/news/item/192-smart-wearables-reflection-and-orientation-paper.

Fan J, Kalyanpur A, Gondek D C, et al., 2012. Automatic knowledge extraction from documents[J]. IBM Journal of Research & Development, 56(3): 290-299.

Felgenbaum E A, 1977. The art of artificial intelligence: themes and case studies of knowledge engineering[C]//International Joint Conference on Artificial Intelligence. Morgan Kaufmann Publishers Inc.: 1014-1029.

Fellbaum C, 2012. WordNet[EB/OL]. (2012-11-05)[2018-01-07]. https: //onlinelibrary.wiley.com/doi/10.1002/9781405198431.wbeal1285.

Fregnac Y, Laurent G, 2014. Where is the brain in the Human Brain Project?[J]. Nature, 513(7516): 27.

Fukumizu K, Song L, Gretton A, 2013. Kernel Bayes' rule: Bayesian inference with positive definite kernels[J]. Journal of Machine Learning Research, 14(1): 3753-3783.

Gatys L A, Ecker A S, Bethge M, 2015. A neural algorithm of artistic style[J]. arXiv: 1508.06576.

Gatys L A, Ecker A S, Bethge M, 2016. Image style transfer using convolutional neural networks[C]//IEEE Conference on Computer Vision and Pattern Recognition. IEEE Computer Society: 2414-2423.

Gershenfeld N, 2011. Fab: the coming revolution on your desktop—from personal computers to personal fabrication[M]. New York: Basic Books.

Graves A, Wayne G, Reynolds M, et al., 2016. Hybrid computing using a neural network with dynamic external memory[J]. Nature, 538(7626): 471.

Gubbi J, Buyya R, Marusic S, et al., 2013. Internet of things (IoT): a vision, architectural elements, and future directions[J]. Future Generation Computer Systems, 29(7): 1645-1660.

Ha D, Eck D, 2017. A neural representation of sketch drawings[J]. arXiv: 1704.03477.

Halvaiee N S, Akbari M K, 2014. A novel model for credit card fraud detection using artificial immune systems[J]. Applied Soft Computing(24): 40-49.

Hamilton F, Berry T, Sauer T, 2016. Ensemble Kalman filtering without a model[J]. Physical Review X, 6(1): 011021.

Hartford J, Wright J R, Leyton-Brown K, 2016. Deep learning for predicting human strategic behavior[C]//30th Conference on Neural Information Processing Systems, Barcelona, Spain.

Heaton J B, Polson N G, Witte J H, 2016. Deep Learning in Finance[J]. arXiv: 1602.06561.

Heitz G, Koller D, 2008. Learning spatial context: using stuff to find things[C]//Proceedings of European Conference on Computer Vision: 30-43.

Hinton G E, Osindero S, Teh Y W, 2014. A fast learning algorithm for deep belief nets[J]. Neural Computation, 18(7): 1527-1554.

Hoffart J, Suchanek F M, Berberich K, et al., 2011. YAGO2: exploring and querying world knowledge in time, space, context, and many languages[C]//International Conference Companion on World Wide Web. ACM: 229-232.

Hoffart J, Suchanek F M, Berberich K, et al., 2006. YAGO2: a spatially and temporally enhanced knowledge base from Wikipedia. Artificial Intelligence(194): 28-61.

Holmquist L E, 2017. Intelligence on tap: artificial intelligence as a new design material[J]. Interactions, 24(4): 28-33.

Hong L, Frias-Martinez E, Frias-Martinez V, 2016. Topic models to infer socio-economic maps[C]//30th AAAI Conference on Artificial Intelligence: 3835-3841.

Huth A G, de Heer W A, Griffiths T L, et al., 2016. Natural speech reveals the semantic maps that tile human cerebral cortex[J]. Nature, 532(7600): 453.

Hutson M, 2017. How Google is making music with artificial intelligence[EB/OL]. (2017-08-08)[2017-12-18]. http: //www.sciencemag.org/news/2017/08/how-google-making-music-artificial-intelligence.

Isola P, Zhu J Y, Zhou T, et al., 2017. Image-to-image translation with conditional adversarial networks[C]//IEEE Conference on Computer Vision and Pattern Recognition.

Jiang Z, Xu D, Liang J, 2017. A deep reinforcement learning framework for the financial portfolio management problem[J]. arXiv: 1706.10059.

Jovanov E, Milenkovic A, Otto C, et al., 2005. A wireless body area network of intelligent motion sensors for computer assisted physical rehabilitation[J]. Journal of NeuroEngineering and Rehabilitation, 2(1): 6.

Jung T, Li X Y, Wan Z, et al., 2013. Privacy preserving cloud data access with multi-authorities[C]//IEEE INFOCOM Proceedings: 2625-2633.

Kanagawa M, Yu N, Gretton A, et al., 2016. Filtering with state-observation examples via kernel Monte Carlo filter[J]. Neural Computation, 28(2): 382-444.

Karaboga D, Gorkemli B, Ozturk C, et al., 2014. A comprehensive survey: artificial bee colony(ABC) algorithm and applications[J]. Artificial Intelligence Review, 42(1): 21-57.

Kulkarni R V, Forster A, Venayagamoorthy G K, 2011. Computational intelligence in wireless sensor networks: a survey[J]. IEEE Communications Surveys and Tutorials, 13(1): 68-96.

Kültür Y, Çaglayan M U, 2017. Hybrid approaches for detecting credit card fraud[J]. Expert Systems, 32(4): 1-13.

Kundu A, Panigrahi S, Sural S, et al., 2009. BLAST-SSAHA hybridization for credit card fraud detection[J]. IEEE Transactions on Dependable and Secure Computing, 6(4): 309-315.

Lake B M, Salakhutdinov R, Tenenbaum J B, 2015. Human-level concept learning through probabilistic program induction[J]. Science, 350(6266): 1332.

Lavrac N, Dzeroski S, 1994. Inductive logic programming: techniques and applications[M]. New York: DBLP.

Lecun Y, Bengio Y, Hinton G, 2015. Deep learning[J]. Nature, 521(7553): 436-444.

Lehmann J, 2015. DBpedia: a large-scale, multilingual knowledge base extracted from wikipedia[J]. Semantic Web, 6(2): 167-195.

Lenat D B, Guha R V, 1990. Building large knowledge-based systems; representation and inference in the Cyc project[C]//The Workshop on Applying the Process Interchange Format to a Supply Chain Process Interoperability Scenario.

Li Y, Kim C, Kim C, et al., 2016. FlowRadar: a better NetFlow for data centers[C]// Proceedings of the 13th Usenix Conference on Networked Systems Design and Implementation: 311-324.

Lillicrap T P, Hunt J J, Pritzel A, et al., 2015. Continuous control with deep reinforcement learning[J]. Computer Science, 8(6): A187.

Lin W, Chen G, 2009. Large memory capacity in chaotic artificial neural networks: a view of the anti-integrable limit[J]. IEEE Transactions on Neural Networks, 20(8): 1340.

Liu M, Shi J, Li Z, et al., 2017. Towards better analysis of deep convolutional neural networks[J]. IEEE Transactions on Visualization and Computer Graphics, 23(1): 91-100.

Lu W, Rossoni E J, 2010. On a Gaussian neuronal field model[J]. NeuroImage, 52(3): 913-933.

Luo Q, Tian G, Grabenhorst F, et al., 2013. Attention-dependent modulation of cortical taste circuits revealed by granger causality with signal-dependent noise[J]. PLoS Computational Biology, 9(10): e1003265.

Ma H, Leng S, Tao C, et al., 2017. Detection of time delays and directional interactions based on time series from complex dynamical systems[J]. Physical Review E, 96(1): 012221.

Maeda J, 2017. Design in tech report 2017[EB/OL].(2017-03-14)[2018-01-03]. https: // designintech.report/wp-content/uploads/2017/03/dit-2017-1-0-7-compressed.pdf.

Mao H, Alizadeh M, Menache I, et al., 2016. Resource management with deep reinforcement learning[C]//Proceedings of the 15th ACM Workshop on Hot Topics in Networks: 50-56.

Mao H, Netravali R, Alizadeh M, 2017. Neural adaptive video streaming with pensieve[C]// Proceedings of the Conference of the ACM Special Interest Group on Data Communication: 197-210.

Markram H, Muller E, Ramaswamy S, et al., 2015. Reconstruction and simulation of neocortical microcircuitry[J]. Cell, 163(2): 456-492.

Meijer G C M, 2008. Smart sensor systems[M]. West Sussex: John Wiley & Sons.

Michelucci P, Dickinson J L, 2016. The power of crowds[J]. Science, 351(6268): 32-33.

Mitchell T, Fredkin E, 2012. Never-ending language learning[C]//IEEE International Conference on Big Data. IEEE: 1.

Mnih V, Kavukcuoglu K, Silver D, et al., 2015. Human-level control through deep reinforcement learning[J]. Nature, 518(7540): 529.

Mnih V, Larochelle H, Hinton G E, 2012. Conditional restricted Boltzmann machines for structured output prediction[C]//Proceedings of the 27th Conference on Uncertainty in Artificial Intelligence: 514-522.

Mordvintsev A, Olah C, Tyka M, 2015. Inceptionism: going deeper into neural networks[EB/OL]. (2015-06-01)[2017-12-30]. https: //research.googleblog.com/2015/06/inceptionism-going-deeper-into-neural.html.

Munzner T, 2014. Visual analysis and design[M]. New York: CRC Press.

Nadimpalli M, 2017. Artificial intelligence–consumers and industry impact[J]. International Journal of Economics and Management Sciences, 6(4): 1000429.

Nakashole N, Theobald M, Weikum G, 2011. Scalable knowledge harvesting with high precision and high recall[C]//Proceedings of the 4th ACM International Conference on Web Search and Data Mining. ACM: 227-236.

Narayana S, Sivaraman A, Nathan V, et al., 2017. Language-directed hardware design for network performance monitoring[C]//Proceedings of the Conference of the ACM Special Interest Group on Data Communication: 85-98.

Nawrocki P, Reszelewski W, 2017. Resource usage optimization in mobile cloud computing[J]. Computer Communications(99): 1-12.

Newell A, Shaw J C, Simon H A, 1962. The processes of creative thinking[J]. Contemporary approaches to creative thinking: 63-119 .

Niblack C W, Barber R, Equitz W, et al., 1993. The QBIC project: querying images by content, using color, texture, and shape[C]//Proceedings of SPIE-the International Society for Optical Engineering: 173-187.

Nisan N, Roughgarden T, Tardos E, et al., 2007. Algorithmic game theory[M]. Cambridge: Cambridge University Press.

Niu F, Zhang C, Shavlik J W, et al., 2012. DeepDive: web-scale knowledge-base construction using statistical learning and inference[C]//VLDS: 25-28.

Papadopoulos A, Roy P, Pachet F, 2016. Assisted lead sheet composition using FlowComposer[C]//International Conference on Principles and Practice of Constraint Programming. Springer: 769-785.

Park Y J, Chang K N, 2009. Individual and group behavior-based customer profile model for personalized product recommendation[J]. Expert Systems with Applications, 36(2): 1932-1939.

Parkes D C, Wellman M P, 2015. Economic reasoning and artificial intelligence[J]. Science, 349(6245): 267-272.

Pentland A, Picard R W, Sclaroff S, 1996. Photobook: content-based manipulation of image databases[J]. International Journal of Computer Vision, 18(3): 233-254.

Perez C E, 2016. The holographic principle: why deep learning works[EB/OL]. (2016-12-29) [2018-01-05]. https: //medium.com/intuitionmachine/the-holographic-principle-and-deep-learning-52c2d6da8d9.

Perretti C T, Munch S B, Sugihara G, 2013. Model-free forecasting outperforms the correct mechanistic model for simulated and experimental data[J]. Proceedings of the National Academy of Sciences of the United States of America, 110(13): 5253-5257.

Pribram K, 2007. Holonomic brain theory[J]. Scholarpedia, 2(5): 2735.

Razooqi T, Khurana P, Raahemifar K, et al., 2016. Credit card fraud detection using fuzzy logic and neural network[C]//Proceedings of the 19th Communications and Networking Symposium: 7.

Ribeiro L F R, Saverese P H P, Figueiredo D R, 2017. Struc2vec: learning node representations from structural identity[C]//Proceedings of the 23rd ACM SIGKDD International Conference on Knowledge Discovery and Data Mining: 385-394.

Rosenfeld M, 2014. Analysis of hashrate-based double spending[J]. arXiv: 1402.2009.

Rowley J, 2007. The wisdom hierarchy: representations of the DIKW hierarchy[J]. Journal of Information Science, 33(2): 163-180.

Russell S J, Norvig P, 2010. Artificial intelligence: a modern approach[M]. 3rd ed. New Jersey: Pearson Education.

Sadi M, Tehranipoor M, 2016. Design of a network of digital sensor macros for extracting power supply noise profile in SoCs[J]. IEEE Transactions on very Large Scale Integration (VLSI) Systems, 24(5): 1702-1714.

Sandholm T, 2015. Solving imperfect-information games[J]. Science, 347(6218): 122-123.

Satyanarayanan M, Bahl P, Cáceres R, et al., 2009. The case for VM-based cloudlets in mobile computing[J]. IEEE Pervasive Computing, 8(4): 14-23.

Schmitz M, Bart R, Soderland S, et al., 2012. Open language learning for information extraction[C]//Joint Conference on Empirical Methods in Natural Language Processing and Computational Natural Language Learning.

Silver D, Huang A, Maddison C J, et al., 2016. Mastering the game of Go with deep neural networks and tree search[J]. Nature, 529(7587): 484-489.

Silver D, Schrittwieser J, Simonyan K, et al., 2017. Mastering the game of Go without human knowledge[J]. Nature, 550(7676): 354.

Song H F, Yang G R, Wang X J, 2016. Training excitatory-inhibitory recurrent neural networks for cognitive tasks: a simple and flexible framework[J]. Plos Computational Biology, 12(2): e1004792.

Srivastava A, Kundu A, Sural S, et al., 2008. Credit card fraud detection using hidden Markov model[J]. IEEE Transactions on Dependable and Secure Computing, 5(1): 37-48.

Stanford University, 2016. One hundred year study on artificial intelligence(AI100)[EB/OL]. (2016-08-01)[2017-12-18]. https: //ai100.stanford.edu.

Strobelt H, Gehrmann S, Pfister H, et al., 2017. LSTMVis: a tool for visual analysis of hidden state dynamics in recurrent neural networks[J]. IEEE Transactions on Visualization and Computer Graphics, 24(1): 667-676.

Suchanek F M, Kasneci G, Weikum G, 2007. Yago: a core of semantic knowledge[C]//International Conference on World Wide Web. ACM: 697-706.

Sutton R S, Barto A G, 1998. Reinforcement learning: an introduction[M]. Cambridge: MIT Press.

Tang B Q, 2017. The emergence of artificial intelligence in the home: products, services, and broader developments of consumer oriented AI[D]. Monmouth: Western Oregon University.

Tang P, 2017. Reinforcement mechanism design[C]//26th International Joint Conference on Artificial Intelligence: 5146-5150.

Tenenbaum J, Kemp C, Griffiths T, et al., 2011. How to grow a mind: statistics, structure, and abstraction[J]. Science, 331(6022): 1279-1285.

Torralba A, Murphy K P, Freeman W T, et al., 2003. Context-based vision system for place and object recognition[C]//Proceedings of the 9th IEEE International Conference on

Computer Vision: 273-280.

Varian H R, 2014. Big data: new tricks for econometrics[J]. Journal of Economic Perspectives, 28(2): 3-27.

Vondrick C, Torralba A, 2017. Generating the future with adversarial transformers[C]//IEEE Conference on Computer Vision and Pattern Recognition. IEEE: 2992-3000.

Wang L, Shen J, 2016. Multi-phase ant colony system for multi-party data-intensive service provision[J]. IEEE Transactions on Services Computing, 9(2): 264-276.

Wang Z, Xu B, Zhou H J, 2014. Social cycling and conditional responses in the Rock-Paper-Scissors game[J]. Scientific Reports(4): 5830.

Wang Z, Zhou Y, Lien J W, et al., 2016. Extortion can outperform generosity in the iterated prisoner's dilemma[J]. Nature Communications(7): 11125.

Ward M, Grinstein G, Keim D, 2010. Interactive data visualization: foundations, techniques, and applications[M]. New York: A. K. Peters, Ltd.

West B, 2014. You are not your brain: Exploring the nature of mind and our holographic brain[EB/OL]. (2014-07-01) [2017-12-16]. http: //www.wakingtimes.com/2014/07/01/brain-exploring-nature-mind-holographic-brain/.

Whitrow C, Hand D J, Juszczak P, et al., 2009. Transaction aggregation as a strategy for credit card fraud detection[J]. Data Mining and Knowledge Discovery, 18(1): 30-55.

Wibisono A, Wilson A C, Jordan M I, 2016. A variational perspective on accelerated methods in optimization[J]. Proceedings of the National Academy of Sciences of the United States of American, 113(47): E7351.

Wu H, Deng S, Li W, et al., 2017. Revenue-driven service provisioning for resource sharing in mobile cloud computing[C]//International Conference on Service-Oriented Computing: 625-640.

Wu J, Zhang C, Xue T, et al., 2016. Learning a probabilistic latent space of object shapes via 3D generative-adversarial modeling[J]. arXiv: 1603.04245.

Xu J, Houssin R, Caillaud E, et al., 2011. Knowledge management for innovative design[C]//CIRP Design Conference: 445-455.

Xu K, Ba J, Kiros R, et al., 2015. Show, attend and tell: neural image caption generation with visual attention[J]. Computer Science: 2048-2057.

Xu L, 1996. A unified learning scheme: Bayesian-Kullback YING-YANG machine[J]. Advances in Neural Information Processing Systems(8): 444-450.

Xu L, 2018. Deep bidirectional learning, deep synthesis reasoning, and creative intelligence: a BYY perspective[J]. Springer-Nature Open Journal, Applied Informatics.

Yang X, Mei T, Xu Y Q, et al., 2016. Automatic generation of visual-textual presentation layout[J]. ACM Transactions on Multimedia Computing Communications and Applications, 12(2): 1-22.

Yuan J, Yu S, 2014. Efficient public integrity checking for cloud data sharing with multi-user modification[C]//IEEE INFOCOM Proceedings: 2121-2129.

Zhao H, Liu Q, Wang G, et al., 2016. Portfolio selections in P2P lending: a multi-objective perspective[C]//ACM SIGKDD International Conference on Knowledge Discovery and Data Mining: 2075-2084.

Zhu J Y, Park T, Isola P, et al., 2017. Unpaired image-to-image translation using cycle-consistent adversarial networks[J]. arXiv:1703.10593.

Zhu J, Chan D S, Prabhu M S, et al., 2013. Improving web sites performance using edge servers in fog computing architecture[C]//IEEE International Symposium on Service Oriented System Engineering: 320-323.

Zhuang Y T, Wu F, Chen C, et al., 2017. Challenges and opportunities: from big data to knowledge in AI 2.0[J]. Frontiers of Information Technology and Electronic Engineering, 18(1): 3-14.

第3章

群体智能

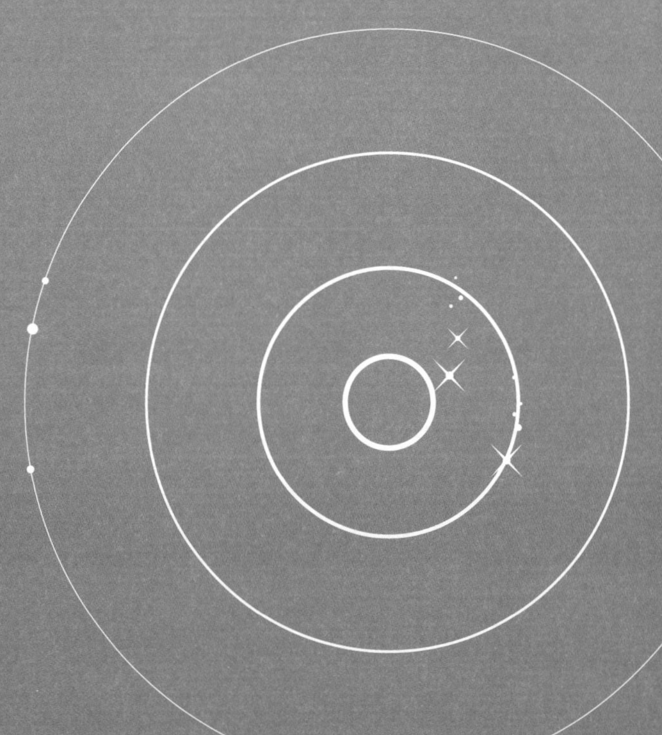

3.1 内容概述

基于互联网的群体智能理论和方法是新一代人工智能的核心研究领域之一，对人工智能的其他研究领域有着基础性和支撑性作用。著名科学家钱学森先生在20世纪90年代曾提出综合集成研讨厅体系，强调专家群体以人机结合的方式进行协同研讨，共同对复杂巨系统的挑战性问题进行研究。《新一代人工智能发展规划》所提出的群体智能研究方向，实质上正是综合集成研讨厅在人工智能新时代的拓展和深化。群体智能的研究内涵不仅仅是关注精英专家团体，还要通过互联网组织结构和大数据驱动的人工智能系统，吸引、汇聚和管理大规模参与者，以竞争和合作等多种自主协同方式来共同应对挑战性任务，特别是开放环境下的复杂系统决策任务，涌现出来的超越个体智力的智能形态。

在互联网环境下，海量的人类智能与机器智能相互赋能增效，形成人机物融合的“群智空间”，以充分展现群体智能。其本质上是互联网科技创新生态系统的智力内核，将辐射包括从技术研发到商业运营整个创新过程的所有组织及组织间关系网络。因此，群体智能的研究不仅能推动人工智能的理论技术创新，同时能对整个信息社会的应用创新、体制创新、管理创新、商业创新等提供核心驱动力。

立足我国国情和现实需要，推动群体智能的研究、发展和应用在未来5至15年逐步实现以下目标。

（1）群体智能理论方法和核心技术取得重大突破。建立涵盖群体智能的构造、激励、学习、计算等方面的完整理论体系，提出面向各种应用的群体智能构造方法，设计群体智能的激励机制，揭示群体智能的感知和学习机理，建立可表达、可计算的激励算法和模型。基于上述理论和方法，突破大规模群智空间的构造、运行、协同和演化技术，使得我国群体智能研究达到世界领先水平，形成引领全球学术发展的中国学派，在群体智能领域产出对世界科技发展和人类文明进步有重要影响的原创成果。

（2）形成基于群体智能的国家科技创新生态系统。基于群体智能理论，打造面向科技创新的众创科研空间——群智众创空间，在国家主要科技方向和领域形成基于群体智能的科技创新生态系统，培育新兴繁荣的群体智能产业发展新生态、新模式，促进传统产业转型升级和新兴产业发展，使基于群体智能的产品和服务达到国际领先水平，使全国范围参与群智创造的劳动者达到数百万，使群体智能成为国家科技创新的核心驱动力，全面支撑国家“大众创业、万众创新”重大战略的实施。

（3）应用群体智能推动我国智能共享经济的发展。面向我国智能社会共享经济领域，深入挖掘群体智能在共享经济服务中的核心优势，通过汇聚共享商品或服务的需求方和供给方的群体智能，在交通出行、智慧物流、共信金融等方面向用户提供智能服务，实现社会经济资源的有效供给、优化共享和可持续发展，为智能时代下共享经济发展创造新形态和新增长点，推动智能社会的共享社会经济服务产业的发展。

3.2 群体智能基础理论

需要指出的是，国际上针对群体智能的理论研究和实践探索，也不过10多年的时间，很多关键性的科学问题尚未得到解决，也还没有形成系统化、理论化的研究体系。总体来说，未来群体智能研究面临着如下四个重大挑战。

（1）群体智能的结构与组织。参与群体智能活动的成员人数众多、背景各异、能力不同，需要相应的群智结构有效地组织和管理这些参与者。群体智能结构与组织有两个主要代表实例。①以开源社区为代表的群智组织架构。社区模式结构相对复杂，需要较多的人工干预来推广和运维，但是对群智活动参与者的内在驱动力更为强烈和持续。②基于市场机制的群体智能组织架构。市场模式结构相对简单，群智任务发布和交易等容易调控，但是群智活动参与者对平台的忠诚度不稳定，往往需要更强的质量控制和维护技术。因此，如何根据不同群智任务的目标和性质，研究群体智能的结构理论和组织方法，设计优化的群智空间管理和运行机制，在群智空间中形成可度量、可持续、安全可信的群体智能，是重要的科学问题。

（2）群体智能的激励机制。海量群体智能的涌现具有高度的不确定性，目前的群体智能激励机制仍然存在很大的不足，对群体中个体贡献的内在动力缺乏刻画，而且大量非理性因素使得传统的基于理性人假设的博弈理论无法完全适用，也缺乏对不同的群智场景和应用的通用激励设计和验证方法。因此，如何根据不同的群智应用场景，设计复合式和网络化的激励机制，自适应地动态调整，保障群体智能平稳和持续涌现，是重要的科学问题。

（3）群体智能的质量保障。不同的群智任务涉及群智数据、商业服务、设计创意、软件开发等领域，这些领域能否汇聚群智作品和服务，能否呈现高质量的群智成果，都面临很大的挑战。因为海量群体缺乏相互的信任和约束，而且存在着个体差异性、行为不确定性、完成时间和代价的不一致性，所以群智任务质量的不可控性非常突出。如何根据不同的群智应用场景，研究群智汇聚机制和质量控制的理论方法，克服群智贡献的不确定性，保障群体智能成果的质量，是重要的科学问题。

（4）群体智能的计算范式。群体智能的组织和实施，往往面向多样性的群智任务、动态多变的群体成员和开放灵活的时空环境，需要动态地、适应性地调整群体智能的交互方式和群智空间运行状态。面向领域的群体智能任务涉及感知、决策和实施等诸多环节，需要构造相应的群智通用计算范式和模型，并对群智计算的复杂性、时空成本与代价和目标优化的近似计算方法进行研究。

为此，《新一代人工智能发展规划》在群体智能的基础理论部分设置了群体智能结构理论与组织方法、群体智能激励机制与涌现机理、群体智能学习理论与方法、群体智能通用计算范式与模型这四个方面的研究任务，以解决群智组织的有效性、群智涌现的不确定性、群智汇聚的质量保障、群智交互的可计算性等科学问题。

3.2.1 群体智能结构理论与组织方法

1. 研究背景

在群体智能中，人类与机器相互影响：人类活动产生行为大数据，机器通过大数据分析产生智能结果之后返回给人类并影响人类活动，人类在此基础上形成反馈并进一步修正和优化机器智能，从而达到大规模个体智能的融合与增强，实现群体智能的释放。群体智能关注的是大规模自主参与者在互联网和网络大数据的支持下如何高效协同和量化评估，在群智空间实现超越个体智力的、可度量且可持续的群体智能涌现，其结构与组织是需要深入研究的基础性问题。

2. 研究现状

大规模自治个体的协作研究，最早可见于社会性昆虫群体如蚁群和蜂群等，其个体之间以环境媒介进行间接交互实现自组织协同，完成仅靠单一个体无法完成的复杂任务（Camazine，2003）。人类群体的协作实质上是自治个体在特定环境下围绕特定目标进行交互的群体活动，有认知学和心理学基础。1951年，德国心理学家库尔特·勒温（Kurt Lewin）首次提出群体动力学（group dynamics）理论，推动群体相关理论研究和应用实践在不同领域的发展。这些研究主要从人类心理和社会环境等多个方面探索群体与个体行为的推动力，考察群体行为的产生与发展规律及其变化过程，并提出了一系列群体动力系统模型（Forsyth，2014）。Bandura（1989）提出的社会认知理论（social cognitive theory）及相关研究认为，在群体协作过程中，个人行为、主体认知和社会环境三方是相互反馈、动态交互和影响的，该类研究为群体智能从内因、外因等多维度分析和探究群体结构与组织提供了启发。

多智能体系统是人工智能的一个重要分支，主要关注多个松耦合的、具有理性和自治性的智能体如何协作并解决复杂问题。Rao和Georgeff（1991）提出了智能体的信念（belief）、期望（desire）和意图（intention）理论（即BDI理论），认为智能体的自主行为是基于其所拥有的信念、期望和意图，通过与环境以及智能体之间的交互来完成的。后续研究扩展到多智能体之间的通信、协调、规划、推理与自组织等模型和算法，以实现多智能体的高效协作与适应性演化，从而完成复杂问题求解（Ye D et al.，2017）。

互联网技术的发展，使得大规模自治个体跨越时空局限进行大范围连接与协作成为可能，推动群体协作研究和实践在人本计算、开源、众包等各个领域蓬勃发展。文献（Michelucci et al.，2016）系统地梳理了人类群体协作的典型组织模式，划分为微任务模式、工作流模式和问题求解生态模式。问题求解生态系统在某些局部可以被看作微任务模式和工作流模式，能够将大规模群体有效协调起来，从而解决高度复杂的任务，实现群体智能的释放。开源软件是人类群体协同解决复杂问题的代表性实践案例，Nakakoji等（2002）通过对多个大规模开源项目及其社区的参与者的角色、协同行为等进行实证分析，提出了开源社区“小核心、大外围”的群体协作“洋葱模型”。在社交化编程社区GitHub中，开发者之间、开源项目之间通过社交联系和技术关联形成复杂的网络结构，这种社交网络会显著增强开发者之间的协作（Thung et al.，2013）。此外，2006年，Jeff Howe（2006）首次提出众包的概念，其基本思想是原本由员工完成的任务由特定管理者发布，在一定的激励下吸引大量外部群体以自由自愿的方式参与解决问题。文献（Prpić et al.，2015）将众包分为投票、微任务、创意和解决方案等几个典型类别，并分析了相应的群体组织方式以及典型实践案例。

当前相关学术研究和业界实践为面向群体智能的结构理论与组织方法研究提供了启发。但是，如何高效组织和协调开放涌现环境下的大规模人类群体、智能设备等多样化自治个体，实现智能融合与释放，尚需深入研究。

3. 研究内容

大规模自主参与者包括人类群体、智能设备等围绕特定群智任务，这些参与者在互联网、网络大数据以及相应工具和平台的支持下形成群智空间，实现群体智能的融合、增强与释放。相对于传统的人工智能，智能系统走向“群体在回路”的模式，变得更具有开放性和涌现性。为此，群体智能如何量化评价，参与群体如何组织与协作，群智空间如何构建与运行，从而实现大规模群体的连接与群体智能的释放，是需要深入研究的课题。围绕上述问题，需从以下几个方面开展研究（见图3.1）。

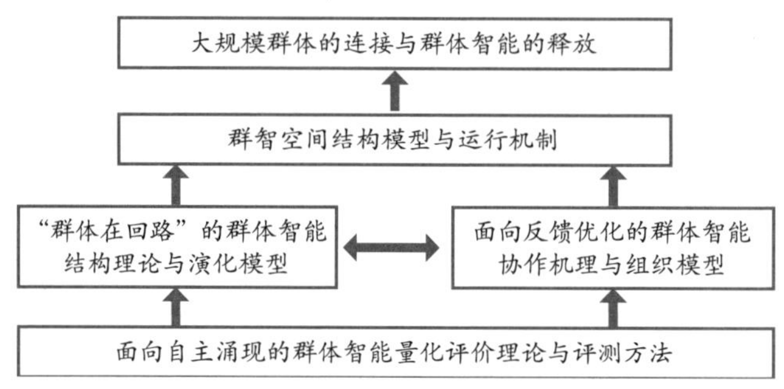

图3.1　群体智能结构理论与组织方法的研究总体框架

（1）面向自主涌现的群体智能量化评价理论与评测方法。群体智能的量化评价是自主涌现环境下群智系统按照预期运行与演化的基础。需要研究面向参与者、群智任务与群智制品的层次化、多样化的量化评价模型和度量指标，并在此基础上借鉴社会认知学和心理学等理论，研究群体智能行为过程及行为结果的量化评测方法和效能评估方法，从而为群智系统运行演化提供决策指导。

（2）“群体在回路”的群体智能结构理论与演化模型。人类群体应成为群智系统的有机组成部分并与机器进行协作。需要深入研究“群体在回路”的结构理论，设计相应的结构算子以及参与者的角色设定与交互规则等，以此为基础，借鉴群体动力学等理论，研究群智结构的适应性演化模型，支持实现群体智能的高效释放。

（3）面向反馈优化的群体智能协作机理与组织模型。“人—机”异质参与者之间以数据为媒介，通过相互反馈、共同协作来推动群智系统迭代优化。需要深入研究基于群体行为大数据生产、分析与反馈的“人—机”协作机理，分析不同群体间的交互模式与相应支撑机制，设计具有“多元反馈回路”的群体协作组织模型。

（4）群智空间的结构模型与运行机制。围绕群智任务，研究相应群智空间的结构特征表征方法及形成机理，分析外部环境对群智空间的影响及两者之间的交互模式，基于博弈论等理论研究群智空间管理方法，建立群智空间运行机制，实现可持续、可度量的群体智能。

（执笔人：王怀民，国防科技大学；王涛，国防科技大学；尹刚，国防科技大学；毛新军，国防科技大学；吴文峻，北京航空航天大学）

3.2.2 群体智能激励机制与涌现机理

1. 研究背景

激励机制是群体智能的核心研究内容之一。由于群体智能的涌现过程中参与者的高度自治性和多样性，涌现的时间、强度和代价都呈现强不确定性。需要探索群体智能参与者动机的多样性与丰富性问题，研究不同场景下群体智能涌现模式，揭示其内在机理，设计复合式和网络化的群体智能激励机制，探索不同激励机制对群体智能涌现程度的影响，建立理论模型和方法，自适应地动态调整，实现可预知、平稳和持续的群体智能涌现。

2. 研究现状

合理有效的激励机制能够促进参与者之间的合作，减少个体间的冲突与对抗，降低资源损耗，促使群体智能可预知、平稳和持续涌现（McNally et al., 2012）。群体智能的激励机制主要可以分为内在激励、社区激励和金钱激励三大类。内在激励来自于群智参与者的内在需求，如利他主义、娱乐、好奇、学习等。社区激励是一种外在的激励机制，利用社区认同感、荣誉、排名机制、知识共享等方式，使社区成员愿意多做贡献。金钱激励也属于外在的激励，既包括奖金、报酬等实际的物质奖励，也包括职务晋升、工作机会等相关激励。

现有的关于激励机制的研究主要集中在社区激励和金钱激励两方面。在社区激励方面，美国斯坦福大学Anderson等（2012）研究了Stack Overflow群智社区问答中信誉等级激励（一种社区激励）与社区投票数量和问答的长远价值的关系。他们发现，在群智社区问答中，回答问题的速度与回答者信誉等级紧密相关，其中信誉等级高的回答者常常率先回答问题，并获得较多的社区投票（赞同）。其后，Anderson等（2013）研究了Stack Overflow群智社区问答中勋章激励（一种社区激励）对用户行为和对群智知识库贡献的影响。Stack Overflow在用户回答一定数量的问题或对回答质量进行一定数量的投票之后，会授予用户虚拟勋章。从基本层面看，勋章代表了用户成就的总结，然而研究发现，用户会花费时间和精力努力获得这些勋章，因而勋章具有激励作用，同时，不同类型的勋章具有不同的激励效果，而且用户在接近勋章授予条件时会更加活跃，对群智知识库贡献更多。另外，勋章授予条件与产生的激励效果是可以定量建模的。这就使得群智涌现可控可预知。

金钱激励主要用于基于市场机制的群体智能组织架构（如群智计算任务平台），通过构造群智任务的交易市场，实现群智任务的发布和交易。美国谷歌公司与加州大学伯克利分校的研究人员针对通用的在线众包平台上的参与者群体提出了两种定价策略：①在给定众包任务预算约束的条件下，通过优化定价策略来最大化被分配的任务数量；②在给定需完成任务数量的约束条件下，最小化支付成本。针对每种定价策略，文献（Singer et al.，2013）分别给出了常数竞争比的在线近似算法。苏黎世联邦理工学院的研究人员Singla等（2013）利用采购拍卖与多臂赌博机之间的联系，提出了一个基于遗憾最小化方法（regret minimization approach）的在线激励机制。该机制提出了一种基于贪心策略的采购拍卖算法，从而在预算约束下获得近似最优的求解保障。实验结果表明，在群智任务发布者效用指标上，该机制比现有机制提升了180%。

激励机制的最终目的是促使群体智能涌现。现有的群体智能涌现机理大致可分为以下几类。①链接驱动的群体智能涌现。从链接角度探索促使智能涌现的机理。典型代表为网页排名（PageRank），其通过网页之间的链接发现枢纽网站与权威网站。②交互驱动的群体智能涌现。从交互角度探索促使智能涌现的机理。典型代表为维基百科（Wikipedia），其通过互联网群体交互并设计一系列激励机制与质量保障机制，使群体行为产生智能。③人机融合的群体智能涌现。跨层、异质对象之间的智能涌现解析与调控。典型代表为显式和隐式反馈（explicit and implicit feedback），其通过收集、分析、挖掘互联网群体在与机器交互过程中显式和隐式的反馈，训练机器产生更智能的机器学习模型以及设计更人性化的人机交互界面与系统。④信誉激励下的群体智能涌现。从信誉系统激励机制角度探索促使智能涌现的机理。典型代表为Stack Overflow，其通过虚拟积分、等级、徽章等一系列信誉系统机制，激励群智参与者产出高质量提问与回答。⑤物质激励下的群体智能涌现。从物质激励（如酬劳）角度探索群体协同、竞争下智能涌现的机理。典型代表为亚马逊土耳其机器人（Amazon Mechanical Turk，AMT），其通过群智任务发布者的反馈与支付酬劳，激励参与者完成更多高质量的工作。

3. 研究内容

基于互联网的群体存在多种协作模式，需要针对这些大规模群体自主参与者设计通用激励机制和多模式的激励方法，通过激励的作用和传播，最终促进群体智能的涌现、汇聚和增强。因此，需要开展激励机制和涌现机理两方面的研究（见图3.2），重点研究内容如下。

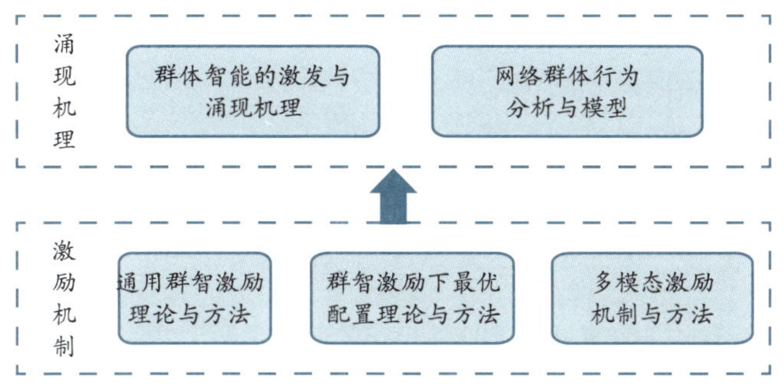

图3.2 群体智能激励机制与涌现机理

（1）通用群智激励理论与方法。研究结合社会学、心理学等学科，针对不同类型群体的行为规律等特点，对群体进行有效激励的基础理论和方法。研究基于拍卖模型等理论设计的激励机制，构建面向群智激励的博弈模型框架。研究基于多臂赌博机等理论，具有动态自适应能力的激励机制。其应当既能够对动态涌现的群体进行适当有效的激励，又能够根据现实世界的环境变化和智能群体所给出的反馈对其激励策略进行自适应的调整。研究多场景普适通用的群体智能激励理论和方法，使得群体智能高效、持久、稳定地涌现。

（2）群智激励下最优配置理论与方法。研究金钱激励下最优定价理论和方法，使得群智任务发布者在开销最小的情况下，得到最高质量的群智工作，并使得群智参与者对自己的工作得到最大程度的满足。研究不同金钱激励机制对任务完成质量的影响，针对多种目标进行激励机制设计。设计博弈框架下的群智任务协同控制算法，进行多目标任务的分解与优化，建立目标分解方法的评价方法。研究质量与时延约束下的激励机制，激励机制应有效且灵活，能够根据目标导向动态调节机制参数，实现目标优化的激励动态调配。

（3）多模态激励机制与方法。群智计算平台需要从分析转向设计新型激励机制，需要研究和建立能够支持群智参与者多样化动机的激励机制，如信誉系统、虚拟积分、荣誉激励等，促使参与者有效合作，抑制和避免群体内部冲突对抗，从而最小化资源内耗。研究群智计算平台中参与者动机的个性化、动态性以及其对场景的依赖性，建立参与者对不同激励的反馈模型，研究面向参与者需求的多模态激励适配模型。同时，针对群智计算任务的多目标特性，研究不同目标的最佳激励机制，面向多目标优化设计多模态激励机制的有效融合策略，建立复合型激励机制和模型。

（4）群体智能的激发与涌现机理。分析基于群体智能网络的群体特征，研究群体交互行为及其建模方法，理解群体网络的结构和传播规律，刻画群体智能的环境结构；针对互联网群体协作中典型组织模式和激励机制，研究群体智能激励的传播机制，揭示群体智能的孕育、成长、传播的过程和机制，探索个体贡献汇聚成群体智能的涌现机理。研究确定影响群体智能产生与传播的制约因素和条件，分析不同群智空间结构的协同性、稳定性、抗干扰性等动力学特性对群体智能涌现的作用。研究互联网创新生态系统中群体智能的汇聚和演化机理，定义群体智能的存在形式和载体类型，设计群体智能的汇聚过程和机制，挖掘群体智能的改进与蜕变等演化过程、机制和关键影响因素。

（5）网络群体行为分析与模型。分析网络群体行为在宏观层面呈现出的时序、空间和结构规则性，探索网络群体行为涌现性的度量方法，通过演化分析和动力学分析等手段探索群体行为涌现的微观机理，针对网络群体行为的形成和演化机理建模。探索网络群体行为和个体特征的内在关联，研究个体间的交互模式与网络群体行为之间的因果关系，研究基于个体行为一致性分析和度量的群体意图推断方法，针对群体关注、群体分配等网络群体行为建模，为群体行为的调控提供理论支持。

（执笔人：程学旗，中国科学院计算技术研究所；欧阳文涛，中国科学院计算技术研究所；沈华伟，中国科学院计算技术研究所；吕金虎，北京航空航天大学；刘祥龙，北京航空航天大学；谭少林，湖南大学）

3.2.3 群体智能学习理论与方法

1. 研究背景

随着人工智能系统逐步进入基于互联网的群体智能空间，人工智能的核心领域——机器学习面临着新的挑战。在基于互联网的群体智能空间中，学习所处的环境复杂、任务宏观（见图3.3）。为达到期望的全局目标，需要对人类群体和物理环境进行全面多层次感知，基于动态环境的感知数据进行学习，评估并结合全局目标，对群体进行反馈和引导，在感知、学习、反馈的循环中不断逼近全局目标。以出租车调配为例，如果将最优资源利用率作为全局目标，需感知出租车位置、出租车司机偏好、乘客位置、乘客偏好、道路交通状况、气候环境等信息，学习最佳乘客与车辆匹配策略、车辆游走策略等，并对乘客和司机给出鼓励措施，以实现全城出租车资源利用率最大化的全局目标。尤其是在移动互联网迅速发展的背景下，对群体的感知更加便

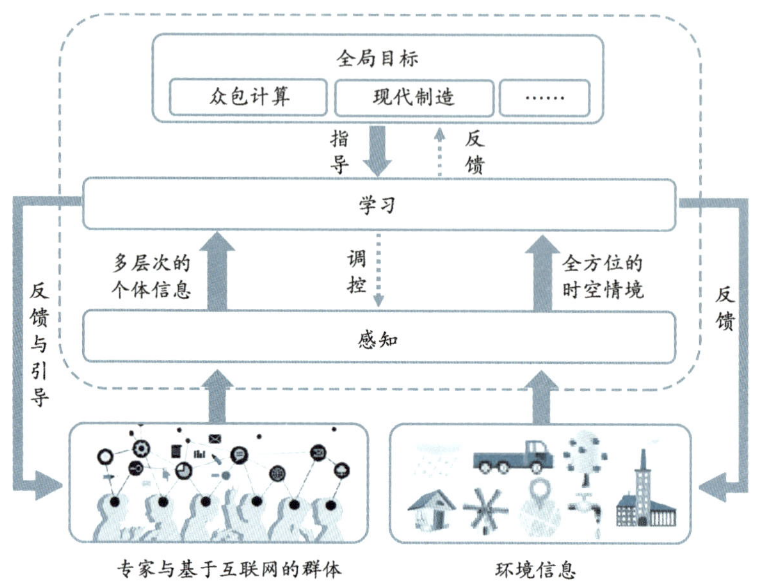

图3.3　群体智能学习总体框架

利，相关应用正不断涌现，同时此类应用涉及人群范围面通常较广，具有显著的社会经济影响。有全局目标导向的群体智能学习系统将在实现大规模群体智能系统的预定功能、维护系统的稳定与良性发展方面起到关键作用。

可见，群体智能学习面临着比经典机器学习更多的困难。表3.1对比了经典机器学习与群体智能学习三方面的差异，这些差异导致经典机器学习方法难以在基于互联网的群体智能空间中有效发挥作用。因此，面向互联网群体智能空间开放动态的特性，突破高效可扩展的鲁棒学习理论和面向全局目标的多智能体演进机制，形成一系列适于开放动态环境下的群体智能学习理论与方法，实现群体智能空间善感、能知、可引导的群体智能能力，是群体智能学习在现实应用中亟须研究的问题。

2. 研究现状

群体智能学习在国内外的研究，正在由各个分支的自发研究逐渐汇聚，显现出形成独立研究方向的势头。群体智能学习的研究主要可以分为理论基础的研究、群体智能机制设计的学习以及群体智能环境中的学习。理论基础

表3.1 经典机器学习与群体智能学习对比

特性	经典机器学习	群体智能学习
面临环境	静态封闭	开放动态
学习目标	通过损失函数定义	通过系统评价定义
引导反馈	不涉及引导机制学习	学习引导机制与引导策略

的研究主要着眼于利用数学工具研究群体智能学习的可能性与极限，界定可学习的范围，为群体智能学习的方法和应用提供基础支撑；群体智能机制设计的学习主要着眼于研究在群体智能之上如何设计机制以达成群体智能的全局目标；群体智能环境中的学习则主要着眼于在群体智能环境中学习理解群体，适应群体环境，在机制约定下利用群体功能，以达成智能目的。

群体智能学习的理论基础还处在起步阶段，最近的一些研究工作仅对群体智能一些简单的具体设定开展了一些分析。众包标记是经典的群体智能任务，将样本通过众包系统交给工作人员收集标记。较早的研究包括Gao C等（2013）针对Dawid-Skene众包标记模型建立的最小最大化收敛速率分析。后续的研究针对众包系统面临的实际因素扩展研究结果，包括考虑众包标记噪声极大的问题，考虑最节省人力成本、一个任务仅有一个标记者的情况，以及考虑一个标记者最多标记两个任务的情况等，进行复杂性分析。从分析模型上看，多臂赌博机是处理不确定性的经典理论模型，也被用于群体智能系统的分析，例如Abraham等（2013）基于利普希茨（Lipschitz）赌博机算法和“赌博机普查”问题的理论分析结果。然而目前群体智能学习的理论分析还主要集中在对众包标记利用能力的分析上，并且非常依赖理论假设，往往难以符合真实情况。

组织群体协作离不开对群体协作机制的设计，而基于互联网的群体智能往往具有开放特性，其机制的设计需要具备足够的适应能力，因而群体智能机制设计需要具有学习能力。机制设计可以归结为优化问题，同时需要考虑具体应用中面临的问题特性，Khetan等（2016）在一般Dawid-Skene模型上考虑在不同任务具有不同难度的情况下进行任务分配的机制设计。除了任务分配，机制设计的另一目的在于寻求更加节省开销的机制。Shah等（2015）

通过在标记时引入“跳过”选项，并通过设计付款机制鼓励标记者在信心不足时选择跳过，使得获取的标记质量得到提高。虽然已有工作使得群体智能机制具有一定的适应能力，但机制设计学习还集中在特定方面，并且需按照研究者的预先假定进行设计，对系统性与复杂情况的适应能力尚不足。

群体智能环境中的学习包含对群体的理解以及对群体的利用。要理解群体意图，可通过行为表现反推群体意图。一方面，群体表现的行为通常是对一系列事件的反应，因此可以建模为群体依据某种潜在目标，执行最优化该目标的策略，并通过逆强化学习（Levine et al.，2011）实现意图学习。另一方面，由于标记数据是机器学习技术得以发挥的“原材料”，群体智能环境提供了生产标记的便利条件，因此在群体智能环境中的学习研究，不少都集中在对群体标记的利用上。

综上所述，现有研究已经开始针对群体智能学习的多方面问题逐个突破，从理论基础的研究、群体智能机制设计的学习到群体智能环境中的学习都有涉及。然而，目前的研究还缺乏系统性，针对各个问题形成的方法难以统一，所考虑的环境条件与真实问题存在偏差。对群体智能学习进一步的研究，将在适应开放的互联网环境、激励多种群体的力量、充分发挥群体智能的潜力等方面有重要作用。

3. 研究内容

针对群体智能学习所面临的新环境，建议从理论基础、机制设计、开放环境、意图引导、学习平台五个方面进行系统研究，实现群体智能空间善感、能知、可引导的群体智能能力。

（1）群体智能学习理论基础的研究不仅界定了群体智能学习的可行域，还是方法设计的根基。主要需研究群体智能环境中的可学习性理论基础以及多种学习任务的泛化性，突破传统学习理论思想的束缚，建立开放群体智能环境下可学习性理论与模型可重用性理论，建立对抗环境下的博弈学习理论，为新问题算法的提出与评价标准提供理论支持。

（2）群体智能学习机制设计是实现群体智能系统的框架，需回答按照机制运行的群体智能系统是否与群体智能系统的期望目标一致的问题。主要需完善群体智能机制的理论分析与评价体系，构建群体行为模拟环境以验证群体智能机制效用，发展新型优化方法以搜索最优机制设计，以长期性能为目标，学习最优机制，逼近群体均衡，并扩展到大规模群体智能环境。

（3）群体智能学习开放环境是基于互联网的群体智能学习的关键特征，如果不能处理群体智能环境的开放性质，群体智能系统将面临鲁棒性差、系统性能衰退等问题，难以胜任真实任务。主要需研究开放环境中的可学习性，针对不同环境变化探索自适应学习方法，通盘考虑开放环境给机器学习技术带来的复杂问题。

（4）群体智能学习意图引导是引导群体意图、实现群体智能系统设计目标所必然面临的壁垒。主要需研究基于个体意图进行刻画，基于群体整体意图进行学习，个体信息的高效汇集，以群体智能系统总体目标为导向的个体行为引导，以及对机制设计中的可控变量的高效搜索方法。

（5）群体智能学习平台为群体智能学习理论与方法提供统一且真实的验证环境，同时其自身的构建也面临难题。主要需构建对整体计划高覆盖的群体智能学习平台，适配真实场景中大规模与高效率的数据导入、传输、分析和决策支持，有效利用异构计算平台提高学习效率，支撑海量并发，探索平台应用目标定量评估技术。

（执笔人：俞扬，南京大学；王魏，南京大学；章宗长，苏州大学；吴枫，中国科学技术大学；周志华，南京大学）

3.2.4 群体智能通用计算范式与模型

1. 研究背景

群体智能的组织和实施，往往面向多样性的群智任务、动态多变的群体成员和开放灵活的时空环境，需要动态地、适应性地调整群体智能的交互方式和群智空间的运行状态。面向领域的群体智能任务涉及感知、决策、实施等诸多环节，需要构造相应的群智通用计算范式和模型，并对群智计算的复杂性、时空成本与代价以及目标优化的近似计算方法进行研究。目前群体智能的计算范式与模型还不完善，例如缺乏对带有时空约束的群体智能任务分配理论的研究以及对群体智能可计算性和复杂性的理论分析，同时需要对数据密度稀疏、时空因素敏感、群智差异显著、在线动态环境下群智融合的质量控制理论与方法展开更深一步的研究。

2. 研究现状

近年来，国内外研究人员对群智计算的研究可分为两类：计算机理与优化技术。

群智计算的计算机理研究主要侧重探究群智计算系统内部的计算特性与运行机理。从群智计算工作流程来看，其包含任务分配、延迟控制和质量控制三个计算过程。

（1）在任务分配方面，分配/匹配问题（assignment/matching problems）一直是算法研究领域的经典问题之一，具体到群智计算的任务分配机制问题上，Ho等（2012）首先提出针对众包平台的在线任务分配问题，并设计了一种采用对偶模式（primal-dual schema）的近似求解算法。但文献（Ho et al.，2012）假设过强，一方面其要求任务必须为同一类型的众包任务，另一方面该方法仅适用于优化所分配任务的数量，难以扩展为优化分配方案的效用。最近，Tong等（2016a，2016b，2017）提出了一系列针对不同优化目标的群智任务分配方法，如最大化任务匹配效用和与最大化任务分配数量条件下最小化匹配成本等目标，并在理论上证明了在线群智任务匹配的竞争比上限。

（2）延迟控制方面的研究旨在对群智任务完成的延迟进行预测、调整，以满足群智任务对延迟的约束。在现有研究中，实现延迟控制的方式可以简单分为定价方式（pricing）和延迟建模（latency modeling）两种。前者以金钱激励更多工人参与群智任务，从而缩短延迟（Faridani et al.，2011；Gao Y et al.，2014）；后者通过建模，一方面为延迟控制提供形式化描述，另一方面为预测、调整延迟提供数据和理论上的支持（Sarma et al.，2014；Verroios et al.，2015）。

（3）质量控制方面的研究多以在线众包平台为载体（如AMT），探索群智计算的质量控制机理（Ipeirotis et al.，2010）。总体来说，群智计算的质量控制机制可以由群智参与者的误差估计与群智计算结果的集成机制两部分组成。首先，通过采用少数服从多数原则、最大期望（expectation maximization，EM）算法或其他学习算法对不同群智参与者单一个体的误差进行估计。例如，Sheng等（2008）提出了一种选择性重复标注的方法，即提供有较小误差估计值的众包参与者。然后，进一步对不同群智参与者的反馈进行符合质量控制要求的结果集成，并汇聚成最终答案。此外，Tong等（2018）提出将大规模众包任务拆分成多个小规模众包任务并发执行的一种策略，该策略在质量与延迟两个控制维度中求取最佳平衡点。

在群智计算的优化技术方面，群智计算为数据集成与数据挖掘等传统难解问题提供了新的优化求解技术。现有的数据集成技术由于异构数据自身具有结构差异大且规律信息不足的问题，其适用范围十分有限。Tong等（2014）提出了基于群智的数据清洗框架，旨在通过汇聚群智以提高多版本数据的更新质量。同时，群智计算技术已经被引入到数据挖掘领域，旨在打破传统数据挖掘研究所默认的“封闭世界假设”。例如文献（Amsterdamer et al.，2013）打破了传统数据库中的“封闭世界假设”，提出通过收集人脑中的关联规则经验来估计不同项集的支持度，从而估计出关联规则的置信度的基于众包的关联规则挖掘问题。

综上所述，现有研究已经成功地将群智计算集成到各类大数据应用技术之中。一方面，采用群智计算可以提高传统大数据处理技术的准确性；另一方面，群智计算模型可打破传统数据处理的“封闭世界假设”，从而扩展传统大数据处理技术的适用范围。

3. 研究内容

为实现群体智能通用计算范式与模型的构建，首先研究面向群智计算的计算复杂性理论，对问题难度进行界定；针对其中的难解问题，研究群智计算的近似计算理论与方法。基于计算复杂性理论和近似计算理论与方法，进而具体研究时空约束的群智分配理论与方法，群智融合的质量控制理论与方法，以及群智行为的延迟控制理论与方法（见图3.4）。

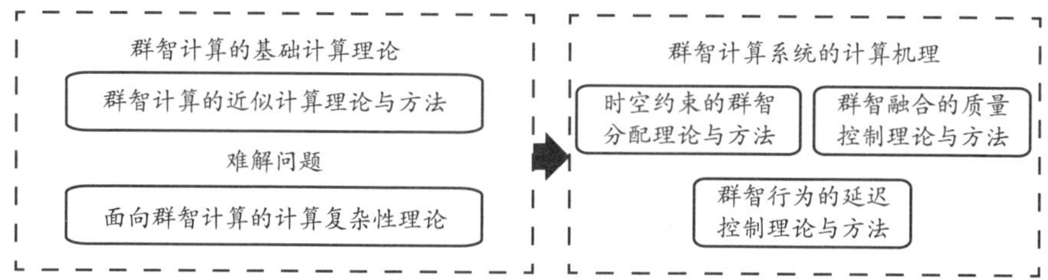

图3.4　群体智能通用计算范式与模型的研究内容

（1）面向群智计算的计算复杂性理论。研究群体计算的计算复杂性的理论组成基础，形式化定义群体计算的基础计算单元与组成结构；参照传统计算复杂性理论中判定问题的计算复杂度与函数问题和计算问题的计算复杂度之间的关系，研究如何将群体计算问题的易解类复杂度推广到函数问题与计数问题；研究如何突破传统计算理论复杂性思想的局限，针对群体计算特有的数据差异化大、时空敏感、群智融合等特点，围绕其问题易解性和可计算性，建立群体计算的易解类复杂性理论；研究群体计算问题的具体分类和衡量标准，为群体计算算法的提出与评价提供理论支持。

（2）群智计算的近似计算理论与方法。研究近似计算方法对求解群智计算问题的影响，提出大数据环境下综合考虑计算效率与计算准确度的近似计算方法评价机制；研究将既有近似计算理论与群体智能理论结合的新型近似计算理论，以适应大数据、群智计算领域的新形势；针对几类典型的群智计算问题（如针对海量数据的数据查询、针对群体智能的数据挖掘等），使用（ε，δ）-近似计算等技术设计几类计算问题的高效算法，并基于此归纳适用于群智计算的通用近似计算框架；特别是对于动态大数据驱动的群智计算问题，研究面向实时数据更新的几类计算问题的近似计算算法，形成针对动态大数据的近似计算理论与方法。

（3）时空约束的群智分配理论与方法。研究面向时空约束的群智任务分配模型，特别是要探究传统二分图匹配模型与任务规划模型的可复用性与可扩展性；研究不同类型群智任务分配的优化目标对任务分配计算成本的影响，如线性和最大化目标、最小化最大值目标等；研究群智任务的参与者数量上下界要求对任务分配计算成本的影响；针对面向时空约束群智任务的高实时性需求，研究具有通用性的群智任务动态分配理论与方法，特别是采用在线算法分析理论，深入探寻动态环境下不同群智任务分配问题的竞争比上下界和其计算复杂性理论。

（4）群智融合的质量控制理论与方法。研究数据密度稀疏环境下的误差控制机理，显著提高群体智能通用计算模型在数据低采样密度环境下对数据的分析、筛选和利用能力；研究时空因素敏感情景下的质量控制机理，显著提高群智融合的质量控制理论方法在现实情境中的适用性和通用性；研究应用于群智差异显著情况下的群智融合质量控制理论，在充分考虑个体间知识差异的基础上形成有效的群智融合决策机制；研究在线动态环境下的质量控制计算模型，对动态易变环境提出针对性的控制策略，从而提升群智融合质量控制算法的稳定性；研究大数据驱动下的群智融合计算的优化技术，针对应用场景中存在的环境复杂多变、数据多源异构、个体差异显著等问题提出适用于不同质量控制方法的优化技术。

（5）群智行为的延迟控制理论与方法。研究参与者在完成群智任务时呈现的群体规律，挖掘并利用群体规律来显著提高群体智能通用计算模型对群智任务的延迟控制能力，有效缩短群智任务延迟；研究动态、多任务环境下通用的延迟控制模型，在考虑参与群体对不同任务间偏好的情况下，对差异显著的异构群体提出通用的延迟控制建模方法；研究大数据环境下的延迟控制方法，在综合考虑成本、延迟和任务质量的基础上，提出对延迟控制的控制理论和优化技术。

（执笔人：童咏昕，北京航空航天大学；李国良，清华大学；唐金辉，南京理工大学；许可，北京航空航天大学；袁野，东北大学；王国仁，北京理工大学）

3.3 群体智能关键技术

《新一代人工智能发展规划》在群体智能关键技术部分设置了群体智能的主动感知与发现、知识获取与生成、协同与共享、评估与演化、人机整合与增强、自我维持与安全交互、服务体系架构以及移动群体智能的协同决策与控制等八个方向的研究任务，以支撑形成群智数据—知识—决策自动化的完整技术链条。

具体而言，需要研究基于群体与环境数据分析的主动感知，对互联网群体行为进行多模态信息感知，建立对网络化感知信息的知识表示框架，突破基于群智的知识获取和生成技术，以实现群智空间善感、能知的基本目标；面向群体智能不断涌现产生的海量智力成果，研究大众化协同与开放式共享技术、持续性评估与可行演化技术，以保障群智成果汇聚质量；研究人机增强和移动群体智能，解决在开放动态环境下群体与机器的协同强化、回环演进的问题；研究群智空间的服务体系结构和安全交互机制，以实现群智空间的高效组织和可信运行。

3.3.1 群体智能主动感知与发现

1. 研究背景

互联网、物联网的快速发展，使得目前的软件系统已经发展为人—机—物一体的开放复杂巨系统。由于群体中每个个体所处环境和状态存在差异，有效实现个体的多层次感知是充分获取互联网群体行为数据的关键环节，能够为基于互联网的群体智能提供必需的支撑技术，也是融合群体智慧以优化系统资源配置和服务的关键。

2. 研究现状

互联网使得群体形成了线上社会关系，并且催生了大量的用户行为数据。通过这些数据，我们可以分析、挖掘和感知个体行为模式。美国东北大学的Barabási（2005）分析了人类行为的时间间隔，并指出，尽管每一个人的行为具有较大的随机性和自发性，但是人类活动的群体行为具有较强的规律性和可预测性。针对用户行为的影响因素，Katz在1957年提出了“两级传播”理论，强调了具有高影响力的“意见领袖”在行为传播中的作用。Wu S等（2011）在推特（Twitter）上对该理论进行了验证，并发现不同类型用户在行为周期上具有多样性。Wang D等（2011）和Wu F等（2007）分别发现消息的内容、个体的属性以及消息的新颖性会显著地影响信息扩散的对象和速度。

伴随移动设备和无线传感网络等技术的快速发展，实时移动感知已经深入到人类社会的方方面面，人类具备了可以感知和理解整个社会群体的能力。人类社会的物理世界活动已经逐渐在数字空间形成了较为完整的数据映像（李未，2015；Yu et al.，2010）。美国麻省理工学院的科学家亚历克斯·彭特兰（Alex Pentland）（2005）提出了借助数字映像实现社会感知计算的思想，并和哈佛大学的科学家大卫·拉泽（David Lazer）等在《科学》杂志上撰文阐述了针对社会群体收集和分析海量现实生活数据，实现对个体、组织和社会等不同层次的理解（Lazer et al.，2009）。

近年来，众包已经发展成为实现群智感知的一种手段（Karger et al.，2014）。现有的面向特定领域的众包数据感知方法，大多是针对某一应用通过众包的方式来收集数据并以此优化服务，其中最为流行和成功的是标签数据收集。AMT是典型的群智数据感知平台，为深度学习等研究提供了重要的数据资源。例如，图像识别领域广泛使用的ImageNet（Su et al.，2012）就是通过AMT平台得以标注，已经成为评判图像识别算法性能的标准数据集。群智数据感知同时也被广泛运用在科学研究、产品创意等许多领域（Dergousoff et al.，2015）。群智数据感知应用方面的研究，主要侧重于如何设计群智感知任务（Tong et al.，2016a）、如何提高多层次群智数据感知的质量（Karger et al.，2013）等。

3. 研究内容

由于群体中每个个体所处环境和状态存在差异，有效实现个体的多层次感知是充分获取互联网群体行为数据的关键环节，为基于互联网的群体智能提供必需的支撑技术，实现多源低质异构数据的融合挖掘方法，分析挖掘群体交互特征和规律，建立任务驱动的需求发现与激励机制，支持群体智能高效和安全协同，形成全方位多角度的互联网群体感知能力。群体智能主动感知与发现的研究内容主要包括以下几项（见图3.5）。

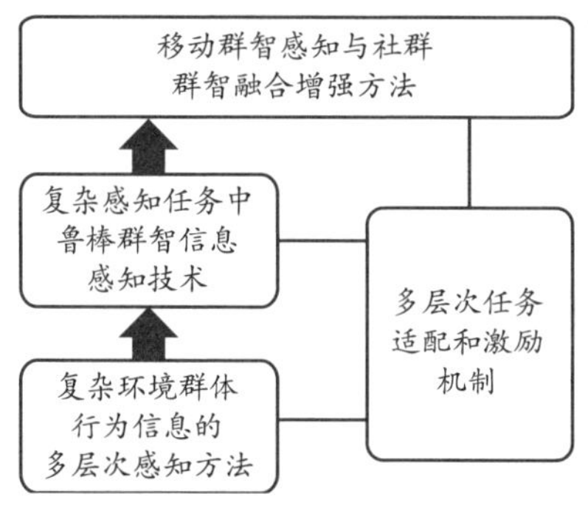

图3.5　群体智能主动感知与发现的研究内容

（1）复杂环境下群体行为信息的多层次感知方法。结合群体行为特征和群体需求，利用个体行为在互联网上的多源通道和社会关系网对感知的个体进行知识刻画和特征表示，研究复杂环境下群体以及群体行为信息的多层次感知方法，从全局层面形成系统最优导向的个性化信息感知体系。群体中每个个体的行为特征及模式存在差异，需要综合考虑个体历史行为特征、历史行为模式以及参与者的社会特征等多源信息，研究在社交等复杂环境下群体多模式行为特征表示方法，实现多维度、多粒度的群体行为刻画，支撑个体多层次的有效感知。

（2）复杂感知任务中鲁棒群智信息感知技术。针对特定领域的多源异构群体数据，需要研究制定群体数据资源的统一描述模型，在跨系统的不同的数据源上实现数据的协同与整合，形成统一、高质量的感知信息。综合考虑常发性和非常发性群体感知特性，研究基于群体历史任务信息的质量预测模型，实现复杂场景下群体感知数据质量的估计；研究大规模协同环境下多粒度的噪声数据发现机制和挖掘技术，精确还原感知对象特征；分析群体感知对特定模式扰动事件的抗干扰特性，结合群体之间任务关联和历史合作关系，研究面向复杂感知任务的群体数据的鲁棒融合机制。

（3）多层次任务适配和激励机制。针对传统的群智感知方法中任务配置与任务生成方法缺少对参与者需求的感知等问题，需要综合考虑网络群体行为状态、诚信记录、任务参与者与任务属性特征以及属性特征间的相关关系，研究针对不同状态和特质的用户的任务分配方法；考虑群体动态竞争合作及参与人数众多等特点，研究面向大规模参与人群的群智激励机制，解决当前感知与激励机制多以静态商业过程为主且参与人员有限的商业环境的局限；研究基于任务评测、社区声誉等结合的情景感知和需求发现机制，建立面向目标个体的任务分配和生成策略，提高群体参与度、完成率与任务质量。

（4）移动群智感知与社群群智感知融合增强方法。结合群智系统的动态和随机特性以及人的选择行为的有限理性等因素，分析系统中群体行为的主要特征。研究如何在满足群体差异化的前提下，综合质量、信誉、奖励等因素实时分析和评估群智信息感知的质量，分析群智感知任务供需平衡点的稳定性和系统可控条件，实现精准的任务分配和质量调控。研究反馈式群智任务调整和适配的动力系统模型，利用群智感知收集到的数据对模型进行迭代校准，实现群智感知的融合增强；建立群智感知安全机制，解决感知任务覆盖率、可靠性和安全性等方面的问题。

（执笔人：程学旗，中国科学院计算技术研究所；欧阳文涛，中国科学院计算技术研究所；沈华伟，中国科学院计算技术研究所；高宏，哈尔滨工业大学；刘祥龙，北京航空航天大学）

3.3.2 群体智能知识获取与生成

1. 研究背景

群体智能知识获取，一方面是指系统通过发挥互联网群体智能的聚合优势，使群体智能参与者遵循群智空间的结构方式，相互作用、相互补充和相互制约，激发新的知识的涌现，并采用基于群体智能的真相发现技术，为知识库及知识图谱的构建等提供质量保障，最终解决人工智能中知识获取与生成等难题；另一方面，由众包工人参与任务产生的特定数据，如AMT、CrowdFlower和oDesk等众包平台生成的图像标注、语言翻译等数据，维基百科、Quora、知乎等问答平台生成的答案文本等，这些数据都成了知识获取和生成的重要来源，如何对群体智能产生的数据进行知识获取也是一项重要的研究课题。

2. 研究现状

维基百科是较为传统的以互联网为基础的知识众包平台。2012年，维基基金会启动了新项目WikiData（Vrandečić et al.，2014）。另外一个较为典型的知识众包项目是schema.org，其本质是采用互联网众包的方式生成和收集高质量的语义化数据。麻省理工学院的ConceptNet也是一个主要依靠互联网众包等方法来构建的知识众包项目（Speer et al.，2012）。由于众包过程需要大众进行交互，因此人机交互领域的主要研究目标是激励人参与到众包过程中来（Li Q et al.，2016）。例如reCAPTCHA项目，通过在验证码中嵌入书籍的扫描信息来完成纸质书籍的电子化（Michelucci et al.，2016）。群智问答或者基于社区的问答是另外一种常见的人机协同的知识生成方式，如国外的Quora、Stack Overflow，国内的百度知道、知乎、360问答等。群智问答的一个核心挑战是实现提问者和回答者的精确匹配（Liu Y et al.，2008），以及问答知识的组织与精确获取（Riahi et al.，2012）。

基于群体智能获取的知识由于大多依赖大众而不是专家，所以在质量方面存在较多问题，产生的知识不可避免地会存在噪声、错误和冲突（Tsikerdekis，2017）。目前，群智知识的质量控制除通过数据挖掘分析等手段追踪和甄别低质量数据与恶意贡献者外，还较多利用群体智能本身，如通过基于群体智能的真相发现技术与分布式共识机制，变革以雇员、专家小众为主的传统信息鉴真模式，来提高知识获取与生成质量。此外，也逐步通过知识创新中的互联网群体智能行为分析，对群智知识的传播进行追踪和溯源等（Sarabadani et al.，2017）。

一切规律、真理、事实以及事物之间的客观关系都可以是知识，并且知识与数据来源也存在着本质的联系，因此知识的表示是非常复杂的。基于图的知识表示方法是目前研究的一大热点，不少研究学者使用概念图、状态图来表示知识，例如资源描述框架（resource description framework，RDF）和本体网络语言（ontology web language，OWL）。近年来，知识图谱是从语义网、概念图延伸发展而来的知识表示方式，知识图谱由于知识表现能力层次化、实体关系表现较好以及便于关联推理等特性，成为当前业界主流的知识表示方法。已有不少的研究工作在利用群体智能实现知识图谱的构建和演化，例如ZenCrowd（Demartini et al.，2012）综合运用AMT平台的群智标注和概率推理技术实现基于RDF的高质量实体链接，CrowdMap（Sarasua et al.，2012）利用微任务模式完成不同本体之间的概念映射，实现本体对齐。

群智交互过程中产生了大量有价值的数据，因而群智环境下的开放领域信息抽取已经成为知识自动抽取的新研究方向，该类研究一般利用一些种子实体和启发式的规则自动地抽取实体关系，利用马尔可夫逻辑网络（Markov logic network）推断抽取结果的置信度，并且迭代地将高质量的实体关系加入到训练集中。随着深度学习的兴起，基于循环神经网络或者长短期记忆模型与条件随机场（conditional random field，CRF）结合的方法成为实体识别的重要研究思路，很多研究将词向量作为有效特征加入到实体识别和关系分类过程中（Fu et al.，2014）。

3. 研究内容

群体智能知识获取与生成的研究内容主要包括以下几方面（见图3.6）。

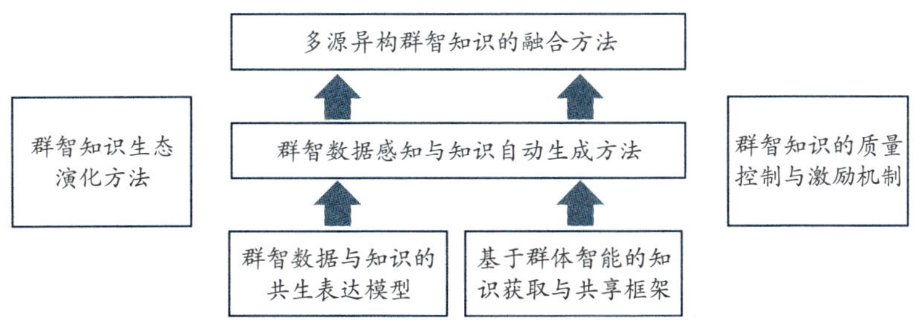

图3.6 群体智能知识获取与生成的研究内容

（1）群智数据与知识的共生表达模型。研究群智数据特征以及知识的形态。通过研究典型群智形态，分析刻画群智数据特征与所生成知识的形态，为群智知识表示提供依据；研究群智数据与知识之间的内在关联机理，发现两者之间存在的依附与共生关系；研究与建立数据与知识的共生模型，建立数据、知识以及数据与知识关联关系的表达结构。

（2）基于群体智能的知识获取与共享框架。将以人为中心的互联网群体智能和以机器为中心的自动化知识生成进行结合，研究人机协同迭代的知识获取框架；研究面向大规模群体的知识协同编辑技术；研究语义化、结构化知识的协同获取技术；研究群智知识的存储、传播和即时按需共享技术。

（3）群智数据感知与知识自动生成方法。研究群智活动中多模态数据的感知方法，实现围绕知识生成目标的有效数据获取；研究多源群智大数据的治理，通过研究群智数据清洗、过滤、标注等技术，去除数据中的噪声，提高群智数据的质量，为知识获取提供有利条件；研究面向群智大数据的群智知识生成机器学习模型和数据挖掘算法，提升群智大数据知识发现的深度、广度和质量。

（4）多源异构群智知识的融合方法。研究群智数据融合方法，融合产生群智个体知识对应的数据，消除数据中存在的矛盾和歧义，使围绕相同知识点的群智数据具有语义上的一致性；研究群智知识匹配和关联方法，使群智个体中涌现的同类知识或相同知识点能够进行正确关联；研究群智知识的冲突消解方法，使同类知识内涵统一，实现合理的知识聚合。

（5）群智知识生态演化方法。研究群智知识生态演化与进化的方法。按照群智数据与知识的内在关联机理，结合基于群智数据的知识生成方法，研究知识基于群智数据的动态更新方法；研究群智知识的迭代演化和进化方法，使群智知识可以在知识更新的同时，能够不断基于已有的知识，实现知识体系的提升和优化。

（6）群智知识的质量控制与激励机制。研究基于群体智能的真相发现技术与信息鉴真；研究群智知识的质量管理技术，通过知识创新中的互联网群体智能行为分析，突破群智知识的存储、传播、追踪、溯源等共性技术；研究基于分布式共识机制的知识保真与追溯技术；研究基于分布式账本的知识众包激励机制与技术等。

（执笔人：陈华钧，浙江大学；文继荣，中国人民大学；杜小勇，中国人民大学；郎波，北京航空航天大学）

3.3.3 面向群体智能的协同与共享

1. 研究背景

当今时代，依托互联网的群体活动已达到前所未有的规模。例如，维基百科借助大众协作编辑形成了世界上最大的网络百科全书，智能地图通过群体时空数据共享实现实时精准导航。大规模群体基于互联网以极低的成本参与协同活动，正在形成一种新型的社会协作模式，释放出前所未有的群体智能。

这一方面为人类社会注入了源源不断的活力，同时也挑战着传统的群体组织方式。大规模群体如果以一种完全松散无序的方式运作而不能有效协同，必将面临混乱、冲突、低效等问题。据《中国智能出行2016大数据报告》，截至2016年底，滴滴智能出行平台上的用户数量超过4亿，覆盖400多个城市，日峰值订单数量超过2000万，如此大规模的协同出行活动为城市交通规划留下了宝贵的数据，为提升出行效率构建智慧交通提供了坚实基础。但是，在城市交通基础服务资源有限的情况下，如果不对车辆服务提供群体和用户群体的行为进行智能化的调配管理，将严重制约群体智能释放的效能，加剧交通拥堵等问题。

2. 研究现状

大规模群体的协同在自然界和人类社会实践中广泛存在，也一直是研究者关注的热点问题。法国动物学家Pierre-Paul Grasse通过研究社会性昆虫的协作行为提出了环境激发效应理论，其基本原理是：在大规模群体协同中，个体对环境做出的改变或在其中留下的踪迹，会刺激其他个体或自己对环境做出进一步的改变或留下新的踪迹，从而在群体内部形成正向反馈回路，进而在宏观上展现出高度的自组织性。文献（Dipple et al.，2014）对相关研究进行了总结，提出了包括智能体、环境和痕迹三个核心组成部分的环境激发效应抽象模型，将其描述为智能体在共同环境下间接通过时空结构进行交互和相互吸引的协同机制，并将正反馈与负反馈引入该模型中以适应动态演化的需求。环境激发效应能够很好地解释自组织活动中的协同机制，使得越来越多的研究者将其应用于人类生产活动。有研究学者从个体数量、范围等方面对一些环境激发效应的案例进行分类，同时强调了案例之间的连续性，使得复杂的协同活动能够从简单的活动演变而来（Heylighen，2015）。文献（Zhang W et al.，2013）则基于环境激发效应提出一种互联网环境下面向大规模群体的协同式概念建模方法，利用以环境为媒介的间接交互方式解决群体协同的规模扩展问题，并设计了一种激励机制来初步解决松散异步的沟通方式下群体协同一致的问题。

互联网为大规模群体的信息共享与交互提供了一种崭新的技术手段，促使大规模群体协同实践（包括维基百科协同编辑、Delicious协同标记、开源软件开发等）的蓬勃发展，并吸引了大量研究者的关注，逐渐形成为一个涉及心理学、社会学、组织理论、人类科学等多种科学的重要研究领域。1984年，Greif等首次提出“计算机支持协同工作”（computer-supported collaborative work，CSCW）的概念，文献（Bannon et al.，1991）将其总结为以设计合适的计算模型为目的，将人们在团队中协同合作与利用计算机网络技术有效支持结合起来，以分析群体协同机理。在医疗保健、在线知识共享等具体领域，有学者对CSCW的群体协同与共享机制进行了深入研究（Fitzpatrick et al.，2013；Keegan et al.，2016）。在群体化软件开发过程中，GitHub等社区设计采用了包括跟踪（follow）、关注（watch）、@提醒、任务指派、评阅人推荐等一系列机制来提升群体之间的透明度，以实现群体间的高效协同与信息共享（Dabbish et al.，2012；Zhang Y et al.，2014）。

此外，在机器人领域，机器人之间通过任务分配、资源共享、信息聚合的方式协同完成任务的多机器人系统（multi-robot system）成为一个研究热点。机器人之间协同共享信息的一个主要难点是如何在复杂多变的环境下高效地进行信息的传递和聚合。针对此问题，学者已经在多个研究角度提出一系列成果，其中多机器人之间的任务协调和网络通信是两个比较重要的方面。在任务协调方面，文献（Iocchi et al.，2003）提出了一种基于动态角色分配的多机器人系统的分布式协调方法，通过一个效用函数来定义每个机器人执行任务的能力以及执行动态角色分配的协调协议，能够在动态环境中保持系统的鲁棒性。在网络通信方面，有学者研究了具有输入和通信延迟的多机器人系统的共识问题，其成果表明，对于既有通信延迟又有输入延迟的多机器人系统，共识条件取决于输入延迟但与通信延迟无关，进而为多机器人协同网络拓扑的设计提供了理论根据（Tian et al.，2008）。

3. 研究内容

大规模自主个体的参与是群体智能释放的基础，而群体的高效协作是实现超越个体的群体智能释放的关键。如何提高群体协作的效率和质量，实现基于群智的复杂任务的高效解决，是需要深入研究的关键问题。具体来说，围绕群体协作效率和质量，需对以下四个方面开展研究（见图3.7）。

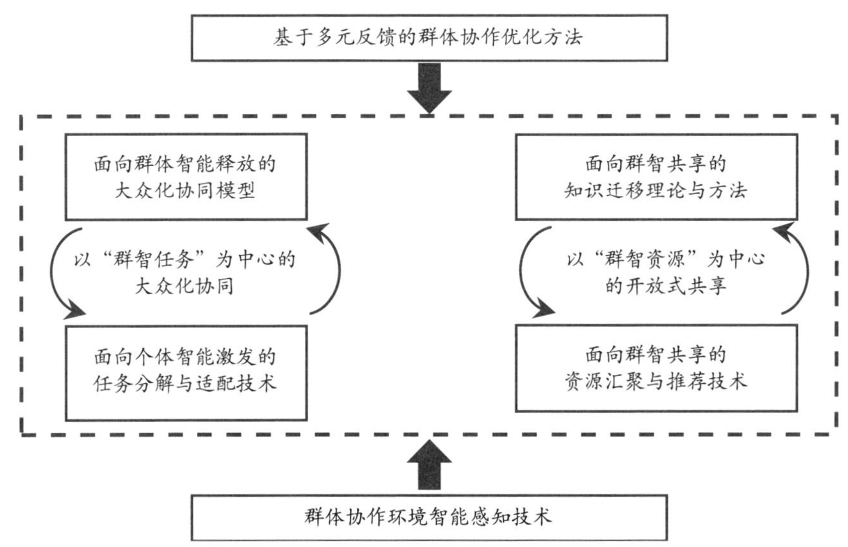

图3.7 面向群体智能的协同与共享的研究内容

（1）群体协作环境智能感知技术。群体在特定空间进行协作，对协作空间的环境感知是群体间高效协同与共享的基础。需要研究多样化环境数据采集与汇聚、环境建模与量化分析方法，借鉴社交网络分析方法探索大规模群体的行为监测、环境变化感知以及基于环境的行为引导技术等。

（2）以“群智任务”为中心的大众化协同。“小核心”与“大外围”围绕群智任务开展协作，需在环境感知基础上研究大众协同。从个体智能激发的角度，需要研究参与者的个体特征度量模型、复杂群智任务的分解以及与参与者的个性化适配，基于个体行为监测的任务动态调整与优化等；从群体智能释放的角度，需要研究群体行为模型与协同模式、基于群体特征的群体知识图谱构建以及以此为基础的全局群智任务适配与动态调度等。

（3）以“群智资源”为中心的开放式共享。群体间的开放式资源共享会极大地提高群体协作的效率。需要研究群智空间与外部环境的联通方法，实现外部资源向群智空间的汇聚与外部资源共享；探索基于互联网的创意与贡献的高效汇聚与融合方法，建立群智知识模型，并围绕群智任务研究知识迁移方法；研究大规模群智资源的高效管理以及面向参与者的个性化定向推荐等，推动群智空间内资源的高效传播与共享。

（4）基于多元反馈的群体协作优化方法。研究基于大规模群体行为过程数据的协作状态刻画评估、分析预测以及反馈优化方法；将环境与行为反馈融入群体协同流程，基于交叉熵等方法研究反馈效能分析技术，建立群体协作反馈优化模型，不断提升群体协作效率与质量，实现大规模人类智能与基于海量数据的机器智能相结合的智能激发、释放与反馈优化。

（执笔人：王怀民，国防科技大学；王涛，国防科技大学；余跃，国防科技大学；毛新军，国防科技大学；吴文峻，北京航空航天大学）

3.3.4 面向群体智能的评估与演化

1. 研究背景

互联技术的发展，实现了超越时空界限的“人—机—物”这样广泛而深度的连接，进而实现了超越单一个体局限的群体智能的释放，推动着人工智能的发展。在此过程中，人类群体在其中的角色和作用发生了深刻的变化。在传统的人工智能中，人是智能设备的设计者和使用者；在群体智能中，人不再仅仅是智能的设计者，更是智能过程的参与者。基于群体协同编辑的维基百科、基于群体协同开发的开源软件、基于群体协同众包的AMT等大量成功实践表明，在特定环境支持下，通过互联网连接起来的大规模群体能够爆发远超个体能力的群体智能。

但是，不同于智能设备，人类群体具有极大的自主性和差异性。人类群体的加入使得智能系统有了前所未有的开放性、动态性和不可预测性，群体智能的释放变为一个持续演化的过程。在这一过程中，如何确保群体智能向预期方向演化，解决群智任务，实现预期目标，是群体智能面临的关键挑战。为此，需要深入研究针对群体智能的可信性评估与持续性演化技术，为构建“群智空间”、实现群智释放提供技术支撑。

2. 研究现状

群体协作的可信评估和持续演化是实现智能汇聚和收敛的关键，在学术界和工业界已有相关研究成果和成功实践。

大规模群体的自主协同形成一个复杂群智系统，复杂网络为建模和分析群智系统的形成机制、演化规律和群体行为提供了全新视角。研究学者提出了连通度、集聚系数、平均路径长度、相关性等不同维度来分析和度量复杂系统的结构特性，建立了包括小世界网络和无尺度网络等不同模型，从而建模和分析科研合作、信息传播等各种现实网络并取得了巨大成功（Costa et al.，2007）。后续大量研究开始关注复杂网络的演化动力学，提出了博弈、合作、随机游走等不同的动力学行为和模型，以及迁移和共演化等不同的机制，从而实现系统结构与博弈策略相互反馈和作用，完成共同演化（Boccaletti et al.，2006；Wu T et al.，2012）。文献（Liu P et al.，2015）聚焦于协作网络，分析了“同质性”（homophily）机制、“异质性”（heterophily）机制和社会学习机制等对协作网络结构形成和演化的关键作用，提出了协作网络演化动力学模型。

在众包模式的问题求解活动中，如何保证结果质量是一个关键问题。一种方式是以人工方式通过专家审核来实现。例如，在维基百科的群体编辑中，为了保证知识内容的准确性和完整性，通常需要专家对志愿者编辑的内容进行人工审查（Keegan et al.，2012）。另一种方式则借助众包机制本身来进行评估，如Stack Overflow在获取群体答案的同时，也通过点赞、评分等机制来聚合大量阅读者的反馈，从而实现对问答质量的持续评价（Mamykina et al.，2011）。类似地，在海量网页的检索与排序问题中，谷歌一方面提出网页排名算法，利用全世界网页撰写者群体的协同判断力（体现为网页间的链接关系）作为评估单一网页重要性的主要因素，另一方面将全球用户对搜索结果的点击作为反馈，评估和优化其搜索排序算法（Page et al.，1998）。

软件开发是一个典型的群体协作与群智汇聚的过程。王怀民等（2014a）借鉴互联网以及生命系统、社会系统、经济系统等复杂系统的形成和演进模式，研究并提出“复杂软件系统是在不断适应环境和需求的变化过程中持续演化的”这一适应性演化法则。文献（王怀民等，2014b）将软件开发、分享与运行等不同生命周期阶段的基础数据作为可信证据，提出了一种基于可信证据链的可信软件概念模型，并在此基础上建立了软件演化过程模型，构建了群体化协同开发支撑平台Trustie。文献（Zhou M et al.，2010）则结合总体任务规模、子任务复杂度以及单位时间完成的任务数等因素分析了在软件开发过程中开发者个体的能力成长曲线，对参与者随项目发展的能力成熟度进行持续评估。

3. 研究内容

可信性评估需要解决对群体参与者以及群体智能制品的量化度量方法，确保群体智能演化的正确性。持续性演化则需要解决对参与者群体以及协作环境动态变化的适应性方法，确保群体智能的不断释放和增强。从群体智能的参与要素看，面向群体智能的评估与演化可以分为面向协同群体的评估与演化和面向智能制品的评估与演化两个方面（见图3.8）。

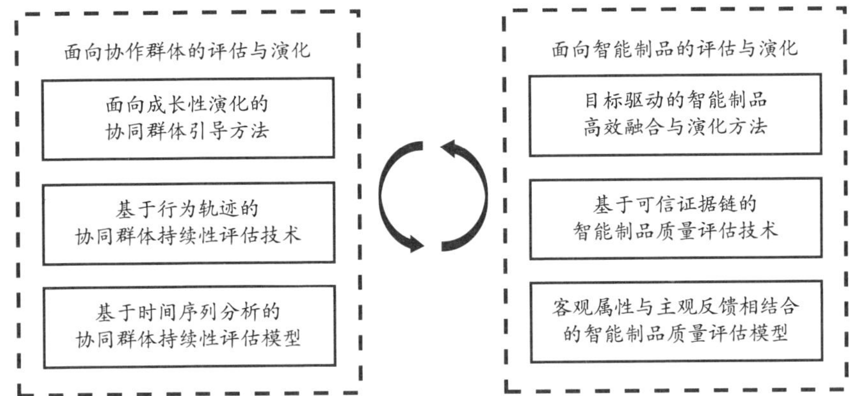

图3.8 面向群体智能的评估与演化的研究内容

（1）面向协作群体的评估与演化。从参与群体的角度看，群体协作是一个相互影响、不断演化的过程；持续有效地评估协作群体的成长性、代谢率、成熟度等各个方面是确保群体智能向预定方向演化的关键。重点研究协作群体的时序特征提取与分析方法，建立协同群体持续性评估模型，实现特定场景等约束条件下的群体演化预测；研究复杂协同空间中基于时序特征的行为关联、行为规律分析与异常检测方法，实现特征模型的动态扩展与演化；研究参与群体的协作、环境自适应等多维度能力度量模型，以及面向任务最优的群体动态引导与协作结构优化方法，实现群体协作的持续、正向演化。

（2）面向智能制品的评估与演化。从智能制品的角度来看，群体智能是一个碎片化创意与贡献持续汇聚并最终收敛为群智制品的过程；对智能制品的动态评估与持续演化是形成高质量群智产出的关键。重点研究面向协作过程的客观属性提取与面向智能制品的主观反馈引导激发方法，建立客观属性与主观反馈相结合的质量评估模型；研究多维异构可信证据的获取、关联与建模技术，形成基于证据链的可信分级方法，实现面向可信演化的智能制品分析与预测；基于质量评估结果研究智能碎片的提取筛选、汇聚关联与融合收敛方法，探索质量敏感的智能制品动态升级技术，研究群智汇聚流程与机制的动态优化方法，保障复杂开放环境下群智制品的高品质演化。

（执笔人：王怀民，国防科技大学；王涛，国防科技大学；余跃，国防科技大学；李骁，国防科技大学；吴文峻，北京航空航天大学）

3.3.5 群智空间的服务体系结构

1. 研究背景

群智空间中融合了人、机、物等多种智能资源，因此，对这些资源进行高效统一管理，并基于此为群智应用的构建与运行提供一体化服务支撑环境是实现群体智能的重要问题之一。

人、服务、数据、终端等个体智能的资源载体具有分布、动态、异构和不可靠等特征，如何合理地管理个体智能资源，以保证群智服务的功能正确和质量可靠，成为一个重要的研究问题。与传统信息空间相比，群智空间呈现出资源特殊性和应用复杂性等新特征。为提高群智应用的开发效率和运行质量，研究一种面向服务的群智计算模型很有必要。通过异构资源的共享与协同，构建一种有效方法，将面向服务的基本思路与群智计算模型相结合，并给出关键的支撑技术点和相互之间的协作关系。群智空间是人类智能和机器智能融合的产物，影响其服务质量的因素错综复杂，有代价、效率、准确性、可用性和可靠性等，因此群智服务质量的评价也是一个重要问题。

为了解决以上问题，更好地将人、数据、信息、终端等相互链接和高效协作，需要研究面向群智空间的服务体系结构，实现服务资源的管理与高效计算。

2. 研究现状

就群智任务的设计而言，在众包方法中，首先将大任务分解成多个小任务，然后将小任务分发给工人，并收集工人答案，最后再进行整合。而人本计算则将机器难以完成的任务分解为多个互相关联的小任务，也就是将任务的处理过程工作流化。Kittur等（2011）研究了基于MapReduce模型分解复杂任务并整合工人的答案来处理任务的方法，但该方法缺乏一定的通用性。

就群智任务的处理而言，随着AMT、oDesk、CrowdFlower等平台的广泛应用，越来越多类型的任务利用群智平台得到成功解决。由于任务类型不同，在处理过程中也需要设计不同的工作流来管理和优化处理过程。针对复杂的众包任务（如手写体识别），文献（Little et al.，2009）首次提出以迭代工作流对任务进行连续多轮优化处理；文献（Dai et al.，2010；Fang et al.，2016）提出利用部分可观测马尔可夫决策过程控制工作流，以决定迭代何时停止；文献（Lin C H et al.，2012）进一步将众包工作流控制问题概括为多个工作流的管理问题；文献（Wang Z et al.，2017；Sun et al.，2017）提出首先学习工人能力变化特征，然后预测工人能力变化趋势，从而筛选表现较好的工人进行任务推荐。

就群智结果的优化汇聚而言，如何从群智结果中剔除无用信息和错误信息，最终汇聚出可信结果，是非常具有挑战性的问题。很多研究者就这一问题进行了多方面的思考与实践。多数投票是最简单也是使用最为广泛的方法，在实践中也有很不错的表现（Yan et al.，2010）。多数投票没有对工人行为和协同工作过程进行建模，所以可以很轻松地做出任务独立、没有参数估计过程的快速推断。基于概率推断主要是采用概率方法对工人产生答案的过程进行建模，进而基于工人提供的任务处理结果来推断概率模型中的参数，最终给出对真实答案的推断结果（Zhou D et al.，2012）。近年来，有学者提出利用答案中存在的语义等关联关系来改进汇聚方法，以进一步提高汇聚质量（Han et al.，2016）。

3. 研究内容

群智空间汇聚了人—机—物三元空间中的人、服务、数据、设备等智能资源载体，这些资源呈现出高度的分布、动态、异构和不可靠等特征。针对科技众创、群智软件、共享经济和群智决策（collective decision-making）等应用需求，以应用体系结构和系统体系结构为依据，研究群智空间服务体系结构，具有重要意义。为此，需要加强如下几点的研究（见图3.9）。

（1）智能资源的管理模型与方法。针对各类群智资源在功能与非功能属性、使用接口等方面的异构特征，建立一体化的资源描述模型与方法，以及异构资源的适配技术；针对个体智能资源的动态加入、退出和状态变化，研究资源动态刻画模型与预测方法，以及动态管理机制；针对人智资源的特殊

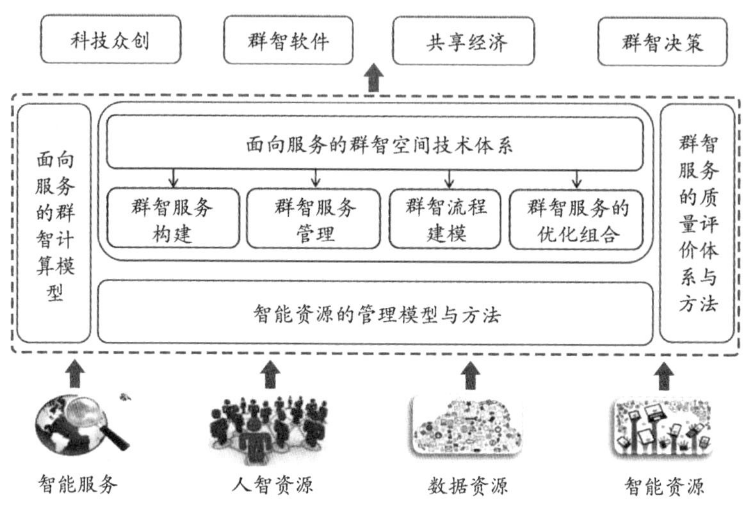

图3.9　群智空间的服务体系结构

性，综合社会学、心理学和经济学等多种手段，研究有效的刻画模型与管理方法。

（2）面向服务的群智计算模型。针对群智服务的功能和非功能质量需求，研究群智服务的刻画模型；针对个体智能资源的不可靠性，研究群智服务的冗余构建模型和结果汇聚模型；针对复杂应用需求，研究群智流程的刻画模型和群智服务的按需组合模型；针对个体智能资源和群智服务的动态性，研究群智服务的动态优化和运行时绑定模型；研究复杂群智组合服务的计算性质，刻画代价、质量及响应时间之间的量化关系，为设计优化组合算法提供支撑。

（3）面向服务的群智空间技术体系。结合服务计算理论与方法研究群智空间的关键支撑技术，主要包括群智服务构建、群智服务管理、群智流程建模和群智服务的优化组合等。

（4）群智服务的质量评价体系与方法。研究个体的质量评价模型，给出影响任务处理质量的关键因素；针对多个体协作的群智服务，研究在不同协作模型下群智服务的质量刻画与演化模型；针对复杂流程模型，研究人机协作场景中的质量评价模型和评估方法。

（执笔人：吴健，浙江大学；孙海龙，北京航空航天大学；陈鹏鹏，北京航空航天大学）

3.3.6 群体智能的人机整合与增强

1. 研究背景

在互联网和大数据技术的促进下，出现了诸如知识问答社区、维基百科、众包平台等大型群体智能系统。人机深度融合带来了人类智能和机器智能的相互促进与相互增强。一方面，机器智能利用人类智能贡献的知识状态和结构提高智能技术的智慧水平；另一方面，人类群体也可以利用机器智能汇聚整合的知识资源，更加有效地学习，进而提高自身的认知水平。在群体智能系统特别是基于网络的大规模群体智能系统中，人机融合带来的大规模群体因素与复杂机器智能的结合将带来诸多挑战，特别是针对群体智能计算中人机智能的激发、分析与联结等技术的研究正成为大数据与人工智能领域前沿研究的热点问题之一。

2. 研究现状

在关于群智系统的人机整合与增强的研究中，最重要的是机制设计和群智学习。机制设计的相关研究可分为三部分：①激励机制设计，即系统根据应用场景制定激励机制，激发群体参与计算任务；②分配策略设计，即系统设计经济模型和分配策略以代价最小的方式完成任务目标；③聚合机制设计，即系统汇聚多个通道、不同质量的反馈数据，推导出所需的目标结果。本节将主要从基于群智的机器学习的角度介绍国内外的研究现状。

利用群体智能的人机整合与增强系统遵循群体在回路的原则，在机器学习的各周期阶段（包括数据获取、特征分析、模型训练、参数调优和测试验证等）建立人机交互和协调的通道，实现人类群体智能和机器智能的有机结合。众所周知，从海量数据中获取特征和模式是目前智能系统通过机器学习增强智能的主要途径。传统的有监督机器学习需要使用大量的标记样本拟合模型，群智计算虽然可以为模型训练收集和标注数据，但也要考虑优化标记数据获取方法所带来的人力成本和其他代价。所以，当前的研究更多地把模型训练过程以及基于群体智能的数据收集和标注结合起来，综合运用新型机器学习技术（如主动学习、迁移学习、增强学习和交互学习），以提高机器学习的效果，提升模型训练的适应性。

Viayanarasimhan等（2014）提出了一种基于众包平台的大规模图像数据主动学习系统，通过搜索引擎抓取与分类任务相关的无标记网络图片，再通过主动学习技术将分类器最不确定的图片提交给AMT众包平台获取标记数据，实现在线学习，最终以较少的训练代价迭代构造一个比较准确的图像分类系统。Mo等（2013）研究了众包平台上同一工作者在不同历史任务之间的相关特质假设，提出了一种基于层次化贝叶斯网络的跨任务群智迁移学习模型，借助用户和任务共享隐变量，连接不同用户、不同任务的共性知识，通过马尔可夫链蒙特卡洛方法估计模型的隐变量参数。Li L等（2010）针对个性化新闻推荐问题，提出了线性置信区间上界（linear upper confidence bound，LinUCB）上下文老虎机策略，该策略解决了传统置信区间上界（upper confidence bound，UCB）模型缺乏先验知识的问题，使用模型预估期望点击和置信区间来加速收敛，能够根据用户点击新闻的反馈事件，动态调整推荐策略。

群体智能除了在主动学习、迁移学习、强化学习等过程中可以增强机器智能外，还以交互式的方式更加深入地与机器模型整合，构成交互式机器学习系统。Amershi等（2014）认为，传统的机器学习没有充分提供最终用户的参与的通道，用户与模型的交互仅限于提供数据，回答与领域有关问题，或者提供模型的反馈。这会导致模型设计和训练过程效率低、结果差，并产生完全“黑箱”式的模型，限制用户影响模型结果的能力。因此，需要建立强大的交互式机器学习系统，利用人机交互和可视化技术等拓展学习系统与用户之间的交互模式，为终端用户提供更多的控制权，使得产出的学习模型具有更高的透明度和可解释性。例如在CSCW领域，已经有研究者提出人机混合式的图片分类系统，通过AMT平台使得群体可以针对图像样本提出初步的特征建议和数据标注，然后再通过机器和人的迭代交互实现模型细化和训练（Cheng et al.，2015）。

人类群体智能在智能机器的帮助下，也可以得到进一步的增强和提升。例如，在线教育领域广泛使用机器学习的方法，了解学习者群体的认知和智能状态，相适应地给予指导和帮助。Coetzee等（2014）研究了edX平台上的讨论区机制对在线学习者群体学习效果的影响，发现精心设计的讨论机制能使学生获得更好的成绩并表现出更长的活跃周期。Reddy等（2016）挖掘基于记忆卡（flash card）的外语学习软件中的群体行为日志，提出了一种基于排队论的间隔重复（spaced repetition）记忆模型，在AMT平台上开展了众包实验，验证了所提出框架对外语学习记忆的促进作用。

3．研究内容

关于群体智能的人机整合与增强的研究可分为人机融合增强机器智能、人机融合增强人类智能和人机智能循环整合三个紧密相连的部分（见图3.10）。

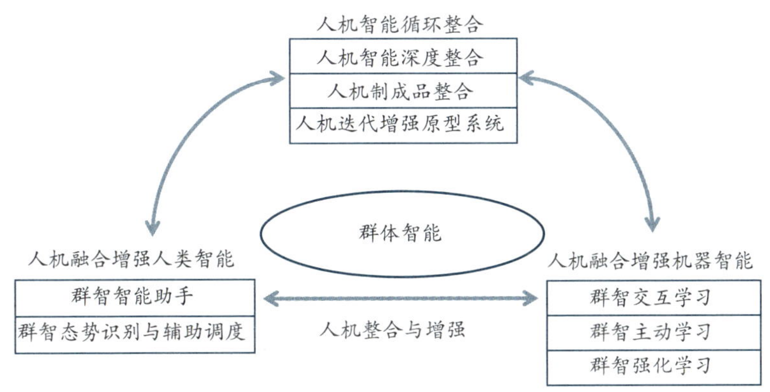

图3.10 群体智能的人机整合与增强的研究内容

（1）人机融合增强机器智能。研究人机融合增强机器智能的交互学习技术，通过频繁、快速的群智交互与学习，提升机器智能的学习曲线；以群体作为主动学习中机器自主提出请求的响应者，结合多模态任务数据，研究有效的群智主动学习策略；研究强化学习的理论与方法在群体智能人机整合方面的应用，探索利用群体指导机器学习效果的机制。

（2）人机融合增强人类智能。研究利用群体智能实现智能助手的有效方式，研究内在群智参与者贡献群智的内在与外在驱动力，设计出合理有效的激励机制；研究从群智参与者贡献的群智中抽取有效知识的具体方法，设计相应的质量控制机制；研究群体态势感知，探索群体态势判断信息的收集汇聚技术；研究针对当前可利用的资源和态势，生成可执行行动的群体协商方法；研究对历史案例库和潜在预案库进行推理学习和知识抽取的方法。

（3）人机智能循环整合。在交互学习框架下，研究如何实现大规模人类群体和智能系统迭代增强；在人机制成品整合方面，研究如何将人类群体产生的知识和计算机自动生成的知识进行统一比较和有效整合；面向社会治理、在线教育等若干重点领域，搭建能验证群体智能人机迭代增强的原型系统。

（执笔人：王蕴红，北京航空航天大学；俞扬，南京大学；王涛，国防科技大学；吴文峻，北京航空航天大学；黄迪，北京航空航天大学；丁嵘，北京航空航天大学）

3.3.7 群体智能的自我维持和安全交互

1. 研究背景

群体智能的可自我维持性是群智空间开展持续性服务的前提，群体智能间的安全可信交互是群智空间演化、迭代的基础。为此，需要研究群体智能的自我维持技术、群体智能间的安全交互技术，重构群体智能点对点直接交互的信任模式，为群智空间提供永续式的可信运行基础环境。群体智能的持续安全包含两个方面：①群体智能的自我维持，旨在为群智空间提供永续式的可信运行基础环境；②群体智能间的安全交互技术，旨在提升海量节点参与的复杂系统的安全级别，形成可信环境下群体智能的高效组织模式，提升群体智能对海量群智节点交互的承载能力。

2. 研究现状

群体智能由互联网海量智能体联合构建，其迭代、演化、协同等服务都需要建立在一个安全可信、可自我维持的环境中，要求不同智能体之间通过去中心化模型建立有效的信任机制，通过分布式冗余模型建立不依赖单一或部分智能体的强可靠性群体智能系统，通过安全共识和激励模型实现群体智能的共识决策。不同智能体之间建立有效信任是进行群体智能服务的基础，需要验证信息发送者的身份是否可信，或通过可信证据验证信息本身及信息来源的可信性和不可否认性。针对该问题，基于密码学的身份认证算法已被提出。根据不同的出现和演进顺序，信任架构可分为单服务器环境下中心信任架构、多服务器环境下中心信任架构和无线传感器网络信任架构。与传统的架构相比，分布式网络在文件共享与存储、分布式计算、协同工作以及即时通信等方面具有优越的特性和高效性（Cox et al.，2004）。到目前为止，只有少量的研究考虑把可信计算引入到分布式网络中，主要包括：在分布式网络中引入可信计算（Bhasker，2014）；利用可信计算提出一种适用于分布式网络的访问控制架构（Wang J et al.，2014）；通过可信计算提供的功能，使得节点间可以通过匿名来对身份进行认证（Nageshwar et al.，2015）。然而，群体智能背景下基于分布式可信计算模型的自我维持尚属空白。区块链是以比特币为代表的数字加密货币体系的核心支撑技术（Swan，2015）。区块链技术的核心优势是去中心化，能够通过运用数据加密、时间戳、分布式共识和经济激励等手段，在节点无须互相信任的分布式系统中实现基于去中心化信用的点对点交易、协调与协作（Li X et al.，2017）。群体智能基于分布式网络的核心难题之一是如何高效达成共识。中心化程度低的、决策权分散的社会更难达成一致。如何平衡一致性和可用性，在不影响实际使用体验的前提下保证相对可靠的一致性，是研究共识机制的目标。现在主要的共识算法包括工作证明（Li J et al.，2016）、股权证明（Bentov et al.，2016）、实用拜占庭容错（Happe et al.，2016）等 。

群体智能的密码底层算法设计在某种程度上可以借鉴其他类似领域的相同问题的解决方案，但因群智中广泛存在着存储、通信带宽、计算能力、能源等因素，会限制我们使用传统的密码算法。目前，群体智能的密码底层算法设计主要包括最小限度密码、哈希函数机制、重加密技术等，均存在无法抵抗合法公钥替换攻击、复杂度高、很难适用于海量节点等弱点。如何基于群智节点本身存在的处理能力有限、存储空间有限、电源供给有限等局限性，设计更加安全、高效、低成本的群体智能的密码底层算法，保护节点之间可靠稳定的信息交互，成为一个具有挑战性的问题。在群体智能中，单个节点的行为都很简单，但当它们一起协同工作时，组织结构却能够突显出非常复杂的行为特征。为优化群智节点结构，人们设计了许多优化算法，例如蚁群算法（ant colony algorithm，ACA）、粒子群优化（particle swarm optimization，PSO）算法、混合蛙跳算法、人工鱼群算法，并在诸多领域得到了成功应用。目前，集群智能理论研究领域主要有蚁群算法和粒子群优化算法两种算法，国内外学者开展了大量有意义的研究。研究成果主要涉及路径搜索策略、信息素更新策略、最优解保留策略等方面（Mavrovouniotis et al.，2017）。

3. 研究内容

群体智能的自我维持和安全交互的研究内容主要包括以下五个方面（见图3.11）。

（1）服务于互联网海量群体智能的去中心化基础平台架构。研究信任认证方法对群体智能节点的计算力需求，提出权衡算法安全性、计算效率的信任认证方法评价机制；针对典型的信任认证算法，研究对互联网海量群体智能环境的适用性，构建新型面向海量群体智能信任认证算法需求框架；研究去中心化信任认证方法在海量节点环境下的理论与应用，构建服务于互联网海量群体智能的去中心化基础平台架构。

（2）基于分布式可信计算模型的群体智能自我维持技术。研究群体智能自我维持评价机制，结合容错性、稳定性、可靠性以及网络节点计算能力需求、带宽需求、交互需求等功性能要求，为自我维持技术分析提供标准；研究基于可信计算理论的分布式网络理论，提高网络面向单一节点的容错能力，提高群体智能网络稳定性、鲁棒性和可靠性，构建分布式可信计算模型。

（3）海量群体智能共同参与维护的可信交互环境和用于维护可信环境的

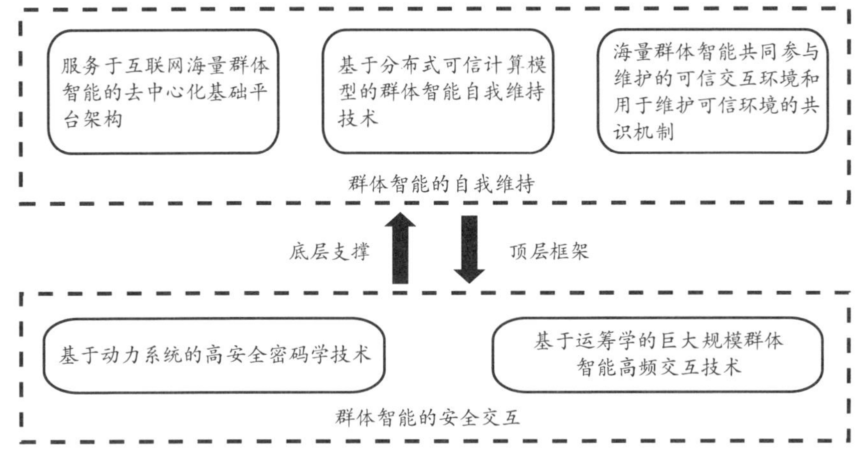

图3.11 群体智能的自我维持和安全交互的研究内容

共识机制。研究海量群体智能共同参与维护的可信交互环境和用于维护可信环境的共识机制，建立海量智能群体间共同维护且有统一共识机制保障的不可篡改、时间有序的数据库，建立海量群体间分布式部署并且实时同步的系统，通过计算实现群智空间交互环境公开透明、不可篡改、不可伪造的特性。

（4）基于动力系统的高安全密码学技术。研究海量智能交互数据特征与安全需求，构建群体智能环境下的评价机制，进行海量群体智能的安全加密算法适用性分析；研究基于动力系统的高安全密码学分析原理和设计方法，建立基于动力系统稳定性和统计分析理论与方法的数据加密方案设计技术，建立加密过程中迭代状况分析判断、迭代效果调整控制评价体系。

（5）基于运筹学的巨大规模群体智能高频交互技术。研究基于运筹学图论、最优化理论和最大流问题的解决思路，构建适应于海量节点交互的数学模型和优化算法，优化巨大规模群体智能高频交互路径，延长节点退避时间，改变节点接入分布，实现组织结构的高效优化重组，提升节点的交互承载能力；研究海量群智节点优化算法的参数设置，进行具备普遍意义的理论性分析，建立用于优化性能评估的标准测试集，实现群体智能节点之间的高频交互技术。

（执笔人：郑志明，北京航空航天大学；邱望洁，北京航空航天大学）

3.3.8 多移动体群体智能协同控制

1. 研究背景

近年来，由于机动车总量的快速增加，城市交通状况日渐恶化，交通拥挤和排放问题严重制约着城市经济的发展。智能交通技术和车联网的发展，给人车路协同发展带来了机遇，使我们在高精度定位、精细化信息服务和新一代传感网络构建等方面，都有了更加可靠的技术保证。车辆的智能协同控制可提高交通安全水平，有效弥补高级驾驶辅助系统（advanced driver assistance system, ADAS）的不足，将在保障道路交通安全方面发挥巨大作用，具有广泛的应用前景。云计算、大数据和互联网等技术的不断发展和其应用的深入，将给人们的生活带来新一轮的科技变革，引发汽车产业向充分互联协作的群体智能体系演进；网联技术与自动化驾驶技术，将有助于实现多车协作群体智能，促进汽车与信息通信等相关产业的重构，加快新技术的深度融合与发展。

2. 研究现状

协同控制是指多个个体在到达目的地的过程中，保持某种队形，同时又要适应环境约束的控制技术。近年来，国内外研究人员已针对群体协同控制系统进行了相关研究，并在一些关键技术上取得了一定的突破。

对环境的感知和判断是多车协同工作的前提和基础，而感知系统获取周围环境和车辆状态信息时的实时性和稳定性直接关系到后续决策的成败。目前，环境感知的传感方法主要有雷达探测、机器视觉、车间通信、信息融合和导航定位。

随着通信技术和计算机技术的发展，大规模车辆通信和协作驾驶成为可能，无论是以视觉为代表的被动型感知技术，还是以雷达为代表的主动型感知技术，都立足于本车，通过直接观察方法获得对周围环境的认识。对多车协作技术的研究，开始于20世纪80年代，早期研究旨在帮助室外移动机器人实现特定任务。欧洲研究人员于2005年设立了Cyber Cars 2项目，旨在对城市范围内多车通信技术进行研究。其研究内容主要有车辆管理、跟随、协作和超车等。除此之外，对多车通信技术进行研究的还有日本的Demo 2000计划（Tsugawa 2000）、欧洲的PReVENT项目和CHAUFFEUR项目等。多车通信技术广阔的应用前景和巨大的市场需求，正吸引着各国研究者们对其进行深入研究。

群体智能决策的过程是在连续的时间序列上，不断根据环境做出行为选择。驾驶决策技术是实现多车群体智能的核心，良好的驾驶决策将有效提高群体安全性、经济性和舒适性，改善交通效率，并提升驾乘人员的接受度和适应性。

目前，国内外有很多研究人员致力于驾驶行为决策的研究。Kye等（2015）提出了无人驾驶车辆在无信号灯交叉路口驾驶意图的感知决策方法：首先采用动态贝叶斯网络建立驾驶意图推断模型，然后根据推理结果，采用部分可知的马尔可夫决策模型进行决策。该算法在城市道路环境下进行了试验，验证了其广泛性。Furda等（2011）设计了自动驾驶车辆的实施决策系统。该系统将复杂的决策任务分为两个阶段：第一阶段采用Petri网来选择安全可行且符合交通规则的驾驶行为；第二阶段采用多准则决策选择舒适性和效率较高的驾驶行为，作为最优决策。该系统的测试结果表明，多准则决策可以提供决策的灵活性和可扩展性。

动力学控制是实现多车群体智能化的关键环节，决定着汽车行驶的安全性、燃油经济性和舒适性等主要性能。道路上行驶的汽车不是孤立的，而是与其他车辆耦合成一个复杂的广义动力学系统，研究并改善多车控制系统，从而提升交通效率、车辆安全性和经济性（Di Cairano et al., 2013）。

目前国外动力学控制研究仅就单一或两个性能进行深入探讨，无法实现多性能目标综合最优，且不能同时具备主动容错能力。典型项目如美国的PATH、欧洲的SARTRE、日本的Energy ITS和荷兰组织的GCDC项目等，所关注的基础科学问题包括车辆队列的纵向构型、队列控制器的设计、队列稳定性等。国内多车系统动力学控制的研究紧跟国际研究热点，在队列稳定性控制和一致性控制等方面取得了一些成果。清华大学建立了车辆队列的四元素构架，分别研究了线性匀质和非线性异质车辆队列的稳定性与鲁棒性（Li S E et al.，2015）；北京航空航天大学分析了典型信息框架下考虑纵向迟滞的带有自适应巡航控制系统（adaptive cruise control system，ACCS）的车辆队列的稳定性（Xiao et al.，2011）；大连理工大学研究了车辆队列非线性模型与异质信息反馈（Guo et al.，2011）。与国外研究相比，国内相关研究没有考虑多车群体动力学特性，结论多为理论和仿真结果，道路实车测试验证不足。

3. 研究内容

针对群体智能在复杂环境下的广泛应用需求，研究基于网络环境下的多车辆集群感知、群体决策与协同控制理论与技术。多移动体群体智能协同控制的具体研究内容包括以下五个方面（见图3.12）。

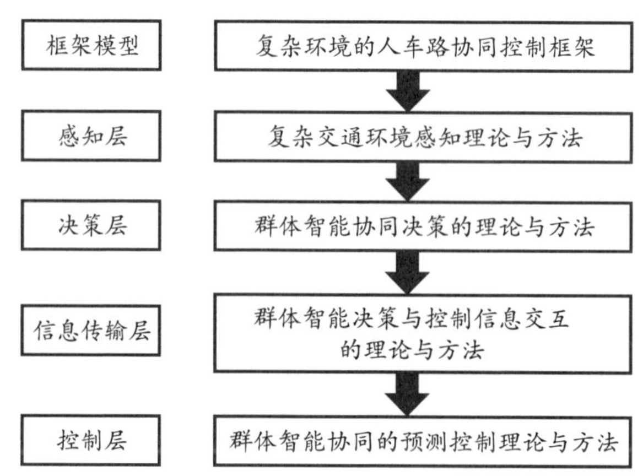

图3.12 多移动体群体智能协同控制

（1）复杂环境的人车路协同控制框架。研究复杂环境下人车路信息实时感知方法；探究车与车、车与人、车与路旁设备的通信及信息交互方法；针对海量的数据，研究快速、精确的分析与综合数据处理方法；探究决策与控制交互理论，预测多车辆驾驶行为，搭建适应复杂交通环境的多车辆群体决策的人、车、路协同控制框架。

（2）复杂交通环境感知理论与方法。开展复杂环境下车道及行人识别研究，根据当前车辆位置和状态，建立危险场模型，用于预警和车辆的自动控制；研究摄像头和雷达信息融合技术，提高车辆对目标的检测精度和可靠性，进一步识别潜在危险源；研究基于多元多态传感器的局域多车集群感知方法，并形成服务群体智能的复杂交通环境重构技术。

（3）群体智能协同决策的理论与方法。研究典型环境下多车辆群体决策模型；探究交通系统控制优化、城市交通控制功能提升与设计等问题，提高实时控制与信息交互能力；基于数据挖掘技术，探究群体智能决策算法，通过数据采集进行学习和分类统计，研究多交通主体共存的复杂交通场景下车辆群体协同决策方法，提出适用于网联多车系统的分布式决策优化方法。

（4）群体智能决策与控制信息交互的理论与方法。根据车路协同系统中车辆所处的信息交互环境，研究解包信息的传输和目标车辆节点组报技术；研究基于博弈论的合作机制和贝叶斯的竞争机制等，保证交通场景在最合适的交互模式下进行信息交互，提高群体智能协同控制下的信息交互性能。

（5）群体智能协同的预测控制理论与方法。分析大型路网区域多车高效协同运行的迫切需求，通过构建“数据协同”“平台协同”“决策协同”三个层次，研究多车辆群体智能协同控制管理和运行的技术体系架构；以高效、安全、环保和节能为目标，研究复杂交通环境下的多车辆智能协同分布式控制理论；研发相应的技术支撑平台，实现车辆由传统分离、被动响应型向协同、主动预警型的运行模式的转变，提高群体智能协同控制的能力和运行效率。

（执笔人：王云鹏，北京航空航天大学；余贵珍，北京航空航天大学；王朋成，北京航空航天大学；李克强，清华大学）

3.4　群体智能支撑平台

我国现阶段虽具有丰富的人力资源，但是尚未释放出丰富而强大的群体智能，尚未充分发挥对国家创新体系的支撑作用。《新一代人工智能发展规划》立足国情和现实需要，聚焦平台与应用，提出构建群智众创计算支撑平台，打造面向科技创新的群智科技众创服务系统，推动群智服务平台在智能制造、智能城市、智能农业、智能医疗等重要领域广泛应用，形成群体智能驱动的创新应用系统和创新生态，占据全球价值链高端。

具体地，通过打造面向基础研究和高技术研究的跨学科、跨行业的“群智空间”，有效整合各类科技资源和智力资源，构造基于互联网的群智众创服务平台，支撑建立科技众创、软件创新、群智决策等共性应用服务系统，解决国家经济社会发展和民生改善领域的重大问题。尤其是紧密结合我国智能经济和智能社会的发展需求，形成一批满足群体智能重大应用需求的产品和解决方案。例如：构建群智软件学习与创新系统和群智软件开发与验证自动化系统，服务国家对软件自主创新的重大需求；构建人机协同、交互驱动的演进式群智决策系统，实现开放环境下复杂问题求解和智能决策；研制面向各类民生服务领域的群智共享经济服务系统，提高民生领域稀缺、高质量资源的利用率和共享度，改善我国人民生活质量。

3.4.1　群智众创计算支撑平台

1. 研究背景

近年来，群体智能广泛用于大数据处理、科学研究、开放式创新、软件开发等领域，这些领域的群智任务性质不尽相同。有的群智任务属于微任务性质，只需要参与者花费较少的时间和精力就可以完成，特别适合海量的数据标注和清洗等任务。有的群智任务需要相对专业的技能和较多的时间与精力，例如一些科学创新或者是软件开发类型的工作。因此，为了有效地组织和实现不同类型的群智任务，需要探索群体智能任务的共性需求，综合集成基础群体智能关键技术，打造通用统一的群智众创计算支撑平台。

2. 研究现状

当前各类群体智能的支撑平台都是单一类型的，典型平台包括人本计算平台、移动众包和共享经济平台、众创科技平台、群智软件开发平台、群智竞赛平台、知识共享平台等（见表3.2）。每个平台都是基于互联网来运行和提供服务的，特别是共享经济平台和一些科技众创平台，由于需要不同地域的人员参与，往往还借助移动互联网技术，利用手机应用吸引网民参与。各类平台根据所需要汇聚群体的特点和群体任务的特点，设计相适应的组织方式和激励机制，提供相应的群智数据、知识和创新方面的服务。

表3.2 群体智能的典型平台

平台类型	群智任务	组织方式与激励机制	具体实例
人本计算平台	简单群智任务 数据标注领域等	市场模式，按件报酬	AMT，CrowdFlower
移动众包和共享经济平台	面向商业服务和资源共享式的群智任务	市场模式，以服务报酬、位置优势、空闲时间吸引人们参与	Uber，滴滴，Task Rabbit，猪八戒网
众创科技平台	科学数据收集和科学现象发现	科学社区模式，鼓励参与学习科学、探索新知	Galaxy Zoo，eBird
群智软件开发平台	软件开发和创新任务	开源社区模式，以荣誉、排名社区激励参与	GitHub，SourceForge
群智竞赛平台	从众多策略中找寻最有效的解决问题办法	市场竞争，以奖金、荣誉、排名、技能提升等激励参与	TopCoder，Kaggle
知识共享平台	发布知识条目，分享知识经验，解答社区问题	知识社区模式，以荣誉、排名社区激励参与	维基百科，Stack Overflow

人本计算平台通过线上平台组织参与者完成计算任务，采用市场模式、按件报酬等方式作为激励机制。2005年发起的AMT通过建立线上劳动力市场，采用分解、推送、评估等方式组织参与者完成海量数据标注等简单任务，现已在全球拥有数百万用户，并通过开放的微任务服务接口，产生了大量群体智能应用，形成了人本计算的生态环境。

作为人本计算平台的扩展，移动众包和共享经济平台在2009年美国国防高级研究计划局（Defense Advanced Research Projects Agency，DARPA）红气球挑战赛中（Tang et al.，2011）被成功实践，它将10个气球置于美国的不同位置，来自麻省理工学院的参赛队利用递归激励在不到9小时的时间内找到了全部位置。2006年，Burke等（2006）提出移动感知概念，描述一个在不断移动人群中形成的由传感节点组成的“移动感知社会”，可以提供大量实时数据，该概念已经渗入到健康、城市建设、环境保护等诸多领域。近年来，国外许多公司也纷纷建立移动众包和共享经济平台，例如Gig-Walk，Field Agent和Task Rabbit（Gao D et al.，2016）。

人本计算平台、移动众包和共享经济平台活动中大部分是简单的微任务，对于群智参与者的技能和知识水平常常没有特别的要求，也不需要参与者投入非常多的专注精力和创造力。相比上述这两种平台，众创科技平台、群智软件开发平台、群智竞赛平台和知识共享平台往往要求参与者有面向领域的专业知识和技能，而且需要投入较多的精力和具有较强的主动性来完成创造性的工作。

众创科技平台是指公众通过线上平台参加问题研究、数据收集处理、模式发现等科学研究过程。例如，人类观察在科学数据收集中起着重要作用，eBird通过收集公众对鸟的观察数据帮助科学家对鸟类进行研究，每年产生数百万观察数据。Galaxy Zoo吸引志愿者收集天文数据，帮助发现和理解星系（这部分将在第3.4.2节中详细介绍）。

软件开发通常是群体创造和开发活动（Wang H et al.，2015），也可以被视作软件领域的众创科技活动。群智软件开发平台包括开源软件平台和软件众包平台两个主要方面（Wu W et al.，2013）。作为群智软件开发的成功实践，两个方面都具有严格的开发规范、激励机制、质量保证机制。其中，开源软件平台包括GitHub、Google Code、SourceForge等。

群智竞赛平台也是科技众创的重要方式之一，发布者在这类平台上发布竞赛，吸引公众参加并提交解决方案，从而通过收集、分析和优选参与者所提交的作品，实现对数据、模型、设计方案的共享和重用。最有代表性的群智竞赛平台为Kaggle（www.kaggle.com），其在全球范围内拥有将近20万名数据科学家，涉及的专业领域包括计算机科学、统计学、经济学、数学等。

知识共享平台为公众提供了知识积累与共享的开放途径。例如，在维基百科和Stack Overflow平台上，公众可以发布、分享和解答各种知识问题，并可进一步丰富和完善他人的解答。

3．研究内容

研究群智众创计算支撑平台的体系结构（见图3.13）、运行机制和安全策略，研发基于互联网的群智社区和群智市场的协同技术和相关工具，研发群智成果质量保障和安全管理技术以及相关工具，形成支撑群智汇聚的共性工具集，构造基于互联网的群智众创计算支撑平台，实现群智数据处理与查询、群智知识协同、群智创新汇聚等高效群智服务，支持群体智能的成功涌现和群智协同的高精度适配。

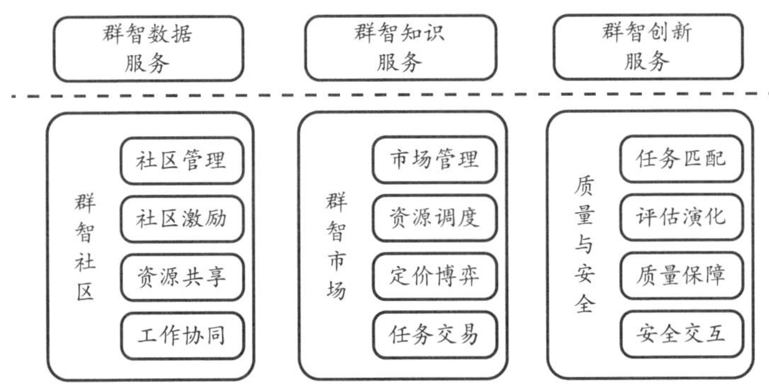

图3.13 群智众创计算支撑平台的体系结构

基于群智众创计算支撑平台提供的公共服务，在科技众创服务、群智决策、群智软件生产等领域研制具有标志性意义的应用系统；形成面向重点应用领域、规模达到百万用户的群智众创社区，提供高质量的群智服务；产出包括人工智能相关的数据、知识和创新成果的群智产品。关于群智众创计算支撑平台的具体研究如下。

（1）群智社区和市场。研究群智空间社区管理和工作协同服务，开发群智空间社区管理、运行和维护工具，研究群智空间中成员贡献评估和能力评价体系，构造成员的信誉排名工具、奖励和激励工具，研制适应群智空间成员主体性和个性化的交互共享工具、群体智能的工作流协同工具等。

（2）群智数据服务。研究群体智能的数据处理和查询服务，研究基于群体智能的数据收集、清洗和标注方法，研制群智数据处理和质量保障工具，研究基于群体智能的数据查询优化理论和技术，设计通用的群智查询算子，如选择、连接、排序、聚集等，支持群体智能系统查询策略的实现和查询优化的设计，实现多模态海量数据的智能处理。

（3）群智知识服务。研究群体智能的知识协同和演化服务，构造大规模协作数据与知识资源的获取和管理工具、群体知识分享与开放式共享工具，基于群智协作的知识挖掘与分析、群智知识的质量控制和群体冲突管理工具，研发基于群体智能的知识溯源、版本跟踪与演化管理工具，开发群智成果的持续性评估与集成工具。

（4）群智创新服务。研究群智创新任务的分解、推荐和匹配方法，构建任务完成过程标准，开发创新成果的协同开发工具与服务；建立创新成果的质量控制与度量机制，实现创新成果的比较与可视化工具，开发创新成果的质量度量与质量控制服务；建立创新成果保护机制，研究创新成果复用方法，开发相关创新成果的推荐工具，提供基于大数据的创新活动的专家、知识推荐工具与服务；研发群智创新比赛的任务发布与管理工具，搭建全国范围的创新成果共享与交流平台。

（执笔人：吴文峻，北京航空航天大学；杨强，香港科技大学；陈雷，香港科技大学；陈雨强，第四范式；王理，第四范式；徐毅，北京航空航天大学）

3.4.2 科技众创服务系统

1．研究背景

随着互联网技术的日趋成熟以及各类网络平台的迅猛发展，群体参与的力量和集体智慧获得了高度关注，由此产生了很多基于互联网的众包、众创模式。特别是当众包项目以科学发现和解决科技面临的挑战问题为目的时，众包、众创模式便从传统的商业模式演化为一种新型的、面向互联网的、开放的科研协作范式。当前，众创科研已经广泛地覆盖科学研究和技术发明的各个领域，包括面向群体软件创作的GitHub，面向天文学领域的Zooniverse，面向鸟类研究的eBird，以及面向大众技术创新和创意的Innocentive等。与之相比，虽然我国具有丰富的人力资源，但众创科研环境尚未形成，无法有效地为创新型国家建设服务。由此可见，开展基于互联网群体智能的科技众创服务研究和示范，对于推动我国大众创新、万众创业战略在科研领域的全面实施具有重要意义。

2. 研究现状

公众科学（citizen science）在英文中也被称作“crowd science”，是当前科技众创的典型模式。它是指系统地收集和分析数据，开发技术，对自然现象进行测试等。这些活动部分或全部由业余或非专业的研究者进行。公众科学项目一般由公众和科学家合作发起，大体可以分成如下三类。

（1）面向科研项目的公众科学。eBird是目前唯一的全球性线上即时赏鸟纪录资料库平台，借由全球用户不断上传来自世界各地的鸟类纪录，使得eBird成为当今最成功的鸟类纪录网站（Sullivan et al.，2009）。截至2016年11月，超过33万用户提交了超过2600万份清单，超过3.66亿次观察结果，以及超过10300种物种的数据（Bonney et al.，2007）。Galaxy Zoo通过志愿者共同完成斯隆数字化巡天（Sloan Digital Sky Survey，SDSS）所提供的约100万个星系图像的分类工作，第一年共获得超过5000万项星系分类结果（Lintott et al.，2008）。2009年建立的Zooniverse拥有超过100万名注册志愿者和很多不同领域的任务（Borne et al.，2011）。Evolution MegaLab项目发起于2009年，收集欧洲地区的公众对其所在地附近带状蜗牛所采集的数量、外貌特征、受环境影响的程度等信息，并对公众提交的数据和信息进行整合、分析，根据带状蜗牛的生存及变化状况来对生物进化课题进行研究。目前欧洲已有15个国家的公众参与者参与到Evolution MegaLab项目中。

（2）政府驱动的公众科学。2015年，美国白宫科技政策办公室发布了《通过公众科学和众包解决社会和科学议题》备忘录，并建立了citizenscience.org官方网站。美国联邦层面的公众科学项目涉及大大小小23个科技领域。在citizenscience.org统计的924个公众科学项目中，自然与户外、生物学、教育以及生态与环境排在前四位。这些公众科学项目得到了包括美国农业部、美国国家环境保护局、美国国家科学基金会、美国地质调查局、美国人口调查局等在内的22个联邦机构的参与和支持。除了联邦机构，参与者还包括学校、博物馆、州或地方政府及其他机构。challenges.gov是奥巴马政府推出的用于在公众和政府间建立合作关系，解决重大问题的网络平台（林德加德，2015）。该平台可以收集问题，组织技术、科学、构思和创意竞赛等领域的挑战赛。政府通过这些挑战赛，把最好的人才和想法聚在一起，从而找到创新性解决方案。

（3）企业运作的公众科学。创办于2001年的InnoCentive是一个生物和化学领域的研发供求平台，开放给所有有需要的人和组织。求解者在平台上公开张贴难题，并写明待解决问题的详细说明、截止日期和奖励金额，全世界的科学人员可以注册成为该平台的解题者，选择能够完成的挑战题目（Allio，2004）。如今，InnoCentive已经将研究范围扩大到数学、物理、化学、生命科学、计算机科学、工程技术等多个学科领域。作为全球最大的开放创新中介平台，2007年成立的IdeaConnection拥有众多世界级的科研团队，为企业提供具有创造力的解决方案。2011年成立的Science Exchange是一个科学实验外包在线社区，科学家可以在这里发布外包需求，接受需求公司的报价；平台帮助双方促成合作，并提供项目管理和支付服务。国内的易科学（EasyScience）是一个科研仪器共享和科学实验服务平台，由需求者发布实验需求，找到理想的实验服务提供者；供应方发布实验服务内容，找到客户（王续琨等，2006；冯凯翔等，2014）。

3. 研究内容

就科技众创服务系统研究而言，要面向民生和国家重大需求，融合科学数据资源和群体智能，打造群智科技众创服务系统，使其成为面向基础研究和高技术研究的跨学科、跨行业的群体智能科研协同创新服务平台，有力地支撑和促进民生改善和国家科技成果转化，促进人工智能产业生态的形成，打造面向全民公众的群智创新生态。科技众创服务系统的具体研究内容主要包括以下几个方面。

（1）搭建全国范围的知识共享服务平台。面向科研人员和大学生的大众群体，集成科研设施和大型仪器、科学数据、生物种质和实验材料以及科研项目数据等各类科研资源，突破和构造面向学科领域的专业知识库，搭建全国范围的知识共享服务平台，包括群智科学数据采集、数据标注、数据分析和数据建模等；实现如政府公开数据或科研观测数据的协同标注、公众环境监测、生物多样性研究等案例，激发大众群体参与科研过程和科研创新的积极性，形成面向公众的国家级知识采集与共享平台。

（2）研发支撑群智科技众创服务系统的平台运行环境和工具包。①科研创新环境及工具包。面向下一代数据密集型科研，研发适合科研人员和社会大众的协同科研创新环境，研发相应的群智数据采集、数据处理与分析和科学建模的工具包，降低公众参与群智科研的技术门槛。②技术创新环境及工具包。面向企业技术创新转型，研发适合中小企业和社会大众的协同技术创新环境，研发相应的协同创作、协同设计、企业开放式创新的工具集，提高企业和公众参与创新的能力，加快技术成果的转化与利用。

（3）研发科技众创服务系统的群智科研竞赛及任务管理平台。研究面向科技人员和大众的群智科研技术，探索多模态的大众参与群智科研的激励和奖励机制，研发支撑群智科研的协同共享、成果汇聚和质量保障的相关工具，实现群智科研任务发布、参与激励措施及科研流程管理等核心功能，形成全国性的群智科研竞赛和任务管理平台，实现科技任务发布、匹配、跟踪和评价；鼓励国家级的科研项目参与竞赛（比如国家的环境监测、生物多样性研究、资源调查课题等），带动广大大学生和社会公众参与竞赛，形成规模效应，调动企业积极发布竞赛。

（4）研制基于群体协同和知识共享的群智科技众创服务系统。瞄准国家重大战略需求和民生难题，融合科学数据资源和群体智能，基于群体智能理论和关键技术，集成多领域的群智科研工具集，研制基于群体协同和知识共享的群智科技众创服务系统，打造科技领域的群智任务发布和知识服务，解决我国产业转型升级过程中企业遇到的技术难题。

（5）实现专业化众创空间的全面人才和知识共享互联。该系统将建立知识图谱化科技资源，全面汇聚论文、专利、项目与数据等各类科研成果；整合高校及院所科研人员，组成规模化创新团体，聚集全国众创空间物理实体，实现专业化众创空间的全面人才和知识共享互联，形成基于互联网的创新创业生态；举办大学生竞赛，面向高校和研究所的在校和毕业学生开展推广，带动基于互联网的创新创业生态的全面发展。

（执笔人：吕卫锋，北京航空航天大学；张辉，北京航空航天大学；王德庆，北京航空航天大学；崔斌，北京大学；印鉴，中山大学）

3.4.3 开放环境的群智决策系统

1. 研究背景

决策问题涉及人类活动的方方面面，从日常生活工作到改造自然和改造社会的巨大变革都离不开决策。

个体决策的本质是从各种可行方案中选择一个，以尽量满足决策人的愿望和要求。其中的决策人一般是一个人，或者是可以作为一个人进行决策、意见完全一致的集体，其愿望、要求和价值观（即偏好）可以用数值（即效用）来度量。而现实生活中的决策往往并不这么简单。即使是由执行某种职权的个人做出的决策，也离不开其他人的参与，这就导致了群组决策（group decision-making）理论的产生（Hwang，2012；Saaty，2013）。

传统的群组决策是指多于一个决策人的共同决策。群组决策涉及投票表决、选举、体制、社会选择理论、委员会理论、队论与分散决策、递阶优化、专家评估、一般均衡理论、对策论、谈判与仲裁等等。传统的群组决策主要考虑小规模群体，可能涵盖专家、领导班子、委员会等，主要通过逻辑、管理、流程设计、函数设计等方法完成决策。传统群组决策在封闭环境下进行，典型代表为圣塔菲的复杂巨系统、钱学森的综合研讨厅等。这类决策模式的局限性在于信息和资源极其有限，难以考虑真实开放环境中多种复杂因素对决策的影响。

群体智能是人工智能从规则驱动的确定性智能、数据驱动的不确定性智能走向交互驱动的涌现智能的必然之路。开放环境下的复杂问题求解和智能决策面临着影响因素不清晰、信息动态演变、决策反馈不及时等挑战。传统封闭环境下的群智决策方法无法有效解决这些挑战，需要一套专门的基于互联网群体智能的群智决策系统，借助互联网构建人机协同、交互驱动的演进式决策系统，实现开放环境下的复杂问题求解和智能决策。

2. 研究现状

现有的群智决策系统主要包括两类：针对特定任务或特定场景而专门设计的群智决策系统；通用的群智决策支持系统。

针对特定任务或特定场景而专门设计的群智决策系统近年来取得了一定的进展，在自然灾害避难救灾决策、疾病防控决策、出行访问决策、智能金融决策等问题中得到了应用。日本东京大学的研究人员借助社会媒体快速推断地震发生的时间和地点，及时做出避难救灾决策，降低了地震造成的人员伤亡和经济损失（Sakaki et al.，2010）。美国加州大学洛杉矶分校的研究人员利用群体智能推测图书馆、体育馆、餐厅占用率情况，做出出行访问决策，大幅降低了随机或经验决策造成的时间浪费（Ouyang et al.，2015）。美国印第安纳大学的研究人员基于行为经济学中情绪会影响行为与决策的理论，探索公众情绪与金融指数的关联并预测两者之间的关系（Johan et al.，2011）。在引入从推特消息中推导出的某些维度的公众情绪后，对道琼斯工业指数的预测准确率有显著提升。中国科学院计算技术研究所和美国东北大学的研究人员通过群体决策的方式，从诺贝尔获奖论文的作者中识别出诺奖得主（Shen et al.，2014），准确率高到86%，远远高于基于规则的方法和领域知识的方法。此外，谷歌公司通过用户的搜索日志进行疾病防控方面的预测和决策，取得了很好的效果，同时也面临一些质疑（Lazer et al.，2014）。盖洛普（Gallup）公司等咨询机构采用群智决策的方式预测大选结果，虽然取得了一定的成功，然而在英国脱欧、美国总统大选等案例中的表现不佳，这表明，基于群智决策系统的预测还有很长的路要走（Kennedy et al.，2017）。

在通用的群智决策支持系统方面，人们借助互联网设计了基于互联网的群智决策支持系统。传统的决策支持系统需要依靠专家完善决策知识库，开销巨大。芬兰奥卢大学的研究人员探索了如何利用群体智能构建知识库来克服这个问题（Hosio et al.，2016）。他们将一个决策问题形式化为一系列备选解决方案及评价指标，通过互联网群体对每一个备选解决方案进行评分，继而融合群智评分得出最优解决方案。他们搭建了AnswerBot群智决策支持系统，支持多种“what if”式分析与决策建议。测试者普遍反映AnswerBot提供的决策支持远远好过随机模型，并具有很好的可解释性和易理解性。英国阿伯丁大学和美国加州大学洛杉矶分校的研究人员共同研发了一套联合智能空间（Collaborative Intelligence Spaces，CISpaces）系统（Toniolo et al.，2015）。CISpaces系统由推理智能体（sense-making agent）、众包智能体（crowdsourcing agent）、溯源智能体（provenance agent）以及通信接口组成。其中，推理智能体用于使无结构的信息结构化，并识别可能存在错误的假设；众包智能体用于从群体信息贡献者中自动识别真实和有价值的信息；溯源智能体通过追溯信息源来评估信息的可信度。CISpaces系统结合了专家智能、互联网群体智能、人工智能进行跨国重大决策。该系统能够帮助决策者分析多样与异构的现象、信息与实例，识别发生了什么事件、为什么会发生、哪些信息是可信的，以及如何进一步获取相关信息，以做出最优决策。

开放环境的群智决策涉及对环境信息的感知、对信息的加工处理、对当前环境的决策、对决策的延迟反馈等。开放环境的群智决策不是停留在设计群体智能激励机制、挖掘众包任务的数据或分析群体智能涌现的组织结构等，而是致力于设计从感知、判定、决策到反馈的闭环系统，服务于开放环境下复杂问题的求解。

3. 研究内容

目前，群智决策在研究和实践中都取得了一定的进展，但仍处在初级阶段。借助互联网建立一套人机协同、交互驱动的演进式群智决策理论、方法与系统，实现开放环境的群智决策系统，具有重要意义。开放环境的群智决策系统（见图3.14）的研究内容主要有以下几方面。

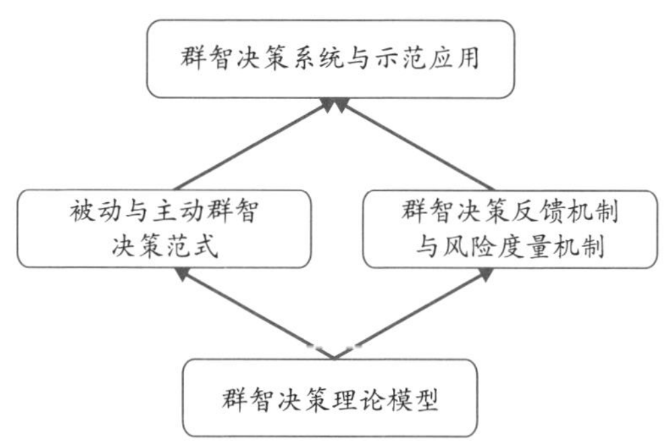

图3.14 开放环境的群智决策系统

（1）群智决策理论模型。研究目标问题制导的数据感知获取技术，突破开放环境下高噪声数据带来的技术瓶颈，实现面向开放环境的群智决策的多尺度多层次信息感知；研究影响个体决策行为及可信度的因素与个体决策正确性的有向关联关系和因果关系，研究个体间决策行为的相互影响，设计个体决策行为及可信度理论模型；研究基于在线学习与增强学习的群体行为建模和预测技术，实现对群体行为与时空态势的准确判定和预测；探索促使决策参与者自发有效参与群智决策的组织机制，支持群智决策系统的可持续发展和良性生态营造。

（2）被动与主动群智决策范式。研究数据驱动的被动式群智决策范式，实现从海量高噪声个体决策向群智决策的转变，实现对存在标注训练数据、无标注训练数据以及存在团体效应等情况的支持；研究风险感知的主动式群智决策范式，支持复杂决策问题求解过程中的风险自动控制和信息主动获取，实现最优化群智决策。

（3）群智决策反馈机制与风险度量机制。研究人机协同、交互驱动的一体化群智决策反馈方法，支持决策和反馈同步的演进式群智决策，实现开放环境下决策的高实效性和强针对性；研究群智决策风险度量机制，定性定量衡量和比较不同群智决策结果的风险，警示最终决策可能导致的后果；研究决策个体具备的专业知识与决策事件需要的专业知识的关系对决策风险的影响；研究群智决策风险控制手段，通过信息过滤或信息主动获取修正决策，降低群智决策风险。

（4）群智决策系统与示范应用。建立应对智能金融、智能健康等社会民生问题以及面向网络空间科学管理、复杂社会问题研判、政策评估等国家重大战略决策问题的群智决策平台系统，在重要国家业务单位进行示范应用并发挥实际价值；支持千亿条信息的关联聚合和知识库构建，支持亿级用户画像库的构建；支持开放环境下复杂问题的群智决策，包括决策依据主动获取、决策风险自动控制和决策效果智能调节。

（执笔人：程学旗，中国科学院计算技术研究所；欧阳文涛，中国科学院计算技术研究所；沈华伟，中国科学院计算技术研究所；文继荣，中国人民大学）

3.4.4 群智软件学习与创新系统

1. 研究背景

创新人才培养已成为国家整体创新能力的重大战略基础和持续驱动引擎。我国正处于创新型国家建设关键时期，加强软件创新人才培养、提升国家软件自主创新能力，已经成为当前面临的重大战略需求。开源软件作为一种群体协作创新的产物，其迅猛发展积累了海量高质量的资源，为软件创新学习和创新实践提供了坚实的基础。以开源软件为基础，基于群体智能理论和关键技术，围绕代码标注与代码复用，将学习者与开发者连接起来，将学习行为与创新活动有机衔接，让人类智能和机器智能通过反馈不断调整、优化和融合，建立“群体在回路”的智能释放新模式，形成群智化软件创新学习与实践的新生态，将极大地推动创新能力培养和创新实践应用，大幅提升我国软件自主创新能力，从而为国家创新战略提供支撑。

2. 研究现状

云计算与大数据技术的发展正推动各行各业发生着深刻的变化。在软件工程领域，无论是个性化的在线学习，还是软件创新开发模式，在研究和实践上都取得了大量成果。

以学习者为中心，为学习者自主学习提供服务的平台和服务不断涌现。在这类学习平台中，教学参与者的角色、知识的组织形式、学习管理系统的系统结构都将日渐区别于传统的远程教育。这类学习平台强调通过学习者之间的沟通、协作与互助来习得知识，提高技能（Porcello et al.，2013）。文献（Fioravanti，2008）分析阐述了开放式教育、社交化学习的理念，分析了Web 2.0技术对学习方式的影响，提出了通过参与学习社区实现非正式学习的思路。语言学习工具软件“多邻国”（Duolingo）将众包思想融入平台，将跨语言的翻译需求与学生的外语学习需求相连接，让学习者在学习的同时也参与到语言翻译任务中（Settles et al.，2016）。

在面向软件工程的在线学习与教育方面，如何支持实践能力的培养和评测是关键。在线程序评测系统能够自动对学生编写的程序进行编译和执行，评测代码功能或者性能是否正确，主要关注结果，而不关心程序开发过程（Lin S et al.，2013）。在线编程系统则主要以寓教于乐的方式来培养学生编程能力，例如，微软的Pex4Fun（Tillmann et al.，2013）和Codecademy等通过玩游戏的过程让开发者在线交互式地学习编程。以GitHub和Stack Overflow为代表的在线社区为软件工程教育提供了海量学习资源和群体行为大数据，以此为基础的群体化在线学习开始受到研究人员的关注（Zagalsky et al.，2015）。

在软件开发领域，开源软件的迅猛发展为新型软件开发与创新方法研究提供了海量的实证数据和可复用资源，数据驱动的软件工程研究成为当前关注的热点。文献（Hemmati et al.，2013）对MSR会议将近十年超过100篇论文进行综合分析，概括了数据源与数据类型、数据获取与预处理、数据分析与挖掘等方面的研究进展和典型成果。针对开源复用，研究学者则提出了基于深度学习的API推荐、基于社区群体反馈的海量开源软件评估与检索等方法和平台（Yin et al.，2015）。

与此同时，基于群体化的软件开发方法和技术研究迅速发展。2017年，IEEE Software组织了一期关于软件工程众包的专刊，研究对象包括基于众包的需求工程、知识共享、代码摘要、软件测试等（Stol et al.，2017）。文献（Li W et al.，2015）针对基于众包的软件开发方法学设计了一个概念框架，提出了合作创新、竞争式软件开发与基于攻防的质量确保等软件众包基本原则，并从软件架构、开发流程、成熟度模型等方面对软件众包方法进行了明确定义。文献（Wang H et al.，2015）提出了以大众化协同、开放式共享与持续性评估为核心的群体化软件开发思想，并构建了协同开发支持平台Trustie，支持核心团队与外围大众的连接以及软件创作与生产的连接，从而实现软件作品与产品之间的转化。

互联网和数据分析等技术的发展推动着软件工程教育与软件创新开发的发展，基于群智的软件学习与创新已成为未来的发展趋势。如何将个性化自主学习与软件创新实践融为一体，构建群智化的学习与创新生态，还需要进一步深入研究。

3. 研究内容

就群智软件学习与创新系统研究而言，要面向国家对软件自主创新的重大需求，构建基于群智的软件学习与创新系统，将面向个性化编程学习的软件语义标注和面向大众化编程实践的创新服务通过软件资源语义标注网络衔接起来，并通过语义标注网络的构建和挖掘实现人类智能与机器智能的融合和群体智能的释放。围绕基于群智的软件资源语义标注网络构建与挖掘，群智软件学习与创新系统的研究内容主要包括以下几个方面（见图3.15）。

（1）面向个体成长的标注任务生成与适配。研究面向个体学习的标注任务智能分解与复杂度度量方法，建立多维度代码标注模型，形成层次化、进阶式标注任务体系，并基于行为历史建立学习者能力感知与评估模型，实现标注任务与学习者个体的精确适配。

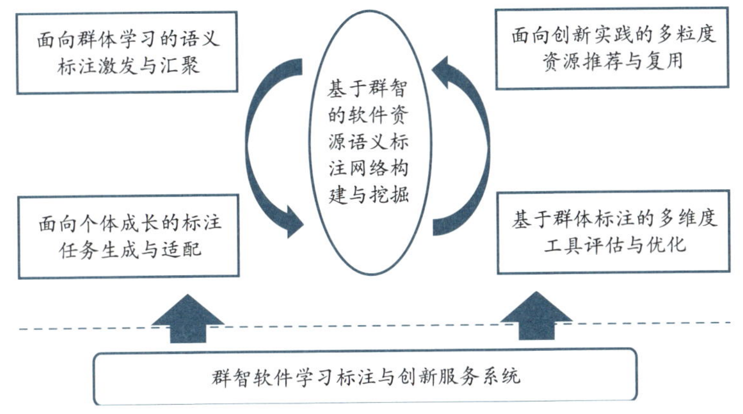

图3.15 群智软件学习与创新系统的研究内容

（2）面向群体学习的语义标注激发与汇聚。研究面向在线学习的群体协作与社区激励机制，围绕标注模型和分析工具建立面向语义标注的“激发—反馈—引导”机制；研究大规模群体标注的质量评价模型与汇聚融合方法，实现大规模学习者群体的持续参与和高质量贡献。

（3）基于群体标注的多维度工具评估与优化。研究基于工具分析结果的标注任务自动生成与群体反馈获取方法，以及用户多维反馈的高效关联与融合分析技术；在此基础上，借鉴强化学习、模仿学习等建立融合反馈优化模型，实现基于群体标注的工具优化。

（4）面向创新实践的多粒度资源推荐与复用。围绕软件资源，研究以人工标注为基点的互联网相关语义资源的自动关联汇聚方法，构建软件资源语义标注网络；基于语义标注大数据，研究编程语言与自然语言的映射方法，建立跨语言自动映射与翻译模型，实现基于自然语言的软件资源检索与精准定位；基于标注网络，建立软件资源多维度量指标和评估方法，实现面向场景的多粒度资源智能推荐。

（5）群智软件学习标注与创新服务系统。研究灵活有效的人机交互、群体状态感知与评价激励机制以及多样化反馈数据高效融合方法，建立人机智能“激发—反馈—优化”闭环，形成自演化的软件领域知识系统和智能化的软件创新服务系统。

（执笔人：王怀民，国防科技大学；王涛，国防科技大学；尹刚，国防科技大学；毛新军，国防科技大学；吴文峻，北京航空航天大学）

3.4.5 群智软件开发与验证自动化系统

1．研究背景

近年来，开源软件、软件众包和智能手机应用市场等群体化的软件开发模式得到了快速发展，展现出了利用群体智慧进行软件开发的潜力，但也带来了众多新的挑战。其中，如何汇聚群体智能协同开发具有一定复杂度的软件系统已经成为一个关键问题。群智软件开发与验证自动化系统通过汇聚开发者群体和机器的智慧，在群体与机器的不断交互过程中完成面向特定领域复杂软件的自动化开发和验证，能够提高软件开发的效率、质量和安全性，解决我国在一些关键软件开发过程中面临的困难，满足国家对软件自主创新的重大需求，提升重点领域的软件系统的安全性，保障国家关键基础设施的生产安全和公共安全，服务于国家的战略安全。

2．研究现状

随着近年来人工智能技术的高速发展，软件开发和验证的自动化相关关键技术获得了新的突破。

小规模程序的自动生成成为可能，谷歌DeepMind团队的研究人员开发了神经编程解释器（neural programmer-interpreters，NPI）（Reed et al.，2016），它是一种递推式组合神经网络，能学习程序的表征和执行，具有学习若干种复合程序的能力，包括加法、排序和对3D模型进行规范化转换。加州大学伯克利分校的团队对其进行了改进，通过递归增强了NPI的泛化能力，并使其能够处理更加复杂的输入（Cai et al.，2017）。Facebook人工智能实验室田渊栋研究员提出了层级生成式CNN模型，构建了能够通过自动推断，将一组输入映射到一个计算机程序的神经网络模型（Gong et al.，2017），在实现诸如冒泡排序等嵌套循环的程序时获得了不错的效果。

程序错误的自动修复取得了一定的突破。谷歌提出的Bugspots系统，使用Bug追踪系统和Git源代码版本控制系统的日志作为代码修复的权威记录，根据源代码修改的历史记录来预测源代码中存在的其他需要修复的代码。

较大规模的软件的交互式形式化验证取得成功，形式化方法逐渐走进工业界。Holzmann等（2009）提出，直接在源代码的基础上抽象出模型的方法更适合软件的模型检测。2000年以后，随着谓词抽象技术、边界模型检测技术的出现，软件模型检测技术的发展使得模型检测向前迈进了一步，基于这些技术的工具SLAM[①]、BLAST、CBMC、SatAbs、JavaPather实现了直接对源代码的检测，大大地提高了检测效率。Leroy（2009）基于Coq定理证明器（the Coq proof assistant）开发了一个经过形式化验证的可信编译器CompCert，它在正确性方面的表现明显优于常用的开源或商用C编译器。NICTA的seL4项目采用Isabelle/HOL定理证明器，对ARM处理器上的通用操作系统内核seL4开展形式验证，最后发现了seL4内核源代码中140多个缺陷（Klein et al., 2014）。耶鲁大学的CertiKOS项目对可认证的操作系统微内核开展形式规约与验证研究，提出了深度规约框架（Gu et al., 2015），建立了单核CertiKOS完整的形式规约（Chen et al., 2016）。Event-B方法在卫星星载软件构造、微处理器形式化设计等方面取得了成功应用。

群体化软件开发也取得了迅速发展。Stolee等（2015）通过两个实例研究了基于众包的软件工程方法评价问题，包括一个代码重构倾向分析和代码搜索相关性分析方法的众包评价。Morales-Ramirez等（2015）则研究了群体软件开发过程中在线讨论中的意图分析和标注问题，通过对社交媒体和电子邮件等交流信息的挖掘分析，发现错误报告和功能需求等不同的交流意图。在群体化软件开发的信誉度量和激励方面，Ye B等（2015）研究了众包环境中参与者的可信度随上下文的变化（即不同任务类型、不同激励等都会对参与者的可信度造成影响），提出了基于任务类型和激励金额分类的上下文相关的可信度模型，并在该模型下建立了合作任务中参与者的选择方法。

① SLAM指同时定位与地球构建，全称为simultaneous localization and mapping。

3. 研究内容

为实现群智软件开发与验证自动化系统，需要开展下述六个方面的研究（见图3.16）。

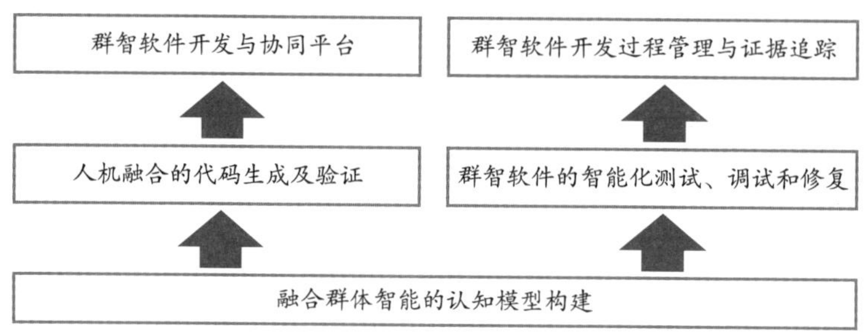

图3.16 群智软件开发与验证自动化系统的主要研究内容

（1）融合群体智能的认知模型构建。以知识数据为基础，研究不同类型知识的机器表征方法；研究传感数据与实际物理量之间的关系图谱以及物理量之间逻辑关系与计算关系的知识图谱的群智化构建方法；研究将知识数据转化为计算机表征的群智化交互式自动化方法。

（2）人机融合的代码生成及验证。研究基于知识数据的物理量计算程序自动生成技术；研究从模型到代码的可验证等价转化技术；研究基于群体智能学习的机器自动编程技术；研究人机融合的交互式证明技术。

（3）群智软件的智能化测试、调试和修复。研究汇聚群体智能的群体化测试用例设计方法、群体化软件测试方法，测试结果有效性评估和保证方法，测试用例自动生成方法等；研究软件的智能化调试方法；研究基于错误修复历史数据的错误自动修复方法。

（4）群智软件开发与协同平台。研究面向群智软件开发的群体软件工程模型、机理与规范；研制支持分布式开发、项目管理自动化以及持续集成和部署等能力的网络化群体开发平台；研究以软件开发任务的智能化分配、各类软件资源的智能推荐和复用等为核心的智能协作技术。

（5）群智软件开发过程管理与证据追踪。研究能够有效汇聚群体智能的多样化软件开发过程管理模式；研究群智软件开发模式的描述语言；研究软件全生命周期的质量和安全性证据链的可信追踪管理技术。

（6）群智软件开发与验证自动化系统。围绕航空航天、医疗、城市交通、核工业等重点领域，研究群智软件开发和验证自动化系统，特别是要研究软件模型的智能复用技术，需求导向的软件模型自动化生成，基于软件设计模型的自主编程，软件执行模型的自主学习技术，以及大规模软件形式验证的自动化等。

（执笔人：马殿富，北京航空航天大学；赵永望，北京航空航天大学；罗杰，北京航空航天大学）

3.4.6 群智共享经济服务系统

1. 研究背景

群智共享经济服务通过汇聚群体智慧，在衣食住行、教育医疗、媒体传播等受到广泛关注的民生领域向用户提供公共服务，为“互联网+”时代下的经济发展创造新形态和新增长点。与此同时，共享经济的蓬勃发展，也对相关技术提出了新的挑战。群智共享经济服务系统需要针对实时数据流进行业务管理和资源调度；需要对分享者进行有效激励，以吸引更多人参与其中；需要保护共享经济服务系统的用户，以防止恶意用户利用系统漏洞对正常用户的生命财产安全产生威胁；需要对共享经济参与者的特点进行研究，从而有针对性地对服务系统的业务逻辑进行调整；需要针对不同类型的群体智能共享经济服务系统，研究其质量控制和效果优化技术等。

2. 研究现状

近年来，国内外研究人员主要对共享经济参与者的特点和共享经济数据处理与优化技术等方面开展了相关研究，并取得了一些新的技术突破，主要体现在以下几点。

（1）群体智能共享经济服务系统的用户特点

在群体智能共享经济服务系统中，用户起到了至关重要的作用。目前对群体智能共享经济服务系统中用户特点的研究主要基于众包系统。文献（Musthag et al.，2013）以时空众包平台为例，通过发布具有时空特性的任务以及进行用户信息调查，发现时空众包平台中的用户具有如下特点：①小部分人做了大部分的工作，在时空众包平台中，10%的用户完成了约80%的工作，这些用户往往愿意为了完成任务而走较远的路程；②时空众包平台中，男性占比更大，并且约62%的用户年龄在21到35岁之间；③超过75%的用户取得了大学以上的学历。文献（Thebault-Spieker et al.，2015）则指出，地区的经济发展水平和该地区众包任务完成量密切相关，时空众包系统用户更倾向于去经济较发达的地区完成任务。此外，该文献还发现，女性用户出于安全性等方面的考虑，较不愿接受郊区的任务。文献（Thebault-Spieker et al.，2017）对上述特点做了进一步总结，得出在时空众包平台中影响用户决策的四个重要因素：住宅聚类、人口密度、距离限制和心理因素。在了解影响用户决策的因素之后，可以针对这些因素对共享经济系统进行优化和改进。

（2）共享经济数据处理与优化

A. 实时数据处理

在群体智能共享经济服务系统中，往往需要对请求进行实时处理，例如实时地制订外卖配送计划、共享网约车调度计划等。现有实时数据处理研究可分为如下两类。①批量处理。这种方法划分时间片，在每个时间片结束时对当前时间片内的所有请求进行批量处理。Kazemi等（2012）针对时空众包任务分配提出了一种有效的批量数据处理方案，即通过建立二分图模型，每过一段时间，采用二分图匹配的算法，对当前时间段接收到的所有请求进行批量处理。②在线处理。这种方法要求系统在接收到请求后立刻对请求进行处理。例如Tong等（2016a，2016b）针对时空数据，在二分图模型的基础上提出了一系列贪心策略，每接到一个请求就立即对其响应。

B. 业务优化

如何对群体智能共享经济服务系统进行业务优化，是这方面研究的核心问题。以出租车拼车调度问题为例，文献（Ma et al.，2013）在假设每辆车已分配的订单先后顺序不变的情况下，提出了一种贪心方法，每次将新出现的订单插入到原来每辆汽车的订单队列里，选择最优的插入方式作为决策，其优化目标是使出租车总路程加和最小；文献（Huang et al.，2013）的优化目标仍是最小化出租车总路程加和，然而它允许每辆车接受订单后改变订单的先后顺序，并提出了一种基于Kinetic树的分支定界方法来进行订单分配。而文献（Asghari et al.，2016）则采用了一种基于竞标形式的分布式订单分配规则，引入了平台收益的概念，其优化目标是最大化平台的收益。在实际应用中，我们往往需要对不同的优化方法进行比较，从而选择出最合适的一种业务优化方法。

C. 数据分析与挖掘

为了使群体智能共享经济服务系统更好地进行工作，通常还需要对现有数据进行分析与挖掘，从而得知未来可能出现的状况，并基于分析和挖掘结果进行任务分配与资源调度。在这方面，文献（Li Y et al.，2015）研究城市公共自行车需求预测问题，采用数据挖掘与机器学习相结合的手段，首先使用渐进梯度回归树（gradient boosting regression trees，GBRT）模型预测出城市每个小时的需求总量，之后结合天气、是否休假等因素对每个小时内不同地理位置的需求进行分析，得出该城市中当前时段每个地区的需求量。文献（Tong et al.，2017）则是采用线性回归模型对共享网约车的需求量进行预测，从时间因素、空间因素、历史数据和重大事件四个方面提取特征，并引入大规模的组合特征来得到一个订单量预测模型。这些预测结果对出租车的调度都有重要指导意义。

3. 研究内容

就群智共享经济服务系统研究而言，拟通过对共享经济数据的建模与挖掘技术进行研究，从而对数据进行有效管理，继而对共享经济服务系统的理论原理进行深入剖析，对共享交通、共享物流和共享金融这三个典型的共享经济服务系统提供技术支撑。群智共享经济服务系统的具体研究内容如下（见图3.17）。

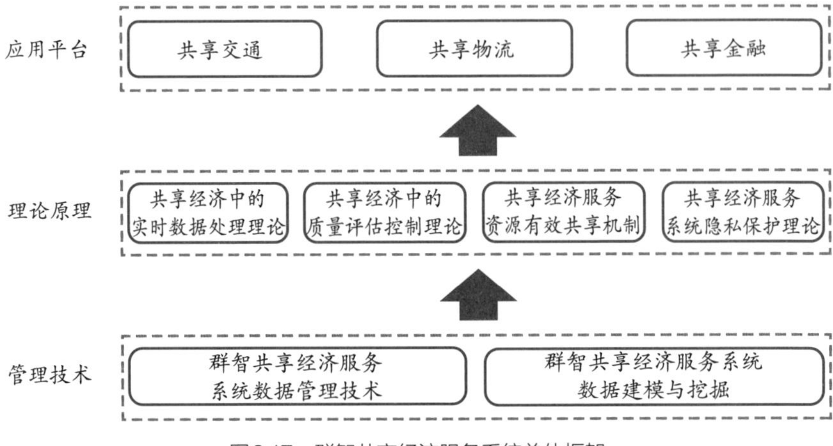

图3.17　群智共享经济服务系统总体框架

（1）共享经济中的实时数据处理理论。研究共享经济服务系统中存在的在线动态环境下时空数据高效处理相关问题，特别是在线动态环境下如何进行高效资源调配等问题；研究不同的实时数据处理方式对优化目标的影响，特别是为应对共享经济系统中的高时效性，研究能够优化与用户满意度高度相关的等待时间等指标的实时数据处理技术。

（2）共享经济中的质量评估控制理论。针对共享经济服务系统中普遍存在的时空数据研究质量控制理论，研究在不同优化目标下对质量进行控制与评估的手段；针对共享经济服务系统的动态在线特性，提出相应的手段来提高质量控制算法的稳定性；研究对共享经济服务中资源调配效率的评估方法，以及既能保障用户对服务的满意度，又能达到较高资源调配和利用效率的质量控制方案。

（3）共享经济服务资源有效共享机制。结合社会经济发展状况、市场供需关系等因素，研究群体智能共享经济服务的适当定价问题；针对不同类型的群体智能共享经济服务系统的特点和目标，设计恰当的资源共享机制；考虑多种方式相结合的共享机制，通过金钱、兴趣、积分等多种方式调动参与者共享资源的积极性；对群体智能共享经济服务系统资源、服务的提供者和服务使用者建立有效的档案，结合用户的信用度等特点，进行共享机制设计。

（4）共享经济服务系统隐私保护理论。参考经典的差分隐私等隐私保护方法，研究在共享经济服务系统中对用户行为和位置隐私进行有效保护的机制；针对在共享经济服务系统中的用户流动性，研究在时空属性发生变化时用户行为的隐私保护理论；研究在确保用户行为隐私保护的前提下保证共享经济服务系统运行效率的理论和方法。

（5）群智共享经济服务系统数据管理技术。针对共享经济服务系统中时空因素敏感、时效性强的数据，研究高效的数据管理和索引机制，建立一套完善、高效、低冗余、高复用的共享经济数据管理系统；针对共享经济服务系统中存在的异构数据的问题，研究高效的数据融合和管理技术。

（6）群智共享经济服务系统数据建模与挖掘。结合数据挖掘、机器学习等领域的最新进展，对共享经济服务中的用户行为数据和业务流数据等进行建模与挖掘。针对用户行为数据，研究其行为模式，以帮助优化共享经济服务系统中的资源有效调配；对共享经济市场的供需状况进行有效的建模和预测，为合理的激励机制设计提供数据支持，优化群体智能共享经济服务系统的效率。

（执笔人：童咏昕，北京航空航天大学；许可，北京航空航天大学；周傲英，华东师范大学；李战怀，西北工业大学；叶杰平，滴滴研究院；戴文渊，第四范式）

参考文献

冯凯翔，朴添勤，王丽梅，2014. 易科学：科研服务的互联网思维[J]. 大学生（18）：76-77.

李未，2015. 大数据城市的智能转型[EB/OL].（2015-06-04）[2017-12-20]. http://bigdata.chinabyte.com/454/13421454.shtml.

林德加德，2015. 政府驱动创新有未来吗?[EB/OL].（2015-03-24）[2017-10-03]. http://sptreview.org/blog/2015/03/24/government-driven-innovation.

王怀民，吴文峻，毛新军，等，2014a. 复杂软件系统的成长性构造与适应性演化[J]. 中国科学：信息科学，44（6）：743-761.

王怀民，尹刚，谢冰，等，2014b. 基于网络的可信软件大规模协同开发与演化[J]. 中国科学：信息科学，44（1）: 1-19.

王续琨，张婷，2006. 论国家科学交流体系[J]. 河南大学学报（自然科学版），36（3）: 123-126.

Abraham I, Alonso O, Kandylas V, et al., 2013. Adaptive crowdsourcing algorithms for the bandit survey problem[J]. Journal of Machine Learning Research.

Allio R J, 2004. CEO interview: the InnoCentive model of open innovation[J]. Strategy and Leadership, 32 (4): 4-9.

Amershi S, Cakmak M, Knox W B, et al., 2014. Power to the people: the role of humans in interactive machine learning[J]. AI Magazine, 35 (4): 105-120.

Amsterdamer Y, Grossman Y, Milo T, et al., 2013. Crowd mining[C]//Proceedings of the 2013 ACM SIGMOD International Conference on Management of Data: 241-252.

Anderson A, Huttenlocher D, Kleinberg J, et al., 2012. Discovering value from community activity on focused question answering sites: a case study of Stack Overflow[C]//Proceedings of the 18th ACM SIGKDD International Conference on Knowledge Discovery and Data Mining: 850-858.

Anderson A, Huttenlocher D, Kleinberg J, et al., 2013. Steering user behavior with badges[C]//Proceedings of the 22nd International Conference on World Wide Web: 95-106.

Asghari M, Deng D, Shahabi C, et al., 2016. Price-aware real-time ride-sharing at scale: an auction-based approach[C]//Proceedings of the 24th ACM SIGSPATIAL International Conference on Advances in Geographic Information Systems.

Bandura A, 1989. Human agency in social cognitive theory[J]. American Psychologist, 44 (9): 1175.

Bannon L, Schmidt K, 1991. CSCW: Four characteristics in search of a context[M]//Bowers J, Benford S. Studies in Computer Supported Cooperative Work: Theory, Practice and Design: 3-16.

Bao P, Shen H W, Jin X, et al., 2015. Modeling and predicting popularity dynamics of Microblogs using self-excited Hawkes processes[C]//Proceedings of the 24th International Conference on World Wide Web: 9-10.

Barabási A, 2005. The origin of bursts and heavy tails in human dynamics[J]. Nature, 435 (7039): 207-211.

Bentov I, Gabizon A, Mizrahi A, 2016. Cryptocurrencies without proof of work[C]//International Conference on Financial Cryptography and Data Security: 142-157.

Bhasker L, 2014. Genetically derived secure cluster-based data aggregation in wireless sensor networks[J]. Information Security Letter, 8 (1): 1-7.

Boccaletti S, Latora V, Moreno Y, et al., 2006. Complex networks: structure and dynamics[J]. Physics Reports, 424 (4-5): 175-308.

Bonney R, Thompson S, 2007. Evaluating the impacts of participation in an online citizen science project: a mixed-methods approach[C]//Proceedings of the Museums and the Web 2007: 187-199.

Borne K D, Team Z, 2011. The Zooniverse: a framework for knowledge discovery from citizen science data[J]. AGU Fall Meeting Abstracts.

Burke J A, Estrin D, Hansen M, et al., 2006. Participatory sensing[Z]. Center for Embedded Network Sensing.

Cai J, Shin R, Song D, 2017. Making neural programming architectures generalize via recursion[C]//International Conference on Learning Representations.

Camazine S, 2003. Self-organization in biological systems[M]. New Jersey: Princeton University Press.

Chen H, Wu X, Shao Z, et al., 2016. Toward compositional verification of interruptible OS kernels and device drivers[C]//Proceedings of the 37th ACM SIGPLAN Conference on Programming Language Design and Implementation: 431-447.

Cheng J, Bernstein M S, 2015. Flock: hybrid crowd-machine learning classifiers[C]//Proceedings of the 18th ACM Conference on Computer Supported Cooperative Work and Social Computing: 600-611.

Coetzee D, Fox A, Hearst M A, 2014. Should your MOOC forum use a reputation system?[C]//Proceedings of the 17th ACM Conference on Computer Supported Cooperative Work and Social Computing: 1176-1187.

Costa L D F, Rodrigues F A, Travieso G, et al., 2007. Characterization of complex networks: a survey of measurements[J]. Advances in Physics, 56 (1): 167-242.

Cox R, Dabek F, Kaashoek F, et al., 2004. Practical, distributed network coordinates[J]. ACM SIGCOMM Computer Communication Review, 34 (1): 113-118.

Dabbish L, Stuart C, Tsay J, et al., 2012. Social coding in GitHub: transparency and collaboration in an open software repository[C]//Proceedings of the ACM Conference on Computer Supported Cooperative Work: 1277-1286.

Dai M, Weld S, Dai P, et al., 2010. Decision-theoretic control of crowd-sourced workflows[C]//The 24th AAAI Conference on Artificial Intelligence, Atlanta, Georgia, USA.

Demartini G, Difallah D E, Cudr, et al., 2012. ZenCrowd: leveraging probabilistic reasoning and crowdsourcing techniques for large-scale entity linking[C]//Proceedings of the 21st International Conference on World Wide Web: 469-478.

Dergousoff K, Mandryk R L, 2015. Mobile gamification for crowdsourcing data collection: leveraging the freemium model[C]//Proceedings of the 33rd Annual ACM Conference on Human Factors in Computing Systems: 1065-1074.

Di Cairano S, Tseng H E, Bernardini D, et al., 2013. Vehicle yaw stability control by coordinated active front steering and differential braking in the tire sideslip angles domain[J]. IEEE Transactions on Control Systems Technology, 21 (4): 1236-1248.

Dipple A, Raymond K, Docherty M, 2014. General theory of stigmergy: modelling stigma semantics[J]. Cognitive Systems Research, 31-32 (4): 61-92.

Fan W, Geerts F, Cao Y, et al., 2015. Querying big data by accessing small data[C]// Proceedings of the 34th ACM SIGMOD-SIGACT-SIGAI Symposium on Principles of Database Systems: 173-184.

Fang Y, Sun H, Li G, et al., 2016. Effective result inference for context-sensitive tasks in crowdsourcing[M]//The 21st International Conference on Database Systems for Advanced Applications: 33-48.

Faridani S, Hartmann B, Ipeirotis P G, 2011. What's the right price? Pricing tasks for finishing on time[J]. Human Computation: 26-31.

Fioravanti A, 2008. An e-learning environment to enhance quality in collaborative design[C]//The 26th Conference on Education in Computer Aided Architectural Design in Europe 2008: 829-836.

Fitzpatrick G, Ellingsen G, 2013. A review of 25 years of CSCW research in healthcare: contributions, challenges and future agendas[J]. Computer Supported Cooperative Work, 22 (4-6): 609-665.

Forsyth D R, 2014. Group dynamics[M]. 6th ed. Belmont, CA: Wadsworth, Inc.

Furda A, Vlacic L, 2011. Enabling safe autonomous driving in real-world city traffic using multiple criteria decision making[J]. IEEE Intelligent Transportation Systems Magazine, 3 (1): 4-17.

Gao C, Zhou D, 2013. Minimax optimal convergence rates for estimating ground truth from crowdsourced labels[J]. arXiv: 1310.5764.

Gao D, Tong Y, She J, et al., 2016. Top-k team recommendation in spatial crowdsourcing[C]//Proceedings of the 17th International Conference on Web-Age Information Management: 191-204.

Gao J, Li Q, Zhao B, et al., 2016. Enabling the discovery of reliable information from passively and actively crowdsourced data[Z]. KDD 2016 Program.

Gao Y, Parameswaran A, 2014. Finish them: pricing algorithms for human computation[C]//Proceedings of the VLDB Endowment, 7 (14): 1965-1976.

Garcia-Molina H, Joglekar M, Marcus A, et al., 2016. Challenges in data crowdsourcing[J]. IEEE Transactions on Knowledge and Data Engineering, 28 (4): 901-911.

Gomes R, Welinder P, Krause A, et al., 2011. Crowdclustering[C]//Proceedings of the 25th Annual Conference on Neural Information Processing Systems: 558-566.

Gong Q, Tian Y, Zitnick C L, 2017.Unsupervised program induction with hierarchical generative convolutional neural networks[C]//International Conference on Learning Representations.

Gu R, Koenig J, Ramananandro T, et al., 2014. Deep specifications and certified abstraction layers[C]//Proceedings of the 42nd Annual ACM SIGPLAN-SIGACT Symposium on Principles of Programming Languages: 595-608.

Guo G, Yue W, 2011. Hierarchical platoon control with heterogeneous information feedback[J]. IET Control Theory and Applications, 5 (15): 1766-1781.

Han T, Sun H, Song Y, et al., 2016. Incorporating external knowledge into crowd intelligence for more specific knowledge acquisition[C]//Proceedings of the 25th International Joint Conference on Artificial Intelligence: 1541-1547.

Happe A, Krenn S, Lorünser T, 2016. PBFT and secret-sharing in storage settings[C]//The 24th International Workshop on Security Protocols.

Hemmati H, Nadi S, Baysal O, et al., 2013. The MSR cookbook: mining a decade of research[C]//The 10th IEEE Working Conference on Mining Software Repositories: 343-352.

Heylighen F, 2015. Stigmergy as a universal coordination mechanism: components, varieties and applications[M]//Lewis T, Marsh L. Human Stigmergy: Theoretical Developments and New Applications. Springer.

Ho C J, Slivkins A, Suri S, et al., 2016. Incentivizing high quality crowdwork[J]. ACM SIGECOM Exchanges, 14 (2): 26-34.

Ho C J, Vaughan J W, 2012. Online task assignment in crowdsourcing markets[C]//Proceedings of the 26th AAAI Conference on Artificial Intelligence: 45-51.

Holzmann G J, Smith M H, 2009. Software model checking[J]. Acm Computing Surveys, 41(4): 1-54.

Howe J, 2006. The rise of crowdsourcing[J]. Wired Magazine, 14 (6): 1-4.

Huang Y, Jin R, Bastani F, et al., 2013. Large scale real-time ridesharing with service guarantee on road networks[J]. Proceedings of the VLDB Endowment, 7 (14): 2017-2028.

Iocchi L, Nardi D, Piaggio M, et al., 2003. Distributed coordination in heterogeneous multi-robot systems[J]. Autonomous Robots, 15 (2): 155-168.

Ipeirotis P G, Provost F, Wang J, 2010. Quality management on Amazon Mechanical Turk[C]//Proceedings of the ACM SIGKDD Workshop on Human Computation: 64-67.

Karger D R, Oh S, Shah D, 2013. Efficient crowdsourcing for multi-class labeling[C]//Proceedings of the ACM SIGMETRICS/International Conference on Measurement and Modeling of Computer Systems: 81-92.

Karger D R, Oh S, Shah D, 2014. Budget-optimal task allocation for reliable crowdsourcing systems[J]. Operations Research, 62 (1): 1-24.

Kazemi L, Shahabi C, 2012. GeoCrowd: enabling query answering with spatial crowdsourcing[C]//Proceedings of the 20th International Conference on Advances in Geographic Information Systems: 189-198.

Keegan B C, Lev S, Arazy O, 2016. Analyzing organizational routines in online knowledge collaborations: a case for sequence analysis in CSCW[C]//Proceedings of the 19th ACM Conference on Computer-Supported Cooperative Work and Social Computing: 1065-1079.

Keegan B, Gergle D, Contractor N, 2012. Do editors or articles drive collaboration? Multilevel statistical network analysis of Wikipedia coauthorship[C]//Proceedings of the ACM 2012 Conference on Computer Supported Cooperative Work: 427-436.

Khetan A, Oh S, 2013. Achieving budget-optimality with adaptive schemes in crowdsourcing[C]//Advances in Neural Information Processing Systems.

Kittur A, Smus B, Khamkar S, et al., 2011. CrowdForge: crowdsourcing complex work[C]//Proceedings of the 24th Annual ACM Symposium on User Interface Software and Technology: 43-52.

Klein G, Andronick J, Elphinstone K, et al., 2014. Comprehensive formal verification of an OS microkernel[J]. ACM Transactions on Computer Systems, 32 (1): 136-156.

Kye D K, Kim S W, Seo S W, 2015. Decision making for automated driving at unsignalized intersection[J]. IEEE International Conference on Control, Automation and Systems: 522-525.

Lazer D, Pentland A, Adamic L, et al., 2009. Computational social science[J]. Science, 323 (5915): 721-723.

Lee I J, Hyun C T, Son M J, et al., 2011. Development of function breakdown structure of building element based on performance for idea connection in design VE[J]. Korean Journal of Construction Engineering and Management, 12 (5): 12-22.

Leroy X, 2009. Formal verification of a realistic compiler[J]. Communications of the ACM: 107-115.

Levine S, Popović Z, Koltun V, 2011. Nonlinear inverse reinforcement learning with Gaussian processes[J]. Advances in Neural Information Processing Systems: 19-27.

Li G, Wang J, Zheng Y, et al., 2016. Crowdsourced data management: a Survey[J]. IEEE Transactions on Knowledge and Data Engineering, 28 (9): 2296-2319.

Li J, Wolf T, 2016. A one-way proof-of-work protocol to protect controllers in software-defined networks[J]. ACM/IEEE Symposium on Architectures for Networking and Communications Systems: 123-124.

Li L, Chu W, Langford J, et al., 2010. A contextual-bandit approach to personalized news article recommendation[C]//Proceedings of the 19th International Conference on World Wide Web: 661-670.

Li Q, Li Y, Gao J, et al., 2014. Resolving conflicts in heterogeneous data by truth discovery and source reliability estimation[C]//Proceedings of the 2014 ACM SIGMOD International Conference on Management of Data: 1187-1198.

Li Q, Ma F, Gao J, et al., 2016. Crowdsourcing high quality labels with a tight budget[C]//Proceedings of the 9th ACM International Conference on Web Search and Data Mining: 237-246.

Li S E, Zheng Y, Li K, et al., 2015. An overview of vehicular platoon control under the four-component framework[C]//IEEE Intelligent Vehicles Symposium: 286-291.

Li W, Tsai W T, Wu W, 2015. Crowdsourcing for large-scale software development[M]//Crowdsourcing. Springer: 3-23.

Li X, Jiang P, Chen T, et al., 2017. A Survey on the security of blockchain systems[J]. Future Generation Computer Systems.

Li Y, Zheng Y, Zhang H, et al., 2015. Traffic prediction in a bike-sharing system[C]//Proceedings of the 23rd SIGSPATIAL International Conference on Advances in Geographic Information Systems.

Lin C H, Mausam, Weld D, 2012. Crowdsourcing control: moving beyond multiple choice[J]. The 28th Conference on Uncertainty in Artificial Intelligence: 491-500.

Lin S, Zhang Q, Li W, 2013. A programmer self-training system with programming skill evaluation and personalized task recommendation[C]. Proceedings of IEEE: 112-117.

Lintott C J, Schawinski K, Slosar A, et al., 2008. Galaxy Zoo: morphologies derived from visual inspection of galaxies from the Sloan Digital Sky Survey[J]. Monthly Notices of the Royal Astronomical Society, 389 (3): 1179-1189.

Little G, Chilton L B, Goldman M, et al., 2009. Turkit: tools for iterative tasks on mechanical Turk[C]//Proceedings of the ACM SIGKDD Workshop on Human Computation: 29-30.

Liu P, Luo S, Xia H, 2015. A homophily-heterophily model the evolution of scientific collaboration networks[C]//International Symposium on Knowledge and Systems Sciences.

Liu Y, Bian J, Agichtein E, 2008. Predicting information seeker satisfaction in community question answering[C]//Proceedings of the 31st Annual International ACM SIGIR Conference on Research and Development in Information Retrieval: 483-490.

Ma S, Zheng Y, Wolfson O, 2013. T-share: a large-scale dynamic taxi ridesharing service[C]//IEEE 29th International Conference on Data Engineering: 410-421.

Mamykina L, Manoim B, Mittal M, et al., 2011. Design lessons from the fastest Q&A site in the west[C]//Proceedings of the SIGCHI Conference on Human Factors in Computing Systems: 2857-2866.

Mason W, Watts D J, 2010. Financial incentives and the “performance of crowds” [J]. ACM SIGKDD Explorations Newsletter, 11 (2): 100-108.

Mavrovouniotis M, Li C, Yang S, 2017. A survey of swarm intelligence for dynamic optimization: algorithms and applications[J]. Swarm and Evolutionary Computation (33): 1-17.

Mcnally L, Brown S P, Jackson A L, 2012. Cooperation and the evolution of intelligence[J]. Proceedings: Biological Sciences, 279 (1740): 3027-3034.

Michelucci P, Dickinson J L, 2016. The power of crowds[J]. Science, 351 (6268): 32-33.

Mo K, Zhong E, Yang Q, 2013. Cross-task crowdsourcing[C]//Proceedings of the 19th ACM

SIGKDD International Conference on Knowledge Discovery and Data Mining: 677-685.

Morales-Ramirez I, Papadimitriou D, Perini A, 2015. CrowdIntent: annotation of intentions hidden in online discussions[C]//IEEE/ACM 2nd International Workshop on CrowdSourcing in Software Engineering: 24-29.

Musthag M, Ganesan D, 2013. Labor dynamics in a mobile micro-task market[C]//Proceedings of the SIGCHI Conference on Human Factors in Computing Systems: 641-650.

Nageshwar P, Nagaraju I, Kumar M A, 2015. The trusted computing model for providing security in cloud computing[J]. International Journal of Mathematics and Computer Research, 3 (6): 1018-1024.

Nakakoji K, Yamamoto Y, Nishinaka Y, et al., 2002. Evolution patterns of open-source software systems and communities[C]//ACM Proceedings of the International Workshop on Principles of Software Evolution: 76-85.

Page L, Brin S, Motwani R, 1998. The PageRank citation ranking: bringing order to the web[Z]. Stanford Digital Libraries Working Paper.

Pentland A, 2005. Socially aware computation and communication[J]. IEEE Computer, 38 (3): 33-40.

Porcello D, Hsi S, 2013. Science education: crowdsourcing and curating online education resources[J]. Science, 341 (6143): 240-241.

Prpić J, Shukla P P, Kietzmann J H, et al., 2015. How to work a crowd: developing crowd capital through crowdsourcing[J]. Business Horizons, 58 (1): 77-85.

Quinn A J, Bederson B B, 2011. Human computation: a survey and taxonomy of a growing field[J]. Proceedings of the SIGCHI Conference on Human Factors in Computing Systems: 1403-1412.

Rao A S, Georgeff M P, 1991. Modeling rational agents within a BDI-architecture[C]//International Conference on Principles of Knowledge Representation and Reasoning. Morgan Kaufmann Publishers Inc.: 473-484.

Reddy S, Labutov I, Banerjee S, et al., 2016. Unbounded human learning: optimal scheduling for spaced repetition[J]. Proceedings of the 22nd ACM SIGKDD International Conference on Knowledge Discovery and Data Mining: 1815-1824.

Reed S, Freitas N, 2016. Neural programmer-interpreters[C]//International Conference on Learning Representations.

Riahi F, Zolaktaf Z, Shafiei M, et al., 2012. Finding expert users in community question answering[C]//Proceedings of the 21st International Conference on World Wide Web: 791-798.

Sarabadani A, Halfaker A, Taraborelli D, 2017. Building automated vandalism detection tools for Wikidata[J]. Proceedings of the 26th International Conference on World Wide Web Companion: 1647-1654.

Sarasua C, Simperl E, Noy N F, 2012. CrowdMap: crowdsourcing ontology alignment with microtasks[J]. International Conference on the Semantic Web: 525-541.

Sarma A D, Parameswaran A, Garciamolina H, et al., 2014. Crowd-powered find algorithms[C]//IEEE 30th International Conference on Data Engineering: 964-975.

Settles B, Meeder B, 2016. A trainable spaced repetition model for language learning[C]//Meeting of the Association for Computational Linguistics: 1848-1858.

Shah N B, Zhou D, 2014. Double or nothing: multiplicative incentive mechanisms for crowdsourcing[J]. arXiv: 1408.1387.

Shen H W, Barabási A L, 2014. Collective credit allocation in science[J]. Proceedings of the National Academy of Sciences of the United States of America, 111 (34): 12325-12330.

Sheng V S, Provost F, Ipeirotis P G, 2008. Get another label? Improving data quality and data mining using multiple, noisy labelers[C]//Proceedings of the 14th ACM SIGKDD International Conference on Knowledge Discovery and Data Mining: 614-622.

Singer Y, Mittal M, 2013. Pricing mechanisms for crowdsourcing markets[J]. Proceedings of the 22nd International Conference on World Wide Web: 1157-1166.

Singla A, Krause A, 2013. Truthful incentives in crowdsourcing tasks using regret minimization mechanisms[C]//Proceedings of the 22nd International Conference on World Wide Web: 1167-1178.

Speer R, Havasi C, 2012. Representing general relational knowledge in ConceptNet 5[J]. Proceedings of the 8th International Conference on Language Resources and Evaluation: 3679-3686.

Stol K J, Latoza T D, Bird C, 2017. Crowdsourcing for software engineering[J]. IEEE Software, 34 (2): 30-36.

Stolee K T, Saylor J, Lund T, 2015. Exploring the benefits of using redundant responses in crowdsourced evaluations[C]//The 2nd International Workshop on CrowdSourcing in Software Engineering: 38-44.

Su H, Deng J, L F F, 2012. Crowdsourcing annotations for visual object detection[C]//

Workshops at the 26th AAAI Conference on Artificial Intelligence: 40-46.

Sullivan B L, Wood C L, Iliff M J, et al., 2009. eBird: a citizen-based bird observation network in the biological sciences[J]. Biological Conservation, 142 (10): 2282-2292.

Sun H, Hu K, Fang Y, et al., 2017. Adaptive result inference for collecting quantitative data with crowdsourcing[J]. IEEE Internet of Things Journal, 4 (5): 1389-1398.

Swan M, 2015. Blockchain: blueprint for a new economy[M].Sabastopol: O'Reilly Media, Inc.

Tang J C, Cebrian M, Giacobe N A, et al., 2011. Reflecting on the DARPA Red Balloon Challenge[J]. Communications of the ACM, 54 (4): 78-85.

Thebault-Spieker J, Terveen L G, Hecht B, 2015. Avoiding the south side and the suburbs: the geography of mobile crowdsourcing markets[C]//Proceedings of the 18th ACM Conference on Computer Supported Cooperative Work and Social Computing: 265-275.

Thebault-Spieker J, Terveen L G, Hecht B, 2017. Toward a geographic understanding of the sharing economy: systemic biases in UberX and TaskRabbit[J]. ACM Transactions on Computer-Human Interaction, 24 (3): 1-40.

Thung F, Bissyandé T F, Lo D, et al., 2013. Network structure of social coding in GitHub[C]// IEEE European Conference on Software Maintenance and Reengineering: 323-326.

Tian Y P, Liu C L, 2008. Consensus of multi-agent systems with diverse input and communication delays[J]. IEEE Transactions on Automatic Control, 53 (9): 2122-2128.

Tillmann N, Halleux J D, Xie T, et al., 2013. Teaching and learning programming and software engineering via interactive gaming[C]//International Conference on Software Engineering: 1117-1126.

Tong Y X, Chen Y Q, Zhou Z M, et al., 2017. The simpler the better: a unified approach to predicting original taxi demands based on large-scale online platforms[C]//Proceedings of the 23rd ACM SIGKDD International Conference on Knowledge Discovery and Data Mining: 1653-1662.

Tong Y, Cao C C, Zhang C J, et al., 2014. CrowdCleaner: data cleaning for multi-version data on the web via crowdsourcing[C]//IEEE 30th International Conference on Data Engineering: 1182-1185.

Tong Y, Chen L, Zhou Z, et al., 2018. SLADE: a smart large-scale task decomposer in crowdsourcing[C]//IEEE Transactions on Knowledge and Data Engineering: 1.

Tong Y, She J, Ding B, et al., 2016a. Online minimum matching in real-time spatial data: experiments and analysis[C]//Proceedings of the VLDB Endowment, 9 (12): 1053-1064.

Tong Y, She J, Ding B, et al., 2016b. Online mobile micro-task allocation in spatial crowdsourcing[C]//IEEE 32nd International Conference on Data Engineering: 49-60.

Tong Y, Wang L, Zhou Z, et al., 2017. Flexible online task assignment in real-time spatial data[C]//Proceedings of the VLDB Endowment, 10 (11): 1334-1345.

Tsikerdekis M, 2017. Cumulative experience and recent behavior and their relation to content quality on Wikipedia[J]. Interacting with Computers, 29 (5): 737-754.

Tsugawa S, 2000. An introduction to Demo 2000: the cooperative driving scenario[M]. IEEE Educational Activities Department, 15 (4): 78-79.

Verroios V, Lofgren P, Garcia-Molina H, 2015. tDP: an optimal-latency budget allocation strategy for crowdsourced MAXIMUM operations[C]//Proceedings of the 2015 ACM SIGMOD International Conference on Management of Data: 1047-1062.

Vijayanarasimhan S, Grauman K, 2014. Large-scale live active learning: training object detectors with crawled data and crowds[J]. International Journal of Computer Vision, 108 (1-2): 97-114.

Vrandečić D, Krötzsch M, 2014. Wikidata: a free collaborative knowledgebase[J]. Communications of the ACM, 57 (10): 78-85.

Wang D, Wen Z, Tong H, et al., 2011. Information spreading in context[C]//Proceedings of the 20th International Conference on World Wide Web: 735-744.

Wang H, Yin G, Li X, et al., 2015. TRUSTIE: a software development platform for crowdsourcing[M]//Crowdsourcing, Springer: 165-190.

Wang J, Lin W, Haoyu L I, et al., 2014. A trusted mobile payment environment based on trusted computing and virtualization technology[J]. Wuhan University Journal of Natural Sciences, 19 (5): 379-384.

Wang Z, Sun H, Fu Y, et al., 2017. Recommending crowdsourced software developers in consideration of skill improvement[C]. The 32nd IEEE/ACM International Conference on Automated Software Engineering: 717-722.

White House Office of Science and Technology Policy, 2015. Addressing Societal and Scientific Issues through Citizen Science and Crowdsourcing[R/OL]. (2015-09-30) [2017-02-19]. https://obamawhitehouse.archives.gov/sites/default/files/microsites/ostp/holdren_citizen_science_memo_092915_0.pdf.

Wu F, Huberman B A, 2007. Novelty and collective attention[J]. Proceedings of the National Academy of Sciences of the United States of America, 104 (45): 17599-17601.

Wu S, Hofman J M, Mason W A, et al., 2011. Who says what to whom on twitter[C]//Proceedings of the 20th International Conference on World Wide Web: 705-714.

Wu T, Fu F, Zhang Y, et al., 2012. Expectation-driven migration promotes cooperation by group interactions[J]. Physical Review E Statistical Nonlinear and Soft Matter Physics, 85 (2): 066104.

Wu W, Tsai W T, Li W, 2013. An evaluation framework for software crowdsourcing[J]. Frontiers of Computer Science, 7 (5): 694-709.

Xiao L, Gao F, 2011. Practical string stability of platoon of adaptive cruise control vehicles[J]. IEEE Transactions on Intelligent Transportation Systems, 12 (4): 1184-1194.

Yan T, Kumar V, Ganesan D, 2010. CrowdSearch: exploiting crowds for accurate real-time image search on mobile phones[C]//Proceedings of the 8th International Conference on Mobile Systems, Applications, and Services: 77-90.

Ye B, Wang Y, Liu L, 2015. Crowd Trust: a context-aware trust model for worker selection in crowdsourcing environments[C]//Proceedings of the 2015 IEEE International Conference on Web Services: 121-128.

Ye D, Zhang M, Vasilakos A V, 2017. A survey of self-organization mechanisms in multiagent systems[J]. IEEE Transactions on Systems, Man, and Cybernetics: Systems, 47 (3): 441-461.

Yin G, Wang T, Wang H, et al., 2015. OSSEAN: mining crowd wisdom in open source communities[C]//IEEE Symposium on Service-Oriented System Engineering: 367-371.

Yu Z, Nugent C, Hussain S, et al., 2010. Guest editorial: introduction to the special issue on social awareness in smart spaces[J]. Cybernetics and Systems, 41 (2): 87-89.

Zagalsky A, Feliciano J, Storey M A, et al., 2015. The emergence of GitHub as a collaborative platform for education[C]//ACM Conference on Computer Supported Cooperative Work and Social Computing: 1906-1917.

Zhang W, Yi L, Zhao H, et al., 2013. Feature-oriented stigmergy-based collaborative requirements modeling: an exploratory approach for requirements elicitation and evolution based on web-enabled collective intelligence[J]. Science China Information Sciences, 56 (8): 1-18.

Zhang Y, Yin G, Yu Y, et al., 2014. An exploratory study of @-mention in GitHub's pull-requests[C]//21st Asia-Pacific Software Engineering Conference: 343-350.

Zhou D, Platt J C, Basu S, et al., 2012. Learning from the wisdom of crowds by minimax entropy[C]//Proceedings of the 25th International Conference on Neural Information

Processing Systems: 2195-2203.

Zhou M, Mockus A, 2010. Developer fluency: achieving true mastery in software projects[C]//Proceedings of the 18th ACM SIGSOFT International Symposium on Foundations of Software Engineering: 137-146.

第4章

跨媒体智能

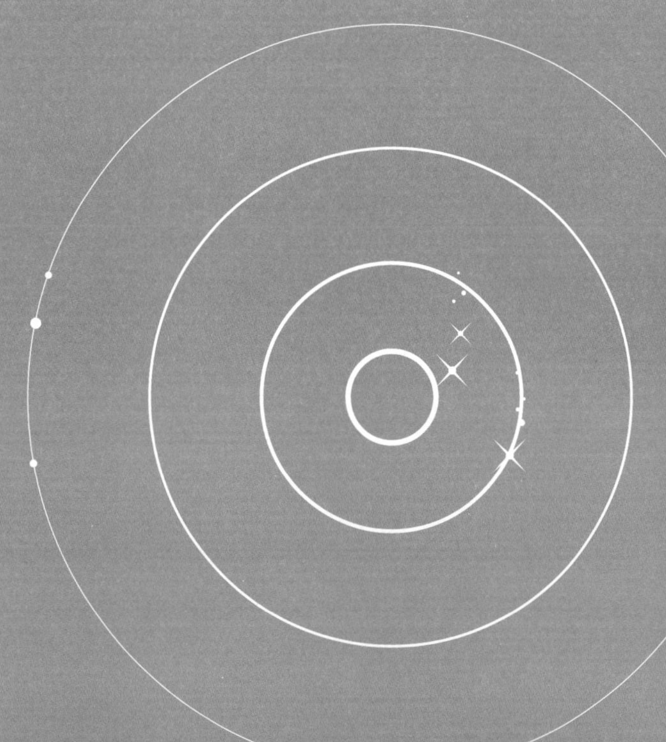

4.1 内容概述

传统人工智能通过谓词、命题、规则等方法在充分定义的前提下进行推理。由于现实世界中的事例知识以及推理过程通常会有语言、视觉、听觉等不同类型媒体参与，跨媒体推理将着力解决如何形成跨越不同类型媒体数据而进行更泛化推理的模型、方法和技术的问题。符号系统是经典人工智能的代表，但未能解决符号系统和实体世界的对应问题，行而不远；Cyc试图建立最庞大的、最完备的常识库与常识推理引擎，无源头活水，日渐式微。近年来，互联网、物联网和大数据的快速发展，正在通过海量传感器和多模态数据对我们所在的物理世界进行全天候描述，为建立物理实体世界的统一语义表达创造了外部条件。

跨媒体智能引擎是支撑信息系统智能化的“大脑”，是人工智能2.0的核心技术和重要标志。就像人类大脑通过视、听、触、语言等多种感知通道把外部世界转换为内部模型一样，跨媒体智能引擎通过视听感知、机器学习和语言计算等理论和方法，构建出实体世界的统一语义表达，再通过跨媒体分析和推理把数据转换为智能，从而成为各类信息系统实现智能化的“使能器”。

跨媒体智能引擎研究可在现有计算平台上进行，但是需要研制类脑的神经计算系统，跨媒体智能引擎才能像人脑那样以极低功耗来高效地表达外部世界的复杂结构。幽居于颅骨内的人类大脑，通过视觉、听觉、语言等感知通道高效地表达和理解外部世界的复杂结构，这是人类智能和意识的基础。面向各种智能应用对数据和媒体内容统一分析处理的需要，模仿大脑神经网络结构及其通用智能模型，构建新型智能计算机体系结构、基础软件和应用软件平台，实现逼近生物甚至超越生物的视听感知、自主学习、自然会话等通用智能，是建立跨媒体智能引擎的基础。

本章将重点介绍跨媒体感知计算理论、跨媒体分析推理技术以及作为基础支撑的智能芯片与系统。

4.2 跨媒体感知计算理论

跨媒体感知计算理论主要面向三元空间实时感知和认知的需要，借鉴人脑通过视、听、语言等感知通道把外部世界转换为内部模型的过程，研究低成本、低能耗的传感器和智能感知技术，突破适应复杂场景的主动感知技术，提出多模态（视、听、味、触等）统一感知认知理论和多模态协同技术，实现超人感知（灵敏度、空间尺度、多目标感知能力等）和类人认知，研制大场景下高动态、高维度、多模式分布式感知系统；研究支持三元空间统一语义表达的自然语言处理与应用模型，实现接近人类语言运用能力的语言习得、语义分析(semantic analysis)、理解和推理等通用智能引擎，研究多语种、多方言机器翻译和语音识别与合成新方法，实现真实自然交互环境条件下的言语感知和分析处理；研究跨媒体统一表征、内容智能描述与生成、关联理解与深度挖掘，实现跨媒体数据之间的语义关联和融合；研制三元空间实时感知认知系统平台，支撑智能城市、网络空间内容安全与态势分析、跨模态医疗数据融合推理等应用。

4.2.1 超越人类视觉能力的感知获取

1. 研究背景

传统视觉信息的获取依赖于相机的视觉感知：真实三维世界的反射光线在一段时间（曝光时间）内被积分，在一定波长范围（RGB）内被滤波，然后被投影（深度丢失）和量化（有限的分辨率）到图像传感器。图像形成的整个过程压缩或丢失了全光场的多个维度信息，且所丢失的绝大多数维度是很难通过现有人工智能算法逆向求解恢复的（见图4.1）。现有设备有限的视觉信息采集能力是人工智能算法高收益应用的主要瓶颈之一。

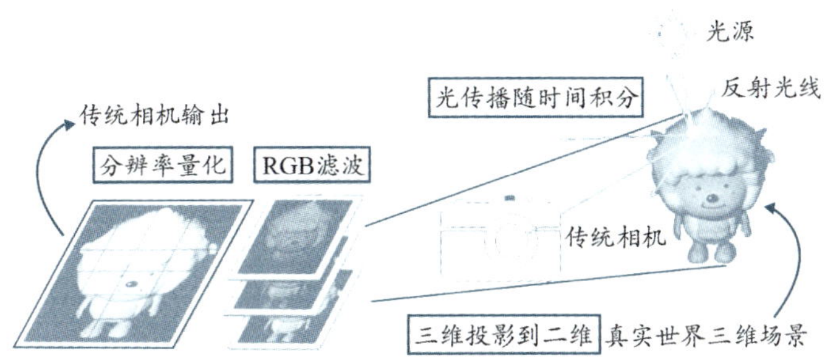

图4.1 传统视觉信息的获取

人类视觉系统在数据获取方面无疑有着卓越的性能。以手机屏幕的进化为例，现今的视网膜或超级视网膜屏幕显示的像素粒度已经小于人眼可分辨的尺寸，从而给人类视觉带来了接近“真实”的体验。然而，一方面，人类视觉能力和相机性能的参数化表示有一定程度的类比性，但是两者并不能简单地用分辨率、光谱响应曲线、动态范围等参数来进行衡量和比较。比如人眼的分辨率只有在中央凹部分有比较高的值，瞬时视野比较窄，而在光谱感知方面，红外相机是成熟的商用化产品，人眼并不具备感知红外波长的能力。另一方面，通过与大脑的配合，人眼可以实现双目实时三维视觉、快速对准运动物体等功能，但现有图像采集设备还不能完美地实现这些功能。幸运的是，现有图像采集设备和人工智能算法有了很大进步，比如光场相机、高速相机、超光谱相机及其对应的重建算法的出现，为研究超越人类感知能力的视觉获取手段提供了可能性。通过对计算机视觉、图形学、应用光学、信号处理等技术的深度交叉融合，在光信号采集和处理过程中引入计算与智能，实现拥有计算摄像、智能摄像能力的视觉系统，以更高性能和更多维度捕捉真实场景中的完整视觉信息，进而呈现人类视觉系统“看不清”“看不准”“看不到”的内容，是新一代人工智能在视觉信息获取方面的奋斗目标。

2. 研究现状

已有研究对于传统成像系统的改进，可以通过如图4.2所示的全维度成像框架来表示，通过探究成像过程中丢失了什么信息和如何找回这些丢失的信息来梳理实现拥有极限性能的成像系统的研究思路。

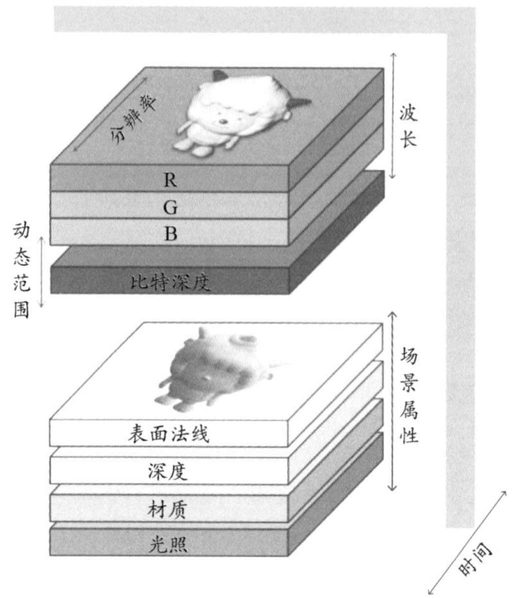

图4.2　全维度成像框架

一幅全维度（多层/通道）的超级感知图像包含了场景中完整的光场信息，而传统的图像仅为该图中的RGB三层。图中的箭头在深度和广度上可以双向延伸：分辨率可以数倍于传感器像素个数（超分辨率），亦可以被压缩到仅有一个像素［通过压缩感知来恢复单像素相机的图像（Duarte et al., 2008）］；比特深度可以远大于常规的8比特相机［通过高精度感光元件和模数转换器（analog-to-digital converter，ADC）实现一个16比特相机］，亦可以通过仅有8比特的图像来恢复无上限的动态范围［用余数相机来实现理论上无上限的动态范围（Zhao H et al.，2015）］；波长可以超越RGB的范围（超光谱相机），甚至可以是非可见光［用太赫兹（THz）实现透过封面直接看书中的内容（Redo-Sanchez et al.，2016）］；场景属性［表面法线（Shi B et al., 2016）、深度、材质、光照等］可以集成到全维度图像的每个像素中实现场景物理属性的高分辨率重建；如果相机可以捕捉光随时间传播的过程，图像甚至可以在时间上被解析［通过飞秒（fs）相机来可视化光的传播和探测墙后面的物体（Velten et al.，2012）］。这些新型成像系统和算法已经在波长和时间等单个维度上超越了人类视觉的感知极限。国内在计算摄像学领域的最新研究进展可以参考文献（戴琼海等，2016）。

3．研究内容

超越人类视觉能力的感知获取的研究内容主要在于围绕全维度成像框架，继续探索现有图像采集系统与人类视觉系统的原理共性和性能差异，深入借鉴人类视觉系统的天然优势，通过计算摄像和新一代人工智能技术，在更多维度、更高性能上突破超越人类视觉感知能力的可能性；通过有效支撑对环境的全景、全光进行透彻感知，突破奈奎斯特（Nyquist）采样定理制约，获得高效紧致的表示，研究相应的信号感知技术、非传统成像模型以及对应的计算摄像理论，探索快速的信息获取手段、高效的编码技术、低能耗的采集和计算装置。具体研究内容包括以下几项。

（1）非传统采集设备。研究具有高精度、宽频谱、低噪声的图像采集技术和关键元器件，支撑全方位的信息感知；探索非传统的成像模型，支持类生物视觉的兼顾高分辨率、宽视野和连续高速感知；研究高精度、高分辨率的光场成像模型和装置，实现覆盖全时空的高效采集；构建灵活、小型化、低功耗的全光场视觉信息获取装置；研究处理前移的视觉信息获取和表示技术，支撑云环境下的海量信息获取和处理。

（2）智能计算摄像算法。针对获取场景物理特性（几何、光照、材质反射特性及其相互作用）和解析光线传播（多次反射、偏振属性、全光场等）等难点问题，通过结合数据驱动的深度学习和人工智能新技术，提出高效率、高性能且广泛适用于真实世界和复杂环境的计算摄像算法。

（3）超越人类的视觉系统。通过非传统采集设备和智能计算摄像算法的“眼脑”融合，研制低功耗、小型化、灵活性高的智能图像采集和计算装置，构建轻量化、普适化、网络化的计算摄像采集系统；研究非单一视点成像模型和系统，支持感知视点的全时空连续迁移；结合类眼感知和类脑处理技术，研究有限像素感知时空连续成像方法。

（执笔人：施柏鑫，北京大学；石光明，西安电子科技大学；季向阳，清华大学）

4.2.2 面向真实世界的主动视觉感知及计算

1. 研究背景

对视觉感知的研究是人工智能的重要部分，视觉感知也是人工智能研究中进展显著的领域。随着视觉感知在各行业的应用日益广泛，对视觉感知的研究逐渐从实验室走向真实环境；特别是在为机器人提供视觉能力的环境中，主动感知是视觉系统与各种机器人结合的重要领域。例如，美国国家科学基金会设立的美国国家机器人计划（National Robotics Initiative，NRI）重点支持了将计算机视觉系统与各类机器人本体结合；我国学者近年来也在这一领域积累了很好的基础。中国已成为国际上机器人制造的大国，但在智能机器人方面还存在着一定的差距。研究面向真实世界的主动感知对于尽快缩小这一差距具有重要意义，同时有望取得国际领先的成果。

2. 研究现状

对外界环境的感知是人类认识自然和适应自然的基本前提。同样，自动感知外界并和外界交互也是人工智能系统必不可少的部分。在所有的感知手段中，远程非接触感知能力极其重要，因此以计算机视觉为基础的感知在过去五十多年中得到了迅速发展，在很多识别问题上取得了显著进展。

在特定类别的识别上，计算机视觉系统的能力已经超过了大多数普通人的识别能力，一个典型的例子是人脸识别技术的进展。刷脸技术的广泛应用是这一技术逐渐走向成熟的印证。人脸识别技术在几个典型数据集合上的性能先后逼近到极限附近也说明了这一点。在一些典型的数据集合（如LFW数据集）上，自动人脸识别系统已表现出优于人类的识别能力；在限定环境下（如人脸、车辆的识别问题上），自动人脸识别系统已取得了具有实用价值的性能。

与此同时，多类别识别问题再次受到关注。例如，SVM、AdaBoost、BoW、SIFT等方法的进步促进了这一领域的发展；ImageNet见证了识别性能的对比和识别技术的进步。由于ImageNet上识别性能已逼近极限，这一数据集合完成了其历史使命，故2017年成为利用这一数据集进行公开测试竞赛的最后一年。

但是在真实环境下，识别和理解还有很多挑战需要面对。一个典型的例子是，虽然自动驾驶逐渐走向应用，但在很大程度上仍依赖于卫星导航、激光雷达等手段，基于视觉的系统还仅仅是其中的辅助部分。

在这个不断逼近复杂场景的过程中，一些新的模型和方法也不断得到检验和发展，从传统的预处理—特征提取—分类模型过渡到以深度学习为核心的端到端模型。在过去二十年中，这一领域在“提出挑战性的问题与场景—促进方法进步—逼近解决问题—再提出更加挑战的问题与场景”的循环中不断推进。近来，一些重要的进步包括引入卷积神经网络并由此产生衍生法，以及引入生成式对抗网络。

在引入深度学习之前，由于计算和存储能力以及数据的限制，这一领域从Robert算子开始，一直在使用手工设计的各种特征进行识别，尽管这一设计受到了心理学研究的启发和数学方法的指导，起到了重要的作用，但是由于缺乏从环境中学习的能力，难以完成复杂情形下的任务。深度学习提供了从数据中学习有效特征的能力，加之大规模数据的获取越来越便捷，以及计算能力日益提升，因此识别能力达到了接近应用需求的水平。在训练方法上的进步以及网络结构的改进使得网络的深度从几层发展到超过千层的水平。与此同时，以GPU为代表的处理平台的实现能力大大提升。为了解决训练中需要大量数据的问题，除了扩大采集数据的规模之外，生成数据方法的进步极大地改进了对采集数据的依赖性。

GAN的引入被认为是自深度学习以来最重要的进步之一，它使得数据获取的方式发生了重要改变。一个具有代表性的例子是从AlphaGo到AlphaGo Zero直至Alpha Zero的改变，其中最重要的就是引入了利用对抗思想生成棋谱。这是从引入深度学习以来最重要的进展之一。在视觉感知领域，结合图形学和CAD的方法已经为这种利用对抗生成的方式产生场景提供了手段（Izadinia et al.，2016）。

主动视觉系统在机器人、自动驾驶、飞行器、潜航器等诸多领域起着举足轻重的作用，是未来这一领域研究和产业应用的核心问题。

3. 研究内容

研究面向真实世界的主动视觉感知及计算，主要是要研究多维度、多尺度、多时空分辨率的复杂环境信息获取理论和方法，实现对场景的多视角感知和建模，主动视觉感知及计算的技术体系如图4.3所示，重点研究如下。

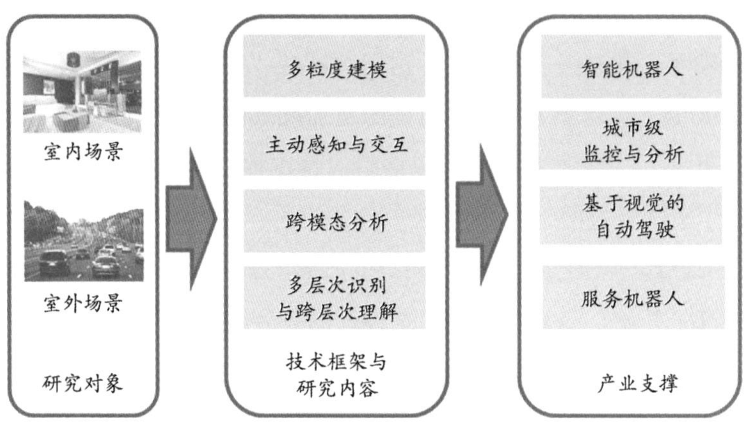

图4.3 主动视觉感知及计算的技术体系

（1）研究对场景的多粒度建模理论与方法，支持不同传感器，不同尺度、跨模态的场景感知与建模。

（2）通过感知与响应系统的交互作用，构成感知—交互环路，探索主动感知与交互方法；研究针对未知、复杂、动态环境的自主探索和主动交互方法，研究多机器人的协同环境感知和任务协作中的感知协作与互动理论。

（3）研究基于跨模态数据的联合分析方法。由于真实环境复杂多变，因此，需要探索非监督分析和学习方法。

（4）研究多层次识别和跨层次理解方法，探索物体、场景关系理解与推理等问题，研究支持环境记忆和遗忘能力的自动识别方法。

（5）研究算法的实时实现，探索视觉系统与特定移动本体的结合，探索与空、天、地、海等机器人以及智能系统的结合。

（执笔人：陈熙霖；中国科学院计算技术研究所；查红彬，北京大学；王亦洲，北京大学）

4.2.3　自然声学场景的听觉感知及计算

1. 研究背景

言语通信是人类社会信息交互的主要方式。真实的言语交流环境存在各种干扰，目标声源、干扰声源、混响等多个声源形成了复杂的听觉场景，且不同场景的声场特性差异明显。尽管近20年来听感知相关的智能应用取得了巨大进展，包括自动声源定位、自动语音识别、助听器与人工耳蜗等听力补偿技术，但是这些技术的应用场景一般局限于相对安静和固定的环境，它们在自然声学场景中的计算性能与人的实际表现存在较大差异。要突破这些智能应用只适用于限定场景的技术瓶颈，就需要开展自然声学场景的听觉感知及计算研究。

2. 研究现状

20世纪60年代，Boll等研究者提出了单传声器语音增强技术。语音识别率在近场情况下基本满足实际应用要求，但在远场情况下的性能很差。70年代，研究人员提出了声场空间采样的思想，基于传声器阵列尝试对远场的声源进行检测和定位，但声源受限于高信噪比条件，且这一方法对传声器的一致性要求很高，难以克服混响。近年来随着深度神经网络研究的不断深入，基于深度学习的方法可较好地解决阵列的传声器一致性问题，对一定混响条件下的目标声源也可有效地增强（Niwa et al.，2016），但在多声源的检测和定位方面性能尚不够理想。听觉双耳加工机制的研究表明耳郭、头部和躯干的复杂物理结构对空间各方位声源的声波传输具有很大影响，不同声源的方位和距离信息体现在该传输函数之上。近期基于深度学习的方法对该传递函数进行解调，在多噪声源、低信噪比条件下取得了很好的定位效果（Song et al.，2016），但是目前尚缺乏对不同声场环境能够实现自适应的声源定位与增强模型。

言语感知过程是一个将语音信号知觉为不同音位的过程。语音信号中蕴涵着不同声学结构和特征线索，如清音和浊音结构、共振峰和谐波结构，以及说话人的嗓音线索、空间线索等。最近的研究有以下几方面进展。①改变或削弱语音的幅度调制，会严重影响语音的可懂度，其破坏作用大于改变语音的频谱结构，这体现了语音中的包络信息对语音可懂度的重要性。②语音中的基频轮廓、浊音的谐波结构等与精细结构相关的信息对噪声环境中的言语检测和识别具有重要意义（Binns et al.，2007；Chen J et al.，2012），丢失这些语音信息或许不会对安静环境下的言语识别产生影响，但是在干扰环境下会导致识别率大幅下降。③听者在复杂场景下仍具备良好的言语识别能力的另一个重要原因是他们能够利用双耳加工的线索对目标声源进行定位，使目标语音在后续的认知加工过程中得到增强，这种现象也称为掩蔽的空间释放（spatial release from masking，SRM）。一种度量SRM的方式是比较“目标与掩蔽信号来自不同空间位置（空间分离条件）”和“目标与掩蔽来自同一空间位置（空间不分离条件）”的言语识别阈限。有研究表明，正常听力者能够从SRM中获取10～12dB的言语识别增益，一般的机器识别难以获得如此巨大的识别增益。但是基于SRM的言语感知机理尚不明确（Litovsky，2012）。因此，开展言语感知特别是言语可懂度理论方面的研究，探索知觉线索的加工融合机理，将会为复杂场景下的高性能语音识别提供重要的理论基础。

言语感知过程还存在着一个对言语发声的感知环路。言语感知运动理论（Liberman et al.，1985）主张，在言语感知过程中，人们把语音听辨为发音姿态，再根据所感知的发音音姿，形成不同音位，可有效抑制噪声的干扰。来自神经生理学的证据已表明，语音产生的神经生理控制过程离不开听觉反馈环节。例如，Hickok等（2009）用功能性磁共振成像（functional magnetic resonance imaging，fMRI）技术和多变量参数分析的方法研究发现，大脑颞平面在与言语相关的感知和运动过程中的活动水平不同，这表明颞平面是综合语音产生的感知—运动信息的神经回路的一部分。言语感知系统和发声运动系统共同发育、相互作用、协同工作，使得人类具有高效、鲁棒的言语处理能力（Campbell，2008）。近年来，脑科学和神经科学的成果为言语感知运动理论提供了实验支撑，关于言语感知序列性和即时性的各线索相互补充、相互增强的认知加工机制的研究已成为焦点。将人的语音生成和感知机理应用到语音技术的研发上，将有利于突破目前完全依赖于统计模型进行语音信号处理的瓶颈，其结果将会对语音技术的发展产生重大的推动作用。

3. 研究内容

针对真实声学环境下言语识别和言语理解的需求与挑战，对于自然声学场景的听觉感知及计算，我们将围绕听感知机理，开展声学环境探测与自适应机理、自然场景下的言语感知机理以及基于听反馈的言语生成机理三方面的研究，建立并发展相关计算模型（见图4.4）。

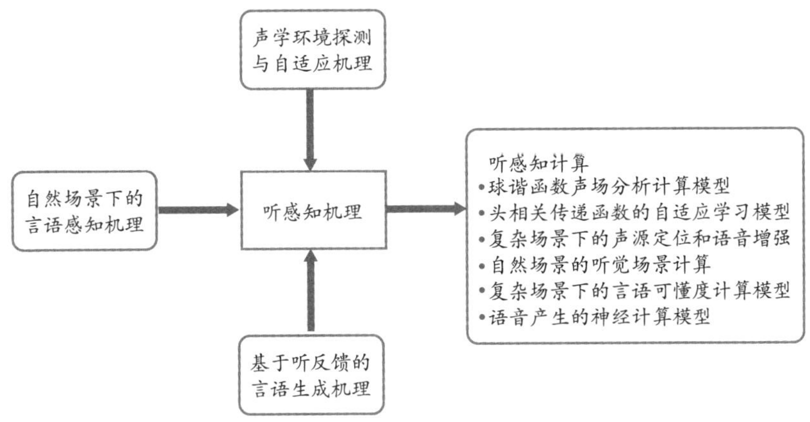

图4.4 自然声学场景的听觉感知及计算的研究内容

（1）声学环境探测与自适应机理。人的听觉系统能在不同混响环境下实现快速自适应，这种自适应能够提高混响环境中的言语识别。因此，要研究混响环境下的空间感知机制以及听觉系统的自适应机制。

（2）自然场景下的言语感知机理。基于语音的声学特性，研究不同场景下声学特征对言语可懂度的影响，构建声学特征与场景参数之间的函数关系；基于听觉双耳机制，研究空间去掩蔽效应对言语可懂度的影响及其机理。

（3）基于听反馈的言语生成机理。基于人类言语生成和感知功能共同发育与协同工作的言语感知运动理论，考察言语知觉过程中生成和感知信息的相互补偿机制，进而开展视听交互过程中多通道信息的融合与表征机制的研究。

相应地，在听感知计算方面，研究球谐函数声场分析计算模型、头相关传递函数的自适应学习模型，探究混响环境下听觉系统解析头相关传递函数的机理，并验证其与非混响环境下头相关传递函数的一致性；研究复杂场景下的声源定位和语音增强，提高噪声环境中的语音可懂度；研究复杂场景下的听感知机理，提出新的听觉场景计算模型；研究基于言语感知机理的多声源和混响条件下的可懂度计算模型和语音产生的神经计算模型，形成复杂场景下言语感知的原创性理论体系与听觉计算模型。

（执笔人：吴玺宏，北京大学）

4.2.4 自然交互环境的言语感知及计算

1. 研究背景

以言语理解为核心的认知智能研究是人工智能领域的核心研究之一，它的目标是让机器具备处理海量语音内容和认识理解自然口语的能力，并在此基础上实现自然的人机交互。尽管语音识别、语音合成和对话管理等语音交互技术已获得了很大的发展，然而，面向多语种、多方言的语音处理、复杂声学环境下的语音增强与识别、情感语音和自然口语处理等方面依然面临很多困难。此外，自然交互场景所涉及的口语语义理解和推理，由于存在内容表达的随意性和非规范性，超出了现有以知识工程为基础的语义理解能力，而需要更为高效的语义理解和推理技术。要突破这些理论与方法，我们需要在自然交互环境的言语感知及计算领域进行深入研究。

2. 研究现状

语音识别、合成与对话等相关技术在统计机器学习和深度神经网络的推动下，经过了几次跨越式发展，使得语音技术在多个领域达到了实用水平（Mohamed et al.，2009；Yu D et al.，2011），但是目前仍存在较多的问题。

在多语种、多方言方面，虽然将深层神经网络模型应用到连续语音识别系统已经取得了很好的进展，但目前语音识别领域中关于深度学习的研究主要从模型拓扑方面进行改进（Yu D et al.，2011），并没有将其与多语种、多方言特征有机结合。目前对于多语种、多方言的研究方法还是对每个语种单独进行模型构建，这种建模方式对于多语种混合识别、多语种混合效果较差，同时对于缺乏训练数据的弱势语言难以达到较好的效果。此外，尽管在噪声环境中，基于麦克风阵列或者深度学习的语音增强和语音分离的方法取得了很大进展，并在工业中进行了实际应用，但是仍无法解决复杂噪声环境的适应性问题，对发音音色相似的说话人分离效果依然较差（Xiao et al.，2016），尤其是对于如何解决人类特有的“选择性关注”的鸡尾酒会效应还没有比较清晰的思路。

在自然口语的处理能力方面，现有的语音识别与理解方法忽视了语音所传递的与沟通交流密切相关的大量“言外之意”，尤其是缺乏对用户情感等的认知能力，进而导致输出的语音缺乏沟通与交流意图的表达能力，显得平淡乏味，难以给用户带来自然丰富的主观体验。口语中除了存在不同的情感，还有大量的副语言现象（如“嗯”“啊”等）和非规范现象（如语言重复、省略、语序颠倒、冗余、句法不完整等）。针对自然口语中的这些问题，已有的语音识别与理解方法尚不能有效解决。与此密切相关的是，现有的语音合成研究同样缺乏对口语和情感的支持，研究方法多基于几种特定的发音类型，语料多具有表演性质，且以中性语音为主，还不能适应自然口语对话中复杂多变的句型与语气的变化。尽管已有一些高表现力的语音合成研究，但系统灵活性依然不高，因此需要建立能够适应自然口语对话特征的新型语音合成系统（Tao et al.，2016）。

在人机对话过程中的语义理解方面，目前基于词向量和深度学习相结合的思路（Mikolov et al.，2013），为计算机理解语义带来了很大的促进。传统的语义理解采用高维稀疏空间中的语义表达方法，无法有效地表达出词语之间的相似度信息，在很多应用场合存在很大的局限性。虽然用深度学习方法可以在一定程度上解决这个问题，但仅仅依赖词语的上下文进行语义学习依然是不充分的。在语义表达的基础上，通过研究设计高效的推理方法，可以解决认知智能领域的实际推理测试问题。目前主要方法包括基于逻辑语言和自然语言两种形式的表达方法。然而，以逻辑语言形式表达知识，将依赖大量人工撰写的规则；以自然语言形式表达知识，由于语言的多样性，知识将变得非常稀疏。此外，当前推理系统的核心主要是贝叶斯网络、马尔可夫逻辑网络等概率推理技术（Lenat et al.，1989；Krishna S，1992），但其扩展性并不理想，这在很大程度限制了它们的应用。因此，我们需要一种更为高效的语义理解和推理技术。

3. 研究内容

关于自然交互环境的言语感知及计算的研究内容主要围绕以下几方面展开（见图4.5）。

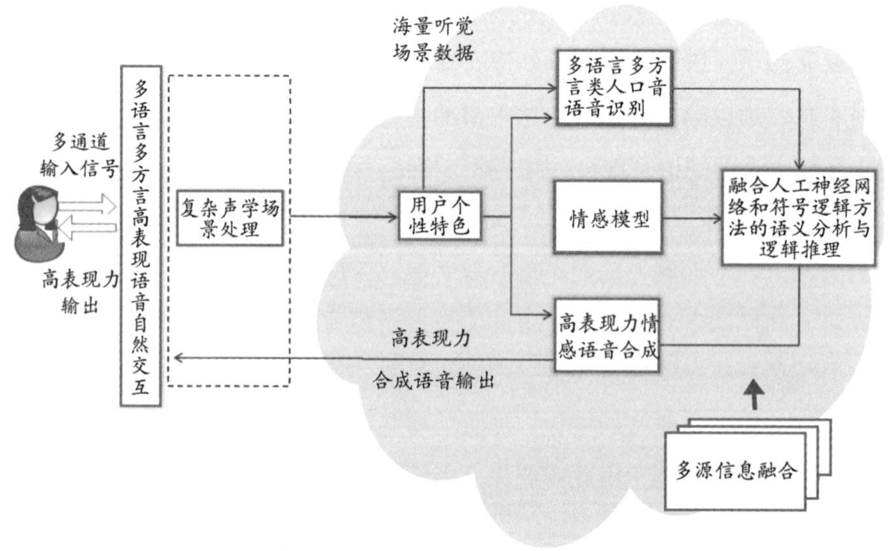

图4.5 自然交互环境的言语感知及计算研究内容

（1）基于言语知觉机理，研究多语种、多方言和复杂声学环境下的语音识别新方法。基于多语种、多方言的大规模数据及融合多语种、多方言的言语知识规则，实现类人的多语种、多方言的言语感知计算方法和多语种、多方言间的言语感知迁移学习方法。研究多噪声干扰复杂声学环境下的听觉“选择性关注”神经计算模型结构和学习方法，多声学事件分析、检测、背景噪声类型识别等声学环境感知技术，以及声学环境自适应的语音识别端到端新框架，突破语音识别应用的鲁棒性门槛。

（2）研究自然口语的类人语音识别、理解与合成。针对具有情感表现力的自然口语，研究在不规范口语表达和具有丰富情感表现力情况下的语音识别与理解方法；研究面向语音合成的文本情感与语义分析方法，篇章及高表现力韵律的建模技术，以及融合文本分析、声学建模与语音生成的端到端语音合成新框架，实现高自然度高表现力的多语种、多方言语音合成。

（3）研究融合人工神经网络和符号逻辑方法的语义分析与逻辑推理方法。面向自然交互环境下海量听觉媒体的智能处理与分析需求，研究融合深度神经网络和符号逻辑方法的语义计算、知识表示以及融合多源信息的逻辑推理等技术，建立大规模言语感知及计算平台，支撑言语感知及计算的闭环自学习进化，使机器在各种真实自然交互环境下具有类人的言语感知和分析处理能力。

（执笔人：陶建华，中国科学院自动化研究所；王海坤，科大讯飞；陈志刚，科大讯飞；蔡明琦，科大讯飞）

4.2.5　面向异步序列的类人感知及计算

1. 研究现状

异步性既是物理事件产生的自然属性，也是人脑高效感知外部物理世界的基本属性。而当前的人工智能系统主要采用低效的同步处理机制：①基于同步时钟，即现有的CPU和GPU主要靠同步时钟驱动，导致能耗效率低；②面向同步信号序列，即同步时间间隔采样的图像序列、声音序列等，导致巨量的数据冗余。

2014年IBM发布了类脑芯片TrueNorth，集成了100万个“脉冲神经元”，能力相当于一台超级计算机，功耗却只有65毫瓦，主要是因为它采用脉冲神经网络思路，用类脑的异步脉冲（而非传统电路的同步时钟）来驱动电路。然而，其性能较低，还远没有达到实用化的水平，主要原因有两个方面：①在电路设计上，它还没办法模拟突触的可塑性；②在算法上，目前并没有一个训练

SNN的通用算法，由于脉冲信号的非连续特性，大多数神经元的脉冲编码都不适合采用其他网络模型的学习。因此，需要研究适应异步脉冲的深度神经网络架构。

深度强化学习是人工智能目前最具潜力的发展方向，目前已在人工智能领域获得了突破性的成就，例如DeepMind公司的AlphaGo程序。这些研究通常在单一模态下进行，而在现实环境中，智能体接收外部刺激通常是异步的、跨模态的。在跨模态情境下研究深度强化学习对以人为主体的智能跨媒体感知与交互，有着极其重要的意义。

2. 研究目标

基于上述现状，亟须建立面向异步跨媒体序列的类人感知和交互理论，发展低能耗、小样本、高性能、自适应的异步智能感知和交互技术，研制跨媒体社交机器人、敏捷机器人等类人感知交互系统，实现突破图灵测试的人机媒体交互界面，支撑跨媒体感知科学领域的突破，在老年辅助安居、社会服务、医疗保健、特种作业等领域形成类人服务的示范应用。预期理论技术突破主要包括多源异步数据驱动下的随机过程学习、基于异步序列学习的类人感知理论、异步跨媒体信号序列的机器学习，以及跨媒体社交机器人的类人感知交互系统（见图4.6）。

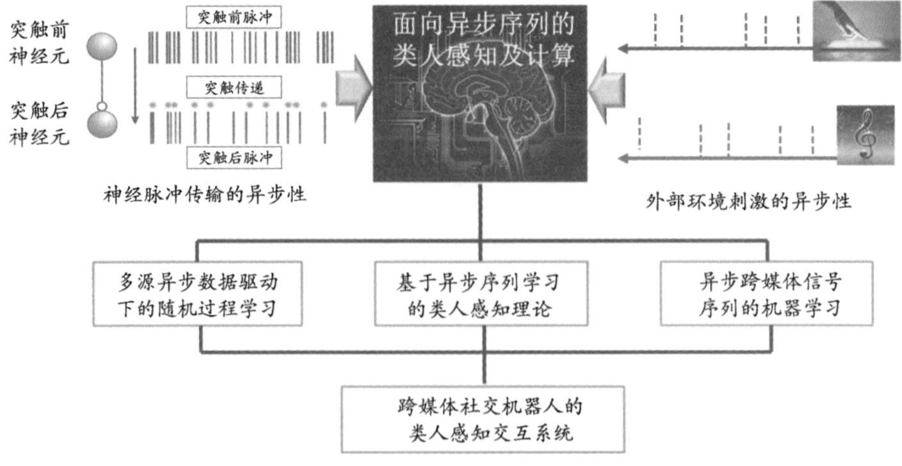

图4.6　面向异步序列的类人感知及计算的研究目标

3. 研究内容

面向异步序列的类人感知及计算的研究内容主要有以下几方面。

（1）多媒体大数据（视频、图像、语音、文字等）驱动下的异步事件交互机制的非参数化随机过程理论及最优化计算方法。针对异步序列数据的动态性与交互性的特点，研究深度神经网络在异步随机过程学习中的有效结构，吸收与结合强化学习、博弈论等技术，形成面向异步序列数据的建模、学习乃至干预的闭环控制技术，形成具有影响异步序列的发展进程的定向调控能力，发展基于异步随机过程的深度神经网络学习、推理和优化等关键技术。

（2）基于异步序列学习的类人感知理论。研究基于异步信号激励的类脑计算模型可塑生成与迭代机制，包括深度神经网络生长机制、基于异步事件触发的动态可配置性、尺度可伸缩性深度神经网络等。

（3）异步跨媒体信号序列的机器学习新算法、新模型和新技术。研究异步跨媒体数据的近邻关系度量、同步序列和异步序列融合的信息联合优化处理、跨媒体大数据的交互强化学习、跨模态交互式的深度注意力分析、适应跨媒体学习的训练样例生成和选择机制、基于异步序列学习的跨媒体生成式模型等。

（4）跨媒体社交机器人的类人感知交互系统。具备对声音、图像、文本等不同异步信息的获取、整合、识别、推理、预测、反馈的能力，实现突破图灵测试的人机媒体交互界面，从而与人类和谐地互动和沟通。

（5）跨媒体社交机器人的类人服务应用示范。在老年辅助安居、社会服务、医疗保健、特种作业等方面形成示范应用。

（执笔人：杨小康，上海交通大学；罗钟铉，大连理工大学）

4.2.6 面向媒体智能感知的自主学习

1. 研究背景

随着智能移动设备、无人机、监控摄像机等急速发展，难以计数的图像、视频甚至光场被以指数规模的增长速度汇集到各种云端网络上，形成了图像视频多媒体大数据。然而除了数据量庞大，多媒体大数据通常还具有高维度、高噪声、多样性、结构化、稀疏性、关系复杂等特点，其采集、存储、表示、传输、压缩、预测以及安全与隐私保护是传统学习方法不能有效解决的。因此，如何针对其固有特点衍生出更有效的表示、分析、推理手段，成为亟待解决的问题。当前的人工智能技术主要依赖于深度学习模型的学习能力、图形处理器的强大计算能力和大数据提供的样本多样性，通过端到端的监督学习，“黑箱”式地提取视觉特征。其侧重于网络结构的设计，却忽视了多媒体大数据内容本身的结构信息。回头审视传统多媒体信号处理的表示方法，其往往针对信号的不同构造特点（如平稳性、奇异性等），通过严格的数理推导得到不同形式的基函数来分解表示信号。此外，结构化学习方法显式地对数据内在的依赖结构建模，因而可以更加有效、直观地刻画数据的结构依存关系。

针对多媒体大数据的可解释的深度表示自主学习体系（见图4.7），主要利用多媒体大数据的信号结构依存关系，实现基于学习的滤波器组网络、基于信息论的信号自主学习网络、基于结构化学习的深度网络和基于图数据的深度神经网络。它统一了多维数据的信号分析和深度学习的表示提取能力，为现有深度学习体系提供了理论支撑，具有极其重要而深远的理论意义和广泛的应用价值。

2. 研究现状

当深度学习在人工智能领域取得巨大成功后，人们发现网络的进一步改进由于其不可解释性而出现了瓶颈，随后关于神经网络解释的研究开始得到展开。神经网络解释的研究主要有三个角度。①用深度学习方法自身来尝试解释。例如，反卷积网络对特征图的可视化方法（Zeiler et al.，2011，2013）研究了神经网络中每个特征图所提取到的特征。②用传统信号处理工具来尝试解释。例如，从信息论方法出发的信息瓶颈理论将信息论的分析方法用于神经网络，分析了神经网络训练过程的特点（Bialek et al.，2012；Shwartz-Ziv et al.，2017）；从小波框架出发的通用特征提取子用小波分析、半离散框架等

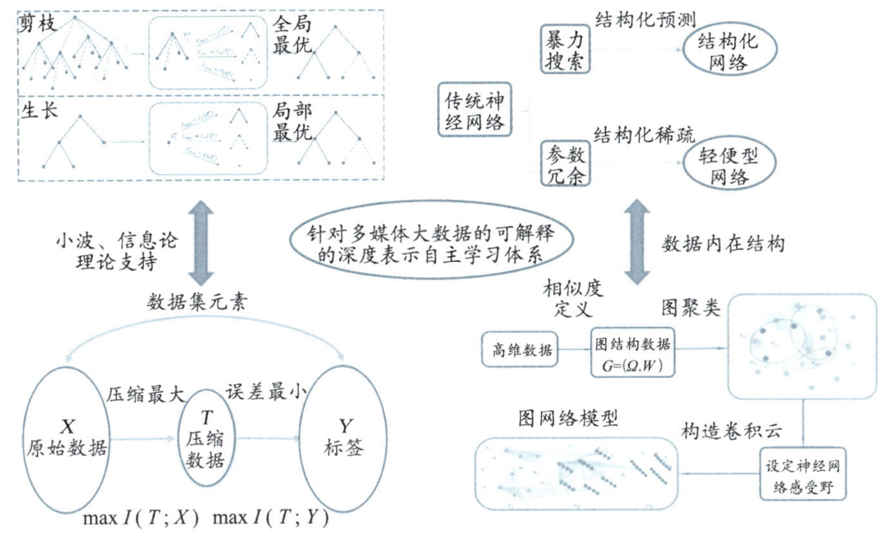

图4.7 针对多媒体大数据的可解释的深度表示自主学习体系

数学理论揭示了神经网络特征提取的一些性质，如平移不变性和形变稳定性（Wiatowski et al.，2015；Bruna et al.，2013a）；从信号稀疏表示出发的卷积稀疏编码方法用稀疏表示、字典学习的分析方法，将卷积稀疏编码结构与神经网络结构相比拟（Papyan et al.,2016），这也是一种神经网络解释的思考角度。③用优化来尝试解释。从优化的角度把神经网络看成是参数可变的优化迭代过程（Yang et al.，2016），这个观点在基于稀疏表示的图像重构问题上获得了广泛的关注（Kulkarni et al.，2016；Xu Z B et al.，2018）。

针对如何利用数据的内在结构的问题，当前的工作主要可以集中在结构化模型与深度网络的融合以及基于图数据的深度网络模型两类。在结构化模型方面，目前已有部分工作将深度卷积神经网络与条件随机场结合，挖掘数据中的结构信息。例如，Tompson等（2015）提出联合学习卷积神经网络特征和结构化输出并将其应用于解决人体姿势估计问题，Zheng S等（2015）将全卷积网络（fully convolutional network，FCN）和条件随机场结合，将其视作一个循环神经网络进行求解，实现了设计具有端到端特性的特征表示形式，从而解决语义分割问题。在网络稀疏方面，利用简单的阈值虽然能够极大地裁剪网络参数，但是这种方法主要适用于全连层。Wen等（2016）将结构化稀疏学习应用到神经网络中，不但减少了网络参数的数量，还减少了网络通道数和网络层数，同时加速了网络。图模型作为一种灵活的数据模型，为具有复杂拓扑结构的高维数据提供了较为完备的表示形式。目前主流的图模型研究方法可以分为两大类：将传统的信号处理方法拓展到复杂拓扑结构的高维信号的图信号处理理论，以及将神经网络模型拓展到针对图数据的谱图卷积网络。图信号处理将小波变换、滤波器理论等传统的信号处理方法扩展到图模型表示的高维信号。Hammond等（2011）提出的谱图小波变换基于任意权重图构建小波框架，尺度运算可以在图拉普拉斯的谱域实现，具有小尺度的局部特征；图信号处理的傅里叶变换（Sandryhaila et al.，2013）、采样理论（Chen S et al.，2015）以及图滤波器理论（Sandryhaila et al.，2013）进一步完善了图信号处理的有关理论基础。随着深度学习在信号处理领域的不断发展，Bruna等（2013b）提出针对图结构数据的谱图卷积网络结构，在图结构的构建过程中加入神经网络的学习过程，从而使得神经网络可以自适应地构建最佳图结构，适用于更广义的信号处理领域。Henaff等（2015）在谱图卷积的基础上，在图的构建过程中加入神经网络，使得图网络能够根据任务需求自适应地动态构建最佳图结构，进行端到端的数据处理，这极大地提高了图网络的效率和应用范围。Masci等（2015）基于测地线极坐标系，将卷积运算扩展到非欧里几得空间，成功地将卷积神经网络应用于三维物体的形状分析，但这种方法需要关于流形空间的先验知识。在高维信号的稀疏表示方面，Rustamov等（2013）利用深度学习框架构造小波来稀疏表示给定类型的图信号。在训练方面，图网络的参数训练方式（Rowley et al.，1998）与卷积神经网络相似，以梯度下降算法作为核心训练算法，对卷积核进行迭代训练。以上使用神经网络处理图数据的方法均建立在已知数据的图结构或流形空间的先验信息基础上，因此只针对特定的具有较简单的图结构的数据集，具有一定的局限性。网络稀疏还可以体现在量化空间上，通过把权值或激活值限制为二值（Courbariaux et al.，2015；Guo et al.，2017；Hubara et al.，2016）、三值（Li F et al.，2016）或更一般地减少数值表达的比特数（Zhou，2016），可以极大地加快网络的运算速度，减少模型参数的存储空间，而不明显降低识别精度，因此网络稀疏在移动设备上极受欢迎。

3. 研究内容

面向媒体智能感知的自主学习的研究内容主要有以下几方面（见图4.8）。

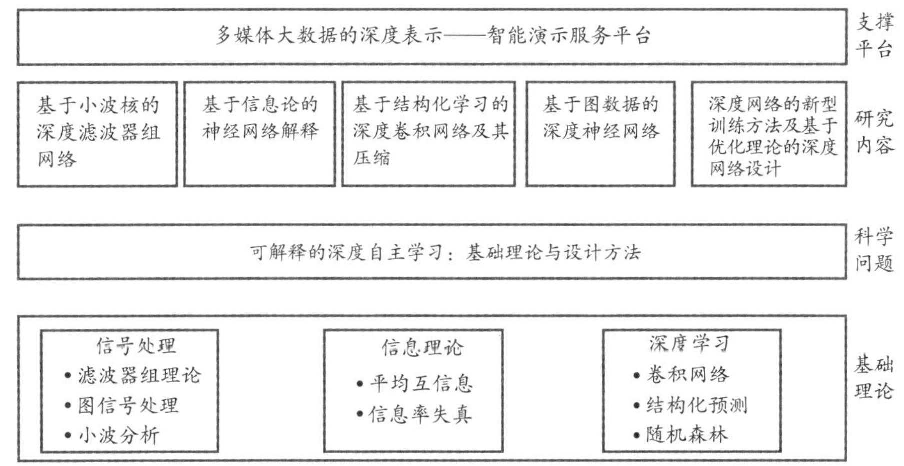

图4.8 面向媒体智能感知的自主学习框架

（1）基于小波核的深度滤波器组网络。研究设计的网络主要有两类：基于小波核学习的深度径向—方向滤波器组网络和随机森林网络。基于小波核学习的深度径向—方向滤波器组网络是通过可重构滤波器组迭代生成的，这一模型可以保证整个网络离散实现的有效性、简单易行性以及完美重建性。随机森林网络的基本构成单元是由径向滤波器组和方向滤波器组构成的小波包树。小波包树中引入了损失函数的约束，因此选择得到的基函数更适合特定目标。通过引入不同的小波包树结构作为特征提取器，将层叠的随机森林作为分类器，得到一种能够提供理论解释支持的由滤波器组构建的表示模型。

（2）基于信息论的神经网络解释。从信息论的理论角度出发，利用信息论的分析方法将信号压缩的思想引入到神经网络中，得到信号压缩最大化与误差最小化的最优折中，使网络的理论导向明确，可用于对神经网络的解释。具体而言，利用信息论中的平均互信息、信息率失真函数、马尔可夫链等概念将神经网络的解释问题转化为一定约束条件下的优化问题，通过求解优化问题形成对神经网络的解释。

（3）基于结构化学习的深度卷积网络及其压缩。将结构化预测与神经网络深度结合，充分挖掘数据中的结构化信息，利用结构化稀疏，对网络中的结构化单元进行稀疏，在保证性能的同时压缩参数、加速网络，在此基础之上进一步研究低比特表示（特别是二元域上）的深度网络的设计理论与训练方法。

（4）基于图数据的深度神经网络。构建高维信号的图表示理论，在此基础上将图的构建过程加入图网络，动态构建最佳图结构；构建相应的图信号处理的方法，从而很好地处理图数据，并应用于深度神经网络；构建适合于处理图表示的高维信号的图神经网络模型，并设计相应的网络结构，定义相关的卷积和池化运算，实现高维图信号的深度学习处理框架结构。

（5）深度网络的新型训练方法及基于优化理论的深度网络设计。提出机理完全异于现有反向传播算法的深度网络训练方法，减少深度网络训练过程中的工程技巧，为深度网络训练提供坚实的理论基础；基于优化迭代的观点，系统地提出设计深度网络的指导原则，减少网络设计的盲目性。

（执笔人：熊红凯，上海交通大学；黄华，北京理工大学；李厚强，中国科学技术大学；林宙辰，北京大学；曹汛，南京大学）

4.2.7　城市全维度智能感知推理引擎

1. 研究背景

随着城市化进程的不断推进，城市的社会环境日趋复杂：空间结构复杂、人口密度大、流动性大、社会关系庞杂、交通拥堵严重、事故和恶性事件频发，给城市运行管理和公共安全防护带来了极大的挑战。城市复杂事件所涉及的对象、行为、时间、地点、起因等关键要素往往具有高度的动态性，现有的信息技术缺乏对这些要素进行全方位及时捕获与感知（即感知碎片化）并进行综合分析与推理（即信息孤岛化）的机制和手段，从而导致决策的不准确、不及时和服务的不到位、不便捷。因此，亟须解决感知碎片化、信息孤岛化等问题，构建城市全维度智能感知推理引擎，支撑城市的健康、可持续发展（Tian et al.，2017）。

2. 研究现状

近年来，城市计算在国内外受到广泛关注。《科学》杂志在2012年发表了题为“How Smart is Your City？”（O’Grady，2012）的文章，指出了城市智能化的重要性；同时指出，虽然通过各种信息采集设备可以实现对城市环境的数据获取，但要达到城市的智能化，关键是要建立一个统一的智能化支持环境，将各种信息无缝地整合在一起，形成一个有机整体。更具体地说，城市计算是一个通过不断获取、整合和分析城市中多种异构大数据，将无处不在的感知技术、高效的数据管理和分析算法以及新颖的可视化技术相结合，来解决城市所面临的挑战（如环境恶化、交通拥堵、能耗增加、规划落后等）的过程，最终能用于提高人们的生活品质，保护环境，促进城市运转效率，甚至预测城市的未来（Zheng Y et al.，2014）。最近，阿里巴巴正在杭州等城市建设“城市大脑”。城市大脑是利用丰富的城市数据资源和互联网技术创新来推动经济社会发展和完善社会治理的前瞻性实践。城市大脑基于以云计算、大数据和人工智能为代表的互联网技术，最终目标是让未来城市发展的思想和理念能够通过城市大脑这样的系统得以验证、实践和推广。

近年来，我国通过平安城市建设实现了城域范围的视频监控系统，作为视听感知物理基础的摄像头正在广泛部署和迅速增长。由于公共管理和公共安全的需要，公共场合的摄像头正以每年20%的速度快速增长；而由于老龄化社会对老弱病残照顾的需要和年轻一族网络视频通信的流行，摄像头正在大量进入家庭。行业调查公司IHS Markit的最新数据显示，我国在公共和私人领域（包括机场、火车站和街道）共装有1.76亿个监控摄像头，绝大多数分布在交通、公安、企业、医院、学校和居民小区的视频监控系统还处在分散状态。因此，从“视频监控系统”走向“全维度智能感知推理引擎”的第一步就是将这“千万只眼睛”联结成一个“复眼”。只有当联网的监控视频数据能够在统一平台下可聚集、可统合和可利用，才能为城市管理、国家安全等打造一张高效的视听感知网。因此，城市全维度智能感知推理引擎（而不是简单联网的视频监控系统）才是智能城市的信息基础设施。

随着影像传感技术的发展，城市全景数据的获取正进入空、天、地综合一体化模式。特别是近年来激光测量技术的发展，利用车载或机载激光雷达，结合传统视觉技术，能够快速获取城市空间信息，并进行大规模城市场景三维建模（Nan et al.，2010；Zheng Q et al.，2010；Li Y et al.，2011）。美国政府资助了专注于城市级大场景三维建模的多个科研项目，如加州大学伯克利分校的“大规模城市环境的快速3D建模”和麻省理工学院的“城市扫描”项目。谷歌和苹果等公司推出了基于互联网的三维地图及应用平台。国内企业如腾讯、百度也纷纷开始研发构建类似的平台。随着移动设备的普及和传感器的小型化，业界已经开始考虑结合大数据与众包来构建智能城市，如采用300万张来自互联网的照片数据对罗马进行三维重建（Frahm et al.，2010）。

3. 研究内容

针对城市发展过程中存在的感知碎片化、信息孤岛化等挑战问题，需要构建城市全维度智能感知推理引擎（见图4.9），重点研究内容如下。

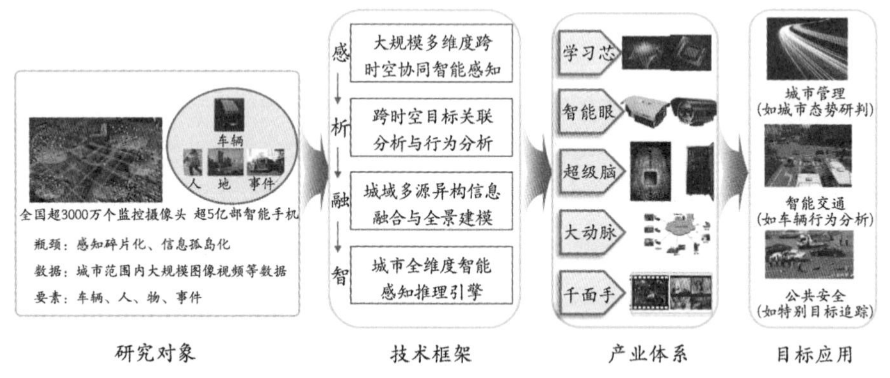

图4.9 城市全维度智能感知推理引擎的技术体系

（1）全维度智能感知推理关键技术与引擎。突破城市范围内大规模智能感知、目标关联分析、跨时空行为分析、多源异构信息融合与统一语义表达、城市全景建模等关键技术，实现对人、车、物、事件等的多维度跨时空协同感知、关联分析与综合推理，建立以“大跨度、大视角、大信息和大服务”为特征的城市全维度智能感知推理引擎。

（2）大范围城市场景多尺度、多分辨率全景建模。基于卫星、无人机、车载、机器人等主动传感、空天地一体化方式获取城市场景室内外二维与三维视觉感知数据，结合城市中大量部署的监控相机以及网络上现存的大量城市场景照片、视频、三维模型，构建大范围城市场景多尺度、多分辨率全景模型及其动态演变。

（3）城市全维度智能感知推理引擎的应用示范。以核心算法与关键技术创新为牵引，打造“学习芯—智能眼—超级脑—大动脉—千面手”的产业链条，在应用上从纯“安防交管”扩展到全方位“城市运行与社会服务”，开创智能城市服务新模式。

（执笔人：田永鸿，北京大学；陈宝权，北京大学；李波，北京航空航天大学；胡卫明，中国科学院自动化研究所；鲍虎军，浙江大学；胡事民，清华大学）

4.3 跨媒体分析推理技术

研究跨媒体分析推理技术，首先要研究跨媒体统一表征理论和模型，突破跨媒体数据之间的异构鸿沟。其次要研究跨媒体关联理解与知识挖掘，实现跨媒体数据之间的语义关联与融合。在此基础上，研究跨媒体知识图谱构建与学习，并进一步研究跨媒体知识演化及推理。此外，还要研究符合人类思维逻辑的跨媒体智能描述与生成。最终，基于上述基础理论和方法的研究，研发跨媒体分析推理引擎，并通过跨媒体内容监管、跨媒体态势分析和跨模态医疗数据融合推理等应用进行系统验证。

4.3.1 跨媒体统一表征理论和模型

1. 研究背景

人工智能对外部世界的感知均是以媒体的形式记录的，不同的感知类型自然地反映为不同的媒体表示形式。目前，在跨媒体分析领域，人工智能能够充分利用的基本媒体表示形式主要有文本、图像和音频三种。例如，对于人工智能的视觉而言，媒体的表示形式为图像，可直接利用的具体存储形式为位图或位图序列；对于听觉而言，媒体的表示形式为音频；特别地，对于人工智能十分重要的一种感知类型是自然语言，通常以文本的形式记录。这些媒体的类型十分不同，存储形式也多种多样。如果能以统一的形式表示这些媒体，形成跨媒体的统一表征，将对人工智能的进一步发展大有裨益。

跨媒体统一表征属于跨媒体研究领域的一个重要分支，具体研究如何为不同模态数据生成统一的表征描述。相比于传统单一模态数据的特征学习，跨媒体统一表征学习具有更大的挑战性。对于单一模态数据，系统只需通过唯一特征提取模型，即可获得一致的特征描述；而在跨媒体统一表征学习中，系统需要为不同模态数据学习不同的特征提取模型，并最终生成统一的特征描述。如何跨越特征之间的“异构鸿沟”，即建立特征空间的一致性，是这一研究领域的根本任务。

2. 研究现状

跨媒体统一表征的直接应用是跨媒体检索。在跨媒体检索中，系统一般遵循先特征提取再排序的过程：为不同模态数据提取维度相同的同构特征，再利用欧式距离、余弦距离等计算特征之间的相似度，进而将数据库中的数据按照其与查询数据的语义相关程度进行排序。在模型训练过程中，要在指定距离度量中尽量保持特征对应数据之间的语义相似关系，从而使提取的不同模态数据的特征存在于同一特征空间中。这类方法的一般思路如图4.10所示。多模态数据（目前绝大多数方法针对的数据是图像和文本）被映射到同一空间中，从而使它们具有相同的特征表示。

根据任务的不同，目前跨媒体统一表征方法可以分为类别一致性特征学习和实例一致性特征学习。

早期的方法大多为类别一致性特征学习，即希望属于同一类别的数据具有相同的特征描述，而属于不同类别的数据具有差异较大的特征描述。在这

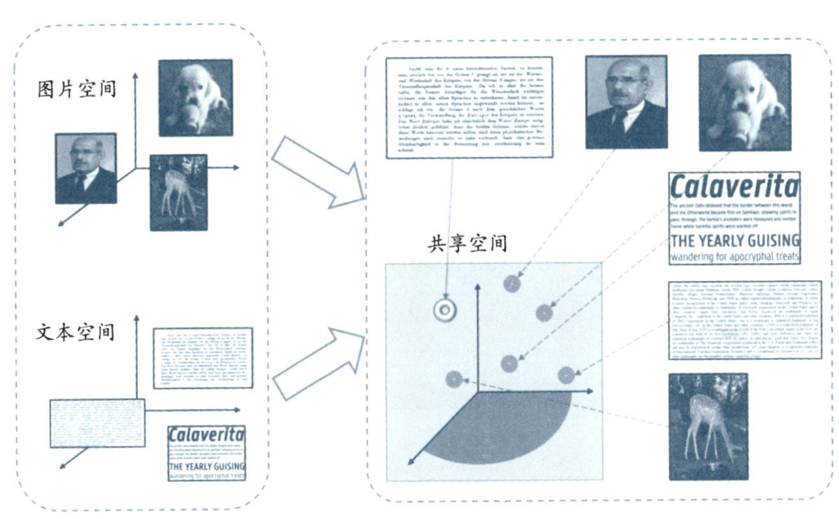

图4.10 跨媒体统一表征方法的思路

一类方法中，Rasiwasia等（2010）提出了跨媒体统一表征的开创性工作。他们利用典型相关分析（canonical correlation analysis，CCA）和多类逻辑回归为图像和文本学习一致性描述，同时也为后续的工作设计了基本思路，即为数据学习统一表征。在这一工作的基础上，研究者们尝试将类别信息加入到训练中，以提高特征的准确性。其中，较典型的方法是三视角典型相关分析（Gong et al.，2014）。该方法直接将类别向量看成第三种模态的数据，并将其映射到共享空间中；在共享空间中，同时缩小同一类别数据与对应类别向量的特征差异，从而使数据的表征更加准确。随着深度学习在图像分类上的成功（Krizhevsky et al.，2012），神经网络被利用在计算机视觉研究的各个方面。在跨媒体统一表征中，典型工作是深度语义匹配模型（Wei et al.，2017）。该模型直接用两个神经网络对图像和文本进行分类，从而将数据直接映射到语义空间中。Yuan等（2017）则利用双模态自动编码器，在语义空间中维持不同模态数据的原有特性，增强了深度语义匹配模型的鲁棒性。随着多媒体大数据的出现，哈希技术量化跨媒体数据到统一的二值编码表征，使得跨模态数据间的匹配可以通过汉明距离（Hamming distance）快速计算。例如，监督矩阵分解哈希模型（Liu H et al.，2016）通过标签图约束的非负矩阵分解模型，将图像和文本进行一致性二值编码，从而将数据直接映射到离散的汉明空间中。随着研究者对这一研究领域的理解日益深入，他们发现类别一致性描述并没有从本质上解决异构数据统一表征问题。Liu R等（2017）提出，在类别一致性描述中，之前提出的方法的主要贡献是进行分类，而不是进行特征学习，而另一系列的表征学习任务恰巧并不依赖类别信息，它就是实例一致性特征学习。Wang D等（2015）提出了多模态深度学习哈希模型，该模型可以在语义空间对多媒体数据进行关联学习，从而进一步提高多模态哈希表征的检索效果。

在实例一致性特征学习任务中，系统追求更加严格的相似语义关系。它要求描述相同语义的数据具有相似的特征描述，并且希望语义的微小差距能够在特征上有所体现。在这一学习任务中，描述不同语义内容的数据可以被看成一个个实例对象，而学习任务要保证同一实例的数据特征的相似性和不同实例数据之间特征的差异。目前的实例一致性特征学习方法基本上是利用深度学习来建立模型，分别利用两个子网络对图像、文本等数据进行特征提取，并在最终提取的特征的基础上建立联系。Frome等(2013）率先发表了这一研究的成果，将图像映射到文本空间中。Faghri等（2017）利用卷积神经网络、循环神经网络、三元损失函数等简单模型取得了目前最好的结果。

除了学习图像与文本之间的统一表征，研究者们开始进行尝试更多模态数据的统一描述学习。目前的多模态数据库之一XMedia包含五种模态数据。可以预期，未来将会有更多的数据集合涌现。

3. 研究内容

图像与文本的一致性描述已经趋于成熟，并且为跨媒体统一表征学习向其他模态组合的扩展提供了有效经验。未来的研究工作，应专注于将一致性描述学习应用到其他模态数据上，包括音频、视频等。具体地，关于跨媒体统一表征理论和模型的研究应包含如下几点。

（1）图像与音频的统一表征学习。图像是视觉感受信号，音频是听觉感受信号。古诗云："空山不见人，但闻人语响。"凭借声音，人们能够在脑海里呈现出对应的画面，可见声音与图像之间具有高度的语义相关性。虽然音频数据的结构较简单，为一维信号。但是从音频中分离混杂在一起的多重语义，并使其与图像中多个语义目标对应，却具有较高的挑战性。应结合数字音频处理、数字图像处理、目标检测等多重技术来实现这一研究目标。

（2）视频与音频的统一表征学习。视频是图像的连续性表达，为图像加上了时序信息，从而能够表达更加复杂的语义信息（如行为、事件等）。相比于图像与音频，视频与音频的统一表征学习具有固有的优势与劣势。优势在于视频和音频都属于时序信号，视频包含的信息比图像更多，因此更容易与音频建立对应关系。劣势在于目前对视频（这里一般指短视频）内容的特征描述还在研究初期，缺少有效的视频特征提取方法。这一研究内容的关键和难点是如何有效地对视频与音频两种时序信号进行有效编码，并建立它们之间的联系。

（3）文本与视频的统一表征学习。在传统的文本与图像的统一表征学习中，文本描述的内容往往是一个状态，而非时序性内容。为了进一步构建更复杂的文本与视频内容的对应关系，建议研究文本与视频的统一表征学习模型。在这一任务中，可以结合视频分析中的行为识别、事件监测等技术，构建与文本内容更加一致的视频特征。

（4）跨媒体数据的二值编码表征学习。在传统的跨媒体数据的表征学习中，数据的特征表示往往以实数向量的方式表述，再通过欧式距离等方法计算特征之间的相似度，进而实现跨媒体数据之间的搜索。然而，面对海量跨媒体数据，传统方法将不能满足高效实时的跨媒体数据搜索，因此建议研究跨媒体数据的二值编码表征学习模型。这一研究内容的关键和难点是如何有效保证离散化的二值编码能够更好地保留多媒体之间的关联性，如何减少二值量化带来的信息损失。

（执笔人：赵耀，北京交通大学；孙栩，北京大学；韦世奎，北京交通大学；纪荣嵘，厦门大学）

4.3.2 跨媒体关联理解与知识挖掘

1. 研究背景

随着信息技术日新月异的发展，人类社会步入了一个高度信息化的时代。先进的数字化设备和层出不穷的媒体手段，每天都会生成大量的文字、图像、声音、视频等数据，而互联网的广泛普及又使这些数据得以在全球范围内快速传输、分享与应用，促使人类迈入一个真正意义上的“信息爆炸时代”。数据越来越明显地体现出如下三方面特征：①增长迅速，体量大；②来源丰富，类型多样；③价值密度低。前两个特征向数据关联理解提出了挑战，而价值密度低的特征则对知识挖掘提出了需求，这些都阻碍了对数据的深入分析和大规模应用。表4.1中列举了跨媒体关联理解和知识挖掘的研究现状和人工智能2.0时代目标的对比。跨媒体数据越是丰富，想要快速、全面地为用户提供相关且有价值的信息，就变得越困难。对数据进行有效、全面的跨媒体关联理解与知识挖掘，使其真正做到为民所需、为民所用，成为一个迫切需要解决的问题。

表4.1 跨媒体关联理解和知识挖掘的现状与AI 2.0对比

项目		现状	AI 2.0
关联理解	数据结构	跨模态	跨媒体（模态、平台、空间）
	数据粒度	底层、单一粒度	多层、多粒度
	并行计算	GPU并行加速	适配GPU固化的算法
知识挖掘	感知和表达	语言系统感知，文本表达	融合视听觉感知，跨媒体表达
	复用程度	问题、模型、数据一一对应	结构化存储、迁移和分享知识

2. 研究现状

（1）跨媒体关联理解

目前跨媒体数据的关联主要集中于跨模态数据的关联，即在一个公共子空间寻找不同模态数据的语义关联。多媒体领域在这方面有很多代表性工作和成果。例如，有学者将两种模态数据分别映射到一个平行场嵌入空间，并应用流形对其实现两个嵌入空间的映射，从而构建不同模态的相似性度量模型；Feng等（2014）采用自编码器深层网络，对不同模态的原始特征分别训练，并提取跨模态特征在公共空间的表达形式，实现不同模态的相关性度量；Liu S等（2015）提出非对称多任务卷积神经网络模型，将社会化行为信息嵌入图像表征空间，实现图像空间与用户行为的关联；另有学者基于图形特征和声音特征的统计相关性，度量图像模态和声音模态的相关关系；等等。

在数据库领域，学者们对非结构化、半结构化以及结构化数据的关联和融合进行过一些研究，但都是面向底层的格式展开的。对于文档内容以及更高层面的关联融合还鲜有研究。跨媒体涉及不同结构和来源的数据。除了对上述介绍的不同模态和不同结构化程度的数据进行关联理解和融合处理，在社会媒体背景下，还需要考虑关联客观数据和用户主观数据以及来源于不同社会媒体网络的数据（Graves et al.，2016）。此外，还需要在更高的粒度上考虑分别来源于网络和物理空间的跨媒体数据。

此外，现有研究成果尚无法满足高通量跨媒体关联理解的需求，尤其是互联网真实高并发跨媒体数据环境的要求。传统数据和任务的相关性研究多是为了提高学习任务的性能，并不适用于跨媒体数据中的图像视频这种高维数据，也无法实现高通量计算这一目标。图像视频的并行计算主要依赖于GPU，只是一种简单的并行加速，要想适配GPU固化的并行度层次非常困难。

（2）跨媒体知识挖掘

知识的表示、获取、推理和学习是下一代人工智能研究的核心问题。在传统人工智能专家系统中，知识库一般由专家手工编写。目前，很多工作着眼于如何从数据中自动获取和完善知识，如谷歌公司正致力于打造全球最大、最全面的知识库Knowledge Vault（Dong et al.，2014）等。然而，如同数据具有多模态和跨媒体特性一样，知识本身也应该是多模态和跨媒体的。

近年来，以视觉、听觉为代表的智能感知手段获得了长足发展。通用知识图谱被嵌入图像表征空间中，大幅提升了图像空间中的知识推理能力（Cui et al.，2017）。视觉感知可用于感知周围环境，例如Visual SLAM方面的研究（Fuentes-Pacheco et al.，2015）；也可用于人机交互，例如手势、动作识别等。基于泛在物联网信号的智能感知手段也日益受到人们的关注。在网络化人工智能系统中，大量异构智能体具有不同的感知和计算能力，因此需要进行多源感知信息跨域关联，充分利用感知信息间的隐藏特性，进一步提高网络化认知效率。如何结合视听觉感知领域工作的进展，从多模态和跨媒体数据中挖掘视听觉知识，补充和完善现有的知识体系，并为构建跨媒体知识图谱提供数据和理论基础，是当前该方向研究的重大挑战。

3. 研究内容

基于高通量计算建立异构多源数据的关联并在多粒度实现跨媒体数据融合，通过视听觉感知补充传统基于文本的知识体系并实现不同智能体的知识迁移与分享，具有重要意义。为了达到这一目的，需要加强如下几点的研究（见图4.11）。

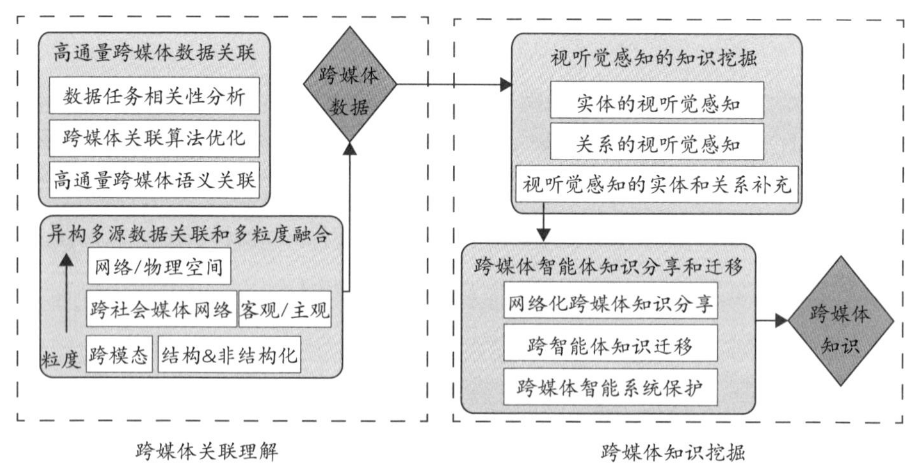

图4.11 跨媒体关联理解和知识挖掘的研究内容

高通量跨媒体数据关联。研究高通量跨媒体数据关联方法，结合新型硬件结构，建立并行理论模型，提升数据中心的跨媒体数据处理的效率，提出一系列实用的高通量跨媒体关联理解算法，突破高通量跨媒体计算的瓶颈。

异构多源数据关联和多粒度融合。研究异构多源数据关联方法，建立不同模态、不同结构化程度、不同社会媒体网络的来源于网络和物理空间的异构多源数据之间的关联；研究跨媒体数据多粒度融合方法，在对异构多源数据建立关联后从多个粒度进行融合处理。

视听觉感知的知识挖掘。研究实体的视听觉感知方法，为现有的文本实体增加视听觉感知功能；研究关系的视听觉感知方法，通过视听觉感知手段更新和完善现有实体关系中缺失的关系；研究基于视听觉感知的实体和关系补充方法，基于视听觉系统定义新的实体和关系，如文本知识中的实体基于名词定义，在跨媒体知识中可以基于视觉检测识别器定义动词实体。

跨媒体智能体知识分享与迁移。研究跨媒体智能体知识分享与迁移方法，通过构建基于网络的跨媒体知识分享以及获取机制，实现不同智能体的知识迁移及分享，并在此基础之上探索具有主动学习能力的跨媒体智能体工作模式。

（执笔人：徐常胜，中国科学院自动化研究所；朱文武，清华大学；李向阳，中国科学技术大学；唐金辉，南京理工大学；桑基韬，北京交通大学）

4.3.3　跨媒体知识图谱构建与学习

1．研究背景

知识图谱是利用可视图谱展示实体及关系，直观表达领域知识的技术，在本质上是一种语义网络。知识图谱能够把不同种类的信息连接在一起，提供一种用关系展现信息和分析问题的能力。跨媒体知识图谱是一种表达跨媒体对象、场景、事件、主题的关联知识的有效方法，是从跨媒体数据到智能的必经之路。跨媒体知识图谱的自动构建与学习是一个系统过程，需具备实体及关系发现、知识解析、知识完善等重要能力，建立从跨媒体数据归纳为知识，再通过知识解析回跨媒体数据的迭代演化过程，实现完善的知识图谱表达，从而能够有效地刻画跨媒体数据中的一般性常识和领域知识，如图4.12所示。

跨媒体的实体及关系发现对应知识的归纳过程，依赖于高效的实体及关系抽象机制。由于深度学习技术的发展，人们已能从特定模态中检测特定实体及关系，这为知识图谱构建的自动化提供了可能。但由于跨媒体的异构鸿

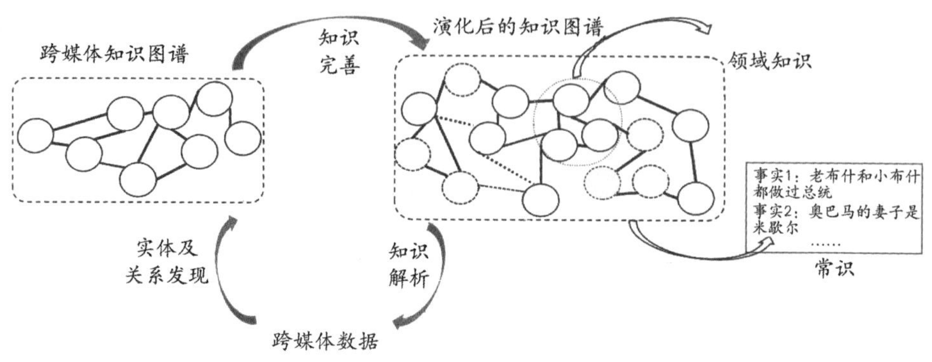

图4.12　跨媒体知识表达过程要素

沟以及现有方法的局限性，尚无法做到在未经有标注训练的情况下实现跨模态异构实体的检测和发现，亟须发展基于弱标注及无标注信息的异构实体及关系检测技术。

跨媒体的知识解析对应知识的演绎和枚举过程，依赖于知识图谱的连接模式分析机制。随着概率图模型和图挖掘等技术的发展，人们已能从复杂图结构中发现密集子图、结构枢轴等代表性信息，但复杂图结构与领域知识和上下文的连接仍然缺乏，故需要更深入地研究和探索，提高领域隐性知识的发现和解释能力。

跨媒体的知识完善对应知识的演化过程，依赖于跨媒体语义层面的实体间缺失关联的挖掘和预测。一方面，受益于跨模态关联分析技术的发展，人们已能初步预测跨域语义概念的关联。然而现有技术尚集中在解决共性关联挖掘和利用等问题上，需进一步深入研究跨媒体知识的逻辑和因果关联预测方法。另一方面，从系统过程角度来看，目前研究严重依赖人工以及半自动的方式从特定模态、特定内容中获取知识，故需要探索建立针对开放域的跨媒体知识的自动获取和进化机制。

为此，有必要开展跨媒体实体检测与关联计算、知识图谱知识解析和跨媒体知识图谱进化等理论和方法研究。

2. 研究现状

知识图谱是信息、计算机、人工智能等科学研究领域的热点问题。知识图谱的起源是Tim Berners-Lee等提出的“语义网”及衍生成果（Dalvi et al.，2009）。目前，全世界的学者正在投入大量人力和物力构建大规模知识网络，涵盖的领域非常广泛。据不完全统计，2016年全世界知识图谱的实体数量已超过600亿，事实（facts）数量超过千亿。在学术界，美国的斯坦福大学、卡内基梅隆大学，德国的马克斯·普朗克研究所，我国的北京大学、清华大学、浙江大学、中国科学院等也开展了围绕跨语言、一般实体概念等领域的知识图谱构建。在工业界，谷歌、微软、IBM、Yandex、领英（LinkedIn）、百度等著名信息服务企业，在通过构建知识图谱提供各类信息服务的同时，也提供了一种记录人类社会知识的有效工具。

围绕知识图谱的研究主要从两个方面展开。①建立实体及实体间的关系描述，对通用或特定领域知识进行有效表达。例如表达语言实体关系的WordNet（Fellbaum et al.，1998），表达一般实体关系的DBpedia、Freebase和YAGO-NAGA，表达地点及相互关系的GeoNames，表达图像语义结构及视觉属性关系的ImageNet（Deng et al.，2009）和Visual Genome（Krishna R et al.，2017），以及表达音乐知识的MusicBrainz等。②借助知识图谱增强海量信息处理能力，提高信息搜索的准确度，提供全面性的用户体验。例如，利用知识图谱可实现信息不一致性检验、异常分析、动态分析、精准推送等。在信息搜索及可视化方面，知识图谱发挥了重要的作用。例如，Garfield（2004）基于HistCite引文知识图谱构建工具，发展科学文献搜索引擎CiteSeer；谷歌基于知识图谱（Singhal，2012）开发了新一代搜索工具并服务于广大用户；IBM开发的沃森系统利用知识图谱实现精准的医疗知识问答服务。借助大数据分析技术，国内外企业推出了Satori、百度知识图谱、搜狗知立方等知识图谱服务。

然而，虽然知识图谱自身具有表达异构对象及其关系的能力，但跨媒体数据来源广泛，模态异构，上下文丰富，领域知识复杂。现有知识图谱构建技术尚未能够有效适应跨媒体的特点，针对具有复杂内在产生机制和复杂关联关系的视觉、听觉、语言及其他多种模态时空媒介的跨媒体知识图谱的构建方面的研究尚属空白。

欧洲YAGO-NAGA知识图谱计划的负责人Suchanek和Weikum（2014）认为知识图谱技术研究首先需要解决的是如何构建可扩展算法和分布式计算框架，有效获取实体、关系、属性等知识表达要素。知识表达要素的获取主要有人工标注和（半）自动获取两种方式。人工标注方式较为准确但效率低，（半）自动获取效率高但准确性无法保证。为提高知识图谱构建的效率，一般先借鉴已有知识图谱，例如直接使用维基百科、Freebase等在线实体资源库和自然语言领域的WordNet等来源，自动获得实体和关系等要素；再通过解析用户搜索、实体共现等记录信息，对知识图谱实体和关系进行增删和修改等操作。在实体关系的计算问题上，现有研究实现了特定域的实体关系描述，提出了基于共现统计和语义相关性等实体关系计算方法（Cilibrasi et al.，2007）。然而，现有研究提出的知识图谱自动构建范式较为单一（Carlson et al.，2010；Chen X et al.，2013），只能适应特定模态的特点，缺乏有效的自生长和跨媒体链接预测等机制来适应跨媒体新旧数据的更迭，故尚不能实现跨媒体知识图谱的自动构建。

跨媒体知识图谱应用的关键问题是如何在知识图谱的指导下，建立知识驱动的跨媒体分析和推理过程，为跨媒体知识高效输出和智能化搜索提供技术支撑。然而，现有媒体人工智能技术受限于处理封闭实体集合的多媒体语义学习问题，重关联而轻逻辑和因果；学习目标较为简单，局限在解决点（如物体、单词等）和线（如词组、文本—图像对等）层面的跨媒体关联理解问题上，还不能实现跨媒体主题的深层次关联和时空上下文推断与理解，无法进一步实现跨媒体开放知识域的分析和因果推理。

总而言之，跨媒体知识图谱的构建与学习是实现跨媒体高级智能的重要技术，然而，目前国内外针对跨媒体知识图谱构建与学习以及相关智能计算的研究尚属空白。为实现跨媒体的智能分析和推理，亟须研究跨媒体知识图谱构建与学习的理论方法。

3. 研究内容

围绕跨媒体多态异构和跨平台动态演化等特性，开展跨媒体知识图谱的自动构建与学习理论方法研究，建立实体数量超过一亿的跨媒体知识图谱，为跨媒体推理及智能搜索、舆情分析、智慧医疗、智慧教育、智能问答、金融营销等人工智能关键应用提供技术支撑。跨媒体知识图谱的自动构建与学习系统过程如图4.13所示，研究具体包括如下内容。

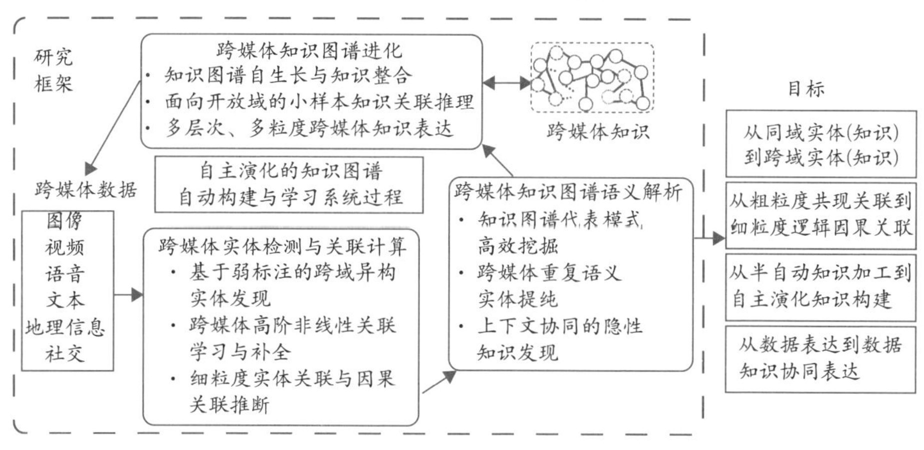

图4.13 跨媒体知识图谱的自动构建与学习系统过程

（1）跨媒体实体检测与关联计算。研究基于弱标注的跨媒体实体检测模型学习方法，建立面向开放跨媒体内容的多任务跨域语义实体检测机制，实现具有亿级语义概念数量规模的跨媒体异构实体的有效检测与发现；研究基于多级语义关联结构的跨媒体实体非线性高阶关联学习与补全方法，实现对跨媒体实体之间的语义关联的高效计算。建立领域无关的跨媒体逻辑关联和因果关联推断方法，实现跨媒体异构实体的通用逻辑因果关联推断；突破跨媒体共现关联的局限，加强跨媒体领域上下文逻辑和因果关联分析机制研究，实现对跨媒体异构实体关系的细粒度分析与补全。

（2）跨媒体知识图谱语义解析。研究针对跨媒体知识图谱当中的多粒度“子图谱”、本征结构、枢轴点、孤立点等代表模式的高效挖掘方法，实现跨媒体知识图谱中领域无关和领域特定知识的获取；发展基于多维度语义和上下文建模的跨媒体异构语义重复实体提纯方法，提高跨媒体知识表达的简洁性和准确性；研究知识图谱代表模式与领域上下文的协同分析机制，提高隐性领域知识的发现和解释能力。

（3）跨媒体知识图谱进化。探索大规模跨媒体异构知识图谱的高效管理方法，突破跨媒体知识图谱自主组织与自主生长、碎片化知识在线学习与整合等关键技术，建立适应数据演化的知识图谱自动更新过程；研究新增知识节点的小样本跨媒体关联学习、预测及逻辑因果推理技术，实现面向开放知识域的跨媒体知识学习。形成跨媒体知识图谱的知识表达语法规则集合，研究多层次、多粒度的跨媒体知识上下文表达与融合机制，为跨媒体智能推理及领域应用提供有效解决方案。

（执笔人：黄庆明，中国科学院大学；王树徽，中国科学院计算技术研究所）

4.3.4　跨媒体知识演化及推理

1. 研究背景

随着计算机网络、多媒体以及数字传输技术的不断发展，图像、视频、音频、文本等多媒体数据快速增长，成为信息传播的主要形式。如图4.14所示，跨媒体知识演化及推理是跨媒体智能的核心技术如何获取跨媒体大数据中蕴含的知识并实现知识推理与演化，成为跨媒体研究面临的一个巨大挑战，其解决方案也将是跨媒体智能的重要支撑。传统人工智能主要以文本为处理对象，通过谓词、命题和规则等方法在充分定义的前提下进行推理。例如，通过文本句法和因果规则提取事件及其因果关系，构建特定模型，对事件发展进行推理和预测。然而，现实世界中的知识以及推理过程通常会有语言、视觉和听觉等不同模态参与，传统以文本（语言）为主的知识体系不能直接表示多媒体数据中的实体及其关系，因此无法应对跨媒体大数据的分析和推理。此外，由于跨媒体知识存在很强的动态演化特性，为控制泛化风险及推理错误，需要构建具备动态更新与自我完善能力的知识演化机制。然而，目前学术界对于跨媒体知识演化及推理的研究还比较少，主要集中于初步的关联分析，尚未实现从关联到因果等复杂关系的有效转化。为此，有必

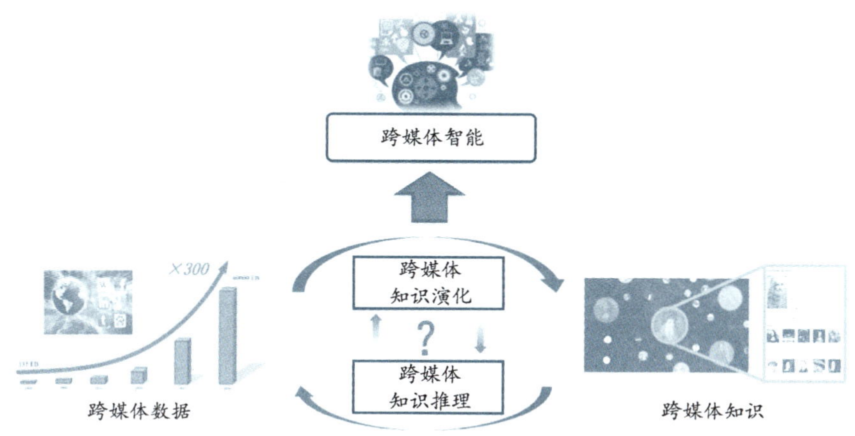

图4.14 跨媒体知识演化及推理是跨媒体智能的核心技术

要将传统基于文本数据和规则定义的推理方式扩展到跨媒体协同处理，并研究适合跨媒体推理的知识演化方法体系，构建泛化的跨媒体推理规则和概率化因果推断范式集合。这是实现永不终止的知识获取和演化过程的基础，也是跨媒体智能走向实际应用的关键。

2. 研究现状

传统人工智能主要以文本为处理对象，在充分定义的前提下，通过谓词、命题、规则等方法进行推理。美国国家工程院院士Judea Pearl（2000）提出了概率和因果推理算法，他也凭此成果获得了图灵奖。微软以色列研究院的Radinsky研究小组（2012）利用文句以及因果关键词的分析提取事件及其因果关系，实现了对事件的回溯和预测。美国伊利诺伊州立大学、密歇根州立大学等研究机构提出了基于社交媒体内容分析的国民健康指数、失业率等推理机制。通过网络搜索引擎的搜索模式分析，谷歌推出了一种预测流感的产品“谷歌流感趋势”（Google Flu Trend，GFT）（Ginsberg et al.，2009）。美国西北大学的Lazer研究团队（2014）深入分析了GFT模型后，发现其预测的流感爆发概率存在较高的虚警率，进而指出大数据推理系统必须具备多源融合和演化学习机制，才能有效降低由于虚假关联带来的预测虚警问题。对于演化学习问题，现有研究一般将其形式化为时序学习或者跨域学习问题，进而提出相应的序列模型学习策略以实现模型的更新和演进，如在线学习、递归神经网络、马尔可夫决策过程等。

此外，研究者提出了一些针对特定场景的定向推理方法，如演化博弈、增强学习等。研究表明，增强学习和迁移学习等机制有助于实现复杂的智能系统，而终身学习则是高级智能的一种关键能力。例如，谷歌DeepMind建立了基于增强学习的机器智能系统（Gibney，2015），其中AlphaGo就在人机围棋对决中击败了人类顶级高手李世石，AlphaGo Zero更利用增强学习来推理尚未被人类棋手发现的知识，其他系统也在各种人机对战中取得了胜利。在语言学习和视觉分析等研究中，有研究者提出了视觉知识的获取和终身学习方法（Chen X et al.，2013），不仅能够有效发现新的视觉实体，还能利用已有实体之间的关系实现半监督终身学习过程，不断地从互联网图像中发现新的对象、属性和场景，并学习不同视觉实体之间的关系。此外，迁移学习也被应用于跨媒体分析中（Huang et al.，2017），其思想是将蕴含于源域的已知丰富信息迁移到目标域，实现跨域的知识共享。

现实世界中的知识以及推理过程通常有语言、视觉和听觉等不同模态参与。由于数据多源异构和用户需求复杂多样，其内容、关联、主题和语义等方面存在极强的动态演化特性，仅依靠文本难以充分利用多种媒体蕴含的语义信息，无法应对复杂的跨媒体大数据分析和推理。因此，如何将传统的文本推理方法体系扩展到多种媒体类型的综合分析，成为新的研究与应用热点（Peng et al.，2017b）。目前，国内外在跨媒体知识演化及推理方向的研究还比较少，主要集中于初步的关联分析（如图像—文本语义关联、跨媒体事件的时空关联等）。例如，将深度网络作为基本模型，进行基于图像—文本语义关联的视觉内容问答，尚未实现从关联到因果等复杂关系的有效转化。跨媒体知识演化及推理涉及跨媒体知识表征、跨媒体知识图谱、相关统计分析等多个领域，很多关键问题的研究尚处于起步阶段，如跨媒体数据的知识如何获取、表征、挖掘、学习与推理等。因此，研究能够实际应用的跨媒体推理系统还存在诸多挑战。

3. 研究内容

跨媒体知识演化及推理，旨在跨越语言、视觉、听觉等不同类型的媒体数据，对现实世界的知识进行泛化的获取、表征、挖掘、学习和推理，为跨媒体推理引擎等公共技术与服务平台的建设提供模型、方法和技术支撑。为实现上述目的，关于跨媒体知识演化及推理的研究内容主要包括以下几项（见图4.15）。

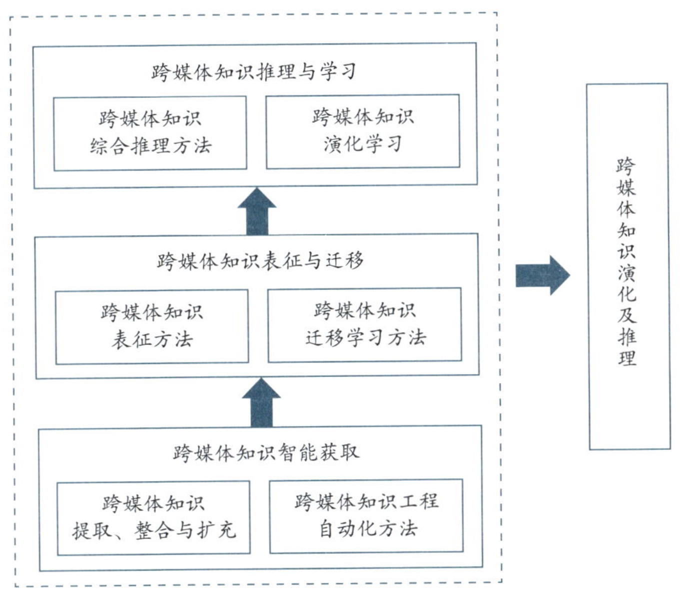

图4.15　跨媒体知识演化及推理的主要研究内容

跨媒体知识智能获取。研究数据驱动和知识引导相结合的跨媒体知识获取方法，具体包括大规模跨媒体知识的提取、整合与扩充机制等；研究大数据驱动下的跨媒体知识工程自动化方法，使得跨媒体知识库可以自主产生新知识，实现跨媒体知识的动态更新与自我完善。

跨媒体知识表征与迁移。研究具有域适应能力的跨媒体知识表征方法与技术，实现跨媒体的统一知识表征；为支持泛化、通用的跨媒体知识推理，需要研究基于跨媒体知识表征的迁移学习方法，探索知识关联与迁移的原理，实现从已知数据域到未知数据域的知识迁移。

跨媒体知识推理与学习。在传统人工智能通过谓词、命题和规则等方法进行推理的基础上，研究演绎逻辑、类比推理等技术手段在跨媒体中的应用和发展，建立基于知识逻辑的定向推理和一般性推理方法，实现基于语义理解的跨媒体综合推理；研究面向跨媒体知识表征与理解的跨域学习和多任务在线学习，建立具有复杂推理学习目标的时序演化学习、博弈学习、深度递归增强学习等机制，实现永不终止的知识挖掘和演化过程。

（执笔人：彭宇新，北京大学；黄庆明，中国科学院大学；王树徽，中国科学院计算技术研究所）

4.3.5 跨媒体智能描述与生成

1. 研究背景

跨媒体智能描述与生成，是一项跨越自然语言理解与计算机视觉两大研究领域的崭新研究方向，主要面向语言、视觉、听觉等不同类型的大规模跨媒体数据，充分挖掘不同模态信息之间的多层次语义关联、时空关联、对象关联、用户关联等复杂关系，通过有效的智能计算手段，建立从视听觉内容到自然语言表达的映射模型，实现媒体内容的计算机自然表达与人类认知理解的基本统一，进而使得机器与人类的自然交互与交流成为现实。跨媒体智能描述与生成，不同于以往图像、文本、音频等单一媒体的认知与表达，也不同于传统的跨媒体协同学习与关联挖掘，需将其统一到一个研究框架下，以跨媒体数据为研究对象，旨在实现这些数据的语义认知与自然表达。这将是一项面临巨大挑战的研究任务。

2. 研究现状

目前关于跨媒体智能描述与生成的研究工作主要围绕视觉内容描述展开，而且非常有限，主要分为以下三类。①基于模板的方法，首先利用多个分类器识别图像中包含的对象、对象的属性以及各对象之间的关系，然后利用一个句子模板来生成一个完整的句子。这类方法简单直观，但是生成的句子不够灵活，受限于生硬的句子模板。②基于迁移的方法，利用图像检索获得相似图像，然后直接将它的描述迁移到查询图像上。这类方法可以产生语法正确且更为自然流畅的句子，然而却并不一定能准确地描述图像中的视觉信息。③基于DNN的方法，基于CNN-RNN的编解码框架，利用CNN提取图像特征，然后利用RNN作为解码器，将图像特征逐词解码生成对应的句子描述。与前两种方法相比，RNN能够捕获动态的时空信息，CNN对图像特征具有很强的表达能力，因此第三种方法得到了广泛研究。主流的图像自动描述模型框架可用图4.16简单表示。

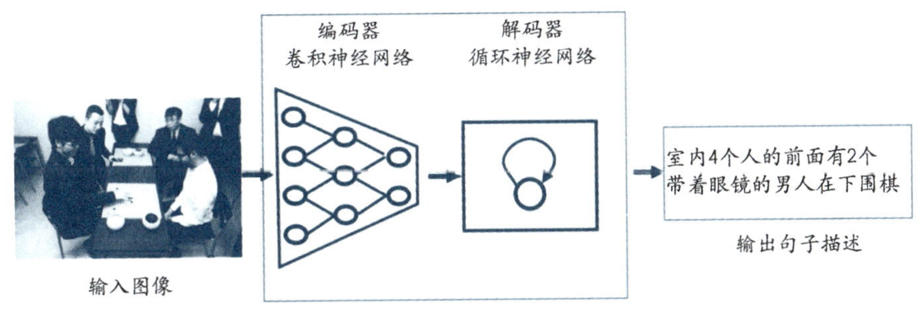

图4.16 图像自动描述模型框架

围绕基于DNN的编码—解码框架，斯坦福大学、加州大学、清华大学、浙江大学等高校以及谷歌、微软、百度、腾讯等企业都已开展了图像内容自然语言描述技术的研究。在编码器结构方面，Kiros等（2014）提出了多模双线性log（log-bilinear）神经语言模型，使用了Alex-Net模型提取图像特征，并对词在图像中的概率分布进行建模。Mao等（2014）提出了一种多模RNN（m-RNN）模型，他们首先使用CNN模型提取图像特征，同时生成单词的嵌入向量，然后将图像特征和嵌入向量结合在一起，形成多模表达，最后将其送入RNN，进行训练和测试。Karpathy等（2015）提出使用基于区域CNN的目标检测技术和双向RNN（bidirectional RNN，BRNN）技术，将图像中的区域与对应句子的片段进行对齐，并使用m-RNN生成完整的句子描述。此外，由于更深层次的CNN模型具有更强的语义抽取能力，能够获得具有更强表达能力的图像特征，研究者们采用GoogLeNet（Szegedy et al.，2015）、残差网络（He et al.，2016）等更深的CNN对图像进行编码。

受到人类视觉机理的启发，近年来基于注意力机制的RNN越来越多地被应用到机器语言翻译、图像识别和主题生成等领域，并在这些领域中表现出重要的作用。Xu K等（2015）借鉴自然语言处理中的注意力机制，首次将注意力机制运用到视频图像数据的处理上，提出了视觉注意力机制引入到计算机视觉的图像描述任务中。他们认为，人们在描述图像时，通常会对显著区域关注较多，因此他们提出将人的注意力机制融入LSTM网络，使得在生成相关单词时将人的注意力更多地集中在对应的物体上，排除一些背景干扰因素。

近来，研究者们对基于强化学习的图像自动描述技术进行了探索，以解决训练与测试过程的偏差问题。在该技术中，句子的生成过程被视为一个标准的强化学习过程。RNN作为一个行动者，依据一个策略（即RNN的参数）与其所处的环境（即RNN的输入，包括图像特征和单词等）进行互动，产生一个动作系列（即RNN每个时刻输入的单词），在输出最后一个单词后获得一个得分［如应用CIDEr（基于一致性的图像描述评价，consensus-based image description evaluation）等指标］作为奖励，然后依据策略梯度上升等方法找到能够产生高奖励值的策略。Ranzato等（2016）首次提出使用策略梯度法训练序列模型，使用了简单的增强算法，附带一个由回归模型预测的基准奖励。同样是使用增强算法，Rennie等（2017）提出了一个简单高效的方法——将利用RNN的贪心解码方法得到的输出作为基准的奖励值，从而避免了训练一个单独的网络。Bahdanau等（2016）提出了强化学习中的演员评判家（actor-critic）方法，利用一个独立的价值网络预测网络当前的期望奖励，并以此作为一个基准奖励。

尽管DNN理论与方法发展迅速，DNN在各个相关领域的应用与拓展得到不断深化，但针对跨媒体内容描述与生成方面的研究目前仍处于起步阶段，在一些方面还有待深入研究：①由于DNN的参数众多，需要大量的标注数据进行训练，且容易陷入过拟合，使得生成的句子严重依赖于训练集；②只利用了全局的CNN特征，缺乏对局部目标进行准确描述的能力，因而对局部目标仍然存在错误描述或缺乏描述等情况，特别是很难精确描述图像中各目标之间的相互关联；③仅利用了视觉单模态信息，缺乏对其他模态信息的考虑，更没有考虑视觉内容描述与人类情感、逻辑思维等因素的紧密关联。

当前的研究主要围绕单一媒体内容的自然语言描述，还需在训练集收集与应用、模型构建与高效学习、人类认知优化建模等方面提高与完善。此外，在视频、图像、音频、文本等内容的跨媒态描述方面，还少有涉及由文本生成图像、由音频生成视频等应用。考虑到人类对外界信息的认知是基于不同感官信息而形成的整体性理解，如何实现基于自然语言理解的各种模态信息之间的全面准确描述是一项极具挑战的研究任务。

3. 研究内容

跨媒体智能描述与生成的研究，旨在实现对视听觉数据的语义理解从浅层理解向深层理解的转变，对其语义描述对象从较简单的全局信息向更为复杂的细节信息转变，描述内容从一般化到针对特定人特定情景的个性化描述，模型的泛化性能从弱到强，监督信息从强监督到弱监督或半监督，学习机制从单纯的数据驱动向数据与知识交互驱动。为此，可从以下几方面展开研究，其研究框架与各部分之间的关联如图4.17所示。

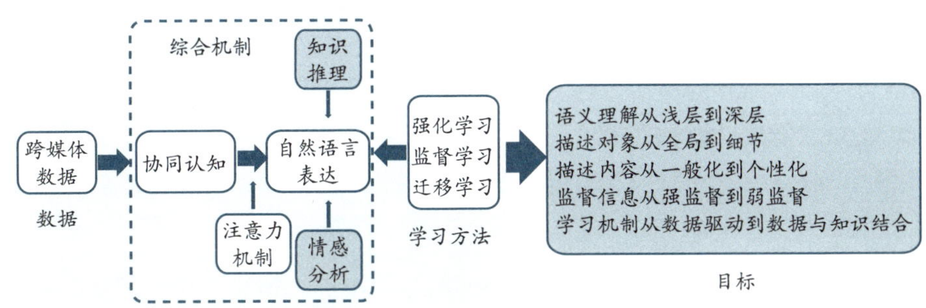

图4.17 研究内容概要及其关联

（1）跨媒体数据的协同认知计算。重点研究基于跨媒体复杂关联的媒体内容语义感知计算方法，针对具有时空关联、目标对象关联、用户关联、语义关联等不同源与不同类型的数据，在语义认知模型建模过程中充分考虑其协同学习机制，将面向应用场景的领域知识渗透到数据驱动的媒体内容认知与理解模型构建过程中。如此既能反映媒体内容本身的视觉语义，又能挖掘到媒体对象相关的先验知识，实现认知、表达、知识联合交互的认知计算建模。

（2）媒体内容的自然表达。充分发挥跨媒体协同认知模型在语义描述任务中对目标对象、动作、场景等语义的准确判知的能力，在语义描述生成过程中研究有效的视听觉注意力模型，实现视听觉内容与文本语言的对应关联，并联合基于序列学习的自然语言建模方法，实现融合视觉认知、逻辑推理与情感分析的媒体内容的自然语言表达。

（3）面向智能描述与生成的学习方法。由现代强化学习和深度学习相结合形成的深度强化学习方法是目前人工智能领域一个新的研究热点，已经在各种需要感知高维度原始输入数据和决策控制的任务中取得了实质性的突破。研究高效的强化学习算法，有效克服传统监督学习中的训练与测试的不一致问题，使得生成的自然语言表达更加符合人类语言习惯。同时，进一步研究迁移学习方法，使得模型能够进行小样本数据学习；研究半监督或弱监督的学习方法，以充分利用不完全标注的样本。

（执笔人：卢汉清，中国科学院自动化研究所；汪萌，合肥工业大学；刘静，中国科学院自动化研究所）

4.3.6 跨媒体分析推理引擎

1. 研究背景

随着互联网、物联网和大数据产业的快速发展，信息的传播呈现出跨媒体特性，即图像、视频、音频、文本等多种媒体的相互融合。传统单媒体分析技术由于处理信息有限，难以应对跨媒体大数据的复杂分析和推理任务，如何实现高效的跨媒体分析与推理就成了研究和应用的关键问题。然而，现有计算引擎主要从搜索引擎、特定领域专家系统、游戏智能、交互系统等不同角度开展技术研究（见表4.2），或重数据，或重规则，或重交互，彼此各有侧重却不全面，无法实现从跨媒体数据到知识再到智慧的高效转化。认知科学表明，人脑能够通过视觉、听觉、语言等感知通道，高效地表达和理

表4.2 现有计算引擎比较

计算引擎	数据类型	技术特点
搜索引擎	文本、图像	重数据搜索，轻分析推理
特定领域专家系统	文本	重规则和知识，轻数据分析，不具备领域适应性
游戏智能	游戏输入	重博弈对抗，不具备普适性
交互系统	文本、图像、音视频、穿戴感知等	重感知交互，缺乏推理能力

解复杂的外部世界。跨媒体分析推理引擎是支撑信息系统智能化处理的“大脑”，它能够通过视听感知、机器学习、语言计算等理论和方法，在跨媒体大数据处理的基础上，建立集跨媒体统一表达、关联理解与知识表征等技术为一体的高效智能计算系统，为跨媒体应用提供高密度的知识资源。因此，构建完整、成熟、自主演化的跨媒体分析推理引擎，能够为跨媒体公共技术和服务平台提供关键支撑，对于跨媒体智能走向实际应用至关重要。

2. 研究现状

研究跨媒体分析推理引擎，首先要解决的是海量信息智能搜索问题。现有搜索引擎以提供链接信息为主，并不能真正“理解”用户的搜索需求。智能搜索是未来的大势所趋，谷歌、百度、微软等公司相继提出了智能搜索的概念和技术框架（Uyar et al.，2015）。在对数据的高效检索的基础上，智能搜索力图实现信息服务的智能化和人性化，允许用户采用更接近自然语言的输入方式进行信息检索，提供更方便、更准确的搜索服务。在医疗信息领域，研究者提出了智能医疗搜索引擎的技术概念。然而，现有技术仅支持单一的信息检索需求，且仍以文本信息为主要内容，并不能深度解析视觉、听觉等跨媒体内容，以实现多维度的信息检索。尽管现有的一些技术能够支持跨越多种媒体的信息检索（Peng et al.，2017a），但距离实际应用还有较大差距，无法满足跨媒体公共安全等多元化的实际应用需求。此外，现有知识引擎系统在媒体类型上存在局限，如Cycorp公司开发并维护的Cyc项目致力于将各个领域的本体库及常识知识集成在一起进行逻辑推理，但现有的本体库（如WordNet、DBpedia等）都不支持跨媒体形态的知识本体，不能满足跨媒体知识学习和推理的需求。

在海量信息高效检索的基础上，跨媒体分析推理引擎需要具备较高的智能水平，以实现针对复杂应用的智能输出。近年来，由于机器学习、人工智能等相关领域的技术进步，国际企业和研究院相继推出了多种具有特定目的的人工智能系统。20世纪90年代，微软推出了专用于下国际象棋的“深蓝”（Deep Blue）和“更深的蓝”（Deeper Blue）（Hsu，2002），战胜了国际象棋冠军卡斯帕罗夫。2010年，苹果公司推出智能个人助手Siri，其处理过程使用了实体驱动或本体驱动的自然语言理解技术。2011年，IBM推出了智能问答系统沃森（Ferrucci et al.，2013），沃森在游戏问答比赛中战胜了人类常胜冠军，并进一步实现了医疗诊断的问答服务。随后，微软推出了聊天机器人小冰和接入推特的Tay等，通过与人类用户的交流和问答，不断提高其智能化水平。DeepMind公司推出了基于增强学习Q-Learning和卷积神经网络的人工智能系统（Mnih et al.,2015），其所需的任务数据（如AlphaGo的棋谱数据）必须转化成二维视觉信息，才能输入到卷积神经网络中进行处理。

然而，具有多模态和跨平台特性的跨媒体数据多源异构，现有智能系统和架构严重依赖规整的输入和特定的领域知识，无法适应跨媒体的数据特点，不能满足海量跨媒体上一般任务（如信息检索）和特定任务（如智慧医疗、内容监管、态势分析）的需求。因此，需要构建完整、成熟、高效、自主学习和演化的跨媒体智能引擎，形成集底层跨媒体数据表征、索引与关联以及知识表达、演化与推理等机制为一体的智能计算系统——跨媒体分析推理引擎，为跨媒体智能的实际应用提供知识和技术支撑（见图4.18）。

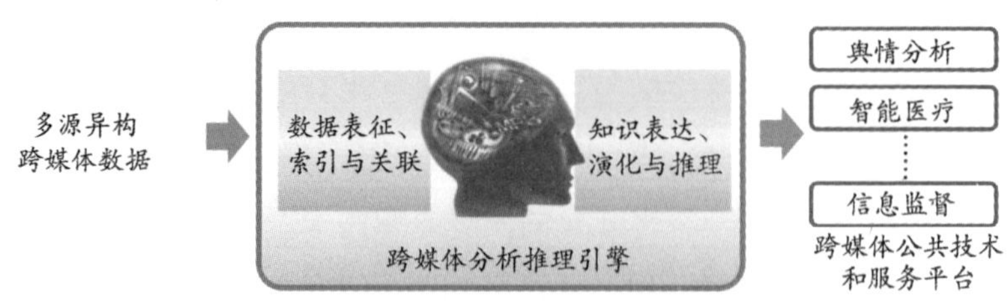

图4.18　跨媒体分析推理引擎是信息系统智能化处理的“大脑”

3. 研究内容

跨媒体分析推理引擎的主要研究目标是：构建面向多源异构跨媒体数据的海量采集、统一表征、深度挖掘和高效检索的分析推理系统平台，支持跨媒体大数据的关联和挖掘，支持亿级跨媒体知识的自动学习、演化以及推理，为跨媒体公共技术和服务平台的建设提供数据表征、知识发现和智能服务等关键技术支撑。为达到这一目的，需要进行如下研究（见图4.19）。

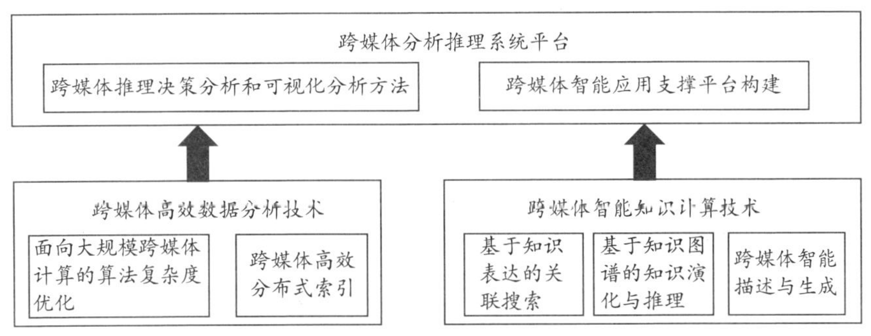

图4.19 跨媒体分析推理引擎的主要研究内容

（1）跨媒体高效数据分析技术。研究面向大规模跨媒体计算的算法复杂度优化理论和方法，构建轻量化、并行化和高通量化的计算模型，实现高效的跨媒体统一表征；研究跨媒体高效分布式索引结构，建立跨媒体数据对象的快速相似性计算与语义融合机制，加速数据驱动的跨媒体关联学习过程。

（2）跨媒体智能知识计算技术。构建基于知识表达的跨媒体精准关联搜索机制，实现面向知识演化与推理的跨媒体信息检索和知识计算框架；研究基于跨媒体知识图谱的知识搜索和获取方法，形成跨媒体知识演化与推理框架，实现跨媒体用户行为和意图的高效解析和反馈机制；建立数据与知识混合驱动的跨媒体智能描述与生成模型，实现符合人类认知理解与表达的跨媒体内容的全面准确描述。

（3）跨媒体分析推理系统平台。研究跨媒体多源异构数据的事件建模、动态跟踪和趋势预测方法，以及跨时空多源异构数据的推理决策分析和可视化分析方法；建立集跨媒体数据分析建模、语义理解、可视化、服务融合为一体的分析计算模型和方法，形成跨媒体智能应用支撑平台，为构建跨媒体公共安全、跨媒体信息检索、跨媒体智能问答、公共技术、服务平台等应用示范提供知识和技术支撑。

（执笔人：彭宇新，北京大学；黄庆明，中国科学院大学）

4.3.7 跨媒体分析推理验证系统

1. 研究背景

（1）跨媒体态势分析平台

物联网、社交网络、新媒体等信息技术的迅速发展，促使网络信息空间和社会空间形成了相互渗透、深度交融的跨媒体信息空间。跨媒体信息空间的形成一方面改变了人类的思维方式、生产生活方式和交流方式，另一方面对面向社会化多媒体信息空间的可感、可知、可控等方面提出了严峻挑战。由信息空间和社会空间共同构建的社会化多媒体信息空间以跨媒体信息为媒介，以人为主导，以社会结构为依托，体现出了典型的信息关联性、结构复杂性和演化动力性等特点。如何揭示跨媒体信息空间信息态势的形成及演化机理，并建立有效的推理和决策机制，也已成为学术界及产业界共同面对的重要难题。因此，需要以计算机科学为核心技术手段，利用复杂系统模型与仿真，借鉴社会科学的经典理论与实证思想，将数据驱动、模型驱动与实证驱动紧密结合。

（2）跨媒体内容监管平台

当前网络传输技术日新月异，特别是移动网络正从3G、4G向5G发展，人们使用移动终端浏览、收看、收听跨媒体信息的行为正在普遍化。截至2017年12月，我国网民规模达7.72亿，普及率达55.8%；我国手机网民规模达7.53亿，网民中使用手机上网人群占比高达97.5%（中国互联网络信息中心，2018）。然而，网络中隐藏着大量暴力、恐怖、反动等有害信息，极大地危害着国家安全和社会稳定，因此对互联网中跨媒体大数据进行有效监管已经成了国家的重大战略需求。互联网中的文本、图像、视频等跨媒体内容具有总量大、增速快、分布散的特点，这是监管面临的最大挑战。传统逐一扫描技术建设成本高，在网络带宽急剧扩展情况下难以为继。因此，研究基于跨媒体的分析与推理的理论和方法，构建智能跨媒体内容智能监管系统，是亟须解决的关键问题。

（3）跨模态医疗数据融合推理平台

伴随着多媒体采集以及分析技术的发展，视觉成像、音频分析、电信号处理以及病历文本分析等媒体技术被引入到传统的医疗与健康领域，不仅极大地丰富了诊疗过程所采用的技术手段，而且进一步提升了医疗诊断的质量。尽管数字化时代极大地提高了人们在医疗知识方面的积累和储备能力，带来了许多充满洞察力的多媒体医疗健康数据，但其应用依然处于单一媒介独立作用的阶段。随着人工智能和多媒体分析技术的成熟和普及，医疗行业将步入智能技术驱动的轨道，从基于经验医学和循证医学（统计学+小样本数据）的阶段，进化到基于海量多媒体数据跨模态智能知识融合与推理的个性化诊疗阶段。

2. 研究现状

（1）跨媒体态势分析平台

由于社会媒体数据具有数据充足、容易获得、反应及时等优点，国内外已有大量基于社会媒体数据对社会热点事件进行感知和推理的研究工作。Xiong等（2012）提出了易感—接触—感染—抵抗（susceptible，contacted，infected，and refractory，SCIR）模型，并探讨了模型仿真过程中随着传播速率改变的整个网络的动态变化。Tsur等（2012）把信息的内容特性、时间特性和网络拓扑特性相结合，使用线性回归方法预测了给定时间范围内推特上标签的传播情况。Guille等（2012）从微观角度将网络节点之间是否会传播信息转化为一个分类预测问题。现有研究工作集中在分析社会媒体中的文本数据，对图像、视频等多媒体数据的关注和利用不足；主要以单一社会媒体网络为研究平台，忽略了社会热点事件形成的跨平台协同效应；此外，忽略了网络空间与物理空间的交互，需要综合网络和物理空间系统研究跨空间条件下社会热点事件的产生原因、跟踪轨迹和演化传播规律。鉴于网络舆情分析的重要性，国内诸多机构投入了很大力量研发网络舆情分析应用系统，比较有名的网络舆情分析系统有中国科学院计算技术研究所的“天玑”舆情系统，北大方正技术研究院推出的方正智思舆情预警辅助决策支持系统，拓尔思（TRS）公司推出的TRS舆情分析系统，以及谷尼公司推出的谷尼网络舆情监控分析系统和谷尼微博舆情监测预警系统。当前，这些网络舆情分析系统均针对传统的网页信息进行内容分析，并不考虑信息在网络中的趋势特性，因此无法应用于跨媒体网络信息的态势分析，更无法实现网络舆论态势分析、苗头预判及有序引导。

（2）跨媒体内容监管平台

多个国家都建立了不同类型的互联网内容监管系统。如美国的PRISM系统、英国的TEMPORA系统和俄罗斯的SORM系统，均采用实时存储、离线分析的方式对互联网内容进行监听、监看。我国也已经建立了一批专门针对URL地址、音视频内容的监管系统，但主要采用主动采集、事后分析的手段，如公安部门的“金盾”工程、广电部门的“影视监看监听系统”，时效性差、覆盖面窄。网络安全采用被动发现、逐一扫描的方式进行在线分析，但由于跨媒体数据分散，特别是音视频内容的传输方式复杂，导致建设成本高，在网络带宽急剧扩展情况下难以为继。《“十三五”国家信息化规划》将网络安全保障列为国家信息化重大工程，《“十三五”国家科技创新规划》将国家网络空间安全列为“科技创新2030—重大项目”。清洗违法和不良信息是加强精细化网络空间管理的重要内容，有助于推动建立国际互联网治理体系。

（3）跨模态医疗数据融合推理平台

2011年，IBM公司将沃森智能系统应用到医疗健康领域，通过询问病人的病征、病史，使用自然语言处理和分析技术（Devarakonda et al.，2015），迅速给出诊断提示和治疗意见。为了进一步提升医疗诊断能力，沃森系统大量地“学习”了相关领域的顶尖研究文献，形成了具备强大多媒体知识库的智能系统，通过多模态分析系统支持电子病历、化验结果、医学影像、视频以及可穿戴医疗设备传感器的多种数据，已经将诊断领域拓展到对糖尿病、肺癌的辅助诊断。2016年3月，DeepMind宣布与英国国家医疗服务体系（National Health Service，NHS）展开新一轮的研究合作。在我国，多媒体智能技术也在医疗和健康领域逐步推进，国内互联网巨头百度建立了百度医疗大脑，试图构建新一代人工智能医疗诊断系统。在实际技术应用方面，北京协和医院上线了与云知声共同开发的“医疗智能语音录入系统”。国务院办公厅（2016）的指导意见提出要全面深化健康医疗大数据应用，而多媒体分析以及人工智能技术将是实现这一目标的重要技术手段。

3. 研究内容

（1）跨媒体态势分析平台

针对跨媒体网络信息平台传播速度快、渗透力强等特点对网络信息可控性提出的严峻挑战，应分别从信息空间和社会空间的角度出发，研究社会事件智能感知与推理方法，建立跨媒体网络信息的可信度计算模型，发展用户行为的可计算建模理论方法体系，构建跨媒体网络信息平行态势推演平台，通过应用示范系统的构建和理论方法的验证，为国家网络舆论态势分析、苗头预判及有序引导提供理论基础和技术支撑。

具体将研究跨媒体信息语义建模、关联挖掘和事件融合方法，揭示事件热度、用户观点及情感倾向性的演化规律，发展多模态信息跨空间协同分析和事件推理技术；发掘网络虚假信息的语言学模式、视觉模式以及传播模式，建立信息的可信度建模和实时计算框架，提出互联网潜在谣言事件的实时检测、态势分析和早期预警；揭示复杂用户行为、网络结构以及信息内容演化的动力学规律，建立用户与跨媒体信息交互行为的多尺度动力学反演模型；构建用户空间与信息空间的联合演化模型，研究跨媒体网络信息传播牵制策略以及信息传播社会影响力模型，实现跨媒体网络信息传播的预警与引导机制；对跨媒体态势分析平台研究的相关基础理论与共性技术进行集成验证，搭建跨媒体网络信息平行态势推演平台，开展重点领域的应用示范。

（2）跨媒体内容监管平台

面向互联网跨媒体内容监管这一国家重大战略需求，突破跨媒体分析与推理理论和方法在跨媒体内容监管应用上的核心技术瓶颈，构建跨媒体内容监管示范应用平台，并在国家互联网内容监管重要职能部门中进行示范引用，开辟互联网智能内容监管新的发展方向。

具体将研究基于智能融合的互联网跨媒体内容监管，主要包括以下方面。①在数据层面，结合智能跨媒体信息抽取技术、社会媒体舆情监控技术，研究热点数据的快速发现与关联技术。②在内容层面，构建基于大规模智能子串匹配的有害文本信息识别模型，研究基于跨媒体信息融合的智能数据分类技术；基于深度网络学习技术，研究统一网络架构、多样化网络模型适应不同的内容分析任务，研究针对旗帜、标语、标识、爆炸场面、暴恐人物识别等对象或事件的视觉深度学习模型；研究基于深度网络学习的有害音频识别模型；针对跨媒体内容监管，研究基于跨媒体关联分析的多模态信息融合方法，打破不同媒体间的信息表示壁垒，实现跨媒体内容的有效监管，形成针对暴恐视频、特定频道等有害或非法内容识别的应用模型；研究深度模型的压缩、加速方法，提升内容监管平台的大数据实时处理能力。③在应用层面，研究互联网跨媒体内容传播跟踪技术，实现跨媒体内容的高效智能管控，研制面向智能内容分析的专用设备，以提高智能内容分析的性能。

（3）跨模态医疗数据融合推理平台

针对医疗数据的多源异质特性，建立跨模态智能分析模型，融合不同来源与不同形式的数据，对医疗数据进行完整的信息提取和智能推断。建设模块化医疗数据智能分析平台，研究跨模态融合推理模型在不同医疗应用场景中的可迁移性，增强模型的普适性。建立知识引导模型训练机制，以监督的方式将医学知识引入模型训练过程，形成“人工智能+专家反馈”的闭环系统框架。

宏观方面的具体应用主要包括以下四项。①公众健康监控与快速反应。支持疫情的快速发现、跟踪与响应，提高公众健康风险意识，降低传染病感染风险。②医疗资源滥用分析挖掘。融合医学知识和多源医疗数据，发现医疗资源滥用的模式特征，检测过度医疗行为，并为医疗资源滥用的判定提供数据支撑。③医疗资源的前瞻性调度。预测重大疾病的高危人群，提前部署医疗资源并采取预防措施提高治愈率并降低发病概率。④面向公众的在线问诊系统。研究实时视—听—成像—询问等媒体信息获取系统，构建在线咨询、推理、诊断系统，为公众提供准确及时的智能化健康咨询。

微观方面的应用围绕数据与知识混合驱动的医生决策支持系统展开，帮助医生全面综合的认知患者当前状况，为患者提供更合理有效的治疗方案。具体应用主要包括以下四项。①疾病的早期诊断。通过融合分析多模态数据弥补人类对疾病认知的不足，实现疾病的风险预测和提早诊断。②个性化精准治疗。基于相似案例推理方法，为患者选择差异化的诊疗路径并提供针对性医疗流程解答服务。③治疗方案的偏差检测以及补充。检测患者实际治疗效果与预期的偏差并评估其重要性，及时调整和充实已有的治疗方案。④新型沉浸式治疗方法。利用多媒体视—听—触技术，根据患者的生物信息反馈，实现神经、体液、器官组织的调节。

（执笔人：郑庆华，西安交通大学；张勇东，中国科学技术大学；朱文武，清华大学；钱步月，西安交通大学；崔鹏，清华大学）

4.4 智能计算芯片与系统

面向各种人工智能应用对智能计算平台的共性需求，本节提出超越经典冯·诺依曼体系结构、适合非线性时空信息处理的新型体系结构和计算模型，研制超越传统计算机的智能计算系统，开发配套基础软件、系统软件和应用软件。构建涵盖高能效芯片、新型体系结构、高性能计算系统、操作系统和通用智能软件平台的自主技术链和相应的标准体系。

4.4.1 神经网络处理器

1. 研究背景

神经网络处理器是支持国家人工智能2.0重大计算问题科学研究和智能创

新的重要硬件基础条件。当前，大数据收集的便利性和数据累积的规模对计算能力提出了更高的要求。然而，目前的基础硬件设施还没有足够的算力能完全支持未来智能计算的发展，硬件平台及处理器架构在人工智能计算的效率方面存在瓶颈。因此，在新一波的人工智能浪潮下，智能算法的高速发展以及对智能计算高算力的要求催生了神经网络处理器。

2．研究现状

不管是在国内还是国外，神经网络处理器的研究主要追寻三个技术路线（见图4.20）：①适用于多并行计算的GPU，以英伟达Tesla系列为代表，目前占据智能市场70%以上的市场份额；②ASIC解决方案FPGA，如百度公司与赛灵思（Xilinx）合作推出的基于FPGA架构的XPU芯片；③基于ASIC架构的定制芯片，如寒武纪科技的神经网络处理器Cambricon 1A和谷歌的张量处理器（tensor processing unit，TPU）。由于智能芯片还未大面积普及，人工智能算法硬件计算平台以GPU为主打。英伟达GPU芯片的主要应用方向有数据中心、自动驾驶、嵌入式芯片等。英特尔在人工智能芯片上的布局从收购FPGA制造商Altera开始，借用FPGA技术来为自身的智能化发展做贡献。谷歌目前已经发布了两代TPU产品，基于ASIC在神经网络推断方面的优秀性能，极大地提升TPU的计算性能。以往需要上百台GPU和CPU联合训练与推理的AlphaGo，在使用TPU进行计算之后，仅仅需要4块TPU进行联合计算，极大地缩小了用于智能计算的硬件设备的体积。寒武纪科技的芯片主打深度神经网络计算，从底层硬件就开始进行神经元的定制和矩阵运算的设计，效率和性能优势明显。2016年推出的寒武纪1A处理器是全世界首款商用深度学习专用处理器，其搭载在全世界首个深度学习专用处理器芯片中。

就智能硬件发展趋势而言，ASIC未来将成为智能芯片主流。专用硬件加速解决方案具备低功耗、高性能的优点。伴随着社会对智能化计算能力的需求不断提升，未来包含AI功能的专用硬件加速芯片或将成为主流芯片。基于神经网络处理器硬件基础设施的发展，未来对智能计算能力的需求已经吸引了各个国家对建设智能超级计算机的注意力。日本方面已投资1.75亿美元实

	主要应用方向			
英伟达	数据中心芯片	自动驾驶芯片	嵌入式芯片	图形图像处理芯片
英特尔	NervanaEngine 深度学习定制芯片	Xeon Phi +Nervana 云端顶层计算	Xeon +FPGA 云端中间层计算	
谷歌	自用芯片TPU	TPU二代CloudTPU	AlphaGo	
寒武纪	智能终端处理器IP	云服务器芯片	机器人芯片	手机设备集成
其他（地平线、深鉴科技等）	嵌入式芯片 ADAS辅助驾驶 智能家居 算法+芯片的解决方案 嵌入式人工智能 智能安防 深度学习应用系统			

图4.20 国内外智能领域的布局

施智能计算机基础硬件设施研发的五年计划，宣称将在2019年推出E级智能超级计算机。美国国防高级研究计划局对高校研究机构的十年资助计划也志在取得对智能计算基础硬件设施的重要突破和进展。

基础硬件主要面临以下挑战：①专用性较强，通用性不足。目前智能芯片的发展停留在对CNN、RNN等特定神经网络的专用定制，对传统机器学习、人工智能算法的支持力度不够；②智能算法的编程模式不统一，神经网络处理器需要对多种编程框架进行支持，研发周期长，更新速度慢；③神经网络处理器多面向中小规模的集群设计，与超算智能平台的融合力度不够，未来需尽快找到与超算智能平台结合的突破口，尽早实现智能超算系统，以支持大规模问题的智能化计算。

3. 研究内容

未来人工智能的发展必然要依赖于神经网络处理器的计算能力和速度。神经网络处理器的研究主要有两个方向。①设计定制式的系统集成神经网络处理器。针对某一类神经网络算法进行硬件定制，从而完成加速。典型例子有深鉴科技基于FPGA进行专业定制的分布式处理单元（distributed processing unit，DPU），它专注于CNN的加速运算，通过硬件对CNN进行专门定制，在处理同样的基于CNN算法的智能任务时，能效相较于GPU有很大提高。

②设计神经网络的通用处理器，提供配套的软件开发平台，不专门针对具体的某一类算法进行定制，发展前景广，通用性强。

神经网络处理器的研究内容主要包括以下四项。

（1）处理器体系结构的研究。这方面的研究主要包括结构设计、运算单元结构、存储单元结构、拓扑结构、通信协议和路由算法等。

（2）通用神经网络处理器指令集设计。针对神经网络处理器的高并行性、高可扩展性、高效率和高性能设计专用指令集，对处理器的运行进行合理高效的指导和优化，从而提高处理器在实际应用中的性能。

（3）面向神经网络处理器体系结构的系统软件。在基于深度学习算法结构的、包含特定硬件优化的抽象系统的基础上，研究实现整洁和优美的语法系统；研究针对智能计算编程语言的编译器设计技术，以实现程序到自主智能指令集的编译及优化。

（4）面向神经网络处理器的软硬件协同优化技术。在软硬件功能设计和仿真评价过程中，软件和硬件必须是互相支持的。软硬件功能模块在设计开发的早期就需要互相结合，进行协同化设计，提高软件与硬件协同工作的性能，从而及早发现和解决系统设计的问题，避免在设计开发后期反复修改软件和硬件协同不好所带来的一系列问题。软硬件协同化设计有利于充分挖掘系统潜能，缩小体积，降低成本，提高整体效能。

（执笔人：陈云霁，中国科学院计算技术研究所）

4.4.2 类脑计算芯片

1. 研究背景

人脑是一部极其高能效的计算机，具备冯·诺依曼计算体系架构不可比拟的特征与优势：能够通过与外界交互实现自主学习，高度容错，且具有巨大的计算并行性、高度的连接性，以及低运算频率（约100Hz）、低通信速度（每秒钟几米）和低功耗（约20W，而基于冯·诺依曼体系结构建造一个与人脑复杂程度相当的计算机的功耗约为100MW）。类脑计算或称类脑工程的基本思想就是将神经科学的概念应用于计算机器件、算法、电路和体系结构设计，以实现类似人脑的计算功能，包括提高计算复杂度，提高计算效率，降低功耗等（顾宗华等，2015；Chicca et al.，2014；Merolla et al.，2014）。

类脑计算的目标是制造出类脑计算机，通过对其进行刺激、训练和学习，使其产生与人脑类似的智能甚至涌现出自主意识和自我进化。其中，类脑计算机的主体是大规模神经形态芯片。类脑芯片主要包括神经元阵列和突触阵列两大部分，前者通过后者互连，使得一个神经元和成千上万个神经元相连接，同时神经元行为和互连关系高度"可重构"，以实现生物大脑的局部甚至整体功能。

2．研究现状

大脑的认知是人类认识自身的终极挑战之一；模仿大脑神经网络的计算模式，进行高效的巨并行计算，是突破当前计算机瓶颈的重要途径。1997年，美国启动了人类脑计划，从分子、细胞、系统、全脑、行为等不同层次开展人脑的结构和功能研究，开启了全面揭示人类大脑奥妙的序幕。2008年DARPA率先部署了类脑计算芯片的关键技术研发项目，开展"神经形态自适应可塑可伸缩电子系统"（Systems of Neuromorphic Adaptive Plastic Scalable Electronics，SyNAPSE）研究，旨在研制出具有百万神经元级别的类脑计算芯片。2014年，美国白宫资助启动了神经系统科学计划BRAIN，计划在十年内绘制出一个人类大脑回路更清晰的图谱，为治疗神经系统疾病铺平道路。2014年，美国高级情报研究计划署还发起了以"大脑皮层网络机器智能"（Machine Intelligence from Cortical Networks，MICrONS）为代表的五年研究计划，目标是在复杂信息处理任务上获得类似人脑的性能。2013年，欧盟启动了总金额11.9亿欧元、预期十年的人类大脑计划（Human Brain Project，HBP），内容包括脑结构数据、认知行为架构、神经信息学、大脑模拟仿真、高性能计算平台、医学信息学、神经形态计算平台、神经机器人平台、模拟应用和社会伦理等，并构建脉冲神经网络架构（Spiking Neural Network Architecture，SpiNNaker）和神经形态计算（Brain-Inspired Multiscale

Computation in Neuromorphic Hybrid Systems，BrainScales）两套类脑计算系统。2014年，日本发起了投入约400亿日元的大脑研究计划Brain/MINDS（Brain Mapping by Integrated Neurotechnologies for Disease Studies），旨在通过对灵长类狨猴大脑进行神经技术研究，建立狨猴大脑发育及疾病发生的模型，以此加快人类大脑疾病症的研究。中国脑计划的讨论始于2013年，经过几年来的酝酿，我国《"十三五"国家科技创新规划》已将脑科学与类脑计算研究列为"科技创新2030—重大项目"。

3. 研究内容

为了实现高智能、低功耗的类脑芯片，需要基于人类感知和脑科学的研究成果以及生物行为的启发，开展具有类人感知、自律学习、决策、行为控制和初步创造能力的类脑计算芯片的探索、设计及应用研究（见图4.21）。

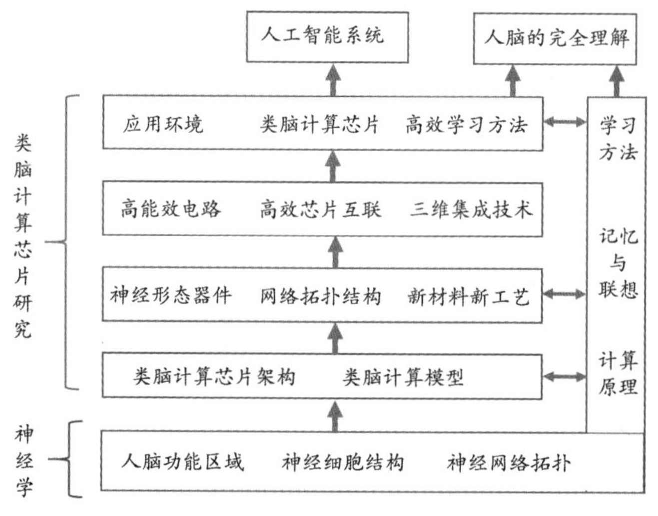

图4.21 类脑计算芯片的研究内容及其与神经科学的关联性

（1）类脑计算芯片的体系架构。类脑计算芯片的体系架构不同于现在常用的冯·诺依曼体系，而是一种分布式并行处理架构，但不能单纯通过神经元和突触连接规模增加来简单地实现，需要在借鉴神经科学的研究成果和新的计算模型的基础上开展体系架构研究。大脑左右半球和不同功能区域所对应的神经网络计算模型以及学习方法相互不同，但具有相互关联性。大脑皮质计算模型对应深度学习网络、自组织映射神经网络和贝叶斯网络等，采用无监督学习方法进行学习；大脑基底核对应强化学习神经网络，采用强化学习方法进行学习；海马计算模型对应自我联想神经网络，主要实现联想记忆；小脑对应感知机网络模型，进行有监督的浅层学习，主要实现运动控制。类脑计算芯片的体系架构应在实现各个功能的基础上巧妙地将这些不同功能相互组合在一起，并且进行分类学习，为实现具有类人感知、自律学习、决策、行为控制和初步创造能力的类脑计算芯片奠定基础。

（2）神经模型及其器件。研究实现更加精确的神经模型和更加简单的神经形态器件是当前类脑计算芯片研究中的重要挑战之一。研究更加接近人的神经细胞的神经形态模型，增加每个神经元的突触数量到百个量级（突触具有长期或者短期记忆的可塑性，能够用神经信号的频度传递和表示信息）。采用CMOS数字电路或者数模混合电路构建神经元，可以精确地实现神经元功能和性能，但是单个神经元电路的规模太大，难以大规模集成。近年来出现的新型忆阻器件具有突触权重系数可编程、结构简单、面积小、器件内部离子输运动力学具有生物相似性等优点，器件可实现模拟型权重、点乘运算和多输入多输出等功能，可支持连续型和脉冲型神经网络，为实现高密度、低功耗的类脑计算芯片提供了潜在解决方案。

（3）高能效器件、电路及芯片互联技术。开展面向高能效类脑计算芯片的低功耗器件和电路结构研究，如低功耗忆阻器件、近阈值与亚阈低功耗电路、近似计算电路、存储内计算处理电路、异步电路技术、脉冲型信号处理电路、分布式处理与存储电路结构、高效片上网络电路，实现处理能力高、功耗低的类脑芯片电路。开展面向高能效类脑计算芯片互联和大容量存储器互联的高能效高速通信电路技术，设计Tbps量级大容量硅基光电子互联电路，破解芯片之间大数据交互的瓶颈。此外，还要研究芯片三维集成技术。类脑芯片的感知、处理、存储和通信功能分别适合不同的半导体集成电路工艺技术，因此需要采用三维芯片集成技术完成一体集成。

（4）类脑计算芯片的高效学习方法。深度学习在图像识别和语音识别领域取得了巨大的成功，但是深度学习需要通过庞大的训练数据进行学习，并且所得到的神经网络结构是一个“黑箱”，通常很难理解和解释其详细的结构和机理。这种深层神经网络在结构和学习方法上都与我们所认知的人脑有着巨大的差别。目前常用的深度卷积神经网络和递归神经网络结构并不能反映人脑的六层层状大脑皮质结构，并且人脑并不总是需要大量的数据来进行训练的，甚至只通过一个样本的学习就可以实现训练学习。通过少量数据实现学习的高效学习方法是类脑计算芯片研究中的重要课题之一。因此，要开展面向类脑芯片的高效率学习方法研究，突破当前的深度学习方法严重依赖大量训练数据、效率低的瓶颈，开发出更加接近人类的高效训练方法，如统计机器学习方法、数据与仿真结合方法和拓扑数据分析等，尤其是面向类脑计算芯片在线学习的高效学习方法。

（5）类脑计算芯片的应用开发环境。进行类脑芯片指令集和编译器开发，设计支持自律学习、认知、思考、推理和控制等功能的完整指令集；建立应用开发者友好的芯片应用开发环境，推动类脑芯片的应用软件开发，促进类脑芯片的应用推广；构建人工智能信息处理系统，实现端节点图像、声音大数据实时分类识别、类人机器人自律行走和操作、高速移动与飞行终端自律及协同运动飞行、经济和社会态势的预测、复杂问题的求解等应用。

（执笔人：杨玉超，北京大学；吴南健，中国科学院半导体研究所；马德，浙江大学；黄如，北京大学）

4.4.3 新型感知芯片与系统

1. 研究背景

感知是智能的源头，是大脑智能的重要组成部分，可作为机器智能仿脑的优先突破口。20世纪50年代即有学者开始开展对生物视觉神经机理的研究（黄铁军，2017）。70年代，大卫·马尔（David Marr）在对神经计算建模研究的基础上，开辟了计算机视觉方向。1978年，美国神经学家弗农·蒙特卡斯特（Vernon Mountcastle）（1978）提出，大脑皮层处理视、听、触等感知信息的原理是一样的。一旦发现了大脑的视觉“算法”，也适合其他感知通道。

受益于视频技术和计算机技术的广泛应用以及性能的不断提升，基于传统摄像头和经典计算平台的计算机视觉研究汇聚了大量人力，但是，伴随电影电视发展起来的视频系统处理信息的方式与生物视觉相距甚远，把视觉过程转化为计算机算法往往是削足适履。随着大规模视频监控、无人驾驶、智能传感、脑机融合等应用需求的出现，更灵敏、更智能和复杂度更低的新型机器感知算法成为必然发展方向。为了模拟生物神经系统的感知机理，神经脉冲信号表达和脉冲神经网络必将成为感知智能芯片与系统的主流。本节将简要介绍基于类脑原则的视觉、听觉、触觉等感知芯片与系统。

2. 研究现状

在神经形态视觉感知芯片与视觉智能方面，生物视网膜的结构复杂性和处理智能性远远超过我们的预期（Gollisch et al.，2010）。受生物视网膜中神经元传输信息方式的启发，加州理工学院的Carver Mead在20世纪90年代初提出了神经形态工程概念，在硬件上采用一种称为地址事件表达（address event representation，AER）的异步信号传输方式来模拟神经元的异步通信。基于这一原理，瑞士苏黎世大学研发了动态视觉传感器（dynamic vision sensor，DVS）（Lichtsteiner et al.，2008），法国视觉研究所的Ryad Benosman团队开发了异步时间域图像传感器（asynchronous time–based image sensor，ATIS）（Posch et al.，2008），新加坡南洋理工大学陈守顺教授研制出了时间灵敏度达到25ns的Celex芯片。由于DVS的输出是一系列脉冲，而不是传统的基于像素矩阵的图像帧，需要设计新的后端处理算法，因此脉冲神经网络成为主要建模与识别方法。唐华锦团队提出了一种脉冲层级模型（Zhao B et al.，2015），利用AER视觉传感器的输出中所蕴含的精准时域信息进行对象识别。与上述记录微分信号的方式不同，黄铁军团队从重构任意时刻影像的角度出发，提出采用积分模式进行时域量化的视觉信息编码模型并研制了原型芯片。

在神经形态听觉感知芯片、听觉智能方面，神经形态听觉传感器是一种将输入的声音编码成脉冲输出的硬件设备，包括人工耳蜗。对生物体内听觉神经纤维脉冲序列的进一步的理解，对研发具有鲁棒性的自动语音识别系统有着重要的意义。在语音识别系统中，听觉传感器可以作为传入声音的预处理器。生物学上耳蜗的听觉神经输出由异步的脉冲事件流组成，Jiménez-Fernández提出的神经形态听觉传感器具有生物可解释性，能够产生一种类似于生物耳蜗的脉冲输出的表示形式。Liu S C等（2010）研发了具有64个通道的双路事件驱动耳蜗，Xu Y等（2017）在FPGA上实现了一个实时的自适应耳蜗模型，可以将听觉模型与动态语言和音乐处理与跨感官感知处理相结合。使用脉冲来表示信号，可以提高系统的鲁棒性和对环境中噪声的抗干扰能力。

在柔性触觉传感器及触觉智能方面，柔性皮肤（也称人工皮肤或电子皮肤）触觉传感器被定义为能够通过接触表征出被测物体的性质（表面形貌、重量等）或数值化接触参量（力、温度等）的设备或系统，是触觉传感器的研究热点。柔性触觉传感器（Pan et al.，2014）需要较高的精度和稳定性，通常还必须具有高柔性与高弹性等，至今仍是研究的重点与难点。而触觉感知近年来的最新成果主要集中在研究触觉感知的结构和机理、构建高效的编码和触觉神经网络算法、提出触觉感知的框架体系等方面。

在脉冲编码与学习算法方面，脉冲编码与学习算法是设计仿脑感知芯片与系统的重要组成部分，不同的感知系统（视觉、听觉和触觉）拥有不同的脉冲编码机制。受生物视觉系统的启发，Hu等（2013）提出了有效的视觉编码并结合脉冲神经网络进行学习。Dennis等（2013）从生物的角度出发，提出了一个基于局部频谱特征的声音识别系统（LSF-SNN系统），通过寻找最好匹配单元，对输入的关键点信息进行映射，从而形成一个稀疏的脉冲模式来表达关键声音信息，对噪声具有鲁棒性。触觉的机理来自于触觉神经（默克尔细胞）受到激励时会产生相应的脉冲信息，Maksimovic（2014）总结了提取触觉特征编码的方法。基于脉冲神经元突触可塑性机制的代表性算法有Tempotron（Gütig et al.，2006）和PSD（Yu Q et al.，2015），这两者已被成功应用于视听觉分析，而触觉的识别方法目前主要集中在深度学习（Sohn et al.，2017）上，基于触觉机理的神经网络框架和实现需要进一步研究。

生物感知的最大优势在于其面对复杂多变环境时的自适应处理和响应

能力。新型感知芯片与系统需要在结构（如非经典感受野、反馈连接）和性能（如选择性注意、小样本学习）上尽可能接近人类大脑对应皮层的信号处理机制。新型感知芯片与系统应该是生物机理模型与硬件体系结构的完美结合。基于脉冲编码和学习能力的新型感知芯片（如神经形态芯片）处理来自特定仿生感知器件（仿视觉、仿听觉、仿触觉）输出的脉冲数据，实现相应信号的检测与识别等功能。这类芯片具备识别率高、功耗低、延迟低等特征，未来可应用于智能仿生感知单元（如高速智能摄像头）、传统计算机与嵌入式系统内的仿脑视觉感知系统、与传统深度学习芯片或神经形态处理芯片相搭配的仿脑智能系统、与云端结合的泛在感知智能终端等。新型感知芯片研发需要综合运用多学科知识，加大研究力度，取得技术的突破，以满足机器人、医疗健康、航空航天、军事、智能制造、汽车安全、人机交互等领域的需求。

3. 研究内容

机器感知一直是传统人工智能的薄弱环节，因而新型感知芯片与系统的主要研究内容是模拟生物视、听、触等感知通道的信号处理和信息加工机理，研制新型感知芯片并进行系统实验和验证，达到高智能、高灵活和高能效的目标（见图4.22），具体内容包括以下几方面。

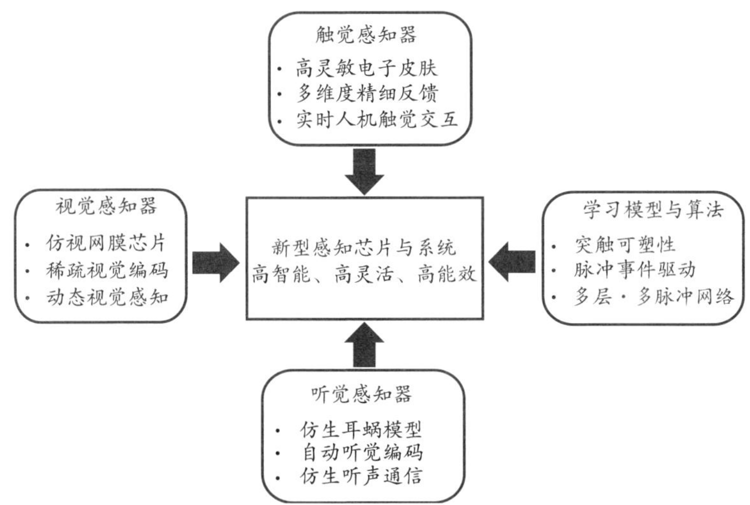

图4.22 新型感知芯片与系统研究内容

（1）研制仿视网膜神经网络结构和机理的高灵敏、高动态、高保真仿视网膜视觉芯片。模拟生物视觉事件驱动、稀疏表示和异步传输等机理，提出适合脉冲神经网络的高效编码算法，研制“结构类脑，速度超脑”的高速视觉芯片；模拟大脑的动态非经典感受野、选择性注意等独特视觉机理，建立从复杂视频图像数据中快速、准确搜索目标区域的计算理论、模型和算法，研发超高动态、超低延时、超高能效的感知处理一体化芯片，实现具备小样本下自适应、自学习能力的智能感知系统；借鉴不同生物的独特视觉特性（如夜间活动动物的强大夜视能力），构建针对特殊应用的视觉仿生计算理论、算法和高效芯片。利用脉冲神经网络进行输入信息的分类、识别和学习，需要解决神经信息编码和学习算法这两个主要问题。由神经科学实验提出的神经编码方法包含了关于信息提取的大量冗余信息，因此，直接应用神经编码方法往往不能为脉冲神经网络提供有效的信息表达，需要探索优化的、鲁棒的脉冲编码方法。

（2）研究生物听觉机理，攻克听觉模型建立、编码、自适应特征提取、学习等关键技术，研究关键核心芯片，构建仿生听声通信和探测电子信息系统。研究人耳听觉系统的生物原理，提出高效的听觉编码方法与学习算法。人类能够听到不同的声音是由于不同大小、不同形状的物体通过不同频率的振动，带动空气形成压力波并传播到人耳；人耳的鼓膜在感知到这些压力波之后，即充当滤波器组的作用将声音分解成不同频率的波，并刺激内耳毛细胞的活跃程度发生变化，以产生不同的脉冲模式，同时通过听觉神经传递到脑干中；最后，大脑经过某种复杂的处理流程即可将声音的特征表达出来，使得人们能够轻易地区分不同的声音。通过模拟人耳与大脑处理声音的流程与编码方法，可将声音信号编码为稀疏的脉冲模式，并充分保留信号中的高维信息。在对声音进行脉冲编码之后，需要通过有效的脉冲学习算法来完成对声音脉冲模式的学习。此外，如何将听觉模型在硬件上实现也是研究重点之一。

（3）研究模拟生物皮肤的高灵敏度触觉感知器件和芯片，构建主动接触和精细反馈的触觉传感器和电子皮肤。触觉智能感知的研究重点是研究模拟生物皮肤的高灵敏度触觉感知器件和芯片，并构建触觉传感器、触觉神经网络和触觉反馈融合的电子皮肤系统。触觉传感器的研究重点在于柔性化、弹性化、空间分辨率、灵敏度、快速响应、透明化、轻量化和多功能化等方面，目前的困难主要是难以兼顾高柔性、高弹性和高灵敏度。另外，柔性传感器设计制作工艺复杂、可扩展性差且成本高，因此其元件和芯片规模制造技术也需要提升。基于深度学习的触觉神经网络研究还处于研究初期，需要大量原始触觉数据的积累和验证，并要与触觉的机理相配合，才能建立高效的触觉神经网络软件。触觉反馈技术则研究用电子和机械装置模拟触觉刺激的方法，建立人机触觉交互的功能，需要多种精细的实时控制和触觉模拟。触觉传感器、神经网络和触觉反馈集成融合，将组成具有智能感知、主动接触和精细反馈的人工皮肤，可广泛应用于机器人、医疗健康、航空航天、军事、智能制造和汽车安全等领域。

（4）脉冲神经网络建模与学习算法。神经元之间的可塑性使得生物神经系统具有强大的学习和适应环境的能力，因此在建模中考虑由外界环境变化和神经过程引起的神经突触的变化的调整能力是极为重要的。随着精确脉冲定时（precise spike timing）以及突触前激发和突触后激发之间的时间间隔被发现，脉冲时间依赖的可塑性（spike-timing dependent plasticity，STDP）和精确脉冲驱动的学习算法成为主要研究热点。在对神经元的单脉冲输出和多脉冲输出的对比中发现，神经元的多脉冲输出可以大大提高分类精度和学习容量。因此，基于精确脉冲驱动的多脉冲输入—输出映射的脉冲神经网络学习算法是研究的重点，可广泛应用于视觉、听觉、触觉等不同感知任务中。

（执笔人：黄铁军，北京大学；唐华锦，四川大学；李永杰，电子科技大学；王慰，北京印刷学院）

4.4.4　智能计算体系结构与系统

1. 研究背景

传统CPU以通用为目的而进行设计，且存在“存储墙”问题，在处理深度学习和超大规模脉冲神经网络等专门问题时，其能效性无法达到最优，因此主流的人工智能系统框架大多使用CPU+GPU的混合结构，但是这种混合结构也同样面临着能效性的问题。使用ASIC可以取得较好的能效性，然而ASIC的设计周期可以长达数月至一年，远远长于算法更迭的周期，因而出现了基于FPGA或粗粒度可重构阵列（coarse-grained reconfigurable arrays，CGRA）等可编程结构的设计方案。总体而言，基于深度学习等技术框架的应用和基于SNN的类脑研究从高能效性、可扩展性、高容错性、实时性和支持神经网络模型的灵活性等方面对智能体系结构提出了新的要求。

2. 研究现状

从计算机科学的角度来看，针对智能计算体系结构与系统的研究可以分为以下三类（见图4.23）。

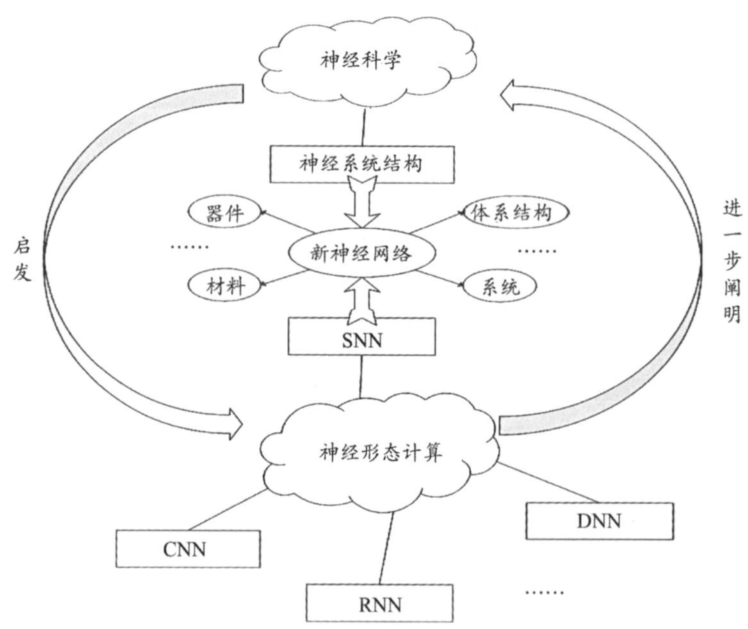

图4.23 智能计算体系结构与系统研究内容

第一类研究被神经科学所启发，主要目的是构建能够高精确度地模拟大规模生物神经系统结构的软硬件系统，从而更好地理解大脑的结构以及工作过程。尽管这类研究的一个重要目的是为神经科学的发展提供支持，但是其中的许多项目开拓出了与传统的超级计算机集群不同的体系结构。这类研究以欧盟2011年启动的BrainScaleS（Brüderle et al.，2011）、惠普公司联合波士顿大学开发的Cog Ex Machina（Snider et al.，2011）以及曼彻斯特大学的SpiNNaker系统（Furber et al.，2013）为代表。

第二类研究从现有的深度学习网络结构出发，针对特定类型的神经网络以及特定的训练算法，开发专用的硬件，从而加速深度学习中的学习或训练过程。这类研究由企业主导的情况较多，其中具有代表性的成果有谷歌公司开发的TPU（Jouppi et al.，2017）、微软公司开发的Branwave（Burger，2017）以及中国科学院计算技术研究所开发的寒武纪芯片（Chen T et al.，2014）。

第三类研究受神经系统结构启发，参考神经系统的结构来开发新形态的硬件系统。这类系统参考生物的神经系统来组织自身结构，并利用数字电路或模拟电路来实现神经系统中的组成成分，如神经元、突触和灰质等。这类研究与第一类研究不同，因为其目的并不是模拟神经系统，而是希望从神经科学中得到构建低功耗高性能的新型体系结构的启发；这类研究也不同于第二类研究，因为这类研究并没有针对特定的一种或一类神经网络模型去进行设计。这类研究的成果包括IBM开发的TrueNorth神经网络芯片（Merolla et al.，2014）、斯坦福大学开发的Neurogrid（Benjamin et al.，2014）、浙江大学的“达尔文”芯片（Shen et al.,2017）以及清华大学的“天机”系列芯片（Shi L et al.，2015）。

3. 研究内容

为了在以神经形态计算为代表的智能计算系统关键技术领域取得突破，应在神经科学、计算机系统、电子器件和材料等领域形成密切的相互协作。为了达到这一目的，需要加强如下几点的研究。

（1）智能计算相关算法和基础理论。基于神经科学、非线性动力学和计算科学等理论，深入研究智能计算相关基础理论及算法。了解系统基本特性及操作原理，在适应现有计算机训练学习的同时取得算法、理论等基础性突破，为智能计算系统的设计研究提供理论支撑。

（2）面向智能计算的大规模模拟平台。面向智能计算开展大规模模拟平台的研究，可在不同抽象层次支持不同神经系统结构的研究需要。提供器件级、电路级、材料级的大规模模拟，支持和小型器件的联合使用；高层模拟支持对计算模块、连接模式、可编程性要求的检查和测试；提供对系统性能、特性及能效的模拟估计功能。模拟平台可对理论结果进行检测并协助训练算法的开发，从而有效改进设计。利用大型模拟平台的开发，深入研究智能计算系统研发中的软件、结构、器件等问题，并进一步优化系统结构。

（3）超大规模类脑计算机平台。参考人类大脑神经网络的基本结构，研究设计新型超级神经形态计算机体系结构和系统，重点解决类脑模拟中的超高并行、超大规模、低功耗和复杂互连等问题，支持灵活神经元模型和神经网络配置，实现数百亿个神经元、数万亿个突触的实时模拟仿真。类脑计算机平台可以用于探索人脑的结构和运行机理，支持人工智能的理论创新。此外，平台还可以探索新的计算机体系结构，突破传统超级计算机的局限性，实现低功耗、高并行性的新型超算系统。

（4）面向智能计算的芯片及系统架构。从计算模块研发、芯片研制、系统架构设计等方面对神经形态硬件展开研究。结合神经科学、材料科学、器件工艺、电路设计及软件等多领域需求，改进材料和器件的性能参数，利用新材料、新器件、新电路和新体系结构构建完整的功能计算系统，同时面向智能计算系统的集成和原型设计展开研究。

（5）面向智能计算的配套基础软件。研发面向智能计算的配套基础软件环境。该软件环境应对模拟仿真平台和神经形态硬件提供良好支持，基础软件环境须和大规模模拟仿真平台形成配合。软件应提供较好的编程开发环境，具备可视化功能、用户界面和便捷的调试分析工具，以支持软硬件开发人员的调试及系统交互。

（6）基准套件和评测技术。对评测指标和基准进行研究，对智能计算模型和系统进行量化评价。定义一套面向智能计算系统测试的基准测试套件，该评测标准及套件应准确反映智能计算系统的功能和性能特性，应包含分类、控制、异常检测等系统功能及神经科学相关的基准程序。基准套件中评测程序的选择应足够多样化，以避免限制智能计算系统的创新，其程序和数据集应对社区开放。

（执笔人：陆俊林，北京大学；刘怡俊，广东工业大学；程旭，北京大学）

4.4.5 人工智能操作系统

1. 研究背景

当前，随着人工智能和机器学习技术的广泛应用，人工智能已在机器翻译、语音识别、图像处理、信息检索等方面取得了很好的效果。与此同时，作为一个计算系统上最重要的系统软件，操作系统需要随着人工智能的发展进行演化，为新型智能应用提供高效的开发和运行支撑环境。虽然近年来支撑人工智能的系统硬件、软件、算法等都取得了较大的进展，但是操作系统领域的发展较为缓慢。例如，新型智能应用需要新的编程语言和软件开发环境的支持，同时需要提供支持高效开发的应用编程接口和软件开发包（software development kit，SDK）。另外，智能应用的运行也需要更好的任务部署和运行管理平台。正是由于这些需求的出现，才使得人工智能操作系统（artificial intelligence operating system，AIOS）的研究变得更为紧迫。

2. 研究现状

作为软件应用开发和运行的关键支撑平台，操作系统一直是计算机技术发展过程中极为关键的一个环节。面向不同计算机硬件和不同应用领域，操作系统呈现出不同的功能和形态。除了诸如Windows和Linux这样的传统单机操作系统，近年来出现了云操作系统、机器人操作系统（robot operating system，ROS）、物联网操作系统、家庭操作系统（Dixon et al.，2012）等面向新型应用模式的操作系统。未来，操作系统的概念将会进一步泛化（Mei et al.，2018），每一种新的智能硬件（如机器人和小型物联网设备）、新型应用模式（如大数据和人工智能），甚至虚拟的组织或实体（如企业和学校）都需要操作系统来管理其上的资源（即资源虚拟化），并为上层的新型智能应用提供开发和运行支撑。

安卓（Android）系统的创始人Andy Rubin最近表示：“人工智能将会是操作系统的下一个重要突破口。”（Haselton，2017）虽然国内外研究人员和机构还没有真正提出人工智能操作系统的概念，但是在机器学习算法库、机器学习平台架构、通用人工智能、机器人操作系统等相关领域也取得了不少进展。

机器学习算法库。在机器学习特别是深度学习领域，已经有很多公司和研究团队发布了开源的算法库和软件开发包。其中，谷歌公司TensorFlow的使用最为广泛，TensorFlow提供了用数据流图进行数值计算的功能，具备易用的Python接口和简单直接的其他语言接口，可以用来构建和执行计算图。另外，GitHub上比较著名的机器学习算法库还有基于Python的scikit-learn，Apache发布的基于Spark和Hadoop的PredictionIO，基于Swift的高性能深度学习库Swift AI等。最近国内包括百度、阿里巴巴和腾讯在内的多家公司也发布了相应的机器学习开源平台。

机器学习平台架构。除了算法库之外，近年来也出现了专门用于机器学习的软硬件平台架构。例如，谷歌公司推出的张量处理器是专门为TensorFlow定制的用于机器学习的可编程的人工智能加速器。国内也出现了以中国科学院计算技术研究所的寒武纪系列为代表的多种神经网络加速芯片。与这些硬件处理器和加速器相对应，也需要新的系统软件支撑。目前很多机器学习平台都建立在已有的大数据处理或云计算平台（如Spark和Hadoop）之上，未来针对更为丰富和广泛的智能应用，还需要有全新的支撑软件。

通用人工智能。人工智能发展的终极目标是通用人工智能。非营利组织OpenAI的使命就是构建安全的通用人工智能，他们认为，通用人工智能将会是人类有史以来创造的最重要的技术。与现有机器学习和深度学习主要集中在图像和语音识别等较小的领域不同，通用人工智能将会致力于把人工智能技术应用于人类生活中。

机器人操作系统。智能机器人是众多最新人工智能技术的一个重要载体。最早由斯坦福大学开发的机器人操作系统((Quigley et al., 2009)中也集成了很多人工智能的技术与模型。ROS本身是一个用来编写和开发机器人软件的编程工具框架，但是它也可以被看作一个元操作系统(Meta OS)，因为它提供了很多类似于操作系统的服务和抽象，包括硬件抽象、设备控制、通用功能的实现，进程间通信，以及包管理。未来的人工智能操作系统可以参考ROS的成功经验，以新型智能应用作为突破口，以为应用的开发和运行提供支撑作为出发点，逐步形成完整的人工智能操作系统。

3. 研究内容

人工智能操作系统是智能计算系统上最重要的系统软件。它一方面有效管理智能芯片中的硬件与神经网络资源及外部智能设备，充分发挥智能硬件的能力；另一方面对计算平台上的任务提供友好的智能抽象平台，支持智能系统面对的各种复杂及自主行为任务，为智能应用的开发和运行提供高效的支撑环境。人工智能操作系统的概念结构如图4.24所示。

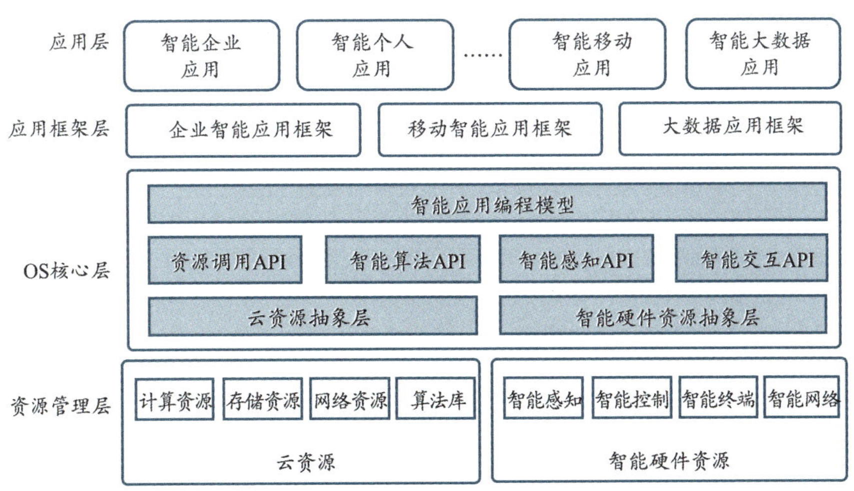

图4.24 人工智能操作系统的概念结构

研究人工智能操作系统的主要目标是为人工智能应用提供更好的开发与运行支撑，研究内容主要包括人工智能操作系统体系结构、智能硬件抽象与资源管理、智能算法库与智能应用编程模型、智能应用开发方法与工具链等。

人工智能操作系统体系结构。提出面向新型人工智能硬件和新型智能应用的操作系统的层次化体系结构，支持多种智能硬件及神经网络资源，支持新型的智能任务管理框架与新型智能应用的开发与运行，支持大量多种包含感知、记忆、学习、行为模式的任务的提交、执行、协作与信息反馈。

智能硬件抽象与资源管理。面向传统智能计算硬件、新型神经网络硬件、神经网络加速器、类脑计算芯片、新型感知设备等不同智能硬件，研究新的智能硬件抽象方法与资源管理技术，通过对新型硬件的抽象，提高智能计算的抽象层次，为应用的开发和运行提供更好的支持。

智能算法库与智能应用编程模型。针对不同种类的智能应用，研究相应的智能算法库；基于这些算法库研究新型智能应用编程模型、应用编程接口和软件开发包等；为上层智能应用提供丰富的、易使用的、能够充分发挥系统性能的应用开发接口，探索以Boosting和GANs为代表的多种人工智能和机器学习方法以及群组智能模型在硬件平台上的映射。

智能应用开发方法与工具链。研究面向智能应用的全生命周期软件工程开发方法与相应的工具链，包括支持需求分析、架构设计、代码生成、测试维护等不同软件阶段的软件工程工具，构建面向智能应用的可视化软件开发集成环境，提高智能应用的开发效率与代码质量。

（执笔人：郭耀，北京大学）

4.4.6 通用人工智能系统

1. 研究背景

近年来，人工智能已在特定应用领域取得了长足的进步。例如，深度神经网络在语音识别和图像分类中的精度已超过人类，IBM的“深蓝”在国际象棋比赛中战胜卡斯帕罗夫，IBM的Watson在“危险边缘挑战赛”百科问答比赛中战胜人类冠军（Ferrucci et al.，2013），谷歌的AlphaGo先后击败围棋九段韩国的李世石和中国的柯洁（Silver et al.，2016），AlphaZero更是击败了AlphaGo并在若干个棋类竞技中击败了历史上知名的棋类计算系统（国际象棋程序Stockfish和日本将棋程序Elmo），DeepStack战胜了德州扑克人类职业玩家（Moravčík et al，2017），等等。上述进展主要得益于基于大数据的统计分析和面向特定类型任务的计算模型。尽管取得了上述突破，但是仍然停留在专用智能（或称弱人工智能）阶段，即仅具备某项单一认知功能或仅能实现某项专用技能，无法推广至实现其他功能。未来人工智能的发展愿景是由同一个智能系统执行人类具有的不同认知功能，并具有自主进化的能力。这种类人水平的智能称为通用人工智能，或称强人工智能。

虽然人类智能在不同尺度或功能上可以被划分为数百项，但是实现真正的通用智能还需要很长的研究路径。对新一代人工智能研究而言，如何从专用智能迈向通用智能既是核心科学问题，又是迫切的需求。其中的科学问题有待厘清，关键的理论与技术突破仍在摸索中。

2. 研究现状

实现通用智能有两大主要途径：以数据与算法驱动的方法和受脑启发的方法。对于数据与算法驱动的方法，需要针对不同认知功能积累足够的数据，探索算法对不同认知功能的协同的能力以及泛化性和自适应性。目前除了生物脑（特别是人脑）以外，没有任何一个自然和人工系统能够协同数百项认知功能并且稳定工作几十年。因此受脑启发研制通用智能系统是发展通用智能的另一重要途径。通过这一途径对通用智能的探索将主要从人脑协同不同认知功能的机制出发，构建基于认知机制的模型。

最早围绕计算系统展开的通用智能研究工作是1958年卡内基梅隆大学Herbert Simon以及Allen Newell提出并实现的通用问题求解器（General Problem Solver）（Newell et al.，1959）。该系统以产生式系统为基本工具，实现了面向数学定理证明的问题求解系统，并提出任何问题如果满足能够以合式公式（well-formed formula）或霍恩子句（Horn Clause）来描述，并有包含公理的有向图等条件，则理论上通用问题求解器可以解决这样的问题。然而问题的自动形式化仍然是人工智能领域无法解决的难题，至今仍然没有任何计算系统能够真正具有通用智能的能力。

在脑与神经科学研究方面，目前已出现对脑如何协同不同的认知功能的机制有所揭示的一些研究成果。人脑被划分为数百个区域，绝大多数的区域不仅仅参与一项认知功能的实现，而是在不同的认知任务之间实现模块化共享。这对于计算模型的启发是，可以通过对脑区模块化的组织，研究并提出在何种尺度对认知任务计算单元的分解与共享是相对有效的。此外，脑区之间存在层次化的组织，处于较高层次的脑区（如哺乳动物脑的海马区、前额叶皮层区、胼状核等）组织了若干较低区域的计算模块。更关键的是，丘脑等相关区域整合了来自几乎所有皮上脑区和皮下脑区之间的信息，并在整个脑神经网络中扮演了类似于计算机网络中的路由的角色，能够协同不同认知功能区域之间的计算（Zylberberg et al.，2010）。

多感觉融合的计算模型是通用智能中关键的科学问题之一，脑与神经科学的研究已在这方面取得了对人工智能计算模型有所启发的进展。比如，实验数据和计算建模揭示了参与视觉和平衡觉信息整合从而感知头朝向的脑区位置、对应的神经元特性，并揭示了大脑内的多模态信息整合是统计优化的贝叶斯推理过程，以分布式的方式由多个互联的局部神经网路来实现（Zhang W H et al.，2016）。最近有研究还揭示了多模态信息整合与分离在大脑内是由两种不同神经元同步实现的。这些工作为类脑多模态信息处理技术的发展提供了新思路。在计算机多模态（如文本、图像、视频、音频）处理方面，已经有一系列跨模态协同分析和协同学习的研究工作，但主要是基于大数据学习的方法。

在近期对通用智能的探索中，AlphaZero取得了在若干类棋类游戏中模型的初步通用性，但是可能并不适合于其他类型的任务，例如扑克牌类任务以及非决策、博弈类任务。AlphaZero主要采用强化学习手段，利用基本规则，自主产生数据，从而进行学习。强化学习是一种弱监督连续自适应学习方法，但离人类的多模态协同连续自主学习能力还有较大差距。加拿大滑铁卢大学提出的SPAUN脑模拟器（Eliasmith et al.，2012）以及中国科学院自动化研究所提出的类脑认知引擎（brain-inspired cognitive engine，BrainCog）虽然采用更类脑的脉冲神经网络在同一个模型系统中实现了不同类型的认知任务，但是暂时不具备泛化到未知类型任务的求解能力，不具备真正的任务类型泛化性。多伦多大学团队与Google Brain的合作取得的突破是，传统深度神经网络模型针对八种不同的自动翻译任务会分别训练八种不同的网络结构，而他们的工作是通过一个整合注意、信息输入、信息混合、信息输出的处理框架，可以使得单个网络同时学习多种任务，且部分结果比单任务取得的效果更好（Kaiser et al.，2017）。然而该模型仍然不能泛化到定义任务之外的任务，仍然不具备真正的泛化性。

虽然DeepMind和Google Brain的研究团队都分别提出在未来15年之内实现通用智能，但是目前仍然没有任何方法在理论上突破了通用计算的瓶颈，也暂时没有出现真正能够协同数百项认知功能的计算系统。独立于任务类型的自主学习、协同计算、泛化模型等主要科学问题仍有待突破。

3. 研究内容

通用智能的研究需要人工智能、脑与神经科学等学科的交叉探索和相互启发。不同于以往的人工智能在特定领域的研究内容，通用人工智能的重点研究方向是多认知功能的协同和自主学习，主要研究内容涉及以下几点。

（1）多脑区协同认知计算模型。通过计算建模，对认知任务下智能信息处理的多尺度、多功能区协同机制进行研究，提出基于全神经网络和多功能区协同的认知计算模型。

（2）多尺度协同认知计算模型。充分结合不同尺度（宏观、介观、微观）的脑与认知科学数据及原理，通过计算建模实现视觉、听觉、语言、思维、动作等高度协同的认知计算模型。

（3）多模态协同和自主学习。研究多模态感知和认知协同、具有多模态协同连续自主学习能力的基于神经网络和知识的认知计算模型。

（4）常识推理和语言理解。研究常识的表示、获取和推理机制，符合人类直觉的语义表示和自然语言理解、知识提取与泛化等，实现多模态数据的语义理解和知识与数据分析模型的协同自主学习。

（5）多模态情感理解。研究多模态协同的情感理解计算模型，提升机器跨模态、跨媒体分析推理效果。

相关研究需要分阶段实施，逐步实现具有不同认知能力（感知、联想、记忆、语言、推理、预测、注意等）的多功能区、多通路协同全神经网络认知计算模型，使之具有多模态协同感知、自主学习、概念理解与推理、任务泛化等能力，从而自主产生智能认知功能并不断自适应进化，逐步达到甚至超越人类通用智能的水平。

（执笔人：刘成林，中国科学院自动化研究所；曾毅，中国科学院自动化研究所；吴思，北京大学）

4.4.7　人工智能开源开放平台

1. 研究背景

人工智能已成为多个发达国家的重要技术发展战略。众多国际科技巨头都在人工智能领域进行全产业链布局，尤其是在产业链上游的算法平台和芯片领域，如谷歌、Facebook、微软等通过推出TensorFlow、Caffe2、CNTK等深度学习算法库和开源工具吸引众多开发者，打造开发者生态并形成行业标准，预期实现持续获利；英伟达、谷歌、英特尔等通过推出GPU、TPU等智能芯片来垄断人工智能计算设施。我国是人工智能最活跃的市场，然而我国的人工智能技术还主要集中在产业链中下游的应用层，核心技术能力总体较弱。为避免在新一代人工智能的技术与产业竞争中被国外垄断，只有通过建设可跨硬件和算法平台的人工智能开源开放平台，培育自主人工智能技术研究开发生态体系，才能与国外巨头抗衡。

2. 研究现状

近年来，人工智能领域的研究开发现状主要体现在如下三个方面。

（1）算法框架的多源化。当前主要的开源深度学习框架有：①TensorFlow，是谷歌研发的第二代人工智能学习系统，是一个采用数据流图、用于数值计算的开源软件库。TensorFlow的灵活架构使其可在CPU、GPU、TPU等多种平台上计算（Abadi et al.，2016）。②Caffe2，是Facebook发布的全新开源深度学习框架，具有轻量、模块化和可扩展的特点，一次编码，到处运行。③MXNet，旨在提高效率和灵活性的深度学习框架，允许混合符号和命令式编程，从而最大限度地提高效率（Chen T et al.，2015）。④CNTK，是微软认知计算工具包，通过有向图将神经网络描述为一系列计算步骤。此外，还有Telsa的OpenAI、IBM的SystemML，以及我国百度的PaddlePaddle等。上述公司通过推出这些算法库和开源工具，打造出开发者生态。但是，多源的深度学习框架之间并不兼容，不能协同工作，模型不可相互转换，事实上形成“算法孤岛”。因此，解决多源深度学习框架之间的兼容问题是打造深度学习开源生态的关键。

（2）硬件设备的多样化。人工智能需要专门的芯片或硬件来高效计算。目前主要的人工智能硬件处理器包括：①GPU，是英伟达公司推出的专为执行复杂数学和几何计算而设计的图形处理器，具有数以千计的计算核心，可实现数十倍应用吞吐量（Owens et al.，2008）。GPU可以训练复杂的深度神经网络，使用大规模的训练数据集，并大幅缩短计算时间，因此已得到广泛应用。②TPU，是谷歌公司于2016年在I/O大会上首次公布的张量处理器（Wu et al.，2016）。TPU专为谷歌TensorFlow等应用打造，能够降低运算精度，在相同时间内处理更复杂、更强大的机器学习模型。③FPGA，即现场可编程门阵列，是在PAL、GAL、CPLD等可编程器件基础上进一步发展的产物（Zhang C et al.，2015）。它是专用集成电路领域中的一种半定制电路，既解决了定制电路的不足，又克服了原有可编程器件门电路数有限的缺点。④英特尔众核，是英特尔公司开发的第二代Xeon Phi处理器，拥有多达72个内核，而且每个内核有两个英特尔AVX-512 SIMD处理单元，用于提供更好的单核浮点运算性能，因此适合运行机器学习任务。总体来说，GPU、TPU、FPGA、英特尔众核以及新近的神经网络处理器等芯片或硬件设施将在人工智能时代迎来新的爆发。然而，异构的硬件设施将为算法平台的设计实施带来难题：算法需适配异构硬件，性能与效率受制于硬件的组织管理。如何实现异构硬件设施适配是人工智能开源开放平台有待解决的关键问题。

（3）计算集群的大规模化。大量研究表明：增加训练样本数或（和）模型参数的数量，能极大地提升最终分类的准确性（LeCun et al.，2015）。然而，数据量的增加也使计算节点不断增多。由于Hadoop已经成为构建企业级大数据基础设施的事实标准，因而许多分布式深度学习算法框架都构建在Hadoop生态体系内（Moritz et al.，2015）。但Hadoop只对内存、CPU等通用计算资源提供调度管理机制，并不支持深度学习需要的GPU、FPGA等资源。集群中的GPU资源可能有分配、使用不均衡问题，使得任务之间互相影响，集群的性能并未完全发挥。因此，如何统一管理这些节点构成的计算集群、调度集群中的计算资源也成了亟须解决的问题。

3. 研究内容

为解决上述挑战性问题，需要研究、设计与开发基础性的人工智能开源开放平台（见图4.25），并探索人工智能开源硬件设计技术，为各类人工智能软硬件研制、技术研究和开发提供支持。

（1）异构智能硬件的调度管理与计算技术研究。研究CPU、GPU、FPGA等计算资源虚拟化封装技术，建立硬件描述和计算标准，实现多种异构硬件在基础平台下的任意接入和使用，对平台中各节点的计算资源进行统一管理和自动调度；在此基础上，研究针对特定深度学习任务的调度算法，使整个集群的计算容量达到最大。

（2）面向人工智能的软硬件优化共性技术研究。研究面向集群中硬件环境和系统中计算环境的优化技术，包括深度学习分布式训练中通信网络的优化、智能硬件计算中底层算法库的优化、深度学习任务中针对海量小文件读取的文件系统的优化等，解决平台中从硬件到软件（张量计算、IO操作）的瓶颈问题，从根本上提升平台的运行效率。

（3）多源深度学习开源框架的兼容平台设计。人工智能开源开放平台将采用分层结构、模块化设计。核心系统除了需要实现对多台计算节点的资源

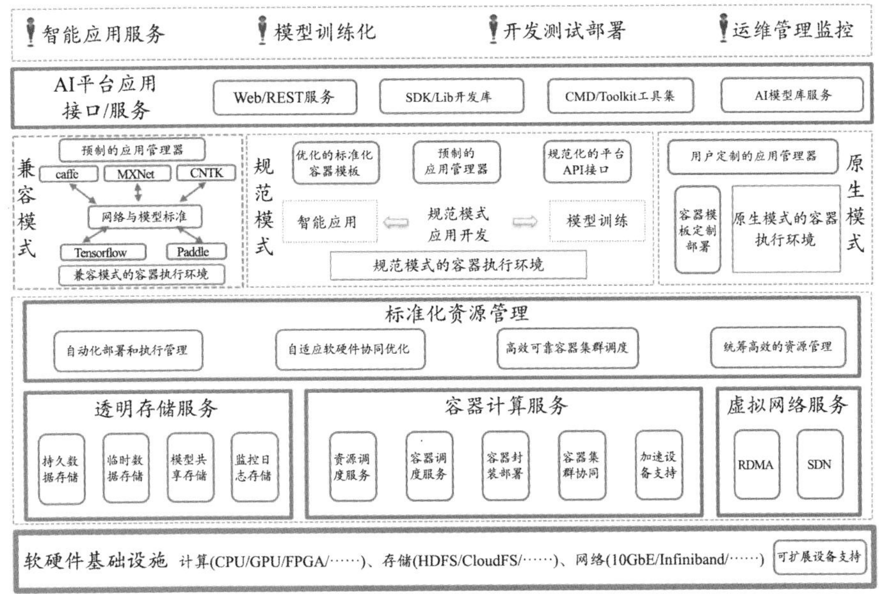

图4.25　人工智能开源开放平台的结构

分布、任务调度、状态监控等多机协同工作外，还需要支持当前主流的深度学习框架，如TensorFlow、Caffe、MXNet、CNTK等，使其可在系统中同时隔离运行。提供针对不同人工智能应用的各种应用接口，实现对用户各种AI任务的支持，如数据训练、模型优化、算法开发、算法验证、算法评估等。支持一个人工智能模型仓库，除提供开源开发的模型共享外，还针对主流的深度学习框架实现不同框架间的模型转换，使得深度学习框架之间的迁移更加简便。

（4）人工智能开源硬件设计技术。以FPGA为原型平台，研究兼容深度神经网络表示与模型压缩标准的软硬件接口设计、针对深度神经网络核心计算的硬件IP优化等。如图4.26所示，开源硬件将以如下三种形式发布：高层次综合的C/OpenCL代码、综合后的硬件描述语言HDL代码、相关的CAD工具和脚本。

（5）人工智能开源社区的建立与维护。建立人工智能技术开放社区和资源共享平台，形成针对人工智能技术的研究者、开发者、应用者的，按照不

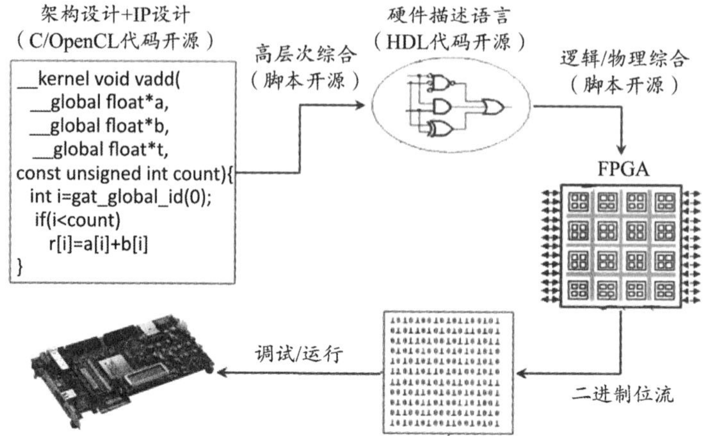

图4.26　基于FPGA平台的开源硬件流程

同应用领域、不同技术层次组织的人工智能开源开放社区，并在基础平台层面提供支持，最终打通人工智能“平台—技术—产业”的链条，在国际上形成具有一定影响力的活跃开源社区。

（执笔人：田永鸿，北京大学；王海峰，百度公司；罗国杰，北京大学）

参考文献

戴琼海，索津莉，季向阳，等，2016. 计算摄像学：全光视觉信息的计算采集[M]. 北京：清华大学出版社.

顾宗华，潘纲，2015. 神经拟态的类脑计算研究[J]. 中国计算机学会通讯，11（10）：10-20.

国务院办公厅，2016. 国务院办公厅关于促进和规范健康医疗大数据应用发展的指导意见（国办发〔2016〕47号）[EB/OL].（2016-06-21）[2017-12-20]. http://www.gov.cn/zhengce/content/2016-06/24/content_5085091.htm.

黄铁军，2017. 电脑传奇（外篇）：视觉[J]. 中国计算机学会通讯，13（3）：56-61.

中国互联网络信息中心，2018. 第41次中国互联网络发展状况统计报告[EB/OL].

(2018-01-31) [2018-02-01]. http://www.cnnic.net.cn/hlwfzyj/hlwxzbg/hlwtjbg/201801/P020180131509544165973.pdf.

Abadi M, Agarwal A, Barham P, et al., 2016. TensorFlow: large-scale machine learning on heterogeneous distributed systems[J]. arXiv: 1603.04467.

Altman N S, 1992. An introduction to kernel and nearest-neighbor nonparametric regression[J]. American Statistician, 46 (3): 175-185.

An D C, Meier U, Masci J, et al., 2011. Flexible, high performance convolutional neural networks for image classification[C]//IJCAI Proceedings of the International Joint Conference on Artificial Intelligence: 1237-1242.

Bahdanau D, Brakel P, Xu K, et al., 2016. An actor-critic algorithm for sequence prediction[C]//International Conference on Learning Representations.

Benjamin B V, Gao P, Mcquinn E, et al., 2014. Neurogrid: a mixed-analog-digital multichip system for large-scale neural simulations[J]. Proceedings of the IEEE, 102 (5). 699-716.

Bialek W, Pereira F C, Tishby N, 2012. The information bottleneck method[D]. University of Illinois, 411 (29-30): 368-377.

Binns C, Culling J F, 2007. The role of fundamental frequency contours in the perception of speech against interfering speech[J]. Journal of the Acoustical Society of America, 122 (3): 1765-1776.

Breiman L, Friedman J H, Olshen R A, et al., 1984. CART: classification and regression trees[J]. Biometrics, 40 (3): 358.

Brüderle D, Petrovici M A, Vogginger B, et al., 2011. A comprehensive workflow for general-purpose neural modeling with highly configurable neuromorphic hardware systems[J]. Biological Cybernetics, 104 (4-5): 263-296.

Bruna J, Mallat S, 2013a. Invariant scattering convolution networks[J]. IEEE Transactions on Pattern Analysis and Machine Intelligence, 35 (8): 1872-1886.

Bruna J, Zaremba W, Szlam A, et al., 2013b. Spectral networks and locally connected networks on graphs[C]//Proceedings of the 2nd International Conference on Learning Representations.

Burger D, 2017. Microsoft unveils project brainwave for real-time AI[EB/OL]. (2017-08-22) [2017-12-20]. http://www.microsoft.com/en-us/research/blog/microsoft-unveils-project-brainwave.

Cadambi S, Durdanovic I, Jakkula V, et al., 2009. A massively parallel FPGA-based coprocessor for support vector machines[C]//IEEE Symposium on Field Programmable Custom Computing Machines: 115-122.

Campbell R, 2008. The processing of audio-visual speech: empirical and neural bases[J]. Philosophical Transactions of the Royal Society of London, 363 (1493): 1001-1010.

Carlson A, Betteridge J, Kisiel B, 2010. Toward an architecture for never-ending language learning[C]//Proceedings of the 24th AAAI Conference on Artificial Intelligence.

Chan E, 2013. Algorithmic trading: winning strategies and their rationale[M]. John Wiley & Sons.

Chen J, Li H, Li L, et al., 2012. Informational masking of speech produced by speech-like sounds without linguistic content[J]. Journal of the Acoustical Society of America, 131 (4): 2914-2926.

Chen M, Mao S, Zhang Y, et al., 2014. Big data: related technologies, challenges and future prospects[M]. Springer.

Chen S H, Varma R, Sandryhaila A, et al., 2015. Discrete signal processing on graphs: sampling theory[J]. IEEE Transactions on Signal Processing, 63 (24): 6510-6523.

Chen T, Du Z, Sun N, et al., 2014. DianNao: a small-footprint high-throughput accelerator for ubiquitous machine-learning[C]//Proceedings of the 19th ACM International Conference on Architectural Support for Programming Languages and Operating Systems.

Chen T, Li M, Li Y, et al., 2015. MXNet: A flexible and efficient machine learning library for heterogeneous distributed systems[J]. Statistics. arXiv: 1512.01274.

Chen X, Shrivastava A, Gupta A, 2013. NEIL: extracting visual knowledge from web data[C]//IEEE International Conference on Computer Vision: 1409-1416.

Chicca E, Stefanini F, Bartolozzi C, et al., 2014. Neuromorphic electronic circuits for building autonomous cognitive systems[J]. Proceedings of the IEEE, 102 (9): 1367-1388.

Cilibrasi R L, Vitányi P M B, 2007. The Google similarity distance[J]. IEEE Transactions on Knowledge and Data Engineering, 19 (3): 370-383.

Courbariaux M, Bengio Y, David J P, 2015. BinaryConnect: training deep neural networks with binary weights during propagations[J]. arXiv: 1511.00363.

Cui P, Liu S, Zhu W, 2017. General knowledge embedded image representation learning[J]. IEEE Transactions on Multimedia, 20 (1): 198-207.

Dalvi N, Kumar R, Pang B, et al., 2009. A web of concepts[C]//Proceedings of the 28th ACM

SIGMOD-SIGACT-SIGART Symposium on Principles of Database Systems: 1-12.

Deng J, Dong W, Socher R, et al., 2009. ImageNet: a large-scale hierarchical image database[C]//IEEE Conference on Computer Vision and Pattern Recognition: 248-255.

Dennis J, Yu Q, Tang H, et al., 2013. Temporal coding of local spectrogram features for robust sound recognition[C]//IEEE International Conference on Acoustics, Speech and Signal Processing: 803-807.

Devarakonda M, Tsou C H, 2015. Automated problem list generation from electronic medical records in IBM Watson[C]//29th AAAI Conference on Artificial Intelligence: 3942-3947.

Dixon C, Mahajan R, Agarwal S, et al., 2012. An operating system for the home[C]//Usenix Conference on Networked Systems Design and Implementation: 25.

Dong X, Gabrilovich E, Heitz G, et al., 2014. Knowledge vault: a web-scale approach to probabilistic knowledge fusion[C]//ACM International Conference on Knowledge Discovery and Data Mining: 601-610.

Duarte M F, Davenport M A, Takhar D, et al., 2008. Single-pixel imaging via compressive sampling[C]//IEEE Signal Processing Magazine, 25 (2): 83-91.

Eliasmith C, Stewart T C, Choo X, et al., 2012. A large-scale model of the functioning brain[J]. Science, 338 (6111): 1202-1205.

Faghri F, Fleet D J, Kiros J R, et al., 2017. VSE++: improved visual-semantic embeddings[J]. arXiv: 1707.05612.

Fellbaum C, Miller G, 1998. WordNet: an electronic lexical database[M]. Cambridge: MIT Press.

Feng F, Wang X, Li R, 2014. Cross-modal retrieval with correspondence autoencoder[C]//Proceedings of the 22nd ACM International Conference on Multimedia: 7-16.

Ferrucci D, Levas A, Bagchi S, et al., 2013. Watson: beyond jeopardy![J]. Artificial Intelligence, 199-200 (3): 93-105.

Frahm J M, Fite-Georgel P, Gallup D, et al., 2010. Building Rome on a cloudless day[C]//European Conference on Computer Vision: 368-381.

Frome A, Corrado G S, Shlens J, et al., 2013. DeViSE: a deep visual-semantic embedding model[C]//International Conference on Neural Information Processing Systems: 2121-2129.

Fuentes-Pacheco J, Ruiz-Ascencio J, Rendón-Mancha J M, 2015. Visual simultaneous localization and mapping: a survey[J]. Artificial Intelligence Review, 43 (1): 55-81.

Furber S B, Lester D R, Plana L A, et al., 2013. Overview of the SpiNNaker system architecture[J]. IEEE Transactions on Computers, 62 (12): 2454-2467.

Garfield E, 2004. Historiographic mapping of knowledge domains literature[J]. Journal of Information Science, 30 (2): 119-145.

Gibney E, 2015. DeepMind algorithm beats people at classic video games[J]. Nature, 518 (7540): 465-466.

Ginsberg J, Mohebbi M H, Patel R S, et al., 2009. Detecting influenza epidemics using search engine query data[J]. Nature, 457 (7232): 1012-1014.

Gollisch T, Meister M, 2010. Eye smarter than scientists believed: neural computations in circuits of the retina[J]. Neuron, 65 (2): 150-164.

Gong Y, Ke Q, Isard M, et al., 2014. A multi-view embedding space for modeling Internet images, tags, and their semantics[J]. International Journal of Computer Vision, 106 (2): 210-233.

Graves A, Wayne G, Reynolds M, et al., 2016. Hybrid computing using a neural network with dynamic external memory[J]. Nature, 538 (7626): 471-476.

Guille A, Hacid H, 2012. A predictive model for the temporal dynamics of information diffusion in online social networks[C]//ACM International Conference on World Wide Web: 1145-1152.

Guo Y W, Yao A B, Zhao H, et al., 2017. Network sketching: exploiting binary structure in deep CNNs[C]//IEEE Conference on Computer Vision and Pattern Recognition: 4040-4048.

Gütig R, Sompolinsky H, 2006. The tempotron: a neuron that learns spike timing-based decisions[J]. Nature Neuroscience, 9 (3): 420-428.

Hammond D K, Vandergheynst P, Gribonval R, 2011. Wavelets on graphs via spectral graph theory[J]. Applied and Computational Harmonic Analysis, 30 (2): 129-150.

Haselton T, 2017. The man behind Android says A.I. is the next major operating system[EB/OL]. (2017-08-18) [2017-12-23]. http://www.cnbc.com/2017/08/18/andy-rubin-says-ai-is-next-big-operating-system.html.

He K, Zhang X, Ren S, et al., 2016. Deep residual learning for image recognition[C]//IEEE Conference on Computer Vision and Pattern Recognition: 770-778.

Henaff M, Bruna J, Lecun Y, 2015. Deep convolutional networks on graph-structured data[J].

Computer Science.

Hickok G, Okada K, Serences J T, 2009. Area Spt in the human planum temporale supports sensory-motor integration for speech processing[J]. Journal of Neurophysiology, 101 (5): 2725-2732.

Hsu F H, 2002. Behind deep blue: building the computer that defeated the world chess champion[M]. New Jersey: Princeton University Press.

Hu J, Tang H, Tan K C, et al., 2013. A spike-timing-based integrated model for pattern recognition[J]. Neural Computation, 25 (2): 450-472.

Huang X, Peng Y, Yuan M, 2017. Cross-modal common representation learning by hybrid transfer network[J]. 26th International Joint Conference on Artificial Intelligence: 1893-1900.

Hubara I, Soudry D, Yaniv R E, 2016. Binarized neural networks[J]. arXiv: 1602.02505.

Izadinia H, Shan Q, Seitz S M, 2016. IM2CAD[J]. arXiv: 1608.05137.

Jouppi N P, Young C, Patil N, et al., 2017. In-datacenter performance analysis of a tensor processing unit[C]//Proceedings of the 44th Annual International Symposium on Computer Architecture: 1-12.

Kaiser L, Gomez A N, Shazeer N, 2017. One model to learn them all[J]. arXiv: 1706.05137.

Karpathy A, Li F F, 2015. Deep visual-semantic alignments for generating image descriptions[C]//IEEE Conference on Computer Vision and Pattern Recognition: 3128-3137.

Kiros R, Salakhutdinov R, Zemel R, 2014. Multimodal neural language models[C]// Proceedings of the 31st International Conference on International Conference on Machine Learning: 595-603.

Krishna R, Zhu Y, Groth O, et al., 2017. Visual genome: connecting language and vision using crowdsourced dense image annotations[J]. International Journal of Computer Vision, 123 (1): 32-73.

Krishna S, 1992. Introduction to database and knowledge-base systems[M]. Singapore: World Scientific.

Krizhevsky A, Sutskever I, Hinton G E, 2012. ImageNet classification with deep convolutional neural networks[C]//International Conference on Neural Information Processing Systems: 1097-1105.

Kulkarni K, Lohit S, Turaga P, et al., 2016. ReconNet: non-iterative reconstruction of images from compressively sensed measurements[C]//IEEE Conference on Computer Vision and Pattern Recognition: 449-458.

Lazer D, Kennedy R, King G, et al., 2014. Big data, the parable of Google flu: traps in big data analysis[J]. Science, 343 (6176): 1203-1205.

Lecun Y, Bengio Y, Hinton G, 2015. Deep learning[J]. Nature, 521 (7553): 436-444.

Lenat D B, Guha R V, 1989. Building large knowledge-based systems: representation and inference in Cyc project[M]. Boston: Addison-Wesley Longman Publishing Co., Inc.

Li F, Zhang B, Liu B, 2016. Ternary weight networks[J]. arXiv: 1605.04711.

Li Y, Zheng Q, Sharf A, et al., 2011. 2D-3D fusion for layer decomposition of urban facades[C]//International Conference on Computer Vision: 882-889.

Liberman A M, Mattingly I G, 1985. The motor theory of speech perception revised[J]. Cognition, 21 (1): 1-36.

Lichtsteiner P, Posch C, Delbruck T, 2008. A 128 × 128 120dB 15 μ s latency asynchronous temporal contrast vision sensor[J]. IEEE Journal of Solid-State Circuits, 43 (2): 566-576.

Litovsky R Y, 2012. Spatial release from masking[J]. Acoustics Today, 8 (2): 18.

Liu H, Wu Y, Wu Y, et al., 2016. Supervised matrix factorization for cross-modality hashing[C]//International Joint Conference on Artificial Intelligence: 1767-1773.

Liu R, Zhao Y, Zheng L, et al., 2017. A new evaluation protocol and benchmarking results for extendable cross-media retrieval[J]. arXiv: 1703.03567.

Liu S C, Schaik A V, Mincti B A, et al., 2010. Event-based 64-channel binaural silicon cochlea with Q enhancement mechanisms[C]//IEEE International Symposium on Circuits and Systems: 2027-2030.

Liu S, Cui P, Zhu W, et al., 2015. Learning socially embedded visual representation from scratch[C]//Proceedings of the 23rd ACM International Conference on Multimedia: 109-118.

Chen Y J, Luo T, Liu S L, et al., 2014. DaDianNao: a machine-learning supercomputer[C]// Proceedings of the 47th IEEE/ACM International Symposium on Microarchitecture: 1-14.

Maksimovic S, Nakatani M, Baba Y, 2014. Epidermal Merkel cells are mechanosensory cells that tune mammalian touch receptors[J]. Nature, 509 (7502): 617.

Mao J, Xu W, Yang Y, et al., 2014. Deep captioning with multimodal recurrent neural networks (m-RNN)[J]. arXiv: 1412.6632.

Masci J, Boscaini D, Bronstein M M, et al., 2015. ShapeNet: convolutional neural networks on non-euclidean manifolds[J]. EPFL: 832-840.

Mei H, Guo Y, 2018. Toward ubiquitous operating systems: a software-defined perspective[J]. Computer, 51 (1): 50-56.

Merolla P A, Arthur J V, Alvarezicaza R, et al., 2014. Artificial brains: a million spiking-neuron integrated circuit with a scalable communication network and interface[J]. Science, 345 (6197): 668-673.

Mikolov T, Chen K, Corrado G, et al., 2013. Efficient estimation of word representations in vector space[J]. arXiv: 1301.3781.

Mnih V, Kavukcuoglu K, Silver D, et al., 2015. Human-level control through deep reinforcement learning[J]. Nature, 518 (7540): 529-533.

Mohamed A R, Dahl G, Hinton G, 2009. Deep belief networks for phone recognition[J]. NIPS Workshop on Deep Learning for Speech Recognition and Related Applications, 4 (5): 1-9.

Moravčík M, Schmid M, Burch N, et al., 2017. DeepStack: expert-level artificial intelligence in heads-up no-limit poker[J]. Science, 356 (6337): 508-513.

Moritz P, Nishihara R, Stoica I, et al., 2015. SparkNet: training deep networks in spark[J]. Mathematics. arXiv: 1511.06051.

Mountcastle V, 1978. An organizing principle for cerebral function: the unit module and the distributed system[M]//Edelman G, Mountcastle V. The Mindful Brain, Cambridge: MIT Press: 7-50.

Nan L L, Sharf A, Zhang H, et al., 2010. SmartBoxes for interactive urban reconstruction[C]// ACM SIGGRAPH.

Newell A, Shaw J C, Simon H A, 1959. Report on a general problem-solving program[C]// ACM Communications Proceedings of the International Conference on Information Processing, 2 (7): 256-264.

Niwa K, Koizumi Y, Kawase T, et al., 2016. Pinpoint extraction of distant sound source based on DNN mapping from multiple beamforming outputs to prior SNR[C]//IEEE International Conference on Acoustics, Speech and Signal Processing: 435-439.

O'Grady M, O'Hare G, 2012. How smart is your city?[J]. Science, 335 (6076): 1581-1582.

Owens J D, Houston M, Luebke D, et al., 2008. GPU computing[J]. Proceedings of the IEEE, 96 (5): 879-899.

Pan L, Chortos A, Yu G, et al., 2014. An ultra-sensitive resistive pressure sensor based on hollow-sphere microstructure induced elasticity in conducting polymer film[J]. Nature Communications, 5 (1): 3002.

Papyan V, Romano Y, Elad M, 2016. Convolutional neural networks analyzed via convolutional sparse coding[J]. Journal of Machine Learning Research: 18.

Pearl J, 2000. Causality: models, reasoning, and inference[M]. Cambridge: Cambridge University Press.

Peng Y X, Huang X, Zhao Y, 2017a. An overview of cross-media retrieval: concepts, methodologies, benchmarks and challenges[J]. IEEE Transactions on Circuits and Systems for Video Technology: 1.

Peng Y X, Zhu W W, Zhao Y, et al., 2017b. Cross-media analysis and reasoning: advances and directions[J]. Frontiers of Information Technology and Electronic Engineering, 18 (1): 44-57.

Posch C, Matolin D, Wohlgenannt R, 2008. An asynchronous time-based image sensor[C]//IEEE International Symposium on Circuits and Systems: 2130-2133.

Quigley M, Gerkey B, Conley K, et al., 2009. ROS: an open-source robot operating system[Z/OL]. ICRA Workshop Open Source Software. http://www.willowgarage.com/sites/default/files/icraoss09-ROS.pdf.

Radinsky K, Davidovich S, Markovitch S, 2012. Learning causality for news events prediction[C]//ACM International Conference on World Wide Web: 909-918.

Ranzato M, Chopra S, Auli M, et al., 2016. Sequence level training with recurrent neural networks[C]//International Conference on Learning Representations.

Rasiwasia N, Pereira J C, Coviello E, et al., 2010. A new approach to cross-modal multimedia retrieval[C]//ACM International Conference on Multimedia: 251-260.

Redo-Sanchez A, Heshmat B, Aghasi A, et al., 2016. Terahertz time-gated spectral imaging for content extraction through layered structures[J]. Nature Communications (7): 12665.

Rennie S J, Marcheret E, Mroueh Y, et al., 2017. Self-critical sequence training for image captioning[C]//IEEE Conference on Computer Vision and Pattern Recognition: 1179-1195.

Rowley H A, Baluja S, Kanade T, 1998. Rotation invariant neural network-based face detection[C]//IEEE Computer Society Conference on Computer Vision and Pattern Recognition, 2 (1): 963.

Rustamov R M, Guibas L, 2013. Wavelets on graphs via deep learning[J]. Advances in Neural

Information Processing Systems: 998-1006.

Sandryhaila A, Moura J M F, 2013. Discrete signal processing on graphs: graph Fourier transform[C]//IEEE International Conference on Acoustics, Speech and Signal Processing: 6167-6170.

Shen J C, Ma D, Gu Z H, et al., 2017. Darwin: a neuromorphic hardware co-processor based on spiking neural networks[J]. Journal of Systems Architecture (77): 43-51.

Shi B, Wu Z, Mo Z, et al., 2016. A benchmark dataset and evaluation for non-Lambertian and uncalibrated photometric stereo[C]//IEEE Conference on Computer Vision and Pattern Recognition: 3707-3716.

Shi L, Pei J, Deng N, et al., 2015. Development of a neuromorphic computing system[C]// IEEE Electron Devices Meeting.

Shwartz-Ziv R, Tishby N, 2017. Opening the black box of deep neural networks via information[J]. arXiv: 1703.00810.

Silver D, Huang A, Maddison C J, et al., 2016. Mastering the game of Go with deep neural networks and tree search[J]. Nature , 529 (7587): 484-489.

Singhal A, 2012. Introducing the knowledge graph: things, not strings. (2012-05-18) [2017-12-20]. https: //googleblog.blogspot.co.za/2012/05/introducing-knowledge-graph-things-not.html.

Snider G, Amerson R, Carter D, et al., 2011. From synapses to circuitry: using memristive memory to explore the electronic brain[J]. Computer, 44 (2): 21-28.

Sohn K S, Chung J, Cho M Y, et al., 2017. An extremely simple macroscale electronic skin realized by deep machine learning[J]. Scientific Reports, 7 (1): 11061.

Song T, Chen J, Zhang D B, et al., 2016. A sound source localization algorithm using microphone array with rigid body[C]//The International Congress on Acoustics: 1-8.

Suchanek F M, Weikum G, 2014. Knowledge bases in the age of big data analytics[C]// Proceedings of the VLDB Endowment, 7 (13): 1713-1714.

Szegedy C, Liu W, Jia Y, et al., 2015. Going deeper with convolutions[C]//IEEE Conference on Computer Vision and Pattern Recognition: 1-9.

Tao J, Kang Y, Li A, 2006. Prosody conversion from neutral speech to emotional speech[J]. IEEE Transactions on Audio Speech and Language Processing, 14 (4): 1145-1154.

Tian Y H, Chen X L, Xiong H K, et al., 2017. Towards human-like and transhuman perception in AI 2.0: a review[J]. Frontiers of Information Technology and Electronic

Engineering, 18 (1): 58-67.

Tompson J, Goroshin R, Jain A, et al., 2015. Efficient object localization using convolutional networks[J]. IEEE Conference on Computer Vision and Pattern Recognition: 648-656.

Tsur O, Rappoport A, 2012. What's in a hashtag?Content based prediction of the spread of ideas in microblogging communities[C]//ACM International Conference on Web Search and Data Mining: 643-652.

Uyar A, Aliyu F M, 2015. Evaluating search features of Google Knowledge Graph and Bing Satori[J]. Online Information Review, 39 (2): 197-213.

Vedantam R, Zitnick C L, Parikh D, 2014. CIDEr: consensus-based image description evaluation[J]. IEEE Conference on Computer Vision and Pattern Recognition: 4566-4575.

Velten A, Willwacher T, Gupta O, et al., 2012. Recovering three-dimensional shape around a corner using ultrafast time-of-flight imaging[J]. Nature Communications, 3 (2): 745.

Wang D, Cui P, Ou M, et al., 2015. Deep multimodal hashing with orthogonal regularization[C]//International Conference on Artificial Intelligence: 2291-2297.

Wang Y, Wang D L, 2013. Towards scaling up classification-based speech separation[J]. IEEE Transactions on Audio Speech and Language Processing, 21 (7): 1381-1390.

Wei Y, Zhao Y, Lu C, et al., 2017. Cross-modal retrieval with CNN visual features: a new baseline[J]. IEEE Transactions on Cybernetics, 47 (2): 449-460.

Wen W, Wu C, Wang Y, et al., 2016. Learning structured sparsity in deep neural networks[J]. Advances in Neural Information Processing Systems.

Wiatowski T, Bölcskei H, 2015. A mathematical theory of deep convolutional neural networks for feature extraction[J]. IEEE Transactions on Information Theory (99): 1.

Wu Y, Schuster M, Chen Z, et al., 2016. Google's neural machine translation system: bridging the gap between human and machine translation[J]. arXiv: 1609.08144.

Xiao X, Watanabe S, Erdogan H, et al., 2016. Deep beamforming networks for multi-channel speech recognition[C]//IEEE International Conference on Acoustics, Speech and Signal Processing: 5745-5749.

Xiong F, Liu Y, Zhang Z J, et al., 2012. An information diffusion model based on retweeting mechanism for online social media[J]. Physics Letters A, 376 (30): 2103-2108.

Xu K, Ba J, Kiros R, et al., 2015. Show, attend and tell: neural image caption generation with visual attention[C]. International Conference on Machine Learning: 2048-2057.

Xu Y, Thakur C S, Singh R K, et al., 2017. Electronic cochlea: CAR-FAC model on FPGA[C]//IEEE Biomedical Circuits and Systems Conference.

Xu Z B, Sun J, 2018. Model-driven deep learning[J]. National Science Review.

Yang Y, Sun J, Li H B, et al., 2016. Deep ADMM-net for compressive sensing MRI[J]. Advances in Neural Information Processing Systems: 10-18.

Yu D, Deng L, 2011. Deep learning and its applications to signal and information processing[J]. IEEE Signal Processing Magazine, 28 (1): 145-154.

Yu Q, Tang H, Hu J, et al., 2015. A Spiking neural network system for robust sequence recognition[M]//IEEE Transactions on Neural Networks and Learning Systems, 27 (3): 621-635.

Yuan Y, Mei T, Cui P, et al., 2017. Video summarization by learning deep side semantic embedding[J]. IEEE Transactions on Circuits and Systems for Video Technology (99): 1.

Zeiler M D, Fergus R, 2013. Visualizing and understanding convolutional networks[J]. arXiv:1311.2901.

Zeiler M D, Taylor G W, Fergus R, 2011. Adaptive deconvolutional networks for mid and high level feature learning[C]//International Conference on Computer Vision. IEEE Computer Society: 2018-2025.

Zhang C, Li P, Sun G, et al., 2015. Optimizing FPGA-based accelerator design for deep convolutional neural networks[C]//Proceedings of the 2015 ACM/SIGDA International Symposium on Field-Programmable Gate Arrays: 161-170.

Zhang W H, Chen A, Rasch M J, et al., 2016. Decentralized multisensory information integration in neural systems[J]. Journal of Neuroscience, 36 (2): 532-547.

Zhao B, Ding R, Chen S, et al., 2015. Feedforward categorization on AER motion events using cortex-like features in a spiking neural network[J]. IEEE Transactions on Neural Networks and Learning Systems, 26 (9): 1963-1978.

Zhao H, Shi B, Fernandez-Cull C, et al., 2015. Unbounded high dynamic range photography using a modulo camera[C]//IEEE International Conference on Computational Photography: 1-10.

Zheng Q, Sharf A, Wan G W, et al., 2010. Non-local scan consolidation for 3D urban scenes[C]//ACM SIGGRAPH.

Zheng S, Jayasumana S, Romera-Paredes B, et al., 2015. Conditional random fields as recurrent neural networks[J]. IEEE International Conference on Computer Vision:

1529-1537.

Zheng Y, Capra L, Wolfson O, et al., 2014. Urban computing: concepts, methodologies, and applications[J]. ACM Transactions on Intelligent Systems and Technology, 5 (3): 38.

Zhou S, Wu Y, Ni Z, et al., 2016. DoReFa-Net: training low bitwidth convolutional neural networks with low bitwidth gradients[J]. arXiv: 1606.06160.

Zylberberg A, Slezak D F, Roelfsema P R, et al., 2010. The brain's router: a cortical network model of serial processing in the primate brain[J]. PLoS Computational Biology, 16 (4): e1000765.

中国人工智能 2.0 发展战略研究

Strategic Research on Artificial Intelligence 2.0 in China

下 册

中国人工智能2.0发展战略研究项目组 编

ZHEJIANG UNIVERSITY PRESS
浙江大学出版社

图书在版编目（CIP）数据

中国人工智能2.0发展战略研究 / 中国人工智能2.0发展战略研究项目组编. — 杭州 ：浙江大学出版社，2018.12

（中国人工智能2.0发展战略研究丛书）

ISBN 978-7-308-18042-9

Ⅰ. ①中… Ⅱ. ①中… Ⅲ. ①人工智能－产业发展－发展战略－研究－中国 Ⅳ. ①F49

中国版本图书馆CIP数据核字(2018)第047453号

中国人工智能2.0发展战略研究

中国人工智能2.0发展战略研究项目组 编

出品人 鲁东明

策　划 徐有智　许佳颖

责任编辑 金佩雯

文字编辑 陆东海

责任校对 候鉴峰

装帧设计 程　晨

出版发行 浙江大学出版社

（杭州市天目山路148号　邮政编码 310007）

（网址：http://www.zjupress.com）

排　版 杭州林智广告有限公司

印　刷 浙江海虹彩色印务有限公司

开　本 710mm×1000mm 1/16

印　张 42.75

字　数 632千

版印次 2018年12月第1版 2018年12月第1次印刷

书　号 ISBN 978-7-308-18042-9

定　价 198.00元

目　录

CONTENTS

第5章

混合增强智能

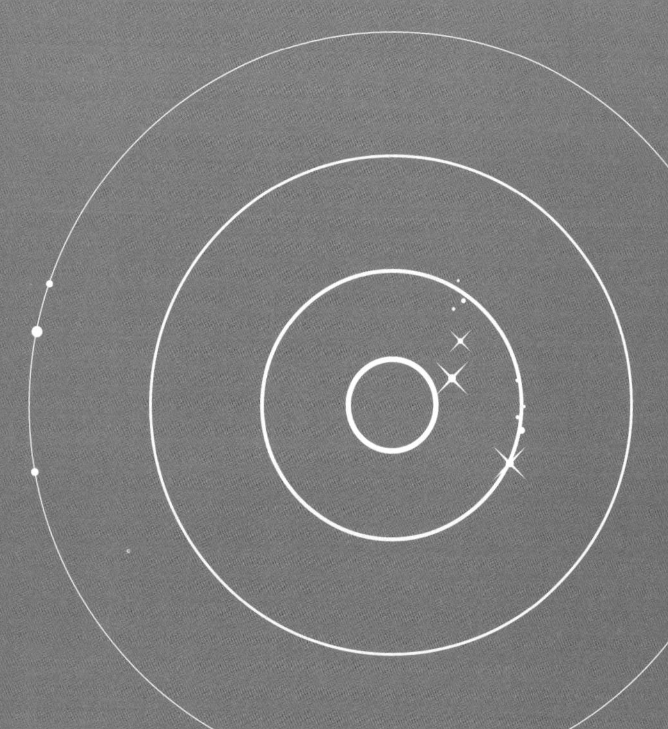

5.1 内容概述

人工智能是一种引领许多领域产生颠覆性变革的使能技术，合理并有效地利用人工智能技术，意味着价值创造和竞争优势。人机协同的混合增强智能是新一代人工智能的典型特征。智能机器已经成为人类的伴随者，人与智能机器的交互、混合是未来社会的发展形态。

人类面临的许多问题具有不确定性、脆弱性和开放性，人类也是智能机器的服务对象和最终"价值判断"的仲裁者，因此，人类智能与机器智能的协同是贯穿始终的。任何智能程度的机器都无法完全取代人类，这就需要将人的作用或认知模型引入人工智能系统，形成混合增强智能形态，这种形态是人工智能或机器智能的可行的、重要的成长模式。这种形态可分为两种基本形式：人在回路的混合增强智能，基于认知计算的混合增强智能（Zheng et al.，2017）。

将人的作用引入智能系统，形成人在回路的混合增强智能范式。人在回路的混合增强智能是指需要人参与交互的一类智能系统。人始终是这类智能系统的一部分。当系统中计算机的输出置信度低时，人主动介入并给出判读指示，构成提升智能水平的反馈回路。把人的作用引入智能系统的计算回路，可以把人对模糊、不确定问题分析与响应的高级认知机制跟机器智能系统紧密耦合，使得两者相互适应，协同工作，形成双向的信息交流与控制，使人的感知与认知能力和计算机强大的运算与存储能力相结合，形成"1+1>2"的智能增强智能形态（潘云鹤，2016）。

在当前大数据、深度学习在不同领域不断取得突破性成果之际，更需要清楚地认识到，即使为人工智能系统提供充足甚至无限的数据资源，也无法排除人类对它的干预。例如，面对人机交互系统中对人类语言细微差别和模糊性的理解，特别是将人工智能技术应用于一些重大领域（如产业风险管理、医疗诊断、刑事司法）时，如何避免人工智能技术的局限性带来的风险、失控甚至危害？这就需要引入人类的监督与互动，允许人参与验证，提高智能系统的置信度，以最佳的方式利用人的知识，最优地平衡人的智力和计算机的计算能力，从而实现大规模的非完整、非结构化知识信息的处理，有效避免由当前人工智能技术的局限性引发的决策风险和系统失控等问题。

基于认知计算的混合增强智能是指通过模仿人脑功能提升计算机的感知、推理和决策能力的智能软件或硬件，以更准确地建立像人脑一样感知、推理和响应激励的智能计算模型，尤其是建立因果模型、直觉推理和联想记忆的新计算框架。

对当前人工智能而言，解决某些对人类来说属于智力挑战的问题可能相对简单，但是解决对人类来说习以为常的问题却非常困难。例如，很少有三岁的孩童能下围棋（除非受过专门的训练），但所有三岁孩童都能认出自己的父母，且不需要经过标注的人脸数据集的大量训练。人工智能研究的重要方向之一是借鉴认知科学和计算神经科学的研究成果，使计算机通过直觉推理和经验学习将自身引导到更高层次。

另外，在现实世界中，人们无法为所有问题建模，这里存在条件问题（qualification problem）和分支问题（ramification problem），即不可能枚举出一个行为的所有先决条件，也不可能枚举出一个行为的所有分支。人脑对真实世界环境的理解能力、非完整信息的处理能力和复杂时空关联的任务处理能力是机器学习不能比拟的，而人的大脑神经网络结构的可塑性以及人脑在非认知因素和认知功能之间的相互作用是形式化方法难以描述甚至无法描述的。人脑对非认知因素的理解更多地来自于直觉，并受到经验和长期知识积累的影响。人脑所具有的自然生物智能形式，为提高机器对复杂动态环境或情景的适应性，加强非完整、非结构化信息处理和自主学习能力，以及构建基于认知计算的混合—增强智能提供了重要启示。

5.2　混合增强智能基础理论

研究混合增强智能，有助于实现像人一样与环境具有自然交互和学习的“平滑性”的机器智能，解决认知的“不可穿透性”问题，提升机器理解并适应真实世界环境、完成复杂时空关联任务的能力；研究人在回路的人机协同混合增强智能，有助于构建人机协同共融的情境理解与决策学习框架；研究基于认知计算的混合增强智能，有助于实现直觉推理与因果模型、记忆和知识演化。因此，要研制智能计算前移的新型传感器件和通用混合计算架构，构建高度集成灵敏感知、综合分析、准确判断和自主执行的混合增强智能系统及支撑环境。

对混合增强智能基础理论的研究，可以分解为以下几项任务：①人在回路的混合增强智能；②脑机协作的人机智能共生；③机器直觉推理与因果模型；④联想记忆模型与知识演化方法；⑤复杂数据和任务的混合增强智能学习方法；⑥云机器人（cloud robotics）协同计算方法；⑦真实世界环境下的情境理解及人机群组协同方法。

5.2.1　人在回路的混合增强智能

1. 研究背景

人类智能与机器智能的协同在人工智能发展中是贯穿始终的，任何智能程度的机器都无法完全取代人类，这就需要将人的作用或认知模型引入人工智能系统，形成混合增强智能形态，这种形态是人工智能或机器智能的可行的、重要的成长模式。将人的交互引入智能系统，就形成了人在回路的混合增强智能（Zheng et al.，2017）。人在回路的混合增强智能可以更容易地处理传统机器学习方法难以训练或分类的问题。

2. 研究现状

（1）人类智能与人工智能

人类智能具有创造性、复杂性和动态性的特点（Guilford，1967；

Sternberg，1984）。人类智能的创造性指的是人类的抽象思维、推理和创新能够产生新知识并进行联想。人类智能的复杂性包括人类大脑神经系统的结构复杂性和连接可塑性，以及直觉、意识、思维机制的复杂性。人类知识演化和学习能力的动态特性使得人类更擅长从事学习、推理、协作以及其他一些高级智能活动。

同人类智能类比，人工智能具有标准化、重复性、逻辑性的特征。标准化指的是人工智能当前只能处理结构化信息，即程序的输入需要遵从规定格式；重复性指的是人工智能的力学特性，重复性工作不会降低机器的效率和准确性，这是因为计算机强大的计算能力和非生命特性；逻辑性指的是人工智能在处理符号问题方面具有优势，这就意味着人工智能更擅长处理一些离散任务，而不是自身发现或打破规则（Poole et al.，1997）。因此，人工智能和人类智能各有优势，且二者优势高度互补。

（2）现有机器学习方法的不足

机器学习可被认为是预测解析的自动化，根据数据产生模型。当处理新任务时，机器学习系统根据基于数据的模型做出判断，其学习模式为“训练+测试”。该学习模式完全依赖于机器的性能和学习算法（Bradley，1997）。机器学习适用于环境具有紧约束和有限目标的条件，不能处理动态、非完整、非结构化的信息。无论机器学习技术如何发展，单独让机器完成人类社会中的所有任务（包括经济决策、医疗诊断等）是不可能的。虽然深度神经网络技术近年来取得了很大进步，但其仍然很难让机器像人一样做一些事情。传统的机器学习方法需要大量训练数据，而人类能从少量样本中提取抽象概念。因此，具有更强推理能力的机器学习需要在基础层面进行计算和推理的融合。

（3）人在回路的混合增强智能

人在回路的混合增强智能是新一代人工智能的典型特征。一方面，通过人机交互、人机协作，人在回路的混合增强智能将逐步提高机器的自主学习和自适应能力，减少人的干预。另一方面，随着人机交互效率的提高，人在回路的混合增强智能将从人机交互、人机协作逐步发展到人机融合。在人在回路的混合增强智能系统中，人机交互是一种高度耦合关系，人机需要紧密配合，协作完成目标任务，因此存在诸多困难和挑战。

3. 研究内容

人在回路的混合增强智能的基本框架如图5.1所示，它使用机器学习方法，从大量训练数据或少量样本中训练模型，并通过使用模型预测新的数据。当预测的置信度过低时，人主动进行干预，并做出判断。

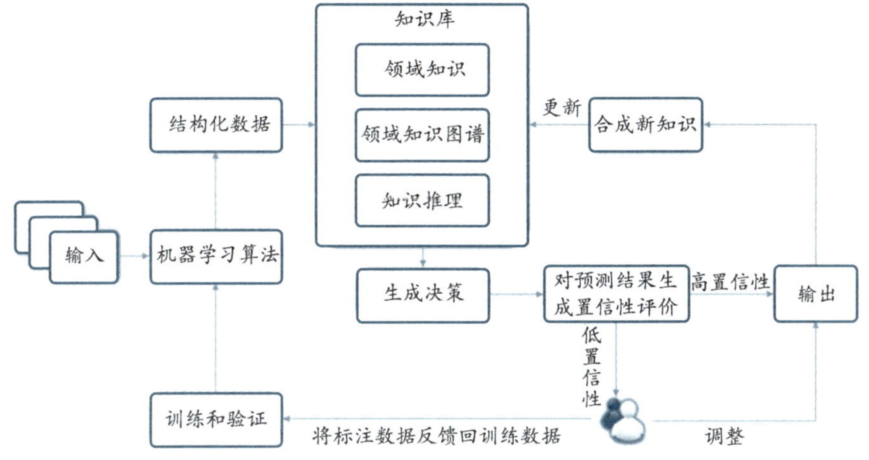

图5.1 人在回路的混合增强智能基本框架（Zheng et al.，2017）

人在回路的混合增强智能的研究内容主要有以下几项。

（1）知识概念层面上的人机自然交互。在人机交互中，存在人机之间的双向信息通路，需要研究不同模型的智能组件，充当人与机器之间的桥梁，在知识概念和行为层面实现人机之间无障碍的自然对话与协作。

（2）任务层面的智能人机交互机理与协作控制机制。研究深度态势感知并构建新的动态预测智能人机交互模型，保证人在回路的智能交互的高效性和稳定性；研究多智能机器分布式协同控制系统，以提高人在回路的多智能机器协同完成复杂任务的能力。

（3）高效的人机协同计算架构。研究面向人类和机器各自优势相结合的计算单元，以及不同计算单元的协同和组织；研究面向人机协同计算架构的量化性能技术指标和人机协同的计算过程，构建高效的、有意义的人机协同计算架构。

（4）任务或概念推动的机器学习方法。研究从任务或概念驱动的生成模型，并从其产生的海量数据中提取人工智能模型的方法；研究生成模型在少量数据情况下的置信水平评估，以及人在回路的机器学习训练任务的设计方法。

（5）人在回路的知识交互综合、生成与增强。建立融合人机的跨任务领域知识图谱，研究基于知识库的上下文关系模型及相应的决策生成机制；研究人机交互过程中的知识学习和经验获取机制，实现人在回路的知识交互综合、生成与增强。

（6）人在回路的混合增强智能系统的综合评价方法。从人、机器、任务等多角度进行综合评价，包括人机交互感受、心理负担程度等主观评价，任务完成效果、执行时间等客观评价，以及对机器自主学习能力的评价等。

（执笔人：侯增广，中国科学院自动化研究所；郑南宁，西安交通大学；贺威，北京科技大学）

5.2.2 脑机协作的人机智能共生

1. 研究背景

脑机协作的人机智能共生着重从脑机交互这一协作形态出发，在宏观、微观、实时等不同层面研究人机混合增强智能，实现人类智能与机器智能的相共生、同进化和互增进，形成人机共生的行为增强与脑机协同智能，达到人工智能对生命体的运动能力、感知能力、认知能力的补偿、增强乃至替换。

脑机协作的人机智能共生是耦合程度最高的方式，采用脑机交互实现人与机在神经信息连接基础上的智能融合增强。两者不仅仅是简单的信息整合，还包括多层次、多粒度的信息交互和反馈，系统呈现脑机一体化态势。脑机协作的人机智能共生，也被称为脑在回路的混合增强智能。

2. 研究现状

以脑神经信息交互为主要特征的脑机协作是一种更直接、更彻底的人机合作方式。如图5.2所示，大脑状态与神经行为活动信息通过光、电、磁等各种不同物理手段被测量读出，直接接入到机器端，同时，机器端的信息通过神经反馈与调控干预技术输入到大脑中，达到脑与机的双向交互、相互适应和协同工作，形成脑机协作的人机智能共生。通过脑机协作的人机智能共生，将产生脑与机在神经信息层次上的多尺度多层次的智能深度融合，实现兼具人类智能体和机器智能体优势的新型智能形态，使得人与机之间达到功能的补偿、替代和增强（Wu et al.，2016；吴朝晖等，2012）。

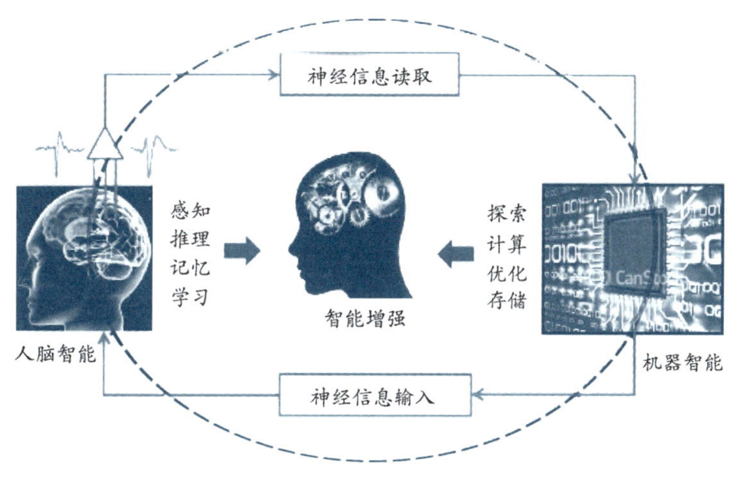

图5.2 脑机协作的人机智能共生

在脑信号解析方面，根据不同的信号采集方式和电极位置，脑信号信息可涵盖不同时空分辨率（Ramadan et al.，2017）。常见的脑信号包括功能性核磁共振成像、头皮脑电、局部场电位信号、神经元锋电位信号等。其中，头皮脑电信号的空间分辨率较低；局部场电位和神经元锋电位是植入式信号，空间分辨率高，尤其锋电位信号可以表达单个神经元的发放状况，时间和空间分辨率高，信息量大。已有研究为脑信号解码建立了良好的基础（Li et al.，2016），然而，由于大脑神经系统的复杂性，想要实现高效准确的神经信息解码，现有方法依然存在很大不足。首先，大脑具有可塑性，因此神经信息具有时变性，神经电活动与解析目标的映射模式会随时间改变，传统的静态信息处理方法难以保持长期的高精度解析；其次，反映宏观脑功能的神经信息在空域、频域上都有协同性，单个脑区、单个频段的神经信号不能完整体现宏观意义上的脑功能。由此可见，探索高效、动态、联合的解析模型和算法仍然十分迫切。

在脑信号编码输入方面，自然刺激大脑神经元的方法主要通过感觉及运动系统来实现。大脑根据感觉系统的反馈调整运动行为，实现精确的运动控制。而人为刺激大脑神经元的方法可以分为电刺激和非电刺激两种。电刺激方法是指将外部信息转化为电刺激信号，直接作用于神经系统及其感受器官（Flesher et al.，2016），主要工作可分为视听觉信息输入、躯体感觉信息输入、行为与认知干预三个方面。非电刺激方法是指将外部信息转化为非电信号，通过神经通路输入。电刺激和非电刺激这两种方法都可以构建一条新的信息输入通路，将特定外部环境信息输入大脑。但是，目前的研究表明，对于躯体感觉信息的输入而言，在现实中电刺激的输入方式比非电刺激更加直接和有效。因此，关于利用电刺激提供信息输入的研究正逐渐成为双向侵入式脑机接口领域的前沿热点问题。关于电刺激对大脑神经活动影响的客观评价、电刺激模式和参数的选择、有效的功能实现等相关研究还非常少，目前电刺激能够提供给大脑的信息量也相当有限。因此，有必要在基于电刺激的神经信息输入方面进一步加深研究（Grossman et al.,2017），同时借助光、磁、声等手段，形成优势互补，以取得理论和技术上的重大突破。

近年来，国内的脑机交互融合研究已取得显著进展。浙江大学在侵入式脑机接口（Wang et al.，2015）、感认知增强的大鼠机器人（Wu et al.，2016）等方面，华南理工大学在多模态非侵入式脑机接口（Li et al.，2016）等方面，清华大学在高速无创脑机接口字母输入（Chen et al.，2015）等方面，天津大学在神经康复、航天应用等方面，上海交通大学在情感识别等方面，都取得了重要进展。此外，国防科技大学、北京师范大学、兰州大学、中国科学院深圳先进技术研究院、中国科学院半导体研究所、华中科技大学等单位在脑机接口与脑机协作智能方面也做了重要工作。尽管现阶段我国的整体发展水平和欧美发达国家还存在着一定的差距，但是通过近几年的努力，差距正在明显缩小，我国在某些方面已经与国际水平接轨，在个别方面已经走在国际前沿。

总体而言，脑机协作的人机智能共生相关研究刚刚兴起，目前还处于较为初步的阶段，尚存在诸多有待深入研究的核心问题，包括脑机协作的计算模型与体系结构、脑机间信息互适应交互、神经信息反馈与机器智能的融合等。

3. 研究内容

脑机协作的人机智能共生的研究内容主要有以下几项。

（1）人机知识共生演进研究。需要探索人机知识的共生演进及在此基础上建立的依托人机知识融合的协同决策方法。根据计算系统所获取的感知数据与其自身的计算智能，结合人的知识做出最优的决策方法，并对原有的知识库进行不断的更新、演进，提升机器对环境的认知能力，将是一项重要研究内容。

（2）脑机协作的人机智能共生计算框架。脑机协作的人机智能共生计算框架拟通过一个双向闭环的有机系统，同时包含人脑和人工智能组件，在神经信号水平上人脑可以接受人工智能体的信息，人工智能体可以读取人脑的信息，即两者信息无缝交互。同时，人脑对人工智能体的改变具有实时反馈，反之亦然。形成混合感知、混合计算、混合执行等多层次多尺度的智能增强，最终达到混合的增强智能的计算。

（3）人机融合决策和混合控制。人机自然交互学习与智能提升的本质是机器人的多层传感器的物理信号与人的经验、直觉和灵感等主观信息的融合问题。如何实现主观决策和客观检测层等不同层次获得的运动或者决策意图进行交互融合，以及明晰人与机器人互适应和互学习的混合控制机制，将是未来必须面对的一个挑战。

（4）脑机协同的互学习。机器学习近年取得突破，在个别领域已经达到甚至超过了人类水平，但当前机器学习技术仍局限于以约束紧、对象少为特点的特定领域的特定问题。在复杂环境和人机共生的背景下，机器要充分发挥脑机协同、机—机协同的优势，通过脑机协同互学习，使无人智能系统具备学习、演进和应对复杂环境的能力。

（5）多尺度协同解码方法。特定功能神经环路通常涉及多个脑区，且脑区表达不同功能粒度的脑信号表现为多尺度。因此，对多尺度脑信号的协同解码，将大大增强脑机间的信息通道，为脑机协作的人机智能共生提供关键支撑。

（6）光电磁声综合的脑行为无创调控。实现无创伤、多脑区、单细胞、高时空分辨精度的精准神经网络调控。例如，实现基于光、电、声、磁等的介入和非介入脑活动调控，实现感觉、运动、情绪、认知等特定神经环路高时空分辨调控，在全脑皮层毫米级深度范围内实现微米级精度的无创神经调控，实现多脑区单细胞精度神经网络协同调控，从而开启神经环路和计算环路的连通新模式。

（执笔人：潘纲，浙江大学；李远清，华南理工大学；孙富春，清华大学；明东，天津大学；韩军伟，西北工业大学）

5.2.3 机器直觉推理与因果模型

1. 研究背景

直觉推理和因果模型是实现认知计算的两个基本要素（Zheng et al., 2017）。机器直觉推理由经验决定问题求解方向，由参考点决定问题求解的初始迭代，可在不破坏算法通用性的情况下，避免传统机器推理局部最小等问题，提高人工智能系统的泛化能力，进而可对不确定性问题建立模型。直觉过程是人脑高速分析、反馈、判别、决断的过程。人类许多时候都在进行综合风险判断，尤其擅长在日常生活中做出直觉决策，这种不耗费精力的直觉判断的平均正确率比非直觉判断更高。同时，直觉决策不仅仅是使用常识，还涉及对来自外部信息的感知和意识。

直觉可以分成几个相对独立又相互联系的过程，即选择性编码、选择性组合和选择性比较。选择性编码是从隐含在大量与目标无关的原始信息中筛选出与目标有关的信息。仅由选择性编码不足以产生正确的认知，还需要有选择地把已编码的信息以某种方式组合起来，形成一个具有某种合理性的内部联系的整体，这就是直觉中的选择性组合。选择性比较是利用新的信息与记忆的信息在某种程度上的相似性，去更好地理解新信息。因此，直觉帮助人类在复杂和动态环境中快速决策，并在解决问题时极大地缩小了搜索空间，使人类的认知更加高效。

现实世界广泛存在着物理因果关系和社会因果关系，通过因果关系构建可解释和理解的因果模型对于实现基于认知计算的混合增强智能十分重要。可解释和可理解的因果模型既要满足认知任务中的物理因果关系产生的约束，又能以机器为“本我”并理解“本我”在当前认知任务所涉及的因果关联，从而产生类人“心理”的推理判断。认知计算框架中的因果模型既能通过物理层面的认知推理，跨域追踪事物的发展轨迹，又拥有类人的心理层面的认知推理能力，即学习方向受到“心理状态”的引导。

2. 研究现状

（1）认知映射与认知地图

智能是认知的一种质量，或者是人们为更好地完成某种认知给出的一种模式的表征及实现。大脑的这种认知“模式”可被看作是在先验知识的基础上构建的，包含事件或事物的相互影响关系、因果关系和控制关系的世界模型。这种世界模型也可被看作人脑的“认知地图”（又称心理地图或心智模式），是一种在过去经验中形成的、对多个局部环境的综合表象，既包含事件的简单顺序，也包括方向、距离甚至时间关系。这个概念最早由爱德华·托尔曼（Edward Chace Tolman）在1948年通过白鼠实验得出（Fischbein，1987）。认知地图也可表示一种代表个人知识或模式的语义网络（Sternberg，1985）。从信息加工理论的角度来看，认知地图实质上是一种认知映射（cognitive mapping）（Tolman，1948），它是一个包括获取、编码、存储、内部操作、解码和使用外部信息的动态过程。

人能够对自身与环境的状态和关系进行认知建模，进而提供一个可解释的模型，形成对风险、价值进行评估与判断的依据和度量。人的认知活动体现在基于“认知映射”的一系列决策活动中，这是一个不断进行模式匹配的过程。当前认知映射的形成与大脑对外部信息的感知和理解相关。

（2）直觉推理的机器实现

人类的直觉推理与人的大脑对先验知识的抽象能力和强泛化能力紧密相关，而不是简单地依赖于对先验知识的机械记忆。正是因为这种高度的可泛化性，人类直觉才可以根据人脑中的世界模型做出快速回避风险的决策。尽管机器具有人脑难以比拟的符号计算能力和数据存储能力，现有的机器学习很难模仿人脑中所建立的认知映射、“决策库”搜索、代价空间等过程。

如果人的直觉反应可以被看作在问题解空间中寻找全局最优解，那么直觉的作用可以被看作迅速给出求解的初始迭代位置，这个位置在大概率意义上是有效的。在求解简单问题时［见图5.3（a）］，初始迭代位置并不重要；但是当求解复杂问题时［见图5.3（b）］，直觉推理相对于传统机器推理的优势将凸显出来，此时，传统的机器推理很有可能陷入局部最小值，而直觉推理能够提供比较合理的初始迭代位置，因此可以在很大程度上避免陷入局部最小值。

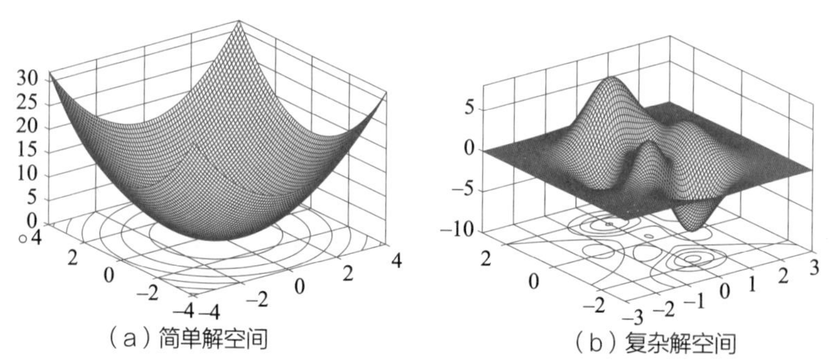

（a）简单解空间　　（b）复杂解空间

图5.3　简单解空间和复杂解空间（Zheng et al.，2017）

在实际问题中，解空间往往是复杂的、非凸的，甚至是不可结构化描述的。此时，初始迭代位置的选取十分关键，并直接决定最终迭代结果是否全局最优。在常见机器学习方法中，通常以引入强假设、牺牲算法的通用性为代价，或增加人工干预，以获得较好的初始迭代位置。构建受脑启发的机器直觉推理，将在不破坏算法通用性的情况下，避免局部最小等问题，提高人工智能系统的泛化能力，进而可对不确定性问题建立模型。

因此，直觉推理可以用机器模拟。将直觉推理（Tversky et al.，1983）和数学归纳的演绎推理（Dias et al.，1988）这两类机制进行最佳组合，可以实现基于认知计算的混合增强智能。AlphaGo在围棋领域的成功可被看作机器直觉推理应用的例子（Silver et al.，2016）。围棋的解空间几乎不可能穷尽，这使得基于穷举搜索或基于规则的方法根本无法构建具有人类围棋高手水平的程序。AlphaGo在一定程度上实现了直觉推理，其直觉功能体现在对“棋感”的模拟。它的棋感是利用策略网络和价值网络来实现的，如图5.4所示。策略网络是对落子位置的快速判断，即哪些位置是重要的，哪些位置没有落子意义的；价值网络是对当前整体盘面的估计。AlphaGo通过3000万盘棋局的训练以及自我博弈的强化学习过程得到了棋感，缩小了在寻找最优解的过程中的搜索空间，使得计算机可以在浩瀚的围棋解空间中通过多线迭代（multithread iterations）找到最优解。AlphaGo的成功表明直觉推理对于问题

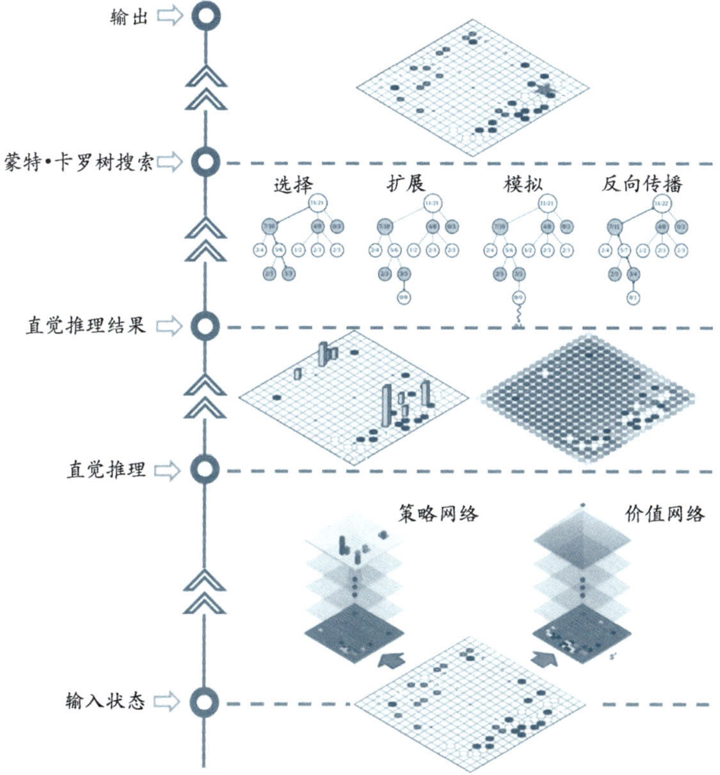

图5.4　AlphaGo的直觉推理（Zheng et al.，2017）

求解的重要性。

虽然AlphaGo已经采用了更加通用的框架进行构建，但仍然涉及很多人工编码的知识。针对特定的问题设计特定的问题编码方式是过去乃至当今的人工智能研究最常用的一种描述待解决问题的方式。然而，人为设计的特定编码往往只能针对特定用途且不能确保达到最优编码的效果。另外，AlphaGo还不具备关联记忆的能力。但是AlphaGo通过深度学习的非线性映射以及蒙特卡罗搜索的跳跃性，将棋感的直觉与显性知识（规则与棋谱）结合起来，对研究新的人工智能技术具有极高的价值。

（3）因果模型

现实世界广泛存在着物理因果关系、社会因果关系和非因果关系（见图5.5）。人骑车下坡与人平地骑车的姿态显然是不同，人骑车的姿态与地面坡度的关系就是一种受物理规律约束的因果关系；警察与小偷之间的关系可被看作一种社会因果关系；而非因果关系表示世界的任意两个独立个体之间不存在因果的关联。

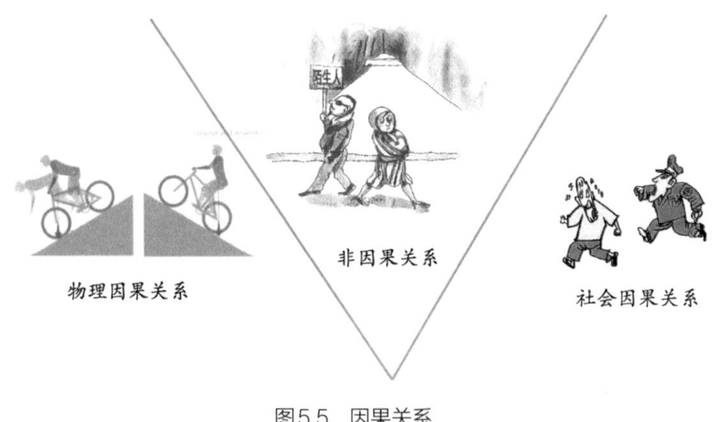

图5.5　因果关系

人类通过学习所建立的因果模型受心理层面认知推理的引导。心理层面的认知推理是指人类对事物的学习和预测受自身心理状态的约束或引导，如对他人的模仿（Premack et al.，1997；Johnson et al.，1998；Schlottmann et al.，2006）。又如，一位孩子看朋友玩一个新的游戏，他记住了朋友在游戏过程中所得到的奖励和惩罚，第二天这位孩子在打同样的游戏时，凭着对朋友玩游戏过程的记忆，能迅速推理出如何应对游戏中出现的类似场面（见图5.6）。也就是说，这位孩子在打同样游戏时，其行为或推理受到心理状态的引导。这是一种“模仿”学习方式表明人对新事物的认知可根据先验知识做出预测，而不是完全依赖于新的准则。

图5.6 学习推理受心理状态引导

在许多人工智能的任务中存在广泛的时空因果关系，特别是动态目标识别任务。Chen D等（2016）提出了一种处理视频的追踪系统，由于目标和周围样本之间的空间因果联系可以快速改变，系统中的“支持力”（the support）是短时的，即目标和周围样本之间存在短时相关性，故利用短时回归分量建模“支持力”。短期回归分量与支持向量回归有关，它挖掘目标和上下文样本之间的空间因果关系，并根据时间因果关系利用得到的空间因果关系来帮助定位目标。

感知的因果关系是指从观察中感知到的因果关系。人类甚至在婴儿时期，就能通过观察周围的世界形成感知的因果模型（Saxe et al.，2006；Fire et al.，2016），给出一种视频感知的因果结构的无监督学习框架。该方法把视频中行动和对象状态检测作为输入，并使用认知启发式方法在它们之间形成感知的因果关联。这种方法从层次结构中选择正确行动，具有很好的准确度。类似地，基于因果模型的预测与推理任务的一个典型应用是基于视频序列的人体行为识别任务（Wei et al.，2013；Wei et al.，2017；Fire et al.，2016）。一个优秀的行为识别系统应该能够很好地处理时间与空间上的关联，发现样本中不同结构、事物间的因果关系和约束关系，挖掘行为与环境间语义层面的因果关系，进而将行为识别任务转化为一个典型的结构化预测问题（见图5.7）。

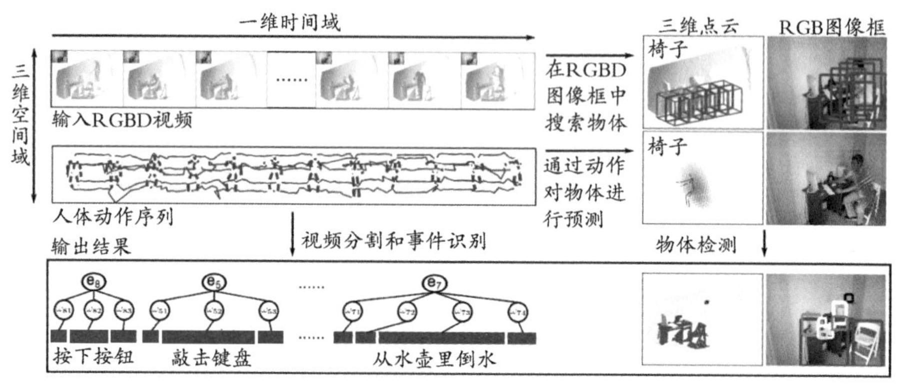

图5.7　融合因果约束的行为识别系统（Wei et al.，2013）

3. 研究内容

直觉推理和因果模型是实现认知计算的两个基本要素，也是基于认知计算的混合增强智能核心技术。因此建议开展如下两方面的研究，对混合增强智能创新应用形成支撑。

（1）在机器直觉推理方面，重点研究基于价值网络和策略网络的直觉推理、基于深度表征的强化学习策略算法及其优化，建立基于深度递归机制的复杂结构化数据处理的生成模型。直觉推理与认知地图的关系如图5.8所示，人类个体在成长过程中通过学习、常识和经验的积累形成了“决策库”，人脑随机地在“决策库”中搜索决策，一旦被选中的决策与当前认知映射过程中的任务匹配（匹配的度量可以是最小代价回避损失），人就做出了直觉反应。在这个过程中，直觉的作用可被看作在计算过程中对决策搜索的引导以及代价空间的构造。因此，需研究基于价值网络和策略网络的直觉推理。机器直觉推理研究应对其他学习与推理方法给予足够重视，如基于深度表征的强化学习策略算法及其优化方法，使用深度递归机制建立面向复杂结构化数据处理的生成模型，以及具有大规模深层的面向大规模复杂结构数据和结构化任务的可微神经计算机等新的人工智能方法。

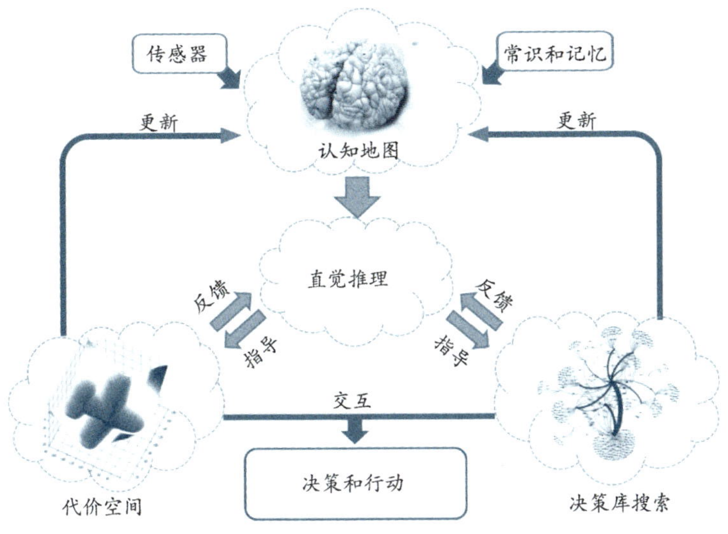

图5.8 机器直觉推理与认知地图的关系（Zheng et al.，2017）

（2）在因果模型方面，重点构建可解释和可理解的因果模型。构建深度学习与结构化预测相结合的因果关系模型，深度挖掘高维时空数据中结构、行为及事物间的因果关系，建立既能通过物理层面的认知推理，跨域追踪事物的发展轨迹，又具备类人的心理层面的认知推理能力的因果模型。因果模型的一般框架如图5.9所示。在因果模型中，现实社会广泛存在的事物用不同的类属性表示，A1、A2、A3、A4表示四种不同事物。在一般因果关系模式中，A1对A2、A3、A4均产生因果影响，即在A1/A2、A1/A3、A1/A4这三组因果关系中，A1是因，其他是果；在一般影响关系模式中，A4受到A1、A2、A3的因果影响，即在A1/A4、A2/A4、A3/A4这三组因果关系中，A4是果，其他是因；在无因果关系模式中，各属性独立（Rehder et al.，2001）。

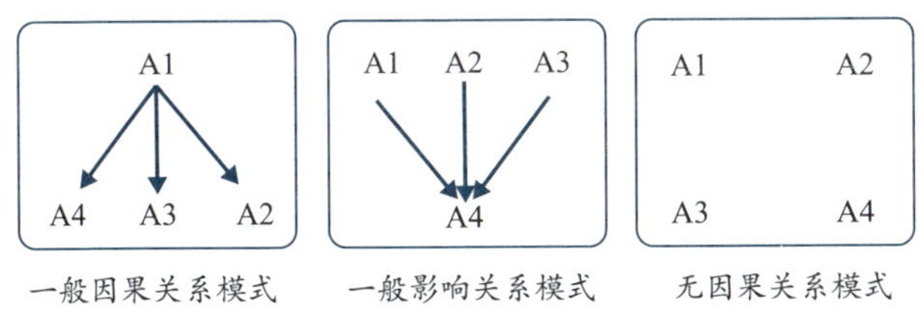

图5.9 因果模型的一般框架

（执笔人：郑南宁，西安交通大学；薛建儒，西安交通大学）

5.2.4 联想记忆模型与知识演化方法

1. 研究背景

以存储和计算为中心的人工智能系统只是按照所设计的算法或范式进行过程拟合和行为模拟，但其本身并没有激发自我联想记忆的意识和进行知识演变的能力，无法实现创新性思维和“举一反三”，对强动态演化信息空间的表达处理能力非常有限。以大数据为基础和驱动的新一代人工智能，迫切需要探索和解决由数据空间动态演化导致的一系列相关问题。所以，如何借鉴神经科学、认知科学和心理科学等相关研究成果，探究人脑联想记忆和知识演化的认知机理和思维活动本质，找准关键突破口，打破人脑与机器认知的壁垒，实现人机协同的混合增强智能，使机器能够真正适应瞬息万变的现实世界和信息空间，是目前人工智能面临的关键性挑战。

2. 研究现状

联想记忆和知识演化是人脑认知和思维活动的重要特征。为了模仿人脑功能，人们对其工作机制和思维本质进行了大量的深入研究。人工神经网络是其中最具代表性的工作，联想记忆模型是人工神经网络研究的一个重要分支。该模型通过模拟人类的联想记忆功能来处理不完整、不准确甚至非常模糊的信息，在图像和语音等模式识别领域得到了广泛应用。

自Marr（1971）提出了自联想记忆神经网络模型和Hopfield（1982）提出了使用Hebbian学习法则和McCulloch-Pitts神经元模型的递归神经网络后，联想记忆模型因其强大的并行处理能力和高鲁棒性等优点得到高度关注。许多学者在Hopfield模型的基础上进行了大量的改进研究，主要包括基于形态学、免疫原理和元胞自动机的模型。强化学习理论本质上也采用了联想记忆法，通过已抽象出来的概念内涵，进一步在行动—评价的环境中获得知识，改进行动方案以适应环境。最近基于增强学习方法的AlphaGo Zero算法，不需要依赖人类产生的数据，却达到了超强的性能。

借鉴人脑智力发育过程是知识在不断修正、校对和完善的过程中逐步形成的机理，心理学家Coppock和Freund（1962）提出了增量式学习概念；Wang等（1995）提出了并行神经网络体系结构，通过增加神经网络模块学习新样本，实现知识的积累与增长；Hinton等（2006）提出的深度学习方法引领了机器学习技术的快速发展，促使人工智能呈现井喷式爆发。同时迁移学习也开始引起广泛关注，它从另一个角度试图解决知识变迁和演化问题。庄福振等（2015）对迁移学习的研究进展给出了较为全面的总结；目前也有很多学者研究在缺少先验学习样本情况下的"0/1样本学习"问题（Lake et al.，2015），探索模拟智力发育过程的机器学习模型（Wang，2014）。

对应地，与人工智能模型高度关联的知识工程也经历了一系列发展过程。20世纪70年代，Feigenbaum（1977）提出知识工程的概念，标志着知识工程的起源。80年代的知识工程以Cyc大型知识库为代表。20世纪90年代，随着计算机硬件性能的不断提升，以数据为驱动的知识获取算法越来越丰富。进入21世纪后，随着互联网和移动终端的普及，基于动态数据的知识演化成为可能。数据仓库、时空数据库、分布式数据库等概念的提出和实现，标志着知识工程进入超大规模的海量数据时代，其中以Freebase、YAGO、Probase、知识图谱等为典型代表。

总的来说，联想记忆和知识演化一直是人工智能研究面临的两大难题，尤其是在面临强动态演化的信息空间时，其不足体现地更为明显。首先，已有联想记忆模型的研究虽然为数据存储方式和知识演化模型研究奠定了深厚的理论基础，但还存在诸多不足，包括联想方式单一、存储容量有限、网络结构复杂，以及其二值化的神经元状态无法适用现实世界的多值情形；其次，目前知识演化相关理论研究和模型开发都尚未成熟，知识泛化和迁移能力较弱；同时，目前智能认知模型都是建立在语义关联相对薄弱的静态知识库中，这些知识库表征模式相对简单，往往对多元异构、异源信息扁平化处理，丢失了丰富的语义关系，无法适应外界强动态变化的海量异质异构三元信息空间。

3. 研究内容

目前亟待解决的科学矛盾主要体现为现有认知模型弱推理能力与人类大脑强推理能力之间的矛盾，强动态变化的数据空间与支撑智能系统的静态知识空间之间的矛盾，以及强动态变化数据驱动下的知识演化过程与工作过程之间的矛盾。知识是人脑从事一切认知活动的基础，也是各种智能行为赖以生存的根本。因此，亟须将人脑对知识的作用机理引入人工智能系统从而弱化现有矛盾。具体地，要针对海量异质、异构、强动态多元数据，借鉴人脑的联想、泛化、类比和推演等认知机理，创建高度语义关联、可动态演化的知识表征，并构建更为精准的智能认知模型；同时借鉴人脑的终身式、渐进式、积累式和增量式的思维活动方式，搭建更有效的人机交互模式。

借鉴人脑对知识的认知机理构建的具备联想记忆和知识演化功能的增强智能系统框架如图5.10所示。从图中可以明显看出，知识就是智能系统的“血液”，贯穿智能系统的各个环节。对应地，其主要研究内容包括以下几项。

（1）建立准确、有效的基于语义关联的多粒度知识表征模型，实现数据空间到知识空间的精确映射。其研究内容包括基于语义关联的多粒度层次化结构表示、数据本体层次化语义表示，以及实现数据空间与知识空间的双向融合。

（2）构建多粒度知识空间的进化模型和演化机制，实现知识空间的关联记忆和动态演化。其研究内容包括多粒度知识空间的初始构建、多粒度知识空间的双向生长过程建模，以及知识空间中粒结构的动态演化建模。

（3）深度融合人脑认知机理，构建基于联想记忆和知识演化的智能认知模型。其研究内容包括基于联想记忆的双向认知变换模型构建、融合增量式学习机理的知识演化模型构建，以及基于长短时记忆的交互式认知模型构建。

（执笔人：宗成庆，中国科学院自动化研究所；周玉，中国科学院自动化研究所；王国胤，重庆邮电大学；邱锡鹏，复旦大学）

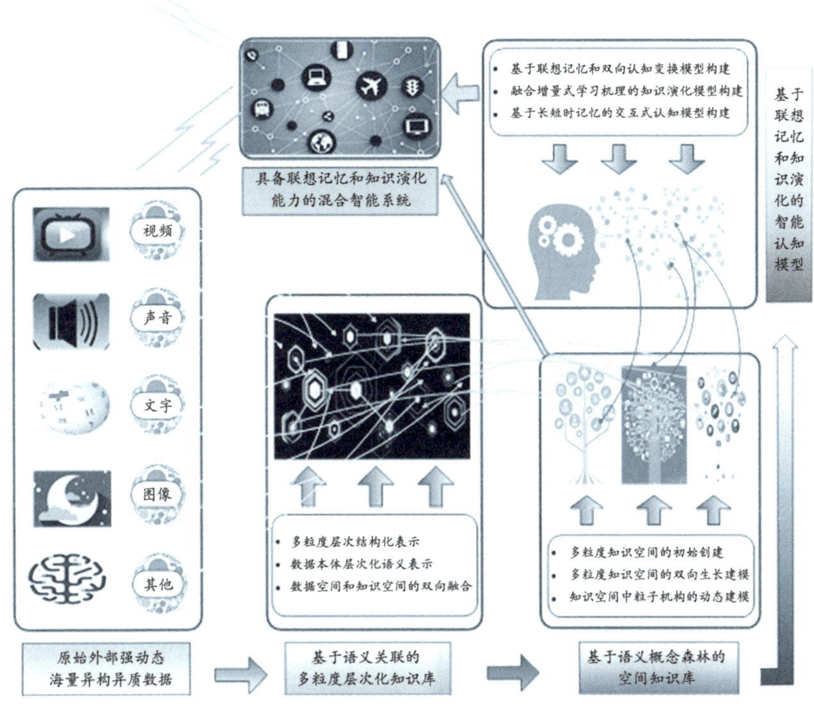

图5.10 具备联想记忆与知识演化的增强智能系统框架

5.2.5 复杂数据和任务的混合增强智能学习方法

1. 研究背景

近年来，机器智能达到了前所未有的新高度。与人类智能相比，在可以量化和程序化的计算上，计算机取得了效率和性能等多方面的领先。然而，在常识智能、直觉推理、顿悟等难以实现定义和程序化的复杂问题上，人工智能仍然没有实质性的进展。最典型的例子莫过于产业复杂性和决策风险评估、现代商业社交网络和社会化等复杂数据和任务（见图5.11）。

人类在处理复杂、多样和耦合的现实世界数据和任务时，能基于长期学习获得的经验形成直觉思维，形成快速推理、判断和决策。因此，如果能混合人类智能与机器智能，则可能突破以上的瓶颈，通过人机协同来构建拥有类人的问题理解、经验积累和应用能力的智能系统。为了实现这种智能学习系统，需

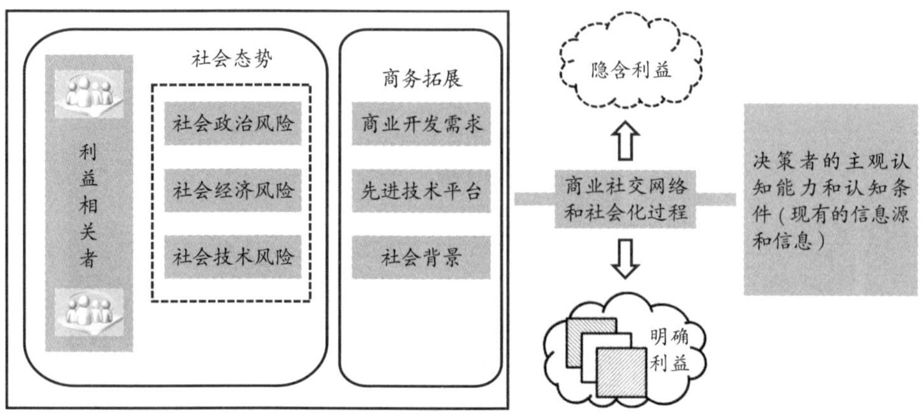

图5.11　现代商业社会网络与社会化过程——业务推动的混合增强智能构建（Zheng et al.，2017）

要研究人类的处理机制以及数据驱动与知识指导的融合机制两个科学问题。

2. 研究现状

近十年，人工智能在理论和应用上都取得了重要进展，吸引了工业界和学术界的普遍关注。与前两次人工智能的热潮不同，大数据、深度学习架构和高性能计算硬件是本轮热潮的三个关键因素。这里将从五个方面阐述本轮热潮的进展与不足。

（1）竞争与对抗式学习。竞争与对抗是人类学习与认知中必不可少的元素。受这些机制的启发，人工智能领域发展了相应的学习原理与方法。其中以采用博弈论框架的生成式对抗网络最具代表性。目前，生成式对抗网络已经能逼真地生成人脸、室内外场景等对象，被广泛地应用于图像复原、风格迁移等诸多领域。对抗学习机制已被扩展用于半监督学习等场景，解决标注样本量少的问题。此外，生成对抗模型也已被应用到语音与语言处理、信息安全、棋类比赛等任务中。

（2）深度可微分神经网络。在深度学习方法中引入记忆与注意机制，在计算机视觉、自然语言处理等领域受到了广泛重视，在许多任务上发挥了重要作用。传统神经网络的权值本身在一定程度上起到了记忆的作用，但是这种隐式信息容易被覆盖，也不直观。可微分神经计算机（differential neural computer，DNC）在神经图灵机的基础上引入了可微分的外部记忆机制，一方面将存储和计算分开，从而显式地表达复杂的数据结构，另一方面采用梯度下降等优化方法进行端到端的学习，朝“通用人工智能”迈进了一步。

（3）深度强化学习。强化学习，特别是与深度学习相结合的深度强化学习，能对状态和策略函数进行很好的参数化表示和函数近似，使得强化学习能解决的问题大大扩展，从而突破了传统强化学习只能处理较小规模问题的局限性。深度强化学习提供了一种通过与环境交互进行学习的有效机制，使得其在多任务学习、合作学习、对抗学习、模仿学习等任务中具有很强的应用前景，在可交互系统人在环路（human-in-the-loop）、多智能体合作等具有挑战性的问题中发挥重大作用。

（4）视听觉信息处理的生成模型与目标分析。尽管作为受脑的结构启发而发展起来的一类机器学习模型，深度学习在计算机视觉和语音识别等方面获得了巨大的成功，但是其与大脑的视听觉处理方式并不相同。这些不一致可能会导致这些模型与人类视听觉系统能力的差异，也会导致构建多任务人工智能模型的困难。未来的深度学习模型可以考虑进一步借鉴脑的结构，充分利用脑中的反馈连接，构建适用于多模态处理的通用模型。

（5）智能学习系统。以麻省理工学院教授乔希·特南鲍姆为代表的认知学家致力于探索人类智能机理，在人类的概念学习、语言学习、因果推理等能力的认知机理方面做出了很多开创性工作。在相关认知原理的基础上，人们提出了概率图模型、人工神经网络、增强学习等方案，探索它们类人的问题理解与经验积累能力，在智能机器人等许多领域均取得突破性进展。但这些方案在泛化推广能力方面，距离人类“举一反三”的水平仍有较大差距。

3. 研究内容

针对复杂数据和任务的混合增强智能学习方法，可分以下四个层次开展研究工作。

（1）在竞争与对抗式学习方面，研究认知学习方法，实现高效的认知学习。拟开展的研究内容包括环境的认知建模与仿真、知识与数据融合、弱监督的竞争与对抗学习、高效稳定的学习算法，以及与其他学习方法的交叉融合。

（2）在深度可微分神经网络和深度强化学习方面，拟开展的研究内容包括多智能体、多任务、层次化的强化学习策略，逆向强化学习和回报估计问题，弱监督下强化学习方法，以及受脑启发的存储模型和注意算法。

（3）在视听觉信息处理的生成模型与目标分析方面，拟开展的研究内容包括反馈连接包括层内反馈连接和层间反馈连接对于单模态感知和生成的作用、具有自下而上快速初始识别和自上而下干预调制的反馈过程的神经网络模型，以及面向视听觉多模态信息处理的深度反馈神经网络。

（4）在智能学习系统方面，拟开展的研究内容包括人类典型认知能力（如知识学习、语义组合、因果推断等）的量化模型，复杂场景的类人理解、自主学习的智能学系统，以及动态复杂情境下的终身学习系统。

在上述研究基础上，发展混合增强智能创新应用，重点研究自动智能问答与智能推荐等新型应用中的图文多模态深度融合、智能推理和人机交互问题。

（执笔人：朱军，清华大学；陈俊龙，澳门大学；杨健，南京理工大学；张军平，复旦大学；汪萌，合肥工业大学）

5.2.6　云机器人协同计算方法

1. 研究背景

近年来，机器人已经被广泛应用于工业制造（Schwartz et al.，2016）、生活服务（Boman et al.，2015）、军事国防（Hughes et al.，2015）等领域。但是，传统的机器人存在指令简单化的问题，机器人间难以进行知识更新且无法与人进行自然的交互，难以完成复杂的任务。因此，如何增强多机器人协作系统中个体的智能性，是多机器人协同增强智能面临的主要挑战。

云机器人可能是人机混合增强智能研究转化为应用最快的领域之一（Zheng et al.，2017）。云机器人是将云计算应用于机器人的技术。运用云计算的强大运算和存储能力，能够给机器人提供一个更智能的“大脑”。将机器人技术与云计算相结合，可以增强单个机器人的能力，执行提供复杂功能任务和服务。同时，分布在世界各地、具有不同能力的机器人若能开展合作，共享信息资源，将能完成更大、更复杂的任务（Kehoe et al.，2015）。

云机器人协同计算方法（即基于云计算的人机协同计算）的具体挑战包括以下几项：①云协同计算的知识库和表示；②云协同计算的自主集成学习；③协同的容错控制与安全性；④大数据协同决策（通过大型网络收集和传播的数据可以为分类问题或显示模式做出决策）；⑤云机器人与人协同计算的系统架构（人的认知能力和经验的利用）；⑥开源的开放式软件硬件基础设施（并行计算）；⑦无线通信与工作负载共享；⑧模块与接口标准协议（Georgia Institute of Technology et al.，2013）。

云机器人互联系统在工业制造、生活服务、军事国防等许多方面都有着巨大的应用价值。①智能制造是未来制造业的方向，是“中国制造2025”、德国的“工业4.0”（Kagermann et al.，2013）等未来工业规划的核心问题。实现智能制造的关键技术在于构建一种包含多个机器人和人的混合团队。在这个团队中，不同的机器人和人需要相互传递环境信息、知识、解决方法等各种类型的信息，进行高效的交互，以共同完成任务（Johnson et al.，2014；Schwartz et al.，2016）。②在生活服务方面，根据《国家人口发展战略研究报告》，到2020年，60岁以上老年人口将达到2.34亿人，相应比重增长到16.0%。因此，我国面临着非常严峻的老龄化问题，这给向传统的护理、辅助模式提出了巨大挑战。护理机器人是解决这一挑战的重要方式。但是传统的机器人存在简单化、指令化的问题，无法与人进行自然的交互。针对复杂任务，需要多个机器人协作，共享信息，以完成任务。③在军事方面，机器人可减少部队人员可能遭遇到的威胁，执行有人装备不能承担的任务（Barnes et al.，2013；Gilbert et al.，2010）。人机合作控制已在不同的方面被证明具有较好的效果。但是，对于更复杂的任务，需要提高人机交互的程度以及多机器人之间的协作能力，以共同完成任务。

2. 研究现状

物联网是移动互联的重要应用之一。将数百万的普通设备或日常使用的所有物品都连接到一个移动互联的云端——物联网的概念是对这种愿望的支撑，也是人们追求的长期目标，这种互联的工作模式已经可以在云机器人上有所体现（Zheng et al.，2017）。在云机器人互联系统中，可以对不同任务进行优化，使不同的机器人独立处理特定任务，同时也可在机器人之间互相传递解决方案。机器人通过云端共享数据，使得任何连接同一网络的机器人或智能系统都能分析这些数据。例如，机器人A向机器人B传授一些知识，机器人B反过来又对这些知识加以完善，以一种协同合作的方式继续传递，并能在共享空间内、有限时间内实现多机器人运动规划与决策的自主学习，从而使机器人的学习潜能和连接性显著提高。这将广泛扩展机器人的应用领域，加速和简化机器人系统的开发过程，降低机器人的构造和使用成本。无论是家庭机器人、工业机器人还是医疗机器人，都具有极其深远的意义。比如，可以在云端建立机器人的“大脑”，包含知识库、深度学习、云辅助的图像识别和语音识别、移动机器人导航、大规模协作、任务规划等（Kehoe et al.，2015）。

云机器人RoboEarth（Waibel et al.，2011）的研究目标是允许机器人系统从其他机器人的经验中受益，为机器认知和行为提供快速扩展能力，并最终实现更复杂的自然机交互。RoboEarth提供云机器人基础设施，其数据库以机器可读格式存储人类和机器人生成的知识，包括软件组件、导航地图、任务知识（例如动作配方和操作策略）、对象识别模型等。Rapyuta（Hunziker et al.，2013）是由苏黎世联邦理工学院机器人研究员开发的基于RoboEarth Engine的开源云机器人框架。连接到Rapyuta的每个机器人都可以拥有一个安全的计算环境，使他们能够将其中的计算转移到云中；此外，计算环境彼此紧密互联，并具有与RoboEarth知识库的高带宽连接。KnowRob（Tenorth et al.，2013）是RoboEarth的扩展项目。它是将知识表示和推理方法与获取知识和联系物理系统中的知识的技术结合起来的知识处理系统，并且可以作为整合来自不同来源的信息的通用语义框架。RoboBrain（Saxena et al.，2014）从公开的互联网资源以及计算机模拟和现实生活中的机器人试验中学习，将所有的机器人技术积累成为一个互相联系的知识库。其主要目标是创建一个集中的、永远在线的机器人大脑。COALAS（Caron et al.，2014）旨在通过社会技术创新以及用户的社会心理的完整性，为残疾人开发新技术。它通过与云端连接的类人机器人以及智能轮椅等家用服务机器人，产生具有医疗集群云的认知环境辅助生活系统。

虽然机器人可以从云计算的各种优势中受益，目前在人机协同计算方面仍存在以下问题（Georgia Institute of Technology et al.，2013）：①控制机器人的运动在很大程度上依赖传感器和控制器的反馈，而这将不会从云计算中受益太多；②如果一个机器人过于依赖云端，由于高延迟响应或网络挂起，基于云的应用程序可能会变慢或不可用；③协同计算的架构对实时执行的任务需要进行机载处理；④云机器人中云的安全性，协同计算对网络时变性和质量可变性的适应性，以及对大数据计算规模的适应性等尚有待完善。

3. 研究内容

为了解决以上问题，云机器人协同计算方法的具体研究内容主要包括以下几项。

（1）研究云端的任务优化分配方法，使不同的机器人能够自主处理特定任务，互相传递解决方案和共享数据，进而实现多机器人协同。

（2）建立自适应于场景和任务的人体行为、运动路径规划、物体属性（结构、重量、温度等）感知、环境理解模型，实现人的意图的准确预测。

（3）探索高效、可靠的群组控制与协作方法，基于大数据建立多机器人间的知识传递与更新机制，实现基于任务及完成情况的自适应知识更新及类人感知与学习。

（4）在基于大数据的共享空间、有限时间等约束条件下，研究机器人运动规划与决策的自主学习方法，实现安全、高效、流畅的多机器人协同。

（5）突破混合增强智能系统核心技术，形成混合增强智能创新应用。云机器人互联系统的混合增强智能框架如图5.12所示。

此外，云机器人应用研究主要包括以下几项。

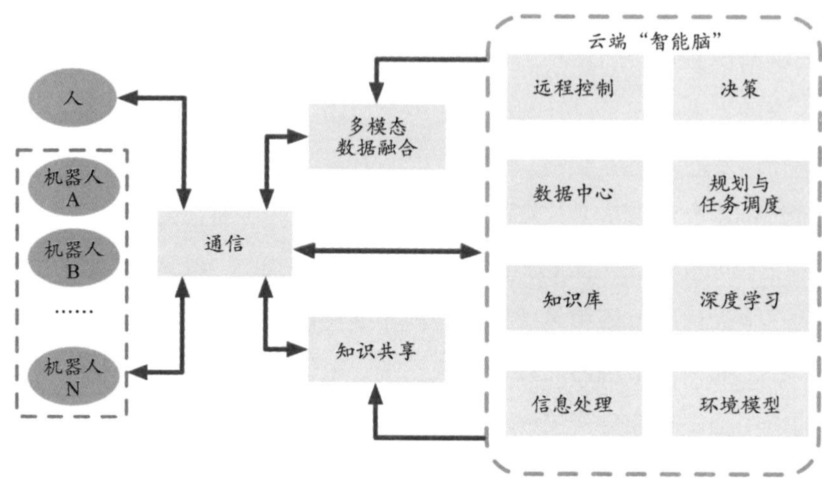

图5.12　云机器人互联系统的混合增强智能框架（Zheng et al.，2017）

（1）云机器人SLAM研究。构建基于多机器人、多摄像机的协同和知识共享的实时SLAM算法，实现云计算资源管理优化方法等。

（2）云机器人语音识别和图像理解研究。构建基于云计算的语音识别和图像理解技术，实现机器人的文档理解、人机对话、作业场景理解等功能。

（3）云机器人视觉伺服控制与灵巧作业等。

（执笔人：兰旭光，西安交通大学）

5.2.7　真实世界环境下的情境理解及人机群组协同方法

1. 研究背景

近年来，能适应特定场景并与环境进行交互的机器人、无人车、无人机等智能自主运动体正不断涌现，并表现出不断逼近人类行为能力水平的发展态势。无人机集群编队飞行的规模已突破100架，多人多机的群组协同已广泛用于农业生产、抢险救灾和协同作战领域。不难发现，真实复杂环境中具有类人自主行为的智能运动体已进入“可望又可及”的新发展阶段，将深刻改变人类社会和生活的各个方面。建立真实世界环境下能理解情境并与人高效合作的具有更广泛人类意识的混合增强智能系统，成为人工智能的未来和新的长远发展目标。

真实世界环境下的情境理解是对场景中各个对象相互关系的解释，具有不确定性、脆弱性和开放性。这就导致真实世界环境下的智能系统或人机群组协同均面临两个难题：①条件问题，即无法枚举出规划一个行为的所有先决条件；②分支问题，即不可能枚举出产生一个行为的所有分支。如何将复杂未知的真实世界的情境描述转变成有限的语义“推理”成为智能系统亟须解决的挑战性问题（Zheng et al.，2017）。

人脑对真实世界环境下的情境理解能力是机器无法比拟的。智能自主运动体的情境理解应该借鉴人类智能所擅长的视觉、记忆、注意与推理机制，主动控制智能系统所配置的传感器获取环境感知数据，获得环境的几何与拓扑结构、交通要素（人、车、物体等）及其时空变化（Xue et al.，2017），并进行语义推理，建立智能系统行为决策与运动控制的时间和空间约束的定量计算模型，进而结合知识、经验与自主学习，形成类人的记忆、推理和经验更新机制，适应高噪声、高动态和强随机性的真实世界环境。

人类智能具有社会化属性，人类的绝大部分活动都涉及多人构成的社会团体，大型复杂问题的求解需要多个专业人员或组织协调完成。人类面临的问题日益复杂，迫切需要机器智能成为人类智能的自然延伸和增强。人机群组协同就是将多个嵌入类人记忆与推理的认知计算模型的运动体通过自然、精准的共融互联，形成专家组与机器群组，共同求解大规模复杂问题。真实世界环境下的人机群组协同是指在理解情境的基础上，通过自然、精准的人机交互，将人类智能和机器智能相互融合与关联，把人脑的感知与认知能力和机器的计算与控制能力相结合，形成超越现有机器智能的泛化能力、鲁棒性能和学习能力的人机协同的混合增强智能形态。

2．研究现状

适应真实世界环境的智能自主运动体应能理解真实情境，及时感知与认知环境变化，并与之实现主动交互。然而，目前虽已取得了不少令人瞩目的进展，现有的大多数智能机器普遍存在着场景理解水平较低、与环境自主交互能力弱等不足，只能在时空约束简单的、结构化的环境下工作。若要实现具有类人水平的情境理解，必须建立起对各类情境的丰富表征。因此，到目前为止，真实、开放环境下的情境理解依然是一个十分艰巨、极富挑战性的问题。

此外，智能机器的自主行为决策与运动的实现依赖于从感知到运动的闭环反馈环路，其中的场情境理解必然与自主系统的行为决策和运动控制紧密耦合。然而，现有的大多数研究却将情境理解与自主运动分开考虑，将其当作孤立问题分别求解，因此情境理解经常性地陷入仅能理解底层语义、求解困难、适应性差等困境，运动体也往往无法敏捷、灵巧地适应复杂环境（Li L et al.，2009；Xue et al.，2017）。

真实世界环境下的人机协同研究目前主要集中在结合认知心理学、脑科学等领域最新进展，研究人机协同的感知、认知、行为及知识等多层次的交互计算问题。主要工作可划分为：①在交互信道层面，试图解决包括外在的行为数据、内在的心理生理状态等多维度交互信号的获取问题；②在语义交互层面，试图解决基于情景信息和生理状态的交互意图智能推理问题；③在知识交互层面，试图解决人机概念交流问题，实现知识概念层面的人机交互；④在交互行为与交互认知层面，试图建立更广泛的人类行为模型，包括目标获取，连续运动等；⑤在交互认知方面，主要围绕工作记忆、长时记忆、感知和运动系统解释人的信息处理过程（Abraham et al.，2000；Medsker et al.，2012）。

人机群组协同的研究主要集中在协同感知、协同优化决策与群组控制等方面。①协同感知方面，多智能自主运动体拥有众多分布式传感器，可以并行采集环境以及智能体状态数据，当前研究聚焦于如何高效融合感知数据来获取整体环境和各智能体状态。②协同优化决策方面，主要研究任务的优化分解及多运动体间的通信、协调、冲突消解等问题。目前，通过借鉴生物群体（蚁群、鱼群、蜂群等）运动机制，发展了一系列适合求解协同优化决策问题的生物群体智能算法。③群组控制可分为协同控制和编队控制。协同控制要求将一组智能自主运动体控制到同一状态或协同实现某一整体目标；编队控制则要求智能自主运动体通过局部交互形成某种特定的几何姿态。

我国国家重点基础研究发展计划（973计划）、国家自然科学基金、国家高技术研究发展计划（863计划）等都对场景理解相关的基础理论和应用技术的研究给予了大力支持。例如，973计划先后支持了“图像、语音、自然语言理解与知识挖掘”“数字内容理解的理论与方法”“可视媒体智能处理的理论与方法”“基于视觉认知的非结构化信息处理理论与关键技术”等项目。国家自然科学基金委员会2009年启动的“视听觉信息的认知计算”重大研究计划将无人车作为验证研究成果的物理载体，至2016年为止已连续举办了八年的中国智能车未来挑战赛，极大地提升了我国在无人车场景理解领域的研究水平。同时，我国在人机自然交互领域也加大了投入力度，设立了国家自然科学基金重点项目和国家重点研发计划项目。其中，国家重点研发计划“十三五”重点专项项目“人机交互自然性的计算原理”就是要从行为、表达和认知的基本层次对交互自然性的计算原理进行研究，为更广泛的自然交互提供理论基础。

3. 研究内容

从借鉴人脑的记忆与推理机制出发，发展受脑启发的真实世界环境下的情境理解理论与方法，重点解决三个核心问题：①非完整非结构化信息处理；②人机协同交互；③人机群组协同。在此基础上，进一步利用知识以群组协同方式有效完成大规模的复杂任务。具体研究内容的结构和组织关系如图5.13所示。

（1）研究受脑启发的非完整非结构化信息处理的理论和方法，实现真实世界环境下的复杂情境理解。在传感信息获取、处理、决策等环节中引入认知计算模型，研制智能计算前移的新型传感器件，建立推理决策的强化学习模型，构建灵巧敏捷的感知—运动端对端自学习智能系统，跨越非完整、非结构化信息与语义知识间的鸿沟。

（2）研究人机共融的情境理解、交互学习与推理决策的理论与方法。构

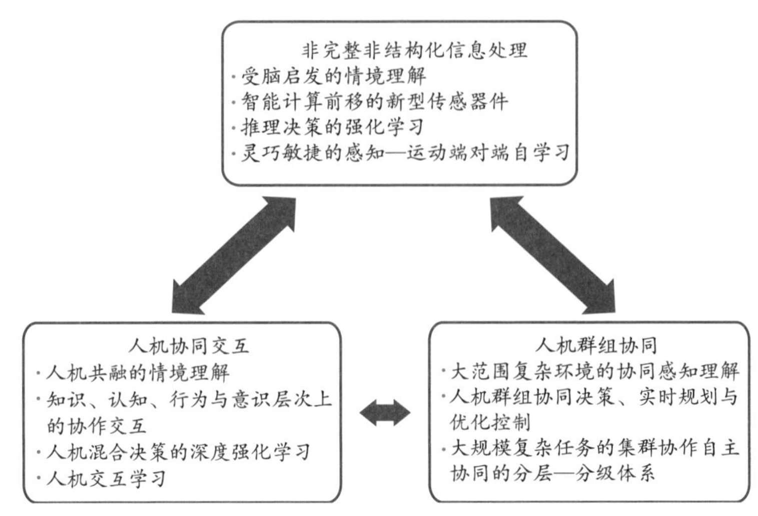

图5.13 真实世界环境下的情境理解理论与方法研究内容

建生物智能系统与机器智能紧密结合、协同工作的混合增强智能新型计算架构，实现人机、脑机协同的环境/情境理解、问题求解、调度与决策。用认知计算模型指导机器进行知识处理与认知行为解释、意识判断等，实现类人的大规模数据的处理、分析和理解，形成脑机结合、人机协同和具有认知模型的混合增强智能形态。建立知识层次上的人机交互模型与算法，实现可持续的人机知识共享与创新。

（3）求解人机群组协同的大规模复杂问题，支撑新型应用。面对真实世界动态环境下的实时多变的问题和复杂多样的挑战，借鉴自然界中生物种群的行为机制，构建人机群体协同的情境理解与认知建模、信息交换机制、自组织及自主协同的分层—分级体系，实现大范围复杂环境下的协同感知理解，人机群组协同决策、实时规划与优化控制，以及大规模复杂任务的集群协作这样的高效组织与可信运行机制，形成机器群组与人真正融合的混合增强智能大系统，有力支撑无人机群自主控制、网联汽车自动驾驶、多自主机器人协同作业等应用。

（执笔人：薛建儒，西安交通大学；段海滨，北京航空航天大学；杨明，上海交通大学）

5.3 混合增强智能的共性关键技术

对混合增强智能的共性关键技术的研究，旨在将人类的认知能力与计算机的快速运算及海量存储能力有机结合起来，形成人在回路和基于认知计算的混合增强智能两种基本形态、新的系统架构和支撑平台，实现人的知识的最佳利用、人的智力和计算机的计算能力最优平衡，并在野外勘探、救灾抢险、未来科学研究等需要大规模知识处理和资源管理的重大复杂任务中发挥重要作用。

在推进混合增强智能的共性关键技术时，要着重突破认知计算框架及人在回路的混合增强智能核心技术，形成混合增强智能技术群，建成学习与思考能力接近人类的人机共驾、在线智能学习等混合增强智能云平台，有力支撑相关产业发展。

对混合增强智能的共性关键技术的研究，主要可以分解为以下几项任务：①混合增强智能核心技术；②认知计算框架；③新型混合计算架构；④人机共驾；⑤在线智能学习；⑥平行管理与控制的混合增强智能框架。

5.3.1 混合增强智能核心技术

1. 研究背景

人机协同的混合增强智能旨在通过融合人脑的生物智能和机器的人工智能，达到人类智能和机器智能各取所长、互相补充的目的。由于对人脑生物智能本质的研究和现代人工智能的研究都还在不断进展之中，因此混合增强智能的研究既源于人类智能科学和人工智能科学，又有其独特的研究内涵。

作为人类思维和心智的载体，人脑是人类智能的物质构成基础，人类智能的认知即建立在人脑对外界刺激感知机理的基础上。对人脑思维信号识别和建模的研究能够建立人工智能与人之间的透明交互，使得人机混合智能更加紧密高效。事实上，在目前的技术条件下，已实现的大部分人工智能系统，特别是与智能辅助决策相关的系统，都或多或少是人机混合形式的。

混合增强智能研究取得新突破的关键在于脑功能建模、脑机接口、人机交互、人类自身能力增强技术以及全脑模拟等方面的探索。应首先从脑功能分析建模、记忆、学习机理探索开始，发展脑数据获取的新手段和新方法。脑机接口和超人类主义（transhumanism，H+）是人机混合增强智能的重要实现手段和方式，动力外骨骼系统是相关研究的一个很好的承载平台；另外，人机协同还应该在感知、推理、决策和操控一体化等方面进行深入探索，为人机混合增强智能研究构建相应的理论框架。

2. 研究现状

人机协同的混合增强智能的概念兴起于雷·库兹韦尔（2016）关于人工智能发展的三个预言：①2029年，机器人智能将能与人类匹敌；②2030年，人类将与人工智能结合变身“混血儿”；③2045年，人与机器将深度融合，奇点来临。这些预言最重要的内涵就是，未来智能的最终形式是人机融合。事实上，库兹韦尔认为，人机深度融合的智能是人工智能的重要目标和终极形式，也是促使“奇点”来临的关键技术。

与混合增强智能密切相关的研究主要集中在脑功能建模、脑机接口、超人类主义、全脑模拟等方面。这些研究方向能为研究人工智能和人机混合智能提供很好的参照模型。

脑功能建模有时也称为计算神经科学或被认为是其一个分支领域，通常以脑科学和神经科学的基础研究为立足点。目前关于脑与神经科学的研究国际上已形成了巨大的规模，其中以2013年美国政府启动的“推进创新神经技术脑研究计划”（简称“脑计划”）（Markoff，2013）为代表的国际上一系列脑科学研究计划的启动，表明了关于脑的科学研究已经进入了全面发展阶段。中国政府的“脑计划”也已基本确定路线图，其中脑功能建模和脑机混合智能的研究是计划的重要组成部分，也是未来人机混合增强智能研究取得突破的关键助力。

目前蓬勃发展的脑机接口研究是混合增强智能未来发展的新起点，脑机接口技术有望在人类智能的中枢与计算机之间实现直接交互通信（Clausen，2009）。脑机接口研究的初衷是为残疾人提供一个不需要动作的人机交互通道，德国图宾根大学、美国沃兹沃思中心等是脑机接口研究的先驱，目前非损伤型脑机接口研究在国内外已经逐步走向应用。随着技术的不断进步，脑机接口研究也逐步从助残的目的向增强正常人的能力发展，“脑机一体化”的概念在国内已经形成并得到了初步认可。清华大学在脑机通信速度方面达到了世界领先的水平（Chen et al.，2015），为“脑机一体化”的实现提供了重要保证；华南理工大学、国防科技大学在“脑控”方面形成了研究特色，脑控倒立摆、脑控车和脑控机器人系统也基本成熟（Yue et al.，2012），是脑机一体化的代表原型系统。国内从事非损伤型脑机接口研究有代表性的机构还有西安交通大学、天津大学、华东理工大学等，相关研究为人机混合增强智能提供了重要的技术实现手段。

与人机协同的混合增强智能类似的理念是超人类主义运动。该运动是一个集理念、科幻和新技术于一体的未来化思想潮流。技术实现主要是以神经植入（Warwick et al.，2003）和动力外骨骼系统为代表。研究资助来源是美国国家科学基金会和美国商务部支持的“纳米、生物、信息、认知”（nanotechnology，biotechnology，information technology and cognitive science，NBIC）四大技术融合计划。近年来，对超人类主义的基本理念、实现手段的探索也从如何融合NBIC四大领域技术、增强人类的行为能力，逐步向人机混合、实现增强人机智能水平的方向演化（Bostrom，2005）。

全脑模拟通过最新脑成像手段对脑进行超细的结构功能切分，从而逐步模拟脑功，有望实现人脑的内容，如记忆和情感复制到机器。另外，“蓝脑计划”是瑞士科学家设想的一个复制人类大脑的计划，其初始动机是治疗阿尔茨海默病和帕金森病，同时也希望能从实验数据逆向打造哺乳动物的大脑。目前“蓝脑计划”组已经完成了人脑新皮层部分的神经元计算工作，并已绘制出一份3D神经元活动模拟图。

3. 研究内容

人机协同的混合增强智能核心技术的研究拟分别在机理（脑与思维的机理）、模型（知识表达、脑计算模型、人机协同）和实现（脑信号采集新技术、外骨骼实现）三个层面上展开，并进而走向广泛的应用。相应研究内容及其关系如图5.14所示。

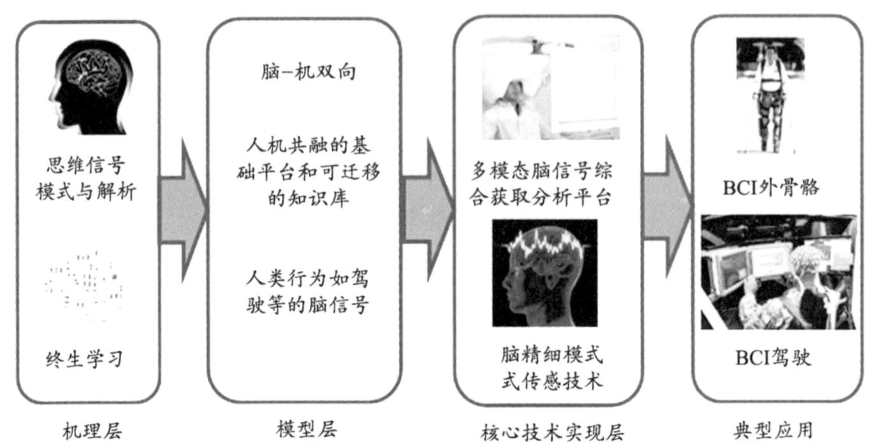

图5.14　混合增强智能核心技术的研究内容及其关系

混合增强智能核心技术的研究内容具体包括以下几项。

（1）研究人类思维信号的获取与理解，研究基于脑网络的认知编码与反编码机理，进而实现对人脑信号的实时精确解析。

（2）研究对人工智能系统的终身学习机制，实现智能系统的持久学习和提升，从而为解决复杂的新任务提供可能。

（3）研究脑机之间的双向闭环信息模型，形成脑机多层次融合的模型，以达到机器智能与人类智能的透明交互和充分互联。

（4）研究人机共融的行为认知架构与方法，进而形成相应的基础平台和可迁移的知识库，满足对主客观世界理解的需求。

（5）研究物理世界中人类行为特别是特定类行为（如驾驶等）的脑信号的理解，实现复杂环境中的人机共生。

（6）研究多模态脑信号综合获取分析平台，支持对脑的理解和实现具有脑控能力的一体化人机控制系统，以期揭示大脑信息处理过程所蕴含的内在机制与规律。

（7）研发支持多脑区、大范围底层神经元信号的友好采集的可穿戴脑精细模式传感技术，从而支持实现人机透明交互。

（8）实现典型应用，如基于脑机接口的动力外骨骼系统以及轮椅、混合智能驾驶等。

（执笔人：陈熙霖，中国科学院计算技术研究所；胡德文，国防科技大学；孙富春，清华大学）

5.3.2 认知计算框架

1. 研究背景

认知计算框架是实现基于认知计算的混合增强智能的核心内容。基于认知计算的混合增强智能是指通过模仿人脑功能提升计算机的感知、推理和决策能力的智能软件或硬件，以更准确地建立像人脑一样感知、推理和响应激励的智能计算模型，尤其是建立因果模型、直觉推理和联想记忆的新计算框架。

认知计算架构可以将复杂的规划、问题求解与感知和动作模块相结合，有可能解释或实现某些人类或动物行为以及他们在新环境中学习和行动的方式，可以建立比现有程序计算量少得多的人工智能系统。在认知计算的框架下，可以构建更加完善的大规模数据处理和更多样化的计算平台，也可为多代理系统解决规划和学习模型的问题，并且为新的任务环境中的机器协同提供新的模式。

2. 研究现状

当前机器学习在某些特定任务中能够超过人类，然而其学习能力还远远没有达到人类的水平。依然存在巨大的局限性，我们无法给出深度网络对应学习或分类任务的功能连接与有效连接的定义和描述，学习网络缺乏逻辑推理和因果关系的表达能力、缺乏短时记忆和无监督学习能力。而人类大脑有着学习、联想、记忆、推理等功能（郑南宁等，2016），这些功能与其结构存在着对应关系，并且大脑的神经网络系统具有反馈机制，如基于语义内容的视觉“选择性注意”就来自于从高级“控制”脑区到初级视觉脑区的反馈信号。总体来说，当前机器学习通常缺乏记忆、选择性注意、无监督学习、迁移学习等能力，很难处理具有复杂时空关联性的任务，不具有通用性和多任务处理能力。另外，当前机器学习对各种超参数的调节和优化离不开大量人工干预，缺乏自主性和自学习能力。这些缺点制约着人工智能的进一步发展，促使人们继续寻求新的机器学习模式。

近年来，各国的“脑计划”引起学术界对“类脑计算”和“受脑启发的人工智能”的广泛研究热情，希望再次从认知与神经科学中获得灵感，帮助改进学习模型。

2015年，美国情报高级研究计划署（Intelligence Advanced Research Projects Activity，IARPA）就大脑皮层网络机器智能计划发布了综合性布局公告，以推进神经计算理论。MICrONS旨在创造能力更强的神经衍生性机器学习算法，同时提高执行综合信息处理任务的能力，如单次学习、无监督聚类以及近乎人类熟练程度的场景解析等（IARPA，2015）。DeepMind公司设计的AlphaGo针对围棋这一特定问题采用受生物神经网络层次化组织结构启发的深度学习方法构建了价值与策略网络模型（Silver et al.，2016），在围棋比赛中获得了足以抗衡（甚至优于）人脑的优异表现。Lake等（2016）曾指出，应该更加深入地研究心理和物理学中的直觉理论，用以支持和丰富机器所学到的知识，利用语义合成和学习的学习方法来获得新任务与场景中的一般性知识。Neftci等（2016）提出了一种受人脑启发的突触采样机，该神经网络模型利用突触的随机性实现蒙特卡罗采样与非监督学习。该模型超过了目前所有以脉冲刺突为基础的非监督学习算法，在不严重影响精度的情况下可以去除网络中超过75%的弱连接。DeepMind公司通过在神经网络中加入可读写的外部存储器，提出了可微分神经计算机（Graves et al.，2016），其基本结构如图5.15所示。这种混合学习型神经网络，既能像神经网络那样进行学习，又能像计算机那样处理复杂数据，在某种程度上更接近人类大脑的能力。DeepMind公司的Kumaran等（2016）研究提出，海马体可以对记忆进行快速检索和重构，对输入信息进行整合和快速学习，并辅助新皮层学习；新皮层具有将声音转

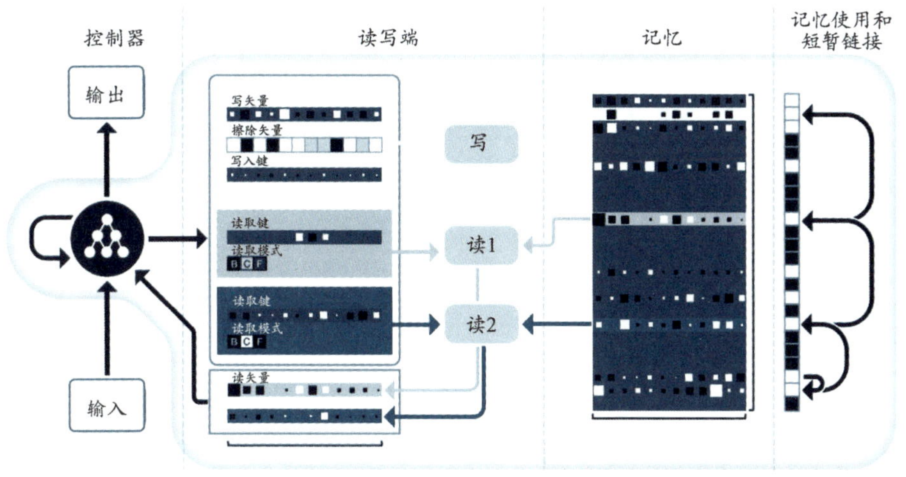

图5.15　可微分神经计算机基本结构

成语言、处理颜色、表达恐惧、辨识面孔、物体识别等功能，但新皮层学习过程面临着灾难性遗忘与增量学习的问题。互补学习融合了海马体和新皮层各自的优势。普林斯顿大学的Schapiro等（2017）提出可用统计学习模型模拟海马体功能，用神经网络模拟新皮层功能。DeepMind公司还提出了一个通用学习模型MultiModel（Kaiser et al.,2017），可以同时学习不同领域的多个任务，包括图像分类、多种语言翻译、生成图片描述、语音识别、语法分析等。

目前的脑科学、神经科学的基础研究并未完全揭示大脑的工作机理，比如认知功能与大脑网络中不同分布区域的动态交互机理，大脑功能网络的形成和解散与大脑结构网络的衔接和分离的内在机制，在复杂的认知行为中大脑功能网络如何有效地合作、竞争和协作，等等。尽管如此，将部分神经科学的发现和知识借鉴到机器学习，依然具有极大的指导意义。

受脑启发的机器学习以脑认知科学和神经科学研究成果为基础，借鉴人类感知、认知机理，建立受脑启发的、不同于现有学习理论框架的信息表征、记忆和处理的机器学习模式。这种学习模式对发展通用的、自主的学习机器，以及异构动态大数据处理、非结构化复杂模式分析的新理论及关键技术具有极其重要的意义。

3．研究内容

认知计算框架包括感知、注意、理解、证实、规划和评测六个相互关联的基本要素（见图5.16），其中任一要素均可成为认知任务的起点或目标。认知计算的过程就是根据满足目标任务所需要的信息与外界不断交互，选择认知起点及目标，逐渐展开思维活动（计算），而非孤立地受限于“基于确定知识的处理”。

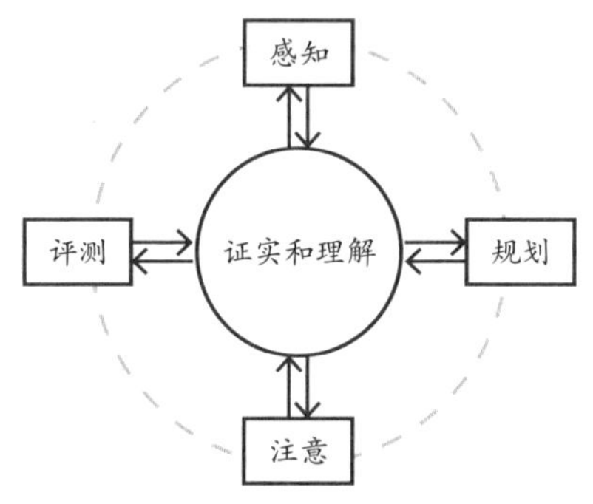

图5.16　认知计算框架基本组成

认知计算框架的研究内容具体包括以下几项。

（1）突破因果推理、动态演化和自主学习等核心技术，实现智能计算前移的感知器件和借鉴生物认知机理及注意力机制的认知模型；结合自上而下的规划注意与自下而上的感知注意，实现感知数据空间的基本属性提取与拓扑结构信息的融合；借鉴生物智能对自身与环境的状态和关系进行认知建模的机理和注意力机制，建立风险和价值评判的认知模型；突破“演绎逻辑和语义描述”及“形式化方法”的经典人工智能计算框架，构建“感知—理解—证实—规划—评测—注意”动态循环交互的认知计算框架，实现可解释和可理解的因果模型、动态演化模型和自主学习能力。

（2）研究受脑启发的自主学习问题，从脑网络连接机制的角度探讨类脑的学习机可能的实现途径和方法，研究如何构建可塑的、时空动态演化的非线性关系网络，即“网络中的网络”，来代替传统的学习机模型。其中包括受大脑功能分区启发的功能网络、受选择性注意启发的注意网络、受情景记忆和工作记忆启发的记忆网络、受中央枢纽网络启发的控制网络，以及设计合适的学习策略来提高学习机的通用性和自主性，实现自我学习和自主知识迁移的学习能力（包括强化学习、蒙特卡罗树搜索、递归双向迭代等策略）。

（执笔人：郑南宁，西安交通大学；薛建儒，西安交通大学；陈霸东，西安交通大学）

5.3.3　新型混合计算架构

1. 研究背景

以人工智能应用为主要任务的面向智能计算的处理器的相关设计方法与技术已成为国内外工业界和学术界共同角逐的热点。新型混合计算架构的研究在新一代人工智能发展战略中起着核心的平台支撑作用，并且作为国内实现独立自主的高端芯片设计制造的标杆，对人工智能与芯片领域交汇的起步阶段实现“弯道超车”有着重要的战略意义（Zheng et al.，2017）。在国内重点发展人工智能与芯片产业的大环境下，我们将目睹人工智能在未来的几年时间里与实际生产领域的进一步结合，从而促生在工业制造、医疗健康、智能安防、无人驾驶等多个百亿级市场领域中的大规模应用需求，并随着混合增强智能在个性化医疗、金融等领域开拓新的市场机会。新型混合计算架构作为智能系统的“大脑”，其研究重要性与市场价值不言而喻。

2. 研究现状

（1）冯·诺依曼计算架构的延续

内存与计算融合的混合计算架构主要基于新型存储设备的近数据处理架构（Koo et al.，2017）。利用3D堆叠技术，将计算逻辑与内存设计解耦合，实现在不同的芯片晶粒（die）上，从而解决工艺不兼容的问题。另外还有基于新型非易失存储器的计算与存储融合架构（Haron et al.，2016）。近年来，包括RRAM、STT-RAM、PCM在内的各种新型的非易失存储器件的出现，使得存储单元同时具备了存储与计算的能力，尤其是基于交叉开关（crossbar）的内存阵列，能够高效地进行针对向量、矩阵的多种计算。

灵活的可重构计算架构目前已引起了学术界和工业界的广泛关注，被认为是能够同时达到高灵活性和高能效的计算架构设计技术。动态可重构架构的出现，在某种程度上解决了应用特征、规模快速变化的场景下如何设计芯片的问题。灵活的可重构计算架构具有硅后功能动态可变的特性，通过对结构可变的硬件进行软件配置，以适应不同算法的处理。

随着摩尔定律的失效，通过减小工艺尺寸改善硬件计算效能遇到了瓶颈。因而面向特定应用的专用化设计方法受到研究者的广泛重视。这类方法对应用进行定制硬件设计，牺牲通用性以换取更高的效能。基于近似计算的专用设计方法能够利用电路与系统的容错性，使用非精确的硬件设计来实现高效能。

神经网络是当前实现人工智能任务的核心算法，具有计算密集与访存密集并存、网络层次和参数多样、算法演进快速等特点。在实现其实时、高效计算处理的同时，要进一步对增强混合智能提供有力支持，将人的认知能力与计算机的运算、存储能力相结合，这就需要人机之间的交互更自然更灵活。从架构类型来看，目前神经网络专用计算架构的工作可以分为指令驱动的专用处理器（Chen et al.，2014）和数据驱动的空间计算架构（Chen et al.，2017）。

（2）神经形态计算

神经形态计算研究力图在基本架构上模仿人脑的工作原理，使用神经元和突触的方式替代传统冯·诺依曼架构体系，使芯片能够进行异步、并行、低速和分布式处理信息数据，同时具备自主感知、识别和学习的能力。神经形态计算芯片将主要实现两大突破：突破传统“执行程序”计算范式的局限，形成“自主认知”的新范式；突破传统计算机体系结构限制，实现数据并行传送、分布式处理，以极低的功耗实时处理海量数据。IBM的TureNorth芯片是这方面的代表性工作（Merolla et al.，2014）。

（3）量子计算

量子计算机是一种全新的基于量子理论的计算机，是一种遵循量子力学规律进行高速数学和逻辑运算、存储和处理量子信息的物理装置。D-Wave于2007年开发出了世界上第一台商用量子计算机（功能有限）。2017年初，他们推出可以处理2000量子比特的第四代产品，售价超过1亿元人民币（D-Wave，2017）。与经典的计算方法截然不同，D-Wave的量子计算机运用量子退火算法来解决问题，即利用真实世界中量子系统的天然倾向来寻找低功耗的状态，在处理某些复杂优化问题上比传统计算机快上万倍，目前已经在谷歌、美国国家航空航天局（National Aeronautics and Space Administration，NASA）有相关应用。量子计算具有巨大的潜力，但离实际应用依然有很长的一段距离。

3. 研究内容

冯·诺依曼体系结构的计算过程建立在符号系统对计算任务的可形式化描述的基础上，通过确定的形式化模型（软件）实现计算过程。生物智能的计算过程是大脑神经系统不断适应环境或情形并进行风险判断与价值判断的过程。混合增强智能的计算需结合传统计算过程和生物智能计算过程的新型混合计算架构。

认知计算是一种高层次的智能计算。认知计算具有层次化、结构化、互补化的特点。认知计算主要从低级的传感器输入的原始数据中获取相关的抽象数据，完成初级的非结构或半结构化信息到结构化信息的转换，实现快速的特征提取并形成语义描述。在此过程中，选择注意机制作用于信息加工的知觉计算，进行有效信息的筛选。获得的新信息与认知结构中已有的相关概念（记忆）相互作用、相互强化或相互补充，通过不断与外界交互学习获得自我提高。

认知计算具有层次化、结构化的特点，面向具体任务时，根据当前计算、存储和通信等资源的物理约束，认知计算可以动态地进行空间、时间管理和调度，来满足不同服务质量需求，如数据量、多样性、时效性、准确度、精度、确定性等需求。针对不同层级的存储，研究计算型存储的结构及电路，大幅降低处理器与存储器的数据交换量。将与计算复杂性相关的参与运算的数据与计算单元进行紧耦合，提高系统能效；采用独立的存储器，将与统计简单性相关的网络功能连接的相关信息与计算单元进行分离，探索实现迁移或者元学习的实现机制。具体研究内容包括在基础层面融合智能（认知）计算框架、统计模型和神经网络，探索神经网络功能连接与认知计算的关系，研究实现计算、存储和通信高效协作的混合计算架构。

（执笔人：任鹏举，西安交通大学；黄如，北京大学；魏少军，清华大学；时龙兴，东南大学）

5.3.4 人机共驾

1. 研究背景

随着人工智能、互联网、通信、计算机等技术的快速发展，以电动化、智能化和网联化为基础的智能汽车成为汽车行业发展的一大趋势。智能化的发展可分为手动驾驶、驾驶辅助、部分自动化、有条件自动化、高度自动化和完全自动化六个级别（见图5.17）。虽然不同层次、不同功能的汽车智能化技术正迅猛发展，但真正意义上的全工况自动驾驶在短期内很难实现，驾驶人和智能系统分享车辆控制权、协同完成驾驶任务的人机共驾必将长期存在。因此，借助人的智能和机器智能各自的优势，通过人机智能的混合增强，形成双向的信息交流与控制，构成“1+1>2”的人机合作混合智能系统，不仅可促进汽车智能化的发展，同时将对我国汽车产业、人工智能产业的发展起到强有力的支撑作用。

2. 研究现状

人机共驾是指驾驶人和智能系统同时在环，共享车辆控制权，人机协同完成驾驶任务。下面将从驾驶人建模和人机共驾两个方面分别阐释研究现状。

（1）驾驶人建模

驾驶人意图是与行驶环境及车辆状态相关，并决定后续驾驶行为动作实施的自我内心状态。驾驶人意图识别主要是指依靠驾驶人的动作与姿势、车

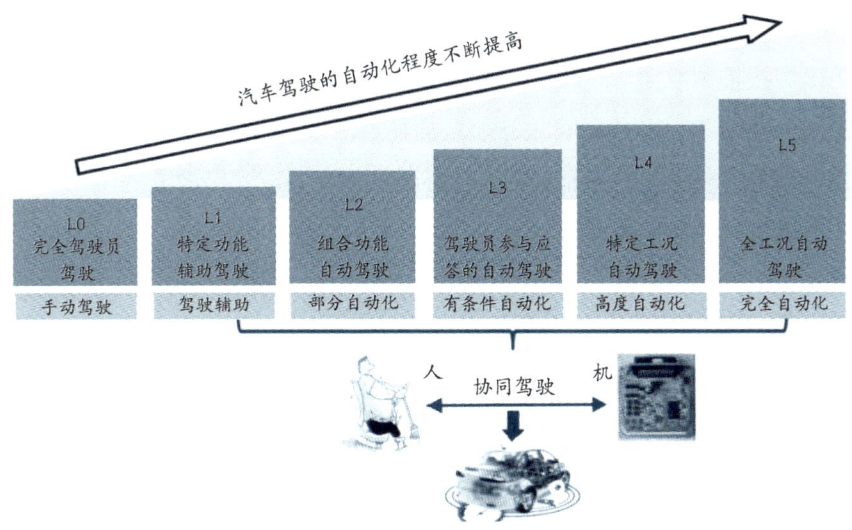

图5.17 汽车智能化进程

辆的状态、车内外的环境信息等进行推测和估计。驾驶人状态监测主要是指监测驾驶人眼部动作、面部表情以及头、手、脚部动作。Mühlbacher-Karrer等（2017）提出了一种基于神经网络的驾驶人状态监测系统来监测驾驶人压力水平。

驾驶人建模是利用环境感知信息、驾驶人信息等对驾驶行为进行系统建模。郭孔辉院士（1992）依据误差最小原则和最优曲率模型，提出预瞄—跟随理论。Qu等（2015）考虑路面不确定因素，建立了能够体现人—车—路闭环系统参数变化特性的分段仿射转向行为模型。

（2）人机共驾

增强驾驶人感知能力的智能驾驶辅助主要是指智能系统协助驾驶人感知交通环境，对可能发生的危险进行预警并提醒，如防撞预警（Qin et al., 2017）等。其特点在于增强驾驶人感知交通环境和危险的能力，但仅限于在视觉、触觉、听觉等方面对驾驶人进行提醒，不对驾驶人的操作进行干预。

基于特定场景的人机驾驶权切换是指在特定场景下实现人类驾驶权和机器驾驶权的切换。早期，智能控制只给出参考路径或者参考操作，车辆的控制权依然全部在驾驶人。Glaser等（2010）利用模型预测控制的方法根据道路信息给出优化路径。后期，人类驾驶人和自动控制器间可以通过物理开关等明确切换控制权限。Enache等（2010）通过处境分析和危险评估进行驾驶人控制、辅助驾驶和自动驾驶等模式的切换。Lv等（2017）提出了一种利用混杂系统方法在线同步观测驾驶人在环信息物理系统状态的方法。

人机协同控制的驾驶权动态分配从安全舒适等性能指标出发，实时分配人与机器的驾驶权。现有的协同控制方法分为输入修正式协同控制和触觉交互式协同控制。在输入修正式协同控制时，Petermeijer等（2015）认为在人机共驾的过程中应该保证驾驶人的操作自由，在必要时引入控制动作保证车辆安全。触觉交互式协同控制最早出现于Griffiths等（2005）的研究。他们的研究表明，在协同控制模式下，车辆跟踪预期轨迹的能力以及对危险的反应能力都得到了提升。Anderson等（2014）提到，可以采用改变触觉共享控制的强度来平滑地改变自动驾驶的水平。

3. 研究内容

关于人机共驾的研究主要可分为基础研究、应用研究和实验验证三个层次，具体针对驾驶人驾驶状态、习性、技能建模与预测，人机共驾车辆的运动稳定性和碰撞安全性理论，驾驶人在回路的人机协同感知与认知，人机在决策规划以及控制执行中的交互与协同，My@Car人机共驾系统，面向有条件自动化/高度自动化的人机共驾系统，人机共驾系统验证平台与测试评价方法等展开（见图5.18）。

（1）驾驶人驾驶状态、习性、技能建模与预测。研究基于控制理论、认知心理学与统计分析的驾驶行为建模方法，驾驶状态与负荷的在线监测方法，以及驾驶人的习性和技能的表征与辨识方法；研究基于混合智能学习的在线识别驾驶意图和预测驾驶行为的方法。

（2）人机共驾车辆的运动稳定性和碰撞安全性理论。研究考虑运动学和动力学的双重安全包络边界的汽车行驶风险评估方法；研究基于车辆状态与安全包络边界的欧式距离以及安全势能场理论的周围车辆运动轨迹预测方法；研究基于风险评估的考虑驾驶人与人工智能双重预测的最优干预控制策略。

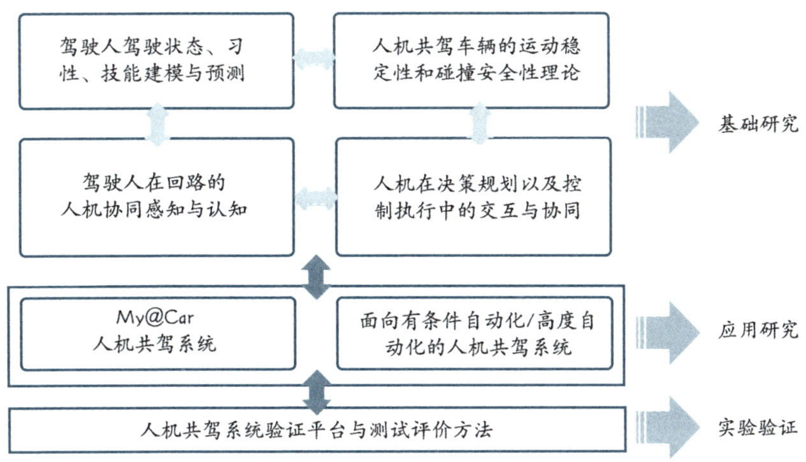

图5.18 人机共驾研究内容关系

（3）驾驶人在回路的人机协同感知与认知。研究驾驶人对环境及交通参与主体行为的感知与认知信息的提取方法；研究基于混合增强智能的人机交互学习机理及协同感知方法；研究非完整、非结构化信息处理的人工智能新方法，实现人机协同共融的环境和情景理解。

（4）人机在决策规划以及控制执行中的交互与协同。研究人机期望决策规划与控制执行一致程度的估算分类模型；建立共驾控制权的分配协议和柔性转移机制；研究基于微分博弈论的驾驶人操作强度和车辆行驶性能优化的协同控制方法。

（5）My@Car人机共驾系统。建立驾驶人使用模式特征表征体系，完善交通流、地理信息以及建立在车车通信基础上的信息应用机制；研究在典型工况下车辆运动意图的辨识与分析方法；解析个性化驾驶习性对不同驾驶任务的性能需求，研究个性化的汽车行驶优化方法，实现个性化的节能、减排等功能。

（6）面向有条件自动化/高度自动化的人机共驾系统。研究面向可变道路与交通环境下的优秀决策与控制策略的云端在线学习方法；研究视觉、听觉和触觉一体的人车交互模型，开发人车双向操纵意图理解架构，解析各模式下驾驶人的控制权需求以及驾驶人与驾驶智能的能力边界，制定合理的控制权接管方案和系统接管权限。

（7）人机共驾系统验证平台与测试评价方法。学习实际试验场景数据并扩展测试域，验证人机系统融合程度；对系统行为进行参数标定，获取危险度量指标；训练主观评价能力的类评车师模型，以客观评价方法构建共驾系统主客观评价体系。

（执笔人：陈虹，吉林大学；王建强，清华大学；龚建伟，北京理工大学）

5.3.5 在线智能学习

1. 研究背景

在线智能学习是指任何人在任何地点以任何方式传授或者获取知识。其中“任何人”一方面指可突破知识传授以专业人士为主的限制，所有人都可以分享自己的知识；另一方面指突破受教育者的年龄限制，可终身接受教育。

在线智能学习已成为现代教育的典型特征之一。在线智能教育所需的交互性并不是简单的界面交互，而是学生在学习过程中不断地获得反馈，以交互和探索方式进行自主学习。在线智能学习是未来教育的主流趋势。

在线智能学习使教学可追溯、可视化和个性化。在线智能教育平台使学生不断与教育资源进行交互，并根据学生的知识结构、智力以及对知识的掌握程度，提供个性化的教学与辅导。在线智能学习需重新架构人在回路的机器学习基础设施，突破以探索式学习为目标的深度强化学习固有瓶颈，建立起“人+模型/算法+架构”的人工智能新模式。

在线智能教育平台通过新一代人工智能技术与教育教学深度融合，对传统教育有效实现价值重建、范式重构、结构重组和模式重造，可望全面建立起网络化、数字化、个性化和终身化的教育体系，深层次推动教育教学改革与创新发展，形成“人人皆学、处处能学、时时可学、学教互动”的学习型社会，进而给未来教育带来机遇和挑战。

2. 研究现状

在学习过程中，个体具有能力、背景、学习方式、学习目标等各种差异，个体本身的知识状态也在不断变化，所以针对每个个体实现个性化的自适应在线学习系统是必然发展趋势。

在在线学习的过程中，如何评估学生的接受程度和学习状态的变化以及如何更新知识，是个性化自适应在线学习系统实现智能化需要解决的重要问题。人工智能的到来，使教育具有可追踪性和可见性。未来的教育必须是个性化的，学生必将从与在线学习的交互中受益。

随着深度学习和大规模人工神经网络的蓬勃发展，出现了若干对学生知识建模的智能教育系统，如基于贝叶斯网络的学生知识点追踪模型（Bayesian Knowledge Tracing，BKT）（Rollinson et al.，2015）、基于神经网络的学生知识点追踪模型（Deep Knowledge Tracing，DKT）（Xiong et al.，2016）、性能因素分析模型（Performance Factors Analysis Model，PFA）（Galyardt et al.，2014）等。

学习者的学习活动是一个持续的过程。在学习过程中会产生大量结构化和非结构化数据，数据来源主要包括慕课（Massive Open Online Courses，MOOC）、智能教学系统（intelligent tutoring system，ITS）以及人机交互。教育数据挖掘是数据挖掘在教育相关领域的一个分支，其目标是通过分析学习者在学习活动中产生的数据，为学生本身、教师和管理者提供实现各自目标的参考，其过程不仅仅是一个数据挖掘和机器学习的分支，而是一个典型的人在环路的数据处理过程，学习者、教师和管理者都将起到指导性的作用。

在在线学习的过程中，学生的反应、参与度和情感检测都是教育工作者所重视的方面。为了高效、精确地识别学生的学习状态，促进个性化教育，目前在线智能学习系统中已经引入了各种生物传感技术。例如，利用学生与系统之间的语音对话，根据上下文语境，对学生情绪进行检测，判断学生对当前授课内容的感兴趣程度，进而调整学生的学习方案。其他生理技术（如心电传感器、手指传感器等），同样可以应用到在线智能教育系统中。麻省理工学院开发的手指传感器专注于分析用户手指指向的对象，然后将相关数据转化成有意义的信息，再呈现给使用者（Cook et al.，2014）。

3. 研究内容

关于在线智能学习的研究内容主要有以人为中心的在线智能学习教育理论框架研究，人类智能与机器智能的融合、协同及互适应机制研究，任务驱动的交互式学习和好奇心驱动的探索式学习方法研究，学生与系统的内容交互和反馈手段研究，以及典型集成示范应用等（见图5.19）。

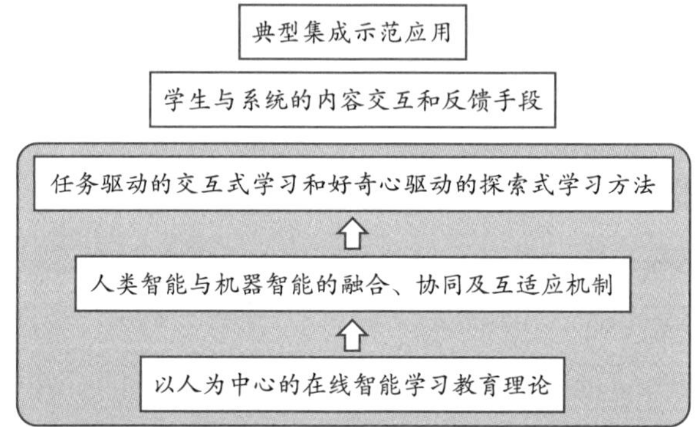

图5.19 在线智能学习理论框架示意

（1）以人为中心的在线智能学习教育理论框架研究。重点研究直觉推理与因果模型以及记忆与知识演化在学习系统中的具体表达；研究学习者人机交互和协同机制，提升人工智能在线学习系统的性能，使人工智能成为人类智能在学习平台上的自然延伸和拓展，通过人机协同更加高效地解决学习过程中的问题。

（2）人类智能与机器智能的融合、协同及互适应机制研究。围绕人类智能与机器智能融合及协同关键问题，重点研究学习过程中多源感知和信息的融合与编解码原理、人类智能与机器智能的协同及互适应学习机理、人机协同系统混合智能行为的实现策略等。

（3）任务驱动的交互式学习和好奇心驱动的探索式学习方法研究。在建构主义教学理论和现代远程教育技术方面，研究交互式在线学习任务设计以及学习模式的新方法，使学生紧紧围绕一个共同任务，在解决问题动机驱动下，通过对学习资源的积极主动应用，由简到繁、由易到难、循序渐进地进行自主探索和互动协作的学习，培养学生分析问题、解决问题以及用计算机处理信息的能力。

（4）学生与系统的内容交互和反馈手段研究。采用认知心理学与认知神经科学方法获取学习过程的一些关键指标行为数据和神经信号，对用户的学习状态进行评估，探索任务明确的交互学习和自主探索学习机理，分析学习过程中的关键因素（如学习兴趣、注意集中程度、满意度等），并给出相应的量化反馈，以便用户及时调整学习态度，系统调整教学策略。

（5）典型集成示范应用。在青少年教育、技能培训、专业训练等行业形成典型示范应用，将对人工智能领域的学习相关心理指标量化评估研究具有一定的启发性和指导意义，对我国在线智能学习系统和在线智能教育的发展起到积极的推动作用。

（执笔人：吴飞，浙江大学；胡斌，兰州大学；蔡海滨，华东师范大学）

5.3.6　平行管理与控制的混合增强智能框架

1. 研究背景

复杂系统［特别是“人在环路”的社会物理信息系统（cyber-physical-social systems，CPSS）］通常具有不确定性、多样性和复杂性等特征，基于机理分析的传统理论与方法难以直接应用，必须通过实验方法来解决。由于社会与人的复杂因素的引入，CPSS研究的本质困难是在很难甚至无法进行实验的情况下，如何定量、实时地对复杂系统问题的产生、演化和影响等要素进行建模、分析和评估。本质上，这就是“建模不可建模者”“预测不可预测者”和“决策不可决策者”的矛盾。为解决这样的矛盾，平行管理与控制的混合增强智能必须解决三个核心科学问题：①建模——复杂系统的整体建模与还原分析如何有机地统一起来；②实验——如何通过计算实验手段预测和引导“人在环路”、兼具高度社会复杂性和工程复杂性的复杂系统；③决策——如何实现虚实系统的互动反馈与协同演化机理，以及基于此的灵捷、聚焦和收敛的管控决策。

平行管理与控制的混合增强智能框架是为解决上述科学问题而提出的、

适用于“人在环路”的复杂系统建模、实验与决策的理论和方法。其基本思路是充分利用网络社会媒体所提供的丰富信息，运用CPSS、知识自动化以及数据驱动的建模与策略研究，突破传统方法中关于模型、实验和决策的理念，从新的人机混合、虚实结合的角度，为解决“人在环路”的复杂系统问题提供一套可计算、可实现、可比较的解决方案。

2. 研究现状

人工智能已经进入以混合智能为主要特征之一的2.0时代，泛在的物理与社会信号将机器、信息和人紧密结合。因此，我们必须处理“人”作为其中一部分的新型机器。这对我们研究面向CPSS的复杂问题提出了新的要求。

ACP方法①（王飞跃,2004a）将信息、心理、仿真、决策融为一体，以可计算、可实现、可比较的方式，为研究复杂系统的控制与管理提供了新的思路和方法。基于ACP方法的平行控制与管理以CPSS等复杂系统为对象，将理论研究、实验方法和计算技术三种科学研究手段相结合，提高了复杂系统要素相互作用的动态演化规律的认识分析能力，提高了复杂系统对象应对各种变化和非正常状态的管控能力，为复杂系统的控制与管理提供了一个有效的创新技术手段。

近年来，平行控制与管理已成为我国控制与管理领域的重要发展方向之一，得到了众多研究者的关注，在基础理论、核心技术研究、应用实践等方面都取得了重要进展。自2009年以来，中国自动化学会每年举办全国平行控制会议、全国平行管理会议。2011年，中国自动化学会成立平行控制与管理专业委员会。中国科学院自动化研究所、国防科技大学、中国科学院大学、北京交通大学、清华大学等十余家单位成立了专门研究机构或小组，北京大学、上海交通大学、浙江大学等40余家单位的学者也开始进行相关理论技术研发或应用实践工作。目前，国外对平行控制与管理的研究还处于起步阶段。一部分国外高校（如美国的科罗拉多州立大学、明尼苏达大学、亚利桑

① A：人工系统（artificial systems）；C：计算实验（computational experiment）；P：平行执行（parallel execution）。

那大学、丹佛大学，英国的克兰菲尔德大学，芬兰的奥卢大学等）的研究者与中国单位合作，另外一部分国外高校（如美国的哈佛大学、麻省理工学院、哥伦比亚大学、弗吉尼亚大学等）的研究者采用与ACP和平行相似的方法开展研究。

目前，基于ACP方法的平行控制与管理，在平行交通、平行企业、平行农业、平行网络等十余个典型应用领域取得了显著的实践效益和应用成果（Wang，2010a；Wang et al.，2017b；王飞跃，2015a，2015c；王坤峰等，2016）。此外，平行管理与控制在医疗健康、公共健康危机管理、社会经济系统、应急管理、智能能源、卫星导航等多个领域均取得了一些显著成果。

3. 研究内容

平行管理与控制的混合增强智能框架研究内容主要包括：平行智能、平行情报、平行区块链、平行学习、平行视觉、平行驾驶等（见图5.20）。

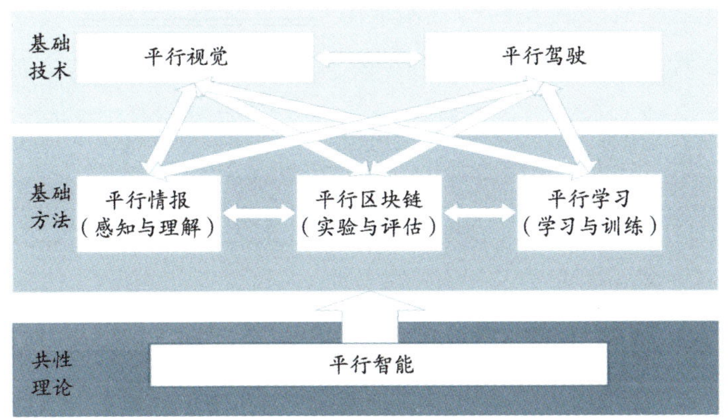

图5.20 平行智能驱动的混合增强智能框架研究内容

（1）平行智能

平行智能主要面向由泛在的移动智能设备以及社会信号促成的“人在环路”、兼具高度社会和工程复杂性的CPSS，通过研究数据驱动的描述智能、实验驱动的预测智能，以及虚实互动反馈的引导智能，为不定、多样和复杂问题提供灵捷、聚焦和收敛的解决方案（Wang et al.，2016a，2016b）。基于CPSS的平行智能系统如图5.21所示。

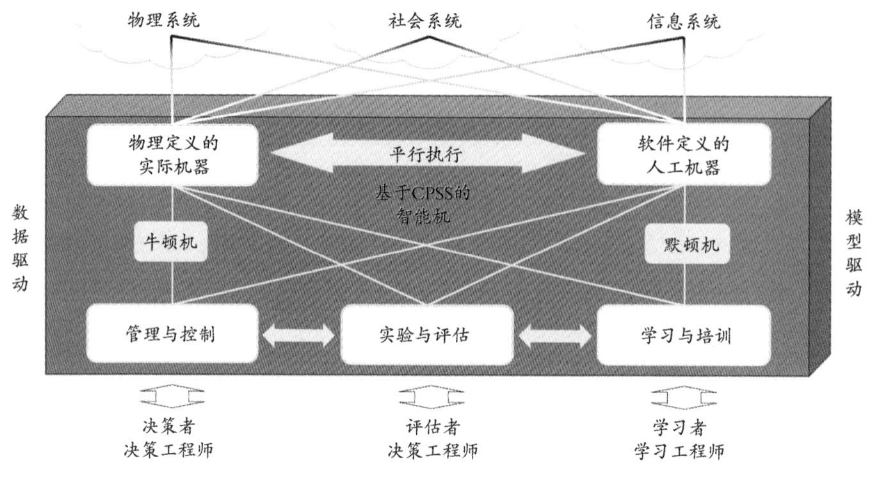

图5.21 基于CPSS的平行智能机和智能系统

软件定义之人工系统的构建开放了系统的组合、编程、学习与演化能力，使得系统的资源甚至结构重构成为可能；计算实验以游戏或博弈的方式，让“小数据”变成“大数据”；平行执行则引导实际逼近人工，让“大数据”聚焦，成为针对具体问题的“小知识”，最终通过人工与实际系统的虚实交互和闭环反馈实现决策寻优以及平行调谐。

（2）平行情报

平行情报利用实时的移动信息感知、连接并集成社会、信息与物理空间，为各种有实际意义的人工系统构建过程和程序提供数据支持，以获取激活了的、解决特定问题所需要的、具有针对性和及时性的知识。

具体来讲，平行情报就是通过虚实互动的平行系统，结合情报工作的需要，培育许多“活”的、具备学习和自主演化能力的人工情报系统。它们可以自主搜索、自主交换、自主变态，并向实际情报组织及时且有针对性地发出情报、提醒、警告、请求等，构成实际与人工情报过程平行运行的实时、在线、闭环、自适应的智能情报体系。

（3）平行区块链

平行区块链是平行智能理论方法与区块链技术的有机结合，通过实际系统与人工系统的“链上”平行互动与协同演化，为目前的“描述性”区块链技术增加计算实验与平行评估功能，从而更好地服务于未来复杂社会系统的建模、实验和决策需求（袁勇等，2016）。

（4）平行学习

平行学习是将平行系统的思想扩展并与机器学习结合而建立的一种新型理论框架，以更好地解决数据取舍、行动选择等传统机器学习理论不能很好解决的问题（李力等，2017；Wang et al.，2017a）。借助平行情报获取以及平行区块链认证的可信小数据，平行学习以计算实验的手段通过人工系统产生大量人工数据，人工数据和特定的原始小数据一起构成解决特定问题所需要的大数据集合。

（5）平行视觉

平行视觉建立在实际场景与人工场景之上，是一种虚实互动的智能视觉计算方法。通过平行情报、平行区块链和平行学习方法解决传统视觉研究中数据获取、标注与认证以及模型学习与评估两方面的问题，平行视觉借助ACP体系的思路提出一种新的场景构建方法。

通过构建色彩逼真的人工场景，模拟实际场景中可能出现的环境条件，并且自动得到精确的标注信息。结合大规模的人工场景数据集和适当规模的实际场景数据集，能够训练出更有效的机器学习和视觉计算模型。其中，人工场景图像生成是一项关键技术，其理论框架如图5.22所示。利用人工场景，能够进行各种计算实验，全面评价视觉算法在复杂环境下的有效性，或者优化设置模型的自由参数。如果视觉模型在实际场景与人工场景中平行执行，使模型训练和评估在线化、长期化，则能够持续优化视觉系统，改善其在复杂环境下的运行效果。

（6）平行驾驶

平行驾驶作为平行智能的一种典型验证手段，针对智能驾驶车辆这一行业热点和技术难点，以平行的思想解决传统驾驶中存在的众多复杂问题，针对专用车辆及车辆组群进行更有针对性的智能车技术研发和产业化推广（白天翔等，2017）。

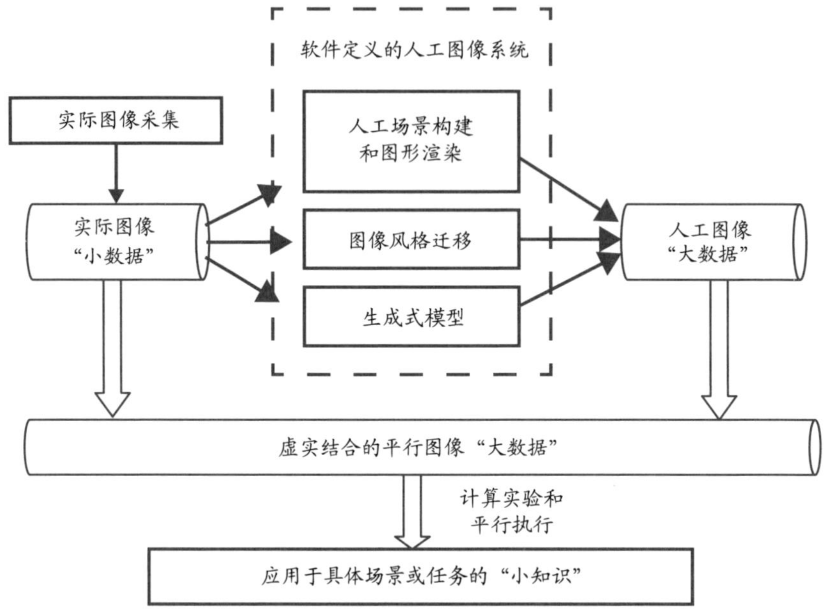

图5.22 人工场景图像生成理论框架

基于平行驾驶的平行智能车（见图5.23）由智能车、路侧设备以及整个后台系统组成，车辆与后台通过平行网络进行通信。车辆行驶在道路上时，其行驶状态将实时传送到后台，后台通过大数据学习系统对智能车进行控制；遇到特殊情况时，车辆会主动请求协助控制，后台通过中心控制使车辆车正常行驶；同时后台系统会学习相关操作，将来若遇到同样的场景，将会自动将控制指令传到车辆，从而保证车辆正常安全行驶。

（执笔人：王飞跃，中国科学院自动化研究所）

5.4 混合增强智能支撑平台

人工智能跨越式发展迫切依赖于计算资源和数据资源，单一企业或创新个体无法承担计算资源的购置、管理与运行维护，迫切需要面向混合增强智能创新应用的超大规模计算基础设施。

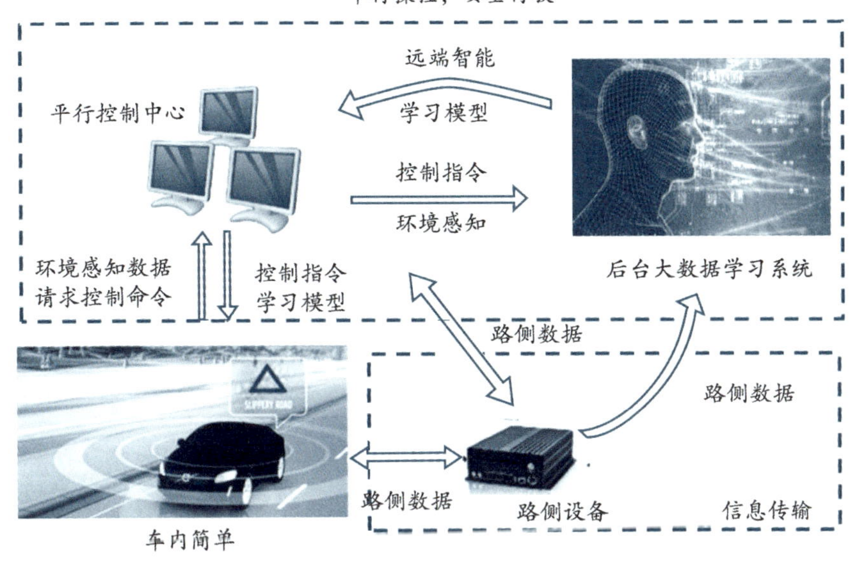

图5.23 基于平行驾驶的平行智能车

在研究混合增强智能支撑平台时，着重要建设人工智能超级计算中心，为复杂智能计算提供服务化、系统化、开放的技术平台和解决方案；建成千万亿次量级的超级智能计算机验证系统，在医疗、金融、图像和智能问答等领域达成初步应用；实现异构实时计算引擎与深度学习计算云平台，提供超大规模智能数据处理的平台与服务；建成E级的超级智能计算系统，在医疗、金融、图像和智能问答等应用领域取得阶段性突破；吸引全国人工智能企业将技术开发、数据分析等核心技术团队落地在中心配套的产业园区，形成产业集群；建成Z级的超级智能计算系统，全面应用于医疗、金融、图像和智能问答等领域。

对混合增强智能支撑平台的研究，可以分解为以下几项任务：①人工智能超级计算中心；②大规模智能超级计算支撑环境；③在线智能教育平台；④产业发展复杂性分析与风险评估的智能系统；⑤核电人机协同智能安全保障平台；⑥人机共驾技术研发测试平台。

5.4.1 人工智能超级计算中心

1. 研究背景

人工智能技术发展需突破硬件平台和处理器设计架构等基础设施建设的掣肘。谷歌大脑的1.6万个CPU运行7天才能完成猫脸的无监督学习训练；而对于单一企业来说，要想进行深度学习训练则十分困难，除了核心技术研发，在硬件配置、人才、运维、经验等成本上都需投入大量资金和人力。就像互联网企业需要云计算，人工智能企业需要深度学习超级计算中心来分担企业的海量存储和运算压力。

针对深度学习中训练集群建设复杂、复杂模型训练效率低、训练数据管理复杂、重复性训练实验量大、训练流程自动化难度大、不同场景下模型向应用转化要求多变等问题，通过建设大型人工智能超级计算中心和面向深度学习领域的开放技术平台，提供服务化、系统化、开放的技术平台和解决方案，能从根本上解决深度学习技术研发门槛高、迭代周期长、有效应用转化率低等难题。

建设满足深度学习等智能计算需求的新型计算集群共享平台以及算法与技术开放平台等基础资源服务平台也是国家培育人工智能产业的重点工程。人工智能基础设施涉及企业核心算法安全，必须实现自主可控。此外，建设支撑人在回路的人机混合计算所需要的新型计算集群共享平台以及算法与技术开放平台，为复杂智能计算提供服务化、系统化、开放的解决方案，吸引全国人工智能企业将技术开发、数据分析等核心技术团队落地在中心配套的产业园区，形成智能产业集群化规模效益。

2. 研究现状

（1）核心芯片技术

目前人工智能核心芯片技术已经成为国内外产业界高度关注的创新领域。国外半导体巨头英伟达公司借助多年积累的GPU技术与通用计算图形处理器（general-purpose GPU，GPGPU）的理念和编程范式，占据了目前深度学习和人工智能服务端训练芯片的主流位置，并且正在面向物联网、无人驾驶等领域推出专用的实时推理（runtime inference）芯片。英特尔公司一方面继续增强Xeon系列CPU在服务器领域的地位，另一方面收购了FPGA企业Altera和智能芯片初创企业Nervana，2017年推出了面向深度学习数据中心部署的FPGA解决方案和面向训练的Lake Crest芯片。谷歌推出了两代TPU，专门为深度学习训练和部署做了优化设计。移动计算设备芯片设计公司ARM也在研究增强NEON计算指令集的新一代芯片，期望通过引入FP16计算和INT8内积计算指令，大大增强移动端部署人工智能和深度学习软件的吸引力。国内一批初创企业也开始布局，期望抓住这一行业变革的机会。中国科学院计算技术研究所孵化的寒武纪科技依托深厚的学术积累，最早在芯片领域提出了面向深度学习训练的专用芯片架构（DIanNao、DaDianNao、DianNaoYu等）（Liu et al.，2016），目前已经和国内外一系列系统级芯片（system-on-a-chip，SoC）制造商开展合作，发布搭载于手机和物联网平台的芯片方案。

当前智能芯片的核心技术研究可归结为三个主要方向：①深度神经网络的低位宽（lowbit）压缩和加速技术以及和FPGA技术相结合（Baskin et al.，2017），满足嵌入式设备低功耗实时计算的要求；②ASIC的研究，其主要推动力量在学术界；③改进提升已有服务器和高性能计算领域芯片方案，增强面向深度学习和智能计算的能力，该方向的优势研究多在国外，国内企业追赶难度很大。

（2）深度学习训练引擎

面向新一代智能计算，深度学习训练引擎是另一个研究热点。谷歌推出的TensorFlow[①]项目目前已经发展到1.7.0版本，支持大规模分布式模型训练以及服务器和移动端芯片部署。Facebook推出的Caffe2[②]框架在保持原有Berkeley Caffe框架轻量特点的基础上，强调了对移动平台部署的代码和模型大小的优化，同时继承了Caffe Model Zoo的社区，使得研究人员可以在统一

① 详见https://www.tensorflow.org。
② 详见https://caffe2.ai。

平台上快速分享他们的成果。微软也推出了CNTK[①]框架。亚马逊通过官方支持MXNet[②]开源项目，试图在这一领域保持影响力。

深度学习训练引擎的研究热点集中于如何更好地支持分布式训练，在大规模、超大规模训练时获得良好的加速比。另外随着新芯片和硬件方案的出现，学术界更加重视对异构平台（CPU、GPU、ASIC、FPGA）的支持。存在的主要问题是缺乏对所有主流智能领域（计算机视觉、语音和自然语言处理、机器人、混合智能）等都有广泛影响力和接受度的训练引擎。例如，Caffe和Caffe2广泛用于视觉智能领域，CNTK对于语音的支持较为成熟，TensorFlow虽然较为平衡，但一直未能获得计算机视觉和语音一线研究人员的最优先支持——这些领域的最新研究成果无法及时共享。

另外，国内企业对该领域的投资较为缺乏。由于此方向的基础工具属性，建议以国家项目牵引的方式集合企业和学术的共同力量，研发拥有广泛影响力和接受度的引擎框架和社区。

（3）深度学习训练集群云平台

智能计算尤其是以深度学习为代表的神经网络模型训练，需要大量的计算资源（如高性能的GPU、CPU等）。科研机构、中小企业尤其是创业企业完全从头建设自用的深度学习训练集群平台是不现实的。正如云计算改变了企业部署业务应用和软件发布的模式，免除了软件企业自己维护数据中心的负担，国内外企业已经开始探索用云计算的方式提供深度学习训练服务。目前该领域的领导者是谷歌公司，Google Cloud ML已经开始小范围试用，不仅提供基于TensorFlow的整套软件工具栈，还提供自研的硬件TPU资源。其他云计算公司，包括亚马逊、阿里云等，也都开始积极探索，不过目前主要仍集中于硬件、存储等IaaS[③]和PaaS[④]服务。

在深度学习训练集群云平台建设方面存在一些值得关注且亟待解决的问题。例如，GPU等专用硬件的虚拟化以及训练任务和计算资源的调度匹配问

① 详见https://www.microsoft.com/en-us/cognitive-toolkit。
② 详见https://mxnet.incubator.apache.org。
③ IaaS指基础设施即服务，全称为infrastructure as a service。
④ PaaS指平台即服务，全称为platform as a service。

题还没有得到完全的解决；目前大部分虚拟化方案无法发挥底层硬件的全部性能；在训练任务的自动化多机和资源调度方面，还没有专门的研究。

（4）大规模智能数据处理平台

基于统计的机器学习，尤其是深度学习，目前主要依赖于海量标注数据的有监督学习。科研机构和企业目前都投入巨大资源搜集、整理和标注图像、语音、文本等各种数据。目前产业界和学术界还主要依赖人工方式进行数据标注和处理。AMT平台① 允许使用者发布自己编写的标注任务，然后让世界各地的众包标注人员进行标注。国内主要互联网企业也有自己的数据众包平台，如百度众包等。鉴于越来越复杂的标注任务和人力、资金的限制，已经有研究开始关注结合人工和机器的方式提升数据标注的效率，使用混合智能中的主动学习是其中的一个热点（Haas et al.，2015）。另一方面，利用图形学和机器学习生成模型对抗学习算法（Goodfellow et al.，2014），大批量合成和模拟训练数据成了充满希望的另一种解决方案。比如部分无人驾驶企业已经搭建了完全虚拟的仿真世界，从而可以大量搜集现实线下驾驶中很难搜集的各种数据，取得了不错的效果。

整体来说，目前成熟的数据处理平台还主要依赖于大量人力。将最新的研究成果和企业部署的大规模数据处理平台结合起来，形成下一代智能数据处理平台，将会是一个重要趋势。如何保障当前平台数据处理的质量和稳定性，如何使用混合智能的方式进一步提高和管控，也是非常有趣和重要的课题。

3. 研究内容

人工智能超级计算中心的具体研究内容主要包括以下几项。

（1）专用的面向深度学习的芯片和计算机体系结构研究。针对深度学习数据量大、模型复杂的特点，研究I/O吞吐量高、并行度高的优化稠密张量计算的体系结构和芯片技术将是需要重点攻关的研究领域。

（2）专用的面向深度学习的计算互联技术。传统的外设部件互联标准（peripheral component interconnect，PCI）总线和用于数据中心内部互联的

① 详见https://www.mturk.com/mturk/welcome。

InfiniBand技术对当前GPU等专用深度学习硬件的支持还无法跟上硬件进步的步伐。英伟达NVLink和谷歌TPU设计都已经各自尝试了面向深度学习的新一代互联技术。突破大规模分布式智能计算的数据传输瓶颈是核心目标。

（3）涵盖智能研究主流领域的支持异构计算的高伸缩性深度学习训练引擎。随着专用深度学习芯片应用和研究神经网络规模的不断扩大，以及数据处理量级的增长，新一代深度学习训练核心引擎必须能够兼顾异构计算和大规模分布式的要求，同时涵盖智能研究的主流领域，如此才能真正脱离小圈子的工具，成为有广泛影响力的用户社区，做好学术界和产业界的协同。

（4）大规模深度学习训练云计算。面向深度学习的云计算不同于传统的云计算，有一系列特有问题需要解决，例如满足批量搜索训练神经网络模型的任务要求、自动分布式处理超大规模神经网络的调度算法等。

（5）人机混合的智能数据处理算法。针对当前监督学习需要海量数据的难题，结合主动学习，强化学习等智能技术，提高数据处理的效率，形成算法—模型—数据不断提升的处理闭环，提升数据处理效率。

（6）基于生成模型和对抗学习的数据生成算法。对抗学习借助监督学习本身的优势解决数据训练不足的问题，值得深入研究。当前对抗学习的稳定性和普适性还有待进一步研究。同时，这一领域尝试和经典的计算机图形学、语音合成等基于机理建模的数据仿真模拟研究进行结合，探索统计建模和机理建模结合的算法，进一步提升生成数据的质量。

（执笔人：孙剑，北京旷视科技有限公司；曹志敏，北京旷视科技有限公司）

5.4.2　大规模智能超级计算支撑环境

1. 研究背景

智能超级计算系统，是支持人工智能应用负载的高效、易用的超级计算机，是支持国家人工智能2.0规划重大计算问题科学研究和企业创新的重要基础设施。研究支持人工智能负载、提供人工智能网络计算服务的超级计算机，计划在2025年建成适合机器学习应用的E级运算系统，2035年建成适合综合人工智能应用的Z级运算系统，破解人工智能技术研发门槛高、迭代周期长、有效应用转化率低等难题，在智能超级计算机上实现新一代人工智能的示范型应用，呈现高效的感知计算和认知计算能力，最终支持反映综合智能水平的感知、学习、抽象和推理等能力明显提升。

2. 研究现状

目前智能计算系统的主要技术方案包括GPU、FPGA、专用加速器和生物启发算法。英伟达的GPU占据了服务器端深度学习训练加速芯片的主流位置，承担大量深度学习训练任务。英伟达的Saturnv超级计算机由Tesla P100 GPU驱动，其性能达到了4.9TFLOPS。

阿里巴巴、亚马逊和微软等公司利用云计算技术和FPGA技术提升智能计算效果。专用加速器芯片也在快速发展，谷歌基于神经网络专用处理器TPU的集群TensorFlow Research Cloud（TFRC）的性能达到180PFLOPS。寒武纪科技的专用芯片架构已经发展了三代，单核心峰值性能达到了194GFLOPS。生物启发算法是基于脉冲神经网络模型的，主要代表是IBM的TrueNorth。其原型芯片实现了100万个神经元和256万个突触，功率仅70mW，Lawerence Livermore国家实验室已将TrueNorth应用于模拟美国日益老化的核武库管理。

在系统软件方面，阿里巴巴推出的飞天操作系统拟将遍布全球的百万量级服务器连成一台超级计算机，并以网络在线公共服务的方式为社会提供计算能力。腾讯的Angel第三代高性能分布式计算平台支持数据并行及模型并行的计算模式，拟支持十亿级别维度的模型训练，并提供丰富的机器学习算法库和高度抽象的编程接口、数据计算和模型划分的自动方案以及参数自适应配置。在智能应用框架方面，已经出现多款智能应用框架，例如Petuum、Caffe、TensorFlow，以及类似IBM-Caffe等用户面向问题和硬件资源定制化的产品。应用框架的多样性给用户带来了丰富的选择，极大地促进了人工智能尤其是深度学习的发展和应用。

智能计算领域的主流系统尚处于中等规模阶段，系统软件主要面向基于

GPU的中小规模集群进行设计，与超级计算平台技术的融合不够，应用框架重点面向深度学习领域，对广泛的机器学习领域算法支持相对较弱，对大规模并行体系结构的使用效率还有待提高。借助超级计算机能力实现应用的跨越式发展正处在起步阶段，系统扩展性仍需结合超级计算技术才有望得到进一步提升。

超级智能计算系统的发展面临的主要挑战包括业界一致认可的系统度量方法和指标体系，高效率可扩展性的硬件平台和处理器架构，适应复杂现实应用的多样性算法，以及建设与运行成本合理的计算系统。

3. 研究内容

智能超级计算机的研究目标可分为2025年与2035年两个关键时间点的目标。2025年的研究目标是支持机器学习负载的E级智能超级计算机，性能达到EFLOPS，能效达到1TFLOPS/W；2035年的研究目标是Z级智能超级计算机，性能达到ZFLOPS，能效达到100TFLOPS/W，支撑综合智能水平（包括感知、学习、抽象、推理能力，以优秀、良好、中等、差、无表达四级进行评价）明显提高，其中感知与学习能力达到良好以上，推理能力从较差提升到良好，抽象能力从差达到中等以上。

大规模智能超级计算支撑环境的主要研究内容主要包括指标体系与系统度量、系统软件以及系统硬件三个方面（见图5.24）。

（1）指标体系与系统度量。其研究内容包括指标体系、基准程序、协同设计方法和易用性方法。重点研究智能超级计算系统的综合评估指标，体现大规模综合智能的基准程序，应用、软件、硬件协同设计方法，综合能效提升和能效管理等技术，以及大规模智能计算系统的易用性、鲁棒性和可靠性技术。

（2）系统软件。其研究内容包括基础软件和应用框架两个部分。在基础软件方面，重点研究智能计算节点基本操作系统和智能超算系统操作系统，具体包括智能计算任务细粒度划分与并行技术、高效可靠的网络协同调度技术、大规模机器学习迭代中的松耦合同步通信优化技术、网络环境服务模式、资源虚拟化技术、多形态服务的资源管理技术、资源容错技术和资源动态调

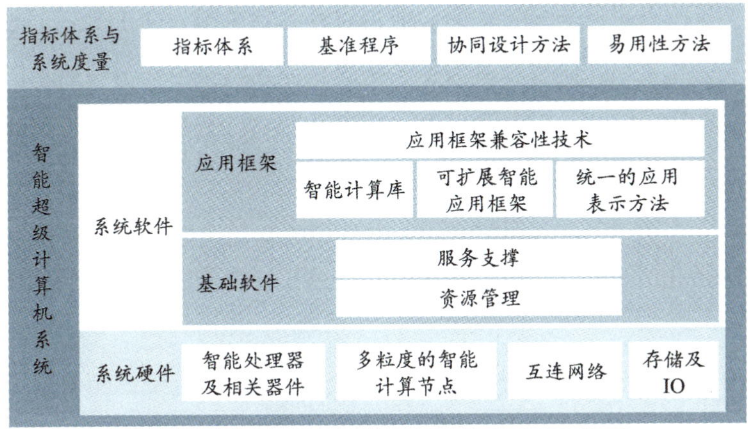

图5.24 大规模智能超级计算支撑环境的主要研究内容

度技术。在应用框架方面，重点研究适应不同智能计算单元和定制加速器的智能计算库、高可扩展编译器和解析器、参数服务器模式及其优化技术、统一的智能算法表示方法、应用框架之间的兼容机制和自动代码解析技术。

（3）系统硬件。重点研究适合多类型智能算法的混合位宽功能部件、片上高效缓存和数据预取技术、硬件虚拟化技术、可重构智能加速芯片技术、低功耗设计技术、智能计算节点体系结构、高速互联技术、数据传输过程中融合计算的通信技术、新型存储体系结构、内存压缩算法，以及与智能算法匹配的高效I/O技术。

（执笔人：谢向辉，江南计算技术研究所；徐志伟，中国科学院计算技术研究所；窦勇，国防科技大学）

5.4.3 在线智能教育平台

1. 研究背景

中国产业调研网发布的《中国在线教育行业现状调研及发展趋势分析报告（2018—2025年）》显示，未来中国在线教育用户将保持15%以上的速度持续增长。国内外调研报告总结认为，当前在线教育系统与平台已具备点播、直播、群组互动、课程推荐等功能，但仍需在移动学习、知识管理、虚拟课堂等服务系统方面加大研发投入力度，向满足碎片化多样化学习需求的在线智能教育方向发展（见图5.25）。

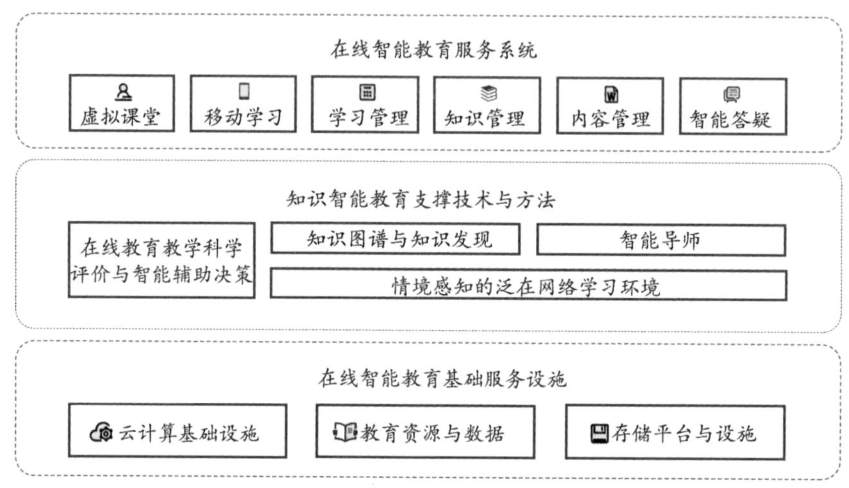

图5.25　在线智能教育服务系统、支撑技术与方法以及基础服务设施示意

2. 研究现状

情境感知的泛在网络学习环境构建方面的研究涉及多学科交叉领域知识，包括移动计算、网络通信、人工智能、教育学、心理学等多个技术领域。目前相关研究工作主要集中于如下几个方面。①学习情境的感知与识别。文献（Xie et al.，2017）针对移动学习终端的传感器数据，分析了如何高效地基于传感器识别学习环境，并分析了基于不同传感器特征组合识别学习环境的效率与准确度。②情境感知的泛在网络学习环境构建。文献（Ran et al.，2016）结合了增强现实与情境感知技术，从而提供具有情境感知和自适应能力的可视化与交互。③情境感知的个性化学习服务。文献（Mao et al.，2009）给出了一种在线教育中情感识别与补偿方法，通过面部表情、语音与文本感知学习者的情感状态，并利用虚拟教师实现与学习者情感相适应的个性表情与语言反馈。

知识图谱主要来源于百科类网站和各种垂直站点的结构化数据，这类数据特点是质量较高且更新比较慢（大部分来源于Freebase、维基百科、IMDB等网站）。Cafarella等（2008，2009）开发了WebTables系统。该系统使用分类技术从海量HTML页面的150亿表格中抽取了1.5亿的高质量关系数据。而Venetis等（2011）开发了一个用于HTML中海量表格的语义标注系统。该系统首先从Web上抽取得到含有噪声的类标签及它们之间的关系，形成一个数据库，基于该数据库及Web上观察到的实例标注表格的每一列，从而获得表格的语义。

内容模型是一个类似Web的学习内容映射，它同时定义了内容中各元素之间的先决条件和学习依赖关系。学生模型对于每一个学习者来说都是独一无二的，其与内容模型并行记录学生的学习行为。传统的智能导师系统通过对比内容模型和学生模型来评估学习者的认知状态，并在教学过程中更新学生模型的状态。对话模型涵盖了对话解析、对话管理、对话生成等部件，是实现学生与智能导师人机对话的重要支撑。目前，最成功和使用时间最长的智能导师系统当属卡内基梅隆大学心理学和计算机科学教授约翰·安德森（John Anderson）研究组开发的中等教育数学教师系列（Anderson，1992）。

在线教育智能平台中收集到的能直接或间接用于教学评价的数据主要分为以下三大类：教师在线授课的音视频，在线智能教学平台上的各类教学材料，学习者、专家、师生与生生互动等在线评论。采用人工智能方法获得在线教学相关评价指标后，更为重要的是建立科学的评价指标体系。目前在线教学评价采用的一般方法（Robinson，2017）是将教学设计的目标或教学过程描述分解成明确和可测量的要素，通过学生问卷和专家与同行打分的形式获得不同教学评价指标的值，再按照加权计算的方式获得最终结果。在人工智能2.0时代，实现多维度的在线教学质量评价和反馈，才能为在线智能教育管理决策提供有力的保障。

3. 研究内容

在线智能教育平台的主要研究内容包括情景感知的泛在网络学习环境、知识图谱与知识发现方法、智能导师和在线教育教学科学评价与智能辅助决策。

（1）情景感知的泛在网络学习环境

当前在线教育依然存在情境多变难感知、用户体验难适配、认知过载易迷航、动态服务难保障等难题，故亟须基于人在回路的混合增强智能，感知泛在网络学习情境，构建体验式、沉浸式网络学习环境，促进个性化学习效能与服务体验。

围绕移动学习系统所需的“感知动态情境、提升用户体验、促进个性学习”的总体目标。拟基于人在回路的混合增强智能，重点研究以下内容。①泛在网络学习情境的感知与识别技术。提出基于混合智能的泛在网络学习情境建模与识别方法，从海量客户端传感器数据和学习行为日志记录中，挖掘出与学习情境紧密相关的核心要素。②情境感知的体验式、沉浸式网络学习环境构建。研究面向沉浸式学习环境的情境感知的虚拟现实、增强现实技术，基于实时情境感知的自适应人机交互方法，将穿戴式设备与计算机的信息与人类行为相结合，构建典型的人在回路体验式、沉浸式网络学习系统与环境。③情境感知的个性化泛在网络学习服务。需要研究基于混合智能的情境感知的个性化资源推荐方法。面向不同的环境、网络状态、学习行为等上下文知识，结合人在回路的人机智能互动，实现学习资源的个性化推荐、基于知识图谱的个性化导航等个性化学习服务。

（2）知识图谱与知识发现方法

知识图谱主要用于描述各种实体或概念以及它们之间的关联关系。基于知识图谱的应用在个性化资源推荐、导航学习、领域知识发现等方面有着广泛的应用前景。

目前有关知识图谱与知识发现方法的研究主要集中在以下几方面。①知识图谱的表示。研究如何有效地表示大规模知识图谱、体现时变特性，从而可以方便地采用数值计算方法完成实体的相似度计算及各种语义关系的计算。②知识图谱的自动构建及更新。基于知识演化规律及溯源分析，研究知识置信度评估理论和知识协同验证方法。③基于知识图谱的知识发现。研究实体关联关系挖掘、实体排序、语义检索、语义推理等，通过（链式）规则发现实体间的隐含关系或通过数值计算来获取其属性值。

（3）智能导师

在线教育的先天缺憾就是师生时空分隔，这导致教师无法及时有效地感知学生的情感和认知状态，对其学习效果的掌握也存在滞后性。故亟须研究融合多模态数据的多轮人机对话方法，感知学生情感与认知状态，实现基于知识图谱的知识解答与知识水平评估，以弥补在线教育的天然缺陷。

通过分析和指导学习者的学习过程，支持学习者在不同学习场景下的过程性知识问答（学习路径推荐）、精准问题回答、情感感知与认知评估，以达到因材施教的目的（见图5.26）。目前有关智能导师的研究主要集中在以下几方面。①学习者学习过程中多维认知状态识别。研究多源异构数据的特征表示方法，以及多模态“数据—特征—决策”三级关联融合的情绪、认知状态与元认知策略发现方法。②基于多源异构跨模态碎片化知识的挖掘、融合与推理的智能导学。研究跨媒体碎片化知识的表征方法、一致性表达和关联挖掘机制，以及基于知识图谱推理的导学路径生成方法。③基于学习者学习状态的个性化知识推送。研究基于跨模态多数据源的学习者学习状态识别方法，基于历史多模态日志数据和知识图谱的学习者学习兴趣模式发现与演化趋势预测方法，以及基于兴趣和学习状态融合动态自适应预测的个性化知识推送方法。

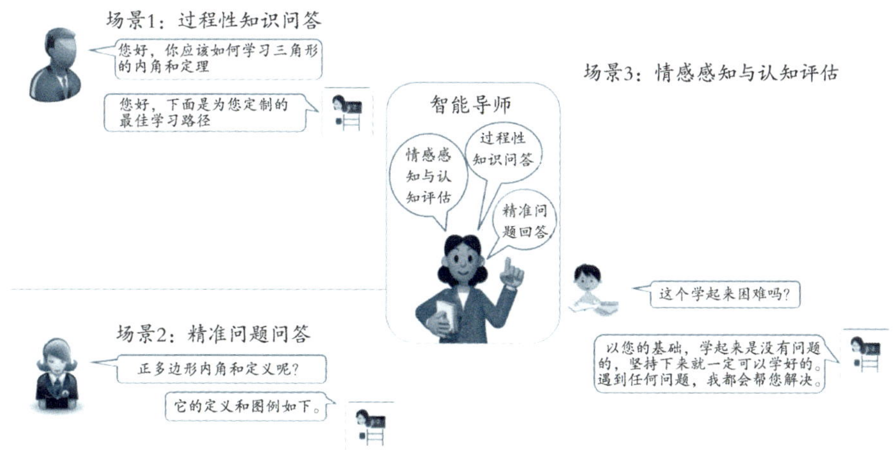

图5.26 融合认知、情感与兴趣感知的智能导师

（4）在线教育教学科学评价与智能辅助决策

智能化、可计算的在线教育科学评价体系与智能辅助决策的方法依然缺失，成为提升在线教育质量的掣肘。因此，要依据科学的评教指标体系，从网络评教、在线教学音视频等多模态数据中抽取、挖掘并关联分析，发现教学质量问题，为提升在线教育质量提供辅助决策支持。

目前有关在线教育教学科学评价与智能辅助决策的研究主要集中在以下几方面。①面向音视频的在线教学行为智能分析与挖掘方法。研制音视频中不同教学行为的定义与表示，音视频多模态数据深度融合的教学行为挖掘与识别方法，以及音视频多模态数据的高层语义关联与分析方法。②在线教学评论方法。基于知识图谱与在线教育资源评价指标体系的评论意见分面提取方法，获取教学过程、教学内容等多方面、多粒度的观点与意见，发现学生学习过程、教师教学过程不同阶段的问题。③在线教育教学资源评价方法。研制在线教育资源可计算科学评价指标体系，在线视音频等教育资源知识元素的抽取，以及基于知识图谱的在线教育资源内容科学性、完备性、逻辑性、多样性等多维深度挖掘、分析与评价方法，从而解决海量在线教育教学资源科学评价的难题。④多维度在线教学评价指标构建与智能决策。研究可计算的在线教育教学评价指标体系，以及教师、学生、同行、机器等多源人机融合评价与智能决策计算方法。

（执笔人：郑庆华，西安交通大学；刘均，西安交通大学；钱步月，西安交通大学）

5.4.4 产业发展复杂性分析与风险评估的智能系统

1. 研究背景

产业本身是一个复杂系统；而其复杂性，则意味着风险性的辩证共存。由于信息化社会的不断发展和社会文化环境的不断进步，企业风险控制、业务流程规范化、商业社会网络以及相关社会技术配置的重要性不断提高。

如何实现现代经济环境下产业复杂性分析和风险评估已成为各行各业面

临的艰巨任务（Shrivastava，1995）；而新智能时代的降临，让我们看到了混合增强智能在该领域所提供的创新性解决方案（Zheng et al.，2017）——将定性描述提升到描述智能，将预测算法提升到预测智能，将被动干预提升到诱导智能，从而极大地增强和提高现代企业的风险管控能力、价值创造能力以及核心竞争力。

2. 研究现状

基于复杂性理论的产业发展复杂性分析研究主要涵盖供应链行业、电信行业、商业银行业、房地产业、能源行业等。相较于复杂性分析，风险评估和管理更接近于工程经验方法。这是因为对于不同的系统，风险都有其自身的定义和特殊过程，评估风险的方法也就不尽相同。尽管不同行业有众多风险定义和评估方法，由于缺乏通用性，很难形成一个较为统一的风险评估和管理方法。一般来说，风险可从以下几个方向定义：不确定性、概率性、主观性与客观性风险、结果变动性、损害可能性，以及以上几种定义方向的组合。风险评估和管理分为以下几个步骤：①管控目标设定；②风险因素识别；③风险评价；④策略制定及实施；⑤风险监督和风险管控评价。

自20世纪80年代起，钱学森、戴汝为和于景元就提出了复杂巨系统的理论框架，并建立了人机交互的综合集成研讨厅体系。复杂巨系统就是“人在系统”“人在环路”“社会在环路”的复杂系统，且相关的研究工作一直延续到现在，并在过去十几年取得突破性进展。一方面，在过去十几年，计算机、互联网、存储、通信、控制、大数据等技术的阶跃式发展，催生了围绕智能的一系列新科技，这些新科技正以巨大的冲击力影响着各个领域，复杂性科学和风险评估科学也不例外；另一方面，相较于以私营企业为主体的欧美社会产业，国内各产业（尤其是以国营资本为主导的产业）的数据分享壁垒并不森严。然而，当前的产业发展复杂性研究和风险评估研究基本都是在传统技术条件下做出的，因此，其实质都是“复杂系统简单分析”或“复杂风险简单评估”，只能对复杂系统的某几种性质做出简单的评估判断，很难被用来对复杂系统进行有效的管控。

在现代智能技术的支持下，对复杂系统尤其是包含人和社会的复杂系统的研究已经取得了重大突破，逐步实现了“复杂系统复杂分析”和“复杂风险精细评估”，诞生了社会计算、知识自动化、基于平行系统的复杂系统管控理论、ACP方法、CPSS等当代复杂系统智能分析技术（王飞跃，2004a；Wang，2010b，2013，2016a）。基于这些技术，产业发展复杂性分析与风险评估的智能系统的相关工作包括情报与安全信息学和社会计算的基础理论及原型系统、基于知识的跨媒体搜索关键技术研究及垂直搜索服务产品开发、中国社情统计预报模型分析、中国社会稳定预警系统预研制、人机结合的综合集成研讨厅体系研究、中国社会稳定预警系统预研制以及中国科学院创新项目“中国可持续发展总纲”等。这些基于当代传感、通信、计算、大数据、智能技术的研究为社会产业发展的复杂性和风险评估提供了可行性、新思路与新方法，并做好了技术准备。

3. 研究内容

作为混合增强智能系统的典型应用，产业发展复杂性分析与风险评估的智能系统的研究内容包括建立CPSS、建设产业智联网和研发产业社会计算核心技术三个方面，从而建立完备的研究体系和科学范式（见图5.27）。

（1）建立基础理论架构：CPSS。产业发展复杂性分析与风险评估是典型的CPSS，需要人参与其中才能使系统更高效、安全、可靠地运行。这个混合智能系统中问题的解决途径与方法，蕴含在物理空间和虚拟空间融合的求解空间之中（见图5.28）。具体研究内容包括研发基于平行智能的产业CPSS建模、分析与管控方法，开发基于CPSS的产业发展分析智能系统技术架构，以及发展基于CPSS的产业发展认知分析和精准管控理论。

（2）建设基础支撑平台：产业智联网。产业智联网以互联网、物联网技术、大数据、云计算等为基础，利用知识自动化、知识计算、软件定义的系统等技术，建立面向产业的智能实体之间语义层次的联结，实现各智能体所拥有的知识的互联互通（见图5.29）。具体研究内容包括研究和建设产业智联网，为产业发展分析与评估智能系统提供社会化基础设施和支撑平台；通过

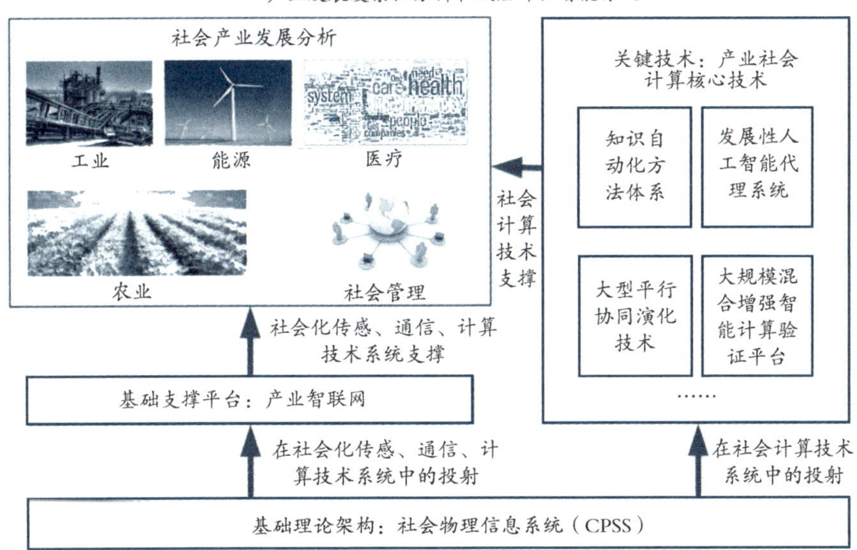

图5.27 产业发展复杂性分析与风险评估的智能系统的研究内容

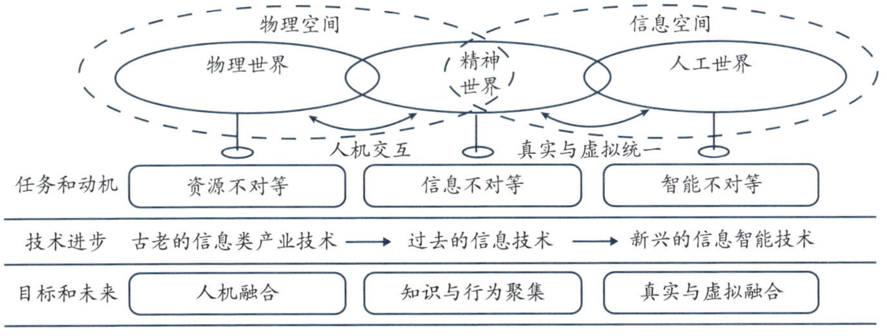

图5.28 CPSS技术架构

该支撑平台，实现基于平行系统理论的分析管控、基于产业CPSS的系统架构以及产业发展分析的各种社会计算核心技术和算法。

（3）研发关键技术：产业社会计算核心技术。产业社会计算核心技术主要包括知识自动化方法体系、发展性人工智能代理系统、大型平行协同演化技术和大规模混合增强智能计算验证平台。就行业发展的问题而言，社会计算融合社会科学和计算科学，有助于加深对当前社会活动的动态性、快速性、

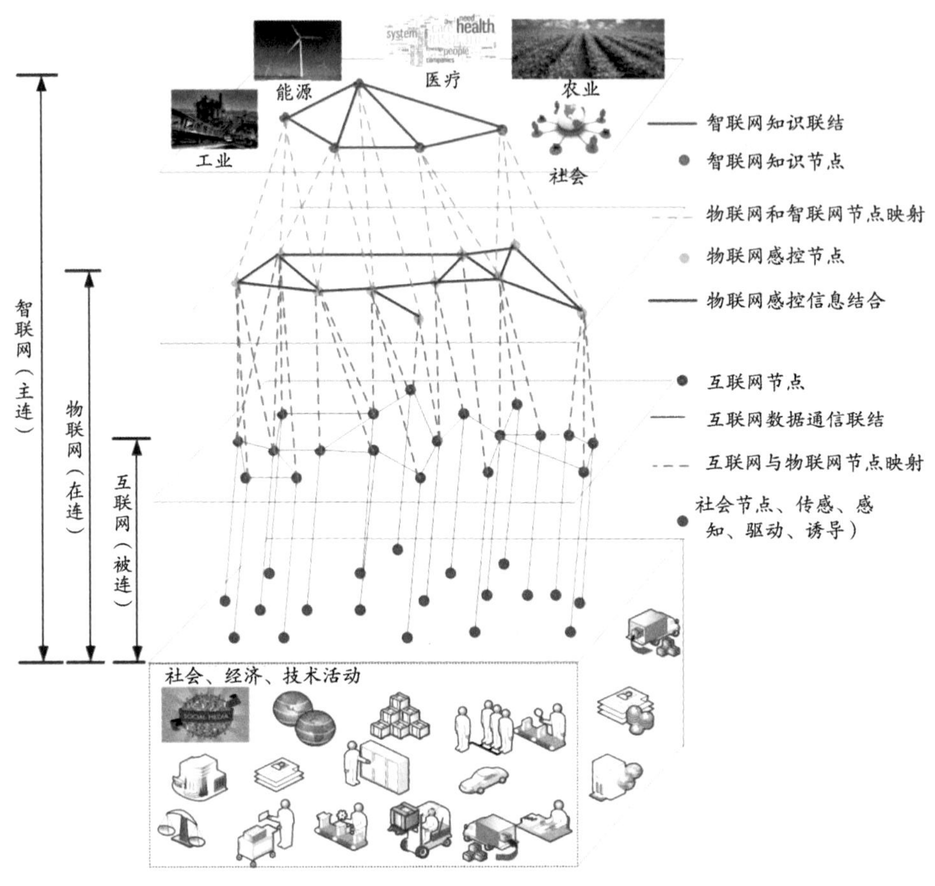

图5.29　产业智联网基础设施平台

开放性、交互性、数据海量性和复杂性等的理解(王飞跃等,2013;王飞跃,2015b;张俊等,2018)。具体研究内容包括研究面向产业分析和风险评估的社会计算中知识自动化方法体系(示例如图5.30所示),研究相应问题的社会计算模型和理论;研究发展性人工智能代理系统,以对产业复杂系统及系统中各参与者进行更精确的模拟,建立虚实系统智能体和人之间更加精确的互动机制;研发大型平行协同演化技术及大规模混合增强智能计算验证平台。

(执笔人:李灵犀,中国科学院自动化研究所;袁勇,中国科学院自动化研究所)

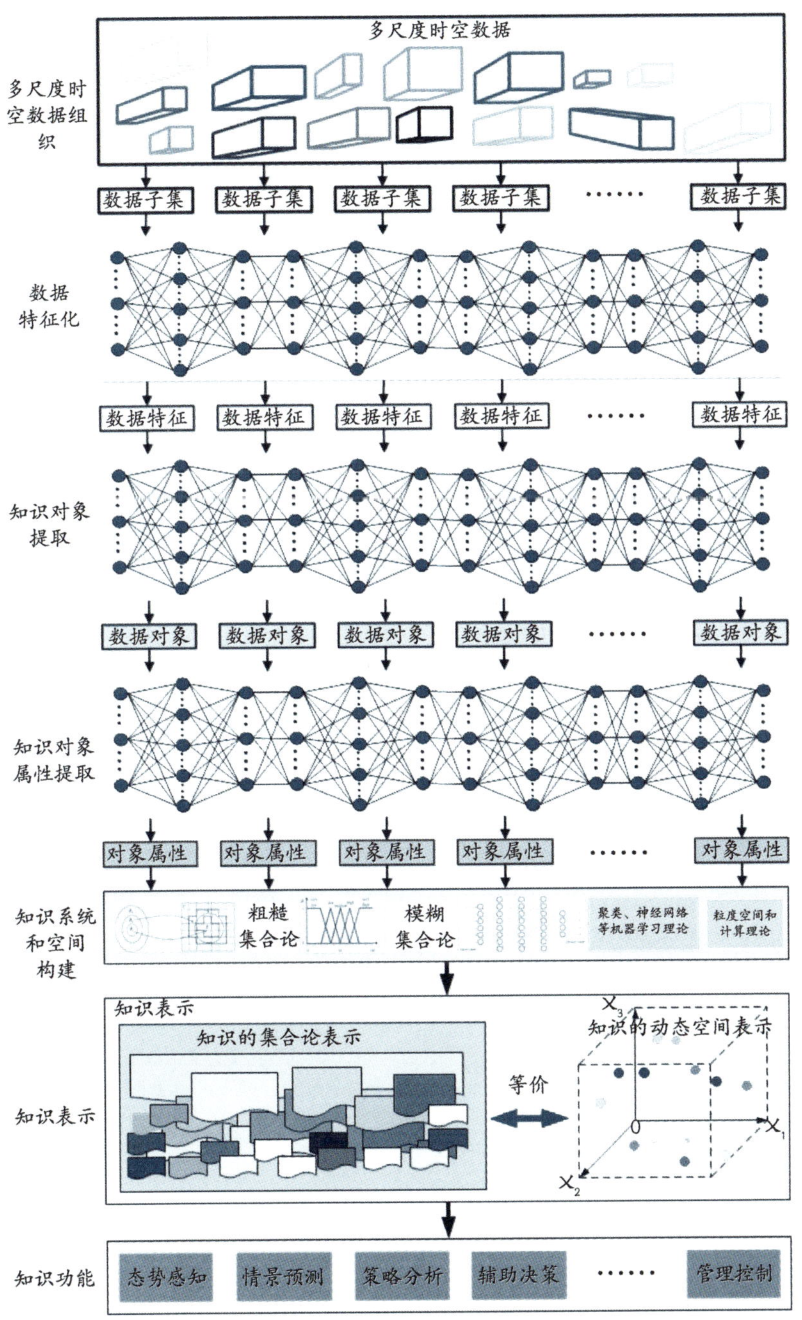

图5.30 知识自动化方法体系示例

5.4.5 核电人机协同智能安全保障平台

1. 研究背景

发展核电是当前保证国家能源安全、改善能源结构、减少环境污染的必经之路。核电安全无小事，核电安全是关系国家、地方社会经济平稳运行的重要因素。核电安全运行依赖于人机交互，而人机混合智能研究与核电安全保障研究的结合，将有效提升核电安全保障能力。

尽管已采取多种方法来提高核电厂设计固有安全性并提高系统的可靠性，核电厂发生事故的可能性依旧存在。其原因主要有以下几点：核电厂是一个极其复杂的人机巨系统，信息量巨大且分散，控制过程也非常复杂，这对人机交互开展安全监控提出了非常高的要求；目前基于事件导向的安全监控无法全面掌控核电厂运行安全动态；无法完整、系统地考虑人在认知、技能方面的差异，无法精确描述人机功能分配的界面与交互方式，导致人机交互失效不可避免。值得欣喜的是，人工智能技术飞速发展，在许多领域表现出强大的生命力，从无人值守工厂到无人驾驶汽车，均受到人工智能的深刻影响。

但当前人工智能可靠性仍存在诸多问题，智能安全事故也时有发生，在核电领域单纯依靠人工智能进行运行决策显然不太现实。因此，要开展人机混合智能技术研究，以人为核心，同时发挥计算机与人工智能强大的数据计算与学习推理能力，在实际运行过程中给操作人员更清晰直观的辅助决策支持，打造核电人机协同智能安全保障平台（戴汝为，2004；王飞跃，2004b）。

2. 研究现状

（1）人机交互理论

①人机交互的人因工程。核电安全非常依赖于操作员的知识、技能和个人素质（如认知能力等），而目前的人机界面设计中，将使用人（操作员）定义为熟悉系统的人、能够理性处理一切问题的人。为了更好地避免或减少人

因失误的发生概率，国内外核电领域普遍开展了基于人员心理、生理、操作习惯等因素的研究，使用各种新技术（如智能化）确保人机接口对操纵员友好，最终实现人员效能的最优化。由于核电领域与核安全紧密相关，人机交互的人因工程研究已提到核电产业链的最高端。核电领域人机交互研究也称为“人机交互情境感应”，体现为不同层次的研究，主要包括人机交互情境感应的物理手段（可达域、可视域）、人机交互情境感应的语义系统以及人机交互情境感应的动态特性。

②人机界面特性分析。近年来，数字化人机接口逐步取代常规人机接口，成为核电厂控制室人机接口的主流。面对这一新的人机界面，操作员的行为习惯与心理、操作方式、操作负荷等都有很大变化。越来越多的研究开始关注人机界面的特性分析，如新环境中人员负荷的转移模式、非基准事故发生时人员绩效的评价研究。这些特性分析的结果必将影响人机接口的设计成果，从而影响使用这些人机接口的核电厂人员效能。所有这一切归根结底就是要求人机接口设计应以提升人员可靠性和人员效能为核心。但是如何量化人员可靠性和人员效能并做出评价，特别是量化人的能力和认知，进而量化人机界面与人的匹配性，是当前迫切需要突破的研究瓶颈。

（2）关键技术研究

①核电安全状态量化方法与技术研究。想要全面地量化评估核电厂运行安全状态是非常困难的。核电厂是一个极其复杂的人机巨系统，它规模庞大，信息量巨大且分散，缺少综合处理能力。人的能力和状态在不同的时间稍有差异，就可能导致人因失效。核电安全监控严重依赖于人的经验和能力。若没有对系统复杂、分散、时变的信息进行综合加工处理，就可能导致核电厂数以万计的参数与设备、数以千计的画面报警难以被综合处理，从而无法用精简的结果全面评估核电厂的安全状况。在核电厂风险量化评价方面，美国几乎所有核电厂均开发了核电厂实时风险量化管理软件，用以评价和管理来自计划维修活动的风险增量（杨小明等，2014）。国内核电厂风险量化管理软件的研发还处于起步阶段，目前大亚湾核电站、秦山三期核电站和田湾核电厂均已开发了在线风险监测系统并已投入使用，但由于其功能与电

厂的生产管理体系没有紧密结合，且部分功能不完善，因此使用的频率不是很高，还有较大的提升空间（张艺萱等，2015）。

②核电设备故障预警与智能诊断。在核电故障监测与诊断领域，美国电气西屋公司和美国电力研究协会（Electric Power Research Institute，EPRI）一直在故障预警领域处于领先地位。此外，欧洲、日本和韩国在这方面有较深入的研究，开发了核电机组的故障预警系统（周东华等，2011）。我国从事发电机组故障监测与预警技术研究的单位主要是高等院校和一些科研结构。虽然我国从事这方面研究起步较晚，但发展迅速，以振动诊断技术和智能专家系统为主的设备诊断技术正在逐渐被广大用户认可。然而，电厂的设备包括大量的旋转机械和非旋转机械，因此传统的振动分析建模等方式已不能满足电厂对主机和重要辅机以及系统的运行监视诊断要求（常剑等，2012）。

③核电运行系统级智能辅助决策支持。核电厂的运行和维护是电厂生产管理的主要活动，核电厂的运维覆盖了数量庞大且种类繁多的设备，涉及数量众多的人员和作业活动。运维环节的整体优化可为核电厂安全、可靠、经济地运行提供有力保障。信息技术和人工智能技术的发展为核电厂运维的智能化奠定了基础。如何将信息技术和人工智能技术融入核电厂日常的运行和维护活动之中，已成为当前的一个研究热点（路甬祥等，1994；张幼蒂等，2004）。

④核电智能应急研究与安全状态的在线仿真研究。应急管理是处置和避免灾害的管理，涉及自然或人为灾害相关的灾前准备、灾害响应、物资保障和社会系统重建的方法。在这个过程中，组织和个体根据对灾害的感知尽力减少灾害造成的影响和损失。在国内上线的大部分核应急指挥系统都支持实时数据获取、简单应急管理、机组状态诊断、事故分析评价、应急资源管理等功能，但所获取的实时数据量比较局限。系统仿真的难点主要在于系统的结构病态，规律性差，无成熟的理论，缺乏可用的先验知识。

3. 研究内容

核电人机协同智能安全保障平台的主要研究内容架构如图5.31所示。

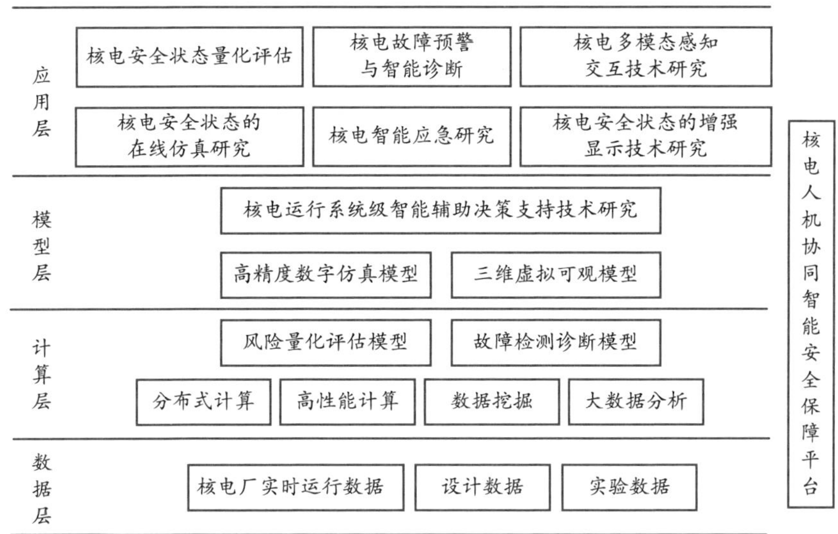

图5.31　核电人机协同智能安全保障平台的主要研究内容架构

（1）核电安全状态量化评估。研究核电厂风险量化分析方法，构建风险动态监测模型和量化计算方法。

（2）核电故障预警与智能诊断。利用大数据挖掘建模技术（Han et al., 2012），对核电系统设备的运行数据进行监测分析，自动识别核电运行工况，实现对系统薄弱点的识别探查，及早发现核电运行过程中存在的安全隐患（Yang et al., 2013）；建立特征集与故障集之间的映射，实现故障的在线诊断分析；建立失效预测模型，实现并逐渐优化对设备失效时间的预测分析。

（3）核电多模态感知交互技术研究。在对核电站控制室进行交互任务分析，并通过心理物理实验对眼动交互、手势交互、语音交互及其多通道整合的适用性进行深入研究的基础上，建立适合于核电站控制室的多模态交互方式，设计开发核电站基于任务的多模态交互系统，从而有效支持核电站主控室这一人机交互高度密集区域中的自然人机交互，显著提高人机交互的效率，降低人因失误风险，最终形成新一代核电站主控室人机交互方案（刘占伟等，2006）。

（4）核电安全状态的在线仿真研究。建立核电厂反应堆及关键系统设备高精度数字仿真模型，基于核电厂实时运行数据中心，融合数字模型与实际机械物理对象，保证数字模型与机组物理对象的同步运行。主要研究方向包括核电高精度数字仿真模型、基于数据驱动的模型重构技术以及情景模拟与最优操作指引技术。在虚拟现实的基础上，融合现实、虚拟两种不同信息，在核电设备安装、维修、运行状态监测等领域中开展研究与应用。主要研究方向包括系统模型虚拟可视化技术、人机交互可视化状态监测技术以及设备装配与优化维修虚拟化技术。

（5）核电智能应急研究。设计一套基于平行系统理论和虚拟现实技术的核应急智能系统。该系统包括人工系统、计算实验和平行执行三个层次（王飞跃，2004）。人工系统包括应急疏散空间的人员、设施和环境等要素，是具有工程复杂性和社会复杂性的实际系统的虚拟再现。计算实验平台基于核电厂三维虚拟现实技术、无线定位技术、火灾联动报警装置、区域监测 γ 射线监测网络等获得的源数据，模拟在各种突发事件条件下，通过路径、时间、受辐照剂量等多目标优化，动态规划最佳撤离和救援路径。平行执行是平行应急疏散系统功能的升华，为实际应急疏散方案提供滚动优化方案。

（6）核电运行系统级智能辅助决策支持技术研究。研究运行规程自动化技术、数字化仪控系统在线维修技术、核电厂事故诊断专家支持系统的开发和应用等。主要研究内容包括运行规程自动化和分散控制系统（distributed control system，DCS）辅助维修决策。

（执笔人：谭珂，中广核国家重点实验室）

5.4.6 人机共驾技术研发测试平台

1. 研究背景

智能驾驶是降低驾驶人工作负荷和提升车辆安全性的重要手段，能显著提升车辆的行驶安全性和驾乘舒适性。无人驾驶是智能驾驶的发展方向之一。为了突破无人驾驶面临的诸多瓶颈，国内外学者提出了“人机共驾”型智能汽车的概念。

人机共驾是指驾驶人和智能车辆通过车辆控制权分享，实现协同驾驶。与一般驾驶过程一致，广义的人机共驾包含感知层、决策层和执行层三个层次。感知层用于识别车辆、环境和人的状态；决策层用于生成正确的任务决策和期望轨迹；执行层用于控制油门、制动和方向盘，跟踪所生成的期望行车轨迹。人机共驾时，驾驶人和智能系统的关系在感知层主要是感知增强，在决策层主要是交互引导，在执行层主要是协同控制，如图5.32所示；而信息在不同结构之间的流动方向如图5.33所示。

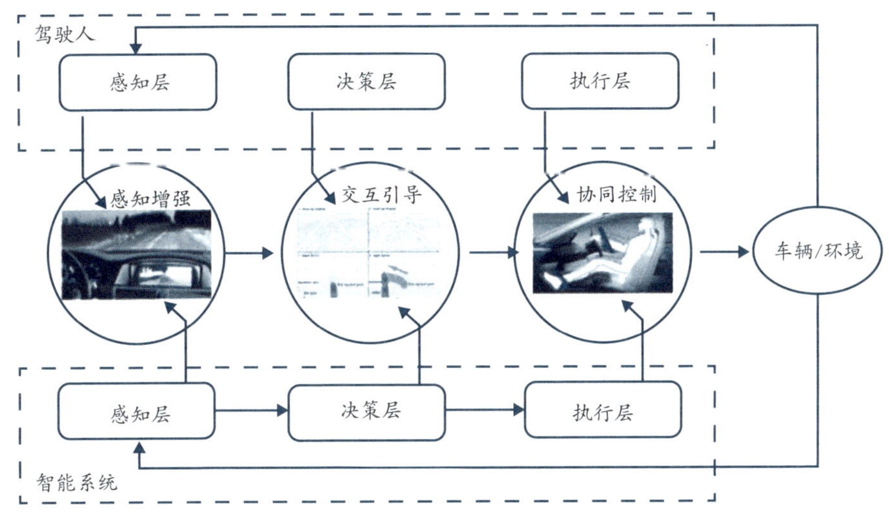

图5.32 人机共驾模型中驾驶人和智能系统的关系

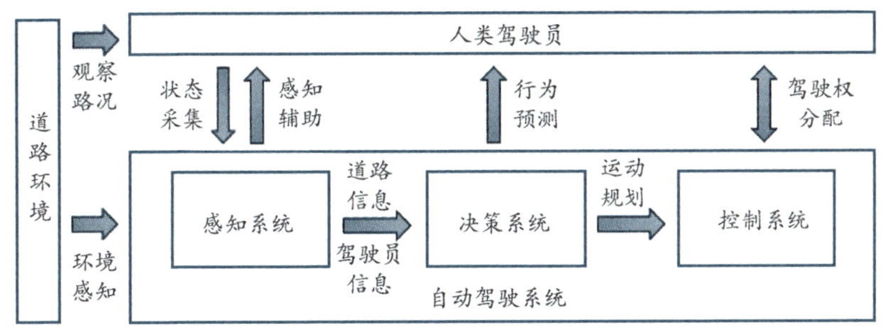

图5.33 人机共驾模型中的信息交互

2. 研究现状

（1）感知

感知领域主要分为环境感知、驾驶人监测、感知增强和行为建议。

环境感知的主要功能包括车道检测、交通参与者（车辆、行人等）检测、交通标志检测和其他车外环境检测等。

驾驶人监测需要记录驾驶人在驾驶时的生理特征、面部信息和肢体动作等多种信息。其中，面部监测包括眼球移动、唇部动作等，目前已经广泛应用于疲劳检测中。而基于脑电（房瑞雪等，2009）、心电（Patel et al.，2011）和肌电（Hostens et al.，2005）等生理特征的研究虽然一直在进行，但由于监测设备昂贵、监测操作复杂，目前尚停留在理论阶段。通过记录驾驶人的操作行为也可以判定驾驶人的状态。

感知增强是指将道路信息通过视觉或语音等方式直接传递给驾驶人，帮助驾驶人及时准确地获取到当前道路状况，并提前对危险情况做出反应。目前关于感知增强的研究大多从视觉入手，围绕如何提高视觉信息摄入量展开。

行为建议是一种间接的感知辅助方式，系统会直接根据道路状况给驾驶人下达驾驶建议，但同时也允许驾驶人坚持自己的驾驶行为。从信息传递媒介来看，行为建议也有两种方法传递给人类驾驶人，分别是视觉显示和语音指导。

（2）决策

①驾驶人行为预测。现阶段关于驾驶人行为预测研究中，许多特征被用来识别驾驶人的驾驶意图，例如车辆的运动状态、路网的交通信息、驾驶人的行为等。部分学者将复杂交通场景下驾驶人的驾驶意图识别视作分类问题，多采用判别模型，包括多层感知（multi-layer perceptions，MLP）、回归分析（logistic regression）、支持向量机等。近年来，部分学者也尝试使用深度学习来预测驾驶人的意图，如Jain等（2016）使用过长短期记忆网络。

②运动规划。运动规划的目标就是给定起点与终点之后找出一系列控制输入，驱动车辆从初始位置运动到目标位置，并且使得特定目标函数最

优。常用的优化目标包括路径、路程（或时间）、避撞、舒适性等。目前主流的运动规划的技术可以分为四类：基于地图搜索的运动规划算法、基于采样的运动规划算法、基于插值曲线的运动规划算法以及端对端的运动规划算法。基于地图搜索的运动规划算法包括迪可斯特朗（Dijkstra）算法、A*算法（及其变种）、状态格子搜索算法等；基于采样的运动规划算法包括概率路图法（probabilistic roadmap，PRM）和快速随机扩展树法（rapidly random tree，RRT）；在基于插值曲线的运动规划算法中，常用的差值曲线包括回旋曲线、多项式曲线、贝塞尔曲线和样条曲线；近年来，伴随着深度学习的热潮，部分学者开始研究端对端的运动规划算法。

（3）控制

现有的人机共驾协同控制的研究主要包含驾驶人操控动力学特性建模和基于协同控制的控制权柔性转移机制。①在驾驶人操控动力学特性建模方面，我国学者郭孔辉院士（1992）最早提出了预瞄—跟随理论来描述驾驶人的行为特性；Cheng等（2012）根据多元信息融合理论，搭建了驾驶人双层疲劳检测模型，用以描述驾驶人驾驶状态转移特性；Qu等（2015）提出了随机预测模型用于描述驾驶人的转向行为，并建立了能够体现人—车—路闭环系统的转向行为模型；Driggs-Campbell等（2015）结合非线性动力学特性，基于数据驱动，建立了概率型驾驶人在环模型；Bi等（2015）研究了基于驾驶人认知的多任务侧向控制模型，该模型集成了神经肌肉以及排队网络。②在基于协同控制的控制权柔性转移机制方面，现有研究大体分为混合输入协同控制和触觉式协同控制（Addink et al.，2010）。在混合输入协同控制中，驾驶人占主导地位，车辆控制器只对驾驶人操控输入进行修正；触觉式协同控制则是由人机共同完成驾驶控制的，在必要情况下，驾驶人可以保留最终控制权。

3. 研究内容

目前的智能驾驶系统智能水平不够，没有实现人机混合智能的多层次互补协调，主要表现为以下几个问题：无法理解乘员的期望驾驶意图；难以适应不同乘员的个性习惯和操作方式；驾驶人接管车辆控制时，驾驶权切换不能柔性转移；临界危险场景时，智能系统不能及时介入接管。因此，如何使得自动驾驶汽车的智能系统和驾驶人共享车辆控制权，并通过协同合作的方式共同完成驾驶的感知、决策和执行控制任务，是研究的重点与难点。关于人机共驾技术研发测试平台的研究内容主要可以分为以下几个部分。

（1）驾驶人建模与行为预测。在人机共驾中，驾驶人与智能控制系统的驾驶机理存在显著性差异。因此，深入探索驾驶人的驾驶机理，分析表征驾驶机理的共性特征，以及理解驾驶人驾驶行为的个性或差异性变化，对促进智能控制系统综合性能的改善起着至关重要的作用。

（2）驾驶人在回路的协同感知与认知。智能系统的感知速度快，决策规则化，控制精度高；驾驶人的多源信息融合能力、推理学习能和操控适应能力较强。提取驾驶人对环境及交通参与主体行为的感知与认知信息，研究驾驶人与智能系统协同感知与认知的混合智能增强方法，有利于增强人机共驾系统的感知与认知能力。

（3）人机交互与协同理论。综合考虑驾驶人、车辆、环境等不确定性因素，基于协同感知与认知模型，研究人和机器之间的柔性耦合机理，建立结合人和机器各自优点的知识系统，使得智能化汽车系统在管理调度、决策规划以及控制执行层面产生协同作用和合作效应。

（4）人机共驾车辆的运动稳定性。基于信息融合的车辆智能控制系统与具有多维度特征的驾驶人共同构成了一种动态交互关系。人机共驾系统代表了人在回路的混合增强智能系统的控制问题，对混合智能增强系统的可控性与稳定性进行分析对其设计起着至关重要作用。另外，针对环境、车辆动力学以及驾驶人不确定性问题，研究复杂不确定问题求解方法，提高混合智能增强系统的认知、规划和决策技术能力。

（执笔人：李力，清华大学；陈启军，同济大学；陈虹，吉林大学）

参考文献

白天翔，王帅，沈震，等，2017. 平行机器人与平行无人系统：框架、结构、过程、平台及其应用[J]. 自动化学报，43（2）：161-175.

常剑，高明，2012. 基于相似性建模的发电机组设备故障预警系统[J]. 机电工程，29(5)：576-579.

戴汝为，2004. 人—机结合的智能科学和智能工程[J]. 中国工程科学，6（5）：24-28.

董晨鹏，2016. 模块化仿真建模用于三代核电专设安全系统监测[D]. 南京：东南大学.

房瑞雪，赵晓华，荣建，等，2009. 基于脑电信号的驾驶疲劳研究[J]. 公路交通科技（s1）：124-126.

郭孔辉，1992. 预瞄跟随理论与人—车闭环系统大角度操纵[J]. 汽车工程（1）：1-11.

环境保护部核与辐射安全监管二司，环境保护部核与辐射安全中心，2012. 中国核电厂运行事件综合报告（2012版）[M]. 北京：中国环境科学出版社.

黄进，韩冬奇，陈毅能，等，2016. 混合现实中的人机交互综述[J]. 计算机辅助设计与图形学学报，28（6）：869-880.

库兹韦尔，2016. 人工智能的未来：揭示人类思维的奥秘[M]. 盛杨燕，译. 杭州：浙江人民出版社.

李力，林懿伦，曹东璞，等，2017. 平行学习：机器学习的一个新型理论框架[J]. 自动化学报，43（1）：1-8.

刘占伟，滕弘飞，2006. 基于人智—图形—计算的布局设计方法[J]. 大连理工大学学报，46（2）：228-234.

路甬祥，陈鹰，1994. 人机一体化系统与技术——21世纪机械科学的重要发展方向[J]. 机械工程学报，30（5）：1-7.

潘云鹤，2016. 人工智能走向2.0[J]. Engineering（4）：6.

王飞跃，2004a. 平行系统方法与复杂系统的管理和控制[J]. 控制与决策，19（5）：485-489.

王飞跃，2004b. 人工社会、计算实验、平行系统——关于复杂社会经济系统计算研究的讨论[J]. 复杂系统与复杂性科学，1（4）：25-35.

王飞跃，2015a. 从激光到激活：钱学森的情报理念与平行情报体系[J]. 自动化学报，41（6）：1053-1061.

王飞跃，2015b. 软件定义的系统与知识自动化：从牛顿到默顿的平行升华[J]. 自动化学报，41（1）：1-8.

王飞跃，2015c. 指控5.0：平行时代的智能指挥与控制体系[J]. 指挥与控制学报，1（1）：107-120.

王飞跃，李晓晨，毛文吉，等，2013. 社会计算的基本方法与应用[M]. 杭州：浙江大学出版社.

王坤峰，苟超，段艳杰，等，2017. 生成式对抗网络GAN的研究进展与展望[J]. 自动化学报，43（3）：321-332.

王坤峰，苟超，王飞跃，2016. 平行视觉：基于ACP的智能视觉计算方法[J]. 自动化学报，42（10）：1490-1500.

吴朝晖，郑能干，2012. 混合智能：人工智能的新方向[J]. 中国计算机学会通讯，8（1）：59-63.

杨小明，顾晓慧，孙金龙，等，2014. 某核电厂在线风险评价与管理系统开发概况[J]. 核科学与工程，34（4）：554-559.

袁勇，王飞跃，2016. 区块链技术发展现状与展望[J]. 自动化学报，42（4）：481-494.

张俊，王飞跃，王晓，2018. 知识动力学和知识计算：一种面向计算的知识自动化理论框架[J]. 自动化学报.

张耀，张大发，陈登科，等，2008. 反应堆冷却剂承压边界泄漏监测技术及其发展[J]. 原子能科学技术，42（b09）：100-105.

张艺萱，李阳，李鹏飞，2015. 风险监测器在国内外的应用现状[J]. 山西建筑（8）：245-247.

张幼蒂，李新春，韩万林，等，2004. 人工智能技术的综合集成化及其应用[J]. 东北大学学报（自然科学版），25（s1）：1-4.

郑南宁，2016. 郑南宁：人工智能的下一步是什么?[J]. 中国教育网络（12）：40.

郑南宁，任鹏举，陈霸东，等，2016. 类脑（受脑启发的）计算的问题与视觉认知[J]. 中国自动化学会通讯，37（2）.

周东华，李钢，李元，2011. 数据驱动的工业过程故障诊断技术[M]. 北京：科学出版社.

庄福振，罗平，何清，等，2015. 迁移学习研究进展[J]. 软件学报，26（1）：26-39.

Abadi M, Agarwal A, Barham P, et al., 2016. TensorFlow: Large-scale machine learning on heterogeneous distributed systems[J]. CoRR abs/1603.04467.

Abbink D A, Mulder M, 2010. Neuromuscular analysis as a guideline in designing shared control[J]. Advances in Haptics (5): 501-511.

Abraham A, Nath B, 2000. Hybrid intelligent systems design-a review of a decade of research[J]. IEEE Transactions on Systems, Man and Cybernetics, 3 (2): 1-37.

Anderson J R, 1992. Intelligent tutoring and high school mathematics[C]//International Conference on Intelligent Tutoring Systems, Springer-Verlag: 1-10.

Anderson S J, Walker J M, Iagnemma K, 2014. Experimental performance analysis of a homotopy-based shared autonomy framework[J]. IEEE Transactions on Human-Machine Systems, 44 (2): 190-199.

Barnes M J, Chen J Y C, Jentsch F, et al., 2013. An overview of humans and autonomy for military environments: safety, types of autonomy, agents, and user interfaces[C]// International Conference on Engineering Psychology and Cognitive Ergonomics, Springer-Verlag: 243-252.

Baskin C, Liss N, Mendelson A, et al., 2017. Streaming architecture for large-scale quantized neural networks on an FPGA-based dataflow platform[J]. arXiv: 1708.00052.

Bi L, Wang M, Wang C, et al., 2015. Development of a driver lateral control model by integrating neuromuscular dynamics into the queuing network-based driver model[J]. IEEE Transactions on Intelligent Transportation Systems, 16 (5): 2479-2486.

Boman I L, Bartfai A, 2015. The first step in using a robot in brain injury rehabilitation: patients' and health-care professionals' perspective[J]. Disability and Rehabilitation Assistive Technology, 10 (5): 365-370.

Bostrom N, 2005. A history of transhumanist thought[J]. Journal of Evolution and Technology, 14 (1): 1-25.

Bradley A P, 1997. The use of the area under the ROC curve in the evaluation of machine learning algorithms[J]. Pattern Recognition, 30 (7): 1145-1159.

Cafarella M J, Halevy A, Wang D Z, E. et al., 2008. WebTables: Exploring the power of tables on the web[C]// Proceedings of the VLDB Endowment, 1 (1): 538-549.

Cafarella M J, Madhavan J, Halevy A, 2009. Web-scale extraction of structured data[J]. ACM Sigmod Record, 37 (4): 55-61.

Cao Y N, 2009. System list for sanmen nuclear power project[R]. Rev.

Caron G, Ragot N, Sakel M, et al., 2014. COALAS: a EU multidisciplinary research project for assistive robotics neuro-rehabilitation[R]. Rehabilitation and Assistive Robotics, workshop at IEEE/RSJ IROS, Chicago, USA.

Chen D, Yuan Z, Hua G, et al., 2016. Multi-timescale collaborative tracking[J]. IEEE

Transactions on Pattern Analysis and Machine Intelligence, 39 (1): 141-155.

Chen T, Du Z, Sun N, et al., 2014. A small-footprint high-throughput accelerator for ubiquitous machine-learning[J]. Acm Sigplan Notices, 49 (4): 269-284.

Chen X, Wang Y, Nakanishi M, et al., 2015. High-speed spelling with a noninvasive brain-computer interface[J]. Proceedings of the National Academy of Sciences of the United States of America, 112 (44): E6058-E6067.

Chen Y H, Krishna T, Emer J S, et al., 2017. Eyeriss: an energy-efficient reconfigurable accelerator for deep convolutional neural networks[J]. IEEE Journal of Solid-State Circuits, 52 (1): 127-138.

Chen Y, Chen T, Xu Z, et al., 2016. Energy-efficient hardware accelerators for machine learning[J]. Communications of the ACM, 59 (11): 105-112.

Cheng B, Zhang W, Lin Y, et al., 2012. Driver drowsiness detection based on multisource information[J]. Human Factors and Ergonomics in Manufacturing and Service Industries, 22 (5): 450-467.

Clausen J, 2009. Man, machine and in between[J]. Nature, 457 (7233): 1080-1081.

Collobert R, Kavukcuoglu K, Farabet C, 2011. Torch7: a Matlab-like environment for machine learning[C]//BigLearn, NIPS Workshop.

Cook C W, Sonnenberg C, 2014. Technology and online education: models for change[J]. Contemporary Issues in Education Research (7): 171.

Coppock H W, Freund J E, 1962. All-or-none versus incremental learning of errorless shock escapes by the rat[J]. Science, 135 (3500): 318-319.

D-Wave, 2017. D-Wave announces D-Wave 2000Q quantum computer and first system order[EB/OL]. (2017-01-24) [2017-12-14]. https: //www.dwavesys.com/press-releases/d-wave%C2%A0announces%C2%A0d-wave-2000q-quantum-computer-and-first-system-order.

Dias M G, Harris P L, 1988. The effect of make-believe play on deductive reasoning[J]. British Journal of Developmental Psychology, 6 (3): 207-221.

Driggs-Campbell K, Shia V, Bajcsy R, 2015. Improved driver modeling for human-in-the-loop vehicular control[C]//IEEE International Conference on Robotics and Automation: 1654-1661.

Enache N M, Mammar S, Netto M, et al., 2010. Driver steering assistance for lane-departure avoidance based on hybrid automata and composite Lyapunov function[J]. IEEE

Transactions on Intelligent Transportation Systems, 11 (1): 28-39.

Felgenbaum E A, 1977. The art of artificial intelligence: themes and case studies of knowledge engineering[C]//Proceedings of the 5th International Joint Conference on Artificial Intelligence, San Francisco, USA: 1014-1029.

Fire A, Zhu S C, 2016. Learning perceptual causality from video[J]. ACM Transactions on Intelligent Systems and Technology, 7 (2): 1-22.

Fischbein E, 1987. Intuition in science and mathematics: An educational approach[J]. Mathematical Gazette, 72 (462): 66-67.

Flesher S N, Collinger J L, Foldes S T, et al., 2016. Intracortical microstimulation of human somatosensory cortex[J]. Science Translational Medicine, 8 (361): 141.

Galyardt A, Goldin I, 2014. Recent-performance factors analysis[C]//International Conference on Educational Data Mining: 411-412.

Gao Y, Zhou R Y, Wang H, et al., 2007. Study on an average reward reinforcement learning algorithm[J]. Chinese Journal of Computers, 30 (8): 1372-1378.

Gazzaniga M S, Ivry R B, Mangun G R, 2011. 认知神经科学：关于心智的生物学 [M]. 北京：中国轻工业出版社.

Georgia Institute of Technology, Carnegie Mellon University, Robotics Technology Consortium, et al., 2013. A roadmap for US robotics: from internet to robotics (2013 Edition)[EB/OL]. (2013-03-20) [2017-12-10]. http: //www.roboticscaucus.org/Schedule/2013/20March2013/2013%20Robotics%20Roadmap-rs.pdf.

Gilbert G R, Beebe M K, 2010. United States Department of Defense Research in Robotic Unmanned Systems for Combat Casualty Care[R/OL]. http: //dtic.mil/dtic/tr/fulltext/u2/a526596.pdf.

Glaser S, bastien, Vanholme B, et al., 2010. Maneuver-based trajectory planning for highly autonomous vehicles on real road with traffic and driver interaction[J]. IEEE Transactions on Intelligent Transportation Systems, 11 (3): 589-606.

Goodfellow I J, Pouget-Abadie J, Mirza M, et al., 2014. Generative adversarial networks[J]. Advances in Neural Information Processing Systems (3): 2672-2680.

Graves A, Wayne G, Reynolds M, et al., 2016. Hybrid computing using a neural network with dynamic external memory[J]. Nature, 538 (7626): 471-476.

Greff K, Srivastava R K, Koutnik J, et al., 2017. LSTM: a search space Odyssey[J]. IEEE Transactions on Neural Networks and Learning Systems, 28 (10): 2222-2232.

Griffiths P G, Gillespie R B, 2005. Sharing control between humans and automation using haptic interface: primary and secondary task performance benefits[J]. Human Factors, 47 (3): 574-590.

Grossman N, Bono D, Dedic N, et al., 2017. Noninvasive deep brain stimulation via temporally interfering electric fields[J]. Cell, 169 (6): 1029-1041.

Guilford J P, 1967. The nature of human intelligence. New York: McGraw-Hill.

Haas D, Wang J, Wu E, et al., 2015. CLAMShell: Speeding up crowds for low-latency data labeling[J]. Proceedings of the VLDB Endowment, 9 (4): 372-383.

Hadfieldmenell D, Dragan A, Abbeel P, et al., 2016. cooperative inverse reinforcement learning[C]//30th Conference on Neural Information Processing Systems.

Han J W, Kamber M, Pei J, 2012. 数据挖掘概念与技术[M]. 范明，孟小峰，译. 北京：机械工业出版社.

Haron A, Yu J, Nane R, et al., 2016. Parallel matrix multiplication on memristor-based computation-in-memory architecture[C]//International Conference on High Performance Computing and Simulation: 759-766.

He K, Zhang X, Ren S, et al., 2016. Deep residual learning for image recognition[J]. 2016 IEEE Conference on Computer Vision and Pattern Recognition (CVPR): 770-778.

Hinton G E, Salakhutdinov R R, 2006. Reducing the dimensionality of data with neural networks[J]. Science, 313 (5786): 504-507.

Hopfield J J, 1982. Neural networks and physical systems with emergent collective computational abilities[J]. Proceedings of the National Academy of Sciences of the United States of America, 79 (8): 2554-2558.

Hostens I, Ramon H, 2005. Assessment of muscle fatigue in low level monotonous task performance during car driving[J]. Journal of Electromyography and Kinesiology, 15 (3): 266-274.

Hsieh M H, Hwang S L, Liu K H, et al., 2012. A decision support system for identifying abnormal operating procedures in a nuclear power plant[J]. Nuclear Engineering and Design, 249 (10): 413-418.

Hughes D, Camp C, O'Hara J, et al., 2015. Health resource use following robot-assisted surgery versus open and conventional laparoscopic techniques in oncology: analysis of English secondary care data for radical prostatectomy and partial nephrectomy[J]. BJU International, 117 (6): 940-947.

Hunziker D, Gajamohan M, Waibel M, et al., 2013. Rapyuta: the roboearth cloud engine[C]// IEEE International Conference on Robotics and Automation: 438-444.

IARPA, 2015. Machine Intelligence from Cortical Networks (MICrONS)[R/OL]. (2015-01-08) [2017-12-15]. https: //research-authority.tau.ac.il/sites/resauth.tau.ac.il/files/IARPA-BAA-14-06_MICrONS_BAA.pdf.

Jain A, Koppula H S, Soh S, et al., 2016. Brain4Cars: Car that knows before you do via sensory-fusion deep learning architecture[J]. arXiv: 1601.00740.

Jia Y, Shelhamer E, Donahue J, et al., 2014. Caffe: convolutional architecture for fast feature embedding[C]//ACM International Conference on Multimedia: 675-678.

Johnson M, Bradshaw J M, Feltovich P J, et al., 2014. Coactive design: designing support for interdependence in joint activity[J]. Journal of Human-Robot Interaction, 3 (1): 43-69.

Johnson S, Slaughter V, Carey S, 1998. Whose gaze will infants follow? The elicitation of gaze-following in 12-month-olds[J]. Developmental Science, 1 (2): 233-238.

Jouppi N P, Young C, Patil N, et al., 2017. In-datacenter performance analysis of a tensor processing unit[C]//The Proceeding of the 44th International Symposium on Computer Architecture: 1-12.

Kagermann H, Wahlster W, Helbig J, 2013. Securing the future of German manufacturing industry: recommendations for implementing the strategic initiative INDUSTRIE 4.0[R/OL]. (2013-04-01) [2017-12-13]. http: //www.acatech.de/fileadmin/user_upload/Baumstruktur_nach_Website/Acatech/root/de/Material_fuer_Sonderseiten/Industrie_4.0/Final_report__Industrie_4.0_accessible.pdf.

Kaiser L, Gomez A N, Shazeer N, et al., 2017. One model to learn them all[J]. arXiv preprint arXiv: 1706.05137.

Kehoe B, Patil S, Abbeel P, et al., 2015. A survey of research on cloud robotics and automation[J]. IEEE Transactions on Automation Science and Engineering, 12 (2): 398-409.

Kober J, Peters J, 2013. Reinforcement learning in robotics: a survey[J]. International Journal of Robotics Research, 32 (11): 1238-1274.

Koller D, Friedman N, 2009. Probabilistic graphical models: principles and techniques: adaptive computation and machine learning[M]. Cambridge: MIT Press.

Koo G, Matam K K, Te I, et al., 2017. Summarizer: trading communication with computing near storage[C]//Proceedings of the 50th Annual IEEE/ACM International Symposium on Microarchitecture: 219-231.

Krizhevsky A, Sutskever I, Hinton G E, 2012. ImageNet classification with deep convolutional neural networks[C]//26th Conference on Neural Information Processing Systems: 1097-1105.

Kumaran D, Hassabis D, Mcclelland J L, 2016. What learning systems do intelligent agents need? Complementary learning systems theory updated[J]. Trends in Cognitive Sciences, 20 (7): 512-534.

Lake B M, Salakhutdinov R, Tenenbaum J B, 2015. Human-level concept learning through probabilistic program induction[J]. Science, 350 (6266): 1332-1338.

Lake B M, Ullman T D, Tenenbaum J B, et al., 2016. Building machines that learn and think like people[J]. Behavioral and Brain Sciences (40): e253.

Lange S, Riedmiller M, 2010. Deep auto-encoder neural networks in reinforcement learning[C]//IEEE International Joint Conference on Neural Networks: 1-8.

Lecun Y, Bottou L, Bengio Y, et al., 1998. Gradient-based learning applied to document recognition[J]. Proceedings of the IEEE, 86 (11): 2278-2324.

Li L J, Socher R, Li F F, 2009. Towards total scene understanding: classification, annotation and segmentation in an automatic framework[C]//IEEE Conference on Computer Vision and Pattern Recognition: 2036-2043.

Li Y, Pan J, Long J, et al., 2016. Multimodal BCIs: target detection, multidimensional control, and awareness evaluation in patients with disorder of consciousness[J]. Proceedings of the IEEE, 104 (2): 332-352.

Liu S, Du Z, Tao J, et al., 2016. Cambricon: an instruction set architecture for neural networks[C]//Proceedings of the 43rd IEEE International Symposium on Computer Architecture: 393-405.

Lv C, Liu Y, Hu X, et al., 2017. Simultaneous observation of hybrid states for cyber-physical systems: a case study of electric vehicle powertrain[J]. IEEE Transactions on Cybernetics, 99: 1-11.

Mao X, Li Z, 2009. Implementing emotion-based user-aware e-learning[C]//CHI' 09 Extended Abstracts on Human Factors in Computing Systems. ACM: 3787-3792.

Markoff J, 2013. Obama seeking to boost study of human brain[N]. New York Times, 2013-02-17.

Marr D, 1971. Simple memory: a theory for archicortex[J]. Philosophical Transactions of the

Royal Society of London, 262 (841): 23-81.

Medsker L R, 2012. Hybrid intelligent systems[M]. Springer Science and Business Media.

Merolla P A, Arthur J V, Alvarezicaza R, et al., 2014. A million spiking-neuron integrated circuit with a scalable communication network and interface[J]. Science, 345 (6197): 668-673.

Minsky M, 1991. Logical versus analogical or symbolic versus connectionist or neat versus scruffy[J]. AI Magazine, 12 (2): 34-51.

Misra S, Vasimuddin M, Pamnany K, et al., 2014. Parallel Bayesian network structure learning for genome-scale gene networks[C]//International Conference for High Performance Computing, Networking, Storage and Analysis: 461-472.

Mühlbacher-Karrer S, Mosa A H, Faller L M, et al., 2017. A driver state detection system: combining a capacitive hand detection sensor with physiological sensors[J]. IEEE Transactions on Instrumentation and Measurement, 66 (4): 624-636.

Neftci E O, Pedroni B U, Siddharth J, et al., 2016. Stochastic synapses enable efficient brain-inspired learning machines[J]. Frontiers in Neuroscience, 10 (99): 241.

Patel M, Lal S K L, Rossiter P, et al., 2011. Applying neural network analysis on heart rate variability data to assess driver fatigue[J]. Expert Systems with Applications, 38 (6): 7235-7242.

Petermeijer S M, Abbink D A, de Winter J C, 2015. Should drivers be operating within an automation-free bandwidth? Evaluating haptic steering support systems with different levels of authority[J]. Human Factors, 57 (1): 5-20.

Poole D, Mackworth A, Goebel R, 1997. Computational intelligence: a logical approach[M]. Oxford: Oxford University Press.

Premack D, Premack A J, 1997. Infants attribute value to the goal-directed actions of self-propelled objects[J]. Journal of Cognitive Neuroscience, 9 (6): 848-856.

Qin L, Wang T, 2017. Design and research of automobile anti-collision warning system based on monocular vision sensor with license plate cooperative target[J]. Multimedia Tools and Applications, 76 (13): 14815-14828.

Qu T, Chen H, Cao D, et al., 2015. Switching-based stochastic model predictive control approach for modeling driver steering skill[J]. IEEE Transactions on Intelligent Transportation Systems, 16 (1): 365-375.

Ramadan R A, Vasilakos A V, 2017. Brain computer interface: control signals review[J].

Neurocomputing (223): 26-44.

Ran D, Dvir A, Pele O, et al., 2016. Adaptation logic for HTTP dynamic adaptive streaming using geo-predictive crowdsourcing for mobile users[J]. Multimedia Systems: 1-13.

Rehder B, Hastie R, 2001. Causal knowledge and categories: the effects of causal beliefs on categorization, induction, and similarity[J]. Journal of Experimental Psychology General, 130 (3): 323-360.

Robinson D J, 2017. A Delphi study to examine the quality measurement standards by online instructors using the quality matters rubric as a basis for creating instructional materials[Z].

Roco M C, Bainbridge W S, 2002. Converging technologies for improving human performance: nanotechnology, biotechnology, information technology and cognitive science[M]. Springer.

Rollinson J, Brunskill E, 2015. From predictive models to instructional policies[J]. International Educational Data Mining Society.

Sandberg A, et al., 2008. Whole brain emulation: a roadmap[R]. Technical Report. Future of Humanity Institute.

Saxe R, Carey S, 2006. The perception of causality in infancy[J]. Acta Psychologica, 123 (1-2): 144-165.

Saxena A, Jain A, Sener O, et al., 2014. RoboBrain: large-scale knowledge engine for robots[J]. Computer Science.

Schapiro A C, Turkbrowne N B, Botvinick M M, et al., 2017. Complementary learning systems within the hippocampus: a neural network modelling approach to reconciling episodic memory with statistical learning[J]. Philosophical Transactions of the Royal Society of London, 372 (1711): 20160049.

Schlottmann A, Ray E D, Mitchell A, et al., 2006. Perceived physical and social causality in animated motions: spontaneous reports and ratings[J]. Acta Psychologica, 123 (1-2): 112-143.

Schwartz T, Zinnikus I, Krieger H U, et al., 2016. Hybrid teams: flexible collaboration between humans, robots and virtual agents[C]//German Conference on Multiagent System Technologies, Springer.

Shazeer N, Mirhoseini A, Maziarz K, et al., 2017. Outrageously large neural networks: the sparsely-gated mixture-of-experts layer[J]. arXiv preprint arXiv: 1701.06538.

Shrivastava P, 1995. Ecocentric management for a risk society[J]. Academy of Management Review, 20 (1): 118-137.

Silver D, Huang A, Maddison C J, et al., 2016. Mastering the game of Go with deep neural networks and tree search[J]. Nature, 529 (7587): 484-489.

Simon J B, 2009. Writer's guideline for maintenance, testing, inspection, and surveillance procedures[R]. Rev B.

Sternberg R J, 1985. Beyond IQ: A triarchic theory of human intelligence[J]. British Journal of Educational Studies, 7 (2): 269-287.

Stoica I, Song D, Popa R A, et al., 2017. A Berkeley view of systems challenges for AI[R]. Technical Report No. UCB/EECS-2017-159, EECS Department, University of California, Berkeley.

Sze V, Chen Y H, Yang T J, 2017. Efficient processing of deep neural networks: a tutorial and survey[C]//The Proceeding of the 44th International Symposium on Computer Architecture.

Tenorth M, Beetz M, 2013. KnowRob: a knowledge processing infrastructure for cognition-enabled robots[J]. International Journal of Robotics Research, 32 (5): 566-590.

Tolman E C, 1948. Cognitive maps in rats and men[J]. Psychological Review, 55 (4): 189-208.

Tversky A, Kahneman D, 1983. Extensional versus intuitive reasoning: the conjunction fallacy in probability judgment[J]. Psychological Review, 90 (4): 293-315.

U.S. Nuclear Regulatory Commission, 2007. An approach for determining the technical adequacy of probabilistic risk assessment results for risk-informed activities[R].

Venetis P, Halevy A, Madhavan J, et al., 2011. Recovering semantics of tables on the web[J]. Proceedings of the VLDB Endowment, 4 (9): 528-538.

Waibel M, Beetz M, Civera J, et al., 2011. RoboEarth[J]. IEEE Robotics and Automation Magazine, 18 (2): 69-82.

Wang F Y, 2010a. Parallel control and management for intelligent transportation systems: concepts, architectures, and applications[J]. IEEE Transactions on Intelligent Transportation Systems, 11 (3): 630-638.

Wang F Y, 2010b. The emergence of intelligent enterprises: from CPS to CPSS[J]. IEEE Intelligent Systems, 25 (4): 85-88.

Wang F Y, 2013. Parallel control: a method for data-driven and computational control[J]. Acta Automatica Sinica, 39 (4): 293-302.

Wang F Y, Wang X, Li L, et al., 2016a. Steps toward parallel intelligence[J]. IEEE/CAA Journal of Automatica Sinica, 3 (4): 345-348.

Wang F Y, Zhang J J, Zheng X, et al., 2016b. Where does AlphaGo go: From church-turing thesis to AlphaGo thesis and beyond[J]. IEEE/CAA Journal of Automatica Sinica, 3 (2): 113-120.

Wang F Y, Zhang J, Wei Q, et al., 2017a. PDP: parallel dynamic programming[J]. IEEE/CAA Journal of Automatica Sinica, 4 (1): 1-5.

Wang F Y, Zheng N N, Cao D, et al., 2017b. Parallel driving in CPSS: a unified approach for transport automation and vehicle intelligence[J]. IEEE/CAA Journal of Automatica Sinica, 4 (4): 577-587.

Wang G Y, Shi H B, 1995. Parallel neural network architectures and their applications[C]//Proceedings of International Conference on Neural Networks, Perth, Australia: 1234-1239.

Wang G, Xu C, Li D, 2014. Generic normal cloud model[J]. Information Sciences, 2014, 280: 1-15.

Wang Y, Lu M, Wu Z, et al., 2015. Visual cue-guided rat cyborg for automatic navigation[J]. IEEE Computational Intelligence Magazine, 10 (2): 42-52.

Warwick K, Gasson M, Hutt B, et al., 2003. The application of implant technology for cybernetic systems[J]. Archives of Neurology, 60 (10): 1369-1373.

Wei P, Zhao Y, Zheng N, et al., 2017. Modeling 4D human-object interactions for joint event segmentation, recognition, and object localization[J]. IEEE Transactions on Pattern Analysis and Machine Intelligence, 39 (6): 1165-1179.

Wei P, Zheng N, Zhao Y, et al., 2013. Concurrent action detection with structural prediction[C]//IEEE International Conference on Computer Vision: 3136-3143.

Wen F, 2010. AP1000 operation procedures system and development[C]//International Conference on Nuclear Engineering (8): 711-717.

Wu Z, Zhou Y, Shi Z, et al., 2016. Cyborg intelligence: recent progress and future directions[J]. IEEE Intelligent Systems, 31 (6): 44-50.

Xie T, Zheng Q, Zhang W, 2017. Recognizing physical contexts of mobile video learners via smartphone sensors[J]. Knowledge-Based Systems: 136.

Xiong X, Zhao S, Van Inwegen E, et al., 2016. Going deeper with deep knowledge tracing[C]//Proceedings of the 9th International Conference on Educational Data Mining: 545-550.

Xue J R, Wang D, Du S Y, et al., 2017. A vision-centered multi-sensor fusing approach to self-localization and obstacle perception for robotic cars[J]. Frontiers of Information Technology and Electronic Engineering, 18 (1): 122-138.

Yang C, Yuan J, Liu J, 2013. Abnormal event detection in crowded scenes using sparse representation[J]. Pattern Recognition, 46 (7): 1851-1864.

Yoshikawa H, 2005. Human-machine interaction in nuclear power plants[J]. Nuclear Engineering and Technology, 37 (2): 151-158.

Yue J, Zhou Z, Jiang J, et al., 2012. Balancing a simulated inverted pendulum through motor imagery: an EEG-based real-time control paradigm[J]. Neuroscience Letters, 524 (2): 95-100.

Zheng N N, Liu Z Y, Ren P J, et al., 2017. Hybrid-augmented intelligence: collaboration and cognition[J]. Frontiers of Information Technology and Electronic Engineering, 18 (2): 153-179.

第6章

智能无人系统

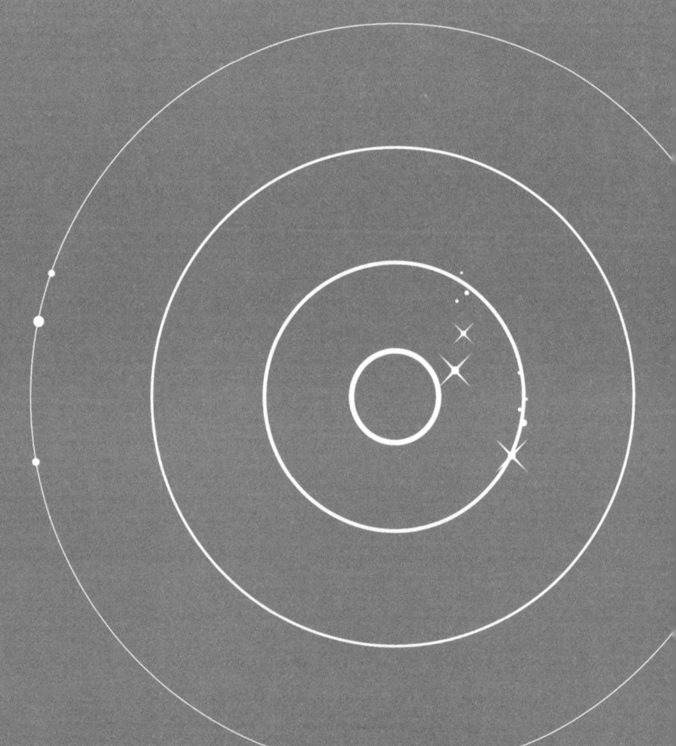

6.1 内容概述

人工智能2.0时代将出现真正的高级智能机器，它们构成新的智能社会并推动新的智能社会发展。这些机器具有人的大部分经历和情感，并过着像人一样的生活。它们将拥有与人类大脑皮层功能一样的器官和一组感官系统。它们可以通过观察周围的世界进行学习，能够自主地依据过去的经历进行类推，对未来做出预测，为新问题提供解决方案，还可以帮助人类获取某些知识。它们可以是各种形态的，如人形机器人、地面移动机器人、无人飞行器等。与人不同的是，它们的记忆系统可能与感官（或“躯体”）相距甚远。同时，它们的思维和行为可能与我们的完全不同。它们的智能会在速度、容量、可复制性和感觉系统四个方面超越人类。另外，许多智能系统可以组合成巨大的多级系统，分布于地球的每个角落，可以突破人类学习更深奥难懂的模式，进行更复杂的类推，形成更智能的系统，如智能城市、智能医疗、智能制造、智能交通等。

人工智能的研究已从过去的学术牵引迅速转化为需求牵引。智能手机、智能玩具、智能机器人、无人驾驶技术的发展，以及智能城市、智能医疗、智能制造、智能交通、智能物流、智能经济、智能社会系统的发展都依赖于人工智能的发展。计算已经与人类密切相伴：移动计算、互联网、传感器网、车联网、穿戴设备……感知设备等也已经铺天盖地。网络已经遍布世界，史无前例地连接着几乎所有个体和群体，快速反映着个体和群体的意图。世界已变为CPH三元空间，大数据环境已在驱动世界快速变迁。但是，智能无人系统快速发展的需求与现有可实现智能技术之间仍存在深刻的矛盾，这是我们要面对的最大挑战。

智能无人系统主要以海、陆、空、天自主无人载运操作平台，复杂无人生产加工系统以及无人化作战平台等为典型对象，深入研究智能自主无人系统的总体技术，包括架构与平台设计以及标准定义；研究智能无人系统的关键技术，包括在非结构化环境中的智能感知识别、多智能无人系统的协调规划与冲突消解、复杂环境的智能控制等。应用示范内容包括无人车、无人机、服务机器人、空间机器人、水下机器人、无人车间/智能工厂等六个领域以及人工智能共性应用技术。

本章将重点介绍智能无人系统的基础理论、关键技术和支撑平台。

6.2 智能无人系统基础理论

1. 研究背景

智能无人系统是一种集智能和行动于一体的高性能自动机系统，能模仿人的智能和行为，在复杂多变的未知环境中主动执行预定任务，能通过环境感知、决策规划和协同行动等，有计划、有目的地产生智能行为来适应环境、改变现状，从而完成预定的目标任务。人工智能是智能无人系统的重要组成部分，智能无人系统获取“智能”的方法有以下三种。①人类设计者的知识输入为系统建立一定的专家知识库和推理机制。通过这一方法获取的智能受限于专家知识库，智能无人系统难以适应新任务和新环境，不能够实现通用智能；此时智能无人系统擅长推理。②智能无人系统通过数据驱动进行归纳式学习，即从数据中挖掘概念模式。通过这一方法获取的智能受限于获得的数据以及对数据的标注，难以拓展到标注样本以外的概念和模式；此时智能无人系统擅长预测识别。③智能无人系统通过与环境的交互以及强化学习学习经验和知识并更新知识。此时智能无人系统能对未知空间进行探索，但需要对庞大无比的策略空间进行优化，因此在求解开放空间探索问题时仍面临巨大挑战。

我们需要有机协调知识指导、数据驱动和经验学习，获取这三种方法各自的优势，建立集三者于一体的框架，形成“知识指导下的演绎、数据驱动中的归纳感知、强化学习内的自适应规划”的有机融合（见图6.1）。

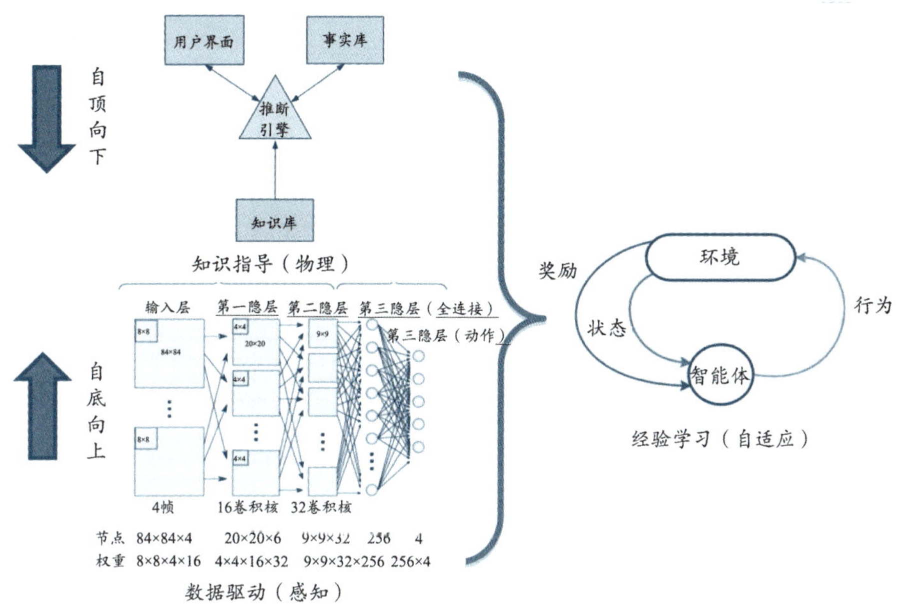

图6.1 人工智能学习算法

2. 研究现状

近年来，以深度学习（Bengio，2009）为代表的数据驱动方法在自然语言理解、语音识别和视觉计算等方面取得了显著成效。与传统的依赖于人工经验、通过手工构建的特征方法不同，深度学习以端到端方式进行特征学习，通过构建多层网络来学习隐含在数据内部的关系，这样学习到的特征具有更强、更泛化的表达能力。基于已有的大规模数据集，深度卷积神经网络（见图6.2）的图像分类和检测算法的性能已经接近甚至超过人类的图像分类和检测水平（He et al.，2016）；人工智能系统可以以较高的准确率完成实时同声传译（Graves et al.，2013）等语音识别和文本翻译任务；基于深度神经网络的智能博弈平台AlphaGo多次打败人类顶尖棋手（Silver et al.，2016），基于智能博弈决策技术的智能驾驶也取得了巨大的进步，这些智能博弈决策问题的解决，都建立在深度学习对于不同类型信号的处理能力以及估值函数的性能提升的基础上；将不同模态的数据组合在一起，也能产生许多新形式的智能应用，如自动图像标注（Fu et al.，2017）、手语识别（Cui et al.，

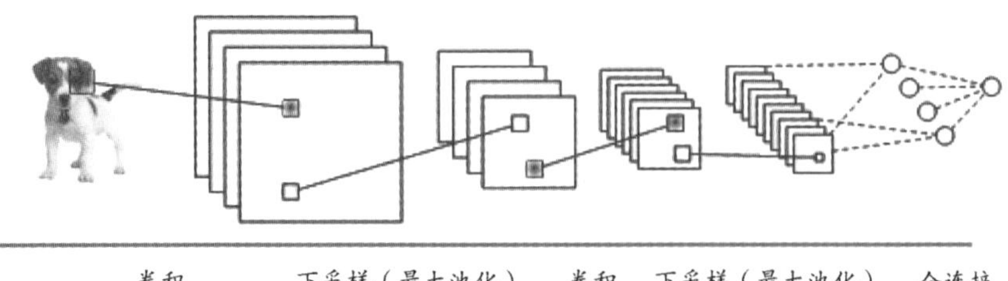

图6.2 深度卷积神经网络

2017）等；在医疗问题中，基于机器学习的图像分析技术，医生可以依靠检测算法，从计算机断层成像（computed tomography，CT）数据中自动筛选辨识病灶结痂，这已经被应用在肺癌、皮肤癌等病症的检测中。这些研究成果都极大地鼓舞着研究人员对新问题和新领域进行探索。人们在深度学习领域取得的这些成功应用，依托于大型数据集的逐渐成熟，硬件和开源框架的进步，以及深度神经网络强大的逼近能力和优秀的扩展性能，这无疑为将机器学习应用于各个领域提供了想象的空间。

但是，深度学习“黑箱”式的学习机制未能充分利用数据中蕴含的先验知识，也未能有效利用深度学习过程中产生的描述高层语义的中间特征层。这些缺点在一定程度上减弱了深度学习得到的特征表达所具有的泛化能力和区别能力，也限制了深度学习在更多领域中的应用。

为了弥补上述不足，一些研究开始重视在深度学习过程中引入先验知识并更加重视中间特征层，以建立解释性更强的深度学习机制。值得注意的是，由于概率模型能表达组合和因果等复杂先验，如何将数据驱动的深度学习方法与知识指导模型结合起来，已成为当前研究的一个热点问题。《科学》杂志发表的从一个范例中学习的贝叶斯模型（Lake et al.，2015）就是这类研究的一个重要进展。

神经科学相关研究发现，为了应对各种认知任务，大脑要在短时间内保存和处理各种感兴趣的信息，完成这个过程的是大脑的工作记忆区域。工作记忆区域是形成语言理解、学习与记忆、推理和计划等复杂认知能力的基础。在工作记忆区域中，各种感观器官获得的当前信息与存储在长期记忆区域内的相关信息和知识一起发生作用。也就是说，人脑在进行感知和认知时，不仅要对当前数据进行处理，还需要调动大脑中存储的相关信息，即人脑在理解当前场景和环境时，有效利用存储在外部记忆体中的与当前输入数据相关的信息。神经图灵机很好地“模拟”了人类的认知思维过程，其通过一个控制器（以LSTM实现）来对一个外部记忆库（相当于图灵机中的纸带）中的知识进行读/写操作，以有效利用已有信息和先验知识，这种方法被称为深度神经推理（Graves et al.，2016）。

人类认知是指在某一特定任务或激励下，人们与场景进行交互，从而对场景产生整体性解释，做出合理决策和行动。这种对环境进行反馈、探索（直觉牵引）的自主学习被称为强化学习。强化学习的思想形成于21世纪初，其核心概念由阿尔伯塔大学的理查德·萨顿整理完善，其假设来自于心理学中的行为主义。强化学习通过试错来进行学习（Sutton et al.，1998），不断调整算法对不同状态的价值和策略的评估，以达到学习并适应环境的目的。强化学习强调根据环境调整行动，以取得预期的最大利益。这种方法具有普适性，因此在博弈论、控制论、运筹学、信息论、模拟优化方法、多代理（agent）系统学习、群体智能、统计学以及遗传算法等许多领域的理论研究中都有较多的应用。

然而，强化学习面临价值函数的维数问题：高维状态带来的维度灾难（Minh et al.，2015）使得算法很难有效地刻画从数量庞大的状态到价值和策略的映射。2013年12月，DeepMind 发表深度强化学习研究成果DQN，其基本思想是用深度神经网络来计算Q函数，采用的是基于价值的方法。在DQN之前，所有尝试用深度神经网络进行Q-learning的方法都失败了，主要原因是此类结构不稳定；而DQN采用了奖励截断、经验重放、固定目标Q网络等技术手段，实现了稳定的深度增强学习。2015年在《自然》杂志发表DQN成果之后，DeepMind又对DQN进行了一系列重要的改进，包括优先重放、Double DQN以及Dueling Network等。将强化学习应用于完全信息条件下的围棋程序AlphaGo，以及非完全信息条件下的德州扑克程序，均获得了较大的成功，这在一定程度上证明了“从经验中学习”这种强化学习机制在面对复杂交互环境中的问题时，具有强大的建模能力。要了解这种机制的推广性和普适性，还需要在更广泛的应用场景中进行大量尝试。

随着深度学习等机器学习算法的进步，虽然智能无人系统的性能得到了大幅提升，但仍存在大量未能解决的问题，我们需要从更高的层次考虑如何融合不同的模型方法，以达到提升学习算法的可靠性、效率和推广性等目标。

3. 研究内容

为了使智能无人系统更好地完成复杂环境下难度大和挑战性高的任务，我们需要解决一系列理论问题并突破一些关键技术，目标是建立集知识、数据和反馈于一体的人工智能理论和模型，构建面向真实场景的具有高度协同决策能力的智能无人系统（见图6.3）。

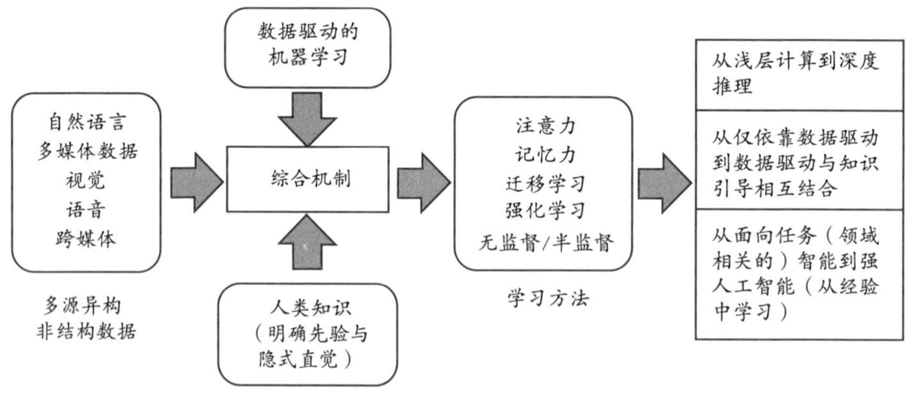

图6.3 具有高度协同决策能力的智能无人系统

具体而言，智能无人系统基础理论的研究内容包括如下几点。

（1）研究基于先验知识的时空约束的环境建模和场景感知技术，实现高度复杂环境下对场景的透彻理解和大场景目标的识别。将人类先验知识引入数据驱动计算框架，提高现有人工智能方法的适应性和推广性，提高其识别、分类、推理和预测等能力；突破无监督学习、经验记忆利用和内隐知识加载以及注意力选择等难点问题，建立基于数据依赖和知识依赖的更为灵活的机器学习模型，使新的学习模型同时具备知识推断系统的鲁棒性和推理能力，以及数据模型的预测能力，并能与复杂环境融合，增强智能无人系统的复杂环境学习能力，向更高水平的智能发展。

（2）研究面向CPH三元空间的知识表达新方法，特别是非符号知识和直觉知识等的表达方法，形成CPH三元互为映照的知识表达体系，连接个体、语义和实体，建立起严密知识、不确定知识以及形象知识的表达体系，刻画三元空间相互验证的常识性知识，为智能无人系统感知、理解、推理和决策提供支持，使其形成从数据中不断学习、自我更新知识的自主学习能力。这种三元空间表达，可以更为有效、自主进化地完成不同类型的学习任务，并提供更为完备的验证方法，使智能无人系统在面对复杂环境时，其学习模型仍具备自我进化和尽快适应新环境的能力，其可靠性和抽象能力得以提高。

（3）面向智能无人系统的协同决策需求，研究适用于多平台分布式和多模态交互式协同决策的机器学习理论和方法，并研发多平台分布式智能无人系统的自主协同技术，在提高单平台自主能力的同时，提升多平台信息分布式协同能力，实现系统从个体的学习能力到整体的通信性能的提升，从而提高系统整体智能融合水平和自主协作能力。具体而言，通过综合考虑学习算法性能和智能系统整体性能，建立更为合理的优化模型，为提升系统的融合水平提供更为有效的分析工具。

（4）研究智能无人系统对不确定环境和事件的感知和判断能力，实现其在快速变化的动态场景下的自主学习与决策。通过借鉴人类思维和学习的认知机制，加强以注意力、记忆为核心的脑启发计算模型研究，与数据智能方法相结合，实现大数据智能学习中的自适应主动探索学习。具体而言，要加强对大脑中感知记忆、工作记忆和长期记忆中的信息或知识的表达与构造方法的研究，在此基础上，加强大数据知识学习和理解过程中场景理解驱动的激活模型自更新和自调整机制研究，实现大数据智能学习中的知识自适应学习。

进行以上研究的最终目标如下：建立更为可靠的人工智能模型和系统，使其能面向更为复杂的环境，并能够自主进化调整。智能决策技术是多种高新技术的综合产物，有较高的潜在收益，也具有重要的经济和战略意义，其发展水平代表着一个国家的综合科研发展水平。此领域的研究可以为智能无人系统产业的可持续发展提供保障，为全面构建智慧型社会的智能制造和智能服务提供技术支撑。

（执笔人：闫承哲，清华大学；张长水，清华大学）

6.3 智能无人系统关键技术及支撑平台

6.3.1 无人机智能技术及支撑平台

1. 研究背景

无人驾驶飞行器（unmanned aerial vehicle，UAV）简称无人机，又称无人驾驶航空器，是利用无线电遥控设备和自备的程序控制装置操纵的不需要驾驶员的飞行器。无人机是一种典型的智能无人系统，它通常可以用于数据搜集，并执行监视、监测与侦察等任务（Nagaty et al.，2013）。根据应用领域的不同，无人机可以分为两大类：军用无人机与民用无人机。军用无人机是武器的一种，主要用于监视、侦察、电子对抗、攻击和伤害评估等。与军用无人机相比，民用无人机有更广泛的应用场景，包括环境监测、资源勘查、农业测绘、交通管制、货物运输、天气预报、航空摄影、灾害搜救、输电线路和铁路线路巡查等。在可靠性、稳定性、续航里程、载重量等方面，军用无人机占有绝对的优势，而就自主性、灵活性、便携性、智能性等角度而言，民用无人机绝不逊色于军用无人机。

随着无人机产业化浪潮的推进，无人机智能技术研究已经成为相关领域的热点研究方向。然而，无人机的智能化水平还难以满足具体的行业应用需求。特别是单个无人机的智能导航、智能感知与智能控制能力，以及多个无人机的协同控制、协同规划与协同感知能力等，均有待全面提高。

2. 研究现状

（1）军用无人机研究现状

军事需求促成了无人机的诞生与发展。第一架无人机于1909年在美国试飞成功，并且在第一次世界大战中（1917年）由美国军方首次使用，实战与频繁的测试使军用无人机技术突飞猛进。最先进和著名的军用无人机代表包括X-47B、捕食者、全球鹰、火力侦察兵等。从自主能力的角度来看，这些无人机已经具备了自主起降、自主航线飞行以及一定程度上对故障的自检测能力和对飞行条件的自适应能力。然而，根据美国国防部2005年发布的《无人机系统路线图（2005—2030）》，目前军用无人机的自主控制能力还低于3级，仍不具备自主航线规划能力、任务决策能力、集群协同与配合能力等。

与西方国家相比，我国无人机的研发与应用起步较晚，在发动机、高精度导航等方面与世界先进水平有一定差距。然而，我国的无人机技术正处于快速发展阶段，目前已经取得了相当显著的成果，尤其是在无人机的自主能力方面，已经有超越国外先进水平的趋势。

（2）民用无人机研究现状

民用无人机主要分为固定翼（Chao et al.，2010）和旋翼（Kendoul，2012）两大类。由于大部分工农业生产在低空低速环境中作业，旋翼类无人机在民用无人机领域占据主流地位。随着通信、传感器、嵌入式系统等技术的发展，民用无人机的自主性已大大提高。民用无人机技术虽然在总体上比不上军用无人机技术先进，但是在自主性方面绝不逊色。目前，先进的民用无人机不仅可以做到自主起飞与降落、自主航线飞行，还可以实现自主障碍物检测与避让、无人机群自主编队飞行等集群配合功能。

随着国内无人机政策的规范和低空空域管理改革的深化，民用无人机技术与产业发展非常迅猛。目前，民用无人机的主要应用领域为农林植保、影视航拍、电力巡检等。2014年，中国民用无人机销售规模已经达到40亿元。未来几年，民用无人机销售规模将保持50%以上的年增长速度。

（3）无人机发展趋势

由于各方面技术的发展和进步，无人机的发展方向是多元化的。然而，作为智能无人系统，无论是军用还是民用无人机，都必定朝着人工干预少、自主性强、智能化程度高的方向发展。2050年以前的无人机智能技术发展趋势预测如图6.4所示，下面从三个方面阐述其发展趋势。

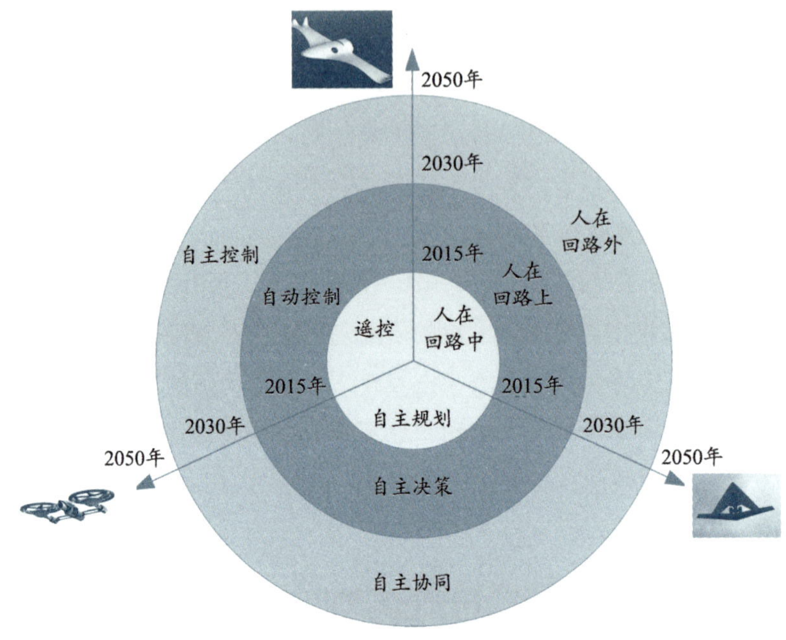

图6.4　无人机智能技术发展趋势

A. 控制系统

无人机控制系统的自主性能可以被划分为多个等级，例如美国国防部在《无人机系统路线图（2005—2030）》中，将军用无人机的自主控制能力划分为10个等级。一般地，我们可以将无人机控制划分为遥控、自动控制和自主控制三个级别。目前，大部分无人机已经达到自动控制的级别，即自动地姿态控制、速度控制、位置控制以及飞行轨迹控制（Kendoul，2012）。但是，这些控制仍然是预编程的确定性行为，并没有体现无人机的智能化与自主性。随着传感器技术的发展和嵌入式计算能力的提升，未来无人机的自主控制能力将得到极大的提升：当飞行环境中存在碰撞风险或任务条件发生变化时，无人机将有自主控制自身飞行状态的能力，而不再是机械地按照既定航线飞行；当异常状况消失时，无人机能够切换至原有航线（Fang et al.，2017）。具备自主控制能力的未来无人机的主要特点是飞行控制带有不确定性，但是在安全性和灵活性方面有很大提升。

B. 人机关系

人机关系（Hoc，2000）的变化是未来无人机的又一发展趋势（Gupta et al.，2013）。早期的无人机系统都处于“人在回路中”（man-in-the-loop）的工作模式，无人机的运行离不开人的操作和干预。发展到现阶段，无人机的人机关系开始转向“人在回路上”（man-on-the-loop）的模式，即无人机按照预先设定的程序执行任务，而人只作为监控者，监控无人机的运行是否正常。随着无人机软硬件可靠性的提高和自主能力的提升，在未来的无人机系统中，人机关系将进一步改善，人作为无人机任务的命令下达者，无须再对无人机进行实时监视和控制，这种操作模式被称为“人在回路外”（man-off-the-loop）。处在人机完全分离状态的无人机，将具有更高级别的安全性和可靠性，能成为真正的智能无人系统。

C. 智能化

智能化是无人机自主性能提升的必要条件。无人机的智能化主要体现在自主航迹规划能力（Tisdale et al.，2009）、自主任务决策能力（Jia et al.，2010）和自主群体协同能力（Maza et al.，2010）上。自主航迹规划是无人机智能化的第一个趋势。目前大部分无人机的航迹都是人为指定的，效率低下且缺乏灵活性。未来的无人机应当能够根据具体任务和相应的约束条件，自主规划并优化航迹，当约束条件发生变化时，能够自主地调整航迹。无人机智能化的第二个趋势是自主任务决策。未来的无人机在面对复杂任务时，将不再需要依赖人工决策，而是能够自主地理解、分解任务，进行决策，完成任务。无人机智能化的高级阶段也就是第三个趋势是自主群体协同。无人机群往往由多架同构或异构的无人机组成，应当具有自主协调、冲突消解的能力，使群体的效益最大化。未来智能化的无人机将能够高效、完备和协调地完成复杂任务。

总之，随着技术的进步、管理的规范和政策的开放，未来的无人机系统将成为真正的自主式高级智能无人系统。具体而言，预计截至2020年，全球无人机技术自主水平将达到《无人机系统路线图（2005—2030）》中定义的7～8级，民用无人机系统将得到广泛应用。到2030年，无人机的自主级别将进一步提高至9～10级，航空航天和其他行业的无人机应用覆盖率将达到50%。

3. 研究内容

基于对无人机研究现状的评估和未来15年无人机技术发展的预测，值得深入研究的内容有单无人机核心技术、多无人机核心技术，以及在单机和多机核心技术研究基础之上的无人机支撑平台研究与推广。主要研究内容框架如图6.5所示。

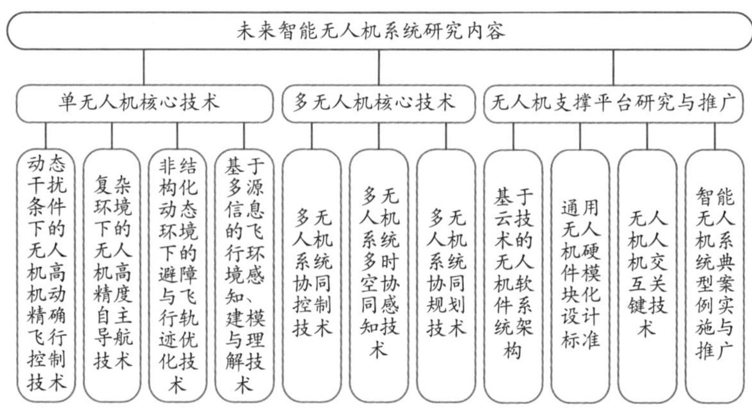

图6.5 智能无人机研究内容框架

（1）单无人机核心技术

A. 无人机高机动精确飞行控制技术

无人机的飞行控制技术已日趋成熟，然而现有的控制器只能对无人机进行常规控制，无法实现人类驾驶飞机时所做的高精度机动飞行，这使无人机的应用场景受到很大的限制。研究动态干扰条件下的无人机高机动精确飞行控制技术具有重要的意义。具体研究方向包括基于在线学习的无人机非线性建模理论，基于学习机制的控制理论与方法研究，变结构、变参数、变翼型智能飞行控制技术等。

B. 无人机高精度自主导航技术

依赖于全球卫星定位系统的导航方式虽然可以提供精确的导航信息，却严重限制了无人机的应用场景。研究无人机全自主的导航理论和方法，是提升无人机适应性和自主性的关键。可以通过多源传感器的信息融合，实现无人机在自感知条件下的精确运动估计，从而实现复杂环境下的无人机精确稳定的定位与姿态解算，但这是一个极具挑战性的难题。

C. 无人机避障与飞行轨迹优化技术

避开障碍物，实现最优飞行轨迹，是无人机在空中安全作业的重要保障。无人机在非结构化动态环境下的避障与飞行轨迹优化技术研究非常迫切，主要研究内容包括全局路径规划与优化方法、避障模式下的动态飞行轨迹优化与生成、静态和动态障碍物并存条件下的避障理论与技术等。将多目标优化理论、深度学习理论等成果进行结合和创新，研究一种新型的无人机飞行轨迹优化技术这一课题难度非常大。

D. 无人机飞行环境感知、建模与理解技术

无人机在飞行过程中可进行快速多视角观测。将无人机作为一个环境感知的平台，从空中视角研究三维环境的感知、建模与理解是一个很有意义的问题，具体研究内容包括环境感知数据的表达与存储、环境中目标的分割与识别、环境的语义分析和理解等。若能通过有效的理论和方法感知环境，形成实用的几何地图、温度场地图、感兴趣目标地图和语义地图等，无人机领域将会发生重要改变。

（2）多无人机核心技术

A. 多无人机协同控制技术

多无人机协同控制问题也可以描述为多无人机编队控制问题，包括队形产生、队形控制和队形变换问题。无人机个体间的相互作用和运动关系由机体间的通信能力和相对位置决定，可由机体间的相互作用（通信）拓扑关系来描述。如何实现无人机集群智能自主在线航迹规划、同构/异构无人机群的分布式自主协同鲁棒编队飞行、无人机集群智能自主编队变换，是目前待研究的问题。通信条件改变、无人机个体故障或失效等情况下的编队控制也是具有挑战性的、值得研究的问题。

B. 多无人机多时空协同感知技术

多架同构或者异构的无人机如何进行多时空协同感知，是一个新问题。将信息拼接与融合是解决问题的关键。如何利用最少的无人机，在最短的时间内实现对环境的全覆盖感知，并对获得的环境数据进行快速的时空配准，是要解决的基础核心问题。此外，多无人机协同感知获取的环境信息量远远大于单无人机获取的信息量，如何从海量的信息中感知并获取有效的信息，实现对大范围环境态势的理解，是一个非常具有挑战性的问题。

C. 多无人机协同规划技术

多无人机协同规划技术包含的具体问题可以分为任务规划、飞行轨迹规划等，由于无人机的异构特性，在任务规划与飞行轨迹规划时，如何将无人机的不同特点进行表达与量化，以形成一个新的规划框架，最终实现将复杂任务自动分解成多个单一的子任务分配给不同的无人机执行，并根据无人机性能和配置实现不同任务的协调优化，是一个需要深入研究的课题。

（3）无人机支撑平台研究与推广

单无人机与多无人机核心技术的研究与验证需要依赖相应的无人机支撑平台。因此，大力推进无人机支撑平台的研究和建设，有利于无人机相关核心理论与技术的进步。主要研究内容包括无人机系统的三大支撑，即软件系统支撑、硬件系统支撑、人机交互与人机共融系统支撑。具体研究内容可以分为：①基于云技术的无人机软件系统架构；②通用无人机硬件模块化设计标准；③无人机人机交互与人机共融关键技术。依托以上三大支撑，可以形成几类智能无人机系统典型案例，进行案例实施与推广。根据目前的突出需求，已获得实施与推广的智能无人机系统包括全自主电力巡检无人机系统、全自主农业植保无人机系统、全自主安防监控无人机系统等。

（执笔人：李平，浙江大学）

6.3.2 无人车智能技术及支撑平台

1. 研究背景

无人驾驶车辆，简称无人车，是验证视听觉信息的认知计算能力、提高人工智能技术发展的理想载体。无人车涉及认知科学、人工智能、机器人技术与车辆工程等学科，是各种新兴技术的综合试验床，也是当今前沿科技的重要发展方向（Montemerlo et al.，2008）。近年来，世界主要发达国家均将无人车的研发作为探索认知科学、突破人工智能技术的重要途径。研究无人车不仅能推动其所包含的核心科学技术发展，还具有重要应用前景与巨大战略价值，其社会关注度极高。

无人车及其单元技术和系统产品对国民经济发展具有重要推动作用。全世界每年死于道路交通事故的人数高达120万，受伤人数多达5000万，财产损失达千亿美元。研制无人车以及其衍生出的道路检测、行人车辆与障碍物检测、危险预警、车联网等单元技术和系统产品，对改善道路交通安全，具有重要的现实意义。

研制具有自主知识产权的无人车，对于满足国家安全战略需求具有重要意义。研制具有自主行驶能力的无人车，对于发展军事斗争中的无人作战平台，实现对极地、核化等极端环境的自主探测与作业等，具有重要应用价值。因此，这是一项满足国家重大安全战略需求的战略性核心关键技术。

2. 研究现状

国内外高校和研究所针对无人车的研究由来已久。美国Barrett Electronics公司于20世纪50年代初开发出世界上第一台自动导引车辆（automatic guided vehicle，AGV）。20世纪80年代研制了一辆能在校园环境中自动驾驶的八轮车。1995年，美国卡内基梅隆大学研制的无人车Navlab-V完成了横穿美国东西部的无人驾驶试验，在全长约5000km的美国州际高速公路上，自主行驶了约98%的路程，其平均车速超过60km/h。20世纪90年代后期，美国国防部实行了著名的DEMO计划，从1992年至2002年，先后研制了DEMO Ⅰ、DEMO Ⅱ

和DEMO Ⅲ等数十辆自主实验车。美国国防部高级研究计划局自2004年开始组织了三次以军事需求为背景的无人车比赛，促进了无人车技术的快速发展（见图6.6）。

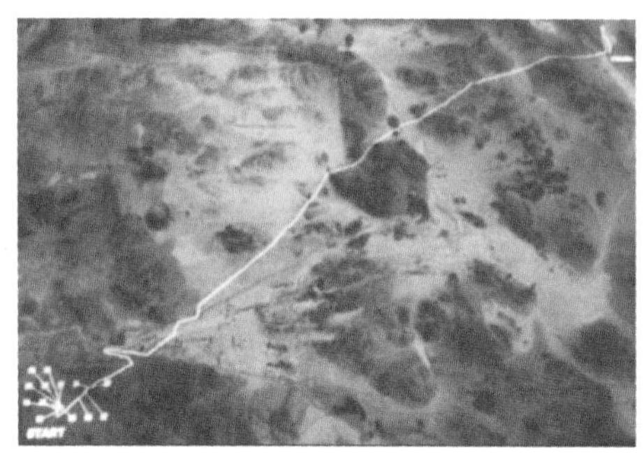

（a）2004年和2005年沙漠挑战赛

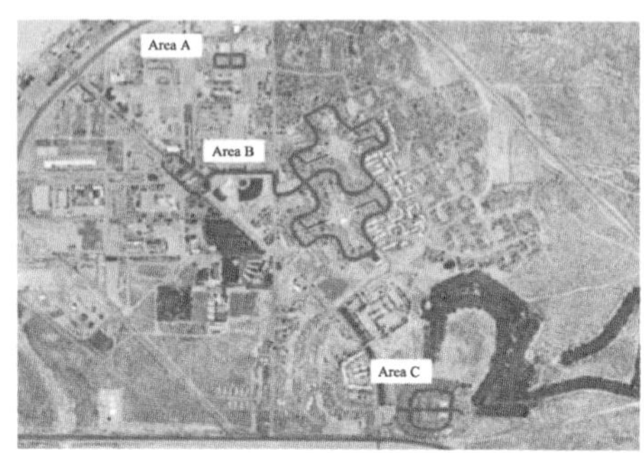

（b）2007年城市挑战赛

图6.6　美国国防部高级研究计划局组织的无人车比赛

目前我国已经有一批大学和研究单位正在开展无人车研究。国防科技大学研制的红旗CA7460自动驾驶轿车在高速公路上的自动驾驶平均速度达到130km/h，最高速度达到170km/h，并具备超车功能。清华大学研制的THMR-V智能车的最高速度达到150km/h。西安交通大学研制的Springrobot智能汽车实验平台，可以实时完成道路检测、行人检测、车辆检测等。中国科学院合肥物质科学研究院已研制出三代无人驾驶汽车，测试里程超过40000km。国家自然科学基金委员会从2009年起每年组织“中国智能车未来挑战赛”（见图6.7）；陆军装备部2014年主办了“跨越险阻2014”地面无人平台挑战赛，2016年主办了“跨越险阻2016”地面无人系统挑战赛（见图6.8）。这些明确的导向需求，对我国无人车及关键技术的发展起到了很大的推动作用。

美国是最积极研制无人驾驶相关产品和该类研究进展最快的国家，已经在某些领域率先实现了应用，目前已拥有战术、抢险、救援、运输等多种用途的列装和试制样车。例如，装备美国海军陆战队的Warrior战术无人车，可以在任何天气条件与复杂地形下，执行侦察、核生化武器探测、突破障碍、

图6.7　国家自然科学基金委员会已连续举办九届“中国智能车未来挑战赛”

图6.8　陆军装备部主办的“跨越险阻2016”挑战赛（军事纪实，2016）

反狙击手和直接射击等任务，卡内基梅隆大学研制的新型无人战车“破碎机”，可以在复杂环境下自主行驶。美军研制的无人系统利剑打击装备和运输型“骡子”战车如图6.9所示。

自从伊拉克和阿富汗行动开始以来，美国国防部已经采购和部署了数千套无人地面系统。这些系统支援了一系列多种行动，包括机动行动、机动支援和长久支援。机动行动包括利用速度和火力接近和消灭敌人。机动支援任务包括减少自然和人工障碍及危险。长久支援主要是指，支援与作战勤务保障相关的无人地面车。大约有8000辆各种类型的无人地面车参与了“持久自

（a）无人系统利剑打击装备

（b）运输型“骡子”战车

图6.9　美军研制的无人系统利剑打击装备和运输型“骡子”战车

由行动”和“伊拉克自由行动”。截至2010年9月，这些无人地面系统已经执行了125000多项任务，包括可疑目标识别和道路清理，以及简易爆炸装置定位和拆除。在拆除简易爆炸装置任务中，陆军、海军和海军陆战队爆炸物拆除小组使用无人地面车探测和销毁了11000余个简易爆炸装置。

此外，无人车辆的实际应用价值还体现在自然灾害救援活动、反恐行动、月球/火星探索以及其他各种在危险极端的未知环境中进行的活动中。2011年日本发生大地震造成核泄漏危机后，日本政府出动无人驾驶消防车向反应堆射水降温，美国派出Packbot和Warrior机器人协助福岛核电站的清理工作，这些均引起了广泛关注。

除此之外，无人车在安防巡逻、物流运输等方面也已经有部分应用。2016年，作为无人车在安防巡逻领域的应用，深圳市中智科创机器人有限公司的“安保巡逻机器人”走进公众视野，该巡逻机器人可按照固定路线在特定区域行驶，具有360度音频监控、自主巡逻等功能，还可完成环境感知、智能报警、人脸识别等一系列立体化的安保功能，辅助安保人员执行巡逻任务（见图6.10）。在物流运输方面，2017年，京东集团推出配送无人车，该无人车每次可投放5件快递，每天能配送10～20单，续航80km。无人车在现场20min左右完成了第一单配送，目前已经在国内校园、园区等特定环境中得到示范运行（见图6.11）。

图6.10　中国安防巡逻车天安门广场巡逻

图6.11　京东校园配送车

无人车技术研究自2010年以来进入了新的阶段，越来越多的知名汽车厂商以及IT企业在智能汽车领域投入资金进行研发，奔驰、宝马、大众、福特等都已公布原型机和研发计划，苹果公司也启动了名为Titan的无人车内部研制计划。2014年12月22日，谷歌正式宣布完成了第一辆全功能无人车原型（见图6.12），并将在2015年正式上路进行测试（Markoff，2010），截至2015年底，已经测试约200万千米。特斯拉研制的无人车具备空中固件升级的功能，2016年已经升级至7.1版本，已经获得12.6亿千米测试数据，并宣称“每10个小时就收集百万千米数据”。2017年3月13日，英特尔（Intel）宣布将以153亿美元收购以色列的全球领先的高级驾驶辅助系统厂商Mobileye，并计划建立一支拥有100多辆测试车辆的车队，这些车辆将达到美国汽车工程师协会（Society of Automotive Engineers，SAE）的4级水平（凤凰科技，2017）。Mobileye早在2013年就宣布，采用该公司设备的自动驾驶汽车将在2016年上路，并且其研发的C2-270智能行车预警系统（见图6.13）是该公司的成功应用的产品之一，后期还会推出该产品的升级产品。

国内企业自2013年起掀起了无人车研究热潮。百度公司无人驾驶项目于2013年起步，除了针对基础的汽车传感系统、决策及控制系统进行研发外，百度还重点进行了数据采集工作，着手绘制国内首个高精度三维环境地图，并将推动三维环境地图在无人驾驶领域之外的应用。2014年，广汽集团与中国科学院合肥物质科学研究院先进制造技术研究所共同合作，研发新能源无人车的驾驶技术；比亚迪、宇通、上汽集团等也都在积极探索无人车以及单

图6.12　谷歌无人车

图6.13　Mobileye智能行车预警系统

元技术的研发与产业化工作。

可以预见，我们距离实现车辆的无人驾驶已经不远，在未来一段时间，无人车及其主动安全技术将会实现快速发展。然而，尽管无人车技术的总体研究已经取得了重要进展，但是在真实应用环境下的无人车环境认知、智能决策、高速运动控制、高精度驾驶地图，无人系统测评体系和测评方法，无人系统的稳定性和可靠性等方面仍有很多关键技术需要突破。

3. 研究内容

无人车的研究内容主要包括环境感知、自主定位、认知与智能决策、多车交互与协同、特定区域应用以及自主能力测试评价等（见图6.14）。

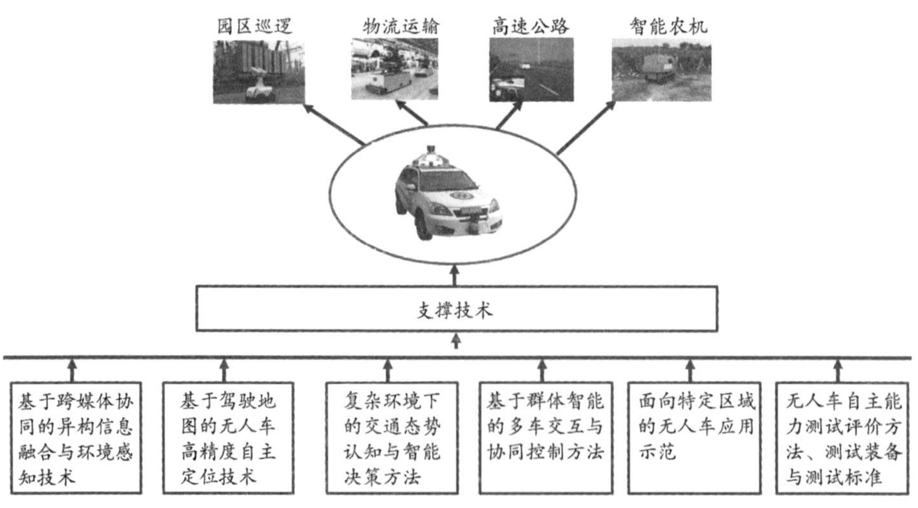

图6.14　无人车研究内容

（1）基于跨媒体协同的异构信息融合与环境感知技术。环境感知系统作为无人车的“眼睛”，是无人车实现智能自主行驶的先决条件，无人车的行驶速度主要取决于能够看到的距离。由于真实应用场景下信息的多元性、感知数据的不确定性以及天气和路面等环境适应性等问题，如何实现复杂交通环境中的自适应图像采集、兴趣目标识别与理解以及车道级环境建模与不规则条件下的道路边界识别，提升环境的适应性、环境感知与认知的准确性和鲁棒性，是环境感知与建模领域急需解决的问题。针对当前无人车感知系统难以适应复杂多变的动态交通环境的缺陷，研究基于深度学习的环境感知方法，运用跨媒体的多源异构信息建立融合多种传感器信息的道路模型，攻克不同道路环境、不同交通流量条件下的环境感知技术，构建智能处理系统，实现对各种典型交通标识（标识牌、红绿灯）、车道线、动静态障碍物的检测与分类，为无人车的行为决策提供可靠的信息输入。

（2）基于驾驶地图的无人车高精度自主定位技术。导航系统确定无人车在行驶区域中的位置，决定着无人车能否正确驶向目的地。在真实交通环境中，无人车在大范围环境行驶，其经过的区域受遮挡或多路径干扰等问题会导致导航定位的精度下降，误差增大，从而使无人车迷失方向，如何保持定位的连贯性和定位的高精度是一个关键技术问题。针对复杂环境下的导航定位需求，研究面向无人车的快速驾驶地图构建方法，运用车载卫星定位系统、惯性导航信息、车载激光雷达、视觉等传感信息，构建复杂环境下的包含多种定位要素的驾驶场景地图；在此基础上，针对车辆行驶时实时高精度定位的需求，利用激光雷达、视觉、驾驶地图等多元传感信息，结合驾驶地图中的街景特征等地图先验知识，实现无人车的厘米级定位，为无人车智能决策和路径规划提供技术支撑。

（3）复杂环境下的交通态势认知与智能决策方法。认知与决策系统作为无人车的“大脑”，对感知信息进行分析判断，然后指导车辆行驶的任务规划、行为决策和运动规划，保证车辆安全可靠地完成行驶任务。动态未知环境的不确定性和感知数据的不确定性都给智能决策过程带来了极大的困难。因此，针对感知信息的不确定性，认知和决策系统结合各种先验知识，对无人车所处的交通态势（如车辆、行人的交互行为）进行建模与预测，从而更加有效地支撑安全行为决策与轨迹规划的生成。同时，可以通过提取人类驾驶员的驾驶经验，构建感知信息不确定条件下的智能行为决策模型，实现无人车驾驶知识的自主增量学习，以提高认知与决策系统在复杂未知、不确定场景下的决策水平，从而提高无人车辆的安全性、可靠性、实用性。

（4）基于群体智能的多车交互与协同控制方法。针对未来有人/无人、无人/无人多车交互交通环境下的无人驾驶汽车复杂交互环境，研究基于群体智能的多车交互机理与自组织协同控制方法。在基于群体智能的多车交互机理方面，通过借鉴生物界蚁群、蜂群、鱼群等群体的智能交互机制，研究有人/无人、无人/无人多车交互交通环境下的多车交互机理，开发交互模型，并利用仿真、实车测试等手段，实现在多车交互条件下的无人车无碰撞行驶过程。在多车交互机理研究的基础上，进一步研究基于群体智能的多无人车自组织协同控制方法，实现有通信/无通信条件下多车（有人/无人、无人/无人）自动组队、跟车、避障等行为。

（5）面向特定区域的无人车应用示范。为尽快实现无人车产业化运行，结合区域性运输、侦查、巡逻等现实需求，构建适用于特定区域（如园区、封闭高速路、机场等）的无人车应用示范基地。通过跨媒体协同感知，结合无人车多传感器信息融合，实现特定区域非结构化环境下的无人车协同感知与认知、具备自学习能力的协同决策与规划控制等技术，研制在特定区域行驶的无人车，构建信息终端与区域智能体之间的群体协同智能技术，实现基于时空模型的智能化区域无人车调度系统和远程人机交互系统，形成区域性无人车测试方法、系统和标准，实现特定区域无人车的自主运输、巡逻、调度等示范应用。

（6）无人车自主能力测试评价方法、测试装备与测试标准。研究达到甚至超过人类智能的机器是人工智能研究领域的终极目标。然而对机器智能的定义及与其相关的测试方法与评价体系，目前国内外仍然没有统一的、系统化的认识。传统的图灵测试虽然提供了一套通用的人工智能测试框架，但是由于缺乏具体的可执行规范，难以在实际测试评价中得到有效运用。准确定义、量化评价及测试无人车的智能水平，将成为提升无人车技术水平的关键因素之一。因此，通过构建涵盖虚拟仿真测试、半实物仿真测试和实车测试的无人车测试方法与工具，可以实现无人车智能水平的量化评价，为无人车上路提供测试与评价工具与依据。

（执笔人：梁华为，中国科学院合肥物质科学研究院）

6.3.3　轨道交通自动驾驶技术及支撑平台

1．研究背景

作为轨道交通系统中列车的“大脑和神经系统”，列车运行控制系统是保障行车安全和提高运输效率的关键技术装备。列车自动运行（automatic train operation，ATO）系统（也有文献将其称为列车自动运行系统）是列车运行控制系统的一个重要子系统。ATO系统在列车运行过程中通过其车载及地面设备自动控制列车的牵引及制动，实现列车的自动发车、加速、巡航、惰行、减速、进站精确停车，以及停车后自动开启车门和站台屏蔽门等自动化工作。

轨道交通系统中的列车按照计划运行图运行，其目的地、到站时间、出发时间以及路径都是事先规划好的。目前的ATO系统考虑了列车运行图、列车车辆特性、旅客的舒适度、节能等因素，为列车运行设计出一条推荐运行速度曲线和一套控制算法（Ke et al.，2011；荀径等，2014；宿帅等，2014），ATO系统可以据此合理地控制列车加速、减速和停车（董海荣等，2010；罗仁士等，2012；王呈等，2013），实现正常条件下自动驾驶，从而大幅降低驾驶员的劳动强度。一旦遇到突发事件（如设备故障、天气异常等），运行计划被打乱、线路参数发生变化，ATO系统无法做到像一个经验丰富的司机一般随机应变、正确决策并控制列车的运行适应以上变化，这意味着ATO技术必须向智能驾驶和协同控制的方向发展，才能适应各种复杂线路及环境条件（于振宇等，2011；冷勇林等，2014；宁滨等，2014）。

发展轨道交通自动驾驶的目的在于在列车运行过程中逐步减少司机的参与，乃至完全替代司机完成操控、监督、监控及服务等各项任务，进一步提高轨道交通系统的安全性、效率和服务水平。这将对高速铁路、干线铁路及城市轨道交通带来深远影响，也对传感、通信、控制及诊断等技术提出了更高的要求，将推动系统可靠性、系统安全性、优化控制、人工智能、大数据等理论的发展和应用。

2. 研究现状

自1968年世界上第一个列车自动运行系统伦敦地铁维多利亚线开通以来，该技术在城市轨道得到广泛应用。迄今，世界上大多数城市轨道交通线路都采用了ATO系统。列车在ATO模式下运行时，仍然要配备司机或司乘人员，以便在设备故障时驾驶列车或及时处置复杂、异常的情况。1971年，为提高城市轨道交通的服务品质，增强与其他交通方式的竞争力，法国开始研究城市轨道交通无人驾驶系统。1978年法国开工建设世界第一条无人驾驶的城市轨道交通线——法国里尔1号线，1983年正式开通运营。此后，温哥华天车线（Skytrain）、新加坡东北线相继开通运营。1998年，为纪念巴黎地铁100周年，巴黎第一条全自动运行（full automatic operation，FAO）线——14号线开通运营，这是第一条应用于大城市轨道交通地铁干线的全自动运行线路。随后几十年的运行充分验证了无人驾驶系统的安全性。进入21世纪，高安全性、高可靠性及全寿命周期成本的基于通信的列车控制系统（communication based train control system，CBTC）给城市轨道交通无人驾驶技术的发展带来了新的机遇，CBTC逐渐开始用于高密度、大运量的地铁。与此同时，巴黎地铁、伦敦地铁等能力饱和的老地铁开始寻求新技术以进一步提升能力和安全水平。2011年，巴黎最繁忙、最拥挤的已开通运营100年的地铁1号线首先由人工驾驶改造为无人驾驶，其最小间隔由105s减为85s，高峰时段运输能力提升10%。巴黎、伦敦、香港等城市相继宣布采用FAO技术改造其全部城市轨道交通网络。2014年，国际公共运输联盟（International Association of Public Transport，UITP）提出了关于轨道交通“自动化等级”

（grade of automation，GoA）。按照完成自动的程度，将轨道交通自动化分为五个等级（IEC62290-1，2014）：GoA0～GoA4。目前在自动列车防护（automatic train protection，ATP）的基础上增加的ATO子系统相当于GoA2。GoA 3和GoA4统称为FAO，即在正常运营情况下，由自动化设备取代司机自动驾驶列车在全线运行。截至2017年底，全世界已有18个国家的39个城市开通了60条全自动运行系统的线路，运营里程近1000km。北京地铁机场线、上海地铁10号线先后采用国外引进的FAO技术。近几年，我国也在开展适应结合城市轨道交通运营需求和特点的自主化FAO技术的研究，北京燕房线作为自主化FAO系统应用的国家示范工程已于2017年底全功能高水平开通运营。北京新一轮建设全部采用FAO系统，全国已有20个城市、30条线、1000km规划采用FAO系统。

目前，国内外干线铁路和高速铁路列车运行仍采用人工驾驶方式。高速铁路使用的典型列控系统有我国的CTCS-3级列控系统与CTCS-2级列控系统、欧洲的ETCS（European Train Control System）、日本的DS-ATC等。伴随着列车运行密度的不断加大以及运行速度的不断提高，人工驾驶列车已经很难满足高速铁路对进一步提高运营效率的需求，提高列车运行自动化程度是大势所趋。2015年，结合伦敦Thameslink线改造，英国铁路开始开发基于ETCS的ATO系统。日本在东北新干线Morioka至Hachinohe段上运行的E2高速列车上试验了高速列车的ATO功能，该列车的最高速度可达320km/h。澳大利亚力拓公司启动了AutoHaul项目，开发了世界上第一个重载、长距离铁路全自动无人驾驶系统。该项目已完成应用试验，正在所有列车上推广应用。针对干线铁路和高速铁路，2016年，欧盟“地平线 2020计划”中的Shift2Rail项目开始研究在ETCS的基础上增加ATO功能。德国铁路也在Betuweroute 货运专线开展了货运列车无人驾驶试验，并计划于2022年左右在德国铁路网部分线路应用无人驾驶系统。法国国营铁路公司也将于2023年之前开通自动驾驶的高速TGV列车，预计将使同一线路上运行的列车数量增加25%。

2015年，结合珠三角城际铁路网（速度等级为200km/h）需求，我国铁路在CTCS-2级列控系统的基础上开发了ATO系统（CTCS-2+ATO），相继在东莞至惠州城际铁路、佛山至肇庆城际铁路实现应用。我国正在研究针对时速300km及以上高速铁路的ATO系统，将于2019年底开通的北京—张家口高速铁路将实现高速列车自动运行。为此，我国于2017年开展在CTCS-3级列控系统的基础上叠加ATO功能的研究工作，研发适用于时速300km及以上高速铁路的CTCS-3+ATO高速铁路信号系统。2017年，朔黄铁路也在开展重载铁路ATO应用试验。

列车自动运行系统能够完成复杂参数的自动控制，在保障列车运行安全的基础上，可以减少工作人员失误，改善工作条件，有效提高运行安全、效率、乘客舒适度以及节能水平。复杂干线铁路、高速铁路网实现全自动运行比城市轨道交通困难得多，是目前世界各国努力发展的方向。

3. 研究内容

轨道交通自动驾驶技术在城市轨道交通方面已经比较成熟，但在干线铁路和高速铁路方面还是空白。与城市轨道交通相比，干线铁路和高速铁路具有列车运行道路（距离）长、速度高、环境复杂多变等特点，城市轨道的列车自动运行技术不能直接应用于干线铁路和高速铁路。针对高速铁路自主智能驾驶与运行中的挑战性难题，拟在以下五个方面开展关键技术研究：高速铁路运行环境准确、可信的实时智能感知，高速列车智能驾驶策略优化理论与方法，高速列车的智能调度优化理论与方法，高速铁路智能驾驶综合测试平台，以及高速铁路智能驾驶系统示范应用。高速铁路自动驾驶技术及支撑平台研究内容之间的关系如图6.15所示。

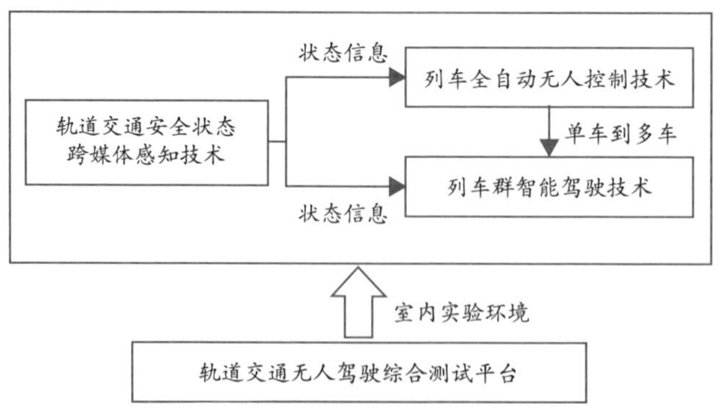

图6.15　高速铁路自动驾驶技术及支撑平台研究内容之间的关系

（1）高速铁路运行环境准确、可信的实时智能感知

高速铁路列车运行距离长、环境复杂多变，需要对高速铁路系统中的移动装备、基础设施以及环境中的突发事件进行实时感知与识别。研究基于机器视觉的线路周界入侵智能感知方法，恶劣天气的短时局地预警方法，基于超声导波的钢轨缺陷智能识别与在线监测方法，以及高速轨道交通全天候运行环境仿真与感知测试平台，实现高速铁路运行环境准确、可信的实时智能感知，为高速列车智能驾驶提供全方位的感知信息。

（2）高速列车智能驾驶策略优化理论与方法

针对高速列车运行多模态、多约束等特性，研究全天候高速列车轮轨黏着智能感知与最大化黏着控制、在途数据驱动的模型智能调整与优化、多工况高速列车运行低复杂度智能运行控制、多扰动条件下高速列车平稳运行智能控制，利用人工智能技术使系统不断学习优秀司机的驾驶习惯，实现高速列车的智能驾驶，达到最优秀司机的驾驶水平。

（3）高速列车的智能调度优化理论与方法

研究基于动态大客流数据感知的轨道交通智能调度，面向节能的多列车运行协同控制与实时调度方法，基于数据和机理的列车运行智能预测与自主调度决策，多专业调度联动下的客流、列车、维修一体化智能调度，多运营主体下效益最大化的轨道交通区域协同调度研究，实现高速铁路在复杂运行环境与突发事件下的列车、线路、人员等多资源优化分配及实时调整。

（4）高速铁路智能驾驶综合测试平台

针对高速铁路智能驾驶系统需满足复杂、多层次需求的难题，研究多分辨率仿真建模理论，构建准确描述智能驾驶系统运行状态的多分辨率仿真模型。构建高精度地图数据，研究具备更多维度的地图数据，以提供更完备的周边环境信息和更精确的定位。研究仿真测试平台构建技术，针对复杂安全苛求列控系统的测试验证问题，研究高可信多级分层、实时交互式列控仿真系统高层体系结构，构建列控系统设备硬件在环的综合测试平台。

（5）高速铁路智能驾驶系统示范应用

研制高速铁路智能驾驶系统的核心装备，构建完整的高速铁路智能驾驶

系统，进行现场示范应用，为产业化打下基础。

（执笔人：唐涛，北京交通大学；李开成，北京交通大学；朱力强，北京交通大学）

6.3.4 服务机器人智能技术及支撑平台

1. 研究背景

服务机器人是多学科交叉与融合的结晶，是以服务人为核心，综合机械电子、自动化控制、传感器、计算机、新型材料、仿生和人工智能等多领域多学科的复杂高科技技术，被认为是对未来新兴产业发展具有重要影响的技术之一（王田苗等，2012）。随着大数据、人工智能和传感器技术的日渐成熟，机器人正在逐步由传统的机器人向具有感知、分析、学习和决策能力的智能服务机器人转变，智能服务机器人可处理更大量的信息，完成更复杂的任务。

根据国际机器人联合会（International Federation of Robotics，IFR）的定义，服务机器人是一种半自主或全自主工作的机器人（不包括从事生产的设备），它能完成有益于人类的服务工作。服务机器人又可分为家用服务机器人和专用服务机器人两类。

服务机器人的研发、制造、应用水平等是衡量一个国家科技创新和高端制造业水平的重要标志，其发展越来越受到各国的广泛关注和高度重视（佚名，2012）。世界主要发达国家为了抓住发展机遇，纷纷将突破机器人技术、发展机器人产业上升为国家战略，如美国的“2016美国机器人发展路线图——从互联网到机器人”和“国家机器人计划2.0”，欧洲的地平线2020项目和“欧盟机器人研发计划”，日本的“机器人新战略”，韩国的“第2次智能机器人行动计划（2014—2018年）”。我国的《国家中长期科学和技术发展规划纲要（2006—2020）》明确指出将服务机器人作为未来优先发展的战略先进技术，并提出“以服务机器人和危险作业机器人应用需求为重点，研究设计方法、制造工艺、智能控制和应用系统集成等共性基础技术”。

服务机器人技术具有综合性和渗透性，着眼于利用机器人完成有益于人类的服务工作，在助老助残、教育娱乐、医疗健康和特殊环境作业领域具有广阔的应用前景，同时具有技术辐射性强和经济效益明显的特点。服务机器人技术将影响国家未来空间、水下与地下资源勘探、武器装备等技术的发展，服务机器人产业将成为国家间高技术激烈竞争的战略性新兴产业，它是未来先进制造业与现代服务业的重要组成部分，也是世界高科技产业发展的一次重大机遇。将服务机器人技术作为战略意义上的高科技重点发展和大力推广，具有十分重要的意义（靳国强等，2017）。

2. 研究现状

近年来，国内外智能服务机器人热门产品不断涌现。在家庭服务机器人、教育娱乐机器人、医疗康复与外科手术机器人、特种机器人等方面，许多研究机构或机器人公司都取得了重要突破。我国的服务机器人技术经过近20年的发展，在机械、信息、材料、控制、医学等多学科交叉方面取得了重要成果，市场前景广阔。

（1）家庭服务和教育娱乐机器人（家政、养老、儿童、社会公共环境服务机器人）

在家用服务机器人方面，世界各国处于同一起跑线，正在不断探索和尝试产品形态和功能，未来的产业发展空间非常大。

在家庭服务机器人方面，国外在算法和技术创新上具有优势，国内则通过代加工进行技术积累和运营上的努力，取得明显进步。家庭服务机器人的任务主要包括打扫清洁和家庭助理，如美国iRobot公司开发的扫地清洁机器人、美国的Jibo家庭社交型机器人以及国内的“小鱼在家”智能陪伴机器人，均可以完成照顾老人儿童、事件提醒和巡逻家庭的任务。2015年，北京纳恩博服务机器人公司收购美国赛格威（Segway）公司，其两轮自平衡车的国际市场占有率位居世界第一。

教育娱乐机器人方面，教育机器人NAO和类人机器人iCub受到开发者的青睐，活跃在各大展览和实验室，被用于研究复杂运动和环境感知。日本软银集团推出的“情感机器人”Pepper配备了语音识别和面部识别技术，可识别人的情感，与人交流。深圳大疆创新科技公司的无人机的国际市场占有率位居世界第一；360儿童机器人，基于360搜索大数据和语音交互，具有儿童陪护功能；北京康力优蓝机器人科技有限公司开发的“优友”，被用于导购咨询。

（2）医疗康复与外科手术机器人

康复机器人如步态训练机器人采用体感芯片技术，捕捉患者的肢体动作，能帮助病人进行治疗性训练和评估恢复表现，节省康复时间，提高治疗效果。如以色列ReWalk科技公司的ReWalk Personal和ReWalk Rehabilitation，瑞士Hocoma公司的Lokomat，均获得了良好的效益和评价。国内相关产品也可以和国外产品相媲美，而且价格更低，国内企业有望在国内市场显现自己的竞争力。其中，北京博智卓康公司研发的MySleepart智能睡眠系统、璟和技创的多体位智能康复机器人系统、华中科技大学的肢体康复机器人、上海交通大学的智能假肢等康复机器人都得到了深入的研究与发展。

在手术中应用外科手术机器人具有病人出血少、恢复快，手术精准度高的优势，市场潜力巨大。达·芬奇（da Vinci）外科手术机器人系统率先突破3D视觉精确定位和主从控制技术，是目前世界上最成功的医疗外科机器人。以色列推出的ViRob可被远程控制，将摄像机或药物运送到体内，协助医生实行微创手术。在国内，北京航空航天大学机器人研究所联合解放军海军总医院与北京柏惠维康科技有限公司，突破了机器人机构综合与优化、医学图像处理等关键技术，研制出了辅助脑外科手术的机器人，成功实施1万余例手术。重庆金山科技集团研发了胶囊内窥镜微机电系统并实现了产业化应用，填补了国内相关领域的空白。哈尔滨工业大学机器人研究所、天津大学和北京天智航医疗科技股份有限公司在微创外科、腹腔外科手术机器人和骨科机器人等领域进行了相关研究工作（倪自强等，2015）。

（3）特殊环境作业机器人

特殊环境作业机器人是替代人在特定环境以及危险、恶劣环境下作业必不可少的工具，可辅助完成人类无法完成的任务（如空间与深海作业、精密操作、管道内作业等)。美国在特殊环境作业机器人技术方面处于世界领先地位，我国的相关研究与产业在政策鼓励下进步明显，尤其是在无人车、无人机、空间机器人、海洋机器人、农业机器人等方面具有突出贡献，由于本书中有专门阐述无人车、无人机、空间机器人、海洋机器人的章节，本节不再赘述。

美国的战术微型机器人Recon Scout系列被用于军事侦察任务，人形水下机器人OceanOne采取人工智能和触觉反馈的协同工作抓取方式，被应用于水下考古工作。波士顿动力公司先后推出的BigDog、Atlas和Handle将传感器融合和动力学控制运用到了极致。德国公司Festo在仿生材料、结构和控制方面做出了重大贡献，其与北京航空航天大学智能技术与装备研究中心软体机器人实验室合作研发的软体章鱼触手机器人，引起了工业、学术等各界人士的广泛关注。

在反恐救援机器人方面，我国将反恐排爆机器人及车底检查机器人成功应用于2008年北京奥运会以及2010年广州亚运会。沈阳新松机器人自动化有限公司研制的井下探测救援机器人在抢险救援中表现出色。在水下机器人方面，我国自主研发的深海载人潜水器（human-occupied vehicle，HOV）“蛟龙号”突破一系列深海技术，创造了世界载人深潜纪录；北京航空航天大学机器人研究所研制的SPC系列机器鱼具有长航时、高机动性等优势，被应用于水质检测。另外，在极地科考机器人方面，无人值守的冰雪面移动机器人以及低空飞行机器人已经在南极科考中得到了应用。

（4）服务机器人发展趋势与产业前景

我国服务机器人技术比肩欧美，初创企业大量涌现，服务机器人技术与国际领先水平实现并跑，在计算机视觉、智能语音等智能技术领域取得了重大进步，催生出一批创新创业型企业。新兴应用场景和应用模式拉动产业快速发展。服务机器人已在医疗、教育、消费娱乐、商用等领域广泛布局，市场需求刺激应用模式不断丰富。同时，一些优秀的平台型企业如科大讯飞、思必驰等为机器人公司提供使能技术，拉动产业高速成长。

智能服务机器人成为新兴增长点。近年来，人工智能技术的发展和突破使服务机器人的使用体验进一步提升，语音交互、人脸识别、自动定位导航等人工智能技术与传统产品的融合不断深化，创新型产品不断推出，如灵隆科技、阿里巴巴相继推出智能音箱，酷哇机器人发布智能行李箱等。目前，智能服务机器人正快速向家庭、社区等场景渗透，为服务机器人产业的发展注入了新的活力（刘景泰，2016）。

从全球来看，现阶段我国还未解决服务机器人的许多关键技术，服务型机器人应用市场尚未成熟。我国机器人产业正处于重点跨越、整体带动的发展机遇期，以“政府引导、市场主导”和支持重大工程的方式发展服务机器人（陶永，2015）。

认知智能未来有望支撑服务机器人实现创新突破。人工智能技术是服务机器人在下一阶段获得实质性发展的重要引擎，目前其正在从感知智能向认知智能加速迈进，并已经在深度学习、抗干扰感知识别、听觉视觉语义理解与认知推理、自然语言理解、情感识别与聊天等方面取得了明显的进步。

智能服务机器人进一步向各应用场景渗透。随着人工智能技术的进步，智能服务机器人产品类型愈加丰富，自主性不断提升，由市场率先落地的扫地机器人、送餐机器人向情感机器人、教育机器人、医疗康复机器人、陪护机器人、导购/问询商业应用机器人等方面延伸，服务领域和服务对象不断拓展，机器人本体体积更小、交互更灵活。

3. 研究内容

服务机器人的主要研究如下（见图6.16）。

（1）服务机器人智能材料与新型结构技术

研究新型机器人的机构、材料、驱动、传感、控制以及仿生等前沿技术，重点攻关和突破新型仿生与智能材料、在受限空间下的高精度灵巧操作机构构型、刚柔耦合的新型仿生柔顺的变刚度机构设计和智能结构的驱动与传感、感知驱动一体化、3D打印设计与成型、微纳操作、智能仿生假肢、人—仿生功能单元融合系统、运动规划与灵巧操作等技术（王田苗等，2017）。研究有效融合柔性单元及传感器的方法，增加可控自由度，提高新型结构对工作环境的适应性和执行任务的灵活度；研究基于精细操作原理与构

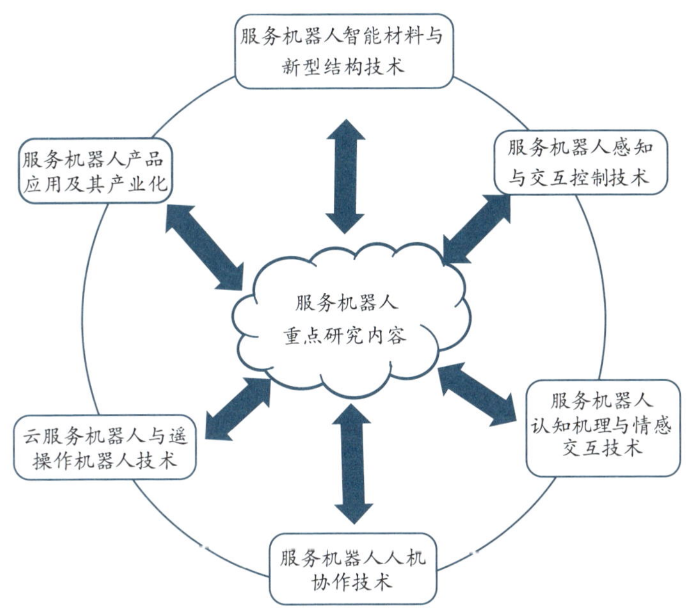

图6.16 服务机器人重点研究内容框架

型理论，开展机器人精确建模和构型有效性分析；研究刚—柔—控耦合的复杂系统和机电液耦合系统控制技术，研究基于动力学与顺应性控制的运动规划、灵巧操作控制方法，基于动力学机制基础的创新控制策略与方法。

（2）服务机器人感知与交互控制技术

重点攻克非结构环境下的低成本同时定位与地图构建技术和基于视觉的图像理解（Bae et al.，2015）、生肌电多模态信息获取、人工神经接口、抗干扰弱信号感知识别、人工智能学习进化、听觉视觉语义理解与认知推理、面向服务机器人的自主决策的大数据分析与数据挖掘等技术。建立完善的感知系统和智能决策体系，研究对多模态的传感器信息实时准确地采集、提取和融合，研究非结构化环境的自然语言理解与情感交流，研究对复杂环境的感知和非结构环境下的机器人行为预测与自主学习算法（Khansari-Zadeh et al.，2011）。

（3）服务机器人认知机理与情感交互技术

从服务机器人环境感知、知识获取与推理、自主认知、深度学习与高级决策等方面开展服务机器人智能发育的研究，并搭建相关的服务机器人技术验证平台系统，开展试验验证。重点研究情感计算、情感建模和情感识别等关键核心技术，建立情感状态及刺激的分类数学模型、多模式的情感信号模型，研究基于机器视觉的面部表情识别（Happy et al.，2015）、语音识别及自然语言处理、生理模式情感识别技术。

（4）服务机器人人机协作技术

重点研究人—机器人共享环境下的合作意图理解、行为决策（Argall et al.，2009）、规划实施、安全协同作业优化等技术。研究复杂环境下的自主移动与适应、自主行为理解、人机协同、群体协作、安全交互、意外事件处理等关键技术。研究人机共融的高安全决策机制（Zanchettin et al.，2015），高精度的触觉、力觉传感器和图像解析算法，复杂环境下的自主移动与适应、自主行为理解、人机协同、群体协作等核心技术。建立多模态、多层次信息融合的自然交互模式，以实现人、机器人与环境的和谐共融与安全共处，并兼顾适应不同环境和任务，达到人机高效协同协作的目标。

（5）云服务机器人与服务机器人遥操作技术

云服务机器人技术主要包括云计算、云服务、边缘计算等关键技术。云服务能够提供海量的存储能力、便捷的信息检索能力、强大的超级计算能力。服务机器人与互联网、云服务相融合，可极大地提高智能化程度和降低成本，拓展机器人推理计算、知识获取、信息存储的能力，快速便捷地实现机器人功能和性能的升级，拓展机器人在更多智能场景下的应用。由于处理复杂运算、存储海量信息的任务都在云端完成，服务机器人本身只是能执行交互命令、运动控制和数据传输的简单小型化低成本低功耗处理器（田国会等，2014）。

服务机器人遥操作是指操作人员在安全的地方远程监视和控制在危险和未知环境中的服务机器人完成各项任务。随着空间、海洋及原子能技术的迅速发展，交互式远程遥操作机器人在未来将具有广阔的应用空间。服务机器人遥操作是临场感、虚拟现实等多项技术的交叉集成，面向遥操作机器人通信过程中的时间延迟问题，需重点研究预测显示、双向控制和虚拟现实技术等。

（6）服务机器人产品应用及产业化

重点攻克服务机器人在非结构化环境下的实时建模、自然语言理解、情感交流、精微安全操作等关键技术，制造面向老龄化社会的助老助残的护理机器人、陪护机器人、家政机器人、情感交流机器人与康复机器人，具有医学专家知识学习的微创精准医疗机器人，在社会公共环境服务的商业服务机器人，家庭娱乐机器人，教育机器人，巡逻与安保机器人，特殊环境下的智能机器人与特种仿生机器人，以及智能无人工厂多臂协同作业机器人等产品的应用和产业化发展。

（执笔人：王田苗，北京航空航天大学；陶永，北京航空航天大学；刘辉，北京航空航天大学；黄强，北京理工大学；段星光，北京理工大学）

致谢：该小节得到科技部高技术发展研究中心刘进长研究员，以及我国机器人领域专家李泽湘、赵杰、谭民、孙立宁、王耀南、刘成良、韩建达、曲道奎、徐方、刘景泰、陈殿生、熊蓉、熊蔡华、欧勇盛等同行的帮助与建议，在此，作者表示深深的谢意。

6.3.5 空间机器人智能技术及支撑平台

1. 研究背景

空间机器人是指配置有成像探测敏感器、较强计算能力的运算组件、多个机械臂等，在外太空环境下具有一体化感知、决策、操控执行能力，兼有自主执行和地面遥操作模式，能够根据任务和环境约束对不同目标或任务开展多种操作的一类多功能新型装备。

智能空间机器人是指能够像人一样理解环境、自主决策，利用学习获得的经验知识有目的地开展空间操作任务的一类机器人。在任务实施过程中，智能空间机器人能够主动学习、积累知识，并与人或其他智能装备进行自主灵活的互动、协同。

从工程实现角度来看，空间机器人一般由平台和机械臂组成，平台作为机动、成像探测、高速计算等载荷的基座，一个或多个机械臂作为操作目标的主要载荷安装在平台外部。狭义上说，空间机器人是指轨道飞行机器人；广义上说，空间机器人既包含轨道飞行机器人，又包含外星球表面探测机器人。空间机器人既可以单个执行任务，也可以以多个集群协同的形式执行复杂任务。

空间机器人是执行在轨维修维护、在轨组装建造以及外星球表面探索勘察等任务的主要装备，可用于服务轨道目标，在轨组装建造超大型航天器，在外星球表面建设多机器人协同的探测基地等。空间机器人的深入发展，将会引领下一代卫星设计的革命。可维修、可被服务、模块化等逐渐成为航天器设计的主要要素，以空间机器人为主要工具的在轨建造甚至会重塑整个航天体系。

2. 研究现状

在过去的20多年中，世界上的航天强国围绕在轨服务开展了大量卓有成效的研究，针对在轨服务开展了一系列地面实验、在轨实验和技术演示验证。研究结果表明，在轨服务在技术上是可行的，并且具有巨大的发展和应用空间。从总体上说，以空间机器人为核心的在轨服务研究按阶段可划分为概念设计、在轨演示验证、在轨简单应用等（梁斌等，2010；林来兴，2012；徐文福，2007；史也，2013）。

在轨服务项目的概念设计能够理清在轨服务的需求、主要任务目标、任务流程、所需的关键载荷及其性能指标，以及待攻关的关键技术等，为项目的后续发展奠定基础。从整体上说，概念设计确定了在轨服务关键技术，如空间遥操作、轨道机动、对接机构及在轨抓捕等（Bischof et al.，2002；Obermark et al.，2007；Debus et al.，2009），如图6.17所示。

在轨演示验证阶段是在轨服务发展中不可或缺的关键阶段。通过在轨演示验证，能够准确把握关键技术的成熟度，并验证在轨服务的能力和效果达到的程度。通过对合作目标在轨服务的演示验证，基本上考核并确定了空间遥操作、协调控制、一体化关节、自主操作、在轨可更换单元（orbital

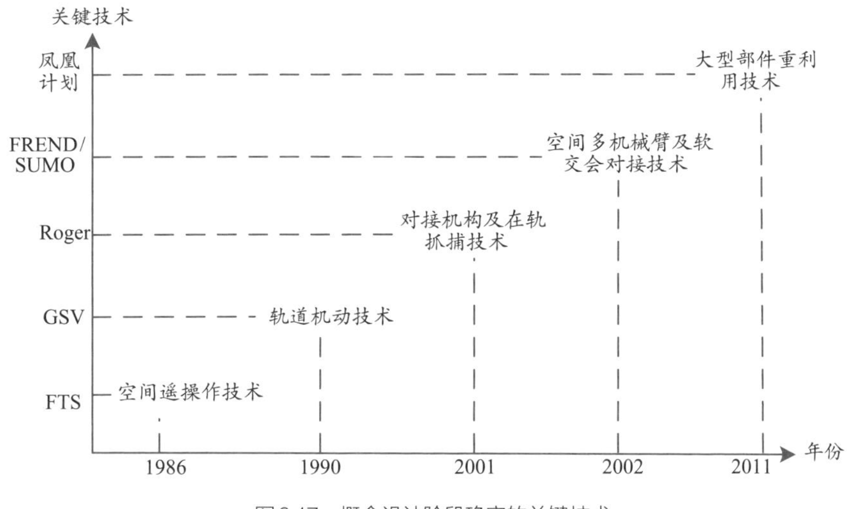

图6.17 概念设计阶段确定的关键技术

replacement unit，ORU）等技术（Hirzinger et al.，2004；Albu-Schaffer et al.，2006；刘进军，2008），如图6.18所示。

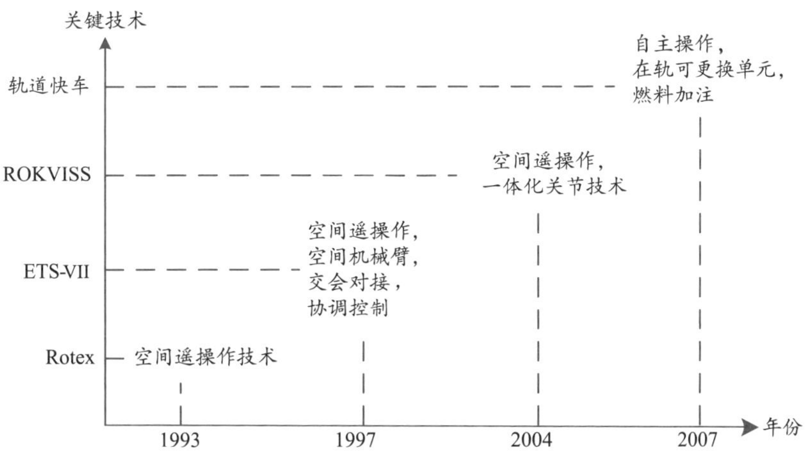

图6.18 已在轨演示验证的关键技术

在轨简单应用主要是用大型空间机械臂如航天飞机遥控机械手系统（shuttle remote manipulator system，SRMS），以及用于国际空间站的移动服务系统如空间站遥控机械臂系统（space station remote manipulator system，SSRMS）和专用机械手（special purpose dexterous manipulator，SPDM）捕获

和投放卫星、辅助宇航员出舱、辅助空间站对接、运输货物、加注在轨燃料等。通过在轨简单应用，主要验证并掌握了大型机械臂技术、精细操作机械臂技术、在轨燃料加注技术等（Akin et al.，2002；Angel et al.，2013）。

当前，在轨实用化主要围绕在轨制造、自主装配、辅助推进、故障详查以及大型在轨服务站建设等开展，如表6.1所示。尽管这些项目尚处于研究阶段，但是其蕴含着大量的前沿技术，如人工智能、空间3D打印、轻型化机械臂、全自主在轨服务等（Flores-Abad et al.，2014）。

表6.1　在轨实用化的空间机器人项目开展情况

项目	时间	效果图	项目概述
凤凰计划中的Satlet	2011年至今		Satlet是DARPA在凤凰计划中提出的一种细胞机器人，可以在发射大型商业卫星时搭载发射，通过与废弃卫星的天线相结合组成新的航天器系统
iBOSS	2012年至今		iBOSS项目由德国宇航中心（Deutsches Zentrum für Luft- und Raumfahrt，DLR）支持，将传统卫星平台分解为用于在轨服务的单个标准化智能模块，利用在轨装配形成新的空间系统，实现卫星的模块化和可重构
蜘蛛工厂（SpiderFab）	2014年至今		SpiderFab项目的核心为6U（unit，单元）的微小型多臂空间机器人，运用3D打印技术开展在轨制造、装配。能够为实时打造大型太阳能电池板提供支撑，或者制造航天器集群桁架
静止轨道卫星机器人（GEO robotic servicer）	2015年提出		该项目是对凤凰计划的进一步延伸和拓展，含有两个2m长的7自由度机械臂和一个3～4m长的9自由度机械臂，能够处理诸如太阳能阵列、活动机构等的机械故障，提供辅助推进，详查失效航天器的故障问题等
在轨机器人服务站	2015年提出		2015年9月，DARPA在未来技术论坛上提出在地球同步轨道建造一个机器人服务站，为航天器提供运输、装配、升级、维修与燃料加注等服务。按照设想，该服务站属于无人照料型，主要任务均由机器人自主执行

在轨机器人服务站仅仅处于概念研究阶段，在轨实用化阶段正在攻关的关键技术如图6.19所示。特别是当航天器具备模块化、可接受服务能力后，在轨机器人服务站将成为通信工业游戏规则的改变者，而且会带来在轨服务的革命性变化。随着国际空间站退役的日益临近，美国等航天强国正在利用在轨服务技术，构想和设计未来的大型空间服务站。这些构想一旦实现，势必带来空间安全形势的巨大变化。

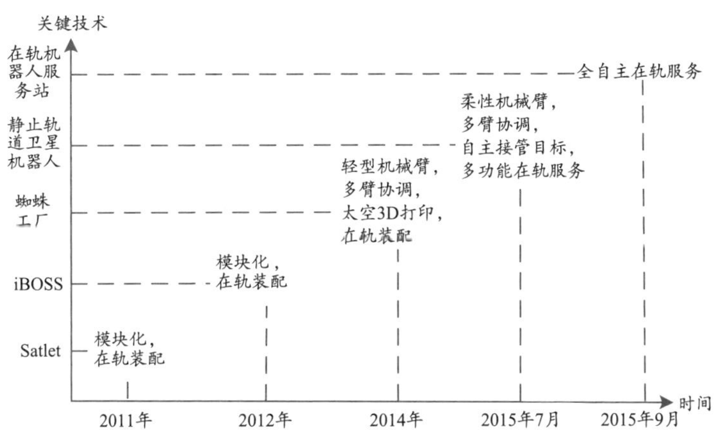

图6.19 在轨实用化需要攻关的关键技术

3. 研究内容

为了建设空间机器人智能技术支撑平台，针对空间机器人在轨操作的需求，研发具备智能感知、目标识别、任务理解、自主防护以及自主智能决策能力的多臂机器人系统，从而构成新一代模块化、可更换智能航天器系统。另外，搭建可自主运行的月面无人科研站模拟系统，为集群智能机器人登月和构建自主运行的月面无人科研站提供技术验证与支撑。构建面向装备制造的智能空间机器人地面试验仿真平台，解决面向制造装配的智能机器人关键技术和能力综合验证的问题。

为了推动空间机器人在空间开发与利用中发挥更大的作用，空间机器人研究主要包括以下几部分。①在轨操作任务自主决策的多臂机器人智能协同控制技术。②复杂环境下空间机器人的智能感知、目标识别、任务理解和与自主防护技术。③基于增强现实的空间机器人远程沉浸式遥操作及深度学习技术。④新一代模块化、可更换智能航天器系统的目标自主识别与系统重构技术，为实现新一代智能化、模块化可重构遥感卫星星座系统的在轨示范应用，以及集群智能机器人登月和构建自主运行的月面无人科研站提供技术支撑。⑤面向装备制造的智能空间机器人系统总体布局与优化设计，解决不同任务设计中的矛盾冲突、流程优化、多机器人智能协同等问题。⑥研究智能自动成型加工技术，解决采用空间机器人时在制造过程中的材料及其制造工艺、工序等问题。⑦研究自主装配技术，解决多机器人协同装配、分布式智能控制等问题；研究智能测量技术，解决机器人在不同尺度下高精密智能测量问题。⑧地面试验验证技术，解决面向制造装配的空间机器人关键技术和能力综合验证的问题。

（执笔人：张涛，清华大学；王学谦，清华大学；肖余之，中国航天科技集团公司第八研究院；陈萌，中国航天科技集团公司第八〇五研究所）

6.3.6 海洋/极地机器人智能技术及支撑平台

1. 研究背景

21世纪是海洋和极地的世纪。海洋/极地不仅是全球气候的调节器和人类生存发展的资源提供者，而且是各个国家合作共赢的纽带和国土安全的战略缓冲。一个国家参与和利用海洋/极地的能力高低直接决定其在国际竞争和地缘政治中是否具有主导权。中国拥有绵长的海岸线和广阔的海洋国土面积，是具有巨大发展潜力的海洋大国。海洋油气、矿产资源开发能为国民经济发展提供持续的物质保障，海洋管控和“海上丝绸之路”建设则能为国家创造和平发展的周边环境。中国不是与南极和北极直接毗邻的国家，却可以利用《南极条约》提供的良好机遇，建设南极科学考察站，开展资源勘探和极地科学研究，同时积极参与北极理事会和北极国际合作研究，积极打造“冰上丝绸之路”，为北极航道的开辟和北极的开发利用做好前期准备。

海洋机器人是探索海洋/极地的重要工具，在海洋/极地矿产资源开发、海洋工程、海洋保护与利用中扮演着举足轻重的角色。值得说明的是，这里讨论的海洋机器人仅针对受到海洋水体局限而存在通信障碍的水下机器人。在此范畴下，海洋机器人可以定义为一种可在水下移动，具有视觉等感知系统，通过直接、遥控或自主操作方式使用机械手或其他工具，代替或辅助人去完成观测或作业的装置。

海洋机器人按照功能大体可以分为两类：作业型海洋机器人和观测型海洋机器人。作业型海洋机器人主要用于海洋工程建设、海洋设施维护、海洋打捞作业等；观测型海洋机器人主要参与海洋事态检测与评估、海洋环境参数观测、海底地形地貌调查等。但是，受到水体限制电磁波和水声信号传输以及干扰潜水器平衡和控制等因素的影响，海洋机器人自主能力的提高面临着严峻的挑战。因此，有必要牢牢把握人工智能的前沿进展，结合海洋机器人面临的客观环境挑战，对海洋机器人的自主环境感知和自主控制技术开展系统的研究。另外，人机混合智能和机器人群体智能代表人工智能的发展趋势，需要对此进行有针对性的探索。

2. 研究现状

海洋机器人的自主能力在发展过程中不断提升，逐渐降低了人类海洋作业的危险性，减轻了人类作业的疲劳程度。一般将先后出现的载人作业、遥控作业和自主作业的发展称为三次技术革命（McFarlane，2008）。20世纪60年代的第一次革命以潜水员潜水和HOV的应用为主要标志。为了将人从危险的水下环境中解放出来，遥控水下机器人（remotely-operated vehicle，ROV）出现了，并很快发展壮大为一个成熟的产业，这就是20世纪70年代的第二次革命。20世纪90年代，随着人工智能和自主控制技术的发展，自主水下机器人（autonomous underwater vehicle，AUV）应运而生，这是第三次革命。在部分不需要人类过多参与的简单水下作业场景中，AUV可以代替人类执行一些特定的探测和搜索任务。由于AUV并不能很好地处理复杂的水下作业场景，于是出现了现在的混合型时代，即水面、遥控和自主三类机器人的某种组合或联合，如自主遥控混合型水下机器人（autonomous and remotely-operated vehicle，ARV）既能通过与母船监控人员实时交互实现精细定点探测和作业，又能进行大面积搜索，兼具ROV和AUV的作业优势。

中国海洋/极地机器人走过了自主探索、学习与跟踪国际先进水平和自主创新之路。20世纪70年代，中国开发了用于沉物打捞的“鱼鹰号”和“蓝鲸号”两台HOV。1979年，以蒋新松院士为首的团队在国内最早提出了遥控式海洋机器人研究计划。中国科学院沈阳自动化研究所于1981年开始研制并于1986年研制成功第一台200米级作业型ROV——海人一号（HR-01），就此拉开了中国水下机器人研究的序幕（封锡盛，2000）。从1994年开始，我国成功研制了1000米级的“探索者号”，6000米级的“CR-01”（李一平等，2001）、“CR-02”和“潜龙一号”，4500米级的“潜龙二号”等不同探测深度和型号的AUV（武建国等，2014）。在水下机器人自主研究持续推进的同时，“海龙号”和“海马号”ROV、“蛟龙号”HOV、“海斗号”ARV以及水下滑翔机（glider）等相继问世。其中，“蛟龙号”HOV在马里亚纳海沟成功到达7062米海底，创造了国际作业型HOV下潜深度的新纪录（崔维成等，2012），“北极ARV”在我国第四次北极科考中在北纬86度50分的作业区域刷新了我国水下机器人在高纬度的作业记录（李硕等，2011），“海斗号”在马里亚纳海沟最深下潜至10888米。目前，中国科学家和科研人员能够独立自主地设计任何类型的海洋/极地机器人，有些已经接近或达到国际先进水平。

从总体趋势上看，HOV和ROV的作业能力逐渐得到提升，正在朝着半自主的方向发展；AUV的下潜深度、最大航行速度和续航时间逐渐得到提高。在海洋机器人推陈出新、更新换代的过程中，因为材料科学的发展，潜水器的下潜深度不断刷新，控制技术的发展有效支撑着潜水器的超高速航行，能源技术的发展支持着海洋机器人长航程长航时作业，信息技术特别是人工智能的飞速发展使得AUV实时避开前方障碍物、识别环境中的特定目标。

由于水声通信的距离限制，水下的移动平台往往和水面上方的母船保持实时通信，或者通过无人水面船（unmanned surface vehicle，USV）和岸基服务器或工作人员进行通信。在这个过程中，USV扮演着通信中继的角色。由于USV并不受通信的限制，所以在此并不将其作为海洋机器人（marine robots）进行阐述。在五类海洋移动机器人（HOV、ROV、AUV、ARV和水下滑翔机）中，ROV和ARV直接通过缆线和母船进行交互；HOV和AUV通过水声通信机与母船进行通信；水下滑翔机主要面向海洋大范围进行基本要素观测，无须持续推进，能够自主感知决策并与母船实时通信。需要注意的是，HOV和ROV直接依靠驾驶员或操作员决策；AUV和ARV具备部分自主航行和决策的能力；水下滑翔机在水面和设定下潜深度之间以滑翔模式做上下折返运动，在水面的时候可以根据服务器指令调整前进方向（Javaid et al.，2014）。但是，和AUV或ARV不同的是，水下滑翔机还不具备复杂环境快速感知与自主作业的能力。各种海洋机器人的工作模式如图6.20所示，其中，计算机图标代表该机器人具有一定的自主能力，虚线代表无线通信（包括水声和无线电通信链路），实线代表通信缆。

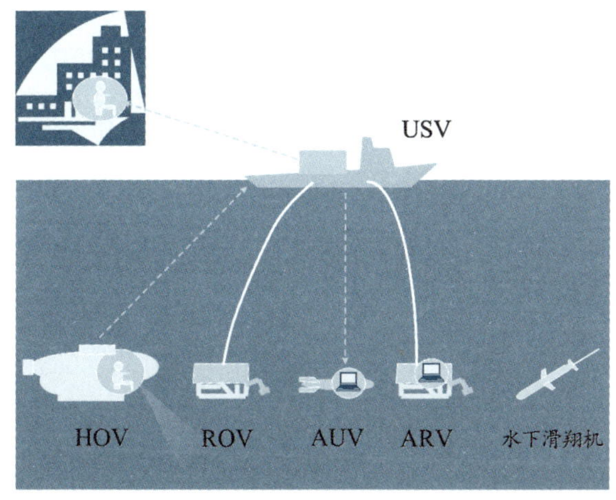

图6.20　不同类型海洋机器人的工作模式

海洋机器人事业的终极目标是实现机器人在全海深环境中长时间完全自主作业。尽管在海洋机器人的下潜深度、航行时间和航行速度等方面已经突飞猛进，海洋机器人的作业能力却没有在实质上提高。海洋机器人距离真正的无人化时代还很远，当前的技术无法实现海洋机器人真正的自主感知、自主控制与自主决策。所以，在实际的海洋机器人研发过程中，人们往往根据实际需要，有针对性地开发具有特定功能的海洋机器人。这就不可避免地导致了各种海洋机器人并行发展的形势。换句话说，尽管海洋机器人领域出现了多次技术革命，但是新生的海洋机器人平台并不能完全取代已有的海洋机器人平台，于是出现了面向不同应用背景的、类型不同的海洋机器人并存的局面。

海洋机器人发展面临的主要技术挑战包括水下自主作业、人机协同控制和集群观测与作业。首先，目前的海洋机器人还不具备复杂作业条件下的智能感知和智能决策的能力，无法在复杂环境下利用机械手开展自主作业。搭载机械手实现自主作业是必须跨越的门槛，这将使海洋机器人从当前的以执行信息使命为主向自主执行作业使命进化。其次，在当前的HOV和ROV作业过程中，往往采用“人主机从”的工作模式。随着水下机器人自主作业能力的提升，机器人将贡献更多的智能，比如通过自主目标识别、环境建模和作业经验，向驾驶员或操作员提供规划决策建议或实现机器人和操作人员之间的协同控制。最后，海洋是一个大尺度的应用场景，未来的海洋机器人需要协同作业，共同完成一定的任务或使命（Das et al.，2016）。由于水下通信条件的限制，以及自主作业和自主规划能力的欠缺，目前的海洋机器人还基本无法实现群体协同或作业。

3. 研究内容

在中国，水下机器人有望在2020年到达马里亚纳海沟的最深处，AUV的最大航行速度已经超过20节①，滑翔机的续航时间已经超过一年，单台AUV或滑翔机的重量已经能够控制在50千克之内。但是在很多层面上，中国的海洋机器人与世界先进水平相比还有一定差距。比如，中国HOV的使用频率要远低于其他国家；在中国的海洋油气生产中使用的海洋机器人大部分来自国外，每年需要进口数十台ROV，该领域中国产海洋机器人的占比不到10%；AUV的自主作业能力未得到实质性提升；海洋机器人的集群组网和协同作业能力未取得明显提高。总体上看，自主环境感知能力的欠缺、自主控制的不稳定性、群体作业能力的孱弱，均制约着中国海洋机器人的整体性能和市场

① 节：英语为knot，单位符号为kn或kt，是一个专用于航海的速率单位，后延伸至航空方面。1kn=1n mile/h≈1.852km/h。

成熟度。要想实现海洋机器人真正的自主化作业与集群组网观测，形成完整的海洋机器人产业链，还需要在以下几个方面开展重点研究。

（1）复杂海洋环境声学自主感知。构建基于声学传感器的环境感知与场景理解模型，解决非结构化海底环境中的地形地貌构建与作业现场重构问题。通过声学图像处理或声光信息融合，实现目标检测、识别和跟踪。探讨基于多海洋机器人的水下目标自主探索和识别技术。受到海水温度和盐度的影响，声线会发生弯曲，影响目标的检测与定位，因此要通过水声信道测量、声场观测和建模，对观测信息进行校正。

（2）基于深度学习与增强学习的目标抓取作业。开展基于柔性机械手和立体视觉的水下复杂环境快速理解与交互研究，为国家重大海洋科学工程开展、海上石油平台建设和国家海洋安全保障等提供技术支持。探索水下目标自主抓取方法，对海底生物和海洋工程装置等目标进行识别，对其位置与姿态进行估计。研究复杂海洋环境自主作业理论，对其中的关键科学问题进行针对性研究，并搭建水下移动机器人平台，开展试验研究与验证。

（3）自主遥操作模式下的混合智能。以ARV为研究对象，开展ROV的去人化技术研究。人机混合智能代表下一代海洋机器人智能平台的发展趋势。ARV通过自学习机制对人的作业模式进行形式化建模，利用人工智能技术为人类提供更加合理的方案。人对这些方案进行整理、归纳和创新，生成新的知识和搜索策略并回馈给ARV，进而实现人和机器之间的协同。

（4）海洋机器人集群观测。搭建多海洋机器人移动海洋观测网络，采集单一海洋机器人或单一类型海洋机器人无法获取的高质量、高时空分辨率的观测数据。开展海洋机器人协同规划和协同控制方法研究。将水声通信纳入多海洋机器人网络的感知和运动规划中，在线估计网络所处的水声通信环境和信道质量，实现海洋机器人感知、通信和运动的协同规划，优化网络的通信性能和控制性能。

为了开展以上研究，需要搭建以下几种海洋机器人平台。

（1）极地冰下/海洋环境探测机器人。研制面向南北极冰下和海洋环境观测的智能水下机器人，重点突破高纬度极地冰架下自主导航、智能故障诊断与应急处理、未知复杂环境感知、建模与智能规划、智能能源管理等技术。搭建极地、海洋环境下的高速自主海洋机器人、极地科考机器人系统集成与试验性应用验证与仿真平台，为我国在极地/海洋领域的相关研究提供技术支撑。

（2）深海智能无人空间站。建设深海智能无人空间站，为海洋机器人提供水下布放回收、能源补充、信息交互、维护等服务，同时对采集的数据和地质、生物等多种样品进行原位和实时分析。作为深海隐蔽信息处理中心，深海智能无人空间站还可以对海底传感器网络信息进行综合和分析，进行态势评估，并自主实时制定决策，为我国深海资源、科学、军事等应用提供支撑。

（3）海洋作业机器人自主能力评测试验平台。实现科研资源的合理分配而实行的监管，建立一套科学的水下机器人发展规划和评测体系，引导水下机器人健康、稳定、快速、可持续地发展。搭建自主能力评测试验平台，在不同的维度下对不同类型的海洋机器人进行能力评价，主要涉及目标识别、自主定位、三维重建、自主作业、机器人集群、人机协同等能力。

（执笔人：李硕，中国科学院沈阳自动化研究所）

6.3.7 离散制造业无人车间/智能工厂智能技术及支撑平台

1. 研究背景

当前制造业有高效、高质量、绿色、环保的制造过程需求，这要求我们对制造系统进行全局优化。特别是随着人力资源问题日益凸显和产品个性化需求的增长，传统的工厂已经难以应对产品订单的脉动特征和满足个性化、定制化的生产要求。无人车间/智能工厂系统作为实现未来智能制造的核心载体，是联结制造过程物料流、信息流、能量流的枢纽节点，通过对车间/工厂内部参与产品制造的物料、设备、人员等全要素环节进行泛在感知，充分利用物联网、大数据、云计算、虚拟现实和知识自动化等新思想与新技术，可以使车间/工厂具备状态高度自感知、动态优化自决策等高度智能化特征，达到高效率、高质量制造过程的管控一体化。

无人车间/智能工厂将具备以下特点。①生产设备数字化、自动化、网络化，符合人因工程，具备状态信息采集和自动控制能力，并提供数字通信接口，支持远程维护与远程操作。②工业网络支持全厂统一编址、无线高速互联、高带宽，主要设备和信息系统之间存在透明的通信信道以及可靠的信息安全保障措施，安全风险可控。③生产管控一体化平台系统可软件定义，支持生产过程动态重构与自主优化，可根据小批量、个性化订单自动选择特定的生产模式和运行参数，具备生产过程可视化和产品质量全生命周期追溯能力，同时支持生产过程大数据分析。④关键工具及应用软件与制造过程紧密集成，工艺设计软件支持全数字化制造工艺设计和模拟仿真，消除设计过程与制造过程的鸿沟，实现产品设计数据、物料清单（bill of material，BOM）数据与制造数据的双向连接，应用优化软件可实现生产过程持续优化，降低单位产品的物料和能源消耗。

2. 国内外研究现状

随着智能制造在全球范围内的快速兴起，无人车间/智能工厂业已成为传统制造企业转型升级的主要突破方向。从狭义上来看，无人车间/智能工厂是移动通信网络、数据传感监测、信息交互集成、高级人工智能等智能制造相关技术、产品及系统在工厂层面的具体应用，以实现生产系统的智能化、网络化、柔性化、绿色化。从广义上来看，无人车间/智能工厂以制造为基础，向产业链上下游同步延伸，涵盖了产品全生命周期的智能化实施与实现的组织载体。

（1）无人车间/智能工厂是实现智能制造的核心载体，成为各国竞相争逐的战略高地

美国、加拿大、欧盟、日本、韩国等相继开展了数字化无人车间/智能工厂的研究计划，并在智能制造系统、装备、环境，智能供应链等无人车间/智能工厂关键技术方面开展了研究。

美国通过《制造业促进法案》（2010年）、《先进制造业伙伴计划》（2011

年)、《国家制造创新网络的初步设计》(2013年)等一系列制造业回归战略(后统称*National Network for Manufacturing Innovation*,现称*Manufacturing USA*)的实施,努力实现“本土发明、本土制造”,希望将最先进制造行业的研发和生产都留在美国,并且开始实施以“数字化技术+机器人+人工智能”为核心的智能制造和工业互联网战略,推进其制造业回归,从而使美国制造业在全球经济布局和新一轮产业革命中抢占制高点(Swink,2014)。德国提出了以“智能工厂”为重心的“工业4.0”计划,希望通过互联互通达到持续占据智能制造技术及制造业价值链顶端的目的,其核心载体是机器人和智能制造平台。工业4.0计划的内涵是实现三大集成——生产系统纵向集成、产品数字化端到端集成和企业价值链横向集成,以保证德国在装备、汽车等领域的传统优势地位。在2007—2013年的第七个欧盟研发框架计划(7th Framework Programme,FP7)下,研发团队研究开发出了一系列应用于工厂生产线和组装工艺的智能制造技术,其主要研究领域有三个:①智能工厂,即敏捷制造与客户化定制;②虚拟工厂(virtual factory),即价值创造,面向全球的网络化制造和物流;③数字工厂(digital factory),即制造设计与产品全生命周期管理。日本在1991年1月发起了智能制造系统的国际合作研究开发计划。该项计划旨在组合工业发达国家的先进制造技术,包括日本的工厂与车间的专业技术和当时的欧洲共同体的精密工程专业技术。许多发达国家如美国、加拿大、澳大利亚等参加了该项计划。

纵览全球,虽然总体上无人车间/智能工厂尚处于概念和实验阶段,但是瞬息万变的市场需求和竞争激烈的复杂环境要求制造系统和制造企业表现出更高的灵活性、敏捷性和智能性。因此,无人车间/智能工厂越来越受到重视,各国政府均将建设无人车间/智能工厂列入国家发展计划,大力推动实施。

(2)新一代人工智能技术将引领无人车间/智能工厂的发展,为实现制造强国战略奠定基础

当前,正在发生重大变革的信息环境和人类社会发展的新目标正推动人工智能进入新的发展阶段,深刻地改变着人类的生活。为抢抓人工智能发展

的重大战略机遇，构筑我国人工智能发展的先发优势，加快建设创新型国家和世界科技强国，2017年，国务院印发了《新一代人工智能发展规划》，从战略态势、总体要求、重点任务、资源配置、保障措施和组织实施等方面明确规划了我国新一代人工智能的发展蓝图。特别是在规划重点任务的“加快推进产业智能化升级”一节中，关于发展我国“智能制造”，该规划提出：“围绕制造强国重大需求，推进智能制造关键技术装备、核心支撑软件、工业互联网等系统集成应用，研发智能产品及智能互联产品、智能制造使能工具与系统、智能制造云服务平台，推广流程智能制造、离散智能制造、网络化协同制造、远程诊断与运维服务等新型制造模式，建立智能制造标准体系，推进制造全生命周期活动智能化。”

上述规划内容不仅明确指出了基于新一代人工智能技术发展智能制造的思路，同时也明确了作为实现智能制造核心载体的无人车间/智能工厂的发展路径。推进无人车间/智能工厂建设，需要围绕离散制造全生命周期活动的智能化发展需求，部署实施基于工业互联网群体智能的个性化创新设计、协同研发群智空间、智能云生产、智能协同保障与供应营销服务链等应用示范；围绕流程制造全过程、全流程活动的智能化发展需求，部署实施基于新一代人工智能技术的流程工业智能感知、智能建模、智能控制、智能优化与智能运维等应用示范；围绕我国创新驱动发展战略和提升我国制造业自主设计创新能力的重大需求，部署实施服务于从概念创意到研发、生产、试验、服务等全产业链的大数据智能创新设计和群智众创设计等典型示范。同时，需要围绕“中国制造2025”提出的十大重点应用领域，融合新一代人工智能技术，研发智能产品（能够自主智慧地完成本身任务的产品）及智能互联产品（能够形成互联生态的智能产品），研发系统软件、平台软件、应用软件等智能工业软件，以及智能材料、智能传感器、智能机床、智能工业机器人、智能3D打印机等支撑智能设计/生产/管理/试验/保障的硬软件使能工具，研发不同层次智能制造系统构建与运营的技术与工具，进而形成我国自主的智能制造产业体系。

（3）无人车间/智能工厂催生新业态新模式，为新一代人工智能产业发展开拓空间

无人车间/智能工厂建设过程实质上是新一代人工智能技术、信息和通信技术（information and communication technology，ICT）、制造技术融合的过程，新业态、新模式不断涌现的过程。随着新一代人工智能、大数据、云计算等信息技术创新体系的演进以及其与传统工业技术的融合创新，无人车间/智能工厂将呈现出全新的模式和业态。在生产模式层面，无人车间/智能工厂将由过去的“人脑分析判断+机器生产制造”转变为“机器分析判断+机器生产制造”，形成高度灵活、个性化、模块化的生产模式；在商业模式层面，无人车间/智能工厂将催生网络众包、异地协同设计、大规模个性化定制、远程诊断、精准供应链管理等新模式。从新业态来看，信息技术的升级应用，将会发展成为工业云服务、工业大数据、工业物联网、全生命周期管理、总集成总承包等新业态。

无人车间/智能工厂的建设过程中，创新为新一代人工智能产业、信息和通信产业发掘出新的增长点。移动互联、物联网、云计算、大数据等新一代信息技术在无人车间/智能工厂的集成应用，带来产业链协同创新，孕育出新模式和新业态，促进新一代信息技术从消费者领域渗透到产品的研发设计、生产制造、过程管理等各个环节。伴随无人车间/智能工厂建设逐渐向多行业延伸，新一代信息技术产业的发展空间在不断拓展。同时，无人车间/智能工厂的建设是一个动态的、发展的过程，随着信息技术不断升级，无人车间/智能工厂将衍生叠加出新活动、新环节，新的工业发展模式和业态将不断出现。就目前来看，大规模个性化定制、网络众包、工业大数据、工业物联网、全生命周期管理、总集成总承包等都催生出了新的增长点。

（4）围绕离散制造的无人车间/智能工厂建设已开始积极布局，相关技术和产业已初具规模

离散制造行业具有生产过程复杂、产品种类繁多、工艺路线和设备使用灵活、车间形态多样等特点，离散制造企业底层自动化、数字化的基础较为

薄弱，应用信息网络技术进行无人车间/智能工厂建设的难度相对较大。目前，信息网络技术应用已经从流程制造行业延伸到离散制造行业，汽车、电子、工程机械、航空航天等部分大型离散制造企业积极进行探索，将信息网络技术引入研发设计、生产制造、过程管理等环节，不断提升产品、装备、生产、管理和服务的智能化水平。无人车间/智能工厂促进企业间信息共享和业务协同，龙头离散制造企业无人车间/智能工厂建设的产业链示范效应已初步显现。无人车间/智能工厂通过价值链以及信息网络进行信息资源整合，能够实现产业链上各企业在研发、设计、生产制造、供应链管理、服务等方面的无缝合作和综合集成，为龙头企业建设无人车间/智能工厂发挥产业链示范带动效应提供了基础。工程机械行业部分龙头企业已经建立了以自身为核心、上下游企业间“链合”创新的研发体系，实现研发设计环节的协同创新，提升了行业整体研发设计水平；汽车行业部分龙头企业实行模块化设计和生产，推动相关零部件供应商加大资金投入和研发力度，有效降低产业链总成本，同时实现零部件企业的同步开发、集成制造、系统供货等。

3. 研究内容

针对国内制造业数字化、自动化程度不高的整体现状，基于新一代人工智能技术的发展，重点解决无人车间/智能工厂生产要素——人机物三元融合理论和方法、工艺仿真技术、大数据获取与智能处理技术、设备互联中的关键技术，开发制造过程工艺数据平台、无人车间/智能工厂自主智能决策平台、物联网产品，建立自动化车间数字化接口标准，打破工厂制造设备和制造过程的信息孤岛，突破车间制造设备与执行系统的数字化交互瓶颈，构建无人车间/智能工厂原型系统，提供全套自主知识产权的无人车间/智能工厂解决方案，构建制造过程自主感知与自主调整的无人车间/智能工厂实际应用系统，实现典型流程和离散工业的工艺设备、制造过程全局数字化与网络化应用，为无人车间/智能工厂示范工程应用提供技术支持，满足产业升级和转型的重大战略需求，主要研究内容体系框架如图6.21所示。

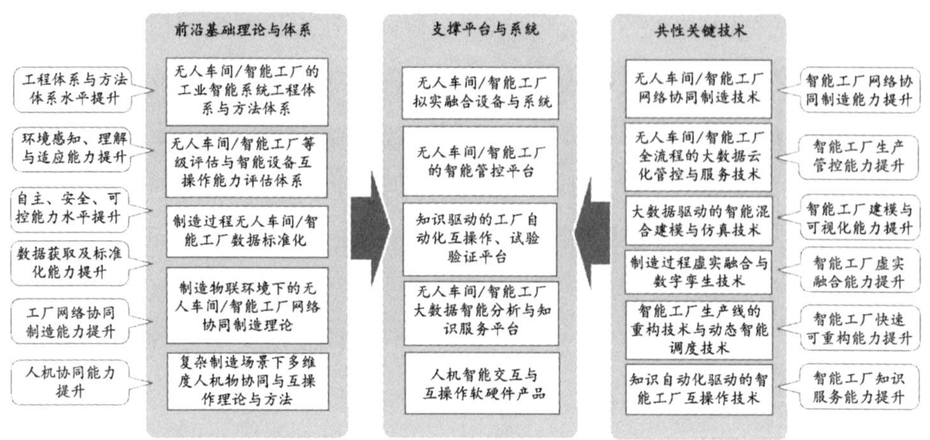

图6.21　无人车间/智能工厂拟开展的研究内容体系框架

（1）前沿基础理论与体系

围绕无人车间/智能工厂的工程体系和方法体系水平，以及环境感知、理解与适应、自主安全可控、数据获取及其标准化、网络化互联互通、自然交互和互助协同等能力的提升，在基础理论与体系方面重点开展如下研究：无人车间/智能工厂的工业智能系统工程体系与方法体系；无人车间/智能工厂等级评估与智能设备互操作能力评估体系；制造过程无人车间/智能工厂数据标准化；制造物联环境下的无人车间/智能工厂网络协同制造理论；复杂制造场景下的多维度人机物协同与互操作理论与方法。

（2）支撑平台与系统

针对无人车间/智能工厂环境下人机物三元融合对装备智能化、管理实时化、控制复杂化的需求，研发高端装备智能控制系统、无人车间/智能工厂拟实融合设备与系统、人机智能交互与互操作软硬件产品，构建面向知识驱动的工厂自动化互操作试验验证平台以及面向重大装备的智能控制系统及安全测试仿真平台，并在此基础上建成无人车间/智能工厂的云化管控平台、大数据智能分析与知识服务平台，支撑面向无人车间/智能工厂的工业智能系统工程体系与方法体系的建立。

（3）共性关键技术

围绕无人车间/智能工厂的网络协同、快速可重构、生产管控、工厂建模与可视化、数据采集与大数据分析、知识服务等方面能力的提升，重点研究六大核心关键技术：无人车间/智能工厂网络协同制造技术；无人车间/智能工厂全流程的大数据云化管控与服务技术；大数据驱动的智能混合建模与仿真技术；制造过程虚实融合与数字孪生技术；智能工厂生产线的重构技术与动态智能调度技术；知识自动化驱动的无人车间/智能工厂互操作技术。

（执笔人：朱云龙，东莞理工学院；库涛，中国科学院沈阳自动化研究所）

6.3.8 流程工业无人车间/智能工厂智能技术及支撑平台

1. 研究背景

流程工业（process industry）是指石化、钢铁、建材、医药等大宗原料型工业产品的生产、加工、供应、服务工业。大批量、高效率的流程工业生产是现代物质文明的基石。我国流程工业是国民经济的支柱产业，其资源资金技术密集、经济总量大、产业关联度高。提升流程工业的产品质量和技术水平，是实现“中国智造”的必由之路。

从技术角度而言，流程工业的生产以大批量连续或半连续工艺流程为主，生产工艺相对固定，气、液、固态的进出物料往往通过管道实现运输。流程生产中的物质流、能量流高度耦合，生产过程往往涉及极其复杂的物理、化学变化，具有操作复杂、控制要求高、操作成本高、物耗能耗巨大的特点。近150年以来，流程工业生产自身技术不断进步，新的工艺、装备、控制技术不断涌现。从全世界范围看，由于第一次工业革命（蒸汽动力）、第二次工业革命（电气、机械）和第三次工业革命（计算机、网络）的强力推动，流程工业生产已基本消除了对人类体力劳动的直接依赖，总体上实现了生产运行的自动化。以分散控制系统为代表的控制系统被大量部署在生产一线，正在实时、连续地对各种温度、压力、流量、液位等关键生产变量进行测量、调控，通过对工艺控制点实施全程监控记录、自动调节、超限报警等，使得流程工业生产能够安全、可靠、稳定、有序进行。事实上，流程工业生产装置基本实现了“现场无人化”，仅有少量的维护和运行控制人员。

传感检测、回路控制、模型辨识、系统仿真已成为普遍被接受的常规技术。

2. 研究现状

流程工业迈向无人化、智能化阶段是后工业时代的必然结果。工厂将由低级到高级、由简单到复杂，实现全方位的自动化、自主化、智能化，以更少的人力形成更高效的企业中枢神经系统。通过对现有技术集成整合、灵巧运用、模式再造，应对各种外部条件变化，实现质量、效益、环境要素的整体优化。

流程生产的进一步“无人化”，不仅仅意味着在化验、维护、调控、调度等层面尽量压缩人手，更多地体现在生产能力、生产水平的整体提升。“无人”意味着不再需要体力劳动，更少依靠人工经验，减少“拍脑袋”决策，意味着精准、自动、科学，意味着高质量、高效益、低消耗、低排放。

在互联网时代，生产效率、研发速度以及生产制造的灵活程度成为流程工业能否走向价值链顶端的决定因素。德国的“工业4.0”提出将创新质量与成本效率相融合，提升制造业的信息化、数字化、智能化，引发新型生产制造方式的变革。项目目标是建立具有适应性、资源效率、人因工程学的智慧工厂，并且在商业流程及价值流程中整合上下游客户以及商业伙伴。项目技术基础是信息物理系统（cyber-physical system，CPS）及物联网。美国制造业公司、供应商、技术公司、大学、政府机构及实验室组成的“智能制造领导联盟”（Smart Manufacturing Leadership Coalition，SMLC），致力于采用21世纪的数字信息和自动化技术，加快对20世纪的工厂实施现代化改造，力求在经济、效率、竞争力等诸多方面提升效益（Davis et al.，2012）。中国在新一轮科技革命和产业变革背景下，针对制造业发展提出了“中国制造2025”“互联网+先进制造业”的战略举措。“互联网+先进制造业”主攻方向是智能制造，以“互联网+”“新一代人工智能”为主要技术抓手，深度融合互联网新技术与制造业，优化制造业的生产方式、投资方式、管理方式和商业模式等，全方位改造并提升中国制造业。由于制造行业的工业化与信息化程度千差万别，各国国情以及技术发展水平的不同，美国、德国、日本等国家提出的战略以及联盟的发展方式都不尽相同。但是各国在重要目标和核心手段上有异曲同工之处：把智能和网络技术作为流程工业技术进行改造和提升、实现智能化转型与变革、保持可持续发展和竞争优势的重大关键所在（Kang et al.，2016；Davis et al.，2015；MacDougall，2014；Chand et al.，2010）。

埃克森美孚公司（Exxon Mobil Corporation）一直致力于建立一个能够使其全球的工厂共享数据和管理信息的信息平台。其已建成信息安全标准平台、产品生命周期管理系统以及远程操作和数据可视化系统，标准装置建模系统、全球实时优化系统、地区炼油计划调度系统、全公司级管理监控及无线通信系统等仍在建。以“高效和可持续的运行”为目标，埃克森美孚实现了30多个工厂的集成化管理。系统将公司75%的炼油能力与其润滑油和化工业务整合起来，同时通过操作管理系统，提升了装置的安全性能。此外，埃克森美孚还开发了基于不同组分的炼油分析系统，能够实现炼油过程中每一个分子的最优利用。通过建立更高精度的实时生产过程的模型，公司极大地提升了各产品联合计划和调度的能力。

雪佛龙公司（Chevron Corporation）作为当今全球最大的国际石油公司之一，在信息化管理方面占领了先机。在已经建成的企业资源计划（Enterprise Resource Planning，ERP）管理系统基础上，公司从总部开始启用SAP的财务系统，逐渐在后勤、炼油、销售、勘探和生产线上依次启用该软件系统，使整个企业处于全面连通的状态。综合管理系统采用的是4个子系统架构，分别为开发系统、测试系统、生产系统和升级系统，共包括8个开发系统、9个测试系统、9个生产系统和质量认证系统以及30～40个其他系统（如项目管理、培训、研发等系统）。同时公司还实施了满足萨班斯法案（Sarbanes-Oxley Act，SOX）要求的信息安全方案与对灾难恢复的管理。公司致力于软件系统的开发与管理，利用大量的数据与信息流实现全公司范围内的信息交互，使得各部门计划安排与调度能够及时共享。

“十二五”期间，中国石化积极推动信息化与石化产业深度融合的决策部署，大力推进“三大平台”[以ERP为核心的经营管理平台、以制造执行系统（Manufacturing Execution System，MES）为核心的生产营运平台、信息基础设施及运维平台］完善提升和四项示范工程（智能石化试点、经营管理平台集中集成、IT共享服务中心、移动应用）建设，公司整体信息化水平持续排名央企前列，为转方式调结构、提质增效升级攻坚战提供有力支撑。2013年，中石化选择燕山石化、茂名石化、镇海炼化、九江石化四家企业作为试点。截至2016年9月，这四家企业已初步形成数字化、网络化、智能化的生产运营管理新模式，打造了中国石化智能工厂1.0版，劳动生产率提高10%以上，先进控制投用率达到90%，生产数据自动采集率达到95%，操作合格率从90.7%提升至99.0%，重点环境排放点实现100%实时监控与分析预警。茂名石化通过重整装置工艺大数据分析，其汽油收率提高了0.14个百分点，为优化产品结构、提高高附加值产品产量提供了支撑。镇海炼化通过计划、调度、工艺流程模拟的协同优化和全厂装置一体化优化，2015年综合优化增效3.5亿元。九江石化承担工信部“2015年智能制造试点示范项目”，自上而下地实现了对综合生产指标、全流程运行指标、过程运行控制指标、控制系统设定值过程的自适应分解与调整，以满足市场需求和生产工况的频繁变化，并且建立了60余个环境实时在线监测点，通过“环保地图”实现环境保护可视化和异常报警。

3. 研究内容

随着劳动力成本的增加、全球化竞争的日趋激烈，国内企业日益感到“减员增效”的迫切压力。以无人化和智能化的思路改造传统企业，是国内流程工业企业破解运行瓶颈的唯一出路。尽管国内流程工业在技术和产业发展方面已经取得了长足进步，但一些普遍性的问题仍然突出。

在运行操作层面，尽管基础自动化系统尤其是分散控制系统已得到大面积推广应用，但大量的分散控制系统仅仅实现了变送数采、远程操作、历史记录、报警连锁，回路自动化投运率低，报警率高；有相当一部分操作员工还习惯于手工远程控制，思维保守僵化，宁可简单重复，不愿动脑筋提升，缺乏“偷懒”意识；相当一部分回路因缺乏维护诊断而性能低下，解决多变量耦合、全流程优化的技术几乎一片空白；工厂从管理人员到工艺、自动化技术人员，均未能形成“自动化即标准化”“智能化即优化”的理念，对优质、高效、节能、减排的运行技术缺乏根本上的认识。

在全厂调度和供应链管理层面，依靠人工和经验，各环节配合存在脱节，导致对外部需求响应不及时；外部供应商与下游客户因为管理程度和信息化程度不一致，存在协调困难；在辅助环节（如产品质量检测、投料包装运输、检修等），任务琐碎重复，对人工依赖多，存在大量的人工取样、人工分析环节。

我们认为，提高流程工业的产品设计技术、工艺优化技术、运行控制技术、调度管理技术，在现有工艺条件和设备条件的基础上，以多变量控制、诊断监控、运行优化、生产调度为突破口，提高产品质量和档次，提高生产效能，提高市场需求变化情况下的生产柔性和适应性，在安全、稳定、均衡、长周期的基础上，实现优质、高效、节能、降耗、低排，是流程工业应对经济形势变化、市场需求变化、节能减排压力，实现产业改造和提升，保持可持续健康发展的必然选择，也是企业在基础自动化和信息化的平台之上进一步提升智能化操作水平，迈向真正无人工厂、智能工厂的必由之路。

具体而言，流程工业无人车间/智能工厂的研究内容包括但不限于以下几点。①智能的工艺。研究开发更高效的物质转化机理、更优质的产品创新设计；研究工艺、设备和控制一体化的本质安全、高度柔性、全程可控的工艺流程。②智能的回路。通过对自动控制回路进行性能诊断分析、系统辨识和控制器参数整定，全面提高回路投运率，消除手工操作的不确定性和随意性。③智能的流程。在多回路耦合分析、全范围变工况非线性分析的基础上，结合工艺知识和大数据分析，建立有效、准确的模型，以透明反映物耗、能耗、质量指标等关键生产运行指标的变化，对操作运行中的生产装置参数及时进行优化调整。④智能的调度。合理安排产品切换、设备检修，及时处理故障，克服原料波动、环境因素波动、上下游生产单元负荷变化等的影响，使生产运行始终保持在最佳工作状态。⑤智能的供应链。将产品营销网络、原材料供应渠道、生产装置群、内外能源系统全部打通，形成产供销一体、人—机—物协同的供应链决策体系。

（执笔人：邵之江，浙江大学）

6.3.9　高端智能控制技术及支撑平台

1. 研究背景

我国制造业已经形成门类齐全、规模较大、具有一定技术水平的产业体系，成为国民经济的重要支柱产业，但产业大而不强、自主创新能力薄弱、基础制造水平落后、低水平重复建设、自主创新产品推广应用困难等问题依然突出。制造业亟须向自动化与智能化方向发展，但由于高端控制技术与系统对自主智能、优化控制、广域协同等有较高要求，目前国内高端智能控制技术与系统大多依赖国外引进，国产钢铁行业关键流程的控制系统的精度和可靠性与国际先进水平差距较大，石化行业面向主装置及关键流程的高精度、高可靠性的控制装备和系统仍需进口。在高智能化、高安全性、高可靠性、高精确性上，国内产品与国际领先产品相比，技术指标尚存在5～10年的差距，国内石化、煤化、冶金、电力等行业的模型库、算法库、工艺解决方案与国际领先水平则还有10～15年的差距。

高端智能控制技术与系统是现代工业装备以及冶金、能源、化工、国防等领域重大工程的神经中枢、运行中心和安全屏障，其主要功能是监测、控制、优化整个工艺流程和产品质量，是确保重大装备安全可靠和高效优化运行的不可或缺的根本保障，是支撑我国智能制造自主可控、安全持续、绿色高效发展的整体信息化（数字化、网络化、智能化及系统集成化）产品，发展高端智能控制技术与系统是实现重大装备节能、降耗、减排的有效途径。

我国的重大装备设计制造水平经过几十年的发展，已经取得长足进步，已有相当的设计制造大型电力装备、冶金装备、石化装备的能力，但独缺与这些装备配套的成套智能控制技术及系统，特别是满足高智能化、高安全性、高可靠性、高精确性的高端智能控制技术与系统严重依赖国外引进，严重威胁国家经济安全和产业安全。

发展智能装备制造这一战略性新兴产业的重要技术途径就是将智能控制技术与系统（包括智能控制器、智能控制软件、智能变送器、智能执行器等）与常规工业生产装备耦合，形成智能生产装备，即多功能智能体或工业装置信息物理系统。因此，大力发展高端智能控制技术与系统具有重大意义。

2. 研究现状

21世纪，信息化与工业化呈现加速融合趋势，从全球产业发展大趋势来看，发达国家正利用在信息技术领域的优势，加快制造工业智能化的进程。2006年2月，美国发布了“美国竞争力计划”，指出融合现代计算机、通信和控制技术与工业实体的信息物理系统技术是提高制造业竞争力的核心技术。德国针对离散制造业提出了以智能制造为主导的第四次工业革命发展战略，即“工业4.0”。2013年，工信部正式发布《信息化和工业化深度融合专项行动计划（2013—2018年）》，提出发展工业云、大数据等新技术新应用，建立信息化（数字化、网络化、智能化及系统集成化）与工业化深度融合的智能制造模式——智能自动化，努力实现集研发设计、物流采购、生产控制等为一体的工业企业全链条系统智能化。

相比我国，发达国家更重视高端智能控制技术及系统的研发，因为高端智能控制技术与系统可以提升工业企业在资源和能源利用、安全环保等方面的水平，支撑制造业向高效化、绿色化和高端化方向发展。国外知名控制技术及系统研发公司，如艾默生、霍尼韦尔、施耐德、罗克韦尔、西门子、横河、英维斯等，在重大工程与重大项目方面仍然保持明显优势，占据着大部分高端市场。

控制技术与系统经历了仪表控制（电子化）、计算机集中控制（数字化）、分布式控制（数字化+网络化）三个阶段后，很长时期无实质性改进，发展方向不明，面临战略转移等重大问题。随着工业4.0、信息物理系统、新一代人工智能等理念与技术的涌现，控制技术与系统目前正进入第四个阶段，以分散智能、自主协同和全局优化为特征的智能控制装备及系统（数字化+网络化+智能化）为代表，实现面向智能设备与智慧工厂的一揽子解决的产品平台及成套技术与方案。高端智能控制技术的发展呈现出以下几个方面的趋势。

（1）控制系统的智能前置与分散智能技术。结合现代控制理论，应用人工智能技术，以微处理器为基础的智能化设备纷纷涌现；先进控制策略、故障诊断、过程优化、CAD、仿真培训和在线维修技术等日益得到广泛应用。随着数据库系统、推理机能的发展，尤其是知识库系统和专家系统的应用，如自学习控制、远距离诊断、自寻优等，人工智能将在控制系统各级实现。在控制系统架构扁平化趋势下，分散控制向分散智能发展，具体包括自诊断、自修复、自校正、自适应、自学习、自协调、自组织、自决策等。

（2）控制系统的泛在感知控制与动态协同优化技术。嵌入式计算随工业互联网（物联网）无所不在。打破电气控制（包括传动控制、逻辑和顺序控制）、过程控制、运动控制等多专业的桎梏，模糊数据采集与监视控制（supervisory control and data acquisition，SCADA）系统、远端终端装置（remote terminal unit，RTU）、可编程逻辑控制器（programmable logic controller，PLC）、DCS、工业计算机（industrial computer，IPC）等控制装备的产品边界，消除控制域、管理域、企业域等的应用范围边界，构建规模可大可小（scalable），具有高可用性（availability），性能稳健（robust），通信、控制、优化等能力极强，且无边界的平台——协同过程自动化系统，可以实现企业全部变量参数的实时可测可控，以及企业运行流程的全闭环控制，保证企业综合指标最优化。

（3）工艺流程、工业装备及控制优化等的多专业协同一体化智能设计技术。为使控制装备适应各领域的应用需求，要进一步了解相应行业的装备、工艺等要求，开发集成基于重大工程的行业模型库、算法库与知识库，以逐步形成核电控制系统、电力控制系统、石化控制系统、水泥控制系统等行业专业控制系统产品。

（4）控制系统融合功能安全与信息安全的内生安全技术。由于广泛采用通用软硬件和网络设施，以及与企业管理信息系统交互协作，控制系统越来越开放。通过互联网或企业内网将有可能获取相关控制系统的详细信息，这给敌对政府、恐怖组织、商业间谍、内部不法人员、外部非法入侵者等创造了可乘之机。自从“震网”病毒爆发以及美国发布《国家网络空间安全战略》政策之后，工业控制系统的安全引起了各个国家的高度重视，各国纷纷把工业控制系统的安全上升到国家安全战略的高度，控制系统相关安全技术得到了重点关注与快速发展，控制系统安全防范从单向隔离、纵深防御等被动防御技术，向移动目标防御、拟态安全、可信计算、内生安全等主动防御技术发展。

2．研究内容

高端智能控制技术与系统的总体研究目标如图6.22所示。针对工业装备、军事装备制造，智慧城市建设等重大工程对高端智能控制技术与系统的高智能性、高安全性、高可靠性、高精确性需求，研究开发集智能控制装置、智能检测装置、智能特种变送器、智能特种执行器、智能控制技术和智能优化技术于一体的自主智能、优化协同的高端智能控制技术与系统。自主研发系列关键技术，形成有完全自主知识产权的硬件技术、软件技术、安全技术和实现技术等四大技术成果，最终研究开发系列智能控制技术与系统，并在流程工业、离散工业、混合工业、军事装备、智慧城市等领域大面积应用实施。

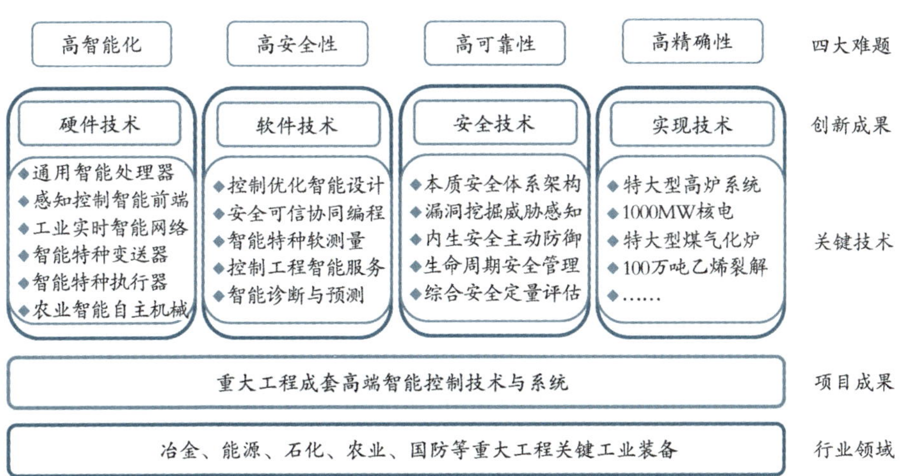

图6.22　高端智能控制技术与系统的总体研究目标

（1）硬件技术

①通用智能控制器与自重构冗余容错技术。研究控制运算的动态再分配、硬件失效自检与性能退化在线监测、场景快速适应的同构/异构智能表决等技术，以支持故障隔离、动态重构，保障控制组件的高可靠性、高精确性、高可用性。

②感知控制智能前端技术。研究通用智能输入输出、在线校正、全覆盖诊断、过失保护、故障隔离、灵巧总线等技术，满足恶劣工业环境与控制工程复杂性要求，实现设备前端分布式自主实时控制、智能协同与云端编程维护。

③工业实时智能网络技术。研究实现多感知网络智能协议转换与自适应路径规划，实现感知网络与感知节点的智能管理，开发高智能性、高安全性、高可靠性、强实时性的动态自组织工业网络协议与网络设备。

④智能特种变送器技术。研究智能特种变送器的多数据融合感知、自校正免维护、多总线通信集成与设备管理、安全与防爆认证等技术，研制极限参数、高精度、高适应性智能特种变送器。

⑤智能特种执行器技术。研究智能特种执行器的执行机构自适应自整定、运行分析、在线测试、诊断预警等技术，研制高可靠、高性能、高耐候智能特种执行器。

（2）软件技术

①基于数据驱动的控制优化智能设计技术。基于工程特征与海量工业数据，采用卷积神经网络、循环神经网络、深度信念网络等深度学习技术，研究具有自适应、自学习、自组织、自进化、自诊断、自维护等特征的数据驱动系统的分析与控制技术，解决复杂工业系统智能控制难题。

②控制工程智能服务与知识工作自动化技术。研究多领域工程对象模型，开发高效适配、递阶复用的工程行业模板，实现工业装备控制程序的自动化生成；提炼专家知识与工程经验，以领域知识为主体，提高项目工程设计开发效率，实现协同编程、远程维护、资料生成等。

③系统智能诊断与设备预维护技术。研究基于过程知识和数据驱动的层次因果模型，进行故障重构、诊断、分类及工况定位策略等，实现系统运行

监控、设备实时诊断与远程预维护。

（3）安全技术

①控制系统可信可控体系架构。融合功能安全与信息安全，覆盖硬件配置、软件编程、网络搭建、实时运行、工程维护等控制系统的设计、运行、服务全生命周期的可信可控架构。

②知识驱动的未知威胁协同智能辨识技术。构建结合行业流程和安全风险的分层知识图谱，设计防护监管设备协同联动机制，融合控制器状态、实时数据流、业务运行信息等多源多点海量异构数据，研究知识驱动的自演进深度置信网络，解决未知威胁的辨识难题。

③融合增强的内生安全控制装备。结合工业控制系统动态实时与高可用要求，研制功能安全与信息安全深度融合的内生安全控制装置，万点规模、强实时、多控制器协同的控制网络安全设备，主动防护的编译、运行与监控的工业智能软件平台。

④研发控制系统及安全测评方法与标准。全面保障控制系统的设计、运行、服务等全生命周期的功能安全、信息安全、操作安全。

（4）实现技术

针对特大型高炉、大型核电站、100万吨乙烯裂解炉等冶金、能源、石化、农业、国防关键装备的智能化控制和工程应用技术进行研究，保证复杂工况下的控制系统安全稳定与整体优化运行。

（执笔人：王文海，浙江大学；孙优贤，浙江大学）

6.3.10　自主无人操作系统

1. 研究背景

自主无人操作系统是无人系统智能化、产业化发展的必然产物，将成为智能无人系统的核心系统构件。

（1）智能化的必然结果。要实现无人系统的智能行为，必须创新智能控制方法，自主无人操作系统是实现这些方法的必然载体。自主无人操作系统还将成为无人系统学习和训练的平台，并链接云计算、大数据、物联网等IT基础设施，为不同形态无人系统的智能性生成和提升提供支撑。

（2）产业化的必由之路。当前无人系统行业研发模式基本上是垂直专有，每一型无人系统从硬件到软件都由特定机构独立研发，相似软件模块的重复开发导致研发成本高，进度和质量难以控制，这些问题与20世纪70年代的计算机产业如出一辙。然而，正是计算机操作系统的出现，促进了计算机硬件的标准化，软件的重用也因此实现了，计算机产业迎来了高速发展。面对千差万别的机器人产品研发，业界已经越来越迫切地需要将研发标准化、模块化和平台化，自主无人操作系统正是实现这“三化”的核心技术。

（3）安全可靠的必然要求。随着机器人大量进入市场，“人、机、物”日趋融合，信息安全问题直接从赛博空间延伸到了物理空间和社会空间，安全形势变得更加尖锐和复杂。要避免计算机发展过程中的“空心化”问题，就必须加紧布局自主无人操作系统，抢占技术和市场制高点，这样才能为实现机器人的自主可控打下基础。

2. 研究现状

自主无人操作系统作为机器人和无人系统的共性基础软件，运行于机器人和无人系统中，为机器人和无人系统的智能实现提供支撑。国内外对机器人的共性基础软件高度重视，已经开展了长期的工作，形成了一批有影响力的开源软件项目，包括美国的Player/Stage（Gerkey et al.，2003）、欧洲的Orocos（Bruyninckx，2001）和YARP（Metta et al.，2006）、日本的OpenRTM-aist（Ando et al.，2008）等。目前影响力最大、与自主无人操作系统最相关的，是斯坦福大学人工智能实验室与谷歌联合发起的开源机器人软件框架项目——ROS（Quigley et al.，2009），它从2007年开始发展，进展迅猛，得到了国内外学术界和工业界的广泛关注。目前，ROS已经具备硬件驱动、模拟仿真、运动规划、运动控制、环境感知等共性功能，正被全球各大高校和DARPA等研究机构广泛使用，且已经应用于工业机器人和地面、水面、水下、空中移动机器人等多种机器人中。例如2014年，NASA在位于国际空间站上的宇航机器人Robonaut 2上搭载了ROS，并实现了其基于ROS的机械臂控制（Badger，2016）。2013年，*MIT Technology Review*杂志上的一篇文章指出，“自从2010年1.0版本发布以来，ROS已经成为机器人软件领域的事实标准”（Greenwald，2013）。

机器人操作系统已经在美国、日本等多个国家的机器人研究路线图和科技计划中被提出。例如2011年，美国“国家机器人计划”明确提出建立开放系统机器人架构，构建通用的硬件与软件平台，同时将软件和机器人操作系统作为基础设施需求来支持。又如，2015年，日本《机器人新战略》明确将人工智能和操作系统作为其下一代重点研发的“要素”技术，提出实现机器人的模块化、开发通用的基础操作系统等。以机器人操作系统为核心的机器人软件体系正在向支撑智能化、集群化、多态化的机器人系统发展。以RoboEarth云机器人项目为例，多态的机器人个体将自身学习到的任务描述、构建的目标模型和环境模型等信息共享至云端，其他机器人将能够利用这些信息提高自身智能（Tenorth et al.，2012）。基于机器人操作系统，美国国防高级研究计划局更加注重体系集成，推出SoSITE等体系集成项目，重点是寻求有人平台和无人平台统一的体系架构以及支撑工具，对机器人操作系统及其软件体系的研究和设计具有参考意义。

然而，机器人操作系统的发展还处在非常初级的阶段。当前影响力最大的ROS被设计为主要解决机器人研发过程中的“软件重用”问题，没有针对机器人和无人系统的智能行为管理与群体自主协作提供模型、框架和支撑，具体表现在：①从体系架构上看，ROS并没有针对智能行为和群体协作进行架构设计，而仅仅提供了一批软件模块，并基于消息的发布/订阅机制进行软件模块的聚合，它需要工作于理想的网络环境下，且缺乏实时性保证，难以满足智能无人系统的实时计算、智能计算、分布计算需求；②从资源管理上看，ROS依赖于Linux等底层计算机操作系统，对复杂的机器人物理、认知、社会等空间的资源缺乏一致抽象和管理，难以实现多态资源管理；③从行为管理上看，ROS提供的框架往往用于实现面向确定场景和任务的单机器人行为，难以支持复杂环境适应、群体机器人协同、人机协同等各种复杂行为。

我国自主无人操作系统研究起步虽晚，但发展基础良好。首先，国家和军队高度重视自主无人操作系统这一前沿方向。《新一代人工智能发展规划》已明确将自主无人操作系统列入关键共性技术，国家自然科学基金委立项的“共融机器人基础理论与关键技术研究”重大研究计划、科技部立项的“智能机器人”重点专项等科技计划中，均明确对机器人操作系统进行支持，军委科技委、装备发展部也立项并资助了机器人操作系统相关的重点或重大研究项目。其次，国产计算机操作系统的研制已为机器人操作系统的研发奠定了良好的技术基础。例如，国家“核高基”（核心电子器件、高端通用芯片及基础软件产品）等科技计划对基础软件长期进行大力支持，形成了一批操作系统研发的核心队伍，相关单位在操作系统的科研环境、技术储备和设计经验上已经具备了雄厚的基础和独特的优势。最后，国内已经有一些单位开展了自主无人操作系统的基础研究和工程研发工作，并已经取得了初步成效（Yi et al.，2016）。但同时我们也要清醒地认识到，相对于欧美日等发达国家和地区，我们的自主无人操作系统的研究和应用水平都还存在一定差距，主要表现为重硬件轻软件、重算法轻架构、重代码轻标准、重单体轻集群等。

3. 研究内容

自主无人操作系统作为智能无人系统的“大脑”，负责管理各种硬件资源和智能设备，运行各种智能算法和软件，实施各种智能行为。自主无人操作系统的相关研究在国内外均处于起步阶段，研究需要从基础理论、体系架构、关键技术、开发环境、示范应用等方面开展（见图6.23）。

（1）基础理论

自主无人操作系统的基础理论研究应抓住人工智能方法从手工知识/统计学习向适应环境发展、无人系统行为从遥操作向智能化/协作化发展、无人系统基础软件由垂直封闭向标准化/模块化/平台化和互联/互通/互操作发展的趋势，面向自主学习与智能行为、分布架构与群体智能、态势理解与人机协同等科学问题开展基础理论研究。

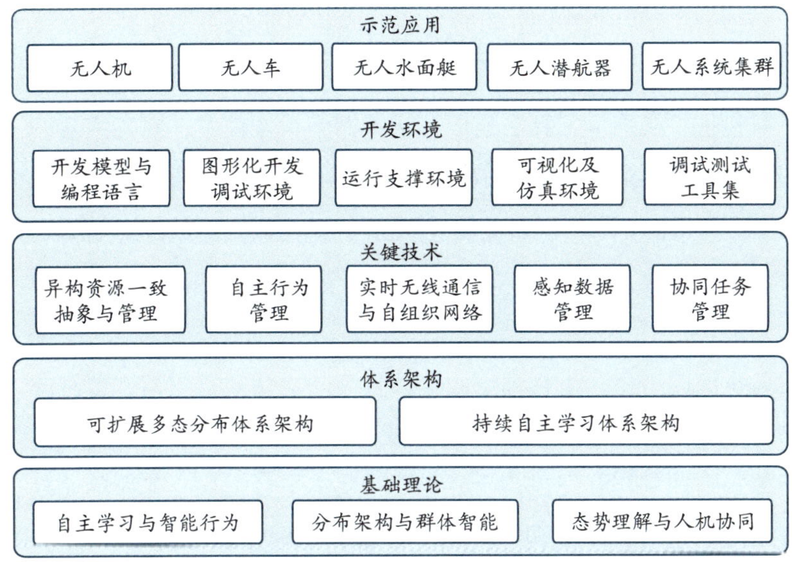

图6.23 自主无人操作系统拟开展的研究内容体系框架

（2）体系架构

面向无人系统自主任务与机—机、人—机自主协作等智能行为，结合人工智能和无人系统基础软件的发展趋势要求，开展自主无人操作系统体系架构设计，重点围绕可扩展多态分布体系架构和持续自主学习架构开展研究。

A. 可扩展多态分布体系架构

自主无人操作系统是无人系统的基础软件平台，应采用可扩展分布体系架构，以支持系统的标准化、模块化、平台化和互联、互通、互操作、互理解、互遵守。可扩展分布体系架构主要研究包括：可扩展实时分布体系架构；基于开放式架构的智能无人系统互操作方法与协议；支持语义表达、协同与互用的无人系统互理解机制；智能无人系统互遵守基础理论和架构；异构无人系统资源的远程发现与管理机制；无人系统与云计算等基础设施的互操作机制；云端虚拟化资源的按需映射与访问方法；基于自主无人操作系统的智能无人系统设计方法；面向智能无人系统的管理方法、层次结构以及接口技术；有效的数据与指令的输入输出管理机制与应用接口等。

B. 持续自主学习体系架构

机器学习子领域的进展是最近几年人工智能技术进步的主要推动力，

“学习”是包括人类在内的生物的智能形成和进步的主要途径。支持无人系统智能行为控制、知识获取、推理以及智能进化的持续自主学习体系架构的主要研究包括：机器学习算法集成与学习网络构建技术；虚实结合的平行学习架构；模拟现实的架构与技术；人机协同示教学习框架与平台；虚拟环境自学习平台与机制；学习网络的演化机理；知识管理与持续增殖机理等。

（3）关键技术

A.“物理域、信息域、认知域、社会域”异构资源一致抽象与管理

无人系统同时生存于物理空间、信息空间、认知空间和社会空间，需要对“物理域、信息域、认知域、社会域”的异构资源进行一致抽象与管理。异构资源一致抽象与管理主要研究包括：基本平台模块、载荷单元以及外部辅助设备等物理资源及能源、环境、健康等物理状态的抽象与管理；计算、存储、通信等信息域资源的调度、协同和管理；知识库、模型库、方法库等认知域资源的组织和管理；作业规则、协同规则等社会域资源组织和管理。

B. 基于“观察—判断—决定—行动”行为链的自主行为管理

基于博伊德提出的观察—判断—决定—行动（observation-orientation-decision-action，OODA）行为链描述无人系统及无人系统群体的智能行为。自主行为管理主要研究包括：基于角色的数据融合、面向任务的情景感知等智能观察行为管理；持续学习的情景模型构建、目标/行为/场景理解与预测、基于大数据与云计算的判断能力提升等智能判断和人机协同判断行为管理；路径/任务/动作规划、与能量/通信等其他约束条件的联合规划、编队/意外/任务/对抗自主协同、智能辅助决定等智能决定行为管理；移动与操作控制、智能与安全控制、群体动力学控制、行动/指令的群体同步等智能行动管理。

C. 实时无线通信与自组织网络

无线通信网络既是智能无人系统与IT基础设施连接的桥梁，又是无人系统之间实现自主协同的基础。实时无线通信与自组织网络主要研究包括：多无人系统自组织行为的模型和机理；通信数据管理模式；高带宽、低时延、抗干扰的可靠无线网络通信；无人系统自组织网络架构、通信接口及其标准

化；软件定义网络等技术。

D. 感知数据管理

无人系统需要与环境进行交互，并进行感知数据管理和共享。感知数据管理主要研究包括：感知数据的抽象表示；资源受限条件下的高可用、高可扩展的分布式架构；实时的多源数据存储、检索、同步与融合；高可靠、强实时、高安全机制；云端数据库接口与分布式数据管理技术；云计算支持的感知数据汇聚和知识重用；跨平台、多语言应用开发环境与管理工具等。

E. 协同任务管理

无人系统需要实现人机交互和无人系统之间的自主协同，自主协同任务管理是需要攻克的关键技术，其主要研究包括：基于OODA循环的多无人系统自主协同支撑机制；自主协同的实时技术；有人—无人联合情景理解；面向层次式组织结构的任务分解和动态分配技术；分布式任务规划与协作机制等。

（4）开发环境

以自主无人操作系统为平台，以高效开发智能无人系统应用软件系统为目标，研究无人系统软件开发模型与编程语言，实现图形化开发调试环境、基于自主无人操作系统的运行支撑环境、2D/3D可视化环境和运动学/动力学仿真环境，以及调试测试工具集等。

（5）示范应用

针对无人机、无人车、无人水面艇、无人潜航器等无人平台及无人系统集群，开展自主无人操作系统的适配与示范应用，有效提升无人系统的自主作业能力和多无人系统的自主协同能力。

（执笔人：易晓东，军事科学院国防科技创新研究院）

参考文献

崔维成，刘峰，胡震，等，2011. 蛟龙号载人潜水器的5000米级海上试验[J]. 中国造船，52（3）：1131-1143.

董海荣，高冰，宁滨，等，2010. 基于模糊PID软切换控制的列车自动驾驶系统调速制动[J]. 控制与决策，25（5）：794-796.

封锡盛，2000. 从有缆遥控水下机器人到自治水下机器人[J]. 中国工程科学，2（12）：29-33.

凤凰科技，2017. 英特尔将组建100辆自动驾驶车队 年底上路测试[EB/OL].（2017-08-19）[2017-12-20]. http://tech.ifeng.com/a/20170810/44661015_0.shtml?wratingModule=1_12_97.

靳国强，陈小平，2013. 面向智能服务机器人任务规划的行动语言扩展[J]. 软件学报（7）：1614-1625.

军事纪实，2016.“智”斗沙场——“跨越险阻2016”地面无人系统挑战赛纪实[EB/OL].（2016-11-16）[2017-12-27]. http://www.le.com/ptv/vplay/27051938.html?ch2=baidu_s_3#vid=27051938.

冷勇林，陈德旺，阴佳腾，2014. 基于专家系统及在线调整的列车智能驾驶算法[J]. 铁道学报（2）：62-68.

李伯虎，2017. 基于新一代人工智能发展中国智能制造[J]. 中国科技财富（8）.

李硕，曾俊宝，王越超,2011. 自治/遥控水下机器人北极冰下导航[J]. 机器人,33（4）：509-512.

李一平，封锡盛，2001.“CR-01”6000m自治水下机器人在太平洋锰结核调查中的应用[J]. 高技术通讯，11（1）：85-87.

梁斌，徐文福，李成，等，2010. 地球静止轨道在轨服务技术研究现状与发展趋势[J]. 宇航学报，31（1）：1-13.

林来兴，2012. 空间碎片现状与清理[J]. 航天器工程，21（3）：1-10.

刘进军，2007. 轨道快车——卫星拯救者[J]. 卫星电视与宽带多媒体（21）：40-42.

刘景泰，张森，孙月，2016. 面向智能家居/智慧生活的服务机器人技术与系统[J]. 集成技术，5（3）：38-46.

罗仁士，王义惠，于振宇，等，2012. 城轨列车自适应精确停车控制算法研究[J]. 铁道学报，34（4）：64-68.

闵丽娟，卢捍华，吴瑞雯，2017. 物联网控制系统综述[J]. 南京邮电大学学报：自然科学版，37（2）：68-73.

倪自强，王田苗，刘达，2015. 医疗机器人技术发展综述[J]. 机械工程学报，51（13）：45-52.

宁滨，余祖俊，朱力强，等，2014. 铁路远程瞭望系统研究与应用[J]. 铁道学报，36（12）：62-69.

任建勋，刘磊明，2016. 网络控制系统综述[J]. 工业控制计算机（8）：91-92.

沈阳自动化研究所，2016. 沈阳自动化所与德国SAP公司举行智能制造解决方案战略合作签约仪式[EB/OL].（2016-01-28）[2017-12-30]. http://www.cas.cn/yx/201601/t20160127_4526372.shtml.

史也，2013. 空间机器人自主捕获目标的轨迹规划与控制研究[D]. 哈尔滨：哈尔滨工业大学.

宿帅，唐涛，2014. 城市轨道交通ATO的节能优化研究[J]. 铁道学报，36（12）：50-55.

陶永，2015. 发展服务机器人，助力智能社会发展[J]. 科技导报，33（23）：58-65.

田国会，许亚雄，2014. 云机器人：概念、架构与关键技术研究综述[J]. 山东大学学报（工学版），44（6）：47-54.

王呈，唐涛，罗仁士，2013. 列车自动驾驶迭代学习控制研究[J]. 铁道学报，35（3）：48-52.

王田苗，郝雨飞，杨兴帮，等，2017. 软体机器人：结构、驱动、传感与控制[J]. 机械工程学报，53（13）：1-13.

王田苗，陶永，陈阳，2012. 服务机器人技术研究现状与发展趋势[J]. 中国科学：信息科学，42（9）：1049-1066.

武建国，石凯，刘健，等，2014. 6000m AUV“潜龙一号”浮力调节系统开发及试验研究[J]. 海洋技术学报，33（5）：1-7.

徐文福，2007. 空间机器人目标捕获的路径规划与实验研究[D]. 哈尔滨：哈尔滨工业大学.

荀径，杨欣，宁滨，等，2014. 列车节能操纵优化求解方法综述[J]. 铁道学报（4）：14-20.

佚名，2012. 服务机器人科技发展“十二五”专项规划[J]. 机器人技术与应用（3）：1-5.

佚名，2015. 智能制造引领新型石化工业发展[EB/OL].（2015-10-14）[2017-12-28]. http://www.zgznh.com/news/show-842117.html.

于振宇，陈德旺，2011. 城轨列车制动模型及参数辨识[J]. 铁道学报，33（10）：37-40.

中国投资咨询网，2016. 我国精细化工行业发展特点、态势及方向分析[EB/OL].（2016-01-19）[2018-01-02]. http://www.ocn.com.cn/chanye/201601/blsae19105808.shtml.

周云成，2014. 智造模式与未来人[J]. 商界：评论（11）.

Akin D L, Bowden M L, 2002. EVA, robotic, and cooperative assembly of large space structures[C]//Aerospace Conference Proceedings. IEEE.

Albu-Schaffer A, Bertleff W, Rebele D, et al., 2006. ROKVISS-robotics component verification on ISS current experimental results on parameter identification[C]//IEEE International Conference on Robotics and Automation. IEEE: 3879-3885.

Ando N, Suehiro T, Kotoku T, 2008. A software platform for component based RT-system development: openrtm-aist[J]. Lecture Notes in Computer Science, 5325: 87-98.

Arendt F, Klein O, Kai B, 2016. Intelligent control of freight services on the basis of autonomous multi-agent transport coordination[J].313–324.

Argall B D, Chernova S, Veloso M, et al., 2009. A survey of robot learning from demonstration [J]. Robotics and Autonomous Systems, 57 (5): 469–483.

Badger J, Gooding D, Ensley K, et al., 2016. ROS in space: a case study on robonaut 2[M]// Robot Operating System (ROS). Springer: 343-373.

Bae S H, Yoon K J, 2015. Polyp detection via imbalanced learning and discriminative feature learning[J]. IEEE Transactions on Medical Imaging, 34 (11): 2379.

Bengio Y, 2009. Learning deep architectures for AI[J]. Foundations and Trends in Machine Learning, 2 (1): 1-127.

Bischof B, Kerstein L, 2002. Roger-robotic geostationary orbit restorer[C]//COSPAR Scientific Assembly. 34th COSPAR Scientific Assembly.

Bruyninckx H, 2001. Open robot control software: the OROCOS project[C]//IEEE International Conference on Robotics and Automation. IEEE: 2523-2528.

Castillo O, Melin P, 2014. A review on interval type-2 fuzzy logic applications in intelligent control[J]. Information Sciences (279): 615-631.

Chand S, Davis J, 2010. What is smart manufacturing? [J]. Time (7): 28-33.

Chao H Y, Cao Y C, Chen Y Q, 2010. Autopilots for small unmanned aerial vehicles: a survey[J]. International Journal of Control Automation & Systems, 8 (1): 36-44.

Cui R, Liu H, Zhang C, 2017. Recurrent convolutional neural networks for continuous sign language recognition by staged optimization[C]//IEEE Conference on Computer Vision and Pattern Recognition. IEEE Computer Society: 1610-1618.

Das B, Subudhi B, Pati B B, 2016. Cooperative formation control of autonomous underwater vehicles: an overview[J]. International Journal of Automation and Computing, 13 (3): 199-225.

Davis J, Edgar T, Graybill R, et al., 2017. Smart manufacturing[J]. Annual Review of Chemical and Biomolecular Engineering, 6 (1): 141-160.

Davis J, Edgar T, Porter J, et al., 2012. Smart manufacturing, manufacturing intelligence and demand-dynamic performance[J]. Computers and Chemical Engineering, 47 (12): 145-156.

Debus T, Dougherty S, 2009. Overview and performance of the front-end robotics enabling near-term demonstration (FREND)Robotic Arm[C]//AIAA Infotech@Aerospace Conference.

Dragičević T, Lu X, Vasquez J C, et al., 2016. DC microgrids—part I: a review of control strategies and stabilization techniques[J]. IEEE Transactions on Power Electronics, 31 (7): 4876-4891.

Fang Z, Yang S, Jain S, et al., 2017. Robust autonomous flight in constrained and visually degraded shipboard environments [J]. Journal of Field Robotics, 34 (1): 25-52.

Flores-Abad A, Ma O, Pham K, et al., 2014. A review of space robotics technologies for on-orbit servicing[J]. Progress in Aerospace Sciences, 68 (8): 1-26.

Fu K, Jin J, Cui R, et al., 2015. Aligning where to see and what to tell: image captioning with region-based attention and scene-specific contexts[J]. IEEE Transactions on Pattern Analysis and Machine Intelligence, 39 (12): 2321-2334.

Gerkey B P, Vaughan R T, Howard A, 2003. The player/stage project: tools for multi-robot distributed sensor systems[C]//International Conference on Advanced Robotics: 317-323.

Graves A, Mohamed A R, Hinton G, 2013. Speech recognition with deep recurrent neural networks[C]//IEEE International Conference on Acoustics, Speech and Signal Processing. IEEE: 6645-6649.

Graves A, Wayne G, Reynolds M, et al., 2016. Hybrid computing using a neural network with dynamic external memory[J]. Nature, 538 (7626): 471-476.

Greenwald T, 2013. Open-source software is making it nearly as easy to program a robot as it is to write an app[J]. MIT Technology Review, 116 (5): 30-33.

Gupta S G, Ghonge M M, Jawandhiya P, 2013. Review of unmanned aircraft system (UAS)[J]. International Journal of Advanced Research in Computer Engineering and Technology, 2 (4).

Happy S L, Routray A, 2015. Automatic facial expression recognition using features of salient facial patches[J]. IEEE Transactions on Affective Computing, 6 (1): 1-12.

He K, Zhang X, Ren S, et al., 2016. Deep Residual learning for image recognition[C]// Computer Vision and Pattern Recognition. IEEE: 770-778.

Hirzinger G, Landzettel K, Brunner B, et al., 2012. DLR's robotics technologies for on-orbit servicing[M]//Advanced Robotics.

Hoc J M, 2000. From human–machine interaction to human–machine cooperation[J]. Ergonomics, 43 (7): 833-843.

International Electrotechnical Commission, 2010. Railway applications-urban guided transport management and command/control systems-part 2: functional requirements specification[S].

Javaid M Y, Ovinis M, Nagarajan T, et al., 2014. Underwater gliders: a review[C]//EDP Sciences: 02020.

Jia R, Gao X G, Zheng J S, et al., 2010. Mission decision-making for UAV under dynamic environment[J]. Systems Engineering and Electronics.

Jin J, Ma X, Kosonen I, 2017. An intelligent control system for traffic lights with simulation-based evaluation[J]. Control Engineering Practice (58): 24-33.

Kang H S, Ju Y L, Choi S S, et al., 2016. Smart manufacturing: past research, present findings, and future directions[J]. International Journal of Precision Engineering and Manufacturing-Green Technology, 3 (1): 111-128.

Ke B R, Lin C L, Lai C W, 2011. Optimization of train-speed trajectory and control for mass rapid transit systems[J]. Control Engineering Practice, 19 (7): 675-687.

Kendoul F, 2012. Survey of advances in guidance, navigation, and control of unmanned rotorcraft systems[J]. Journal of Field Robotics, 29 (2): 315-378.

Khansari-Zadeh S M, Billard A, 2011. Learning stable nonlinear dynamical systems with Gaussian mixture models[J]. IEEE Transactions on Robotics, 27 (27): 943-957.

Lake B M, Salakhutdinov R, Tenenbaum J B, 2015. Human-level concept learning through probabilistic program induction[J]. Science, 350 (6266): 1332-1338.

MacDougall W, 2014. Industrie 4.0: smart manufacturing for the future[R]. Germany Trade and Invest.

Markoff J, 2010. Google cars drive themselves, in traffic[J]. New York Times.

Martinez C M, Heucke M, Wang F Y, et al., 2017. Driving style recognition for intelligent vehicle control and advanced driver assistance: a survey[J]. IEEE Transactions on Intelligent Transportation Systems (99): 1-11.

Maza I, Kondak K, Bernard M, et al., 2010. Multi-UAV Cooperation and Control for Load Transportation and Deployment[J]. Journal of Intelligent & Robotic Systems, 57 (1-4): 417-449.

Mcfarlane J R, 2008. Tethered and untethered vehicles: the future is in the past[C]//Oceans. IEEE: 1-4.

Menkovski V, Liotta A, 2013. Intelligent control for adaptive video streaming[C]//IEEE International Conference on Consumer Electronics. IEEE: 127-128.

Metta G, Fitzpatrick P, Natale L, 2008. YARP: yet another robot platform[J]. International Journal of Advanced Robotic Systems, 3 (1): 2006.

Mnih V, Kavukcuoglu K, Silver D, et al., 2015. Human-level control through deep reinforcement learning[J]. Nature, 518 (7540): 529.

Montemerlo M, Becker J, Bhat S, et al., 2009. Junior: the stanford entry in the urban challenge[J]. Journal of Field Robotics, 25 (9): 569-597.

Nagaty A, Saeedi S, Thibault C, et al., 2013. Control and navigation framework for quadrotor helicopters[J]. Journal of Intelligent and Robotic Systems, 70 (1-4): 1-12.

Obermark J, Henshaw C G, 2007. SUMO/FREND: vision system for autonomous satellite grapple[J]. Proceedings of SPIE-The International Society for Optical Engineering (6555): 65550Y-65550Y-11.

Quigley M, Gerkey B P, Conley K, et al., 2009. ROS: an open-source robot operating system[J].

Safaei A, Ha'Iri-Yazdi M R, Esfahanian V, et al., 2015. Designing an intelligent control strategy for hybrid powertrains utilizing a fuzzy driving cycle identification agent[J]. Proceedings of the Institution of Mechanical Engineers Part D Journal of Automobile Engineering, 229 (9): 1169-1188.

Silver D, Huang A, Maddison C J, et al., 2016. Mastering the game of Go with deep neural networks and tree search[J]. Nature, 529 (7587): 484-489.

Sutton, R S, Barto A G, et al., 2005. Introduction to Reinforcement Learning[J]. Machine Learning, 16 (1): 285-286.

Swink D, 2014. The infusion of intelligence that transforms the way Industries conceptualize, design, and operate the manufacturing enterprise[R]. Smart Manufacturing Leadership Coalition (SMLC).

Tenorth M, Perzylo A C, Lafrenz R, et al., 2013. The RoboEarth language: representing and exchanging knowledge about actions, objects, and environments[C]//International Joint Conference on Artificial Intelligence. AAAI: 3091-3095.

Tisdale J, Kim Z, Hedrick J K, 2009. Autonomous UAV path planning and estimation[J]. IEEE Robotics and Automation Magazine, 16 (2): 35-42.

Tsvetkov V Y, 2015. Intelligent control technology[J]. Russian Journal of Sociology (2): 97-104.

US Department of Defense, 2013. Unmanned systems integrated roadmap[R].

Vassilyev S, 2013. Intelligent control of industrial processes[C]//Manufacturing Modelling, Management, and Control: 49-57.

Wang H, Sun W, Liu P X, 2017. Adaptive intelligent control of nonaffine nonlinear time-delay systems with dynamic uncertainties[J]. IEEE Transactions on Systems Man and Cybernetics Systems, 47 (7): 1474-1485.

Westgard J O, Westgard S A, 2016. Quality control review: implementing a scientifically based quality control system [J]. Annals of clinical biochemistry, 53 (1): 32-50.

Yan M A, Xia Z J, Bo L I, 2015. Enlightenments of German Industry 4.0 and 2025 of Chinese woodworking machinery manufacturing[J]. Forestry Machinery and Woodworking Equipment.

Yang J, 2016. A Survey on the development trend of the intelligent control system at home and abroad[J]. Magazine on Equipment Machinery (1): 15.

Yang R, Wang L, 2013. Multi-zone building energy management using intelligent control and optimization[J]. Sustainable Cities and Society, 6 (1): 16-21.

Yi X D, Wang Y Z, Yang X J, et al., 2016. Collective robots: architecture, cognitive behavior model, and robot operating system. Science, 354 (6318): 12-15.

Zanchettin A M, Ceriani N M, Rocco P, et al., 2015. Safety in human-robot collaborative manufacturing environments: metrics and control[J]. IEEE Transactions on Automation Science and Engineering, 13 (2): 882-893.

第7章

人工智能2.0在制造领域中的应用

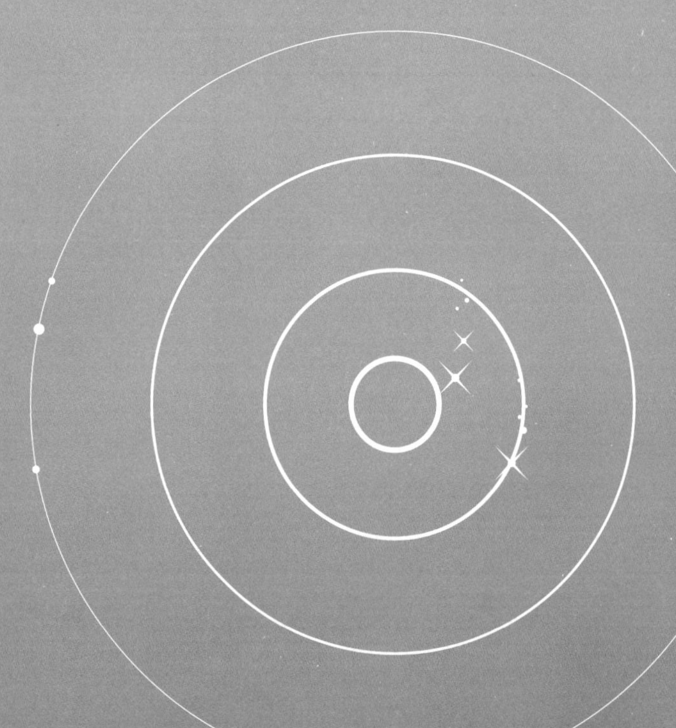

7.1 内容概述

针对我国发展成为制造强国过程中所面临的智能化应用技术体系尚不健全、核心技术亟待突破，以及智能化应用与产业生态总体水平不高等问题，应深度融合人工智能2.0技术与制造领域技术，研究建立我国自主的基于人工智能2.0的智能制造系统应用技术体系，研发形成我国自主的智能及智能互联产品、智能制造使能工具与系统，以及智能制造云运营服务平台，实现十大重点行业典型示范应用与推广，建立“泛在互联、数据驱动、共享服务、跨界融合、自主智慧、万众创新”的智能制造新生态系统。本章围绕智能制造系统应用技术研发、智能制造应用产业工程、智能制造系统应用工程、面向离散制造全产业链活动的智能制造应用工程、面向流程制造全过程的智能制造应用工程及智能创新设计应用工程等六个方向，重点研究各方向的研究背景、研究现状、研究内容等方面。

7.2 智能制造关键技术

7.2.1 智能制造系统应用技术研发

1. 研究背景

当前，一场新技术革命和新产业变革正在进行。全球“创新、绿色、开放、共享、个性”的发展需求，与新互联网技术、新信息通信技术、新人工智能技术、新能源技术、新材料技术、新生物技术等技术的飞速发展，正引领国民经济、国计民生和国家安全等领域新模式、新手段和新生态系统的出现。制造业作为国民经济、国计民生和国家安全的重要基石，同样面临全球新技术革命和新产业变革的挑战，特别是新一代信息通信技术、智能科学技术与（大）制造技术的深度融合，引发了制造模式、制造手段、制造生态系统等的重大变革。

面向我国建设智能制造强国的重大需求，突出新一代人工智能技术与制造领域技术融合，研究突破基于新一代人工智能技术的智能制造总体技术，智能制造系统平台技术，制造生命周期及全过程、全流程智能化等智能化技术，使其成为支撑我国智能制造系统技术体系的重要基础。

2. 研究现状

面对以智能制造为核心技术的新一轮工业革命，世界各国尤其是发达国家都在结合自身实际情况和优势，积极采取行动，抢占未来发展的战略制高点。2012年，通用电气公司最早提出“工业互联网”的概念，即在现实世界中，机器、设备和网络能在更深层次与信息世界的大数据和分析连接在一起，带动工业革命和网络革命两大革命性转变。工业互联网包括三大要素，即智能设备、智能系统、智能决策。当三大要素与网络融合在一起时，工业互联网的全部潜能就会体现出来，比如生产率提高、成本降低和节能减排所带来的效益将带动整个制造业的转型升级（通用电气公司，2015）。为保障美国制造业在全球的战略领导地位，美国在2014年发布《振兴美国先进制造业》报告，确立优先发展的三大技术领域战略，包括先进传感器、控制和制造平台技术，可视化、信息化和数字化的制造技术，以及先进材料制造技术（彭俊松，2016）。2011年德国政府在汉诺威工业博览会上提出“工业4.0”之后，2013年由“产官学”专家组成的德国“工业4.0工作组”发表了《保障德国制造业的未来：关于实施“工业4.0”战略的建议》报告。在德国政府推出的《高技术战略2020》规划中，“工业4.0”为十大未来项目之一。“工业4.0”旨在充分利用通过信息通信技术和网络空间虚拟系统构建的信息物理系统，推动制造业的智能化转型。信息物理系统是整个工业4.0最核心的技术，是在嵌入式系统、传感器技术和网络技术的基础上发展起来的，能最终实现虚拟世界与物理世界的完全融合，构建一个可控、可信、可扩展且安全高效的信息物理系统网络。

我国正处在从制造大国走向制造强国、从中国制造走向中国创造的关键历史时期，我国制造业正从价值链的低端走向中高端，针对这些现状，我国政府先后提出了《中国制造2025》《国务院关于积极推进“互联网+”行动的指导意见》《国务院关于深化制造业与互联网融合发展的指导意见》《“十三五”国家战略性新兴产业发展规划》以及《关于深化“互联网+先进制造业”发展工业互联网的指导意见》等国家级战略规划。

其中，《中国制造2025》从国家层面确定了我国建设制造强国的总体战略，明确提出，要以新一代信息技术与制造业技术深度融合为主线，以推进智能制造为主攻方向，实现制造业由大变强的历史跨越。《“十三五”国家战略性新兴产业发展规划》也明确提出，要构建网络强国基础设施，实施网络强国战略，推动物联网、云计算和人工智能等技术向各行业全面融合渗透，构建万物互联、融合创新、智能协同、安全可控的新一代信息技术产业体系。《关于深化“互联网+先进制造业”发展工业互联网的指导意见》进一步明确了以下几点：在网络基础方面，重点推进企业内外网改造升级，构建标识解析和标准体系，建设低时延、高可靠、广覆盖的网络基础设施，为工业全要素互联互通提供有力支撑；在平台体系方面，重点推动建设若干个面向多行业、多领域应用的国家级平台，支持形成一批具有较强示范引领效应的企业级平台，形成国家、企业两级工业互联网平台体系，促进工业全要素连接和资源优化配置；在安全保障方面，重点加强工业互联网安全技术手段建设，形成国家、行业、企业协调联动的工业互联网安全工作格局，建设覆盖产业全生命周期的安全保障体系；在融合应用方面，加快新技术、新产品、新模式示范部署，以应用促发展、以发展促应用。

近年来，我国在智能制造技术方面已取得了一些成果。2009年，我国在国际上率先提出了“云制造”的概念，开始了制造云的研究与实践。随着新互联网技术、新信息通信技术、新一代人工智能技术的快速发展，我们深刻认识到“互联网+”“人工智能+”的时代正在到来，新技术为加强云制造的智能化提供了技术支撑，因此在2012年提出了“智能云制造”（云制造2.0）的概念，开始了智能制造云的研究与探索（李伯虎等，2011）。在此基础上，智能制造关键技术装备也实现重要突破，高档数控机床、工业机器人、智能仪器仪表、增材制造等领域快速发展，智能制造标准体系初步构建。

我国的智能制造技术体系雏形已经基本形成，但是体系仍有待进一步完善，特别是随着新互联网技术、新信息通信技术和新一代人工智能技术的不断发展，要实现新技术之间的交叉融合还存在一定的技术壁垒和障碍，目前尚未形成开放兼容、完整的技术体系。比如，网络、信息技术、人工智能等共性关键使能技术的研究力度仍然不足，自主核心技术有待提高；高性能嵌入仿真/边缘计算技术、智能大数据引擎技术、人机共融技术、区块链技术等系统平台技术的研究应用有待进一步突破；基于新一代人工智能技术的智能制造安全技术、评估技术、标准化技术等也都亟待完善和发展。

随着新互联网技术、新信息通信技术、新一代人工智能技术等新技术的创新发展，以及这些新技术与智能制造技术的深度融合，智能制造技术的发展呈现出以下四个发展趋势：①智能互联产品飞速发展；②传统互联网向泛在网络（包含互联网、物联网、车联网、移动互联网、卫星网、天地一体化网、未来互联网等）发展；③基于边缘计算技术的边缘制造逐步兴起；④与新一代人工智能、VR、AR和高性能嵌入式仿真等技术充分融合发展。

（1）智能互联产品飞速发展

针对各种智能产品不断涌现，但产品之间缺少互联互通的现状，智能互联产品的智能部件和连接部件研发将成为未来智能制造发展的重点。智能互联产品能够实现人、智能设备、外界环境的感知与互联，促进智能产品之间的互感、分工协同，完成更加高级、复杂的任务，实现更高层次的智能化。

（2）传统互联网向泛在网络发展

互联网、物联网、车联网、移动互联网、卫星网、天地一体化网、未来互联网等技术已慢慢融入各行各业，并逐步替代传统的互联网。随着移动终端、传感网络、可穿戴设备、感知设备等逐渐遍布世界，泛在网络将会史无前例地连接世界上的个体和群体，将各种机器、设备、设施与先进的传感器、工业软件和平台相连接。

（3）基于边缘计算技术的边缘制造逐步兴起

在智能制造改造升级过程中，随着智能终端与其接入规模的急速扩展，传统集中式信息处理与管理模式已不再适用，将逐步演进为分布式处理与集中式管理相结合的混合模式。边缘计算技术与智能制造技术只有融合应用，才能满足工业现场智能化改造升级的需求。边缘计算采用物端的嵌入式计算能力，以分布式信息处理的方式实现物端的数据分析和智能化处理，更加高效安全，并与云计算相结合，建立"云计算+边缘计算"的新型设备连接和数据处理方式，通过云端的交互协调，提高工业数据处理效率和信息安全水平，实现系统整体的智能化。根据预测，未来将有数以百亿计的终端设备互联，超过50%的数据需要在物端分析、处理和存储。

（4）与新一代人工智能等技术充分融合发展

人工智能技术已经进入了新一代，其主要特征是数据驱动下深度强化学习的直觉感知、基于网络的群体智能、人机和脑机交互的技术导向混合智能、跨媒体推理及自主智能无人系统等。智能制造未来将走向更高层次的智能化，新一代人工智能技术与智能制造技术的深度融合，将不断促进智能制造系统总体技术、平台技术、智能设计、智能生产、智能管理、智能试验、智能保障等制造全生命周期活动的智能化关键技术的发展，进而形成满足智能制造产业发展需求的技术创新体系。

3. 研究内容

智能制造系统应用技术的研究内容主要包括智能制造系统体系架构、智能制造系统总体技术、智能制造系统平台技术，以及制造全生命周期活动智能化技术。

（1）智能制造系统体系架构

智能制造系统体系架构如图7.1所示，其主要包括六个层次。①新智能制造系统资源/能力/产品层。该层包括要接入整个系统的各种资源、能力和产品。②新智能制造系统感知/接入/通信层（网）。该层通过感知技术、

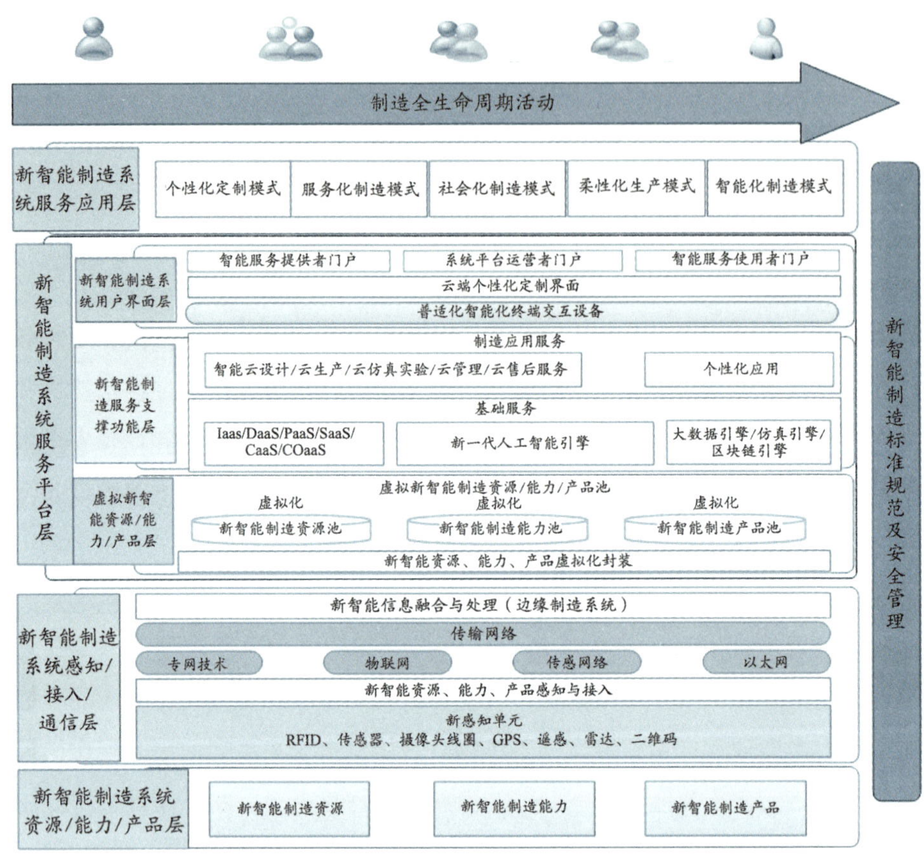

图7.1　智能制造系统体系架构

物联技术、终端技术等，将各类物理硬软资源/能力接入到网络中，实现资源/能力/产品的全面感知、互联，为系统虚拟资源、能力、产品的虚拟化封装和服务调用提供支持。与此同时，为进行即时处理，可在本地端对感知的数据进行处理，即边缘计算与处理。③新智能制造系统服务平台层。该层主要面向三类用户（智能服务提供者门户、系统平台运营者门户、智能服务使用者门户），提供基础中间件，包括虚拟资源/能力管理、知识/模型/算法管理、智能服务系统构建管理、智能服务系统运行与服务评估、大数据处理引擎、人工智能引擎、嵌入式仿真引擎等，以及提供智能制造的各类应用支撑服务。④新智能制造系统服务应用层。该层主要面向制造领域，提供个性化（定制化）、服务化、社会化、互联化（协同化）、柔性化、智能化的各类应用模式。⑤新的人/组织。这一层包括新型智能制造系统及全生命周期活动中的人、组织。⑥新智能制造标准规范及安全管理。

（2）智能制造系统总体技术

重点研究基于新一代人工智能技术的智能制造总体技术架构、智能制造的商业模式、智能管控的集成互联技术、智能制造信息安全防护体系、智能制造安全评估体系、智能制造标准体系。

A. 智能制造总体技术架构

加快智能制造总体技术架构顶层设计，谋划并组织实施重大科技项目和工程，推进智能制造领域关键技术体系建设。推动自主无人生产现场智能感知及人机协同混合智能控制系统技术、高效工业数据传输技术体系的研究和应用；建立智能制造统一语义表达的自然语言处理和跨媒体工业数据感知学习和综合推理机制；研究制造过程人、机、物的知识表征新体系，构建数据驱动和知识引导相结合的智能企业经营管理模式；建立智能制造资源集成、信息集成、功能集成、服务集成、综合管理集成的标准技术体系；研究互联网环境下的工业控制系统安全技术，推动开放环境下的群体智能制造模式的应用。为智能制造设备层、控制层、管理层等不同层面的纵向集成，跨企业价值网络的横向集成，以及产品全生命周期的端到端集成和优化提供支撑。

B. 智能制造的商业模式

面向新一代人工智能技术引发的全球制造产业变革，围绕智能制造中人和组织的经营管理、技术/设备、数据集成优化需求，突破智能制造交易结构设计方法、企业资源和能力服务化调度、盈利能力预测等关键技术；研究智能制造外部营销链、服务链扁平化一体化应用模式，复杂产品群体智能研制应用模式，基于自主式无人生产加工系统的个性化定制化生产模式；建立智能化、互联化、服务化、协同化、个性化（定制化）、柔性化、社会化、绿色化的产品制造和用户服务模式，实现新的企业资源和能力以及盈利方式。

C. 智能管控的集成互联技术

围绕智能制造业务发展对集成互联技术的新需求，推动集成互联技术和系统的研发，针对网络管控性差、资源利用率低等挑战，研究以软件定义网络、网络功能虚拟化等新兴技术为代表的网络虚拟化方法，实现网络基础设施资源的深度抽象隔离与动态管控，支持基于通用处理芯片的网络数据平面功能的灵活部署配置，保障网络控制平面的分域和可扩展，为不同需求的网络用户提供灵活、动态、高效的服务。重点研究网络虚拟化抽象隔离映射技术、网络虚拟化数据平面技术、网络虚拟化安全技术、复杂异构网络中的虚拟化技术，确保传感器、监控设备、现场设备之间高效、开放、安全的通信，为智能制造服务与管理提供支撑。

D. 智能制造信息安全防护体系

针对智能制造网络、数据和应用安全防护的需求，建设面向新一代人工智能技术的智能制造信息安全防护体系，研究基于自主学习的网络逻辑隔离、网络链路互备与加密、网络入侵防御等多层次、综合性的智能安全防护技术，基于跨媒体推理的智能访问控制技术，基于大数据智能的数据隔离、加密传输、安全存储、剩余信息保护等技术，基于跨媒体推理的智能身份认证、安全审计、策略服务、授权管理、密码服务技术，实现智能制造服务平台与其他网络的安全互联，以及信息的安全交换和共享。

E. 智能制造安全评估体系

围绕智能制造可信接入、可靠服务的需求，建立基于数据驱动和知识指导的智能制造安全评估体系，建设基于数据驱动和知识指导的智能制造风险检测、预防、评估和反制技术平台；跨媒体识别、汇聚智能制造系统信息安全漏洞和入侵手段，综合推理形成安全评估指标模型、智能化风险评估服务体系；针对智能制造设备、装备、网络、交易、平台等方面的应用需求，建设集安全性评估和防护为一体的智能安全评估服务云，提升智能制造过程安全监测、评估、验证和应急处置等能力。

F. 智能制造标准体系

面向新一代人工智能技术体系下制造业标准化的需求，建立智能制造标准体系，重点研究总体标准、网络互联标准、安全标准、智能工厂应用标准和智能装备与产品标准。总体标准主要是智能制造的总体性、通用性、指导性、指南性标准，包括体系架构、评估咨询、运营服务和集成与互操作标准；网络互联标准包括网络架构、网络技术、工业网关与传输技术、标识解析等标准；安全标准包括网络基础设施安全、智能设备安全、工业控制安全、业务应用安全、数据安全等标准；智能工厂应用标准主要规范智能化生产系统及过程和网络化生产设施的实现方式；智能装备与产品标准包括智能装备管理和智能产品管理标准。智能制造标准体系可以协调和统一智能制造设备、装备、平台和应用之间的接口，减少应用实现的技术障碍，推动智能制造技术的市场化。

（3）智能制造系统平台技术

基于新一代人工智能技术重点研发智能资源/能力感知、物联技术，智能资源/能力虚拟化、服务化技术，智能服务环境的构建/管理/运行/评估技术，智能知识/模型/大数据管理、分析与挖掘技术，以及人机共融智能交互技术。

A. 智能资源/能力感知、物联技术

立足智能资源/能力全系统、全生命周期、全方位的接入和感知互联的需求，建立通用多维智能资源/能力描述模型，为智能资源/能力的表达提供模板和数据结构；研究工业适配器、传感器、条形码、射频识别（radio frequency identification，RFID）、摄像头、人机界面等感知技术，实现状态自动或半自动感知；研究硬制造资源，如机床、加工中心、仿真设备、试验设备、计算设备及机器人等制造硬设备，以及人/知识、组织、业绩、信誉、资源等的感知、接入能力，网络传输、海量感知数据的高效分析与处理综合应用技术，为智能制造的业务执行过程提供服务。

B. 智能资源/能力虚拟化、服务化技术

围绕智能资源/能力在线按需使用的目标，构建智能资源/能力虚拟化封装与规范化描述模型，研究“虚拟器件”模板或镜像的创建、发布、存储和迁移技术，虚拟器件的匹配、组合、部署和激活技术，虚拟制造资源和能力的状态，流程的监控、管理、调度、迁移及备份技术；建立规范化的基于语义的服务描述与发布技术，研究可变粒度虚拟化描述模型智能搜索按需聚合、按需分解技术，实现分散资源/能力的集中使用，为用户提供优质廉价的、按需使用的智能制造服务。

C. 智能服务环境的构建/管理/运行/评估技术

围绕异构、开放式智能资源/能力按需组合、优化配置以及高效协同互操作的目标，研究智能化需求解析与任务分解、匹配和优化组合技术，以及智能服务环境的敏捷重构技术；构建智能服务的领域本体，建立制造服务的语义本体描述方法，研究制造服务的搜索与匹配算法和制造服务的数据管理等技术；研究基于多主体的虚拟智能服务的协同运行、异构资源集成与语义互操作、分布式协同环境的时空一致性、高可靠容错等技术；构建智能制造服务评估体系，形成智能服务的统一评价模型，研究虚拟服务环境综合评估方法以及多服务协同执行时整体评估与局部评价的映射技术，为智能服务资源与能力的共享、租售和配置提供支撑，实现用户利益最大化，实现制造企业 TQCSEFK① 目标综合优化。

D. 智能知识/模型/大数据管理、分析与挖掘技术

立足智能制造万物互联、规模庞大的知识、模型和工业数据发掘应用需求，研究智能制造设备/装备数据采集和监控技术、工业传感器实时在线数据采集技术、产品生命周期知识管理技术、信息化平台［客户关系管理（customer relationship management，CRM）、产品数据管理（product data management，PDM）、ERP、MES］等数据集成技术等；研究智能知识/模型/大数据分布式缓存技术、复杂异构知识/模型大数据整合和特征抽取技术、智能知识/模型/大数据高效利用技术；基于跨媒体表达结构模型与语义体系，研制智能知识/模型/大数据融合分析和推理工具；基于数据驱动和知识指导的人工智能方法，开发智能知识/模型/大数据挖掘和可视化系统，提高企业决策和业务优化水平，推动智能制造业向基于知识、数据的制造服务模式转变。

E. 人机共融智能交互技术

围绕人类对自然、直观、便捷地与产品和设备进行指令传达、信息展示

① TQCSEFK代表最短的上市速度（time）、最好的质量（quality）、最低的成本（cost）、最优的服务（service）、最清洁的环境（environment）、最强的灵活性（flexibility）、最高级的知识（knowledge）。

等输入输出交互的需求，研究基于上下文信息的用户意图感知与融合技术，基于相似性计算的信息检索技术，面向智能制造云海量服务的信息可视化技术，基于草图的智能制造云服务表征、配置方法与智能理解技术，基于语音、生物电、生物磁信号的感知识别技术；建立经验知识结构大数据平台，学习、挖掘内隐知识，构建心智模型；研制基于肌电信号的人机交互系统、基于脑电波的人机交互系统、基于AR/VR的信息展示设备等，实现人与机器、设备、装备高效共融的智能双向交互，推动人机物三元协同与互操作智能的发展。

（4）制造全生命周期活动智能化技术

重点攻克面向群体智能的设计技术，面向跨媒体推理的设计技术，物理与数字云端交互协同技术，基于数据驱动与知识指导的设计预测、分析和优化技术，云CAX①/DFX②技术，智能虚拟样机（virtual prototyping，VP）技术等智能产品设计技术；突破智能工业机器人、智能柔性生产、智能机床、智能3D打印、面向跨媒体推理的智能生产工艺、基于大数据的智能云生产技术等智能生产装备技术；研究基于数据驱动与知识指导的智能项目管理、企业管理、质量管理、电子商务，基于大数据的智能云供应链管理、云物流管理、云资金流管理、云销售管理技术等智能管理技术；研究基于数据驱动与知识指导的智能建模与仿真技术、单件/组件/系统的智能试验技术、基于大数据的仿真与试验技术、智能仿真云技术等智能仿真与试验技术，以及基于大数据的智能售前/售中/售后综合保障服务技术、智能增值服务技术、智能云装备故障诊断、预测和健康管理技术等智能服务保障技术。

A. 智能设计

针对我国制造业存在的设计协同能力不足、知识重用率低等问题，突破共享、并行、集成化处理设计过程的系统方法和综合技术，研究智能CAX/DFX技术，虚拟样机智能设计技术，基于数据驱动与知识指导的设计预测、

① CAX指computer aided X，计算机辅助技术，如CAD、计算机辅助制造（computer aided manufacturing）。

② DFX指design for X，面向X的设计，如面向制造的设计（design for manufacturing）、面向可靠性的设计（design for reliability）等。

分析和优化技术，绿色设计技术和智能3D打印技术等，形成基于数据驱动与知识指导的智能设计模式。

B. 智能生产

针对我国制造业企业生产自动化程度低、生产过程粗放等问题，突破人机群组知识交互、认知交互的人机协同关键技术，研究基于跨媒体知识推理和仿真分析的工艺设计模式，探索基于智能自主设备/装备的柔性化生产技术；应用人机协同的混合智能生产手段，形成自主决策、少人干预的生产流程，打造服务化制造、社会化制造、个性化定制、柔性化制造新模式；培育人机协同、自主决策、个性定制的智能生产业态，提高生产过程的自动化、智能化和能源利用效率。

C. 智能管理

针对传统的企业管理在自身拥有的人、财、物等各种要素资源的约束下，组织开展制造活动时难以最优化利用各种要素的问题，研究自主决策的要素资源配置技术和基于云平台的制造资源/能力优化配置技术，形成动态、高效、智能的企业管理新模式；在制造资源虚拟化、服务化的基础上，研究云项目管理、云企业管理、云质量管理、云营销、云供应链、云物流等新的资源计划、组织、控制、调度手段，培育高效、动态、协作的智能管理新业态，提升整个产业链的管理水平，促进能源、资金和人才的优化配置。

D. 智能试验

为解决复杂产品实物试验周期长、成本高和小子样等问题，研究产品、环境、系统、企业、制造模式与过程的智慧云建模与仿真技术，单件/组件/系统的智慧云试验技术，基于大数据的仿真与试验技术；研究按需动态构建仿真与试验环境，广域网范围、高效能计算环境下的智能联合仿真与试验新模式；研究产品单件、组件、系统不同级别的全数字、半实物等仿真与试验智能化建模技术，数字化试验环境构建技术，半实物试验融合技术等，构建智能试验工业云平台，形成在线按需使用环境和设备，基于大数据自动分析处理结果的智能试验新流程；培育以虚验实、虚实结合的智能试验新业态，降低试验成本和缩短产品研制周期。

E. 智能服务

为解决传统销售保障用户服务体验差、支援不及时等问题，在基于数据驱动与知识指导的人工智能的基础上，研究智能售前/售中/售后综合保障云服务技术、装备智能故障诊断技术、预测和健康评估技术、远程支援技术；研究基于人工智能的虚拟机器人，并融入更深入的语音识别、自然语言处理等技术，构建智能保障云服务平台，形成售后服务的全网络支持、智能化预测维护和智能化客服的保障新模式；开发基于VR/AR技术的产品使用维护手册，创新装备使用/维护/保障新手段，提升保障服务的质量和效率，并降低保障服务的成本。

（执笔人：李伯虎，中国航天科工集团；柴旭东，中国航天科工集团；侯宝存，中国航天科工集团；刘阳，中国航天科工集团；陆小兵，中国航天科工集团）

7.2.2　智能制造应用产业工程

1．研究背景

《中国制造2025》中指出，要瞄准新一代信息技术产业、高档数控机床和机器人、航空航天装备、海洋工程装备及高技术船舶、先进轨道交通装备、节能与新能源汽车、电力装备、农机装备、新材料、生物医药及高性能医疗器械等战略重点，引导社会各类资源集聚，推动优势和战略产业快速发展。重点要融合新一代人工智能技术（包括大数据智能、群体智能、跨媒体智能、混合增强智能和智能无人系统等技术）与制造领域技术，研发形成自主的、一定规模的智能互联产品，支撑实现制造全系统及全生命周期活动中人、机、物、环境、信息自主智慧地感知、互联、协同、学习、分析、预测、决策、控制与执行，支撑个性化定制模式、服务性制造模式、社会化协同制造模式、柔性化生产模式、智能产品/服务模式等多种新型智能制造模式。研发智能制造使能工具集，包括系统软件、平台软件、云化应用软件的智能工业软件，以及智能设计/生产/试验/保障的硬件工具，支撑工业软件云化应用和新型智能制造的新模式。推动不同层次上的单元级/车间级/工厂级以及行业/区域级的智能制造系统的研发和运行，支撑流程智能制造、离散智能制造、网络协同制造、远程诊断与运维服务等新型制造模式。推进智能制造云运营服务，通过打造制造企业智能制造服务云平台和服务体系，加快构建新型研发、生产、管理和服务模式，完善制造业云服务体系，营造大中小企业合作共赢的“双创”新环境，开创大中小企业联合创新创业的新局面。

2. 研究现状

当今世界，新一代人工智能技术与先进制造业技术深度融合所形成的新一代智能制造技术，成了新一轮工业革命的核心驱动力。新一代智能制造技术将极大地带动智能产品及智能互联产品、智能软硬件使能工具、智能制造平台及系统等多领域发生深刻变革，推动全球制造业发展步入新阶段。

为抢占全球智能制造领地的制高点，世界发达国家纷纷制定先进制造计划，推行创新战略等，加大对智能产品及智能互联产品、智能软硬件使能工具、智能制造平台及系统等的研发。美国在推进工业互联网战略的过程中，提出了先进制造业计划，希望重振其在全球制造业的领导地位。系统支持智能产品、信息物理系统、工业机器人、智能制造系统集成等智能制造关键要素的发展，以此为杠杆激活传统工业，保持制造业的长期竞争力，进而占据未来世界产业链的高端。德国在推进“工业4.0”的过程中，通过应用以CPS为代表的一批新技术，改造和创新现有的制造过程，并打造新的以数字化为核心的商业模式，以让德国的制造企业在未来的市场竞争中继续保持领先地位。

许多国家在智能制造产业发展方面已取得一定的成果。例如，在智能互联产品方面，通用电气公司研发了智能航空发动机产品，谷歌推出了“无人驾驶汽车”，三星、高通等厂商均已经推出智能眼镜、手表等可穿戴产品等。在工具平台方面，通用电气公司推出工业互联网软件平台Predix，该平台旨在建立一个真正的全球化工业平台，通过与大规模的设备、传感器、控制系统连接，并对数以万计的信息进行捕获、存储与分析，为用户做出精准的预测与精确的决定；德国西门子搭建了跨业务新数字化云端服务平台MindSphere，该平台整合了远程维护、数据分析及网络安全等一系列现有技术和新技术，还能够对机器传感器产生的大量数据进行整合、加密传输和分析，并这些数据提升对燃气轮机、风力发电机、列车、楼宇和医疗成像系统的监控能力；德国SAP公司研发了HANA云平台，该平台是一个基于大数据和混合云计算的应用服务平台，体现了“数据/流程/平台”的集中与统一，提供一个独有的内存计算数据库及业务应用服务，能够快速创建、扩展、整合新兴的、移动优先的应用来满足客户的需求（彭俊松，2016）。

参考国外各国的先进经验，中国应该在智能产品及智能互联产品、智能软硬件使能工具、智能制造平台及系统、智能运营服务等方面加大投入，重点研制具有自主知识产权的智能产品及智能互联产品，研发智能传感器、智能装备等智能硬件，系统软件、平台软件及应用软件等智能工业软件，搭建自主可控的工业互联网平台，建立不同层次的智能制造系统，进一步提升我国智能制造系统产业的国际竞争力。

我国智能制造越来越广地覆盖到制造业的各个行业，在智能互联产品、智能装备、智能制造平台/系统及智能服务等行业已初见成效。

在智能互联产品方面，华为业务网关与控制器专注于流量智能感知、流量调度优化、业务快速部署的研究和方案开发，通过融合软件定义网络、网络功能虚拟化，推出有效帮助运营商提高网络运营效率的一系列方案和产品；华为业务智能网关（service intelligent gateway，SIG）系统利用多项专利业务感知技术，通过高性能的硬件平台实现网络数据报文的分析和处理，并辅助提供智能的、灵活的业务控制手段，可以在固定电话网络、无线网络及融合网络中实现流量分析、带宽管理及网络安全防护等多种功能。

在智能网联汽车行业，现在不少国内的汽车企业都提出了自己的智能汽车发展路线图，如长安汽车提出了自己的智能汽车发展路线，上汽和阿里巴巴共同开发“互联网汽车”，金龙客车也有自己的“龙翼”智能系统。

在智能装备方面，随着智能技术的快速发展、工业机器人技术和工艺的日趋成熟、成本的快速下降、经济效益的提高，人机共融成为工业机器人领域下一个要攀登的高峰，也是实现产业跃升的新兴增长点。高端数控机床智能化功能的研发取得可喜进展，关键智能产品、核心部件方面也不断取得突破，基础数据全方位共享，工艺流程优化改造，这些都促进了基于新一代信息通信技术、人工智能技术的高端装备产业不断发展壮大，更大程度地匹配智能制造产业发展模式。随着新一代人工智能技术的发展，为了满足制造业生产柔性化、制造自动化的发展需求，数控机床的智能化程度在不断提高，具体体现在加工过程自适应控制技术、加工参数智能优化与选择技术、智能故障自诊断与自修复技术、智能故障回放和故障仿真技术，以及智能化交流伺服驱动装置、智能4M①数控系统等的进展上。

在工业互联网、移动互联网、大数据、云计算等领域已形成了一批领军企业。一批系统集成商出现，为发展智能制造提供了良好支撑。面对智能制造发展的迫切需求及市场空间，国内各领域企业在智能制造方面不停地探索实践，取得了不少佳绩。各领域企业纷纷进军智能制造系统解决方案领域，通过线上平台智能协同、线下智能化改造，为用户提供供应链高度协同、迭代创新的制造智能化、柔性化、定制化解决方案。

随着中国智能制造战略的推进，工业互联网平台发展热度再次提高。如航天科工集团打造INDICS平台（魏毅寅等，2017），该平台能够提供涵盖IaaS、桌面即服务（desktop as a service，DaaS）、PaaS和SaaS的完整工业互联网服务功能，适合不同层次、类型、规模的企业；可支持各种工业设备接入，集成各类工业应用服务，使制造管理更加便捷高效；构建了涵盖设备安全、网络安全、控制安全、应用安全、数据安全和商业安全的工业互联网完整安全保障体系。作为我国唯一提供智能制造、协同制造、云制造公共服务的云平台，INDICS在技术上与西门子公司的MindSphere平台、通用电气公司的Predix平台处于同一水平，但平台功能和应用场景更为丰富，推广应用的速度与成效优势明显。海尔开始打造互联工厂，而互联工厂及其生态系统的核心就是其COSMOPlat平台。该平台从用户的角度出发，全面实现用户全

① 4M指测量（measurement）、建模（modelling）、加工（manufacturing）和机器操作（manipulator）。

流程的参与、个性化定制以及全流程的可视化；与用户实时互联，从产品的研发到产品的制造，以及到海尔的供应商、物流商，实现全流程全供应链的整合；自动化生产和用户个性化相结合，即完成了从为库存生产到为用户生产的转型。三一集团打造的工程机械物联网平台能为更多本土企业提供最具价值的解决方案，帮助企业实现智能化转型升级。三一重工物联网团队组建了树根互联技术有限公司（以下简称树根互联），以填补我国在工业互联网平台化建设上的缺失。树根互联工业互联网平台不仅在三一重工原有的“终端+云端”架构基础上极大地拓展了数字化、信息化的应用管理范畴，还在智能研发、智能产品、智能制造、智能服务上强势布局，获得了不可复制的核心竞争力，同时还融入了大数据、移动互联、云计算、人工智能以及VR/AR技术，将机器、数据、流程、人等因素融合创新，形成工业领域各行业的端到端解决方案，让客户即插即用，便利地使用工业互联网大数据的增值服务。从支撑技术手段来看，现有的工业互联网平台虽已实现了传统的互联网技术、信息通信技术、智能科学技术和制造领域专业技术等四类技术的融合应用，但还未实现新互联网技术、新信息通信技术、新一代人工智能技术和新制造领域专业技术等四类新一代技术，特别是新一代人工智能技术（大数据智能、群体智能、跨媒体智能、混合增强智能等）的应用。

从总体上讲，我国智能制造应用产业目前还处于起步阶段，智能制造平台、使能工具及智能互联产品产业仍然薄弱，与国际先进水平仍有较大的差距。智能制造平台的研发投入力度不足，平台的汇聚整合企业制造能力与创业创新资源，带动技术产品、组织管理、经营机制创新的潜力还没有发挥出来。

在智能制造产业使能工具方面，数控机床、机器人等工具的研发与先进国家相比仍有差距。以数控机床产业为例，国内产品仍处于全球产业链的中低端，国内普及型数控机床中尽管有60%~70%是国产的，但这些国产机床中约80%使用的是进口数控系统。在高档机床产品方面，国内产品大约只能占2%，基本都靠进口。虽然智能互联产品不断涌现，但各种智能产品之间缺少互联互通，在产品与现代通信及网络技术的融合方面还存在未突破的关键技术，尚未实现人、智能设备、外界环境的感知与互联，尚未建成智能产品互联服务平台，智能互联产品不成系统。

同时，智能制造系统及软件产业发展缓慢，我国制造业企业在智能装备、工业软件等领域尚未推出具有足够竞争力的创新产品，企业拥有的自主品牌、技术专利不多，核心竞争力不足，自主创新水平有限，总体创新能力偏低，且科技活动匮乏，科技活动经费支出比例较低，科研投入亟待提高。以工业软件为例，我国的整体发展水平远远落后于主要发达国家。在国内市场，国产软件企业在研发设计、业务管理和生产调度/过程控制三类软件中均占有一定市场份额，但在某些细分领域仍与国外领先软件企业差距较大，扮演着行业末端跟随者的角色。国内市场排名前五位的厂商整体占据的市场份额较低，且约96%的销售在国内市场完成，全球市场份额不足0.3%。在CAD软件方面，达索、西门子和Vero占据41%的市场份额，国内3D CAD市场主要由外资企业掌控，国内仅有一家企业具有软件核心技术——几何内核的知识产权，其他企业均采用“授权”的经营方式。

3. 研究内容

研发能够形成互联生态的智能互联产品，使能软硬件工具集和平台，在重点行业领域研发基于新一代人工智能技术的智能制造系统，支持制造企业建设智能制造云服务平台，同时推动建设智能制造云服务体系。智能制造应用产业链如图7.2所示。

（1）智能互联产品

研究智能互联产品的智能部件和连接部件，主要包括产品内置的硬件（包括智能模块）、软件和操作系统，研发基于跨媒体（文本、图像、语音、视频机器交互属性将紧密混合在一起）智能的新型感知芯片、高性能计算系统、操作系统等；研究智能互联产品与新一代通信与网络技术的融合，支持智能互联产品产生的数据——智能信息接入平台，实现人、智能设备、系统网络的感知与互联；研究基于互联网的群体智能技术，促进智能互联产品之间的互感、分工协同，完成更加高级、复杂的任务，实现跨时空汇聚群体智

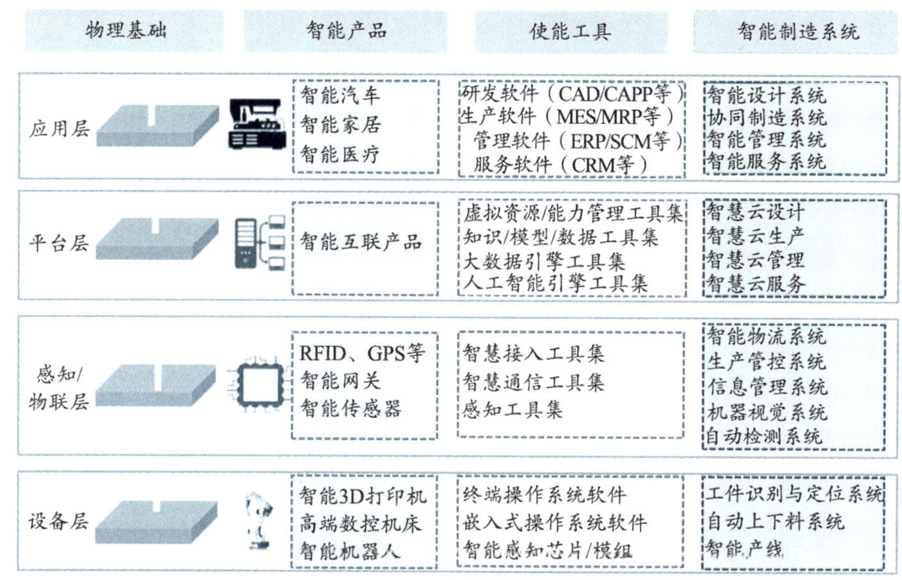

图7.2　智能制造应用产业链

能、高效率重组群体智能、更广泛精准释放群体智能；研发智能产品互联服务平台，支撑智能物流、智能家居、车联网、物联网、智慧城市、智能制造等智能互联产品系统的建设。

（2）使能软硬件工具集和平台

A. 使能软件

使能软件包括系统软件、平台软件、应用软件。面向移动互联网、物联网、数字化产品与智能装备需求，研发终端操作系统与嵌入式操作系统软件，面向各种人工智能应用对智能计算平台的共性需求，研制超越传统计算机的智能计算系统，开发配套系统软件。以构建基于泛在网络的智能制造支撑平台为目标，研发智慧虚拟资源/能力工具集、智慧感知/接入/通信工具集，包括虚拟智慧资源/能力管理、智慧知识/模型/数据管理、智慧制造系统构建管理、智慧制造系统运行管理、智慧制造系统服务评估、大数据处理器/引擎、移动互联网适配器、嵌入式仿真引擎等核心支撑功能工具集，智慧云设计、智慧云仿真、智慧云采购、智慧云生产、智慧云试验、智慧云营销、智慧云服务、智慧云管理等应用工具集，还有智慧用户界面工具集，以实现用户使用环境的个性化定制。开发智能制造领域应用支撑服务软件，构建工业软件云应用基础资源库、工业软件云应用知识库、工业软件和云化应用新模式，例如开发研发软件（CAD、CAPP[①]、CAE[②]、CAM、PDM等软件）、生产软件（MES、MRP[③]等软件）、管理软件（ERP、HR[④]、SCM[⑤]、财务等软件）、服务软件（CRM、MRO[⑥]、智能监控等软件）和电子商务软件（在线销售和互联网金融等软件）等服务应用软件。

B. 使能硬件

使能硬件包括智能材料、智能传感器、智能机床、智能工业机器人、智能3D打印机等。伴随着新一代人工智能技术的发展和传感器等技术的引入，使能硬件将在人机交互模式、智能化性能上更加完善，将成为物联网生活的重要组成部分。我国近年来在智能硬件工具研究领域取得了一定的进展，重点面向智能材料自感知、自诊断、自处理、自决策修复发展需求，深入研究智能材料的机理，研制基于智能材料的智能传感器，如光纤传感器、压电传感器、微芯片传感器，以及智能汽车、智能家居、智慧医疗等相关领域的智能传感器。研制精密和智能仪器仪表与试验设备、智能控制系统、关键基础零部件、元器件及通用部件、智能机床与基础制造装备、智能专用装备及自动化成套生产线等产品，面向智能制造、智能医疗、智能农业、智慧城市等重点领域，研发支持智能感知认知、多模态人机交互（包括图像识别、语音识别、语义识别等）服务的智能机器人。

C. 智能云制造平台

研发新一代人工智能技术引领下的智能制造系统平台，应用以大数据智能、群体智能、跨媒体智能等为核心的新一代人工智能技术，以及云计算、边缘计算、区块链技术等新信息通信技术，实现智能研发、智能管控、智能服务和智能商务等制造业的全产业链云服务，逐步引导制造企业进行数字

① CAPP指计算机辅助工艺过程设计（computer aided process planning）。
② CAE指计算机辅助工程（computer aided engineering）。
③ MRP指物料需求计划（material requirement planning）。
④ HR指人力资源（human resource）。
⑤ SCM指供应链管理（supply chain management）。
⑥ MRO指维护、维修和运营（maintenance，repair and operations）。

化、网络化、智能化建设。

（3）智能云制造系统

面向《中国制造2025》确定的十大重点建设领域，支撑流程智能制造、离散智能制造、网络协同制造、远程诊断与运维服务等新型制造模式，在智能制造单元、智能车间、智能工厂、智能行业/区域不同层次上推动智能云制造系统的研发和运行。

A. 智能制造单元

以适应大规模定制化生产制造模式为目标，研究智能制造单元的布局规划技术，基于多种感知技术的工件识别与定位技术、生产线监测和异常报警技术，研制根据加工对象自适应的制造、加工、测量检验为一体的智能加工设备，根据加工对象自适应的自动上下料装置，实现制造单元的柔性化。

B. 智能车间

以提升车间生产管理能力、产品质量、及时交付能力、检验能力、安全生产能力以及整体生产制造水平为目标，研究推进超高频RFID、非接触式传感器、三维图像识别等多种感知技术在制造业的深入应用，全面感知制造企业人机料法环测等制造要素状况；研究推进人工智能技术在智能加工、智能装备、自动化制造、自动化检验、自动化工艺、自主式生产等方面的深入应用；研究推进工控设备、传感器、工业以太网、工业软件、工业企业管理信息系统之间的互联通信及数据集成；研究大数据分析、人工智能在车间排程等方面的应用，实现车间生产调度管理自主化决策、智能化运行，构建智能车间建设新模式。

C. 智能工厂

以提升工厂研发、生产、能源利用、整体运营管理水平为目标，研究新型网络、智能设备、先进传感技术、大数据技术、人工智能技术与工厂制造业务的融合；研究供应链精益管理、营销管理、安全生产管理、工厂物流管理、售后服务管理、能源利用管理等业务环节的智能化与自主化决策；研究工厂不同层级设备、工控系统和工业软件系统以及企业管理信息系统的互联互通，构建人机一体化的混合智能系统，使其可以独立承担感知、分析、判断、决策、控制等任务，形成人机相互协调合作、“状态感知—实时分析—自主决策—精准执行和学习提升”的生产模式。

D. 智能行业 / 区域

以支撑企业间动态链接，实现产品开发、生产制造、经营管理等企业间的信息共享和业务协同为目标，围绕全产业链、主价值链，研究典型制造企业的核心业务流程、核心业务环节集成（如研发设计内部信息集成）、跨环节集成（如研发设计与制造环节的集成）、产品全生命周期（如产品需求、研发、设计、计划、工艺，到生产、服务的全生命周期）的信息集成，以及端到端的流程集成，研究企业之间、企业与产品之间的协同，实现企业与人、人与人、人与系统、人与设备之间的集成，动态形成智能虚拟企业联盟，构建上下游产业环境高效动态衔接、与最终用户良性互动的智能行业。

（4）智能制造云运营中心

A. 制造企业智能制造云平台

深化工业云、大数据等技术的集成应用，汇聚众智，加快构建企业新型研发、生产、管理和服务模式，促进技术产品创新和经营管理优化，提升企业整体创新能力和水平。

B. 智能制造云服务体系

支持制造企业、互联网企业、基础电信企业面向制造企业特别是中小制造企业构建智能制造云服务平台，完善制造业云服务体系，营造大中小企业合作共赢的“双创”新环境，开创大中小企业联合创新创业的新局面。

（执笔人：李伯虎，中国航天科工集团；柴旭东，中国航天科工集团；侯宝存，中国航天科工集团；刘阳，中国航天科工集团；陆小兵，中国航天科工集团）

7.2.3 智能制造系统应用工程

1. 研究背景

2008年国际金融危机以来，世界经济竞争格局发生了深刻变化，世界主要发达国家对过去的“去工业化”政策进行了反思，纷纷实施以新一代信息通信技术应用为重点的制造业重振规划，全球兴起一波新工业革命浪潮。人工智能正成为这一轮变革的核心驱动力，将进一步释放历次科技革命和产业变革积蓄的巨大能量，并创造新的强大引擎，重构产品全生命周期各环节，催生制造业设计、生产、销售、服务等各领域的智能化新需求，以及智能制造新模式和新业态。

未来5～10年，智能制造必将颠覆传统制造业，将传统劳动力方式带入以智力劳动为中心的新阶段，在用机器取代普通重复性体力和脑力劳动的同时，创造出大量以智力竞争为特点的就业机会，从技术创新、商业模式创新及管理创新等方面促进全球制造业向着价值链中高端的创造性区段演进。

随着全球制造业加速进入智能制造时代，各国都在构建自己的智能制造系统和应用体系。国外工业巨头如通用电气公司、德国西门子公司等纷纷在中国开展智能制造系统应用，目前我国已有一定数量的机器、产品、企业和数据进入国外的智能制造系统应用。我国急需在智能制造系统应用方面取得突破，以避免智能制造时代核心竞争力旁落。

2. 研究现状

在智能制造系统应用方面，美国、德国等发达国家在企业、车间和制造单元等不同层级的制造系统应用已初具规模，并成功进行了数字化网络化制造的升级改造。

美国波音公司在研制波音787客机时，通过网络传输产品基于模型的设计，交换产品设计、工艺和维护等信息，实现了快、好、省的产品研制。在波音787研制过程中，波音公司仅负责飞机的总体设计和部件的组装和校验工作，将工作量极其繁重的零部件详细设计和制造外包零部件供应商，通过基于模型的设计实现产品全生命周期的协同研制。据统计，在波音787的400多万个零部件中，波音公司只负责尾翼和最后的系统集成相关的约10%的工作，其余90%由波音公司在全球的40多家合作伙伴通过全球协同环境（global collaboration environment，GCE）协作完成，使波音787成为波音发展史上完工最快、造价最低的机型（中国航天科技集团公司，2012）。

德国巴斯夫集团的智能车间基于射频码，实现了洗发水和洗手液的自动化生产（白伦，2015）。随着网上订单的下达，生产线上贴着RFID标签的空洗手液瓶自动与生产机器进行通信，告知所需定制化的香料、瓶盖颜色和标签。在这样的流水线上，每一瓶洗手液都有可能与传送带上的下一瓶全然不同。机器和产品通过无线网络完成所有的通信工作，人工完成的唯一工作就只是下达样本订单，这极大地提高了个性化定制的水平。

德国西门子公司的安贝格工厂是智能车间应用的典范，在安贝格工厂中，真实工厂与虚拟工厂同步运行，真实工厂生产时的数据参数、生产环境等都会通过虚拟工厂反映出来，人通过监控虚拟工厂对真实工厂进行把控。工厂中近75%的生产作业已实现自动化，产品可与生产设备通信，IT系统控制和优化所有流程，确保达到99.9988%的产品合格率。同1989年建厂时相比，截至2015年，该工厂员工人数基本不变，但产能提升了8倍，每百万次电子产品加工过程出错率则降为1/40（苏珊，2016）。

2015年，美国亚马逊公司在13个配送中心部署了3万个机器人，通过机器人把装满各种商品的货架运送到分拣中心，然后再由员工完成商品的分拣工作，确保把商品递送给正确的用户。通过配置自主无人机器人，亚马逊每件商品的物流成本减少了48%，同时配送效率提升了50%（张佩玉，2017）。

近年来，我国在智能制造系统建设和应用等方面已取得了一定的成果。在智能制造系统建设方面，涌现出航天科工集团的INDICS平台、树根互联的根云平台、海尔的COSMOPlat平台、和利时的HiaCloud平台、用友的iUAP平台、华为的OceanConnect物联网平台等一批智能制造平台。目前我国智能制造系统企业用户已初具规模，初步具备了智能制造系统应用支撑能力。

在智能制造系统应用方面，通过智能制造应用示范与推广，我国企业在研发设计、生产装备、流程管理、物流配送、能源管理等关键环节的智能化水平不断提升，重点行业数字化设计工具普及率超过了85%。尤其是近年来，以航天科工集团、海尔集团、红领集团为代表的国内企业已开展智能制造应用实施。以航天科工集团为例，我国第一个云制造平台INDICS上线两年多就已吸引超过120万户企业入驻，发布众包、外包需求1000亿次以上，涉及制造业的各个门类，汇聚社会“双创”项目近千项，同时实现了与国际智能制造及科技服务业的跨境对接。

在运营方面，已形成四类智能制造系统实施主体：装备与自动化企业，从自身核心产品能力出发构建平台；生产制造企业，将自身数字化转型经验以平台为载体对外提供服务；工业软件企业，借助平台的数据汇聚与处理能力提升软件性能，拓展服务边界；信息技术企业，发挥IT技术优势将已有平台向制造领域延伸。

但从总体上讲，我国智能制造系统的研发和应用仍处于起步阶段，智能制造系统标准/软件/网络/信息安全基础薄弱，智能制造新模式成熟度不高，系统整体解决方案供给能力不足。相对于工业发达国家，我国推动制造业智能转型的环境更为复杂，形势更为严峻，任务更加艰巨。

3. 研究内容

围绕新一代人工智能技术与不同层次的智能制造系统的融合应用，通过建设智能制造行业云平台运营中心、智慧企业云平台运营中心、智能车间云运营中心等，部署实施模型驱动的跨企业（行业）智能协同制造、知识驱动的智能制造企业云服务、人机物协同的智能车间云、自主智能制造单元等典型应用示范。智能制造系统应用工程架构如图7.3所示。

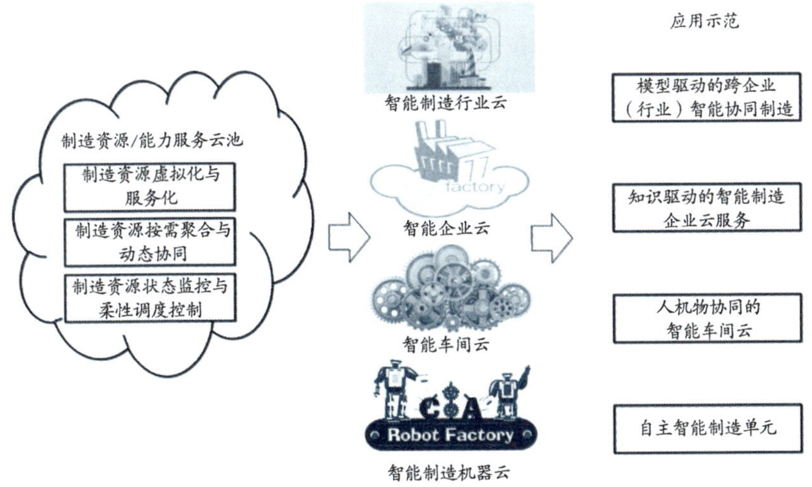

图7.3　智能制造系统应用工程架构

（1）模型驱动的跨企业（行业）智能协同制造

面向重点行业，构建各类制造资源/能力服务云池，按照具体研发生产任务需求，采用智慧云供需对接技术实现资源/服务的动态匹配和服务环境的自主智能构建管理与运行评估，搭建智慧制造行业云平台运营中心，支撑在云端开展基于模型的跨企业协同研发、生产、管理、经销、物流和配套服务等全生命周期活动。

A. 智能制造行业云平台运营中心

针对行业制造资源利用率、配置率不高，人机物协同互联程度不足，产业链竞争优势不突出的问题，建设基于智能虚拟样机的智能制造行业云平台运营中心，统筹管理行业性、区域性制造资源和制造能力，提供包括虚拟交互、批作业、基于共享模型的业务流程协同和基于并发互操作的时空一致协同四种制造资源/能力应用模式，实现制造资源/能力的在线对接、交易，制造全系统、全生命周期的业务协作，提高行业性、区域性制造资源/能力运行、协同效率。

B. 基于模型的跨企业协同应用

针对产品研制过程中设计阶段与生产、试验和服务等制造全过程数据孤立，不同阶段信息反馈周期长等问题，研究面向生产、试验和服务等阶段的智能虚拟样机建模、互联、演进与应用基础技术，重点突破基于智能虚拟样机的复杂产品总体协同设计技术，基于智能虚拟样机的跨阶段互联与协同设计、生产和服务技术，智能虚拟样机的构建、初步验证及优化技术，基于智能虚拟样机的虚拟装配、制造仿真及虚拟试验、运行评估和综合保障服务技术，复杂产品智能虚拟样机的数学仿真、评估与实物样机校核技术，以及智能虚拟样机构建与应用过程中的智能化推送技术。形成基于智能虚拟样机的建模、仿真、优化与协同工具，建设基于知识的虚拟样机组件模型库，提供基于智能虚拟样机的设计、分析、试验和保障等服务，支撑自动化闭环反馈式的协同制造模式，提高产品研制效率。

（2）知识驱动的智能制造企业云服务

构建企业各类制造资源/能力服务的云池，基于企业各类数据、模型、知识的集成、管理和分析挖掘，搭建智慧企业云平台运营中心，提供基于大数据和大知识的智能云设计、智能云建模与仿真、智能云试验、智能云生产、智能云管理、智能云供应链、智能云物流、智能云销售、智能3D打印、智能云综合保障等企业服务，支撑企业开展制造全生命周期的活动。

A. 智慧企业云平台运营中心

企业在面对制约自身经营发展的关键问题时，利用信息化、网络化、智能化手段深度融合企业科研生产、经营管理运行过程，建设智慧企业云平台运营中心，促进企业内外部资源优化配置，持续提升企业创新能力，激发员工的主动性、创造性，改善企业运行状态，增强企业对经营环境与市场需求变化的自适应能力。通过管控调整智能化建设、运行阶段的数据和知识积累，对企业运行问题点和管控调整的规则进行归纳、分析，构建基于跨媒体感知学习和综合推理的智慧控制模型，以模型为指引，各系统在接收到决策指令后，实现对业务工作的指导和调整。

B. 基于大数据和大知识的智能服务应用

通过智慧企业云平台运营中心云端汇聚制造全生命周期的多源异构数据，提供制造大数据智能高效存储与计算服务，实现制造全生命周期异构数据上下文的智能聚合和治理。提供海量知识数据索引、通用流程识别和知识共享服务，深度分析制造协同流程，开展知识语义建模，基于语义簇的海量知识图并行分布计算技术，实现智能制造全过程的知识图挖掘与模式发现，以及基于大数据和大知识的制造全生命周期企业运行的智慧决策和精准协同。

（3）人机物协同的智能车间云

构建车间各类制造资源/能力服务云池，采用人机物协同的智能协作机器人、加工代码智能优化、智能设备健康保障、智能监控、智能车间物流、云质量管理、云计划管理、云排产等技术和产品建设智能制造执行过程管理和智慧车间决策等云管控系统。构建智能装备与智能生产线，部署智慧车间运营中心，建设实施人机物协同的车间云及应用示范。

A. 智慧车间运营中心

为实现车间不同层级和软件系统的互联互通，建设智慧车间运营中心，提供智能化改造、设备接入和工业大数据等服务。通过云平台获取设备、设施、产品等数据，形成基于大数据和大知识的服务知识库与诊断规则，从而进行设备或产品的实时状态分析，优化设备/产品的使用方法，包括智能用户需求与分析、远程监控、故障预测、智能诊断和预测性服务等。

B. 人机物协同生产应用

基于人机协同的混合智能技术构建智能生产线，包括智能生产单元、智能物流配送系统、智能生产辅助系统、智能现场管理系统、工业大数据采集与智能控制系统和互联网络，各系统直接通过现场总线、工业以太网、无线网络等进行连接和数据通信，并与云平台连接，基于云质量管理、云计划管理、云排产等技术，开展质量管理、生产派工、车间作业和计划排产等业务活动，实现产品生产过程的闭环控制和人、机、物的动态协同。

（4）自主智能制造单元

采用基于自主式高级无人系统的智能制造单元布局规划、在线检测、工件识别与定位、异常报警等技术和产品，建设智能装备、智能加工装置、在线监测系统、智能工位、报警安全系统、自动上下料装置等，搭建基于自主式高级无人系统的智能制造单元控制中心，推进自主智能制造单元示范。

A. 智能设备云运营中心

围绕自主式高级无人系统数据感知接入与应用，以边缘计算、在线检测、工件识别与定位等技术为载体，建设智能设备云运营中心，提供异构网络转换服务、边缘节点实时数据推送与预处理服务、工业数据计算及配置服务、智能制造单元布局云端规划服务、状态监测和预警服务等，实现云计算服务向工业现场的边缘计算服务的延伸。

B. 智能自主无人系统应用

基于智能自主无人系统技术，以海、陆、空、天自主无人载运操作平台，复杂无人生产加工系统等为典型对象，如无人车、无人机、服务机器人、空间机器人、水下机器人、无人车间/智能工厂等，开展非结构化环境中的智能感知识别、人机协同的智能交互与混合主动干预、智能自主无人系统的分布式合作行为控制、多智能自主无人系统的协调规划与冲突消解、复杂环境的智能控制等应用。

（执笔人：李伯虎，中国航天科工集团；柴旭东，中国航天科工集团；侯宝存，中国航天科工集团；刘阳，中国航天科工集团；陆小兵，中国航天科工集团）

7.2.4 面向离散制造全产业链活动的智能制造应用工程

1. 研究背景

《中国制造2025》明确提出发展十大重点领域的战略任务，其中，除新一代信息技术产业、新材料、生物医药及高性能医疗器械外的七大领域属于典型的离散制造范畴，需要大规模的协作才能完成产品的研制。

离散制造具有知识密集、附加值高、成长性好、关键性强、带动性大等特点，其产品往往是国民经济、国计民生和国家安全的重要基石，离散制造发展水平往往是衡量一个国家高端制造业实力的标尺。提高离散制造全产业链活动的智能化水平，对打造国家制造业竞争新优势，推动高端制造业再升级具有非常重要的意义。

我国复杂产品离散制造过程普遍面临分布式、大协作配套，多学科、跨专业多轮迭代，多品种、小批量、变批量柔性生产等现实问题，急需借助新一代人工智能技术，对制造全系统、全生命周期活动（产业链）中的人、机、物、环境、信息，进行自主智慧的感知、互联、协同、学习、分析、预测、决策、控制与执行，集成优化制造全系统及全生命周期活动中的人/组织、经营管理、技术、设备、数据（五要素）与信息流、物流、资金流、知识流、服务流（五流），进而高效、优质、低耗、柔性地制造产品和服务用户，实现制造资源的共享集成与全生命周期活动的集成优化。

2. 研究现状

发达国家特别是美、德等国，在以离散制造业为代表的高端制造业先行先试，推动人工智能技术的应用水平，抢占全球制造业格局调整的优势地位。

美国汽车制造商Local Motors公司利用云制造平台整合来自全球的工程师、科学家、创客、设计师和爱好者的汽车设计创意与模型资源（Karol,

2014），通过群体智能设计的方式大幅缩短了多款汽车从设计、原型制造到上市的周期。

NASA喷气推进研究所为“旅行者”探测器设计了由140个规则组成的知识库，可生成对行星摄影所需应用程序的专家系统，大幅缩短了执行应用计划所需时间（比手动操作速度快10～50倍），减少了差错，降低了成本（周双印，1992）。美国还研制了一种能分析卫星故障并可显示出具体对策的专家系统，它由250个规则构成，提供单一和多窗口形式对话，专门用于通信卫星电力系统。

日本三菱电机公司基于人工智能技术构建了人造卫星试验智能管理系统（徐振耀，1993），该系统采用大数据计算、逻辑推理等人工智能技术，实现人造卫星试验的自动化，能在高速联机处理数据的同时，进行软件开发和功能修改，大幅提高了试验效率和产品的可靠性。

通用电气公司将飞机发动机与管控系统互联，并接入云端，基于智能制造平台Predix提供资产性能管理和运营优化服务（Winnig，2016），智能分析各种传感器收集到飞机在空中飞行时的发动机的各种数据，可以精确地检测发动机运行状况，预测故障，提示进行预先维修等，以提升飞行安全性以及发动机使用寿命，实现知识驱动的智能协同保障应用模式。

近年来，我国离散制造业非常重视人工智能技术的应用，取得了一定的成效。

中航工业成飞公司在现有数字化车间的基础上，提出了涵盖基础物理层、中间管理层及顶端智能管控层的飞机结构件智能数字化车间架构，并研究了智能工艺、智能装备、智能管控等飞机结构件智能制造关键技术，开始了智能制造在航空工业领域的应用（隋少春等，2017）。

上海外高桥造船厂设计了一种分段智能调度控制系统来辅助造船生产过程，实现了生产过程中对船体分段调度的优化，有效地减少了船体调度指令的数量，使得船厂的堆场堆放率达到80%以上时，衍生指令降低到40%左右（林加灶等，2017）。

尽管我国离散制造业在智能制造应用方面取得了不错的进展，但是从总体上讲，我国智能制造的应用尚处于单点应用的初级阶段，不足以支撑全产业链活动，在提升产品研制效率、质量和服务水平等方面的作用十分有限。

3. 研究内容

围绕离散制造全产业链活动的智能化发展需求，建设基于互联网群体智能的个性化创新设计平台、协同研发群智平台、基于智能虚拟样机的并行协同系统、知识驱动的智能协同保障与供应营销链支撑平台等，部署实施基于互联网群体智能的个性化创新设计、协同研发群智空间、智能云工厂、智能协同保障与供应营销服务链等典型示范。面向离散制造全产业链活动的智能制造应用架构如图7.4所示。

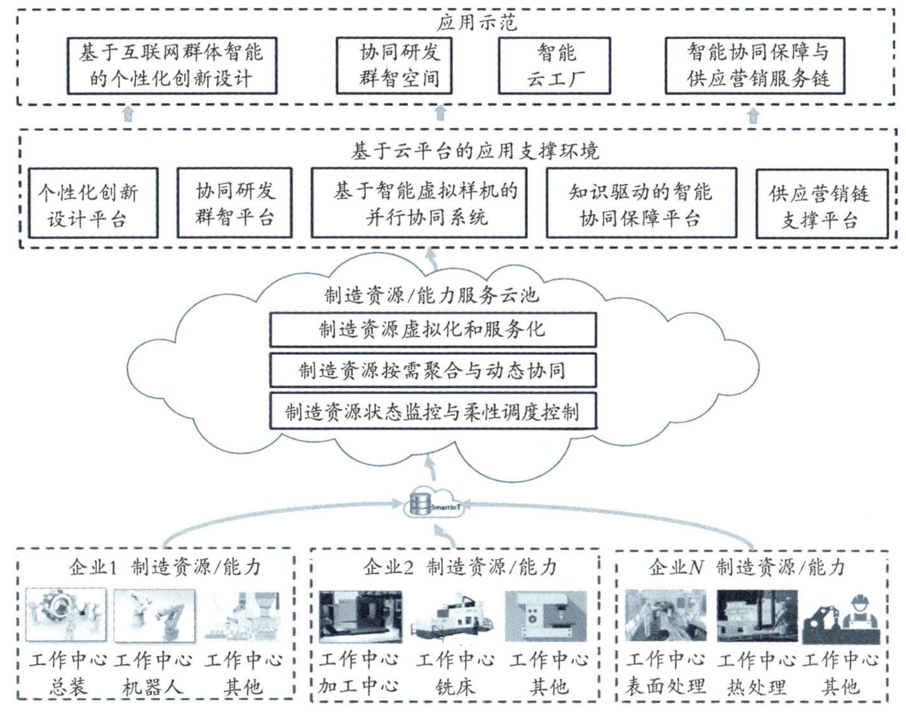

图7.4 面向离散制造全产业链活动的智能制造应用架构

（1）基于互联网群体智能的个性化创新设计

采用基于互联网群体智能的协同创新设计、大规模产品配置管理和并行工程等技术和产品，搭建基于互联网群体智能的个性化创新设计平台，面向重点行业实现云端群体智能的用户品种选择、体验、参与设计和实时追踪，推进基于互联网群体智能的个性化创新设计示范。

A. 基于互联网群体智能的个性化创新设计平台

建设基于互联网群体智能的个性化创新设计平台，深化工业云、大数据等技术的集成应用，汇聚众智，加快构建新型研发、生产、管理和服务模式，促进技术、产品创新和经营管理优化，提升企业整体创新能力和水平。组织实施个性化创新设计平台支撑能力提升工程，支持大型互联网企业、基础电信企业建设面向制造企业特别是中小制造企业的个性化创新设计平台，鼓励基础电信企业加大对“双创”基地宽带网络基础设施建设的支持力度，进一步提速降费，完善制造业个性化创新设计服务体系，营造大中小企业合作共赢的个性化创新设计新环境，开创大中小企业联合创新创业的新局面。

B. 基于互联网群体智能的个性化创新设计应用

围绕开放环境下的复杂产品设计决策复杂、个人智力有限、创新性不强等问题，基于互联网群体智能的个性化创新设计平台，推动公司或机构把研发任务外包给群体网络，激励个人、企业等自主参与者以自主协同方式来共同应对设计挑战，形成用户自主参与、群体使能的创新设计模式，不断增强自主创新设计能力。

（2）协同研发群智空间

采用共享、并行、集成化的系统方法和综合技术处理研发过程，构建支持大数据处理、知识协同和创新汇聚的群智空间，面向重点行业、企业及个人用户开发各类协同研发群智平台，基于系统工程方法，把研发任务分派给产品集成开发团队，在并行协同的基础上，集成群体智慧来处理研发难题，推进协同研发群智空间示范。

A. 协同研发群智平台

面向产品群体智能设计应用，提供多种分布、动态、共享、可重用的资源，包括研发设计过程所需的硬件资源、软件资源和网络资源，以及面向设计领域和研讨过程的知识资源、数据资源、模型/服务资源、算法资源、案例资源等。提供工作流引擎、分布式虚拟研讨空间、资源管理中间件、CAX/

DFX工具集成等基础支撑功能，构建资源、工具、用户间的互联化运行环境。提供产品设计、项目管理、任务管理、工作流管理、研讨模型构建、设计资源搜索与智能推送、综合集成研讨、多属性决策等服务，支持用户开展产品设计与研讨。面向群体/个体用户，提供群体智能设计、综合集成研讨的交互界面，使用户能够利用各类设计工具及知识、案例等资源，在不断迭代的研讨、设计过程中实现信息共享和交流，充分发挥群体智能，以协同、高效的方式完成产品的创新设计。

B. 智能研发应用

针对我国制造业存在的设计协同能力不足、知识重用率低等问题，应用共享、并行、集成化处理设计过程的系统方法和综合技术，智能CAX/DFX技术，虚拟样机智能设计技术，基于数据驱动与知识指导的设计预测、分析和优化技术，以及绿色设计技术和智能3D打印技术等，基于协同研发群智平台，链接多领域知识中心，加快形成基于数据驱动与知识指导的智能设计模式，使设计流程参数化、模块化、智能化，提升从数据到知识、从知识到智慧的设计能力，培育在线众包、个性化设计、智能化预测的设计新业态，提升我国制造业智能设计水平和能力。

（3）智能云工厂

建设基于智能虚拟样机的并行协同系统，实现系统、分系统和设备三个层级的自顶向下的协同设计或众包设计。基于数据驱动和知识指导的自主学习和优化算法，实现智慧的跨企业排程排产，从而实现产业链资源共享，智慧地解决生产资源和能力忙闲不均的问题，加快生产进度，并实现基于企业生产经营大数据驱动的智能管理；通过视觉感知、听觉感知、机器学习和语言处理，基于跨媒体表达结构模型与语义体系，感知并解释智能制造设备及相关过程，在跨媒体融合与综合推理的基础上自主决策制造过程；同时在云端建设虚拟工厂，仿真车间生产过程，通过感知、机器学习和跨媒体智能处理，自主决策生产过程，支持虚实结合的优化生产。

A. 基于智能虚拟样机的并行协同系统

建立基于智能虚拟样机的并行协同系统，对产品生命周期设计、仿真、试验、生产、维护等不同阶段的设备、装备和环境建模，形成包含产品研制过程与活动的设计、仿真、试验、生产和维护模型以及智能虚拟样机，在此基础上完成设计、生产和维保等验证过程的虚拟仿真分析（包括对驱动智能虚拟样机进行设计方案的测试、分析和优化）。在服务化制造资源、能力管理和调度的基础上，基于跨媒体表达结构模型与语义体系，感知并解释智能制造设备及相关过程，实现设备动态智能互联。在跨媒体融合与综合推理的基础上自主决策制造过程，解决全生命周期的产品状态和流程的动态传递、转换，以及分布式生产过程状态感知、控制和评估问题，支撑产品研制过程的关联和协同、生产状态的及时感知和监控、分布式生产协作柔性控制和优化等应用模式。

B. 智慧云排产

基于约束理论、规则引擎技术、大数据技术、群体智能算法技术、云计算技术和人工智能技术等，建设智慧云排产系统，建立云排产任务与云生产资源模型和制造设备能力与需求动态描述模型。在目标识别、规则引擎的支撑下，开展跨企业制造能力和需求的智能匹配、搜索和推荐，实现实时产能分析，及时生产的决策和执行，以及跨地域、跨企业生产资源的云端动态调度与优化配置。

C. 虚拟工厂

针对企业间、企业生产链上下游生产制造活动中，由于物理制造资源的异类、异构以及固有制造模式的约束，虚拟制造系统与物理系统信息不完整、协同调度不充分、仿真优化置信度不高等问题，采用数字双胞胎技术，构建多粒度的虚实结合的制造环境，如虚拟制造单元、虚拟产线、虚拟制造车间、虚拟制造工厂、虚拟制造企业等，通过虚拟仿真技术，实现装配工艺、生产制造现场、生产线物流的模拟和优化，快速有效地验证设计、工艺、制造、物流等各环节的可行性，以及生产节拍的可实施性，从而提高概念设计的效率，精简设计单位和优化产线布局规划，提升物理制造系统快速重构和配置优化能力。在设备投入使用后，利用物联网、控制系统、信息系统，搭建互联信息模型，实时采集设备现场的运行状态数据，在虚拟工厂中进行模拟仿真，并通过感知、机器学习和跨媒体智能处理，实现回路反馈的全生命周期跟踪，及时分析设备状态，评估故障发生率，预测设备的健康状况，以及预见关键安全事件的系统响应等，自主决策生产过程，形成虚实结合的智能生产应用模式。

（4）智能协同保障与供应营销服务链示范

建设知识驱动的智能协同保障与供应营销链支撑平台，基于平台开展物流、供应链、库房、营销等的相关信息采集，并利用大数据技术对信息进行智能分析，优化供应链物流路径，通过预配送、前置库房、用户需求特征与产品匹配分析等多种方式实现精细化物流、精准营销以及智能协同保障与供应营销服务链新模式。

A. 知识驱动的智能协同保障与供应营销链支撑平台

针对企业间高效、精准、协同管理供应营销链的需求，建设知识驱动的智能协同保障与供应营销链支撑平台，提供分布式供应链、采购与销售语义建模服务，云供应链管理和基于大数据、大知识的分析处理服务，以及协同保障与供应营销链流程规划和优化服务。实现企业间供应营销链采购物流与销售协同过程的实时监控与管理，并基于协作过程大数据和大知识，对供应营销链方案进行综合评估与资源配置优化。

B. 智能协同保障与供应营销链应用

以《中国制造2025》确立的重点行业的高、精、尖装备和产品（如航空航天装备和先进轨道交通装备等）的研制为背景，面向非特定企业和用户，实现面向成本的供应链管理、物流智能预警、装备故障预测、预防性维修、海量供应商匹配推荐和零库存管理等应用示范。打造智能制造供应链流程管控参考实例，形成基于大数据和大知识的智能协同保障与供应营销链平台建设与应用范例，提升我国制造业产业链协作能力和我国制造业在全球采购中的竞争优势。

（执笔人：李伯虎，中国航天科工集团；柴旭东，中国航天科工集团；侯宝存，中国航天科工集团；刘阳，中国航天科工集团；陆小兵，中国航天科工集团）

7.2.5 面向流程制造全过程的智能制造应用工程

1. 研究背景

《中国制造2025》明确提出的十大重点发展领域中，新材料、节能与新能源汽车、生物医药及高性能医疗器械等都在流程制造范畴内。其中，新材料和其他产业互相交叉、互相协同，新材料的智能制造已经成为我国智能制造的关键环节之一。

流程制造具有战略性强、系统性强、可靠性及协同性要求高等特点，流程制造产品掌握着国民经济、国计民生和国防安全的主要命脉。流程制造的发展水平是衡量一个国家综合国力的标准之一，提高流程制造全产业链活动的智能化水平对增强国力、推动经济发展具有重要的战略意义。

改革开放以来，我国流程制造产业有了极大的发展。以钢铁工业为例，2016年中国粗钢产量8.08亿吨，约占世界粗钢产量的一半左右，中国已经是名副其实的世界钢铁生产大国。但是，我国与真正意义上的世界钢铁强国还有一定的差距，主要体现在以下几个方面：①自主创新能力不强，重大原创性技术的开发与应用较少；②一些高精尖钢铁产品还依赖进口，如高端轴承钢、气门弹簧钢等；③在绿色生产、环保水平、淘汰落后产能方面还有巨大的提升空间；④在自动化、信息化和智能化方面还有待进一步提高。

充分利用人工智能2.0的技术和方法可以有效提升流程制造过程中原创性技术的创新能力、新材料高效研发能力、产品稳定生产能力、柔性化生产组织能力、能源效率成本综合控制能力，提高环保水平实现绿色生产，同时满足其他智能制造产业不断提出的新材料需求，提高流程制造产业的核心竞争力。

2. 研究现状

经营层面的ERP系统以市场和客户需求为导向（刘玠等，2016），综合大数据，实现物资流、能量流、信息流、资金流、价值流和业务流的有机集成，运用现代计算机技术、优化技术、排队论、对策论等实现企业内外资源优化配置。20世纪80年代后，国际上陆续有一批企业建成了ERP信息化系统：美钢联的加里厂因投入使用信息化系统，年增直接经济效益1.6亿美元；日本新日铁、住友、川崎、日本钢管、神户制钢五大钢铁公司的许多工厂都相继建立了ERP系统；韩国浦项的光阳钢铁厂从1985年建厂开始就同步建立了ERP系统。

生产执行层面的MES同时处理生产与管理双重信息和数据，实现生产过程物资流、能量流、信息流、质量流、资金流的优化集成。MES在国外应用广泛且效益显著。20世纪80年代以来，围绕钢铁工业热装热送和直接轧制，将炼钢、连铸和轧钢各工序直接连接开发出了MES，韩国浦项、日本新日铁等均开发了含有MES的生产信息系统。

过程控制层面的流程控制系统（process control system，PCS），以现代计算机技术和最优控制为特征，包含许多智能控制的方法，能够实现高效、高质量自动化生产。

2016年底，美国废金属回收和钢铁生产商大河特种钢铁（Big River Steel）在阿肯色州的智能制造电炉钢厂（一期）正式投产，从炼钢到轧钢实现智能化生产，大幅降低人工成本，提高产品质量，实现了人均产钢量3720吨/年的世界最高水平。日本、奥地利、芬兰、韩国、加拿大等先进的工业化国家迄今为止已开发了各种钢铁工业过程控制系统，其中针对高炉炼铁的智能控制技术在高炉炉况诊断、铁水的硅含量预报、高炉操作优化、高炉专家系统等方面均取得了成功。西门子公司依靠智能化的设备和解决方案，以及创新的维护观念，在现存的条件下使用改进的PCS，可以使钢铁生产能力提高10%。

我国流程制造工业的自动化、信息化经历了流程电子化、管理数字化、生产自动化、企业互联网化的过程，正朝着智能化的方向发展。在我国的流程制造工业领域，钢铁行业在自动化、信息化方面已经走在先进行列。我国钢铁企业的信息化主要体现在生产经营、生产执行和过程控制三个层面。

国内信息化建设的一些先进企业，目前已经实现了从订货合同、生产计划、作业计划到出厂计划的关键流程管理，集成了全流程的质量管理，实现了财务成本信息化，取得了良好的经济效益。目前，中国主要钢铁企业关键工艺流程数控化率超过65%，ERP装备率超过70%，信息化程度取得了跨越式发展（李新创，2017）。

总体上来讲，我国钢铁行业ERP正处于快速发展推广阶段。从国外引进的ERP软件存在本地化程度不够的问题，软件不完全符合中国的国情，因此还需要根据各钢铁公司自身的需求对ERP系统进行完善与发展。目前，宝钢的ERP系统运用水平处在行业的前列。

国内大中型钢铁企业与国外钢铁企业设备和自动化水平相当，部分国内钢铁企业设备和自动化水平在国际领先，但是由于我国钢铁企业仍然存在粗放的管理模式，MES作为生产管理系统在国内有着广阔的市场。我国钢铁企业从21世纪初开始开发和应用MES，MES在宝钢、鞍钢、太钢、中信泰富特钢等企业都得到了成功的应用。MES如何深度挖掘企业生产过程中出现的问题，使企业将先进管理模式与企业管理模式相结合，利用先进的技术切实解决企业生产管理的问题，促进企业创造更大的效益，是我国钢铁企业面对的课题。

随着钢铁生产向大型化、高速化、精密化、连续化方向发展，钢铁工业自动化系统和装备的水平对最终产品质量的影响日益增大，我国100万吨以上重点钢铁企业的钢铁生产线基础自动化普及率接近100%。近年来，自动控制系统软硬件的性能有了质的飞跃，稳定性大幅提高，自动化系统的软件平台也发生了很大变化。应用人工智能算法对冷连轧、热连轧、中厚板负荷分配问题进行研究，取得了良好的成果，提高了控制水平。国内钢铁生产宽带轧机全部采用了PCS，中厚板轧机几乎全部采用了PCS，中宽带轧机部分采用了PCS。

宝钢在建厂初期，其信息化建设和工程建设就同步进行。到2005年，宝钢实施企业制度创新（enterprise system innovation，ESI）工程，开展电子商务，建成面向客户的SCM系统、数据仓库，在核心业务上实现了信息化升级。宝钢于2015年2月整合原有钢铁电子交易相关资源，以“服务型生产体系”为商业模式，依托互联网、物联网、大数据、移动互联等技术手段成立了欧冶云商股份有限公司，开启了我国钢铁公司的“电商”新时代。宝钢在湛江钢铁基地运用人工智能技术已经实现了钢卷库无人操作生产。

鞍钢早在20世纪末就开始逐步实现MES、PCS投产运行，ERP系统在2010年已经实现全集团联网运行，覆盖全部生产业务流程。自动化炼钢、热轧带钢生产、冷轧带钢生产、硅钢生产、热镀锌板生产都已经实现计算机控制系统从L1到L4投产运行，并且发挥了巨大作用，生产效率、产品质量都得到了极大提高。

唐钢已经建成了L1到L5的制造信息系统架构（于勇，2017），近年来又新增了L2.5级工厂数据库，通过收集底层数据信息供上层信息系统提取，打通了信息化与自动化系统的数据传输通道，形成横向集成、纵向贯通、协同联动的新型信息自动化支撑体系。L1到L5智能工厂信息系统架构如图7.5所示。唐钢还开发了天车无人化配置系统（李晓刚等，2017），为车间提供了精细的库区管理、准确的物流跟踪和及时的生产承接，显著提高了人工劳动效率，改善了库区环境。

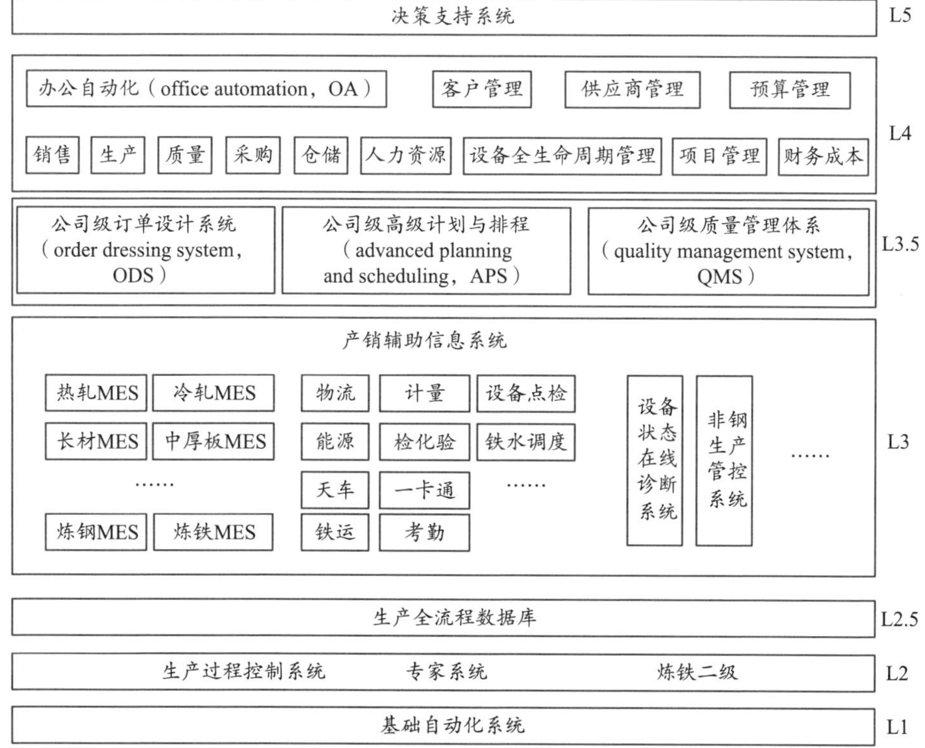

图7.5 智能工厂信息系统架构

首钢的冷轧智能工厂将数字化工厂与实体工厂融合（钱宏智等，2017），设立了智能分散型机电控制一体化的功能模块，建立了IT技术、互联网技术、应用实现三位一体的适应性生产制造系统，使生产效率整体提高了20%。

中信泰富特钢开发了厚板轧制计算机控制系统，产品质量得到大幅提升。

沙钢开发应用了基于专家系统的高炉智能诊断与决策支持系统（马竹梧等，2017），该系统实现了生产管理、炉况诊断、数据分析、数学模型分析和软仪表等功能，起到了稳定炉况、节能降耗、降低成本的作用。

在炼钢自动化方面，孙彦广（2017）对36家钢铁企业的调研表明，各钢铁企业炼钢模型技术取得了显著进步。

综上所述，我国钢铁工业在自动化、信息化和网络化等方面已经取得了很大进展，具有良好的智能化发展基础。近年来大数据、智能制造、云计算、移动互联网快速发展，计算机的计算和储存能力迅速提升，大数据技术快速推进，人工智能呈现迅速发展的势头。在人工智能迅猛发展的形势下，钢铁工业面临着新的机遇和挑战。充分利用智能科技改造钢铁传统产业，有望使中国的钢铁工业实现快速转型升级，赶超世界先进水平。

3. 研究内容

围绕以钢铁行业为代表的流程制造全过程活动的智能化发展需求，借助机器学习理论与工业大数据分析方法，结合互联网和物联网技术，实施基于人工智能2.0的流程工业智能感知、智能建模、智能控制、智能优化与智能运维示范项目。

以钢铁行业为典型，综合考虑产品质量、操作运行平稳性、物耗能耗、设备效能等关键指标，研发具有市场分析、营销决策、产品设计、生产组织、过程优化、质量全程管控、市场动态反馈等多重功能的协同决策、智能优化、全流程智能制造系统（蔡自兴，2015）。

针对实时控制及多工况柔性生产要求，建立基于机理、数据与知识相结合的工业流程智能建模理论与方法；开发全流程、变工况、数据畸变、混杂动态变化的多约束、多目标实时智能控制系统。

以上目标的实现依赖于工业全流程中重要的过程数据和质量数据，因此，需要采用机器学习理论与工业大数据分析方法，建立工业流程重要过程参数和质量参数的高精度、可实时获取的智能感知理论与方法；结合专家知识系统与机器学习理论，实现流程工业智能状态监测、故障诊断与异常工况自愈调控的智能运维。

综合运用这些研究成果，将提升流程制造过程中的新材料高效研发能力、产品稳定生产能力、柔性化生产组织能力、能源效率成本综合控制能力，实现产品规模化生产与定制式制造相融合的智能化制造。

（1）生产经营层面

未来的ERP系统将是一个全新的集管理、技术和信息之大成的SCM系统。它的主要特点包括以下几点：以绿色生产为前提，以进一步提高竞争力、市场占有率和获取最大利润为目标；以市场为导向，以客户需求为中心；面向开放、互动的SCM系统；同时具有智能的协同办公、金融分析、财务决策、科技管理、技术共享、档案管理、工程管理、安全管理、环保监测监控管理、人力资源管理和培训等功能；充分运用先进的管理技术、信息技术、网络技术和集成技术。

未来的ERP系统的主要扩展功能包括以下几点：支持集多种生产类型、多种经营方式和多种产业为一体的跨区域SCM模式；支持协同商务、协同竞争和双赢原则的SCM基本运作模式；支持市场分析、销售分析和CRM；支持包括APS在内的多种计划和优化排程方法；支持电子商务；支持物流和配送中心管理；支持集团的资本和财务运作管理；支持更大范围的信息集成和系统开放；支持个性化的人力资源管理与培训；支持产品设计、研发、科技管理和技术共享平台；ERP产品平台化。

（2）生产执行层面

近几年我国的MES研究和产业都有了较快发展，研究开发主要体现在以下几个方面。①MES的主要内容是生产过程管理，其中必然涉及生产计划，包括产品的质量计划、消耗计划、成本计划等，这些计划最终通过调度指令进入生产活动，要利用APS实现各工序之间的智能衔接和全流程的智能优化。②MES的智能化是我国MES研究开发与国外有差距的一个方面。国内MES仅提供了一个替代经验管理方式的操作平台，但如何将生产管理者的经验固化在MES中还没有涉及，MES智能化是未来跨越发展的主要方向。要开发低成本、快节奏、优质的综合智能生产技术。③MES的研发涉及的关键技术包括以降低资源消耗为目标的能量流、物质流综合平衡与协调控制技术，以提高产品质量为目标的产品加工过程性能预测与监控技术，以安全运行为目标的故障预警与设备智能维护技术，以综合生产指标为目标的执行层和控制层的不同尺度闭环控制技术，以优化运行为目标的智能化生产控制指挥与运行管理平台技术，基于行业知识的MES标准化技术，以及以实现MES产业化为目标的组件化开发技术。

（3）操作层面

操作层面又包括过程控制和基础自动化两个方面的问题。

A. 过程控制

过程控制的发展方向有以下几种。①原料场的过程控制。国内外最先进的大型原料场已经基本实现了智能化、无人化生产，如自动卸船、装船、堆/取料、流程自动优化控制等。②炼铁厂的过程控制。国外高炉控制数学模型和专家系统已趋成熟，如川崎水岛厂高炉专家系统、新日铁大分厂高炉模型集成系统、芬兰罗德洛基公司拉赫厂高炉专家系统、奥钢联林茨厂高炉专家系统等。国内这方面的研究起步较晚，高炉智能化生产的发展方向是冶炼工艺优化、操作制度标准化、完善过程检测、模型智能化。③炼钢厂的过程控制。国内外较为先进的炼钢厂，在铁水预处理、炼钢、精炼方面广泛采用的智能控制方法为模式炼钢，即针对不同原料、产品品种，在数据库的支持下，依靠数学模型对冶炼控制的模式以及控制参数进行实时修正，从而保证质量、降低能耗、提高命中率。模式炼钢为炼钢过程控制的发展趋势。④连铸车间的过程控制。国外SMS Demag、Danieli、奥钢联等公司采用先进的控制装置，将液压振动技术、动态二冷技术、动态轻压下技术、漏钢预报技术、质量预报技术用于实际生产。国内近年来板坯连铸技术基本达到国际先进水平。⑤轧钢车间过程控制。利用轧钢车间过程控制可实现无人操作生产。

B. 基础自动化

运用人工智能技术和方法，使基础自动化向更高方向发展，具体场景有如下几种：①通过高炉炉气在线检测技术研究，提升高炉生产的智能化控制水平；②通过转炉和真空循环脱气炉炉气在线检测技术研究，提升转炉和真空循环脱气炉生产的智能化控制水平；③通过连铸坯表面缺陷的图像识别与控制反馈研究，提升炼钢和连铸质量控制水平；④通过无人车间和无人自动物料流动研究，提高劳动生产率，改善工人的作业环境，提升工艺过程控制和产品质量的稳定性。利用智能化方法可以实现流程制造工业的一系列检测仪器的新升级。

（执笔人：刘玠，中信泰富特钢集团；杨健，上海大学；王龙，上海大学）

7.2.6 智能创新设计应用工程

1. 研究背景

面向知识网络经济时代我国创新驱动发展战略的重大需求，为提升我国制造业自主设计创新能力，促进我国实现“中国制造到中国创造、中国速度到中国质量、中国产品到中国品牌”三大转变，带动从概念创意到研发、生产、制造、产品进入市场全产业链过程的价值提升，推动原始创新和颠覆性创新，使创新设计和智能服务贯穿到产品的全生命周期过程，智能创新设计应用工程必不可少。

创新设计正在利用互联网、大数据、柔性制造、信息网络物理系统、云计算等新技术，催生出创客、众包、众筹，以及个性化、定制式设计制造、网络协同设计制造等新业态，开启了大众创业、万众创新的新时代。创新设计也可服务于健康生活、国防安全、能源供应等诸多领域。

智能创新设计应用工程将帮助人们从大规模制造的理性时代转向个性化生产的感性时代，将科技附加值变为创意生活方式，用体验取代功能，用高感性取代高科技。通过应用新一代人工智能技术，全面提升我国创新设计国际竞争力，预期将突破一系列智能化设计应用核心技术和软件系统，通过集成大数据智能、群体智能、人机协同智能、跨媒体智能及自主无人系统等人工智能新技术（潘云鹤，2017），推动产品创新、产业创新和服务模式创新。

2. 研究现状

设计是人类有目的创新实践活动的设想、计划和策划，是将信息、知识、技术和创意转化为产品、工艺装备、经营服务的先导和准备，决定着制造和服务的品质与价值。创新设计是一种具有创意的集成创新与创造活动，它面向知识网络时代，以产业为主要服务对象，以绿色低碳、网络智能、共创分享为时代特征，集科学技术、文化艺术、服务模式创新于一体，产品的价值在设计端就得以体现。

以传感技术、计算机技术和通信技术高速发展为代表的信息革命为设计带来了更多的方法手段并赋予其新的职责，揭开了智能创新设计的序幕。智能创新设计是利用先进人工智能技术赋予产品和服务智能化特征，以提升其功能和用户体验的设计活动。

以用户体验为核心的iPhone手机的制造成本不到售价的40%，占2015年全球智能手机市场利润的91%；深圳大疆主打消费类摄影无人机，通过自主创新设计，集成高性能摄影平台、飞控软件、高性能直流电机和动力电池，并依托无线传输、模块结构、网络营销等，成为全球最具创新活力的科技创新企业，占世界消费类无人机市场份额的70%……种种案例都表明了设计的价值。在以互联网与移动网络的普及、传感网的渗透、大数据的涌现和网上社区的崛起等为代表的“信息新环境”下，使用以大数据驱动知识学习、跨媒体协同认知与推理、高水平人机协同、基于互联网的群体智能技术为代表的新一代人工智能技术驱动创新设计，能更好地预测用户需求，有效提升设计工作效率，获得更加快速精准的智能系统响应，提供更贴心的用户体验和智能服务，催生更具前瞻性的商业模式，引领颠覆式创新，创造更多价值。

国内外绝大部分科技巨头目光都集中在消费领域人工智能，工业巨头通用电气公司正试图将机器学习和人工智能应用到很多人们熟知的产品中，覆盖航空、运输、医疗和发电等多个领域。

2016年11月，通用电气公司宣布收购两家人工智能高科技公司Bit Stew Systems和Wise.io，以强化和拓展Predix云平台，为公司的工业制造带来相关大数据集，推动人工智能在工业领域的应用，为电厂、航空发动机和医疗等领域提供智能解决方案。IBM凭借沃森强大的人工智能入驻中国物联网领域。IBM 沃森物联网平台的功能主要表现在连接、信息管理、分析、风险管理四大方面。平台支持物联网设备和数据庞大的应用程序来访问，可以助力应用程序、可视化仪表板和移动物联网程序的快速编写与分析，还可以执行强大的设备管理操作，存储和访问设备数据，连接各种设备和网关设备。

2017年9月，华为发布了全球第一款AI移动芯片——麒麟970，其AI性能密度大幅优于CPU和GPU。在处理同样的AI应用任务时，相较于四个Cortex-A73核心，麒麟970的新异构计算架构拥有大约50倍能效和25倍性能优势，这意味着未来在手机上处理AI任务不再是难事。更厉害的是，iPhone X的A11仿生芯片拥有神经引擎，每秒运算次数最高可达6000亿次。它是专为机器学习而开发的硬件，不仅能执行神经网络所需的高速运算，而且具有杰出的能效。

在人工智能设计领域，阿里巴巴已经开始加速探索。2015年“双十一”期间，阿里巴巴展示出了1.7亿个由设计人工智能产品“鲁班”设计的广告横幅，这是阿里巴巴第一次基于算法和大数据为用户做出大规模的、个性化的商品推荐。2015年“双十一”后，阿里巴巴内部发起了一个人工智能设计项目，主要开发的产品就是“鲁班”，后演进为阿里巴巴智能设计实验室（Alibaba AI Design Lab）。实验室的主要任务是用AI做设计，用算法、数据、计算、场景来解决商业领域的问题。“鲁班”背后的学习设计逻辑包括设计框架（一堆空间特征和视觉特征构成的模型）、元素中心（元素库、图片库）、行动器（输入需求、生成最优结果）、评估网络（人工+机器双向反馈，对结果进行评估）。“鲁班”系统深度学习的数据来源为量产的广告横幅、设计师自身的经验知识以及设计手法和风格等，再将这些手法和风格归纳成一套设计框架，让机器通过自我学习和调整框架，演绎出更多的设计风格，上亿的广告横幅通过素材进入该框架后批量拼装成为新的广告横幅。鲁班的发展趋势是让智能设计去影响阿里巴巴设计生态，服务百万量级的商家和设计师。

新一代人工智能是建立在大数据基础上的人工智能。由于数据量庞大但技术有限，个人没有能力对自己的数据进行存储和分析，掌握数据的大公司可以通过数据清洗、建模等方法分析出相关群体的普遍特征，得出相关的用户画像，更了解自己的用户是谁，从而设计出更有针对性的功能和服务，探索出新的用户需求和衍生出新的产品。然而，巨头们的垄断和相互竞争，导致用户数据被各巨头分割和收集使用，再加上巨头们宁愿生产更多的产品进行竞争也不愿意互通用户数据，导致用户数据发挥不出更大的价值。这也是人工智能发展道路上的一道门槛。要使人工智能更快发展，就需要分析更多完整的数据，加上互联网去中心化的理念，让应用厂商把数据“还给”用户，这将会是下一个趋势。

基于对用户数据的积累、理解和分享，可以进行需求预测和产品优化，实现闭环设计和反馈机制，但这也会带来隐私问题，用户会担心更多产品和人工智能接触到更多数据时，自己的生活会被24小时监控着。人工智能将会是科学与伦理博弈中最激烈的一环。所以，如何实现底层的数据仓库是关键。

3．研究内容

围绕我国创新驱动发展战略和提升我国制造业自主设计创新能力的重大需求，部署实施服务于从概念创意到研发、生产、试验、服务等全产业链活动的用户需求智能挖掘与预测、设计工作智能化和人机协同的创新设计、新一代人工智能技术驱动的商业模式创新设计等典型示范。

智能创新设计应用工程不仅仅瞄准单一技术和装备的突破与应用，而且要实现虚拟网络和实体生产的相互渗透融合，通过制造技术和信息技术的深度融合与集成，在产品中嵌入微型低功耗的感知、处理、通信等功能部件，创造新的附加值（徐志磊，2016a）。借助传感器、互联网、物联网、大数据、云计算等，实现设备与设备、设备与工厂、各工厂之间，以及供应链上下游企业间、企业与用户间的无缝对接，企业可以更加精准地预测用户需求，根据用户多样化、个性化的需求进行定制设计和柔性生产，并实时监控整个生产过程，实现定制化服务。新一代人工智能技术将贯穿产品设计全流程（见图7.6），融入产品研发、设计、制造全过程，推动产品设计生产过程的重大变革。这一方面可以缩短设计和制造环节之间的消耗，降低新产品进入市场的时间成本，创造产品差异化和定制化服务增值的机会，另一方面，智能创新设计产品将改变产业结构和竞争方式，推动新一代颠覆性创新产品的出现。

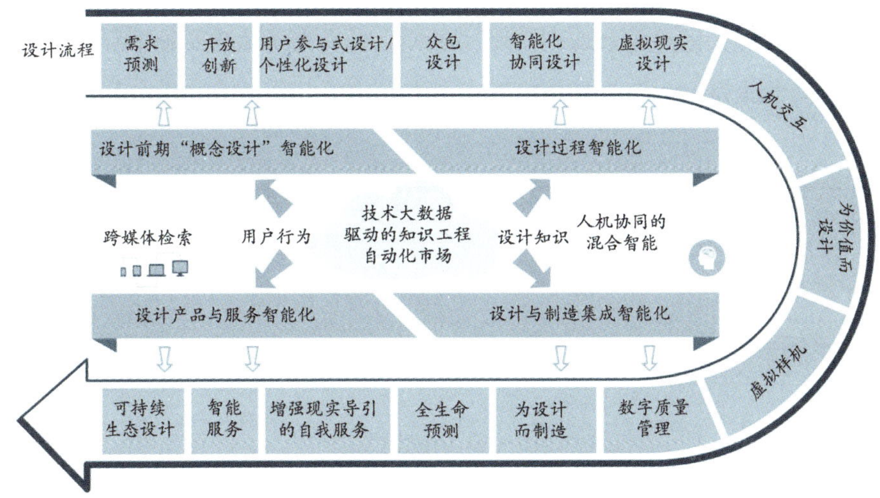

图7.6　人工智能技术贯穿设计全流程

智能创新设计应用工程的研究内容包括以下几个方面。

（1）新一代人工智能技术驱动的用户需求智能挖掘与预测

A. 跨媒体大数据驱动的用户需求智能分析与预测

通过运用大数据驱动和以自然语言理解为核心的认知计算模型，输入跨媒体数据（语言、视觉信息、图形、听觉信息，以及各种各样的传感器传达的数据），进行语义相通相融，形成从大数据到知识、从知识到决策的能力。突破无监督学习、综合深度推理等难点问题，实现用户需求智能分析与预测。

B. 设计知识的在线开放存储与智能推送

通过运用关系抽取技术、知识融合技术、实体链接技术和知识推理技术等知识图谱技术，结合机器学习、自然语言处理和知识表示及推理的最新成果，解决大数据中的文本分析和图像理解问题，实现设计知识的在线开放存储与智能推送，包括知识获取、知识融合、知识推送。①知识获取即从非结构化、半结构化以及结构化数据中获取知识。②知识融合即融合从不同数据源获取的知识，构建数据之间的关联。③知识推送即基于知识图谱计算功能，满足不同的应用需求，实现智能推送。

C. 开放创新，用户共同参与设计

通过借鉴开放式创新的思路和理念，企业不仅关注自身的资源、能力、商业模式、竞争优势的获取与发展，还关注自身在价值链中的定位和与成员伙伴之间的关系，如与上游供应商、下游客户、相关配套企业、研究院所等的关系。

D. 创造看不见的需求，推动颠覆式创新产生

构建开放的云平台，收集智能设备用户的数据，对数据进行分析，洞察用户与设备交互和与生态服务交互的场景，描绘出应用场景的“画像”以及用户对生态服务的需求，创造看不见的需求，形成颠覆式的创新。

（2）设计工作智能化（徐志磊，2016b）

A. 信息网络物理系统新环境下的创新设计

结合自然语言理解、语义分析、机器学习、知识图谱等领域的技术，在环境感知的基础上，深度融合控制系统、物理设备系统、嵌入式系统、物联网、工业互联网等，实现计算、通信与物理系统的一体化设计。

B. 众创空间群体智能驱动的设计工作智能化

结合群体智能的组织、涌现、学习理论与方法，运用可表达、可计算的群智激励算法和模型，形成基于互联网的群体智能理论体系，实现基于群智感知的知识获取和开放动态环境下的众创空间群智融合与增强、协同与演化。

C. 新一代人工智能技术支持的众创、众包设计

运用基于互联网的大众化协同、大规模协作的知识资源管理与开放式共享等技术，从产业生态系统角度，既连接人、组织、流程、业务、应用、系统，实现单产业链纵向协同，又实现多产业链间资源和数据的集成，完成跨

价值链横向协同。通过价值链的合作挖掘生态系统成员的潜能，从而实现生态圈的合力优势、创新溢出、共同进化、共生发展，实现众创、众包设计。

D. 个性化、柔性化智能设计与生产

以数字化设计支撑产品开发，通过产品的系列化、模块化和标准化支持产品制造的敏捷化、柔性化、个性化。利用CAD提升设计能力和水平，用三维模型智能建模模拟，掌握基于模型的设计，实现无图纸生产制造。利用工程设计图编制工艺文件（CAPP、CAM），根据工艺过程分析，开展工艺过程仿真模拟，优化工艺参数，达到全制造过程数字化。开发CAE系统，建立CAD/CAPP/CAM/PDM集成系统平台，在制造系统产品维度上实施全数字化研制过程。通过网络和云计算平台，实施外包协同设计。用物联网、CPS等增强供应链能力。推进智能设计与生产的个性化、柔性化，提高创新设计能力，完善制造业技术创新体系。

E. 实时运行数据反馈驱动的设计工作智能化

基于多源、多学科和多数据类型的跨媒体知识图谱，通过跨媒体知识表征、分析、挖掘、推理、演化和利用，进行持续的质量管理、实时性能数据监控，将运行数据反馈到设计端，对设计进行修正和改进，优化设计过程。

（3）人机协同的创新设计

A. 建立虚拟样机，构建VR、AR新环境下的人机协同创新设计方法

建立虚拟样机，在VR和AR环境下，通过增强用户体验、交互和感知，设计者把新信息在物理世界上无缝衔接和展现。通过设计合适的数据模型和算法，创造人工智能产品，人工智能产品预测用户需求，形成反馈。

B. 适于“信息新环境”的交互界面设计

开发新的用户界面服务技术，基于深度学习和智能设备的交互界面，采集用户日常行为，通过分析用户行为，预知设备本身的运行情况并预测用户新的需求，从而形成一套最优化的设计、营销策略，将其推送到用户设备上。

C. 开发可穿戴的人机融合增强装备

运用人机协同共融的情境理解与决策学习、直觉推理与因果模型、记忆与知识演化等理论，实现学习与思考能力接近或超过人类智能水平的混合增

强智能。人机共生，人机共同进化。人聚焦于管理、创意创造、沟通工作，机器聚焦于可重复的依赖计算能力的工作。

（4）新一代人工智能技术驱动的商业模式创新设计

研究内容主要包括智能服务、产品与系统自主诊断、全生命周期预测、社交媒体用户满意度挖掘，将新一代人工智能技术融入创新设计，开发一批服务生活的智能产品，使人类社会生活“又好、又快、又省”，增强技术的经济价值和社会价值，使技术更加有意义。创新设计新的商业模式，寻找新的价值机遇。

通过聚焦于“产品（智能硬件）+服务”的产品服务系统，把各种各样的智能硬件作为交互入口，使硬件、软件、平台服务向其生态合作方开放，形成智能设备的交互服务+智能场景在线服务的模式创新。

提供从需求调研、技术开发、产品设计、工程制造到交付使用、维护维修、产品回收的全生命周期服务。实现用户和服务的连接以及设备和服务的连接，让智能场景中的用户获取服务更智能，让人和服务、服务和服务建立实质联系，从而提供更有价值的决策支持。将服务从反应性服务转变为预防性、主动性和可控性服务。

（执笔人：徐志磊，中国工程物理研究院；董占勋，上海交通大学；明新国，上海交通大学）

参考文献

白伦，2015. 在喧嚣的网络背后，工业4.0五大案例 [J]. 互联网周刊（9）: 64-65.

蔡自兴，2015. 人工智能在冶金自动化中的应用 [J]. 冶金自动化，39（1）: 1-8.

李伯虎，张霖，任磊，等，2011. 再论云制造 [J]. 计算机集成制造系统，17（3）: 449-457.

李晓刚，向永光，2017. 唐钢高强汽车板原料库天车无人化系统设计及应用 [J]. 冶金自动化（3）: 6-11.

李新创，2017. 智能制造助力钢铁工业转型升级 [J]. 中国冶金（2）: 1-5.

林加灶，董飞，2017. 基于智能制造的船厂分段物流调度管理系统[J]. 电子技术与软件工程（10）: 61.

刘玠，马竹梧，2016. 冶金原燃料生产自动化技术[M]. 北京：冶金工业出版社.

马竹梧，徐化岩，钱王平，2013. 基于专家系统的高炉智能诊断与决策支持系统[J]. 冶金自动化，37（6）: 7-14.

潘云鹤，2017. AI 2.0时代的五个布局方向[EB/OL].（2017-07-17）[2017-09-10]. http://www.stdaily.com/rgzn/dingjidaka/2017-07/17/content_560246.shtml.

彭俊松，2016. 工业4.0驱动下的制造业数字化转型[M]. 北京：机械工业出版社.

钱宏智，胡丕俊，李亮举，等，2017. 首钢智能制造探索与实践[J]. 冶金自动化（2）: 22-26.

苏珊，2016. 探访西门子安贝格工厂：最接近工业4.0的智能制造是怎样的[EB/OL].（2016-05-05）[2017-05-06]. http://www.yicai.com/news/5009840.html.

隋少春，牟文平，龚清洪，等，2017. 数字化车间及航空智能制造实践[J]. 航空制造技术，526（7）: 46-50.

孙彦广，2017. 中国钢铁企业智能制造发展现状与需求调查情况总结与分析[R]. 全国第二十二届自动化应用技术学术交流会.

通用电气公司，2015. 工业互联网：打破智慧与机器的边界[M]. 北京：机械工业出版社.

魏毅寅，柴旭东，2017. 工业互联网技术与实践[M]. 北京：电子工业出版社.

徐匡迪，2005. 徐匡迪文选：钢铁冶金卷[M]. 上海：上海大学出版社.

徐振耀，1993. 人工智能在航空航天领域中的应用[J]. 系统工程与电子技术（3）: 49-53.

徐志磊，2016. 设计工作的智能化[J]. 科技导报，36（9）: 1.

徐志磊，2016. 谈智能系统与创新设计的概念问题[J]. 装饰（11）: 12-13.

殷瑞钰，2017. 关于智能化钢厂的讨论——从物理系统一侧出发讨论钢厂智能化[J]. 钢铁，52（6）: 1-12.

于勇，2017. 唐钢智能制造的信息化架构设计[J]. 钢铁，52（1）: 1-6.

张佩玉，2017. 亚马逊玩转智慧物流[J]. 国企管理（1）: 94-97.

中国电子学会，2017. 2017年中国机器人产业发展报告[R].

中国航天科技集团公司，2012. 波音787：全球化战略催生的"系统宠儿"[EB/OL].（2012-04-02）[2017-05-06]. http://www.spacechina.com/n25/n144/n206/n220/c223219/content.html.

周双印，1992. 用于宇宙飞船遥测监控和诊断的多任务人工智能系统—SHARP[J]. 导弹与航天运载技术（6）: 4-12.

Hebron P, 2016. Machine learning for designers [M]. Sebastopol: O'Reilly Media.

Karol G, 2014. Local motors bringing crowd sourced innovation to GE[EB/OL]. (2014-03-18)[2017-05-06]. http://www.foxbusiness.com/features/2014/03/18/local-motors-bringing-crowdsourced-innovation-to-ge.html.

Winnig L W, 2016. GE's big bet on data and analytics[J]. MIT Sloan Management Review (57): 5.

第8章

人工智能2.0 在智能城市建设领域中的应用

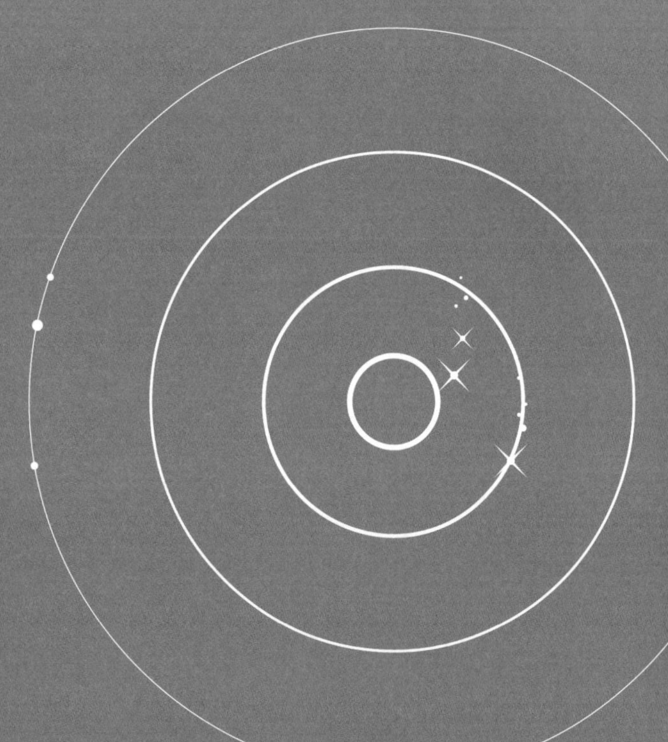

8.1 内容概述

IBM在2008年提出了“智慧城市”的概念，着重于测量、互联和智能三方面，旨在将特定的信息技术系统应用于城市管理中。2010年，IBM正式提出了“智慧的城市”愿景，希望为世界和中国的城市发展贡献自己的力量。IBM认为，城市由关系到城市主要功能的不同类型的网络、基础设施和环境组成，包括组织（人）、业务/政务、交通、通信、水和能源六个核心系统，这些系统以一种协作的方式相互衔接，城市本身则是由这些系统组成的宏观系统。从技术发展的视角来看，智慧城市建设要求通过以移动技术为代表的物联网、云计算、大数据、人工智能技术等新一代信息技术应用，实现全面感知、泛在互联、普适计算与融合应用。

“智慧城市”建设更准确的表述应该是“城市的智能化发展”。当前，欧美国家已走过了大规模城市化和工业化的时代，已不需要大规模的基础设施建设，而中国则处于信息化、工业化和城镇化相融合的阶段，需要通过发展产业来引领城镇化发展，因此，中国的智慧城市发展应该在“智能”上下功夫。对于包括农村在内的中国广大城市（行政区域概念上的城市）而言，建设“智能城市”就是发展工业化、信息化、城镇化、绿色化、农业现代化“五化”。因此，“智能城市”更适合表述具有中国特色的城市智能化发展。中国智能城市将沿着“城市数字化—城市网络化—城市大数据—城市智能化”的进程不断发展。

当前，智能城市发展正面临不“智慧”、不“智能”的困境。近年来，国内外一些知名IT企业提供了大量的智能城市解决方案。然而，在实践过程中，这些方案暴露出一些问题，比如大数据的“孤岛困境”，城市、政府与企业没有实现共赢等。

2010年以来，我国的大部分城市都提出了智慧城市的建设计划。从实践来看，这些城市虽然搭建了智慧城市的框架，却很难真正体现智慧城市的精髓，无法有效地通过信息的感知、连接来分析诊断并解决城市的关键问题，提升城市的运行效率和市民的生活质量。智慧城市建设数据条块分割、信息孤岛严重，城市存在“过度感知”与无数据可用并存的问题。网络信息安全、个人隐私保护等矛盾愈发突出，对城市信息空间的监管需求已经超过了城市管理者的能力范围。

面对越来越突出的城市发展矛盾和城市病问题，智能城市仍然是我们必须依赖的理念和手段。传统信息化手段难以解决城市发展中的突出问题，只有人工智能技术发展才能为智能城市建设带来新的契机。智能城市本身也是人工智能技术应用的良好载体，城市的人工智能化建设是必由之路。

正是基于上述发展背景，我们提出要大力开展人工智能技术在智能城市领域综合应用的战略规划：基于人工智能2.0核心技术与基础平台，聚焦城市重点领域，研究开发智能城市核心共性关键应用技术，建成自主可控的城市智能化产业，开展重点领域应用示范与推广应用，实现“和谐、安全、高效、幸福、绿色”的智能城市系统。总体发展目标包括以下几点。①2020年：重点突破智能城市人工智能应用共性关键技术，形成自主核心的城市智能化系列产品，在城市重点领域积极推广应用示范。②2025年：全面突破智能城市人工智能应用共性关键技术，初步构建形成城市智能化产业发展支撑环境和智能应用产品体系，全面开展城市智能化综合应用示范。③2030年：引领智能城市人工智能应用共性关键技术，形成完备的城市智能化产业链条，城市综合智能化水平国际领先。围绕上述目标，聚焦核心应用技术研发与城市发展重点领域示范应用，我们提出以下重点战略研究任务。

8.2 智能城市建设应用研究任务

8.2.1 城市智能化应用共性关键技术研究开发

1. 研究背景

技术创新是建设智能城市的基石。我国的智能城市建设目前缺乏自主核心技术，尤其是在通用基础性技术、共性关键技术等领域与国外还有较大差距。

城市信息资源是智能城市的重要资产。通过对城市各领域信息的全面采集、合理组织、高效应用，形成城市信息资源，并实现对城市运行、服务、产业的有效支撑。把城市信息资源管理和开发纳入制度化、规范化、标准化轨道，是保障和促进城市发展的重要基础（罗文，2012）。但城市信息资源分散分布、种类繁多、结构复杂、数据量巨大，利用传统信息技术不能对这些信息资源进行充分利用，需要利用物联网、大数据和云计算等新技术构造城市神经中枢来实现对城市信息资源的管理和开发。

城市神经中枢是智能城市信息采集、储存、处理、分析和利用的核心，可以帮助实现智能城市各项业务的自动化，是达成某个特定目标的各个系统的集合，包括城市物联网、城市大数据和城市计算三个部分（中国智能城市建设与推进战略研究项目组，2016）。城市物联网是面向城市公共服务的基础设施，包括公共安全、公共事业、公共服务、公共环境监测和保护等物联网体系，跟每一个城市居民息息相关；城市大数据在传统信息技术的基础上引入大数据和云计算技术，实现信息资源的交换、共享、整合、编目管理和开发利用，是城市信息资源管理的得力工具；城市计算是通过不断获取、整合和分析城市中多种异构大数据来解决城市所面临的挑战（如环境恶化、交通拥堵、能耗增加、规划落后等）的一个过程。

2. 研究现状

每一个城市的发展大都经历了数字化和网络化的阶段，目前正在进入智能化阶段。在数据化和信息化阶段，大多数城市都建立起了面向各个企业和组织内部的数据中心，收集了一定规模的数据，用于企业和组织内部的信息处理和辅助决策分析。可以说，城市的整体信息化水平已经相对较高。随着物联网技术的不断发展，智能化城市建设引发了数据量的爆发式增长，大数据像血液一样遍布电子政务、交通、医疗、教育、环境、能源等各个领域，但是，由于不同组织和企业间的数据不可共享，数据按照类别、部门、地域、行业被隔离的现象非常严重。为了打破这种“信息孤岛”现象，迫切需要建立跨组织、跨行业的城市大数据采集、存储、管理的平台体系，支撑跨领域知识挖掘和联机分析处理（online analytical processing，OLAP），为决策层提供城市日常运行和战略规划的决策支持与价值导向，并帮助实现紧急事件预警和事后快速处理。

自从IBM提出智慧城市的概念后，各国、各企业都相继提出了自己的智慧城市总体架构，这其中既有业务架构也有IT架构，架构方法多沿用企业架构（enterprise architecture，EA）思想，并融合面向服务的架构（service-oriented architecture，SOA）、物联网、云计算或大数据等技术架构。例如欧盟的智慧城市架构主要采用物联网架构技术，其中一个由比利时、法国、德国、希腊、意大利、西班牙、瑞士和英国的产业界、大学与研究中心联合研究如何在未来的互联网领域，将智能家居、智能交通系统、健康监测系统、物流与零售企业等纳入到一个统一的标准化平台，将它们的数据转换为信息；另一个由芬兰、法国、德国、意大利、爱尔兰、荷兰、挪威、塞尔维亚、罗马尼亚、西班牙、瑞典、瑞士和英国的产业界、大学与研究中心联合创建的SENSEI系统是一个开放的商业驱动的IT框架，以解决来自全球分布式传感器设备的渐增的数据流量带来的问题，通过真实世界与数字世界的连接产生“智慧区域”（Neirotti et al.，2014）。然而，目前并未形成智慧城市独有的架构，人们甚至在智慧城市的定义方面都未能达成共识，因此迫切需要建立一套统一的智慧城市体系架构（Pan et al.，2016）。

随着城市信息建设的不断加强，城市积累的数据量快速增长，大数据为建模仿真的应用开拓了更多契机（马娜，2015）。①大数据能为仿真结果分析提供更好的手段，为解决大规模的仿真数据处理提供新的思路。②大数据能为复杂系统的整体性分析提供条件。对基于传统科学的分解方法仍然解决不了的社会、经济、战争等复杂系统问题，通过对“整体数据”进行分析，从“现实”中去寻找答案，为复杂系统的建模仿真开辟新的出路（冯奎等，2017）。③大数据方法能为智能仿真带来曙光。以IBM的认知计算系统沃森（Watson）为代表的方式，是对人类认知的仿真。④建模仿真的验证、确认和认可（verification，validation，and accreditation，VV&A）有了简洁可靠的途径，数量巨大的案例数据能大大提高目前仿真课题相似案例的出现概率。基于相似性原理，运用足量的相似案例既可得到仿真的逼真度数据和可信度数据，验证仿真的真实性，同时也能验证其中各个模型的正确性。

智能城市（复杂系统）建模仿真将无处不在的感知技术、高效的数据管理和分析算法，以及新颖的可视化技术相结合，致力于提高人们的生活品质、保护环境和促进城市运转效率，帮助我们理解各种城市现象的本质，甚至预测城市的未来。

构建智能城市大数据、知识管理挖掘等系统平台是智能城市建设的基础。全球权威的咨询与服务机构国际数据公司（International Data Corporation，IDC）在最新发布的《IDC MarketScape：中国政务云市场厂商评估，2017》报告中提到，针对政府客户的基础设施集约化建设、数据互联互通和应用智能化三大迫切需求，华为云政务解决方案聚焦多类业务场景：政务服务网、公共资源交易平台、地理信息系统云化、经济运行监测、政务数据共享交换平台、两级政务云、政务云数据中心、政务大数据等。

信息资源对经济建设和社会发展的作用越来越大，信息资源的深入挖掘与有效分析成为智能城市的主要特征和实现社会生产力跨越式发展的重要途径。各级政府部门掌握着大量的政府信息数据库，这些库分属于不同部门。为了树立以公众需求为中心的新型服务政府，职能机构要在网络化的管理平台上高效率地协同工作，以跨职能、跨部门的形式组织业务流程。要迅速、有效地开展跨部门的协同业务，就要实现所需基础信息和业务信息等信息资源的共享。因此，为适应社会经济发展的需求，各部门之间必须加强协作，实现跨地域、跨部门、跨层次的信息集成和深度应用。通过建设基础信息资源共享管理服务平台，实现基础信息资源的深入应用，为各部门应用系统建设提供技术支撑，从而破解信息化发展的不均衡问题（高文，2017）。

智能化服务与跨界协同离不开智能感知技术的发展。欧洲智能系统集成技术平台（European Technology Platform on Smart Systems Integration，EPoSS）（2008）在《物联网2020》（"Internet of Things in 2020：Roadmap for the Future"）报告中分析，物联网的发展将经历四个阶段：2010年之前物体互联，2010—2015年物体网络化，2015—2020年物体半智能化，2020年之后物体全智能化。现阶段，物联网技术研究内容主要包括物联网的网络架构、通信技术、数据融合、异构网络融合、智能终端、信息安全、相关标准等。今后十年，信息技术领域的一大趋势是持续的计算机化。继互联网、移动互联网之后，计算机化的趋势将延续到物端，出现"物体即计算机"的形态，这个趋势被中国科学院信息领域战略研究组在《中国至2050年信息科技发展路线图》（2009）战略研究报告中称作人机物三元计算趋势，美国学术界和企业称之为万物互联趋势，其中"万物"指人、数据、过程、事物。物联网将成为一类新的基础设施，是实现智能城市的关键技术和重要标志（中国科学院信息领域战略研究组，2009）。

在智能城市的建设实践中，我国和其他国家都曾建立一套或多套评价标准。国内标准包括《国家智慧城市（区、镇）试点指标体系（试行）》《智慧城市评估指标体系（征求意见稿）》等国家部委发布的指标体系，也包括上海浦东新区《智慧城市指标体系1.0》、南京的智慧评价指标体系等地方体系，国外标准包括欧洲的维也纳工业大学（TU Wien）指标体系、爱立信（Ericsson）指标体系，以及北美的智能社区论坛（Intelligent Community Forum）指标体系、IBM指标体系等（European Technology Platform on Smart Systems Integration，2008）。但这些指标体系一方面由于所属地区的差异各有侧重，不能全面、普遍地体现智能城市的指标，另一方面给出的都是静态指标，无法适应不同发展阶段，无法长期有效地评估、评价。因此，要想对智能城市建设发展进行客观有效的评价，必须研究一套智能的评价方法。

3．研究内容

围绕智能城市重点领域和典型业务应用场景，将人工智能2.0核心技术与城市运行管理技术深度融合，研究开发面向智能城市规划、建设、管理、运营全生命周期的智能化共性关键技术（顾铮，2017）。以大数据平台为抓手，开展城市信息资源综合治理，提升城市信息化基础水平，服务城市中的市民、企业、政府，为其带来直接的便利。为了推动真正的智能城市建设，需要加强以下几点研究。

（1）城市智能化总体技术研究。构建智能城市总体架构，包括业务架构和IT架构，研究智能城市架构开发方法、内容框架、参考模型、知识库、能力框架和成熟度模型；研究智能系统集成互联技术、安全与评估体系和标准体系等；研究智能城市知识中心数据结构、知识结构（国家工业信息安全发展研究中心等，2017）。

（2）智能城市（复杂系统）建模仿真技术研究。构建智能城市系统模型，研究基于大数据与深度学习等技术的复杂系统仿真建模方法，以及基于虚拟现实/增强现实的仿真结果管理、分析与评估技术，形成面向智能城市全生命周期、多领域的高性能嵌入式仿真平台。

（3）智能城市大数据、知识与模型的管理分析等系统平台技术研究。研究基于人工智能2.0的城市大数据平台技术和城市应用支撑平台技术，实现城市海量异构数据资源的智能化集成与管理，为城市智能化运行管理以及基于大数据的知识发现、辅助决策提供有力支撑。

（4）城市信息整合平台研究。建设支撑智能城市多样信息并具备高性能计算、存储、传输能力的综合信息平台，在感知、分析、服务（管理、服务应用）、指挥（命令、决策）、监察（监控、监测）五大领域综合统一，实现整个城市运行的一体化管理。

（5）城市资源智能化服务与跨界协同技术研究。以知识引擎和知识服务、开放环境群体智能、跨媒体推理等技术为基础，研究开发智能资源感知与物联技术，智能资源虚拟化和服务化技术，智能服务环境的构建、管理运行和评估技术，实现随时随地按需供给的城市资源服务能力以及跨领域业务协同能力。

（6）制定基于大数据智能理论与知识引擎和知识服务技术的智能城市评估评价技术体系，以及面向智能城市的人工智能技术应用标准及规范。

（执笔人：李伯虎，中国航天科工集团；吴志强，同济大学；周翔，中国航天科工集团；刘朝晖，中国城市科学研究会；赵龙军，中国雄安集团数字城市公司）

8.2.2 人工智能支持城市规划决策关键技术和应用

1. 研究背景

城市规划决策的基础大部分来源于人对于空间的感知，传统规划学科对于人类感知的理解主要基于个体经验、调研和访谈。随着近年来人工智能的发展，机器视觉、图像识别、机器学习等技术的应用拓展了城市规划行业对于城市空间理解的深度与广度。

通过应用大数据、深度学习、群体智能、人机协同等人工智能技术，规划师能够快速、准确地理解城市空间，诊断城市问题，优化规划方案，模拟城市未来，继而能通过挖掘城市整体发展规律和微观层面个体行为规律，实现智能布局选址，优化城市空间结构和基础设施布局，降低城市资源能源消耗，提升城市运行效率和可持续发展水平。

2. 研究现状

人工智能在城市规划领域的应用首先是扩展人类空间感知能力。在城市空间中，人类对于环境的认知主要依靠视觉、知觉。随着大数据、云计算等技术的发展，机器处理数据的能力进一步增强，规划师可以在个人端依托卫星影像与街景图像重新构建描述城市空间结构和扩张过程的技术路线图，帮助城市管理者、市民等更好地理解城市发展轨迹。同时，随着图像识别与深度学习技术的应用，对于景观的感知与评价可以从传统的调研与访谈发展为一套能够被机器理解的评价体系（Zhou et al.，2014）。例如麻省理工学院C-IMAGE项目搜集了来自Panoramio（谷歌旗下的免费照片上传网站，已于

2016年11月关闭）的带有地理坐标信息的数百万张城市照片，利用深度学习技术对照片内容进行标定。通过对照片内容的识别，项目组将人们在城市中所看到的意象归纳为七大类型，并利用这些意象将不同城市的空间风貌以城市意象地图的形式归纳与概括出来，通过将这些意象与城市空间的实际使用情况进行对比，帮助规划师更好地改善城市景观。

移动互联网的发展使得城市中个体的活动轨迹可以被更好地观测与理解（Zhang et al.，2016），在此基础上，传统城市规划空间结构理论所构建的理想模型可以在研究粒度上进一步细化，也能够更好地拟合城市客观运行状态。例如微软亚洲研究院城市计算项目以出租车实时数据作为样本，基于云计算、大数据和人工智能做出实时的人流量预测系统（Dubey et al.，2016）。除了出租车的数据外，该系统还可以通过运算手机信号（王德等，2015）、地铁刷卡记录等，得到某地将有多少人进和出的结果，并预测未来十几个小时内的城市人流情况。

城市规划理论的基础是对城市规律的解析，除了集合个人活动轨迹形成城市空间中大量的流数据之外，群体智能、人机合智等技术也可以帮助规划师更好地探索与推演城市规律。群体智能利用人或计算单体本身的感知、思考，在计算网络中以计算节点的主观选择表达个体的主观能动性，但通过整个网络的计算后，整体结果又能够进行客观评价（Rosenberg，2016）。由于现实中无法精确求解许多问题，而群体智能通过个体的协作表现出群体对问题的理解，从而逼近最优解，因此群体智能是建立在大数据之上的一个协同网络优化过程。人机合智则主要表现为通过混合增强智能和认知计算使得机器计算系统成为人工决策辅助性工具，配合人类进行工作，解决人脑不擅长解决的一些问题。该系统主要的能力表现为辅助、理解、洞察与发现、决策等。在此基础上，通过生成式对抗网络模拟城市规划决策中的博弈过程，生成不同的规划策略，帮助城市管理者更好地进行规划决策（Goodfellow et al.，2014）。例如同济大学CityGo项目将城市的发展过程抽象地总结为“四人下六子”模式，高度概括与凝练了城市中多种变化的发生。此模式基本可以反映城市发展的过程。其将复杂的城市变化总结为几种基本的类型，从而建立数学模型，并借助计算机强大的计算能力，模拟仿真城市变化过程。通过输入大量的现实数据来修改调校模型中的参数，从而逼近最现实的状况（Zheng et al.，2014）。基于训练后的模型可以综合实现城市诊断、城市模拟、城市推演等城市规划全过程辅助，对于城市中的空间决策有很好的理性支撑作用（Wu et al.，2016）。

3. 研究内容

要研究人工智能支持城市规划决策关键技术和应用，就要应用大数据、深度学习、群体智能、人机协同等人工智能技术挖掘城市整体发展规律和微观层面个体行为规律。主要研究内容包括以下几点。

（1）城市发展和运行规律识别。机器学习是人工智能中发展较为成熟的技术分支，机器可以从大量的数据中发现规划师凭经验无法意识到的城市规律。当前应用于实际工作中的城市问题诊断模型仍偏重于安全、能耗等单一指标的评判，无法评价城市空间作为一个整体在空间形态与政策支持方面应如何改善（Wu et al.，2016）。未来需要通过对城市整体发展动力的学习与理解，精确描绘和评价城市开发与多种城市流之间的交互影响，实现城市常见病的诊断和溯源以及城市空间发展仿真，建立城市空间布局与多种城市流之间的互动影响模型。

（2）建设选址和开发控制影响模拟。城市中人群活动产生的群体行为对城市运行产生了巨大影响。视频结构化数据和移动互联网数据配以群体计算、多代理人模型等算法框架，能够对人类群体活动状态进行模拟，以评价规划方案是否合理。基于大数据智能和微观模型，实现公共设施和基础设施的智能选址，对项目选址的社会、经济和环境影响进行智能分析与评价，开发项目的多目标博弈场景分析和评价，规划政策对城市运行状态的影响评价。

（3）城市微观层面个体行为规律学习和布局优化。基于神经网络、支持向量机、决策树等技术，规划师可以对个体的城市空间选择进行模拟，对城市局部地区和多个专项系统的运行问题进行精准诊断，实现微干预策略的智能推演，建立城市微观布局优化策略库。通过城市空间智能规划技术，可以建立基于策略网络和价值网络的城市规划智能推演系统，提出城市开发重大决策和时序安排的智能化建议。

（4）人工智能支撑城市规划决策仿真平台和示范应用。城市中的各项决策都是基于政府、规划师、企业、市民等不同城市运行主体的博弈产生的，这些主体基于各自利益及对城市空间场所的偏好对决策形成过程产生影响。将人工智能技术应用于城市规划决策仿真平台，可以集成城市流的智能仿真与开发建设、规划策略的模拟评价、城市规划智能推演等主要功能。

（执笔人：单峰，中国城市科学研究会；刘朝晖，中国城市科学研究会）

8.2.3 城市综合运行管理智能化应用

1. 研究背景

快速的城镇化进程带来人口结构的动态化，人口等各类要素高度集聚又会引起各种矛盾冲突尖锐化，城市所提供的公共服务供需失衡也导致城市运行压力越来越大，这些对城市的运行和管理构成了严峻的挑战。应用人工智能技术提升城市的运行管理水平，前景十分广阔。当前我国大部分城市已经建设了数字化、网格化城市管理平台，具备一定的信息化基础，但涉及的范畴和智能化分析水平远远滞后于城市运行管理的实际需求。借助可以准确感知、预测、预警城市运行的重大态势的新一代人工智能技术，城市管理者能从无序的复杂城市现象中提取城市运行过程中有效的信息和知识，及时把握城市物理空间和社会空间的既有状态和潜在趋势，主动快速决策、反应，从而显著提高城市精细化治理的能力和水平。

2. 研究现状

基于大数据等新一代人工智能技术开展城市运行管理动态研究已经产生了大量的成果。如在学术研究领域，借助移动互联网数据，城市管理者第一次实现了对城市人口的微观结构、城市设施的使用状况以及城市人流的动态的描绘（储妍等，2017；茅明睿等，2016；高硕等，2017），彻底改变了以往基于经验、习惯、标准规范而不是真实的城市信息进行决策的盲目状况；借助交通卡使用数据，可以在很大程度上对城市特殊人群、危险个体及其居住地进行识别，从而为打击犯罪和进行社会调节提供依据（龙瀛等，2012）；基于关注点（point of interest，POI）数据、工商注册数据的企事业单位格局研究，精准识别企业和个人对城市公共服务的需求(茅明睿等,2016；韩治远等，2017；单峰等，2017)。在实践应用领域，基于无所不在的图像智能，城市管理者已能够实现人脸、车牌识别和轨迹跟踪分析，违法占用公共空间、人群非法聚集等城市事件的识别，从而准确地帮助城市管理和决策者做出合理的判断与处置（李永清，2014；中国城市科学研究会，2015）。

但总体来看，城市运行管理领域的人工智能理论和方法仍然十分简陋。架构上，缺少基于中国本土城市需求的城市管理理论和技术体系研究，生搬硬套西方治理理论和方法研究的现象相对突出；应用研究上，人工智能分析不够深入，往往停留在识别跟踪等单项技术，尚不能综合分析多种数据来源并形成趋势预测、原因挖掘、决策模拟等技术以支撑各部门的需求。

3. 研究内容

在城市运行决策支持、公共安全、防灾减灾等综合管理领域应用人工智能技术，提升城市精细化管理能力与公共治理水平。城市综合运行管理智能化应用的主要研究包括研发城市运行决策仿真系统，进行决策方案仿真推演；基于知识引擎与知识服务工程核心技术以及深度学习技术，以智能视频分析为重点内容，开展人工智能在公共安全领域应用关键技术研究与典型应用示范，构建公共安全智能化防控体系，推动城市公共安全管理朝着智能化、精准化方向发展；开展人工智能在城市防灾减灾领域应用关键技术研究，进行灾难预测以及救灾指导，提升防灾救灾水平。同时，研究建设以下平台。

（1）城市智能化网格管理平台。将人工智能与网格化管理结合，运用群体智能、综合推理等技术，重构问题发现、分发、处置和评价的城市管理数据流程，构建基于人工智能2.0的常态化城市智能化建筑信息模型（building information modeling，BIM）和网格管理平台，全面提升城市精细化管理水平。具体研究内容包括以下几点。①城市运行和管理数据流程重构技术。智能诊断已有城市管理流程的效能，智能识别组织架构、管理成本、管理绩效、制度文化等因素对流程重构的影响。②城市运行状态识别技术。着力推进城市特殊人群行为规律识别、公共空间异常使用模式识别、公共空间人流异常聚集发现、城市管理事件智能发现等重点技术的研发，实现城市运行管理主要问题的自动发现和处置。③城市运行管理智能执法技术。建立结构化的城市管理法律、法规和规范知识中心，实现法律依据与城市事件的映射关系，使城市管理者依法行政。④城市运行管理效能综合评价技术。通过增强系统的自学习能力缩短评价周期，提高评价精度。

（2）城市运行管理智能决策指挥平台。应用大数据智能、跨媒体智能、群体智能等技术，及时发现和预测城市运行风险，对城市运行重大决策进行模拟仿真，提升政府决策指挥水平。具体研究内容包括以下几点。①跨媒体的城市运行隐患发现技术。融合不同数据，对城市的物理、社会风险进行识别和预测。②城市运行综合指标盘构建技术。对城市人口构成、公共服务水平、整体交通压力、污染排放水平、碳排放水平等城市专项运行指标进行绩效测度评价和决策仿真。③重点场景的情势仿真和决策推演技术。实现针对群体事件、应急防灾、大型活动、城市安全等级变化等突发状况的仿真和预案调度。

（3）城市微更新与共治智能平台。借助人工智能2.0技术实现城市末端管理向源头治理的积极反馈机制，诊断城市运行管理顽疾并提出微更新举措，深度认知社情民意并激发市民共同参与城市治理。具体研究内容包括以下几点。①人本尺度城市空间测度和效应评估技术。在微观尺度对城市物质空间形态要素及其经济、社会和生态影响进行测度，并提出城市微更新策略。②城市公共服务水平与效度测度和策略智能生成技术。挖掘公共服务设施的真实使用状况和服务范围，提出公共服务需求预测和改善计划。③市民不满意度及反复投诉案件评估与成因诊断技术。综合利用舆情监测技术、多媒体融合技术、深度学习技术等，对已有的舆情信息进行深度感知，精确定位城市管理顽疾成因。

（执笔人：刘朝晖，中国城市科学研究会；单峰，中国城市科学研究会）

8.2.4 城市基础设施智能化应用

1. 研究背景

城市基础设施既是城市的生命线，又是城市发展水平的集中体现，其复杂程度高、资源消耗大、安全要求高。随着我国社会主要矛盾转化为人民日益增长的美好生活需要和不平衡不充分的发展之间的矛盾，提升城市基础设施各项指标成为建设美好城市的重要任务。应用智能感知、跨媒体智能、大数据、深度学习等人工智能技术，可以实现对城市基础设施运行状态的精准感知，实时分析基础设施问题与风险，预测供给与需求匹配关系，显著提升城市基础设施的适应性与协同性，有效支撑智能城市建设对城市基础设施智能化水平的需求。

2. 研究现状

城市基础设施系统种类较多，涵盖供水、雨水排水、污水排水、热力供应、燃气供应、城市照明、电力、信息通信等系统（袁媛等，2007）。当前针对各类系统均已形成一定的智能化研究成果和实践基础。总体而言，已有的研究主要体现在厂端的智能控制、网络的智能诊断、操作流程的优化等环节，其中部分成果在供水、供热等基础设施系统运营实践中大幅度提升了系统效能，降低了资源消耗（曾光等，2000）。但这些研究更多地局限于对系统内部和局部的考量，从城市整体动态发展高度出发的研究较为不足，特别是在基础设施系统与外部环境变化的关联影响、基础设施之间的运营协同、基础设施运营管理与更大范围的城市运行管理之间的协同、基础设施需求管理等方面仍有广阔的探索空间（孙秋野等，2015）。

3. 研究内容

城市基础设施智能化应用的研究，主要是指应用智能感知、跨媒体智能、大数据、深度学习等人工智能技术实现对城市基础设施运行状态的精准感知、预测推演及综合管理。主要研究内容包括以下几点。

（1）城市基础设施综合运行管理平台。研发城市基础设施多系统与城市运行状态和环境状态的感知、集成技术，建立基础设施知识中心，构建城市基础设施大数据平台，应用人工智能技术开展基础设施精准运营。具体研究内容包括以下几点。①城市基础设施信息融合技术。实现管线信息的在线监测、即时交换（范海林等，2016）。②基础设施压力预测技术。基于社会经济和环境动态进行基础设施需求预测。③基础设施建设维护协同技术。预警预测周期性和突发性基础设施建设维护需求，实现基础设施维护的关联影响评价，并实现基础设施运营与交通管理、城市安全、环境保护、能源管理等系统的智能联动。④城市基础设施运营绩效和能耗分析评价技术。支撑城市政府对市政运营部门的考核监督。

（2）城市基础设施精准调控技术。应用跨媒体智能、深度学习、机器人等人工智能技术对给排水、供电、供热、城市照明等系统进行动态负荷的精准预测和调控，以及运行事件的实时监测和处置，实现末端精准控制和智能建议生成（孙兵，2011）。具体研究内容包括以下几点。①城市供水管网破损快速精准定位技术。使管网漏损率降至5%以下。②城市供热分户精确计量与调控技术。结合天气变化、建筑保温性能、用户习惯、管网温差等因素，实现末端供热量精准调节，使供热舒适度显著提升，带动供热系统节能水平提升30%以上（范海林等，2016）。③城市照明精准调控技术。实现城市道路、广场、绿地等公共空间照明设施与环境照度、用户行为、特定场景的精准匹配（北京埃德尔公司，2014），使人工智能单项技术节能30%以上。④城市供电精准预测和调控技术。实现不同尺度的用电负荷预测、峰谷预测和价格智能化形成机制，支持新能源的使用和调配。

（3）城市基础设施韧性智能关键技术。通过基础设施运行风险预测、韧性能力评价，基础设施建设决策推演，以及应用深度学习和神经网络优化基础设施运营流程等途径，大幅提升现有基础设施的适应能力和缓解冲击的能力。具体研究内容包括以下几点。①基础设施运行风险预测技术。通过环境、气候、社会安全等多元数据的跨媒体感知，预测城市基础设施运行风险并评估风险承受能力，形成抵御基础设施风险的智能化能力。②基础设施韧性能力评价技术。基于已有经验预测基础设施在不同场景下的运行水平、损坏程度、恢复能力，并评估其与不同层级需求的匹配关系。③基础设施建设决策推演技术。实现基础设施建设选址的智能推演，基础设施建设过程与城市开发时序的韧性匹配。④基础设施运营与需求管理协同技术。测度基础设施系统自身运营管理手段、其他城市管理手段对基础设施韧性的增强程度，降低基础设施建设成本。

（4）城市基础设施运营数据潜能挖掘技术。城市基础设施运营数据不仅能被用来服务基础设施自身需求，还可以体现城市综合状态和运行水平，同时通过挖掘基础设施运营数据的潜能，能够对城市治理的其他领域起到重要的支撑作用。具体研究内容包括基于基础设施运营的城市规律智能发现技术，挖掘城市人口、公共卫生、经济运行、土地和建筑使用、公共安全等公共数据并分析其内在规律，服务于城市宏观决策制定和多部门业务能力提升。

（执笔人：刘朝晖，中国城市科学研究会；单峰，中国城市科学研究会）

8.2.5 城市交通出行及驾驶智能化应用

1. 研究背景

随着城市化进程的加快、居民出行需求的增加、“互联网+”出行带来的冲击、共享出行模式的崛起，以及汽车电动化、智能化趋势的深刻影响，城市交通出行及驾驶面临着更加复杂的外部环境和内部变革需求。与此同时，随着城市机动车数量的不断攀升，有限的城市道路资源与居民驾车出行需求之间的矛盾也更加突出。在此背景下，大规模推广应用智能交通出行技术，促进驾驶智能化进程，是提高城市道路交通运行效率和质量，实现道路交通系统良性运行的趋势。

新一轮的科技变革将引发汽车产业向充分互联协作的群体智能体系演进，借助网联技术与自动化驾驶技术，实现汽车的单体智能、多车协作群体智能、大数据/云端交通智能，促进汽车与信息通信等相关产业的重构，加快新技术的深度融合与发展，推动基于大数据、人工智能的城市交通出行方式的变革（见图8.1）。

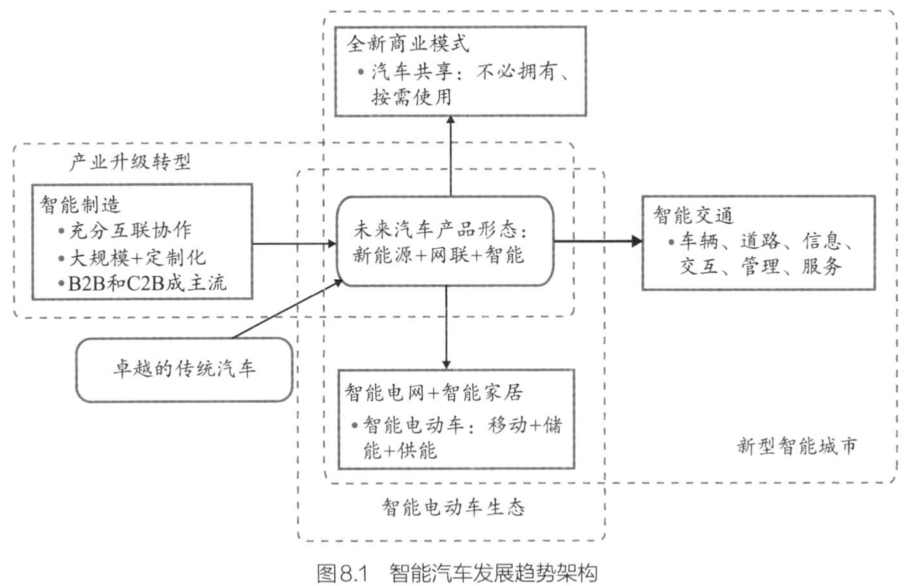

图8.1 智能汽车发展趋势架构

2．研究现状

近年来，物联网、大数据、云计算、人工智能等信息技术快速发展，传感器、电子控制、自动驾驶等先进技术相融合，拓宽和深化了未来城市交通出行方式，对传统交通运行的模式、理念产生了巨大影响（Tan et al.，2001）。如何提升汽车智能驾驶水平，以及从多源异构的实时海量信息中挖掘出改善交通系统运行效率与服务水平的信息情报和知识资源，实现交通系统运行态势的精确感知、大数据驱动的群体决策、人车路协同的智能化调控，已成为各国研究的焦点。

智能驾驶车辆技术是集人工智能、计算机视觉、组合导航、信息融合、自动控制和机械电子等众多高技术于一体的车辆自动驾驶技术。在智能驾驶方面，各国研发水平参差不齐，其中美、德两国智能驾驶技术最为先进。然而，在该项技术领域虽然取得了重大突破，但是智能驾驶水平仍无法与人工驾驶相提并论（Chong et al.，2013）。

就智能驾驶汽车而言，人工智能技术在语音、手势识别、眼球追踪、驾驶员监控和自然语言交互等功能的实现方面将扮演主要角色。智能驾驶汽车要实现在复杂环境或不断变化的街道中驾驶，需要有很好的感知及决策能力，而这本身就具有不确定性。这种不确定性主要依靠人工智能技术的深度学习来解决（Goodall，2014），让系统通过实例学习，自主学会如何对一个输入做出正确的响应。当前，人工智能才刚开始在无人驾驶技术领域中崭露头角，无人驾驶汽车肯定是未来汽车演化的重要方向，人工智能在其中将扮演不可或缺的角色。

车路协同系统采用先进的无线通信和新一代互联网等技术，全方位实现车—车、车—路和人—车动态实时信息交互，并在全时空动态交通信息采集与融合的基础上，开展车辆协同安全控制和道路主动控制，充分实现人、车、路的有效协同，保证交通安全，提高通行效率，从而形成安全、高效和环保的道路交通系统（Di Cairano et al.，2013）。

美国、日本、欧洲等国家和地区在车辆自动驾驶、辅助驾驶系统等方面的研究起步较早，很多汽车厂家与科研机构都进行了深入研究。其中，美国以创造应用环境为主，包括支持自动驾驶技术的研究、制定相关的法律政策以及建设基础设施。日本提出了Smartway计划，鼓励大型汽车企业发挥主体作用，开展国际研发合作（中国人工智能学会，2016）。欧盟依托历次框架计划对自动驾驶开展了长期持续的资助，开发了一系列试验车型（如Cyber Cars系列、HAVE-IT项目等）。

随着计算机视觉、专用短程通信、信息融合、大数据、云计算等新技术和激光雷达等新装备的应用，智能车辆技术已取得了突破性进展（Marinakis et al.，2010）。当今的车辆辅助驾驶系统性能已经达到相当高的水平，一旦这些辅助驾驶系统开始搭载日渐成熟的环境感知技术，必然会加速无人驾驶时代的来临，大规模改善城市交通出行方式。

3. 研究内容

针对新一代人工智能的汽车驾驶系统，围绕单车智能、多车协同和大规模群体智能控制需求，重点攻克感知融合、行为理解、驾驶决策以及协同控制技术，实现自主无人驾驶、多车智能协同和智慧交通出行。有待深入研究和融合发展的具体内容如下。

（1）自主无人车辆智能技术。针对当前无人驾驶的面对复杂环境与控制适应性等问题，基于跨模态感知认知、人机混合智能和自主协同控制等基础理论，以新能源无人驾驶车辆等多车型为载体，研究智能汽车驾驶脑和人机共驾等关键技术，为开发可产业化的无人驾驶汽车智能组件和驾驶脑提供支撑，满足高速公路安全驾驶和城市环境移动驾驶需求。具体研究内容包括以下几点。①基于多模态信息处理和深度学习理论的车辆环境感知、人/车/路多源异构全要素信息融合、大数据驱动的多车感知方法、多车行为认知与预测方法等自动驾驶环境感知与认知关键技术。②驾驶人模型类别辨识与驾驶行为学习、自然驾乘环境下的人车交互语义认知、人/车/路交互行为认知与推理、基于协同增强技术的人机共驾、混合交通下的人机互感与互知等自动驾驶中的人机共驾关键技术。③无人车自学习拟人化决策、无人车自适应控制的强化学习方法、对抗交通行为下的车辆自主决策、基于云端知识共享的车辆决策与控制优化、基于云端平台计算与存储的类脑驾驶技术等自动驾驶决策与控制技术。

（2）无人车辆支撑平台。为推进人工智能在无人驾驶汽车研究中的高效应用和产业化，需要攻克无人车智能开源研发子平台、智能处理芯片、智能操作系统以及无人车开发工具链子平台，并在电动车辆中示范应用无人驾驶，支持人工智能2.0在无人驾驶汽车产业从理论到技术的快速推进和落地。具体研究内容包括以下几点。①无人车智能开源子平台。研发一套在大数据环境下同时支持知识学习与推理、概率统计、深度学习等人工智能范式的统一汽车智能计算框架平台和开发环境。②无人车智能处理芯片。汽车智能技术更多地依赖于高速并行硬件和处理器，需要开发满足汽车计算性能和高可靠性的车载端智能处理芯片。③无人车智能操作系统。要满足智能汽车在复杂环境下的高速处理需求，需要研发自主知识产权的、高速并行的智能汽车操作系统。④智能车开发工具链子平台。构建深度学习超级计算机、模型在环开发与虚拟验证工具、软件在环开发与虚拟验证工具、硬件在环开发与验证工具、驾驶员在环验证半物理验证工具等。

（3）移动群体智能的协同决策与控制。针对群体智能在复杂交通环境下的应用需求，基于人 / 车 / 路环境下的移动群体感知，研究群体智能协同决策与控制方法和技术，完成基于群体智能的交通环境感知与重构、动态交通状态分析与预判，实现复杂环境下的群体协同决策与优化控制。具体研究内容包括以下几点。①构建开放网络中的移动群体出行模型，实现对群体行为的动态感知和场景理解。②基于人车群体状态感知与信息处理的融合协同，研究基于多元多态传感器的局域群体感知方法，形成服务群体智能的复杂交通环境重构技术。③根据全时空动态交通需求，研究多种资源融合和配置优化的方法，以及人 / 车 / 路互联系统中的群体智能涌现方法。④分析交通环境复杂特性与协同控制需求，建立人机自主协同服务机制，提出适应复杂交通环境的群体决策与人车路协同控制框架。⑤以高效、安全、环保和节能为目标，研究复杂交通环境下的群体智能协同分布式控制理论，探索基于增强学习和博弈决策的分布式预测控制方法。

（4）城市交通智慧出行与智能驾驶应用工程。针对城市交通畅通、安全和便利出行等重大需求，集成多源异构交通环境智能感知、人机混合智能、群体智能等人工智能2.0技术，以新能源车辆为出行工具，开展新一代城市智能公交、智能出行、智能驾驶、智能调度等交通智能化技术研发及应用示范推广，推动城市一体化综合智能交通系统的构建。具体研究内容包括以下几点。①智能城市交通体系下人/车/路/环境多源异构大数据深度融合与认知、人/车/路的互感与互知、混合交通的行车安全智能预测等系统集成技术，实现大数据驱动的智能交通系统群体综合决策和高效安全的协同控制。②基于智能城市交通系统大数据平台的人/车/路/环境信息交互、交通共享服务大规模云脑智能调度、人机增强的交通信息个性化服务体系、交通工具多模智能共享等智慧交通服务关键技术，满足城市大规模运行和个性化出行需求。③深度融合信息，结合物联网、云计算、增强现实等技术，智能人—车—网—路一体化系统集成技术，基于大数据的车辆健康管理及自主保障系统技术，建立新一代人车路全方位融合的智能出行城市公共交通系统。

（执笔人：李克强，清华大学）

8.2.6 城市环境监测智能化应用

1. 研究背景

环境监测是环境保护的基础，环境监测对促进我国环境可持续发展具有重要意义。随着经济的发展，环境污染问题日益恶化，严重制约社会经济的发展，威胁大众的身体健康，人们对环境问题越来越关注。针对环境现状，需要将物联网与环境监测紧密结合，构建全方位、多层次的智能化环境监测（李菊红等，2017）。同时利用智能感知、移动互联网、高斯扩散技术、神经网络算法、源解析等先进技术，实现对污染源、水环境、空气环境、土壤环境等环境相关指标的高精度动态监测、智能化分析及预测预警，及时掌握污染物浓度分布状况、成因、传播过程及演化规律等。实现污染减排、环境风险防范、智能管理决策等，有效推进城市环境动态监测与预判由经验型、粗放型向科技型、精准型转变，从而提升城市环境保护水平。

2. 研究现状

中国环境监测仪器行业的销售收入逐年增加，由2005年的15.84亿元上升至2015年的227.74亿元，预计2020年将达到950亿元，千亿级市场即将全面爆发。可见人们对环境问题的关注程度有所提高。在此状态下，各地采取了相应的治理措施，有效控制城市环境污染的恶化。

随着2017年29省（区、市）地方两会的落幕，大气污染防治、水环境治理、土壤治理实现了地方政府工作报告的“全覆盖”。近几年来，国务院相继出台了“气十条”“水十条”和“土十条”等环境保护措施。毋庸置疑，环境保护已成为重要民生问题。城市环境监测网成为环境保护的基础设施，可实时监测各类环境指标的情况，覆盖省（区、市）、地（市）、县（区），重点监控污染严重企业。完善环境监测网建设，建立智能化环境监测体系，提高监测自动化水平，实现污染排放的智能感知监测，可以帮助提升我国环境质量（蔡守秋，2013；东梅，2015）。

各地环保局目前的环境监测和环境管理等环保工作现状如下。

（1）环保投入不少，但环保效果有限。环保投入重买设备、建工程、研发“新”技术，而轻视科学有效的环境管理手段与管理决策支持工具和模型的应用。苦干多而数据化、科学化的管理手段应用得少。与投入的大量人力、物力、财力相比，投入产出比有限（王福伟，2016）。

（2）已有一定的环保数据积累，但数据系统化程度有待提升。目前具有一定的环保数据基础，但数据冲突、分散的情况普遍，数据没有得到系统整合。很多地方早已开展信息化建设，建成数据中心多年，但大量数据还处于“入库但僵尸”状态，尚没有在环保管理中充分发挥作用。我国的环境监测站和在线监测布点已经初步形成体系，但传统的布局尚难以系统地、精细地反映个体污染源的排放情况，例如一些工业集中区设有针对区域的排放监测，但无法区分具体的排污责任。

（3）严重缺乏支持环保管理科学决策的工具、方法、资源和人才（牛航宇等，2015）。环保领域有效决策的关键在于获取足够系统和精准的数据，以及有专业的工具和模型。对其他行业的数据可以直接进行关联性分析和应用，环保数据则不同。在环保管理中，需要对数据进行非线性关联性分析，这要求开展决策分析时有很强的环保专业性，而目前国内能够系统全面地应用国际成熟的环保大数据分析专业工具和方法的团队数量还非常有限，各地严重缺乏决策前的成本推演和效果模拟，地方政府环保决策的科学性有很大的局限性。

综上所述，各城市在环境保护方面面临的问题，主要都源于区域环境质量管理还没有建立“环境风险防控和基于大数据的环境管理决策支撑体系”，因此无法精准地针对管理对象采取有效的管理措施。

3. 研究内容

城市环境监测智能化应用架构如图8.2所示。为利用智能感知、认知计算、群体智能等人工智能技术，实现对城市空气、水资源等环境对象的高精度动态监测、智能化分析及状态预测预警，显著增强城市环境动态监测与预判能力，提升城市环境保护水平，研究需要加强关注以下几点。

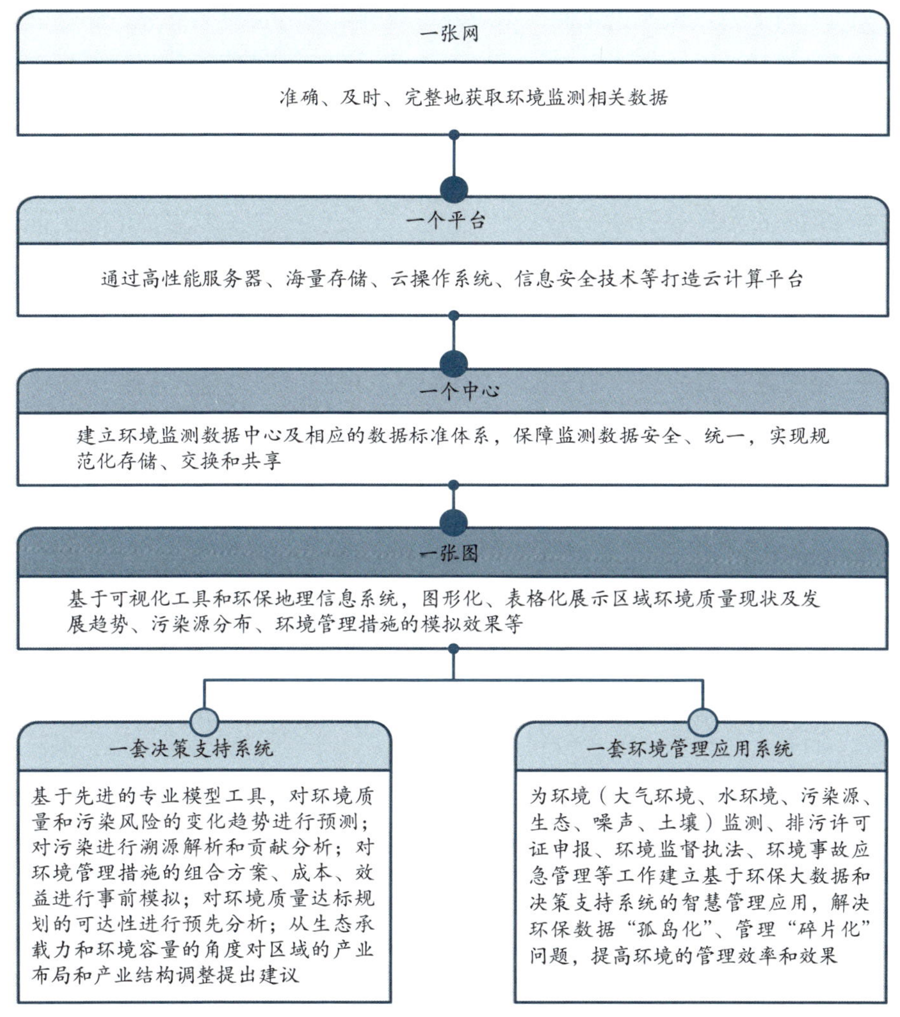

图8.2 城市环境监测智能化应用架构

（1）开发城市污染源智能监控技术，对各种污染源进行实时监控，弥补目前城市环境监管体系的不足，有效预防环境污染事件发生。建立环境监测网，采集、存储、统计、分析污染源、水环境、空气环境、土壤环境等数据，有效监控城市内的环境状况，为环境管理应用和决策提供大量科学、准确、及时的监测信息（申小艳等，2013）。

（2）基于大数据人工智能技术对环境数据资源进行分析计算，提炼环境数据、生态信息形成环境知识，对城市环境进行分析预测，从而发现环境变化规律，推动环境污染问题从根本上得到有效解决。

（3）融合城市卫星、遥感、气象等多维信息，利用人工智能技术，对城市空气污染来源进行动态监测与智能分析，为公众提供城市空气污染预警。

（4）通过完备的环境管理应用系统和环境管理决策支持系统，实现全天候环境监测预警，提高环境监测的智能化，全面反映环境质量的状况和变化趋势，准确预警各类环境突发事件，为防范环境风险提供有效的技术保障。

（5）开发环境管理应用系统，在数据获取层和决策支持层（康晓风等，2015）的基础上，对区域内各类环保管理、环境质量和污染源相关数据，以及区域大气环保管理措施相关数据等进行系统采集，一键式计算，图像化模拟，智能化汇总、统计和导出，从历年数据对比、同行业或同区域数据对比、采取管理措施前和采取管理措施后（夏新，2012；王秀琴等，2014）数据对比等不同角度对污染源与环境质量进行全面了解、分析及模拟，并以记录单、台账、汇总表、数据分析报表，对比图、趋势图、污染源和污染物排放时空分布图，成本效益曲线等方式直观展示结果。

（6）开发决策支持系统。基于先进专业模型工具，系统性整合环境风险管理、污染物控制模拟优化耦合、不确定性和精度分析、多标准决策等技术，建立既可用于常规环保管理又可实现事故性污染应急响应的环保决策支持系统。该系统的功能包括：对环境质量和污染风险的变化趋势进行预测；对污染进行溯源解析和贡献分析；对环境管理措施的组合方案、成本、效益进行事前模拟；对环境质量达标规划的可达性进行预先分析；从生态承载能力和环境容量的角度对区域的产业布局与产业结构调整提出建议。凭借该系统，可以提高环境风险的预测能力，加强环保的监管能力、快速反应能力、协同管理能力和辅助决策能力（闫亚奎等，2017）。

（执笔人：白涛，生态环境部机动车排污监控中心；白蛟，中国航天科工集团）

8.2.7　政务与民生服务智能化应用

1. 研究背景

以因特网为代表的信息通信技术的迅猛发展有力地推动了政府治理和公共服务方式的变革。从工业时代的传统政务发展到万维网时代的电子政务，到Web 2.0时代的电子政务2.0，再到基于云计算和实境网络（real-world web）的智慧政务，政府公共服务理念和服务范式发生了显著的转变（罗文，2012）。截至2017年4月，我国100%的副省级市、87%的地级市以上城市，总计超过500个城市，均正在建设或已明确提出建设智慧城市（中国经济信息社，2017）。近年来，智慧政务的主要发展方向为简化审批流程，加快建设信息化系统。政府信息化的发展演进过程如图8.3所示。第一阶段是数字政府，主要建设局域网，将文档电子化；第二阶段是电子政务，特征为建设各类业务管理信息系统；第三阶段是移动政务，特征为基于移动网络提供电子政务的各项功能；第四阶段是智慧政府，特征为有效整合跨部门政府服务资源和各类公益性服务资源，实现政府透明、数据开放、增值服务等，并能随时随地提供个性化服务。

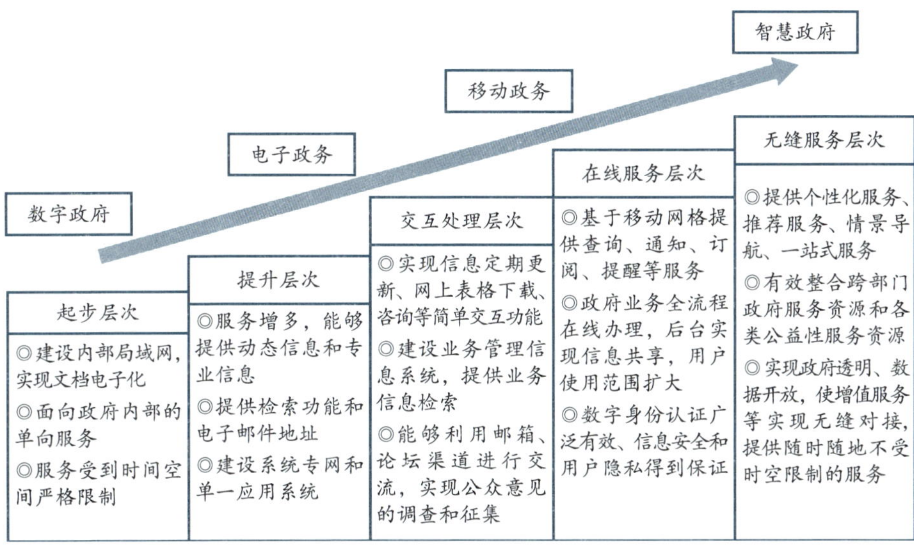

图8.3　政府信息化的发展演进过程

进入智能城市阶段，“物联网＋人工智能”将全面普及（智慧城市决策参考，2017），“高智能服务生态”将营造完美宜居生活。政务服务矩阵和便民服务体系全部物联网化、智能化，以机器人、智能物联终端为载体，以物联网为连接渠道，泛在人工智能等高智能服务设施将广泛应用于城市日常工作和生活环境中，居民和企业能以较低成本获得按需定制的个性化服务，线上的比特世界与线下的原子世界融为一体，社会物资的生产、共享、复用达到极高的效率与极好的效果，人工智能承担重复性事务工作，每个人类个体在进行创新型工作的同时，最大程度享有数据技术（data technology，DT）时代城市提供的丰富智能服务。

2. 研究现状

大数据及人工智能的发展热潮，影响了政务和民生服务领域的应用发展。政务智能化应用包括通过政务云、政务数据交换平台和完善的政务信息资源目录体系，实现跨部门的信息共享与资源整合，建立一体化的政务资源体系；通过整合政府门户网站、呼叫中心等相关政务服务资源，实现政府、企业和公众随时随地通过互联网、电话、移动终端等多种渠道获取一致与整合的政务服务；通过资源共享及流程整合，完善政务服务监管渠道，为企业、社会其他机构和公众等提供一站式服务，实现随时随地办理相关业务；通过建立完善的信息采集系统，利用强大的数据挖掘、加工处理等海量数据计算手段，以及科学的智能分析协同决策系统，实现政府科学、智能决策。

在我国，多个城市已经开展了物联网在城市管理与公共服务方面的应用示范工程（佚名，2017a），通过采集和分析传感器数据，向市民提供符合目标需求、体验更佳的服务，体现了物联网推动政务服务发展的重要价值（老凉，2017）。宁波市北仑区建立起了实时监测的全区覆盖传感网环境综合监测系统，对空气质量、道路噪声、汽车尾气、市容绿化等进行监测，并且成功将相关监测信息发布到北仑区政府网站；无锡太湖水体监测物联网通过测试后，已形成小规模应用，为将物联网全面应用于太湖环境监测奠定了良好基础；北京城管物联网平台是北京市首批物联网应用示范项目，分别建成了面向市民的“我爱北京市民城管通”与面向执法队员的“执法城管通”移动应用平台，通过充分整合视频监控探头、工地噪声感知、车载GPS等感知资源，以及3S技术[①]、位置服务（location-based services，LBS）等，实现政府、市场、市民的互动与协同创新。

在日本，日立公司打造了日立数据系统（Hitachi data system），该系统利用相关组织在其混合型云系统上传的犯罪信息、地方监控视频和社交媒体信息进行犯罪预测分析，有效地降低城市犯罪率，防止极端犯罪行为的发生，为公共安全提供保障。

近年来，大数据及人工智能等相关技术在司法领域的应用逐渐出现。2016年，美国白宫在《国家人工智能研究和发展战略规划》中提到，“在司法领域利用人工智能改善社会福利，利用机器分析历史法律案例会普及起来。这些复杂性越来越高的过程可以使辅助取证过程的分析水平得以提高。法律取证工具可以识别和总结相关证据；这些系统甚至可能会制定日益复杂的法律条例”。同时，大数据技术在法律相关领域的应用逐步成熟，在国外，已有相当数量的公司以此为核心进行创业并取得一定成效。由IBM研发的世界首位人工智能律师罗斯（Ross）目前就职于纽约BakerHostetler律师事务所，帮助处理公司破产等事务。Ross平台是基于IBM的认知计算系统沃森建立的，Ross可以理解自然语言、回答问题、提出假设并监督法律体系的发展。律师们可用自然语言对Ross提问，就像在与同事对话，Ross可以“通读法律”、收集证据、做出推论，然后给出基于证据的具有高度相关性的答案。

民生服务领域涉及人类衣食住行的方方面面，民生服务智能化水平是城市智能化水平的直接体现（胡爱敏，2016）。国际方面，欧洲的智能城市更多地关注信息通信技术在城市生态环境、交通、医疗、智能建筑等民生领域的作用，希望借助知识共享和低碳战略实现减排目标，推动城市低碳、绿色、可持续发展，发展低碳住宅、智能交通、智能电网，提升能源效率，应对气

① 3S技术指遥感（remote sensing）、GPS和GIS。

候变化，建设绿色智能城市。丹麦哥本哈根有志于在2025年前成为第一个实现碳中和的城市；瑞典首都斯德哥尔摩于2010年被欧盟委员会评定为“欧洲绿色首都”；西班牙城市卡斯特利翁的名为“Watchmeter Data Logger”的物联网传感器群包含监控不同对象（如水质、土壤和湿度等）的传感器，所有的传感器都连接于Libelium公司开发的名为“Waspmote OEM”的平台，该平台综合测量分析各传感器传来的数据，以此判断水质、土质和预测自然灾害；希腊雅典的Telematic Medical Application公司基于物联网开发了与病人身体相连的远程健康管理系统；美国田纳西州的纳什维尔市借助物联网的优势，推出了名为“Transit Hub”的手机应用，此款应用可以为用户提供追踪公交车实时位置、预测等候及乘车时间等服务。在医疗领域，目前人们已经在辅助诊断、基因检测、个性化治疗、病患及老年智能看护、智能化药物研发等领域逐渐开展人工智能相关技术应用。智能穿戴设备对人体健康数据进行监测，同时结合医疗手机应用采集的社交以及医疗数据，进行数据挖掘与预测，以便辅助诊断。此外，人工智能为大规模定制化教育带来广阔市场，辅导系统能像人类指导师一样为不同学生提供不同学科的智能辅导，主要被应用于拍照搜题、自动评阅作业、机器翻译以及虚拟互动教学领域（佚名，2017b，2017c）。

3. 研究内容

在政务和民生服务领域应用人工智能技术，重点解决跨部门政务协同以及办事慢、办事难等问题，提升政府政务和民生服务能力；研究人工智能技术在司法办案中的应用，提升司法机关服务水平，让人民群众在每一个司法案件中感受到公平正义；开展智能化、个性化市民服务应用示范，实现城市民生服务和生活服务的精准化、人性化。政务与民生服务智能化应用的研究内容主要包括以下几个方面。

（1）构建人工智能政务服务平台。①用人工智能替代人力完成日常行政事务，识别冗余流程和优化流程，建设集中的法人和市民公共档案库，实现较高程度的自动化审批。②应用群体智能技术建立与市民之间的密切交互关系，通过智能分析决策对政务流程进行优化，对于面向公民的政务服务，从简单地提升流转效率转变为提升整体效率。

（2）研究司法办案辅助平台技术。①在司法工作中运用大数据智能分析挖掘、群体画像、精准推荐等技术，探索智能化线索搜集、知识发现、案件智能分流、质量评查、类案检索和法律法规智能推荐。②运用自然语言处理、文书生成、自主学习等技术，实现法律文书文本语义分析，案件要素自动提取、智能识别，证据链一致性校验，以及辅助量刑建议。

（3）研究精准服务资源智能匹配关键技术。以智能城市积累的海量大数据为基础，利用智能感知和特征学习技术建立政务领域个人本体知识和社交关系，实现个体精准画像，对个人行为轨迹与画像进行大数据智能认知，开展对教育、医疗卫生、文化娱乐、社会福利与保障等公共服务设施的配置均衡度和承载能力的分析、理解和预测，建立个体的政务服务智能感知和精确匹配，提高智能城市政务服务的智能化水平。

（4）研究个性化智能家居生活服务技术和产品。在提升政务和社会服务能力的同时，基于对个体数据的精准分析和群体画像技术，研究极具个性的家庭虚拟管家、虚拟看护、生活服务、自动补给、多媒体娱乐、能源管理、能耗管理等智能服务系统。

（执笔人：周翔，中国航天科工集团；赵龙军，中国雄安集团数字城市公司）

8.2.8 产业经济发展智能化应用

1. 研究背景

十八大后，习近平总书记先后做出要大力发展信息经济、研究制定一揽子促进信息经济发展的政策措施等重要指示。城市智能化发展不但要明显改善市民生活，也要让城市的产业兴旺发达，如加强电子商务与制造业互动、加强城市内行业间的互动、优化主要产业的市场和供应链、加快发展新型服务业等（潘云鹤，2016）。因此，需要把握智能经济与智能民生的双轮驱动，以推动我国城市智能化、高效率和可持续发展（潘云鹤，2015）。

美国经济学家布莱恩·奥瑟（Brian Auther）将信息经济称为第二经济。运行在计算机和互联网上的经济活动，形成了人们熟知的物理经济（第一经济）之外的第二经济（不是虚拟经济）。第二经济的本质是为第一经济附着了一个“神经层”，使国民经济活动智能化。据估计，到2030年，第二经济的规模将逼近第一经济。

2. 研究现状

信息经济的发展一般要经历数字化、网络化、智能化等三个过程（李昭，2016）。城市智能经济主要体现在三个方面：①发展信息产业，包括信息制造业和信息服务业；②工业深度信息化，包括智能制造、智能新产品及创新设计、互联网+分布式个性化制造、制造服务业；③创造经济智能化的新业态，如电子商务、互联网金融、智能物流、平台型企业、分享经济等。

智能经济主要是以大数据、互联网、物联网、云计算等新一代信息技术为基础，以人工智能技术为支撑（杨金亮，2017），以智能产业化和产业智能化为核心，以智能交通、智能电网、智能建筑等为应用领域的一种新型经济发展形态（穆良平等，2017）。

智能经济以人类智力为核心，以高知识附加值为产出。智能经济更容易实现规模化、集体化、个性化的经济产出。智能经济不具有排他性，更容易促进产品与服务的创新和转化。

中国经济智能化深度发展的趋势是经济要用好互联网、大数据和人工智能，形成新的智能化模式（杨金亮，2017）。当前已经或正在形成以下五种智能经济模式：①产品智能化；②控制智能化；③产品制造与市场销售的循环发展；④城市制造的网状优化；⑤中国区域经济的进化。

全球很多地区都进行了区域经济模式的实践与探索。例如硅谷逐步形成了研究性大学+信息企业+风险投资模式、硅谷模式+制造业的高新园区模式、高新园区+生态生活+文化的特色小镇模式等。

以科技和知识为依托，以人工智能为核心的智能经济或许将成为人类历史上继蒸汽机、电气化、信息化之后的第四次产业和科技革命。目前，智能经济的形态已初露锋芒，未来将进一步与新产业和新技术相融合，呈现出集群化、爆发式的增长。智能经济必将在未来影响社会生产，影响各行各业和社会生活的方方面面。我国在前三次产业和科技革命中，已落后世界先进水平几十年。面对发展智能经济的机遇，我国必须积极部署相关要素和产业领域，以抢占未来全球经济发展的制高点。

3. 研究内容

只有充分发挥人工智能的优势，综合运用智能感知、知识计算等人工智能技术，全面、动态、精准反映区域经济动态，减少重大决策领域人类的主观价值判断，辅助宏观决策，部分替代微观决策，才能促进城市产业经济发展。

产业经济发展智能化应用的主要研究内容包括以下几点。①综合运用人工智能技术，研制城市产业经济智能监测与分析平台，开展产业经济空间分布与发展趋势分析预测，全面、动态、精准地反映城市产业经济发展的时空规律，预测发展趋势，为城市产业优化布局等宏观决策提供依据。②在城市能源、交通运输、外汇金融等典型反映城市宏观经济动态的领域，依托人工智能技术研制知识计算与服务平台，在多因素复杂场景下，实现城市宏观经济形势的精准判断和预测推演。

（执笔人：周翔，中国航天科工集团；王楠，中国航天科工集团）

8.2.9 城市智能化产业发展工程

1. 研究背景

人工智能产业是指以人工智能关键技术为核心，由基础支撑和应用场景组成，覆盖领域广阔的产业。其核心技术主要有机器学习以及计算机视觉、语音与自然语言处理；基础支撑主要有数据支撑和计算能力支撑两部分，包括传感器、芯片、行业数据、数据服务、生物识别和云计算；应用场景包括机器人、智能医疗、智能驾驶、智能家居等细分行业。

人工智能技术的快速发展推动了人工智能与电子终端和垂直行业的加速

融合，智能家居、智能汽车、可穿戴设备、智能机器人等一批人工智能产品涌现，家电、机器人、医疗、教育、金融、农业等行业正在被全面重塑。预计到2020年，全球智能家居市场规模将达到300亿美元，智能汽车市场规模将达到900亿美元，智慧医疗市场规模将达到450亿美元，智能机器人市场规模将达到600亿美元。

2. 研究现状

美国、欧洲、新加坡、韩国的智慧城市建设起步早，这些国家和地区注重政府与市场的合力的引导作用，通过加强城市基础设施建设、强化技术创新的支撑功能、加速产业结构调整和聚集高科技人才，为智慧城市建设提供动力（许爱萍，2017）。

在亚太地区，新加坡在2006年提出“智能城市2015”规划（王莹，2017），又于2014年提出新的“智慧国家2025”新战略方向；沙特提出2030年愿景，希望通过发展数字经济改变对石油过度依赖的现状；我国提出新型智能城市建设，同时把新型智能城市建设作为“一带一路”中开展国际合作的重要组成部分。

英国媒体于2017年11月报道，比尔·盖茨（Bill Gates）计划在亚利桑那州（Arizona）西南部建立一座拥有近20万人口的新型“智能城市”，将其命名为贝尔蒙（Belmont）（佚名，2017d）。贝尔蒙将是一个创新引领社区，其通信和基础设施将配备尖端技术，围绕高速数字网络、数据中心、新制造技术与分销模式、自动驾驶汽车和自主物流中心的设计展开。谷歌母公司字母表（Alphabet）旗下的人行道实验室（Sidewalk Labs）于2017年10月宣布，将花费5000万美元在加拿大多伦多建造一座名为“码头区”（Quayside）的智能城市，希望让它成为全球以技术为依托的城市环境试验区。自动驾驶班车、自动感应行人的交通信号灯、预制模块住宅、在地下管道中穿行运输的机器人、高速无线网络、数百万感应器以及可持续能源都是该项目的一部分。美国交通局和微软创始人之一保罗·亚伦（Paul Allen）旗下的公司试图在哥伦布市（Columbus）打造一套智能交通系统，除了安装感应交通信号系统外，还会装载消灭开车盲区的智能车载系统以及智能停车系统等。

在我国，北京于2009年开始实施关于构建智慧城市的目标，随后，“智慧北京”“智慧广州”“智慧南京”等智慧城市开始逐步建设。2010年，“十二五”规划的推出将“智慧城市”的理念逐步推向高峰（佚名，2017e）。2012年，我国推出首批智慧城市试点，名单中有北京、天津、上海、石家庄等90个试点城市。自那时起，智慧城市建设便成为我国最受关注的热点之一。2014年，国内已经有400多个城市进入建设智慧城市的浪潮，智慧城市已经成为城市规划与建设的主要目标（佚名，2017e）。如今，国家提出了建设“新型智慧城市”等一系列战略，从政策方面为智能城市注入全新活力；与此同时，诸如云计算、大数据、人工智能、物联网、5G等先进技术的兴起，为智能城市插上科技的翅膀，政府与社会资本合作（public-private-partnership，PPP）模式也进一步激活了智能城市建设。

2017年3月，国际数据公司发布了《IDC FutureScape：全球智慧城市2017预测——中国启示》报告，其中提到了对中国智能城市信息技术的十大预测，包括数字化转型、数据应用、开放信息技术、数据变现、网络威胁、预测干预、智能助理、停车推动、智慧路灯、城市应用程序等。其中，零售行业将会是智能城市领域从人工智能发展创新中受益最多的产业之一。

在亚马逊推出无人便利店Amazon Go的带动下，各类无人零售解决方案层出不穷。人脸识别技术可以带来全新的支付体验，在《麻省理工科技评论》发布的“2017全球十大突破技术”榜单中，中国的“刷脸支付”技术位列其中。

无人驾驶作为智能汽车的代表产品，备受市场关注。无人车可以方便地被远程管理，不仅可以保障系统安全性，还可以通过集中控制来进行交通流量疏导，缓解交通拥堵。新加坡在2015年10月宣布了长期大范围的无人驾驶汽车试行计划；2016年5月，Uber无人车在匹兹堡正式上路测试；瑞典哥德堡在2017年启动DriveME计划，100辆无人驾驶沃尔沃汽车行驶在公路上。

从整体来看，智能城市作为新兴概念和产业领域，其产业尚处于创新阶段，无论是在政府职能转变、城市智能经济发展还是在城市人居智能化等方面，智能城市建设都要求系统性、交互性、可靠性、便捷性等较高的集成解决方案，企业很难单独全面满足这些需求（国家工业信息安全发展研究中心等，2017）。

3. 研究内容

要推动城市智能化产业发展工程的建设，就要充分发挥政府的引领作用，将成熟、经济可行的人工智能2.0技术广泛应用到智能城市各领域中，研究开发面向智能城市建设的智能化产品，推动城市中原有企业的转型与升级，带动上下游行业与公共服务行业的智能化升级，进而形成完善的城市智能产业链条，构建智能产业发展体系。

城市智能化产业发展工程的研究内容主要包括以下几点。①研究开发智能城市建设基础及通用工具产品、面向智能城市各领域的智能化应用系统、智能城市应用支撑平台，逐步形成智能城市人工智能2.0应用产品体系，包括智能传感器产品、智能应用终端产品、智能城市运行管理产品等。②选择不同规模、不同类型的城市或城区作为对象，开展人工智能技术综合应用示范，进而建设人工城市智能化应用示范基地与推广平台。③大力推广智能机器人、无人机等产品和无人驾驶等技术在智能城市建设与运行管理中的应用，促进人工智能创新应用体系和城市智能经济体系共同提升，实现智能城市与人工智能的融合发展，推动智能城市真正向智能化方向发展。

（执笔人：赵龙军，中国雄安集团数字城市公司；王楠，中国航天科工集团）

8.3 展　望

人工智能技术将对智能城市发展产生巨大影响。智能城市模式、技术手段、业态等正在发生深刻变化。建设新型智能城市即建设基于数字技术、网络技术（互联技术）、智能技术的敏捷化、绿色化、协同化、个性化、服务化、柔性化的城市。我国智能城市发展正在从政府主导向政企协同主导转变。政府积极借助民间资本力量，大力推动PPP项目。智能城市建设更加注重实际成效，各地方政府期望通过智能城市建设推动本地智能产业发展。在技术层面上，智能城市与云计算、大数据等正在进入深度融合发展阶段。

人工智能软件在进行自主决策、分析时需要大量数据作为先验知识。在智能城市建设运行过程中会产生大量数据，这些数据构成“数据—信息—知识—智能”传导链条中的最底层，可为人工智能技术提供丰富的应用场景与“燃料”，对人工智能技术发展起到基础性促进作用。人工智能技术的其他应用可以对在智能城市数据建设过程中收集到的这些数据进行归纳汇总，从中提炼出与人工智能项目相关的知识并加以利用。

智能城市还将为人工智能技术的应用发展提供广阔的市场空间。日益现代化的生活方式促使社会中出现了各种各样的消费需求，也提供了更加广阔的智能技术消费市场。传统的信息技术难以满足如此多样化的消费需求，而具有大数据处理能力、自我判断决策能力的人工智能系统能够胜任这些工作，并更好地满足客户需求。智能城市市场空间未来将有较大较快增长，也将为人工智能技术的发展与创新提供无限可能。

参考文献

北京埃德尔公司，2014. 分区定量管理理论与实践[M]. 北京：中国建筑工业出版社.

蔡守秋，2013. 中国环境监测机制的历史、现状和改革[J]. 宏观质量研究，1（2）：4-9.

储妍，茅明睿，高硕，等，2017. 数据如何驱动设计——以回龙观社区品质提升为例[J]. 规划师，33（2）：81-89.

东梅，2015. 基于物联网的智能环境监测系统应用研究[J]. 能源环境保护，29（1）：7-8.

范海林，李姗迟，2016. 综合管廊地理时空大数据全生命周期管理平台研究[J]. 测绘通报（1）.

冯奎，杨冰之，彭璐，2017. 城市治理智慧化的内涵及框架体系[J]. 区域经济评论（6）：85-92.

高硕，王铭扬，鲁旭，等，2017. 基于大数据的城市居民职住锚点计算方法研究[J]. 西部人居环境学刊，32（1）：31-37.

高文，2017. 从大数据科学到人工智能的迁移过程[R].JDD-2017京东金融全球数据探索者大会.

顾铮，2017. 智能城市创新生态系统发展研究 [J]. 智能城市（7）: 89.

国家工业信息安全发展研究中心，极客公园，2017. 2016全球人工智能发展报告 [R].

韩治远，龙瀛，2017. 城市再开发在街区尺度的识别与评价 [J]. 现代城市研究，(6): 16-26.

胡爱敏，2016. 城市社区民生服务智能化的路径 [J]. 中国国情国力（11）: 46-48.

康晓风，于勇，张迪，等，2015. 新形势下环境监测科技发展现状与展望 [J]. 中国环境监测（6）: 5-8.

老凉，2017. 智能城市重大转折，“国家队”强势介入的背后 [EB/OL].（2017-07-10）[2017-12-15]. http://www.sohu.com/a/156017039_116776.

李菊红，张丹丹，万江俊，2017. 智能化环境监测数据分析系统提高工作效率的探讨 [J]. 环境与发展，29（6）: 149.

李永清，2014. 大数据对提升城市精细化管理能力的价值分析 [J]. 上海城市管理，23（4）: 12-15.

李昭，2016. 正确认识智能经济发展的内涵和意义 [N]. 宁波日报，2016-08-11.

龙瀛，张宇，崔承印，2012. 利用公交刷卡数据分析北京职住关系和通勤出行 [J]. 地理学报，67（10）: 1339-1352.

罗文，2012. 智能城市：规划、建设、测评 [M]. 北京：人民邮电出版社.

马娜，2015. 以大数据推动城市智慧化发展的创新性规划 [J]. 价值工程（5）: 217-218.

茅明睿，储妍，张鹏英，等，2016. 人迹地图：数据增强设计的支持平台 [J]. 上海城市规划（3）: 22-29.

穆良平，姬振天，2017. 中国抢占智能经济发展先机的战略要素及重点领域 [J]. 理论探讨（4）: 97-101.

牛航宇，陈善荣，徐琳，等，2015. 关于对环境监测人才队伍建设的几点思考 [J]. 中国环境监测，3: 14-18.

潘云鹤，2015. 提高城市建设智能化水平 [N]. 人民日报，2015-06-01.

潘云鹤，2016. 从智能城市到智能经济 [R]. 宁波智慧城市院士论坛.

单峰，刘朝晖，韩笑，等，2017. 影响杭州市创意产业空间分布的城市环境特征 [J]. 城市发展研究，24（12）: 9-14.

申小艳，张昊辰，张欣玲，2013. 基于物联网的智能化环境监测系统研究平台 [J]. 无线互联科技（4）: 6-7.

孙兵，2011. 基于神经网络的集中供热智能仿真系统设计 [J]. 制造业自动化，33（23）：106-109.

孙秋野，滕菲，张化光，等，2015. 能源互联网动态协调优化控制体系构建 [J]. 中国电机工程学报，35（14）：3667-3677.

王德，钟炜菁，谢栋灿，等，2015. 手机信令数据在城市建成环境评价中的应用——以上海市宝山区为例 [J]. 城市规划学刊（5）：82-90.

王福伟，2016. 我国环境监测的现状与发展 [J]. 黑龙江科技信息（24）：28.

王秀琴，陈传忠，赵岑,2014. 关于加强环境监测顶层设计的思考 [J]. 中国环境监测（1）：187-190.

王莹，2017. 云计算在智能化城市体系中的应用 [J]. 电子技术与软件工程（10）：143.

吴朝晖，郑能干,2012. 混合智能：人工智能的新方向 [J]. 中国计算机学会通讯,8（1）：59-64.

夏新，2012. 浅谈强化环境监测质量管理体系建设 [J]. 环境监测管理与技术（1）：1-4.

徐思彦，2017. 人工智能如何驱动实体经济？六大领域展望 [EB/OL].（2017-10-25）[2017-12-13]. http://www.sohu.com/a/200196007_323203.

许爱萍，2017. 发达国家智慧城市建设的典型经验与启示 [J]. 河北地质大学学报，40（4）：68-72.

闫亚奎，周兵川，2017. 论环境监测技术的应用现状及发展 [J]. 收藏（11）：38.

杨金亮，2017. 培育高端高效的智能经济 发展人工智能新兴产业 [J]. 中国招标（30）：21-22.

佚名，2017a. 华为云政务服务全国领先助力打造新型智能城市 [N]. 成都商报电子版，2017-11-15.

佚名，2017b. 一文看尽中国智能城市发展 [EB/OL].（2017-10-18）[2017-12-13]. http://ee.ofweek.com/2017-10/ART-8500-2800-30171506.html.

佚名,2017c. 人工智能蓝图已绘，智能城市蒸蒸日上 [EB/OL].（2017-05-03）[2017-12-13]. http://www.afzhan.com/News/Detail/54929.html.

佚名, 2017d. 比尔·盖茨买地建城，“智能城市”竞争日益激烈 [N]. iWeekly周末画报，2017-11-14.

佚名，2017e. 2017年中国人工智能产业专题研究报告 [EB/OL].（2017-04-21）[2017-12-15]. https://baijiahao.baidu.com/s?id=1565258894979524&wfr=spider&for=pc.

袁媛，汪定伟，王洪峰，2007. 基于案例推理的供水故障管理决策支持系统 [J]. 东北大学学报（自然科学版），28（5）：635-638.

赵锐，2015. 评《德国数字纲要2014-2017》：战略目标，举措和启示[J]. 电子政务（8）：93-104.

曾光，梁慧冰，2000. 基于神经网络的城市供水智能管理系统[J]. 计算机工程，26（9）：143-145.

智慧城市决策参考，2017. 国脉研究院.物联网：智慧政务的神经末梢[EB/OL].（2017-04-19）[2017-12-10]. http://www.sohu.com/a/135114909_472878.

中国城市科学研究会，住房城乡建设部城市建设司，2016. 中国数字化城市管理发展报告2015[M]. 北京：中国建筑材料出版社.

中国经济信息社，2017. 2016—2017 中国物联网发展年度报告[R].

中国科学院信息领域战略研究组. 中国至2050年信息科技发展路线图[M]. 北京：科学出版社，2009.

中国人工智能学会，2016. 中国人工智能系列白皮书——智能交通[R].

中国智能城市建设与推进战略研究项目组. 中国智能城市信息环境建设与大数据战略研究[M]. 杭州：浙江大学出版社，2016.

Chong L, Abbas M M, Flintsch A M, et al., 2013. A rule-based neural network approach to model driver naturalistic behavior in traffic[J]. Transportation Research Part C: Emerging Technologies, 32: 207-223.

Di Cairano S, Tseng H E, Bernardini D, et al., 2013. Vehicle yaw stability control by coordinated active front steering and differential braking in the tire sideslip angles domain[J]. IEEE Transactions on Control Systems Technology, 21 (4): 1236-1248.

Dubey A, Naik N, Parikh D, et al., 2016. Deep learning the city: quantifying urban perception at a global scale[C]//European Conference on Computer Vision. Heidelberg: Springer: 196-212.

European Technology Platform on Smart Systems Integration, 2008. Internet of things in 2020: roadmap for the future [R].

Goodall N, 2014. Ethical decision making during automated vehicle crashes[J]. Transportation Research Record: Journal of the Transportation Research Board (2424): 58-65.

Goodfellow I, Pouget-Abadie J, Mirza M, et al., 2014. Generative adversarial nets[C]. Advances in Neural Information Processing Systems.

Marinakis Y, Marinaki M, Dounias G, 2010. A hybrid particle swarm optimization algorithm for the vehicle routing problem[J]. Engineering Applications of Artificial Intelligence, 23 (4): 463-472.

Neirotti P, De Marco A, Cagliano A C, et al., 2014. Current trends in smart city initiatives: some stylised facts[J]. Cities (38): 25-36.

Pan Y H, Tian Y, Liu X L, et al., 2016. Urban big data and the development of city intelligence[J]. Engineering, 2 (2): 171-178.

Rosenberg L, 2016. Artificial swarm intelligence, a human-in-the-loop approach to AI[C]//30th AAAI Conference on Artificial Intelligence. AAAI: 4381-4382.

Tan K C, Lee L H, Ou K, 2001. Artificial intelligence heuristics in solving vehicle routing problems with time window constraints[J]. Engineering Applications of Artificial Intelligence, 14 (6): 825-837.

Wu Z, Pan Y, Ye Q, et al., 2016. The city intelligence quotient (city IQ) evaluation system: conception and evaluation[J]. Engineering, 2 (2): 196-211.

Zhang J, Zheng Y, Qi D, 2016. Deep spatio-temporal residual networks for citywide crowd flows prediction[J]. arXiv preprint: 1610.00081.

Zheng Y, Capra L, Wolfson O, et al., 2014. Urban computing: concepts, methodologies, and applications[J]. ACM Transactions on Intelligent Systems and Technology, 5 (3): 38.

Zhou B, Liu L, Oliva A, et al., 2014. Recognizing city identity via attribute analysis of geo-tagged images[C]//European Conference on Computer Vision. Heidelberg: Springer: 519-534.

第9章

人工智能2.0在农业中的应用

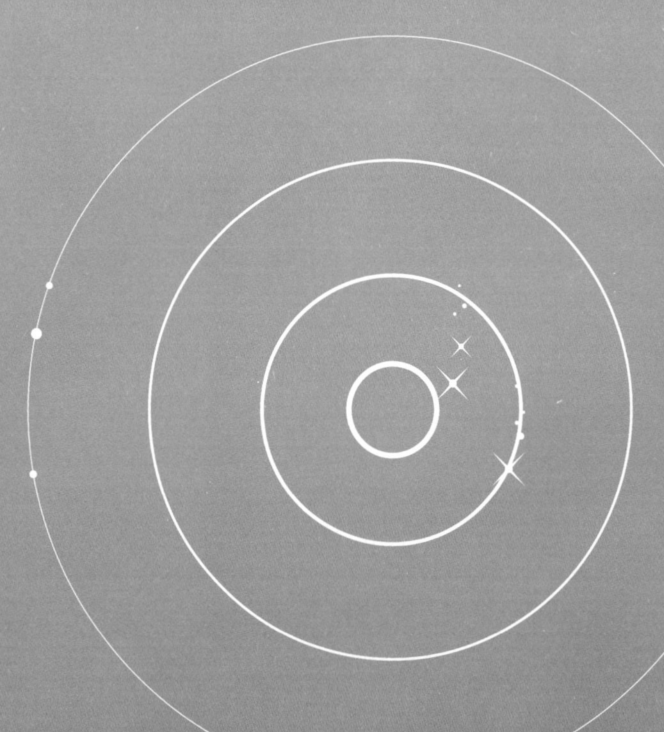

9.1 内容概述

人工智能技术在农业领域的应用可以追溯到20世纪70年代美国伊利诺伊大学（University of Illinois）开发的大豆病害诊断专家系统。此后，以农业专家系统为代表的信息技术与农业生产和经营管理的融合开始深入发展。中国科学院合肥智能机械研究所是国内较早开发农业专家系统的单位，其研制的小麦施肥专家咨询系统在农业生产中发挥了重要的作用（熊范纶等，1987）。此后，国内学者陆续开发了生物育种、小麦赤霉病预报、水稻推荐施肥、饲料配方、黄瓜病害诊断与防治、小麦综合管理、奶牛线性外貌评定等一系列农业专家系统。1996—2002年，国家863计划持续在全国开展以农业专家系统为核心的智能化农业信息技术应用示范工程建设。在此基础上，农业专家系统技术先后在全国23个省级示范区大面积推广应用，取得了极大的社会和经济效益，形成了中国特有的“电脑农业”。2003年12月，“智能化农业信息技术应用示范工程”（简称863电脑农业，英文为Agricultural Expert System in China）获得世界信息首脑峰会大奖（World Summit Award）。“十一五”和“十二五”期间，在精准农业（precision agriculture）和数字农业（digital agriculture）领域，国内学者重点围绕农业生物—环境信息获取与解析技术、农业过程数字模型与系统仿真技术、虚拟农业与数字化设计技术、农业数字化管理和控制技术、精准农业共性关键技术及产品开发、精准农业集成平台建设与示范应用、农业生产过程信息化、农产品流通信息化、农村综合信息服务体系建设、省域和镇域农村信息服务系统开发与技术集成示范等开展了相关研究工作。2011年起，科技部设立了“农村与农业信息化科技发展”重点专项，部署了精准农业技术研究、农业物联网技术、数字农业技术、农业精准作业技术、现代农业信息化关键技术集成与示范、农村信息化共性关键技术集成与应用、国家农村信息化示范省建设等七项重点任务。截至目前，国内已初步形成了包括农业大数据与云计算、农业传感器与物联网、动植物生命与环境信息感知、多尺度农业遥感信息融合、动植物生长数字化模拟与设计、农产品质量安全无损检测、农业飞行器智能控制与信息获取、农业机器人智能识别与控制、农业精准作业、全自动智能化动植物工厂等技术的智能化农业技术体系。

（执笔人：赵春江，国家农业信息化工程技术研究中心；杨信廷，北京农业信息技术研究中心）

9.2 智能农业研究任务

9.2.1 农业智能传感技术与设备

1. 研究背景

农业信息的智能传感技术与设备是智能农业的重要组成部分，研发适于复杂农业环境的微小型、可靠、低功耗、智能化、低成本的农业传感技术与设备是实现农业智能化的突破口。在自主知识产权的农业智能传感技术、工艺、产品和产业化体系方面，我国与欧美、日本等发达国家有较大的差距，资源利用率低、水肥药浪费严重、生态环境压力持续增大。因此，研发农业智能传感技术与设备，实现农业生产信息的快速、精准、实时、在线感知与监测，建立农业信息感知、传输与融合的规范和标准，开展农业典型应用场景的产业化应用，构建智能农业信息感知的“基础理论—核心技术—重要产品—集成示范”创新体系，对实现农业现代化和可持续发展具有重要意义（何勇等，2013，2016）。

近年来，我国农业在快速发展的同时消耗了大量的农药、化肥等资源，与世界农业强国相比，资源利用率偏低、浪费严重，同时劳动力日趋紧缺，土壤污染效应日趋明显，难以保障高效、优质、安全的生态农业发展，这些严重制约了我国农业现代化和可持续发展。农业传感技术和设备的快速发展与应用是实现农业信息化的重要支撑，是促进农业增产、保障农产品供给、推动农业集约化发展和产业结构调整、实现农业现代化和可持续发展的重要途径。

2. 研究现状

21世纪初，欧美日韩等国家和地区分别制定了发展物联网技术的国家战略，重点发展感知技术、传感器及其标准体系，抢占新的制高点。我国也同步提出了相应的发展战略和重大规划，在信息技术基础理论、前沿核心技术、智能化装备和智慧系统平台等方面都掀起了研发的热潮，从时间上和战略布局上基本与国际领先水平并跑，但在新型传感材料、传感技术、控制技术、标准体系和产业化等核心领域还与国际先进水平存在较大差距，具体表现在以下四个方面：①植物—环境信息获取技术、农业数字模型、虚拟农业技术、农业信息融合与知识发现技术、农业智能装备数字化设计技术等基础理论和技术积累不足，缺乏适应性强、稳定性好的核心自主产品，整体国际竞争力不强；②传感器产业化程度低，测试精度和耐用性差，农业传感器国际市场主要被美国、欧洲和日本等垄断；③农业无线传感器网络技术底层研究基础差，缺乏自主创新设备和专利技术产品；④农业传感技术和设备服务范围小，产业化规模偏小。

我国围绕粮食安全、食品安全和生态安全的战略需求，在工业化、信息化、城镇化、农业现代化“四化”同步发展的大背景下，将现代信息技术与农业深度融合，紧跟世界信息技术和新一代人工智能技术引领农业发展的大趋势，在数字农业、精准农业、农业物联网、农业农村信息化等方面快速发展和进步。农业智能传感技术与设备的研发成为农业信息技术研究的热点，重点围绕农业生产过程信息感知的多源融合、多尺度交织、多时空变化的特点（何勇等，2010；Ojha et al.，2015），开发具有自主知识产权的农业信息先进传感技术和传感器，提高其在多尺度复杂农田环境下应用的稳定性、准确性、普适性和低成本易用性（Rudd et al.，2017），研发符合我国农业特色的智能传感技术体系，建立与国际接轨的农业智能感知标准体系，推进农业传感技术与设备产业化应用，满足大田、设施温室、植物工厂、果园、牧场、渔场、智能车间等典型农业应用场景的产业化发展需求，提升农产品绿色供应链和农业知识服务的智能化水平。

3. 研究内容

农业智能传感技术与设备的研究内容主要包括以下几个方面。

（1）农业信息先进传感技术与仪器。研发适于农业高湿热等复杂环境的微小型、可靠、低功耗、智能化、低成本的农业传感器及其相关技术，主要包括：①作物生命信息快速感知技术与传感仪器，实现作物种子品质、活力、病害等信息快速检测与分级，以及作物生长过程中养分生理、病虫害、重金属污染等信息的快速实时监测；②植物表型信息高通量快速获取技术与传感设备，为作物育种、栽培和高效生产提供支撑；③土壤信息快速感知技术与传感仪器，实现土壤养分、水分、质构、重金属及有机污染等信息的快速感知；④畜禽水产环境及生长信息快速感知技术与传感仪器，实现水质、动物行为及生理、疫病与养殖环境的快速监测；⑤农业机器人和智能农机工况监测传感技术与仪器，实现工况与作业状态的系统化、远程化和智能化监控管理；⑥基于光声电磁等技术的先进传感材料，满足农业智能制造的要求。

（2）农业传感器组网与多尺度融合技术。主要包括：①适于农业作业环境的节点定位、深度路由、拓扑网络控制、多节点远程传输、图像视频压缩传输和低功耗节能技术；②支持自感知、自配置、自修复、自管理的组网、传输和管理技术，实现农业信息传输的高可靠性、稳定性和安全性；③研发“地—空—星”三位一体多源信息获取与融合技术，满足动植物生产全周期、全天候、大范围、低成本信息获取与精准管理要求。

（3）智能农业传感技术标准体系与产业化设备。主要包括：①农业传感器物理接口与数据接口的标准和规范、传感数据描述解析的标准和规范；②农业物联网传输层节点中间件、网络协议、通信安全的标准和规范；③农业物联网应用层相关标准和规范；④研究大田、设施温室、植物工厂、果园、牧场、渔场、智能车间的传感检测技术与配套的产业化设备；⑤开发农产品绿色智能供应链和农业知识智能服务系统；⑥构建智能农业信息感知的“基础理论—核心技术—重要产品—集成示范”创新体系，实现农业生产的全程感知、定量决策、智能控制和精准投入，推动智能农业（生产/服务）技术的高质量、高效率、高效能、绿色可持续发展。

（执笔人：何勇，浙江大学；刘飞，浙江大学；岑海燕，浙江大学）

9.2.2　智能化农业遥感监测网络

1．研究背景

农业遥感指利用航天、航空及地面等遥感平台搭载的传感器，获取农业目标的电磁波波谱信号，借助多学科的理论和技术方法，揭示农业地物、生态环境与生产过程的数量、属性及其时空变化过程、特征和规律。随着不同空间分辨率、时间分辨率与光谱分辨率的民用卫星、航空有人机和无人机的发展，智能化农业遥感观测网络迅速得到发展和应用。但是，我国地形多样，复杂种植结构下的农业遥感观测能力不足，智能感知关键技术发展滞后，农业遥感模型系统发展薄弱，这使得农业资源家底不清、权属不明，农业生产监测的时效性、准确性有待提升，全球重点农区遥感监测和服务能力有待加强，农业遥感监测应用的广度和深度有限，遥感技术在农业精准化生产和智能化管理中的重要作用尚未充分发挥。

2．研究现状

美国最早开展农业遥感观测和应用研究，建立了美国农业遥感监测业务系统，实现了美国国内农业生产和全球粮食生产状况的监测。欧盟发起的农业遥感监测（Monitoring Agriculture with Remote Sensing，MARS）项目最初监测欧盟成员国的农业生产状况，服务农业补贴核查和发放状况，后来监测范围扩展到全球主要农业区，服务于欧盟农业对外援助与合作。自20世纪90年代起，很多国家和国际组织纷纷建立农业遥感监测业务系统，服务于农业生产管理、防灾减灾、粮食安全以及国际合作。在我国，中国农业科学院、中国科学院、中国气象局等单位先后建立了国家级和全球农情遥感监测网络系统。2011年，二十国集团（G20）农业部长发起全球农业监测计划（Group on Earth Observations Global Agricultural Monitoring Initiative，GeoGLAM），旨在整合多个国家与国际组织的区域以及全球农业遥感监测系统，通过数据与信息共享，实现全球农业遥感监测（唐华俊等，2010；史舟等，2015）。经过约30年的发展，遥感技术已经广泛应用于农业资源调查、农情信息监测和农业灾害监测，监测范围从单个国家、局部区域不断扩展到全球。

在农业资源环境遥感监测方面，人们已经突破了信息提取、参数反演、模型构建和精度检验等系列技术难题，形成了耕地、草原、渔业水域等农业资源遥感监测技术体系（胡琼等，2015）。这些技术体系在全球和国家尺度的农业资源遥感调查和变化监测中发挥了重要作用。在农情信息遥感监测领域，已有研究围绕多源多尺度农情遥感监测，突破了独特复杂种植条件下的农作物精细识别、农作物长势和土壤墒情多源遥感协同监测、产量多模型估测等技术瓶颈，建立了农情遥感监测运行系统，实现了国家级大宗农作物、草原和渔业水域等农情常规监测，以及美国、巴西、阿根廷等全球重点农区的农情遥感监测（蒙继华等，2010）。在农业灾害遥感监测方面，已有研究提出了以地表蒸散发参数为核心的农业干旱遥感定量反演理论和农业洪涝灾害全过程数值解析理论，突破了农业旱涝灾害遥感监测精度低、时效差的技术难题，实现了高精度、短周期和多尺度的农业旱涝灾害遥感监测信息服务与决策支持；还有研究明确了小麦、水稻、玉米等主要作物病虫害光谱特征和敏感波段，建立了国家或区域尺度的作物病虫害遥感监测和预测系统（Atzberger，2013）。

近年来，随着不同空间分辨率、时间分辨率和光谱分辨率的民用卫星的出现，以及农业遥感与地理信息系统、全球导航技术及物联网等技术不断融合，农业卫星遥感监测及其应用研究的广度和深度不断扩展，从传统的资源环境领域向植保、农学等领域扩展，从地物分类和目标识别等定性研究向土壤养分、作物健康、作物品质等定量分析发展。农业遥感正逐步成为农业科学的基础关键技术（陈仲新等，2016）。同时，国内外无人机遥感呈现爆发式发展，农田地块制图、植保、农业保险、土壤污染、渔场渔情资源调查以及农业重大事件应急监测等领域的农用无人机研究广泛开展。作物表型遥感是近年来农业遥感与作物遗传育种学科交叉产生的新兴研究领域，是农业遥感研究的热点方向之一（刘建刚等，2016）。

3. 研究内容

随着对地观测、物联网、大数据、人工智能等新一代信息技术的发展，构建航天遥感、航空遥感、地面物联网一体化的智能化农业遥感监测网络，高精度、多尺度、立体化、时空连续获取农业空间信息，加强农业生产全过程、全要素的精准监测与智能分析，有助于合理利用农业资源、科学指导农业生产和实现农业智能决策管理（见图9.1）。

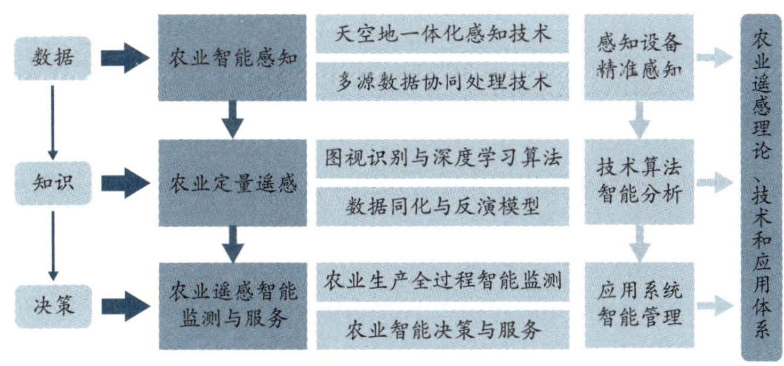

图9.1 智能化农业遥感监测网络研究框架

（1）农业智能感知。针对现代农业发展的实际需求，进行天基、空基、地基农业观测核心装备以及新型载荷、新型平台研发，开展高光谱遥感、微波遥感、热红外遥感、激光雷达遥感、荧光遥感、偏振遥感农业应用的理论和技术研究，建立多站网卫星、高性能航空、地面物联网等天空地一体化的农业智能感知系统，提升立体、多维、多分辨率的农业综合观测能力和数据协同处理能力（Shi et al.，2014）。

（2）农业定量遥感。①改进经验模型和辐射传输模型，研制面向农业遥感监测的地物光谱响应诊断技术，探索无损条件下田间农作物品质及养分等诊断信息获取的新途径，研究农作物与农田环境等关键参数的遥感定量反演理论和技术方法，提高区域农作物和农田环境参数遥感反演精度（Tang et al.，

2014）。②加强数据同化、基于近地平台或低空遥感平台的作物表型与环境参数的快速准确获取的理论和技术研究，为作物生长模型和作物估产等研究提供可靠的输入参数，为实际的田间管理、辅助作物遗传育种提供有价值的参考信息。

（3）农业遥感智能监测与服务。①研究基于人工智能与大数据的农业信息智能提取和挖掘新技术，建立农业资源和权属“一张图”研制的技术方法。②加快天空地一体化遥感技术手段与农业产业深度融合，重点研究稳定成熟的产前、产中、产后全过程动态的农业生产监测技术体系，实现大田种植、设施园艺、畜禽养殖、渔业水域等智能化动态监测。③研究天空地一体化支撑的农业生产管理决策与服务系统，实现农业宏观决策管理的数字化、智能化，为多元经营主体提供个性化、多元化、精准化的农业信息服务。

（执笔人：吴文斌，中国农业科学院农业资源与农业区划研究所；陈仲新，中国农业科学院农业资源与农业区划研究所；史云，中国农业科学院农业资源与农业区划研究所；李召良，中国农业科学院农业资源与农业区划研究所；杨贵军，北京农业信息技术研究中心）

9.2.3　农业大数据智能决策与分析系统

1. 研究背景

随着互联网、新媒体、无线通信与移动设备、普适计算与泛在网络等技术在农业生产、流通、交易、科研、管理等领域的深入应用，农业数字信息体量持续增长、不断积累。这些农业数据具有规模超大、多源异构、实时变化等特点，类别多元化的数据蕴含了丰富的生产知识与市场价值，我们需要利用自然语言处理、机器学习、信息检索等技术从这些数据中快速抽取出模式、关系、变化、异常特征与分布结构，把数据转化为智慧的方法学，通过大数据预警、预测、决策、分析为现代农业可持续发展提供支撑。

农业大数据的特点为农业智能决策与分析带来了新的挑战和技术需求，如表9.1所示。

表9.1 农业大数据面临的挑战与需求

农业大数据面临的需求和挑战	需要研究的相关核心技术
作物育种相关全基因组等使得数据规模迅速膨胀，计算复杂度成倍增加	数据流计算技术、数据模拟模型与算法
生产中急需综合病害图片序列、环境温湿度数据、农作物生产履历等数据进行农作物病害诊断，迫切需要突破高维农业数据的低维刻画与在线计算技术	大数据降维方法与最佳分类模型
根据气象、土壤、作物生长、肥水、天敌情况等数据进行病虫害预警、害虫迁飞是农业领域的重大问题，迫切需要突破动态揭示复杂农业问题的大数据分析预测等技术	粒计算的理论和模型、演化计算和群体智能算法、大数据智能决策分析与可视化技术
农业领域急需稀疏高价值数据的挖掘发现技术，如监测视频中畜禽的异常行为等	智能农业生产跨媒体数据挖掘分析方法
不同农产品价格波动关系、农产品市场价格的预测等难题，急需复杂数据弱约束规则的利用分析技术	数据语义组织、农业大数据挖掘模型

2. 研究现状

大数据智能决策与分析技术具有对复杂农业生产环境和状况进行高置信度情境理解与智慧分析的能力，以及对农情、市场的预判能力，可有效促进智能农业前沿科技的发展。

大数据智能决策与分析平台构建技术架构模型基本都建立在Apache开源技术基础之上，主流技术主要包括分布式文件处理系统（Hadoop）+分布式计算框架（MapReduce），BigSQL［结构化查询语言（structured query language，SQL）］分布式数据技术、流计算技术、大数据高级分析与可视化技术等（Tien，2013）。对于农业大数据平台而言，需要进行存储管理的是从GB到TB大小的众多农业资源数据集（例如作物估产遥感影像数据、植保病虫害图像、农产品追溯视频等），农业产业链上的多个系统以大数据流式计算方式访问这些数据集，通常将系统部署于大规模集群之上，采用虚拟机与数据分块传输技术实现高容错性的大数据文件存储（梁罗希，2016）。农业大数据在表观上更多的是并发负载非关系型分布数据，无法利用传统的记录数量有限、SQL查询效率低的关系数据库管理系统（relational database management system，RDBMS）进行高效率管理与访问。例如，全国农产品市场价格动态数据一个月就达上亿条，在一张存有上亿条记录的表里进行SQL查询，效率之低是不可想象的。此时需要采用类似NoSQL的新技术实现数据的非关系型特性，基于Dynamo哈希分片模型对大数据进行环状存储，各数据点能够使能通信与快速查询，在容量、性能与成本方面满足大数据管理的需求。

（1）大数据智能决策与分析中的数据流计算技术。在农业互联网和物联网应用中，农产品舆情、农业视频监控等流式大数据具有实时性、易失性、突发性、无序性、无限性等特征（Masud et al.，2008），数据处理非传统的先存储后计算模式，传统架构无法满足大量存在的实时数据危险点捕捉和用户有用信息的实时处理需求。流式数据计算则在流动的数据到来后，在内存中直接进行数据的实时计算，如推特的Storm、雅虎（Yahoo）的s4就是典型的流式数据计算架构。针对流式数据的挖掘是发现其中蕴含的知识从而进行分析决策的基础，在合理的通信代价下提升分布式挖掘的精度是关键的科学问题之一。2008年，Masud等（2008）提出了一种在数据流中挖掘微簇（micro-cluster）模式的思想，即在对一个数据流执行聚类算法后，抽取每个簇的点数、均值等统计值，形成所谓的微簇模式（孙大为等，2014）。毛国君等（2017）以分布式数据流为数据表达载体，设计了基于分布式数据流的大数据分类模型及算法，这种算法能大幅减少网络节点间的通信代价，而且可以获得平均10%左右的全局挖掘精度的提升。蒲勇霖等（2017）针对流式计算平台处理数据的能耗不断上升的问题，改变流式计算中节点对数据的处理方式，提出了一种阈值调控节能策略。另外，大数据流式计算在系统的可伸缩性、容错性、状态一致性、负载均衡、数据吞吐量等方面都面临着新的挑战。

（2）大数据智能决策与分析中的计算智能技术。计算智能是融合了人工神经网络、模糊系统、演化计算等的新学科。在大数据环境下，数据维度随数据规模的增大而增长，维度增长造成了数据冗余和噪声，降低了算法性能，需要进行数据降维。降维的基本原理是通过线性或非线性映射把数据样本从高维输入空间投影到一个低维空间，从而找出隐藏在高维观测数据中有意义的低维结构。Castellano等（2000）提出了基于神经网络的数据约简方法，即通过度量输入特征与输出结果的相关程度，发现并过滤掉冗余的、次要的特征。以遗传算法为代表的演化计算和以粒子群优化、蚁群优化（ant colony optimization，ACO）等为代表的群体智能算法是解决复杂优化问题的常用方法（Castellano et al.，2000）。

（3）大数据智能决策与分析中的可视化技术。可视化分析综合人脑感知、假设、推理的优势与计算机对海量数据高速、准确计算的能力，变“信息过载”问题为机遇，已成为当下大数据分析的研究热点（郭平等，2015）。但是目前已有的可视化技术已难以应对海量、高维、多源、动态数据分析的挑战，需综合可视化、图形学、数据挖掘理论与方法，研究新的可视化分析理论模型、高效的可视化方法和敏捷的用户交互手段，辅助用户从大尺度、复杂、矛盾甚至不完整的数据中快速挖掘有用的信息，以便做出有效决策（朱庆等，2017）。可视化分析经历了可视化表达、交互式可视化、可视化推理三个阶段的发展。大数据分析与可视化需要充分准确地表达复杂计算分析获取的时空数据所隐含的信息与知识，通过场景聚焦、变形、选择、突出和简化等全空间增强现实表达，实现数据、人脑、机器智能和应用场景的有机耦合。

3. 研究内容

农业大数据智能决策与分析系统的应用核心是实现各类生产与服务现场的数据聚集、分析与利用，其在体系上包括大数据传输融合、组织管理、挖掘分析、精确辨识、智能服务等内容，建立农业领域应用构造区与专业模型智能适配区，实现用户的多层次深度应用以及智能产业链主环节业务重塑。农业大数据智能决策与分析系统研究框架如图9.2所示。

（1）农业大数据传输与智能融合理论。研究大田畸变信道网络自组织、果园三维网络覆盖增强、水产养殖水声通信编码、设施多媒体信息有向感知、畜禽移动传感网络抗扰等农业物联网优化传输方法与模式，探索不同复杂农业生产环境下的网络覆盖与空间交织机理，揭示动植物生理及生长状态与大数据的动态关联规律，实现多物理场异构信息自动聚类和智能入库。

（2）农业数字化组织大本体技术体系。农业大数据经关联分析能够产

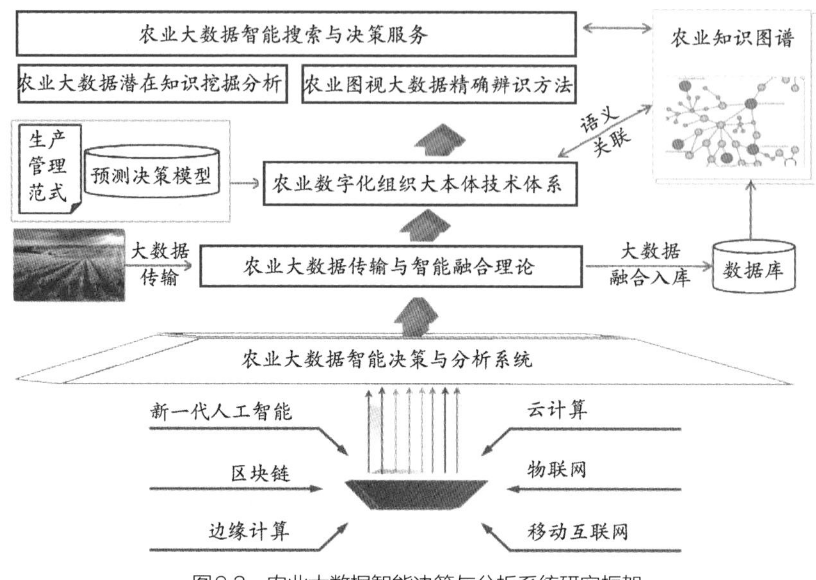

图9.2　农业大数据智能决策与分析系统研究框架

生生产管理范式、预测决策模型以及作业控制行为等。需要建立农业数字化组织大本体技术体系，探索基于联合国粮农组织（Food and Agriculture Organization，FAO）农业本体提供的多语言农业词汇表和常用术语的语义关系空间拓扑结构模型，确定农业领域本体的核心概念之间的语义关系、属性和实例，对离散无序的数据进行层次化概念描述与范畴约束，从而为捕获内涵的知识提供源头基础。

（3）农业大数据潜在知识挖掘分析。农产品生产、流通与交易过程中产生的大量数据既包含价值密度低的数据块，又包含价值密度高的数据块，需要从这些数据中寻求科学规律和有用的知识，快速抽取出模式、关系、变化、异常特征与分布结构。研究大数据降维方法与最佳分类模型、多参数跨媒体数据挖掘与分析决策技术、农业知识图谱稀疏数据关联与低密度区域知识发现方法、基于实时数据和知识库研究群体决策的分析预测理论等，为多层次、多粒度、多角度求解复杂农业问题提供理论支撑。

（4）农业图视大数据精确辨识方法。在育种考种、产量预测、病虫害诊断、农产品自动分级、水产畜禽行为分析等应用中研究实时数据流计算与智能处理模型，构造不同粒度算子和数据流图，对关键农情进行实时数据危险点捕捉，融合多结构体实时感知和图视数据，进行畜禽行为识别跟踪。

（5）农业大数据智能搜索与决策服务。互联网上有用户搜索表征的生产经营需求数据、生产舆情发布数据、爬虫和阿拉丁获取的公共Web数据、电商平台运行的交易数据和信用数据、微博平台数据、地图服务数据、用户关系数据、用户社交数据等，研究Web 2.0环境下的内容挖掘、结构挖掘和使用模式挖掘等深度学习技术，得到大量训练样本，进一步得到数据对象之间的内在特征，支撑农产品生产交易、价格预测、生产计划制订等生产经营活动。

（执笔人：吴华瑞，北京农业信息技术研究中心；孙想，北京农业信息技术研究中心；顾静秋，北京农业信息技术研究中心）

9.2.4 大田智能化农业装备

1. 研究背景

农业装备是融合生物和农艺技术，集成先进制造与智能控制、新一代信息通信、新材料等高新技术的自动化、信息化、智能化的先进装备，发展重点是粮、棉、油、糖等大宗粮食以及战略性经济作物育、耕、种、管、收、运、贮等主要生产过程使用的装备。农业装备是不断提高土地产出率、劳动生产率、资源利用率，实现农业现代化的最基本物质保证和核心支撑。

经过多年快速发展，我国已是世界农业装备生产和使用大国，产业发展已进入新的历史阶段，主要矛盾由总量不足转变为结构性矛盾，90%以上国产农业装备仍为中低端产品，80%左右农业装备仍为三大粮食作物的田间生产装备，不能全面满足现代农业发展需求。同步推进“四化”，保障粮食、食品、生态三大安全，转变农业发展方式，实现三产融合发展，推进农业供给侧结构性改革，实现乡村振兴，要求农业装备产业拓展领域、增加品种，并加快向自动化、信息化、智能化发展。

2. 研究现状

农业装备技术经历了替代人畜力的机械化阶段，目前处在以电控技术为基础实现自动化应用的阶段，并朝着以信息技术为核心的智能化与先进制造方向转型发展。其显著特点是以机械装备为载体，融合电子、信息、生物、材料、现代制造等高新技术，不断增强装备适应性能，拓展精准作业功能，保障季节性作业可靠性，提升复杂结构制造高效性，改善机械化作业与土壤、动植物、人、生态环境的协调性，以实现农业装备的安全可靠、自动高效、精准智能，支撑现代农业发展。随着新一轮全球科技革命和产业变革加速，学科交叉融合，信息技术、生物技术、新材料技术、新能源技术广泛渗透，新一代人工智能基础理论和技术获得突破及深入应用，农业装备将向着大型化、高效率、多功能、复式联合作业以及信息化、智能化方向快速发展，并向着提供系统化、信息化、智能化综合解决方案方向发展。

“十二五”以来，我国智能化农业装备取得长足的进步，一批农业装备信息化、智能化应用基础和关键共性技术以及大型智能农用动力与多功能作业、定位变量精准作业、高效精量植保等重大智能化农业装备实现了突破，加速了农业装备技术向信息化、高端智能化发展。我国农机装备产品品种达到4000多种，自主农机产品市场供给能力达到90%以上，农机工业规模总产值超过4500亿元，全国主要农作物耕种收综合机械化水平超过65%，全国农业机械总动力超过11亿千瓦。我国已成为世界农机制造和使用大国。

（1）农业装备信息化、智能化应用基础和关键共性技术研究紧跟国际前沿。作物生长信息感知、农业生产土壤及环境信息实时监测、农作物生产过程监测与水肥药精量控制施用、农机工况智能化监测等技术取得了重要进展，开发形成了植物叶绿素、蒸腾速率、温湿度、光照、二氧化碳及其他气体等传感器，开发了土壤养分与水分、作物播种量、机器作业深度与作业速度、喷药量、作业部件转速等传感控制系统。

（2）现代多功能作业农业装备智能化发展迅速。应用总线控制、GPS及北斗定位导航、机器视觉导航、激光高程控制、基于神经网络作业功率自适应控制等智能化技术，突破了复式整地、深松、精量播种、变量施肥、精准施药、高效喷灌、收获智能控制等关键技术及装备，水稻精量直播机、高速移栽机、智能变量施肥播种机、高地隙及水田智能植保机、植保无人机、大型智能采棉机等一批智能化农业装备实现应用，形成了适应不同生产规模的粮食全程作业装备配套体系，技术拓展应用于棉花、番茄、甘蔗、花生、马铃薯等优势经济作物环节装备，初步形成了智能化农业装备体系架构。

（3）高端智能化农业装备广泛参与国际产业竞争。200马力级、300马力级大型拖拉机传动以及电控等关键技术自主化水平不断提升，实现了大型拖拉机产业化。400马力级重型拖拉机实现了无级变速传动技术自主化研发，推进了我国重型拖拉机自主化。60行大型智能播种施肥机突破了气流输送种肥、种肥分开侧施、种肥深度准确控制、播种质量实时检测等关键技术，达到国际水平。10kg/s大喂入量智能控制谷物联合收割机与世界主流技术齐平，具备导航作业、在线测产、智能调控、故障诊断等功能。大型农业装备智能化引领了信息技术、智能化技术在中小型农业装备中的推广应用，形成了一批具有特点的信息化、智能化农业装备解决方案。

“十三五”期间及未来一段时期，在农业装备产业方面，我国仍将处于由制造大国向制造强国、科技强国、质量强国转变的阶段，应用研究基础薄弱、关键共性技术及高端装备产品供给不足、创新领军人才缺乏等仍将是制约产业自主创新能力和核心竞争力提升的关键，跨国企业主导产业的格局也将制约我国农业装备产业由价值链低端向高端发展。因此，我国需要加快农业装备产业创新驱动发展，推进产业转型升级。

3. 研究内容

立足国家战略及产业发展需求，准确把握全球科技及产业发展态势，深度融合新一代人工智能技术，瞄准竞争焦点，坚持目标导向与问题导向结合，找准突破口和主攻方向，集中优势资源，重点开展土壤提质、植物感知、机器智能等信息化、智能化应用基础研究，智能化设计、传感与控制、智能作业与管理等关键共性技术研究，以及高效栽植、精量播施、智能收获等高端重大农业装备关键技术研究，发展新一代智能农业装备。

（1）开展信息化、智能化应用基础研究。重点研究不同种植制度、耕作方式、作业机具、气候与环境等对土壤质构形和作物生长的影响机理；研究土壤耕层、养分等检测方法，构建农田提质基础技术体系。研究土壤耕作、采收作业等部件减阻降耗、耐磨延寿、表面强化等技术及智能材料，研发土壤耕作、采收作业部件的新机构、新材料、新方法。研究构建植物从种子、农田整备、耕种栽植、田间管理到采收的全生命周期智能化作业技术体系，研究植物生理、生长、环境信息感知及水、肥、药、光、热等精准精量调控技术，研究光感控制节能、感知记忆等智能新材料，开发植物传感器及系统。研究作业对象感知与跟踪、工况实时监测与智能测控等技术，开发作业对象视觉跟踪、种苗栽播精准定位等新装置。基于新一代人工智能技术，研究农业生产过程中人、机、植物、生产环境与信息的跨媒体数据获取、融合、挖掘、智能决策等技术，研究人机协同、机群协同、人机物协同作业技术，开发农业装备智能操作系统、农机自主作业系统、农业机器人系统等。

（2）开展关键共性技术研究。开展农业装备智能化设计技术研究，突破关键部件及整机数字化建模、虚拟设计、动态仿真验证等技术，构建参数模型库、设计知识库与专家系统、虚拟仿真与实验系统等；突破关键零部件及整机的作业载荷、工况环境、失效特征、作业质量等参数检测控制技术，以及整机可靠性试验方法、制造过程质量检测技术；突破关键零部件标准化、系列化、通用化技术，构建标准关键零部件库。开展农业装备传感与控制技术研究，突破土壤、植物、环境等信息感知技术，基于北斗、分时长期演进（time division long term evolution，TD-LTE）技术的农机高精度导航及定位技术，作业工况监测与智能调控技术，以及农业机器人技术等，开发耕整、播种、施肥、灌溉、施药、收获等智能作业装置及系统，实现机械化、自动化、信息化、智能化深度融合发展。开展智能作业与管理技术研究，突破农机作业大数据智能分析与决策、导航作业、自主作业、多机协同等智能作业技术，以及故障自动预警与自动诊断、远程运维等智能管理技术，构建以信息物理系统为核心的主要农作物和设施农业智能化生产作业技术体系。

（3）开展农业装备关键技术研究。研究开发种苗柔性夹取及栽插，种肥精量高速输送与控制，水肥药精量配混、高效雾化与精准喷施，籽实低损采收及高效脱粒清选等关键技术，集成工况检测、作业质量监测、总线控制、定位导航，以及远程运维管控等信息化、智能化技术，形成满足不同作业场景需求的农业装备智能系统，开发全自动高速移栽机、大型智能播种施肥机、高地隙精量植保机械、智能喷灌机、大型智能采棉机、大型智能谷物联合收割机、智能玉米籽粒收获机、大型智能青饲及秸秆收获机等智能化装备，形成面向农业生产的信息化整体解决方案，构建以智能装备、智能管理、智能服务为核心的智能农业生产技术装备体系。

（执笔人：方宪法，中国农业机械化科学研究院；吴海华，中国农业机械化科学研究院；杨炳南，中国农业机械化科学研究院；吕黄珍，中国农业机械化科学研究院；周海燕，中国农业机械化科学研究院；赵有斌，中国农业机械化科学研究院）

9.2.5 农业机器人与自主作业系统

1. 研究背景

随着我国城市化进程的不断推进、老龄化程度的不断加重，以农业为代表的劳动密集型产业开始面临严峻的劳动力萎缩的问题。采用自动化、智能化农业作业装备降低劳动强度甚至替代人工劳动，已经成为我国乃至全世界现代农业发展的必然趋势。然而，受制于现有机器人系统的智能性水平和执行器能力，农业机器人与自主作业系统的生产应用仍然面临巨大的挑战，需要在基于农业作业任务的自主行为规划、适合复杂农业场景的智能信息感知、面向农业作业对象的高效柔性执行器件等方面开展针对性的研究并取得突破，从而为大型农机智能协同作业、农机机器人搬运/监测/耕作/采收等具体应用提供基础理论和技术支撑。

2. 研究现状

农业机器人与自主作业系统研究起源于20世纪80年代。美国和日本分别作为大农场模式、小田块模式的代表，各自孕育了农业机器人与自主作业系统的早期雏形。美国密歇根州立大学和德州农工大学早在1982年就开始了自动驾驶拖拉机的研究（Gerrish et al.，1983）；不久后，日本学者Kawamura等（1984）发表了关于利用机器人采摘西红柿的论文。此后，农业机器人与自主作业系统研究逐渐兴起。为了满足农业场景的复杂性和作业对象的多样性需求，不同形式、不同用途的农业机器人与自主作业系统相继出现，如自动驾驶拖拉机、喷药机器人、采收机器人、除草机器人、修剪机器人、农田信息采集机器人、挤奶机器人、嫁接机器人、苗盘搬运机器人、农用无人机等。

然而，虽然目前农业机器人与自主作业系统种类繁多，成功实现产业化应用的案例却寥寥无几。国际分析机构IDTechEx的报告显示，仅有自动驾驶拖拉机、植保无人机和挤奶机器人达到了较好的产业化水平。各国科研人员逐步认识到现有的机器人理论和技术在应对复杂农业场景下的环境感知、行为规划、高效作业等问题时仍然存在明显的短板，盲目追求农业机器人与自主作业系统的全自主、无人化，短期内会使其难以在与人力的比拼中获得明显的效率优势。因此，扬长避短、由易到难、重点突破、人机并存已经成为当今农业机器人与自主作业系统研究和产业化推进的主流观点。

参照目前自动驾驶汽车领域的自主性层级发展路线图，我们也可以按照智能化和执行器水平将农业机器人与自主作业系统的发展大致划分为四个阶段（见图9.3）。第一阶段“简单路径规则”是目前研究的最大热点。信息监测类农业机器人的研究重点关注引入机器学习、3D观测数据（Lottes et al.，2017；Sa et al.，2017；Dong et al.，2017）等前沿思想，获取和分析农田数据；物料搬运类农业机器人的研究重点关注实用型移动平台的构型设计、路径跟踪控制（Ye et al.，2016）。第二阶段“简单路径规则＋环境感知”目前是各大国际农机行业巨头的乐土。由于自动驾驶技术在拖拉机、联合收割机等大型农机上获得了成功的产业化应用，各大农机巨头已经把主要精力投入到基于简单环境感知的多机器人联网和协同规划上来（Reid，2016）；同时，以精准对靶喷药、机械化除草为代表的简单执行机构也是该阶段的研究热点，科研院所和初创公司对此更为关注。第三阶段“半自主式”曾经是农业机器人研究的热点方向，但是由于智能算法和执行器水平的限制，机器人作业效率一直无法达到产业化水平。为了提高作业效率，研究人员开始引入人机协同作业、多机协同作业的思想，将人力在快速决策方面的优势与机器人系统的耐疲劳优势相结合（Silwal et al.，2017）。另外，利用仿生技术和新材料技

第一阶段	第二阶段	第三阶段	第四阶段
简单路径规划（无执行机构）	简单路径规划+环境感知（简单执行机构）	半自主式（人力辅助复杂决策，复杂执行机构）	全自主式（独立完成复杂决策，复杂执行机构）
信息监测类农业机器人 物料搬运类农业机器人	耕作植保类农业机器人 耕作、播种、施肥、施药、除草	人机共融式农业机器人 采摘、修剪、嫁接、人机协同、多机协同	无人监管式农业机器人 各种作业
基本无作业 易产业化	非精细作业应用 较易产业化	可用于精细作业 产业化有难度	胜任各类作业 产业化难度大

图9.3 农业机器人发展路线

术研究更加灵巧、柔性的执行机构也是该阶段重要的研究方向（Wang et al., 2017）。第四阶段“全自主式”的研究挑战最大，目前仅有少量有实力的科研机构开始了相关工作，典型的例子包括博世（Bosch）公司的BoniRob多功能农业机器人（Cousins，2015）和英国哈珀·亚当斯大学学院（Harper Adams University College）的“Hands Free Hectare”项目。

3. 研究内容

从农业机器人发展路线图给出的几个阶段来看，路径规划属于自主行为规划范畴，环境感知属于智能信息感知范畴，而复杂决策则属于基于智能信息感知的自主行为规划，因此支撑农业机器人未来发展的智能算法可以概括为基于农业作业任务的自主行为规划和适合农业复杂场景的智能信息感知两个方面；同时，执行机构是农业机器人与自主作业系统必不可少的关键环节，因此面向农业作业对象的高效柔性执行器件将是未来研究的重点。

（1）基于农业作业任务的自主行为规划。研究面向大农场尺度的多种类自主作业系统优化调度和路径规划问题，充分考虑不同作业系统的载重能力、续航能力、机动性能以及作业地形等因素，构建调配得当、经济高效的自主协同作业行为规划策略体系；研究面向采摘、修剪等精细作业的机械臂灵活规划问题，充分考虑地面不平整、作物枝叶遮挡、目标定位精度不足等因素的不利影响以及人力辅助情形，构建灵活、快速、安全的精细作业行为规划策略体系。

（2）适合农业复杂场景的智能信息感知。研究面向不同作业工况条件和气象条件的农业场景智能感知问题，通过使用激光扫描仪、机器视觉相机、彩色深度相机、高光谱/多光谱相机以及差分GPS、惯性导航系统等先进传感设备，引入深度学习、三维点云分析、高效三维模型、场景语义表述等理论工具和算法，克服光照、扬尘、雨雪等干扰因素，实现对农业作业对象（果实、枝叶等）的高效检测、定位和模型表述，为作业行为规划提供充足的信息支撑。

（3）面向农业作业对象的高效柔性执行器件。研究适应农业场景作业需求的机械臂系统，通过优化机构材料和构型、增强电机性能、改善控制算法等手段，搭建轻便、灵活、安全的农用机械臂系统；研究面向柔性操作的末端执行器，通过引入新材料技术和仿生技术，设计研发能够对农作物进行柔性无损操作的软体末端执行器。

（执笔人：邱权，北京农业智能装备技术研究中心；孟志军，北京农业智能装备技术研究中心；王秀，北京农业智能装备技术研究中心；姜凯，北京农业智能装备技术研究中心）

9.2.6 智能化植物工厂

1. 研究背景

植物工厂是一种通过设施内高精度环境控制，实现作物周年连续生产的高效农业系统，是由计算机对作物生育过程的温度、湿度、光照、二氧化碳以及营养液等要素进行自动控制，不受或很少受自然条件制约的全新生产方式。植物工厂的显著特征是其环境与营养要素完全可控且操作管理机械化与智能化，其单位面积食物产能可达露地的数十倍甚至上百倍，被认为是21世纪解决资源短缺、保障食物安全的重要手段。目前，植物工厂发展的主要瓶颈是建设成本与运行成本相对较高、多因子协同管控难度较大，因此，大幅降低系统运行成本、提升蔬菜品质以及实现植物工厂智能化决策管控已经成为国内外关注的重点。

2. 研究现状

植物工厂是20世纪现代农业的重大创新技术之一。自20世纪50年代欧美、日本等一些发达国家和地区投入大量的科研力量进行植物工厂关键技术研发以来，其主要进展可分为三个阶段。第一个阶段为试验探索阶段（20世纪50年代到70年代初）。营养液栽培技术与人工模拟与控制环境技术的突破是这一时期植物工厂发展的关键。1957年，丹麦建成了世界上第一座植物工厂，随后，美国、奥地利等相继开展植物工厂研发。这一时期的植物工厂规模较小，仅为几十平方米到几百平方米；应用范围窄，局限在实验室和示范农场；光源为高压钠灯，能耗大、运行成本高。第二个阶段为示范应用阶段（20世纪70年代至90年代末）。水耕栽培和人工光源技术的突破是这一阶段发展的重要标志。随着营养液膜技术（nutrient film technique，NFT）与深液流栽培技术（deep flow technique，DFT）的突破，美国、荷兰、日本等纷纷加入植物工厂的产业化开发。到90年代末，日本已拥有20多座植物工厂。这一阶段，人工光源不断得到改善，高压钠灯逐渐被荧光灯替代，红光发光二极管（light emitting diode，LED）开始应用，光源能耗进一步降低；传感器与自动控制技术逐渐被引入；示范应用不断扩大。第三阶段为快速发展阶段（21世纪初至今）。蓝光LED出现、红蓝LED组合光源的研制成功，以及基于网络的智能控制技术的应用是这一时期发展的重要特征。日本、欧洲、美国等纷纷加快植物工厂研发步伐。截至2016年，日本植物工厂已达246座。这一时期，高新技术不断被引入，LED逐渐替代荧光灯，光效与能效显著提升，应用范围不断扩大。然而，植物工厂是一种高投入高产出的产业，在发展过程中仍然面临诸多挑战，具体表现为以下几个方面。①初期建设成本相对较高，外维护结构、空调、人工光源、立体栽培以及计算机控制等系统投入一般达1500～2000元/m^2（栽培面积），为温室的3～5倍。②光源与空调能耗较大，系统能耗达7～15kW·h/kg，约占全部运行成本的60%以上。③经济效益和盈利面还不高，日本植物工厂仅有30%盈利、50%盈亏持平，仍有20%亏损。针对这些问题，世界各国都在探索解决途径，主要解决思想有以下几点。①大幅降低建设成本，大幅增加空间利用效率（如日本宫城县植物工厂立体栽培层数已达15层，大阪府立大学植物工厂栽培层数达18层），通过单位空间栽培层数的增加降低建筑成本。②节能与新能源利用，选用基于光配方的LED光源替代荧光灯，结合地源热泵与空调系统，以及应用太阳能光伏技术，减少能耗成本。③全程智能化管控，构建通过基于作物发育需求的智能化管控体系，大幅提升作物产量与品质，增加系统效益。

与发达国家相比，我国智能化植物工厂研究相对较晚，但发展迅速。2002年开始植物工厂水耕栽培技术研究，2005年进行LED植物工厂实验系统创制，2006年以来先后突破了植物LED光源创制、光—温耦合节能环境控制、蔬菜营养品质调控以及基于物联网的智能化管控等关键技术，2009年推出第一个商业化智能化LED植物工厂，2010年在上海世博会展出首个家庭智能化LED植物工厂，2013年国家将“智能化植物工厂生产技术研究”项目列入863计划，2016年“智能LED植物工厂”成套技术在国家“十二五”科技创新成就展上展出（见图9.4），受到习近平等党和国家领导人的高度关注。目前，全国植物工厂已达150座以上，单体栽培面积已达6000m^{2}以上，我国已经成为国际智能化植物工厂领域具有重要影响力的国家。

3. 研究内容

针对智能化植物工厂在立体空间利用、光源与空调能耗减控以及多因子协同智能管控等方面迫切的技术需求，智能化植物工厂重点研究内容包括以下几点。

（1）垂直多层植物工厂系统结构及其均匀环境调控技术研究。采用通风散热模型模拟多层立体植物工厂温度、气流均匀性的实现途径，研究垂直多层植物工厂系统内部温度、气流均匀性调控技术与装备，突破植物工厂向空间拓展的核心关键技术。

图9.4　智能LED植物工厂示范应用（北京）

（2）基于植物“光配方”的LED光源及其光环境智能调控技术研究。探索光合有效辐射（photosynthetically active radiation，PAR）单色光、紫外光和远红光（far red light，FR）对植物生长与产量品质的作用机制，揭示复杂多层栽培环境下植物对单色光组合LED光源的需求规律，开发智能化植物工厂高效节能光源及可根据植物发育需求的智能化光环境调控技术。

（3）智能化植物工厂节能环境控制及绿色能源利用技术研究。探索将光期置于夜晚并充分利用室外冷源的光—温耦合节能调温方法，研究太阳能光伏、浅层地能、光纤导光等绿色能源利用技术及实现途径，大幅降低植物工厂能耗与运行成本。

（4）植物工厂智能管理机械与装备研制。以智能化植物工厂空间立体栽培操作的精准与高效管理为目标，研究垂直多层植物工厂播种、育苗、栽培、采收、包装的全程机械化工艺技术，开发种苗移栽机械手、栽培与收获升降平台、智能栽培系统以及营养液精准管控等关键技术与装备。

（5）基于物联网的植物工厂智慧管控技术。研究人工光源、栽培架

（槽）、植株、操作机械手、环境控制系统、营养液循环系统等物物相连的智慧化管控技术途径，研发基于作物发育需求的多因子协同调控逻辑策略，开发基于物联网的智能化管控技术装备，实现对植物工厂的在线检测、远端访问及多因子协同管控。

（执笔人：杨其长，中国农业科学院农业环境与可持续发展研究所；程瑞锋，中国农业科学院农业环境与可持续发展研究所；郭文忠，北京农业智能装备中心；陈晓丽，北京农业智能装备中心；宋卫堂，中国农业大学；周增产，北京市农业机械研究所）

9.2.7 智能牧场

1．研究背景

在国际上，畜禽牧场养殖目标早已从传统的单纯追求生产效率向满足动物福利、保护生态环境及可持续发展转变，重点向产业智能性、个性化及满足动物自身的生理特性迈进。从畜禽体况及养殖环境的智能感知，到生长规律的模型化研究，直到养殖环境的自动控制及饲喂物质要素（饲料、水、保健药品等）的精准投喂，在尽可能地满足动物福利及保护生态环境的前提下，最大限度地发挥种畜禽的遗传潜力，以及商品畜禽的产肉、产蛋和产奶性能。推行母猪体况感知和自动智能饲喂的欧洲及北美国家，目前其母猪的生产力水平已经向每年每头提供35～38头断奶仔的数量迈进，是我国目前水平的1.5倍以上。在产奶性能方面，目前美国、以色列等因长期实施畜禽品种改良及奶牛的智能化饲喂与挤奶，成母牛年产奶量2016年达到11t，但我国平均只有6.5t左右，足见差距之大。因此，在现代牧场的各种生产环节全面采用智能感知分析与精准控制技术，全面提高全生产要素的利用率，达到资源高效利用、提质增效是发展的必然。

2．研究现状

在国内外，智能牧场的研究主要集中在畜禽的健康、生理状态和生产行为的无应激感知，以及环境的精准动态控制。主要投入品包括饲料及药品的精准与动态投喂，种畜生产性能的自动测定，以及部分畜禽产品的智能化采收上。例如鸡蛋的自动采集与分级、奶牛的仿生及自动挤奶甚至机器人挤奶等，以上基于感知技术、自动精准检测与控制技术及模型化的数据驱动技术的智慧研究，旨在满足动物福利的要求，通过保证畜禽的健康水平，促进种畜遗传潜力的表达，促进商品畜禽生产性能的发挥，实现牧场生产环境友好、资源高效利用、数量及品质产出高效，达到智能牧场的绿色可持续发展。

在畜禽的健康及生产、生理行为的识别方面，随着物理、电化学、光学、电磁学、材料科学等基础研究的发展，越来越多的高新技术被应用于动物生理传感器。21世纪以来，美国和欧洲在机器视觉、声音等物理量在线监测和动物生理信息提取方面取得了长足的进步，一些技术由实验室走向应用。如机器视觉传感器用于动物取食、运动、发情、体重等信息的实时感知，声音传感器用于提取动物的疾病信息等。与人的健康监测传感技术发展类似的是，穿戴式传感器成为动物生理传感技术发展的一大趋势，如动物智能背心、项圈、背负式设备、口套等，这些设备搭载了振动、加速度、位移、重力、压力等传感器，通过计算实现动物个体运动、行为、心率、血压等信息的监测。为了获得更为精确的生理信息，侵入式传感方法开始进入动物生理监测领域，如植入动物体内的RFID标签、植入牛眼内的眼压监测传感器、植入动物牙床内的温度和盐分传感器、植入奶牛瘤胃的pH传感器等。作为生理信息最重要的指标，部分疾病信息（如禽流感等）可以通过生物传感器实现快检。结合了抗原抗体芯片和荧光免疫传感器、介电频谱传感器、表面等离子体共振传感器的便携式设备，可以实现部分疾病的快速筛查。总之，可以实现无应激状态的快速感知与分析。

在畜禽精准饲喂智能方面，主要研究突破在于将感知畜禽采食行为的传感器，如距离传感器、重量传感器、时间继电器等电子识别系统、嵌入式控制系统与精确下料机构结合起来，不断完善与创新研究妊娠母猪电子饲喂站、产床母猪智能下料系统、奶牛个体采食行为记录系统、种猪及种禽生产性能测定系统等。这些处处体现了信息感知、领域知识与自动控制系统的多维融合。

智能牧场和智慧养殖所面临的挑战来源于生物系统。生物系统的个体或全体差异，受遗传育种特性、养殖环境与季节变化、终端产品的品质需求变化以及社会经济条件的影响，因此生产和管理目标也是动态的。这给智慧养殖系统的研究带来了不确定性，系统需要随着时空的变化不断优化参数与解决方案，实现动态的系统优化。

3. 研究内容

（1）畜禽养殖专用的生理、生态、生长传感器和感知系统及数据融合研究

研究畜禽行为和生理的在线监测技术，包括研究畜禽行为、体重等参数的传感方法，以及畜禽群体和个体体温的非制冷热红外探测方法，并研制相应的在线监测设备；研究侵入式畜禽生理传感技术，包括牛只侵入式pH传感器、牙床侵入式传感器等；研究适用猪、牛、鸡等动物的穿戴式传感技术，如背负式传感器（智能背心）和智能颈环等，通过三维加速度、位移、重力、压力等信息的实时获取和解析，实现动物心率、运动量、采食量等生理信息感知；研究动物疾病等生化指标的快速检测传感器等。

研究养殖场环境生态新型传感技术。针对有害气体的舍内浓度监测，研究硫化氢、氨气、甲烷、二氧化碳、氧化亚氮等有害气体及主要温室气体的非色散红外传感方法；针对有害气体的远距离测量，研究气体调谐二极管激光光谱传感方法；针对有害气体的排放通量监测，研究气体红外吸收光谱传感方法，并分别研制专用传感器等。

在上述核心传感技术研究的基础上，进一步研究传感器的小型化、低功耗、高可靠性的实现方法，使之适用于畜禽舍的恶劣环境；研究畜禽舍内多种传感器的数据融合方法，实现多元异构数据的快速解析；研制畜禽生理和生态传感器的集成式采集设备，实现多种传感器信息的高速采集、汇聚和应用，为智能牧场的研究提供在线的感知设备与大数据融合分析及挖掘的工具与平台。畜禽场专用传感器及感知系统研究技术路线如图9.5所示。

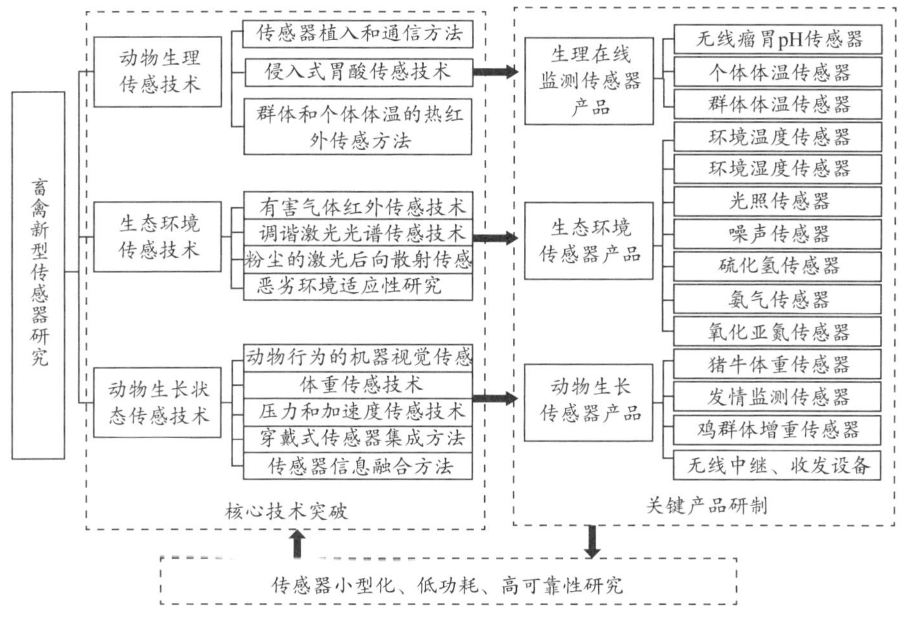

图9.5　畜禽场专用传感器及感知系统研究技术路线

（2）畜禽精准饲喂的养分需求量的动态模型研究

采用机理或半机理模型，通过数据融合与挖掘技术，集成研究构建基于数据驱动的，针对不同畜禽品种、不同生长生理阶段、不同养殖模式的主要养分及采食量的动态模型，为研发智能牧场的精准饲喂控制系统及料线提供理论基础。

肉鸡、生长猪及肉牛的采食量曲线拟采用Gompertz模型：

$$y(t)=a\mathrm{e}^{-b\mathrm{e}^{-ct}}$$

式中，y为采食量，g/d；t为时间即日龄，d；a，b，c为模型中拟估测的参数。

畜禽生长曲线模型拟采用Logistic模型：

$$y(t)=\frac{abc(c-b)\mathrm{e}^{-dt}}{[b+(c-b)\mathrm{e}^{-dt}]^2}$$

式中，y为体重，kg；t为日龄，d；a，b，c，d为模型中拟估测的参数。

产蛋曲线模型拟采用拓展的McMillan模型模拟与预测蛋鸡的产蛋曲线，以轻型节粮型蛋鸡为例，模型如下：

$$y(t)=a(1-be^{-c_1t})e^{-c_2t}$$

式中，y为产蛋率，%；t为产蛋日龄，d；a，b，c_1和c_2为模型中拟估测的参数。

畜禽对矿物元素或维生素的需求量预测模型采用对数模型：

$$y=e^{a+b\ln BW+c(\ln BW)^2}$$

式中，y为对应的某个矿物元素（Ca，P，Fe，Cu，Zn，Mn，Se等）或维生素（维生素A、维生素D、维生素B族、维生素E、维生素K等）的需求量，mg/d或g/d；BW为体重，kg；a，b，c为模型中拟估测的参数。

奶牛泌乳曲线、乳成分（乳蛋白、乳脂肪、乳糖或乳干物质）浓度变化曲线模型等采用经典的Wood（1967）模型：

$$y=at^be^{-ct}$$

式中，y为乳单产量，kg/d，或者是乳成分浓度，%；t为泌乳日龄，d；a，b，c为模型中拟估测的参数。

（3）环境精准控制的阈值参数、控制系统及精准饲喂设备的研究

以畜禽场专用的传感器及感知系统为基础，通过调研与分析，提出不同畜禽场环境控制的参数指标与阈值体系，集成环境控制设备与嵌入式系统，研究标准化的畜禽场环境精准控制系统，包括对温湿度、光照、空气质量与流速的精准控制系统。基于环境控制系统及养分控制的动态模型，不断研发智慧程度更高的畜禽场的猪只健康识别与环境精准控制技术路线（见图9.6）及智慧奶牛场精准饲喂与精细化管理技术路线（见图9.7）。

如图9.6所示，图右侧自上而下，反映了“系统构建”下的5个层次，包括信息采集、数据提取、技术装备、测试熟化和集成应用，图9.6左面的则是基本对应5个层次的具体实施的业务内容。

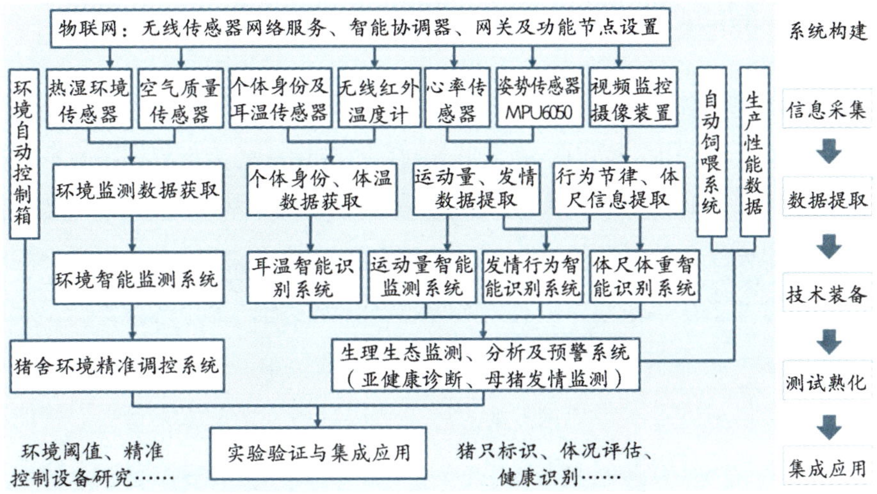

图9.6 智慧猪场的猪只健康识别与环境精准控制技术路线

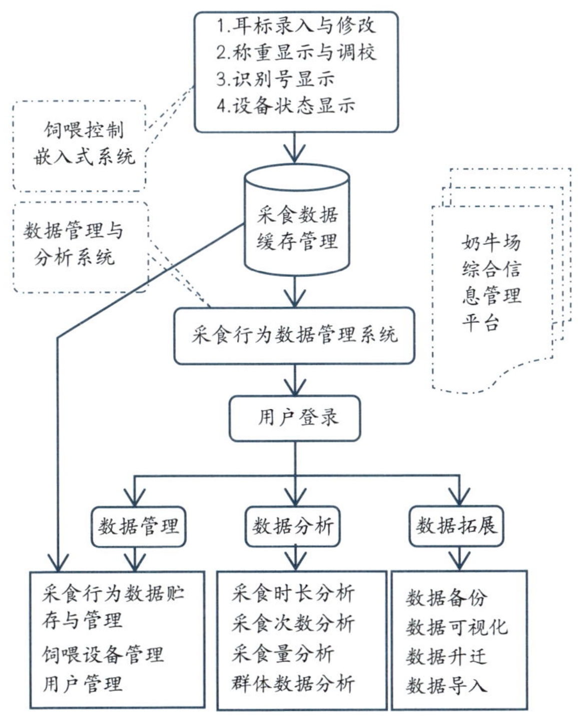

图9.7 智慧奶牛场精准饲喂与精细化管理技术路线

（执笔人：熊本海，中国农业科学院北京畜牧兽医研究所）

9.2.8 智能渔场

1. 研究背景

我国渔业综合生产能力已进入世界前列，我国已成为世界第一水产养殖大国，水产品产量约占全世界总产量的70%，我国城乡居民的1/3动物蛋白食品由渔业提供。渔业在解决国家食物安全问题、改进膳食结构、增加农民收入等方面发挥了重要作用。但我国人均水资源少，水产养殖装备落后，水利用率和劳动生产率非常低，传统的养殖模式导致资源浪费、生产效益低、养殖风险大等诸多问题。集约化智能养殖是解决这些问题的根本途径。智能测控关键技术是保障智能渔场集约化养殖系统高效运行的关键，开展智能渔场关键技术研究意义重大。

2. 研究现状

智能渔场在几个重要技术方面的研究状况如下。

（1）养殖水体渔业智能传感器与传感网技术。由于我国水产养殖环境富营养化程度高、环境复杂多变，传统的基于电化学的传感技术存在着稳定性差、精度低、成本高、维护困难等问题，这些问题极大地限制了水产养殖信息实时监测技术在渔场的大规模应用和普及。近年来，随着光学传感、微机械加工、纳米和生物传感器等技术的不断进步，光学溶解氧传感器、pH传感器、浊度传感器、溶解氧传感器等传感器在水产养殖中得到应用，较好地解决了测量稳定性和可靠性差的难题。但是这些传感器的成本较高，因此，低成本、高可靠性水体渔业智能传感技术是未来研究的重点。由于渔业生产大多分布在野外，传统的ZigBee无线传感器网络技术受能耗所限，同时受干扰严重，渔业信息传输大多采用移动通信网络。近年来，随着低功耗广域网技术的发展，低成本、高可靠性的渔业信息感知与传输成为可能，也是未来研究的热点。

（2）渔业大数据与智能信息处理模型技术。大数据分析是大数据处理流程的核心步骤，主要分为联机分析处理和数据挖掘。近年来，为了将大数据技术与渔业全面深度融合，众多企事业单位在数据采集、数据存储与管理、数据计算、数据分析、数据可视化展示等方面开展了深入的研究。目前存在的问题是对非结构化数据的挖掘不足，数据分析缺乏关联性，不能广泛地联系水产养殖产前、产中和产后的数据，发掘其中隐含的关系。因此，构建水产养殖环境、资源、饲喂、病害的大数据挖掘模型，建立基于物联网和大数据分析的水产养殖知识库系统是未来研究的热点。近年来，人工智能技术的再次火热带动了渔业智能模型的研究，出现了养殖水质、设备、疾病、摄食、动物表型等多方面的大量智能模型计算方法，统称为渔业智能决策模型。该类模型主要通过人工智能方法对信息进行智能处理，为水产养殖提供智能的决策信息，达到优化养殖的目的。从模型的发展趋势来看，不同养殖模式（陆基工厂、网箱、工程化池塘）下的水质预测预警、精准饲喂、生物量探测、设备故障诊断与预警模型是今后研究的重点。

（3）渔业智能装备与机器人。渔业智能装备与机器人主要包括渔业观测与作业机器人，渔业观测遥控水下机器人已在部分发达国家的渔业中开始使用，用于观测鱼类健康、生存习性、摄食习惯等信息。渔业作业机器人包括自动饵料投喂、网箱自动清洗、自动收获（分鱼器）等机器人，其在研制和应用方面已取得较大进展，虽然尚未广泛应用，但在降低繁重的养殖劳动强度、改善鱼类福利、降低养殖成本方面前景广阔。渔业智能装备与机器人的发展趋势在于高度的智能化和无人化，面临的主要挑战在于材料、智能化技术和成本，防止海水腐蚀、低照度水下目标的定位与检测、自主导航等技术亟待突破。

（4）智能渔场系统集成与应用。随着水质传感技术、纳米技术、生物处理技术的快速发展，进入21世纪以来，水产养殖向着精准化、自动化方向发展，一大批渔场开始了智能化系统集成应用。在池塘养殖系统中，通过建立水质与气象实时监测系统，获取溶解氧、水温、盐度、氧化还原电位等理化指标和光照、气温、气压等气象指标，实现养殖环境信息实时监测和养殖装备的自动控制。工厂化养殖系统的水质调控以固形物过滤、生物膜过滤、杀菌、增氧为目的，在陆基工厂养殖中，微滤机、生物流化床、蛋白分离器、紫外杀菌等技术得到应用，陆基工厂养殖从流水为主向全封闭循环水养殖模式转变。近30年来，网箱养殖已从离岸管理转向陆基管理或海洋平台管理及自动控制系统管理，提高了生产效率和产品质量。网箱精准养殖设施化程度明显提高，集成材料、机械、电子、苗种、饲料、环境等诸多方面，基于大数据、物联网、信息化、人工智能、智能装备等技术实现深水网箱远程自动管理、陆基工程和池塘养殖无人化作业是今后研究的重点。

3. 研究内容

智能渔场研究主要包括以下几个方面。

（1）渔业智能传感器与无线传感网络技术研究。针对现有水产养殖水体水质原位在线检测技术的稳定性及可靠性差、检测精度低等问题，分别从传感机理、材料工艺、多参数复合检测等角度出发，重点研究主要养殖水体参数的微纳米检测、光学检测、光纤检测、光谱检测分析等新型检测技术，突破氨氮、亚硝酸盐、重金属等养殖水质检测技术瓶颈；重点突破研究低成本、高可靠性水质与鱼类活动信息、生命信息的快速检测技术，包括传感器电极生物和材料新技术、结构工艺优化技术、智能补偿校正模型等；重点研究水质多参数信息融合优化关键技术、多参数复合检测技术、联合检测与估计技术，开发适应我国不同养殖环境的水质多参数传感器与在线检测仪器。研究NB-IoT与LoRa等面向低带宽、远距离、大量连接的低功耗广域网技术以及渔业物联网故障诊断技术，构建稳定可靠的水产养殖监控网络。

（2）渔业大数据与智能信息处理技术研究。研究渔业大数据表达机制、深度融合和智能分析模型。利用数据清洗、数据融合、数据转换和数据集成技术，对不同来源、不同结构、不同质量、不同粒度的数据进行整合，构建基于图、本体或张量的统一表示渔业大数据的元数据模型；借助机器视觉、深度学习、神经网络等人工智能算法，对非结构化数据进行挖掘，加强智能分析模型研究，提高大数据学习可解释性、鲁棒性和泛化能力。重点研究基于物联网与大数据的渔业全过程智能预测预警优化模型，将云计算、深度学习等大数据技术应用到预测预警优化控制模型中；重点开展面向渔业生产和作业需求的渔业智能决策与管理模型研究，突破在养殖环节、渔业管理与决策过程中建模的关键技术，实现渔业全过程决策与管理的可视化、自动化和智能化。

（3）渔业智能装备与机器人。重点研究渔业观测机器人自主导航，路径优化，渔情诊断，鱼群目标的自动定位、识别、计数等技术，突破水下渔业观测机器人电池续航和部件防海水腐蚀关键技术。在渔业作业智能装备研究方面，重点突破不同生长阶段和不同养殖品种的变量精准投喂决策模型，攻克养殖设备、捕捞设备、收获设备等渔业作业设备的自动清洗等关键技术，研究陆基工厂化养殖、网箱节约化养殖、工程化池塘养殖等养殖方式下装备的故障诊断、预警和排除技术。针对现有水产养殖水下作业风险大、强度高等问题，开展海参等水产产品捕捞机器人关键技术研究，重点研究水产捕捞机器人本体自主导航定位、水生生物目标跟踪识别与捕获、基于多传感器信息融合的环境和系统建模、机器人本体—机械臂动力学建模与协调控制、不确定环境下机器人运动姿态的调控、水下捕捞机器人机电一体化工艺优化等技术；开发网箱低照度、不规则养殖水体环境下高精度自主作业的新型捕捞机器人，降低作业风险和劳动强度。

（4）智能渔场关键技术系统集成与应用。随着信息技术、装备技术、养殖技术的发展，未来智能渔场的重点研究重点是智能渔场通过接口、平台和标准，实现物联网、大数据、人工智能与智能装备等技术在陆基工厂、智能网箱、工程化池塘养殖系统的集成。陆基工厂养殖重点突破溶解氧、温度、水位、水泵工作状态等指标的监测预警，在循环水净化智能处理、变量精准饲喂、自动分鱼作业等方面进行系统集成，实现陆基工厂养殖智能化、自动化、无人值守作业。智能网箱养殖研究要在网箱养殖选址设计、远程测控、饲喂养殖过程自动化操作、精准化决策、收获过程自动化捕获等方面取得突破。工程化池塘养殖重点突破池塘集群的增氧、投饵、水质预警等系统的优化与控制，实现自动巡塘机器人、自动清淤机器人、自动分鱼器等技术集成应用，破解池塘养殖劳动强度大、条件恶劣等问题，实现池塘养殖智能化、自动化、无人值守作业。开发养殖工船循环水智能处理与控制、自动饲喂、数字化分鱼器等关键技术，实现深远海优质水质环境中的高效养殖，培育高档水产品。研发深远海养殖平台智能能量供给技术，开发风、光及潮汐互补发电技术，能量储备技术，以适应复杂多表深远海环境，保障养殖平台能量供给。研究深远海鱼菜共生养殖关键技术，构建鱼菜共生循环水养殖系统，实现养殖废水、废弃物等的循环利用，同时为养殖平台工作人员提供充足的蔬菜供应，解决深海环境物质供应难题。研发深远海养殖物联网监控技术，研究水产养殖物联网和海洋环境监测物联网技术，开发水产养殖和海洋环境探测专用智能传感器、北斗信息远程传输设备与智能信息处理模型，实现养殖环境实时精准控制和海洋环境动态监测，降低劳动强度和风险。

（执笔人：李道亮，中国农业大学；陈英义，中国农业大学；位耀光，中国农业大学；李振波，中国农业大学；段青玲，中国农业大学；孙龙清，中国农业大学）

9.2.9 智能果园

1. 研究背景

我国是世界上最大的果树生产国，果园面积和水果产量均居世界第一，果树产业在很多地区是农民增收的支柱产业。但我国果树生产总体水平与国际先进国家相差10～15年，其中在果园机械化的开发与应用方面落后将近20年，在种苗产业化方面与发达国家的差距为25～30年，在精准化、信息化和智能化管理技术水平上差距更大。因此，构建现代果树栽培技术体系，发展智能化和信息化果园，对我国果树产业供给侧结构性改革具有重要的现实意义，也是加速缩短与发达国家差距、提高果树产业国际竞争力的途径。

2. 研究现状

果园环境参数感知及智能化管控方面的进展较多，已基本实现果园温度、湿度、光照、水分等环境参数的实时监测，并且可基本实现自动化或半自动化调控，国内外也有很多成熟的环境监测和自动调控产品可供生产选择。但是类型丰富的果园小气候数据以及不同树种在不同生态区域下所需的最佳环境参数等数据的积累不够，用于果园的低成本、高可靠性的传感器还不多。

在果树生产模型方面，主要研究有以下几点。①以整个果园为目标的群体参数研究，研究不同栽植密度、不同树形构建、不同营养水平以及不同生长阶段的果园，测定其群体光利用率、生产效率、果实品质情况等相关参数，甚至考虑果品市场价格等参数，通过建模分析提出果园最佳群体参数。②以单株果树为目标的个体参数研究，主要研究其树形构建、光利用率、冠层分布、枝条组成、果实分布及果实品质等相关参数，通过建模分析提出单株果树管理指标。③以果实为研究对象，监测果实生长过程，研究果实生长发育与其周边微环境因子、营养供给等因素之间的关系，构建单株生长模拟模型，从而从果实需求出发来确定树体管理指标。国内外在果树生产模型研究方面都取得了一定的进展，但是还较为缺乏能为果园智能管理提供支撑的系统研究，特别是结合果树三维形态的结构模型研究。

在果园智能管理和智能机械方面，近年来的研究主要集中在以下几点。①通过肥水一体化实现化肥的定量精准施用，但仍缺乏系统的果树营养供给水平与树体生长及果实产量品质之间的关系研究。②利用靶向精准施药技术，实现病虫害的精准防治，从而减少农药使用。目前，仿生喷药、静电喷药、无人机喷药等形式的喷药机械及相应的喷药技术都有研究及应用，但是要实现病虫害的智能防治，还需要建立病虫害的智能识别决策系统和喷药机械的智能化管理系统。③整形修剪智能机械研究。新西兰、法国、意大利等国家的自走式果园管理智能平台已经有较好的应用，有的果园已实现了半机械化修剪，但是仍需要人工进行精细修剪。基于智能学习的修剪机器人研究也有一定的进展，但要实现生产实际应用，还需要很长的时间。④果实成熟采摘机械的研发应用可以实现苹果和梨等很多果实的半机械化采摘，但是存在应用成本过高，果实损伤过大等很多问题。采摘机器人研究是近几年的热点，已取得了一些进展，但存在的问题是果实的识别精度有待提高，果实成熟度的智能判断还需不断优化，另外采摘效率不高。

3. 研究内容

智能果园研究主要包括以下几个方面。

（1）果园环境信息和果树养分与生理信息先进传感技术研究。综合运用图像处理和光谱分析等手段，研究果园土壤水分、养分、pH、质地、病虫草害等指标的实时快速监测技术，研究果树生长过程中的光照、水势、叶部形态、叶密度、果实大小、果实空间分布、产量等指标的动态感知技术，建立不同树种、不同生长阶段果园群体和个体生长参数与环境及营养参数的关系数据库。

（2）主要果树形态结构模型构建与果园智能管理平台研究。融合园艺学、生态学、生理学、计算机图形学等多学科，以果树器官、个体和群体为研究对象，构建主要果树4D形态结构模型，针对果树及其生长环境，实现三维形态的交互设计、几何重建和生长发育过程的可视化表达。研发果园水肥智能管理平台和果园病虫草害智能化监测与预警平台。

（3）果园精准作业与智能机械装备研发。研发果园机械精准导航和控制技术、作业决策模型与作业方案实时生成技术，研发智能化果园装备，实现果树栽植、树体管理、花果管理、肥水管理、病虫害防控等生产环节的机械化、智能化和机器人化。

（执笔人：周国民，中国农业科学院农业信息研究所；刘升平，中国农业科学院农业信息研究所；曹永生，中国农业科学院郑州果树研究所；高登涛，中国农业科学院郑州果树研究所；程存刚，中国农业科学院果树研究所；李壮，中国农业科学院果树研究所）

9.2.10 农产品加工智能车间

1. 研究背景

农产品加工业具有延长产业链、提高农产品附加值和增加农民收入的作用，是带动现代农业发展的“引擎”，减少农产品产后损失的重要途径，推进农业产业化的核心（何安华,2016）。2015年，国务院发布了纲领性文件《中国制造2025》，引发了我国制造业的“智能热”，用机器替代人工成为许多传统制造企业的转型目标。随着社会和经济发展，我国人口红利逐渐减少，劳动力短缺，企业招工难，用人成本增加；同时，农产品加工要严格保障食品安全，人工挑选不仅效率低，而且容易产生二次污染，影响产品品质；智能制造是加工制造业发展的必然趋势。智能车间通过构建智能化生产系统、网络化分布生产设施、信息化生产管控系统，实现了加工过程的智能化，提高效率、保障品质是智能制造的主要内容。传统车间与智能车间的主要区别如表9.2所示（刘坤华，2017）。

表9.2　传统车间与智能车间的区别

类别	传统车间	智能车间
设备	数控设备	智能设备
通信方式	拷贝（U盘等）	无线通信技术
生产过程开/闭环方式	开环/半闭环	闭环
工作人员的职责	物料加工	对设备进行监控

2. 研究现状

我国农产品的加工转化率还比较低，与发达国家有较大差距，但发展空间较大，需要先进的装备支撑，不断技术创新，用机器代替人工，实现加工过程的自动化、信息化、智能化。我国制造企业智能化专业人才还比较缺乏，许多机器人生产企业只生产硬件，软件还仰仗进口，发展智能制造任重而道远。

科技的快速发展和多学科交叉融合推动了农产品自动化、智能化加工水平的大幅提升。发达国家在智能制造领域取得了很多重要进展：应用图像识别和激光技术等实现了果蔬拣选、分级、清洗和包装智能化；利用检测、控制和网络技术，实现了农产品加工的远程控制；应用可编程逻辑控制器集成控制技术的多功能饮料全自动罐装生产线，缩短了生产周期、降低了成本、提高了生产质量，实现了产品迅速更新换代（吕东山，2011）。德国凭借良好的机械制造业基础，开发了先进的农产品加工智能成套装备并实现应用。例如在智能家禽屠宰加工生产线中，家禽的开胸、取内脏、分割、分级、包装等工序全部自动完成，生产过程数据自动统计，网络自动处理，整个生产线全部自动监控，实现无人化。

我国已经建成了门类齐全、独立完整的农产品加工及农产品加工装备产业体系，积累了较强的产品和技术基础，确立了农产品加工装备制造大国的地位，具备了一定的产业技术创新能力。近年来，我国在农产品加工重点领域取得丰硕成果，特别是在非热加工、可降解食品包装材料、在线品质监控等方面取得重大突破。另外，开发了具有自主知识产权的农产品加工核心技术和一批先进装备（如单模产量2250瓶/时第五代吹瓶机、36000瓶/时纯生啤酒玻璃瓶智能灌装线、16000包/时液态奶无菌包装线、10000只/时肉鸡自动屠宰加工生产线等关键设备及成套装备，智能码垛机器人，智能光电拣选设备，基于无线传感器网络的信息采集、处理、溯源系统等），智能化水平不断提升，自主装备的技术水平与国际先进水平差距逐渐缩小，推动了我国农产品加工业的高速发展。

我国的农产品加工行业智能化推进仍面临诸多来自技术和装备方面的挑战。首先，农产品自动化、智能化加工关键装备是实现智能化加工的基础，我国缺乏农产品自动化、智能化加工装备，必须加大研发力度，夯实智能车间的基础。其次，高新技术应用是实现智能化加工的研究重点，我国农产品加工高新技术应用空间很大，必须大力推进技术的熟化，助力智能化进程。最后，基于大数据和互联网技术的加工过程智能化管理是实现智能车间标准化、精细化、科学化管理的核心技术，必须加快相关软硬件的研发，集成构建智能车间管理系统，实现智能化管理。

3. 研究内容

围绕农产品加工智能车间的生产需求，重点开展以下研究。

（1）信息感知技术与方法

开发农产品专用传感器及感知元件，在线原位获取食品加工过程中物料特性、过程参数及装备运行状态信息；研究食品加工过程高维多源异构数据收集与信息融合技术，建立多源异构信息的有效统一表达方法。

（2）智能化加工设备

自动化清洁、分级、分割及加工技术设备。研发小麦、稻米等谷物及油料智能化、自动化加工成套设备；果蔬高效低损清洁、多规格切制、分等分级、自动化功能包装等设备；家禽自动屠宰及智能分割、分级设备，畜胴体智能劈半、分割机器人；禽蛋高通量检测及分级包装设备；乳品、饮料品质无损检测、高速无菌灌装设备；传统与特色食品工业化加工及智能化中央厨房设备；智能化食品包装设备等。通过技术集成实现智能化加工。

节能保质贮藏技术设备。研发具备精准在线水分监测、精准自动温湿度控制功能的农产品节能干燥机械，以及具备粮食、果蔬等农产品物理环境标示、微生物滋生时间历程标示等功能的智能贮藏设备，确保加工原料的保质贮藏和食品安全，提高资源利用率。

智能高效分拣技术装备。应用人工智能算法和图像识别技术，对加工过程中的农产品进行位置定位、品相识别和分类，集成多种功能的机械手，对加工产品进行抓取、搬运、摆放等，开发成套设备，实现对农产品的高效智能分拣和自动化仓储。

资源综合利用技术设备。应用生物技术、膜分离技术、分子技术等，高效提取植物的根、茎、叶、花、果以及畜禽和水产品副产物的营养成分，开发营养保健食品及智能化加工设备，提高资源综合利用率。

（3）智能车间管控技术

智能车间运行与决策分析技术。研究大数据驱动的车间运行分析与决策方法体系，包括车间大数据预处理与分析方法、车间运行状态预测方法及车间运行状态决策方法等，构建基于大数据驱动的农产品加工智能车间。研究生产制造执行系统、快速在线检测技术，开发食品原料品质、食品加工安全、食品成品质量的快速检测仪器，以及农产品与食品加工厂网络自动化管理系统。

智能车间环境调控技术。针对智能车间温度和湿度等环境参数控制具有非线性、慢时变、大滞后等特点，研究模糊单神经元比例—积分—微分（proportional-integral-derivative，PID）车间环境智能调控系统，实现加工车间环境实时智能调控。

智能车间标准化安全生产实时监控技术。研究以药品生产质量管理规范（good manufacturing practice，GMP）、危害分析和关键控制点（hazard analysis and critical control point，HACCP）和ISO9000系列安全生产管理体系为核心的智能车间安全生产监控技术；基于多源信息采集技术，针对不同加工对象，自动进行危害分析并启动相应的关键控制点，开发智能车间实时监控系统，实现农产品加工全过程质量安全控制。

（执笔人：赵有斌，中国农业机械化科学研究院；方宪法，中国农业机械化科学研究院；吴海华，中国农业机械化科学研究院；王丽红，中国农业机械化科学研究院；吕黄珍，中国农业机械化科学研究院；周海燕，中国农业机械化科学研究院）

9.2.11 农产品绿色智能供应链

1. 研究背景

随着经济发展和技术进步，农产品供应链面临着新任务与新挑战。农产品消费方式从传统供给向个性化消费转变，农产品贸易全球化进程加快，农产品质量安全倍受关注。为适应新形势和解决新问题，绿色供应链被引入到农产品供应链中。

2. 研究现状

绿色供应链是将环境保护和资源优化融合到整个供应链流程中的一种供应链发展模式，它以绿色环保和供应链管理技术为基础，以环境保护、资源优化为目的（Mollenkopf et al.，2010）。农产品绿色供应链遵循环境保护、资源优化及绿色消费等理念，协同管理农产品的原料采购、生产、加工、运输、存储、销售等各个环节，以提高产品质量，保障质量安全，降低产品损耗，保护农业资源。农产品绿色供应链根据农产品流通过程可分为六个环节，即农产品生产、农产品加工、农产品物流、农产品存储、农产品销售、农产品消费，各个环节主体成员的相互配合及协同作业是开展农产品绿色供应链的关键。农产品绿色供应链六个环节的绿色目标（见表9.3）分别如下。

表9.3 农产品绿色供应链六个环节的绿色目标

供应链环节	绿色目标
农产品生产	安全无污染生产，减少农药化肥投入量
农产品加工	节约资源，环保包装，建立低碳、低耗、循环、高效的农产品加工体系
农产品物流	提高能源利用率，节能减排，降低损耗，减少污染
农产品存储	合理布局，优化存储环境，延长货架期
农产品销售	减少中间环节，增加销售渠道，优化市场
农产品消费	增加逆回收，提高信息透明度，发展质量可追溯

①在农产品生产过程中，要求安全无污染生产，采用无毒、有机、绿色投入品，减少农药化肥投入。②在农产品加工过程中，要求在保证农产品的质量和品质的基础上，节约资源、环保包装。③在农产品物流过程中，要求保证农产品及时供应，减少腐烂变质。④在农产品存储过程中，要求高效节能存储，延长产品货架期。⑤在农产品销售过程中，要减少损耗，提供畅通和便捷的销售渠道。⑥在农产品消费过程中，要求信息透明、责任清晰。

及时采集、整理和统计各方面的信息并将其应用到农产品绿色供应链管理中，是提高供应链管理质量和效率的前提。随着互联网技术和大数据技术的高速发展，更多精确的数据和信息为农产品绿色供应链提供了纠偏、优化、无缝链接、全方位监管等关键技术支持（薛楠等，2015）。基于多元数据采集与传感器技术的物联网平台是农产品绿色供应链的中枢系统，实现了生产、加工、物流、存储、销售环节中，产品、责任主体、环境、场地等各种信息的采集和汇聚，形成了农产品绿色供应链大数据，使农产品从种养到餐桌的全程信息得到有效监管（Tzounis et al.，2017）。

为了实现海量数据的挖掘与应用，云计算技术被应用到农产品绿色供应链中，利用数据仓库等技术将智能终端、智能手机、客户端电脑以及网络中的数据集成到虚拟的云端平台，拓宽了数据存储空间，提高了供应链过程的质量安全监管水平（李静等，2012）。基于云计算技术建立的农产品物流管理平台、产销信息服务平台、质量安全风险监管平台，提高了供应链过程的质量安全监管能力，减少了安全事件的发生，提高了农产品供应的效率。

农产品绿色供应链大数据的建立和分析，是在对供应链各环节进行监控、预测和管理的基础上，通过分析相关气候、农产品价格走势、农产品最前一公里和最后一公里的信息、终端消费需求、价格监测数据等相关信息，实现对农产品交易、质量、需求、价格等变动的预测与判断（刘春英，2013）。

利用人工智能对农产品绿色供应链大数据进行市场分析，及时采集和分析农产品生产、存储、物流、消费等环节的数据，可以提前预测农业需求行情，避免产品价格的暴涨暴跌，同时，农业物联网和电子商务平台的应用为实现农产品全程管理提供了数据和管理支持，有利于智能化生产、质量安全全程追溯及品牌建设。物联网技术也为农产品销售业带来了巨大的变化。产品加贴RFID标签、二维码标签等，能够详细记录产品的生产产地、生产日期、经销商等信息，并可实现对整个供应链的追溯和监管，提高消费者对产品的认可度。将人工智能应用到销售环节，可缩短农产品运输配送的时间。大数据使农产品绿色供应链中各个环节都有不同的改变和提升，农产品绿色供应链几个环节的数据来源、数据分析技术和数据分析功能的情况如表9.4所示（Rozados et al.，2014）。

表9.4　农产品绿色供应链几个环节的数据来源、数据分析技术和数据分析功能

供应链环节	数据来源	主要数据分析技术	数据分析功能
农产品生产	遥感数据，物联网监测数据，天气数据，土地调查数据等	神经网络，支持向量机，灰色预测法	生长与产量估测
农产品存储	物联网传感数据，用户统计数据，历史使用数据	t分布随机邻域嵌入法，灰度预测法	库存策略获取
农产品物流	交通信息，天气信息，运输系统限制信息，智能交通系统信息，GPS信息	空间回归分析，神经网络	路线优化
农产品销售	博客、新闻、微信等舆情信息，第三方系统发布的统计信息，官方系统数据，客户调查数据等	自然语言分析，R语言文本挖掘，逻辑回归分析，随机森林算法，分类与回归树（classification and regression tree，CART）算法，贝叶斯算法，K-最邻近（K-nearest neighbor，K-NN）算法等	需求趋势分析

3. 研究内容

以物联网、云计算、大数据分析技术为基础，发展以绿色产品设计、绿色生产管理、绿色加工流程、绿色物流、绿色仓储、绿色销售等为主线的农产品绿色供应链管理体系，对于整合资源、促进农业发展、提高农产品质量安全、维护农业生产稳定健康发展具有重要意义。大数据技术下的农产品绿色供应键建设框架如图9.8所示。为了构建农产品绿色供应链，主要需要加强框架中以下几个方面的研究和建设。

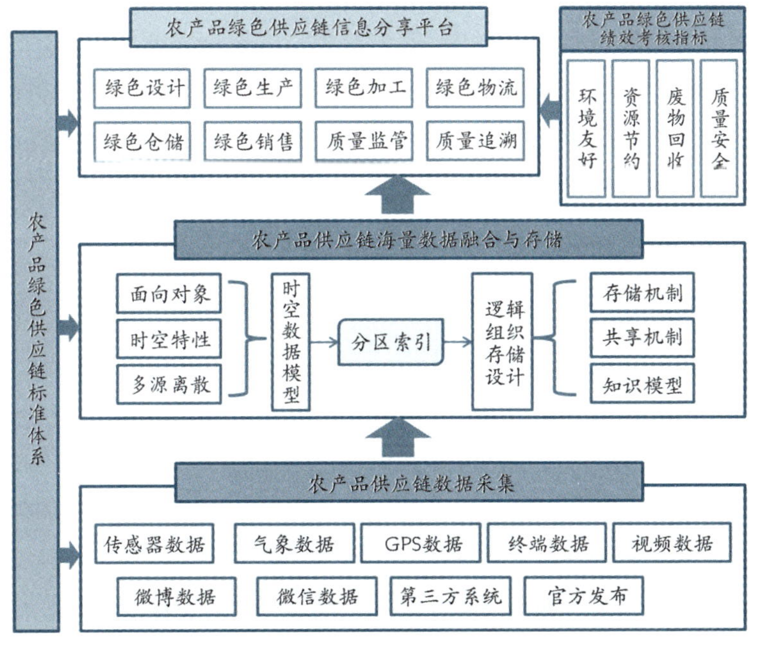

图9.8 大数据技术下的农产品绿色供应链建设框架

（1）建立统一的农产品绿色供应链标准体系。建立农产品绿色供应链各个环节的标准，以保证标准化生产和标准化执法监管。一方面，运用风险评估理论分析农产品各环节的关键危害信息，识别关键控制点信息，建立关键数据记录规范，确立农产品绿色生产操作标准，降低农产品质量问题发生风险，提高农产品绿色环保范围和水平。另一方面，建立统一的农产品供应链过程的信息采集方式、编码形式、传输方式、存储格式等标准，以利于全国推广，实现全国全链条数据的通用和无缝衔接，从而提高农产品供应链数据的利用效率。

（2）研究农产品绿色供应链信息分享平台。为实现多层次、多目标的供应链集成化管理，进一步降低供应链的成本，缩短供应链运作的时间，在供应链上建立一个高效的供应链信息共享平台，以确保农产品能不断地由供应商流向最终用户，提高农产品供应链环节的整体管理水平。用大数据技术构建农产品供应链信息汇聚与分析平台，为企业、消费者及政府监管部门提供全面、准确的供应链信息服务，发展供应链各个环节的信息采集软硬件装备，同时打破各个环节与主体之间的信息壁垒，采用区块链等新技术建立新型的信息共享与监督机制，拓宽信息共享渠道，兼容报纸、杂志、广播、电视、微博、微信等不同媒介的信息，实现供应链信息的资源整合和高效利用。建立统一完善的农产品质量监管与追溯平台，对农产品产地环境、生产过程、检测过程等进行监督管理，提高广大生产者的安全意识和责任意识，切实保障农产品的质量安全。建立起一个“以生产技术档案为管理平台、以产品追溯条码为信息传递工具、以产品追溯标签为表现形式、以查询系统为市场服务手段”的农产品质量安全追溯系统，逐步实现农产品质量信息可查询、质量安全可追溯、问题产品可召回。

（3）研究统一的农产品绿色供应链绩效考核指标。绿色供应链更多地考虑了农产品生产、流通、加工及消费等过程对环境造成的不良影响，并以保证农产品质量安全、提高资源利用率、减少环境污染为目的，在传统供应链中增加了回收流程，对农产品生产、加工等过程产生的废物废料进行监督管理，综合考虑“资源—环境—人口”的和谐发展，建立包括环境污染评价、资源节约程度评价、废弃物回收与利用率评价以及消费者满意程度评价等因素的绿色供应链综合绩效考核指标，实现对农产品绿色供应链中供应商、生产商、物流商、销售商等责任主体的环境友好度评价。

（执笔人：杨信廷，北京农业信息技术研究中心；钱建平，北京农业信息技术研究中心；孙传恒，北京农业信息技术研究中心；李明，北京农业信息技术研究中心；吉增涛，北京农业信息技术研究中心）

9.2.12 农业知识智能服务系统

1. 研究背景

知识服务是提炼各种显性和隐性知识，从而解决用户需求的过程。农业知识服务具有一些其他领域的知识服务一般不具备的特点，具体表现为用户分类繁多（因为农业产业分类繁多）、地域差异显著（因为农业生产的区域适应性）、需求变化快（因为农业生产的季节性）等。这些特点给农业知识服务带来了诸多需要解决的技术难题。传统的知识服务已发展成为大数据驱动和知识指导相结合的服务模式（见图9.9），如何从数据中获得知识、从知识走向决策是当前数据科学时代知识服务需要解决的基础性难题。

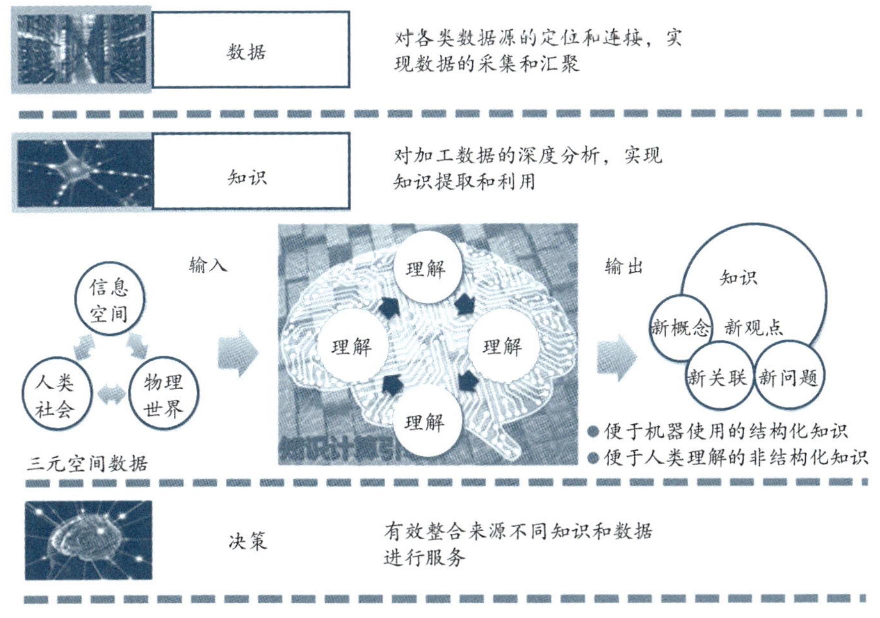

图9.9 知识服务的演化

2. 研究现状

由于大数据和云计算的支持，互联网向物联网扩展，知识服务也进入了新的发展时代，专家系统和以神经网络、模糊理论、粗糙集理论、遗传算法、证据理论等为核心的智能服务技术在知识服务领域得到了广泛的应用。

在农业知识智能服务系统研发方面，国外一些辅助农业知识智能服务系统开发的标准应用框架（如SoilRx、SSToolkit、Agvance Precision Pak、Croplands-The System等）为特定领域的知识系统开发提供了二次开发工具和可视化模板，缩短了系统开发周期。我国研制了五个各具特色的农业专家系统开发平台（杨宝祝等，2002），通过基于模糊聚集算子的模糊推理、凸函数证据理论推理、二级不确定推理等方法，实现了定量与定性相结合的推理服务。但随着移动互联技术的广泛应用，当前系统服务架构及模式期待新的突破。

（1）大规模开放知识计算。开放知识计算包括知识获取计算、知识关联计算和知识学习计算。在知识获取计算方面，国际上采用自然语言处理、机器学习、统计推断、数据挖掘等技术，研究出了一系列的知识发现方法。然而，提高知识获取计算能力是构建大规模农业知识库的瓶颈。在知识关联计算方面，结合语义网构建知识图谱实现信息概念和逻辑的关联学习是当前的研究热点，常用的一些图谱构建方法包括基于迁移学习的跨语言属性值抽取、Taxonomy知识抽取、属性值对（attribute-value pair，AVP）知识抽取等，启发式匹配方法（临近括号，N-Gram，子串等）等常用于图谱实体链接。农业海量数据中包含各类知识，针对不同类型的资源有不同的知识图谱计算方法，但是知识计算仍然面临很多挑战性问题，如高精确度的知识获取、利用群体智慧的知识获取、推理规则的学习等。

（2）农业预测与决策模型。国内的农业预测与决策模型相关研究较多，相关学者在实时信息处理方法与养殖水质、温室与畜禽环境参数的预测预警模型方面开展了深入的研究，如提出了基于主成分分析（principal component analysis，PCA）、改进文化鱼群算法（modified cultural artificial fishswarm algorithm，MCAFA）和最小二乘支持向量机（least squares support vector machine，LSSVM）的养殖水质pH预测模型（PCA-MCAFA-LSSVM），以及蚁群算法优化最小二乘支持向量回归机（least squares support vector regression，LSSVR）的河蟹养殖溶解氧预测方法等（刘双印等，2012）。吴华瑞等（2008）提出了基于频繁模式树的多重支持度关联规则挖掘算法，解决了关联规则挖掘中经常出现的稀少数据项问题。还有学者建立了实时数据和知识规则库联合驱动的畜禽、水产、蔬菜等优势产业的区域性环境监控、肥水决策、病虫害防治、饲喂决策等模型与智能决策系统（谢友柏，2017；陈栋等，2017；张弛等，2016）。

（3）群体智能知识服务。群体智能算法是解决复杂优化问题的常用方法。其主要意义一方面在于可以快速近似求解一些难解的问题，比如非确定多项式（non-deterministic polynomial，NP）问题；另一方面在于其可用于约简问题的规模，从而解决由于数据量太大而不易解决的问题。目前群体智能研究主要包括粒子群优化算法、蚁群优化算法和多机器人协同合作系统。粒子群优化算法是一种模拟鸟群、鱼群等生物群社会行为的群体智能算法，其不易受问题的规模和非线性的影响，是一种应用广泛的高效优化技术；蚁群优化算法是一种基于种群的启发式仿生进化系统，该算法采用了分布式正反馈并行计算机制，易于与其他方法结合，而且具有较强的鲁棒性。人们正在围绕增强知识服务的决策力和流程优化能力开展上述算法的优化研究（郭平等，2015）。其中，基于个体自信程度的不完全信息的支付矩阵，研究人员使用海萨尼转换分析了博弈的贝叶斯纳什均衡，用于预测已知需求用户周边个体的知识需求及其演化规律，为知识精准服务提供参考；基于群体判断相容关系的专家意见协调机制，通过专家赋权思路，可解决多属性群体决策问题中群体偏好一致性达成的问题。

3. 研究内容

农业知识智能服务系统架构如图9.10所示。农业知识服务需从服务对象的产业结构、心理倾向、信息需求、行为方式、地域差异等影响因素出发，探明影响农业知识服务质量的影响因素及其变化规律，探索建立农业知识智能服务技术体系，让用户方便快捷地获取最新的、适用的、精炼的农业知识。

为了达到这一目的，需要加强如下几方面的研究。

（1）适宜复杂农业场景的大规模开放知识计算技术。农业知识服务的基础在于数据，数据正向演进可转化为信息，升级为知识。研究农田环境、作

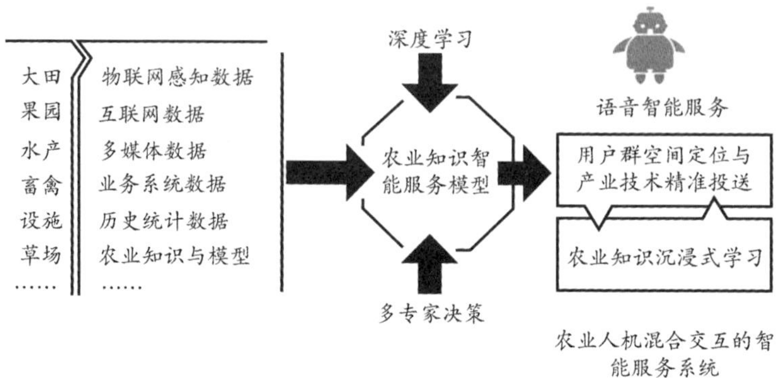

图9.10　农业知识智能服务系统架构

物（畜禽）生长情况、病虫害防控技术、农业生产资料、农产品市场等多源数据知识获取方法，基于监督和非监督学习方法的农业知识图谱语义链接技术，利用群体智慧的知识获取技术等，实现农业复杂场景下高精确度的大规模开放式知识库构建。建立基于深度学习与跨媒体融合的农业多模态数据内生外延智能迭代模型，实现农业多场景数据感知汇聚与语义关联协同，提高农业知识组织管理水平。

（2）基于深度学习与群体智能的决策技术。综合运用物联网、深度学习、多角色协同处理等信息技术，建立可揭示农业知识需求隐含规律和动态特性的粒度因子模型，构建基于深度学习和多专家决策的农业知识智能服务模型，实现农业知识服务过程中基于深度学习的机器智能和基于专家经验的脑力智能间的双向协作。研究基于互联网的农业知识大众化协同技术、群体智能行为的持续性评估与演化技术、基于互联网的群体智能的感知与学习技术，构造基于互联网的农业协同决策群智空间，通过群决策行为集结提高知识服务效率。

（3）农业智能语音服务机器人。研究农村多方言智能识别与自学习技术、基于深度学习与分布式推理的自然语言语义理解与分析技术、基于自然语言处理的智能问句解析与人机深度交互技术以及多语种语音智能识别与精确合成技术，研制农业智能语音服务机器人，攻克方言实时理解转译、语音自适应与理解纠错、用户发音习惯与深层意图学习、人机无障碍自主交互等难题，实现农业问题的远程智能咨询与解答，提升农业知识服务智能化水平。

（4）农业人机混合交互的智能服务系统。研究基于知识和数据驱动的、具有结构和功能负反馈机制的农业场景可视化仿真技术体系，集成农业智能化可穿戴式虚拟现实装备，形成基于人机混合智能的农业知识服务自主感知计算和虚拟化交互模式，实现用户群时空定位与产业技术精准投送、沉浸式学习，实现高效、精准、个性化的跨媒体智能农业知识服务。

（执笔人：吴华瑞，北京农业信息技术研究中心；孙想，北京农业信息技术研究中心；顾静秋，北京农业信息技术研究中心）

9.3　展　望

站在新时代的起点，实施乡村振兴战略，加快推进农业农村现代化建设，仍然面临着谁来种地、怎样把地种好等重大问题，面临着质量效益不高和农业产业国际竞争力不强等严峻挑战。回顾过去，农业信息技术为现代农业发展提供了强有力的科技支撑；展望未来，新一代人工智能技术迅猛发展，智能农业技术已成为中国未来一段时期的发展重点。

2016年3月，谷歌旗下DeepMind公司开发的AlphaGo击败韩国棋手李世石，全球掀起了新一轮人工智能浪潮。发达国家高度重视人工智能技术与农业领域的融合，美国卡内基梅隆大学建立了农业机器人国家实验室，提出智能农业研究计划，预计到2020年，美国平均每个农场将拥有50台连接物联网的设备。日本2014年启动实施“战略创新/创造计划”（Cross-Ministerial Strategic Innovation Promotion Program，SIP），并于2015年启动了基于智能机械+IT的“下一代农林水产业创造技术”。英国国家精准农业研究中心在欧盟FP7的支持下，正实施“Future Farm”智能农业项目，研发除草机器人替代化学农药。加拿大联邦政府预测与策划组织在其发布的《MetaScan 3：新兴技术与相关信息图》报告中指出，土壤与作物感应器（传感器）、家畜生物识别、变速收割控制、农业机器人、机械化农场网络、封闭式生态系统、垂直

（工厂化）农业等技术将在未来5～10年投入实际生产，改变传统农业。利用下一代人工智能技术改变传统农业，已成为当今世界现代农业科技发展的大趋势。

面向世界农业信息技术发展前沿以及国内现代农业发展的重大需求，未来一段时间，农业信息技术的发展应以提高农业劳动生产率、资源利用率和土地产出率并且促进农业发展方式转变为目标，加强人工智能技术与农业领域融合发展的基础理论突破、关键技术研究、重大产品研发、标准规范制定和典型应用示范，建立以“信息感知、定量决策、智能控制、精准投入、个性服务”为特征的农业智能生产技术体系、农业知识智能服务体系和智能农业产业体系，支撑农业生产经营方式实现“电脑替代人脑”“机器替代人力”“自主可控替代技术进口”的转变，全面推进中国农业现代化进程。

（执笔人：赵春江，国家农业信息化工程技术研究中心；杨信廷，北京农业信息技术研究中心）

参考文献

陈栋，吴保国，刘建成，等，2017. 基于框架表示法的森林经营知识服务系统设计与实现[J]. 浙江农林大学学报，34（3）：491-500.

陈仲新，任建强，唐华俊，等，2016. 农业遥感研究应用进展与展望[J]. 遥感学报，20（5）：748-767.

董大明，郑文刚，赵贤德，2011. 禽舍硫化氢气体浓度检测方法[P]. ZL201110209434.9.

杜娟，2013. 水下球形机器人的运动控制研究[D]. 哈尔滨：哈尔滨工程大学.

高登涛，郭景南，魏志峰，等，2011. 中部地区两类矮砧密植苹果园生产效率及光照质量评价[J]. 中国农业科学，45（5）：909-916.

古在丰树，2014. 人工光型植物工厂[M]. 北京：中国农业出版社.

郭平，王可，罗阿理，等，2015. 大数据分析中的计算智能研究现状与展望[J]. 软件学报，26（11）：3010-3025.

国家制造强国建设战略咨询委员会，2016. 中国制造2025重点领域技术路线图[M]. 北京：电子工业出版社.

何安华，秦光远，2016. 中国农产品加工业发展的现状，问题及对策[J]. 农业经济与管理，39（5）：73-80.

何勇，聂鹏程，刘飞，2013. 农业物联网与传感仪器研究进展[J]. 农业机械学报，44（10）：216-226.

何勇，聂鹏程，刘飞，2016. 农业物联网技术及其应用[M]. 北京：科学出版社.

何勇，赵春江，吴迪，等，2010. 作物—环境信息的快速获取技术与传感仪器[J]. 中国科学：信息科学，40（S1）：1-20.

胡琼，吴文斌，宋茜，等，2015. 农作物种植结构遥感提取研究进展[J]. 中国农业科学，48（10）：1900-1914.

科技部农村科技司，农业装备产业技术创新战略联盟，2015. 农业装备产业科技发展“十二五”专项规划总结评估报告[R].

科技部农村科技司，中国农村技术开发中心，2016. 农业高新技术产业发展调研报告——农业装备领域高新技术产业发展现状及趋势[R].

李钒，2017. 水产养殖机器人兴起将解放人力[J]. 海洋与渔业 · 水产前沿（4）.

李静，张雪东，2012. 基于P2P技术的农产品供应链云计算信息平台构建[J]. 湖北农业科学，51（7）：1458-1459.

梁罗希，2016. 基于大数据的实时决策支持系统研究[D]. 西安：西北大学.

刘春英，2013. 基于云计算的农产品产销信息服务平台建设研究[J]. 价值工程，32（20）：212-215.

刘建刚，赵春江，杨贵军，等，2016. 无人机遥感解析田间作物表型信息研究进展[J]. Transactions of the Chinese Society of Agricultural Engineering，32（24）：98-106.

刘坤华，钟佩思，李珊珊，等，2017. 智能车间及智能车床的研究[J]. 机床与液压，45（16）：20-24.

刘双印，徐龙琴，李道亮，等，2012. 基于蚁群优化最小二乘支持向量回归机的河蟹养殖溶解氧预测模型[J]. 农业工程学报，28（23）：167-175.

吕东山，2011. 国外农产品加工技术装备的发展现状及趋势[J]. 农业科技与装备（5）：39-40.

吕萌萌，陆声链，郭新宇，2015. 果树虚拟修剪研究进展[J]. 系统仿真学报（3）：448-460.

毛国君，胡殿军，谢松燕，2017. 基于分布式数据流的大数据分类模型和算法[J]. 计算机学报（1）: 161-175.

蒙继华，吴炳方，李强子，等，2010. 农田农情参数遥感监测进展及应用展望[J]. 遥感信息（3）: 35-43.

蒲勇霖，于炯，王跃飞，等，2017. 大数据流式计算环境下的阈值调控节能策略[J]. 计算机应用，37（6）: 1580-1586.

史舟，梁宗正，杨媛媛，等,2015. 农业遥感研究现状与展望[J]. 农业机械学报,46（2）: 247-260.

束怀瑞，2012. 中国果树产业可持续发展战略研究[J]. 落叶果树（1）: 1-4.

孙大为，张广艳，郑纬民,2014. 大数据流式计算：关键技术及系统实例[J]. 软件学报，25（4）: 839-862.

唐华俊，吴文斌，杨鹏，等，2010. 农作物空间格局遥感监测研究进展[J]. 中国农业科学，43（14）: 2879-2888.

王冠，2015. 基于嵌入式的植物工厂智能监控系统的研究[D]. 天津：天津理工大学.

吴海华，李树君，方宪法，等，2014. 我国农业装备产业升级研究[J]. 农业工程（5）: 5-9.

吴华瑞，张凤霞，赵春江，2008. 一种多重最小支持度关联规则挖掘算法[J]. 哈尔滨工业大学学报，40（9）: 1447-1451.

谢友柏，2017. 基于互联网的设计知识服务研究——分析中国工程科技知识中心（CKCEST）的功能[J]. 中国机械工程，28（06）: 631-641.

熊范纶，郭霖，吴文荣，1987. 砂僵黑土小麦施肥计算机专家咨询系统[J]. 信息与控制（2）: 7-11.

薛楠，姜溪，2015. 基于互联网+的京津冀一体化农产品智慧供应链构建[J]. 中国流通经济，29（7）: 82-87.

杨宝祝，赵春江，李爱平，等，2002. 网络化、构件化农业专家系统开发平台（PAID）的研究与应用[J]. 高技术通讯，12（3）: 5-9.

杨其长，2012. 植物工厂系统与实践[M]. 北京：化学工业出版社.

易渺，杨琴，熊本海，2013. 反刍动物营养代谢调控的数学模型化[J]. 动物营养学报，25（5）: 943-950.

岳学军，王叶夫，刘永鑫，等，2014. 基于GPRS与ZigBee的果园环境监测系统[J]. 华南农业大学学报（4）: 109-113.

张波，翟长远，李瀚哲，等，2016. 精准施药技术与装备发展现状分析[J]. 农机化研究（4）: 1-5.

张驰，张晓东，王登位，等，2016. 基于组件库的生鲜农产品冷链物流云服务系统设计与实现[J]. 农业工程学报，32（12）: 273-279.

张野夫，2014. 植物工厂营养液多参数在线检测与同步传输终端[D]. 西安：西北农林科技大学.

中国工程院，2017. 农业装备产业发展战略研究报告[R].

周国民，2015. 数字果园研究现状与应用前景展望[J]. 农业展望，11（5）: 61-63.

朱庆，付萧，2017. 多模态时空大数据可视分析方法综述[J]. 测绘学报，46（10）: 1672-1677.

Atzberger C, 2013. Advances in remote sensing of agriculture: context description, existing operational monitoring systems and major information needs[J]. Remote Sensing, 5 (2): 4124-4124.

Bergstrand K J, Asp H, Schüssler H K, 2014. Development and acclimatisation of horticultural plants subjected to narrow-band lighting[J]. European Journal of Horticultural Science, 79 (2): 45-51.

Bian Z H, Cheng R F, Yang Q C, et al., 2016. Continuous light from red, blue, and green light-emitting diodes reduces nitrate content and enhances phytochemical concentrations and antioxidant capacity in lettuce[J]. Journal of the American Society for Horticultural Science, 141 (2): 186-195.

Castellano G, Fanelli A M, 2000. Variable selection using neural-network models[J]. Neurocomputing, 31 (1–4): 1-13.

Chook V W C, Chessa S, Gotta C, et al., 2007. Wireless sensor networks: a survey on the state of the art and the 802.15.4 and ZigBee standards[J]. Computer Communications, 30 (7): 1655-1695.

Cousins D, 2015. Bosch bonirob robot set to make field work easier for farmers[N] Farmers Weekly, 2015-11-06.

Dafforn K A, Johnston E L, Ferguson A, et al., 2015. Big data opportunities and challenges for assessing multiple stressors across scales in aquatic ecosystems[J]. Marine & Freshwater Research, 67 (4): 393-413.

Dong J, Burnham J G, Boots B, et al., 2017. 4d crop monitoring: spatio-temporal reconstruction for agriculture[C]//Robotics and Automation (ICRA): 3878-3885.

Dumas A, France J, Bureau D, 2010. Modelling growth and body composition in fish nutrition: where have we been and where are we going?[J]. Aquaculture Research, 41 (2): 161-181.

Føre M, Frank K, Norton T, et al., 2017. Precision fish farming: a new framework to improve production in aquaculture[J]. Biosystems Engineering.

Gerrish J B, Fehr B W, van Ee G R, et al., 1997. Self-steering tractor guided by computer-vision[J]. Applied Engineering in Agriculture, 13 (5): 559-563.

Gerrish J B, Surbrook T C, 1983. Application of mobile robotics in agriculture[C]//Proceeding of the First International Conference on Robotics and Intelligent Machines in Agriculture.

Hester S M, Cacho O, 2003. Modelling apple orchard systems[J]. Agricultural systems, 77 (2): 137-154.

Heyerdahl P H, Jahren E, 1989. Onshore feeding robot in aquaculture[C]. Agrotique 89: Proceedings of the Second International Conference: 207-219.

Inerney B M, Corkery G, Ayalew G, et al., 2010. A preliminary in vivo study on the potential application of e-tracking in poultry using ink printed 2D barcodes[J]. Computers & Electronics in Agriculture, 73 (2): 112-117.

Kawamura N, Namikawa K, Fujiura T, et al., 1984. Study on agricultural robot (Part 1) [J]. Journal of the Japanese Society of Agricultural Machinery, 46 (3): 353-358.

Kozai T, Fujiwara K, Runkle E S, 2016. LED lighting for urban agriculture [M]. Netherlands: Springer.

Lang Y, Jiao L, Jin C, et al., 2016. An infrared sensor for large area temperature—to avoid the influence of height[J]. Journal of Computational and Theoretical Nanoscience, 13 (4): 2340-2346.

Lee P G, 1995. A review of automated control systems for aquaculture and design criteria for their implementation[J]. Aquacultural Engineering, 14 (3): 205-227.

Lentz W, 1998. Model applications in horticulture: a review[J]. Scientia Horticulturae, 74 (1-2): 151-174.

Lottes P, Khanna R, Pfeifer J, et al., 2017. UAV-based crop and weed classification for smart farming[C]//Robotics and Automation (ICRA): 3024-3031.

Maier H R, Dandy G C, 2000. Neural networks for the prediction and forecasting of water resources variables: a review of modelling issues and applications[J]. Environmental Modelling & Software, 15 (1): 101-124.

Masud M M, Gao J, Khan L, et al., 2008. A practical approach to classify evolving data streams: training with limited amount of labeled data[C]//Data Mining: 929-934.

Matsuda R, Yamano T, Murakami K, et al., 2016. Effects of spectral distribution and photosynthetic photon flux density for overnight LED light irradiation on tomato seedling growth and leaf injury[J]. Scientia Horticulturae, 198: 363-369.

Mollenkopf D, Stolze H, Tate W L, et al., 2010. Green, lean, and global supply chains[J]. International Journal of Physical Distribution & Logistics Management, 40 (1/2): 14-41.

Ojha T, Misra S, Raghuwanshi N S, 2015. Wireless sensor networks for agriculture: the state-of-the-art in practice and future challenges[J]. Computers and Electronics in Agriculture (118): 66-84.

Pereira D F, Miyamoto B C B, Maia G D N, et al., 2013. Machine vision to identify broiler breeder behavior[J]. Computers and electronics in agriculture, 99: 194-199.

Reid J, Moorehead S, Foessel A, et al., 2016. Autonomous driving in agriculture leading to autonomous worksite solutions[R]. SAE Technical Paper.

Rozados I V, Tjahjono B, 2014. Big data analytics in supply chain management: trends and related research[C]//6th International Conference on Operations and Supply Chain Management.

Rudd J D, Roberson G T, Classen J J, 2017. Application of satellite, unmanned aircraft system, and ground-based sensor data for precision agriculture: a review[C]//ASABE Annual International Meeting. American Society of Agricultural and Biological Engineers: 1.

Sa I, Lehnert C, English A, et al., 2017. Peduncle detection of sweet pepper for autonomous crop harvesting—combined color and 3-D information[J]. IEEE Robotics and Automation Letters, 2 (2): 765-772.

Shao B, Xin H, 2008. A real-time computer vision assessment and control of thermal comfort for group-housed pigs[J]. Computers and electronics in agriculture, 62 (1): 15-21.

Silwal A, Davidson J R, Karkee M, et al., 2017. Design, integration, and field evaluation of a robotic apple harvester[J]. Journal of Field Robotics (2).

Simbeye D S, Zhao J, Yang S, 2014. Design and deployment of wireless sensor networks for aquaculture monitoring and control based on virtual instruments[J]. Computers and Electronics in Agriculture (102): 31-42.

So-In C, Poolsanguan S, Rujirakul K, 2014. A hybrid mobile environmental and population density management system for smart poultry farms[J]. Computers & Electronics in

Agriculture, 109: 287-301.

Stajnko D, Berk P, Lesnik M, et al., 2012. Programmable ultrasonic sensing system for targeted spraying in orchards[J]. Sensors, 12 (11): 15500 -15519.

Tang H J, Li Z L, 2014. Quantitative remote sensing in thermal infrared: theory and applications[J]. Berlin: Springer.

Tien J M, 2013. Big data: unleashing information[J]. Journal of Systems Science and Systems Engineering, 22 (2): 127-151.

Tzounis A, Katsoulas N, Bartzanas T, et al., 2017. Internet of Things in agriculture, recent advances and future challenges[J]. Biosystems Engineering, 164 (December): 31-48.

Wang J, Lu W, Tong Y X, et al., 2016. Leaf morphology, photosynthetic performance, chlorophyll fluorescence, stomatal development of lettuce (Lactuca sativa L.) exposed to different ratios of red light to blue light[J]. Frontiers in Plant Science (7): 250.

Wang Y, Yang X, Chen Y, et al., 2017. A biorobotic adhesive disc for underwater hitchhiking inspired by the remora suckerfish[J]. Science Robotics, 2 (10): eaan8072.

Yang W W, Chen X L, Saudreau M, et al., 2016. Canopy structure and light interception partitioning among shoots estimated from virtual trees: comparison between apple cultivars grown on different interstocks on the Chinese Loess Plateau[J]. Trees, 30 (5): 1723-1734.

Ye Y, He L, Zhang Q, 2016. Steering control strategies for a four-wheel-independent-steering bin managing robot[J]. IFAC-PapersOnLine, 49 (16): 39-44.

Yun S, Shun-Ping J I, Shao X W, et al., 2014. Framework of SAGI agriculture remote sensing and its perspectives in supporting national food security[J]. Journal of Integrative Agriculture, 13 (7): 1443-1450.

Zhang S R, Dong D M, Zheng W, et al., 2013. Optical methods for monitoring harmful gas in animal facilities[J]. Optical Engineering, 53 (6): 061602.

Zhang S R, Wang J H, Dong D M, et al., 2013a. An olfaction monitoring system for malodorous gases[J]. Applied engineering in agriculture, 29 (5): 739-749.

Zhang S R, Wang J H, Dong D M, et al., 2013b. Mapping of methane spatial distribution around biogas plant with an open-path tunable diode absorption spectroscopy scanning system[J]. Optical Engineering, 52 (2): 026203.

第10章

人工智能2.0
在医疗健康领域中的应用

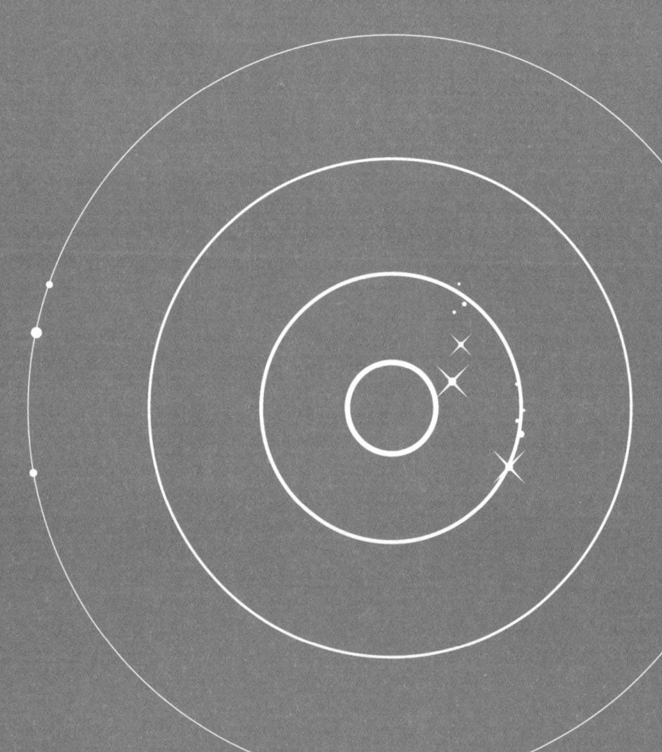

10.1 内容概述

人工智能经过60多年的演进，已经进入新发展阶段，迅速发展的人工智能将深刻改变人类社会生活，改变世界。将人工智能技术应用于医疗健康领域一直被认为是人工智能发展的重要方向，人们希望利用人工智能提供便捷的医疗服务，降低医疗费用并提高诊疗精准性。2017年7月，国务院印发了《新一代人工智能发展规划》，围绕医疗、养老等迫切民生需求，提出加快智能医疗技术产品研发，为公众提供个性化、多元化、高品质的服务。

人工智能在医疗健康的领域创新应用主要将对该领域产生如下几方面深远影响。

（1）提高医疗服务供给能力。通过将医疗卫生服务相关的人员、信息、设备、资源连接起来并实现这些要素之间的良性互动，人工智能可以提供更加便捷化、个性化和精准化的医疗健康服务，数据驱动的人工智能能够更好地提供医疗健康服务。近年来，机器学习工具和深度学习技术促进了人工智能的快速发展，同时，医学大数据、群体智能、人机交互技术的爆炸式发展有望促进人工智能技术更好地服务于医疗健康领域。

（2）提高医疗服务精准度。数据驱动能够帮助实现精准的疾病预防和治疗，从而实现智能医疗。医疗人工智能可以辅助疾病的早期精准诊断，大数据智能可将一些看上去并无关联的碎片化的组型数据关联起来，实现疾病的精准诊断和精准治疗，甚至可以准确预测病情的转移和发展。基于大数据的智能医疗可以控制传染病的源头，结合现代社交网络工具和整套基因测序，查明病原体遗传进化特征、感染来源以及传染病暴发时精确的传播链。

（3）实现医疗服务质量标准化和质量可控。人工智能具有不受外界情感因素影响、不受身体情况局限、容易复制等特征，因此一旦质量和精确度得到肯定，便有望成为人类医生提供医疗服务的重要补充，从而在根本上提高国内医疗服务的承载量，更好地满足患者的诊疗需求，并减少医疗的差错。在诊疗的各个环节中利用人工智能技术，可以在很大程度上减少或避免人为错误，帮助控制标准化诊疗流程。

（4）促进医疗健康相关产业发展。我国人口众多、药物资源丰富、信息技术普及率高，这些都有利于发挥医疗相关的先进人工智能技术的潜力。利用人工智能技术，有望提高医疗与健康管理方面的技术革新所带来的效益，从根本上改变医疗健康模式。

10.2 智能医疗关键技术

以当前人工智能的高速发展为契机，充分利用我国人工智能研究的创新成果，将人工智能技术引入医疗领域，利用人工智能帮助解决我国医疗领域的诸多问题，并针对主要疾病，在智能诊断、智能治疗、智能群体健康管理及智能医药监管方面进行重点突破，逐步增加人工智能技术在医院以及分级诊疗体系中的融合广度，推动我国医疗水平的提升，以更好地满足人民的健康医疗需要。

10.2.1 智能诊断关键技术

1. 研究背景

互联网的飞速发展推动了医疗数据的大爆炸，目前，医疗领域有着丰富的电子病历数据、医学影像数据和相关个人健康数据。深挖这些数据背后的价值具有重大的意义。人工智能的优越性在于可以更高效地处理海量数据，迅速找到其中的一些特征和规律，在医学影像和病理的病灶识别、电子病历自然语言处理上，这种优越性表现得特别突出。人工智能可以利用庞大的医学知识库和电子病历数据、影像数据，结合相关的生物基因技术，建立智能诊断系统，学习并集成医生的专业知识和经验，模仿医生问诊、诊断的思维，帮助医生诊断各种疾病，从而有助于解决医疗卫生资源分配不平衡、看病难、看病贵等问题。

2. 研究现状

在相关医学诊断方面，Somashekhar等（2017）通过一项双盲验证证明了IBM的认知计算系统沃森将是一个可靠的肿瘤癌症辅助诊断系统；Dilsizian等（2014）探讨了人工智能系统在心脏影像诊断心脏病中的潜在应用；Long等（2017）将人工智能系统应用在先天性白内障的相关诊断中；Castro等（2016）通过自然语言理解从临床笔记中识别了14个脑动脉瘤相关疾病变量，然后通过分类系统将这些变量用于判断患者是否患病；Guo等（2015）提出了基于眼底图像分析的计算机辅助白内障分类分级保健系统；Hao等（2017）进行了基于动态不确定性因果图（dynamic uncertain causality graph）模型的黄疸待查智能诊断研究。

在医学影像应用方面，Kooi等（2016）将人工智能技术应用于乳腺病变检测，检测效能为0.852［以受试者工作特性（receiver operating characteristic，ROC）曲线的曲线下面积（area under curve，AUC）为衡量］，接近人类专家水平（0.911）；Ghafoorian等人（2016）将深度卷积神经网络应用到脑部磁共振成像（magnetic resonance imaging，MRI）的白质高信号灶分割，分割效能为0.780，接近人类专家水平0.796；Esteva等（2017）提出了基于皮肤镜照片的皮肤癌分类诊断，分类效能为0.91，达到人类专家水平；Liu等（2017）基于深度学习模型，检测数字病理切片的乳腺癌淋巴结转移，检测效能达到0.986，超过了人类专家水平（0.966）；吴恩达团队（Rajpurkar et al.，2017b）提出了一种名为CheXNet的新技术，该技术通过胸透照片识别肺炎等疾病的准确率超越了人类专业医师。

在可穿戴设备的研究、应用方面，吴恩达团队（Rajpurkar et al.，2017a）给患者一个可穿戴的心电图监测器，利用人工智能协助医生诊断心律不齐的问题，该监测器可以比医学专家更精确地做出诊断；碳云智能通过Fitbit式可穿戴设备获取穿戴者每天的步数、心率和睡眠模式等数据，然后利用人工智能测量其身体中的各种蛋白质和酶并进行分析，判断其心脏的健康状况，或者识别某些癌症的早期征兆。

在中医研究、应用方面，中国中医界的智能诊断研究从20世纪80年代起就开展得如火如荼，相继研发了大约140个以经验为主的中医专家系统。近年来，中国中医科学院中医药信息研究所利用人工智能建立了中医药知识图谱，提供面向临床的知识服务（面向医疗机构和临床医师提供服务，支持临床决策、临床研究和诊疗技术评价等），面向养生的知识服务、中医专家学术传承，以及面向中医药研究的知识服务（于彤，2014；李敬华，2015）。

Jiang等（2017）的研究发现，虽然人工智能技术在医学研究中得到了广泛的关注，但实现其在医学领域的应用仍然面临着挑战。第一个挑战来自法规。现行法规缺乏评估人工智能系统安全性和有效性的标准。第二个挑战是数据交换。为了更好地工作，人工智能系统需要经过临床研究数据（连续）训练。在人工智能系统经过最初的历史数据训练并得到部署后，数据的继续供应就成为影响系统进一步发展和改进的关键。然而，当前的医疗环境并未激励系统共享数据，因此数据的继续供应不能很好地实现，人工智能系统的进一步发展也就会受到阻碍。

将综合人工智能诊断应用于多病种的诊断、预后等工作，可能是以后的研究重点；将人工智能系统与医学专家系统结合也有相当大的发展潜力；利用可穿戴设备，实时监测病人的身体指标，将人工智能技术和生物基因、蛋白质技术结合来检测身体状态具有更为广阔的前景。

3. 研究内容

关于智能医疗关键技术的研究内容主要有以下几个方面。①依托临床医学数据中心，实现诊断资源开放共享和融合，完善电子病历系统和临床决策辅助系统。②通过集成基因组学、蛋白质组学等国家医学数据资源，推进基因芯片与测序技术在遗传性疾病诊断、新生儿疾病早期筛查、癌症早期诊断和疾病预防检测等方面的应用。③通过高通量智能感知与识别技术，实现疾病检测，利用人工智能辅助疾病的精准分类和分型、疾病标志物确定，实现智能化的疾病精准诊断、药物伴随诊断。④利用人工智能在深度学习、数据融合、混合智能及群体智能等方面的最新成果，构建高质量的图像三维重建模型和算法，提高医学影像分析与处理的质量，突破基于医学影像的重大疾病智能诊断关键技术，推进基于医学影像的智能诊断的实际应用。⑤以自然语言理解技术为核心，融合数据统计模型与专家知识，建立电子病历结构化的计算框架和疾病诊断推理模型，从而实现面向初级医生的疾病辅助诊断系统。⑥通过中医远程四诊传感仪采集“望、闻、问、切”等数据，无损、全息还原如脉搏、肤色、舌苔等视觉和触觉感官信号，实现中医远程诊断，并结合西医影像和检验数据及中医辨证论治理论，探索中西医多模态融合推理方法，实现个性化中医智能辅助诊断。⑦加强家用智能检测设备、可穿戴/可植入智能等设备研发。

10.2.2 智能治疗关键技术

1. 研究背景

近年来，人工智能技术的发展日新月异，新一代人工智能要求人工智能与传统行业、新型行业进行深度融合，创造新的发展生态。医疗人工智能是医疗健康发展的重点对象，以大数据、互联网、人工智能为核心的智能医疗正在给传统卫生行业注入前所未有的新动力。许多疾病存在着进程复杂多变、个体差异大、变种多等特点，在传统治疗手段下，医生需要具备丰富的知识和临床经验，但即便如此，医生仍难以根据患者自身体质特征给出特异性治疗方案，有时不易发现潜在疾病风险从而延误患者病情。新一代智能治疗模式要求医院及时判别病程中病人是否存在潜在危险并及时给出处理措施，为每个患者设计个性化的护理和治疗方案，借助医疗机器人和可穿戴智能设备实时监测患者健康状况并调整药物剂量，同时优化治疗过程，通过缜密的数据分析和新型生物技术手段的应用，提高治疗质量，改善治疗成果。因此，推进新一代人工智能和医学治疗技术的紧密结合并令其互相促进是时代所需。

2. 研究现状

智能治疗模式是知识驱动和数据密集型的，非常依赖于用户友好、实时大数据分析的人工智能、机器学习工具，因此国内外医疗机构和人工智能科技公司都致力于促进数字经济与医疗产业的深度融合，为传统医疗治疗领域注入新的发展动力。IBM和东京大学医科研究院共同研发的沃森（Ferrucci et al.，2017）通过学习国内外论文和大量的药物效能，观察患者在医院的血液检查、医疗图像以及基因组信息，结合患者自身体质，给患者制定了副作用小、疗效好的治疗方案。国内“微医云”平台研发的“睿医”“华佗”两款人工智能产品分别在西医和中医领域进行个性化治疗方案推荐与治疗进程管理。在生物计算方面，微软公司计划在生物细胞的层面学习细胞复杂的工作机理，创建具有编程性的计算机生物细胞，以重新编程癌细胞，修复机体受感染细胞。Cha等（2017）开发的系统能够在膀胱癌诊疗期间，通过计算机CT图像深度学习观察癌变区域的变化，预测相关病情。DeepMind公司也在进行利用深度学习机器来精细化定制患者的放化疗区域和进程的研究，对于头颈癌等脑区附近区域的癌变，该研究能够最大限度地避免健康部位的损伤。

智能治疗模式简化了医疗服务体系，便捷大众就医，同时在个性化患者治疗服务方面也取得了突破性的发展。通过患者数据的实时反馈，可以进一步改善智能医疗诊断系统，开发出更有效的人工智能医疗治疗系统。但是，大数据时代的用户隐私安全仍然是不可避免的话题（Liu et al.，2017），如何有效地保护用户隐私，开发出合理有效的大数据云平台仍有待研究。

以Zeus骨科机器人等为代表的智能辅助医疗机器人，主要涉及三维图像配准、视觉定位与跟踪、路径规划以及人机交互与显示等关键技术问题，已在神经外科、介入性治疗、穿刺与骨外科等重要手术中得到了较为成功的应用。但仍然存在设备成本高、缺少触感和人工智能交互、无法实现重大疾病治疗设备小型化，以及尚未实现自主数据分析及智能化学习以帮助医生避免操作失误等问题（Mcleod et al.，2005）。可穿戴设备是当前智能化、便携化医疗健康设备的典型代表，以较为流行的智能手表、手环和VR设备等为例，它们主要是对人体状态进行实时监测以辅助诊断。但人们对可穿戴治疗系统尚无足够的认识，尽管手腕式血糖控制仪和机械类的矫正治疗设备已得到了一定的应用，但受到诸多治疗机理未知的限制，其智能化水平仍有很大的提升空间，未来的可穿戴治疗设备将具备家庭化、个性化、智能化等特点（陈柏炜等，2008）。当前的医疗仪器人工智能水平尚处于“弱人工智能”阶段，伴随人工智能、全息数字人等技术的进一步发展，未来医疗仪器人工智能必然沿着人工智能辅助—部分取代—“颠覆”甚至“解放”临床医师的路线前行（Satava，1992）。

近年来，国内外在细胞、分子水平上进行了大量基础性疾病治疗研究，取得了显著的成果。在合成生物学上，CRISPR/Cas9是一项强大的基因编辑技术，能对生物的DNA序列进行精确的修剪、切断、替换和添加，可用于构建复杂的疾病模型，人们借助疾病模型对疾病的生理病理进行研究，指导临床治疗（Feng et al.，2017）。核酸纳米结构分子电路可以实现靶向药物递送，改善药物疗效并减少副作用，还可以作为刺激免疫反应并抑制肿瘤生长的有效分子进入细胞的载体（Li et al.，2017）。磁控螺旋形微纳米机器人能通过外在弱磁场的作用，在体液中移动，有望在微创手术、细胞操作、靶向治疗方面发挥巨大的作用（Qiu et al.，2015）。化学机器人利用化学能在人体中移动，通过特异性结构识别将药物输送到靶细胞（Lagzi，2013）。以上技术目前已经在动物或人体组织的研究中取得了一定的成功，将在未来的智能化、精准化治疗中发挥更大的作用。

3. 研究内容

面向基因、临床、健康等医疗健康大数据，基于生物医学语义技术、多尺度动态整合技术，突破数据驱动和知识引导相结合的智能治疗算法体系，形成融合医学图像、医疗文本、视听感知等数据的多维度、跨媒体智能治疗引擎，辅助医生进行重大疾病治疗方案的智能化选择、实时优化、动态调整，实现个性化治疗与精准控制。研究生理、心理、社会、环境因素多感知集成整合技术，融合基于互联网的群体智能及人机协同混合智能的理论与方法，面向重大疾病突破医疗和治疗设备小型化、便携化技术，发明感知与干预一体化的可穿戴治疗仪器及智能机器人，革新传统治疗手段，将个体治疗融入群体治疗管理过程，形成动态协同治疗网络。设计标准化的临床数据采集体系，收集各类疾病数据及临床操作和手术过程的实时参数，对数据进行智能处理、分类建模；结合虚拟现实技术，通过交互式三维动态视景和实体行为仿真系统开展外科培训；建立基于手术机器人应用的神经网络系统；研究视觉、触觉等信息的反馈和收集，辅以显示器、触摸屏等人机交互系统；研发智能外科治疗策略评估系统、智能手术机器人系统、虚拟现实的智能手术培训系统，以部分地区医院为试点，逐步向全国推广，将其广泛应用于临床医学领域，实现外科疾病的诊断、治疗和临床教学的全程智能化。

10.2.3 智能群体健康管理关键技术

1. 研究背景

传统的健康管理是指对个体或群体的健康进行检测、评价和干预的全过程。在实际工作中，传统的健康管理的重心大多在控制疾病危险因素上，与真正意义上的智能化群体健康管理还有相当大的差距。而人工智能技术的出现不仅改变了数据的采集方式，还在数据的挖掘分析和预警预测方面引起了革命性变革。通过智能群体健康管理创新研究，运用人工智能、精准检测、电子健康档案、可穿戴设备、大数据等技术手段，可以提供智能化的健康评估、健康心理指导等多种健康管理服务，推动我国智能健康管理产业高速、高质、高效发展，助力国家大健康产业的战略布局。

2. 研究现状

智能健康管理是通过整合大量的个体健康检测数据，并借助人工智能和大数据分析，建立高品质与高效率的健康监测与疾病防治服务体系以及健康生活方式与健康风险评价体系，通过个人健康档案数据分析建立用于识别和降低疾病风险的个性化健康管理方案，帮助人们实现对健康的前瞻性管理（郭清，2011）。

人工智能技术在群体健康管理中的运用范围非常广，主要集中在健康监测、精神健康管理、远程医疗和在线问诊、健康干预以及基于精准医学的健康管理等方面。美国匹兹堡大学的Sun等（2014）设计了一款新型可穿戴健康监测设备——电子纽扣（eButton）。它作为一种装饰物可被佩戴在不同位置，除了普通的生理、环境监测外，它还可以识别食物种类、估算饮食量和营养，实时摄录与量化分析每日、每周的运动和坐位时的活动，准确定位地理位置，监测、报警跌倒情况。这类监测设备可通过蓝牙、Wi-Fi、Zigbee-GPRS无线传输网络将监测数据传输至远端服务器或软件客户端，医护人员或计算机后台可根据数据及时为用户提供反馈和建议。微软公司开发的Healthvalut是一个可供用户收集、存储、使用和分享在线健康信息的网络平台，用户借助多种与Healthvalut互联的网站、软件、手机应用程序或监测设备，能够传输、管理、维护自己及家人的健康档案，并可自行决定档案信息是否向第三方开放，以获得相关的健康信息。AiCure是一家提醒用户按时用药的智能健康服务公司，其利用移动技术和面部识别技术判断患者是否按时服药，再通过应用程序获取患者数据，用自动算法识别药物和药物摄取细节。国内在“人工智能+健康管理”方面的研究和应用也在蓬勃发展。例如结合个性化医疗大数据分析系统和可穿戴式设备的移动健康管理技术公司时云医疗科技，其通过可穿戴设备采集人体连续体征数据，利用公司特有的时间生物学分析和疾病预警模型，实现对用户的智能化推送服务（如健康警告、用药提醒、就医提醒等）。

作为智能医疗建设的重要组成部分，智能健康管理也面临着诸多挑战，主要体现在以下几点。①个体健康数据的安全性。目前人工智能基本都会涉及机器学习技术，这意味着需要收集、分析和使用大量健康数据，其中包括大量用户的隐私数据（如健康状况、精神状况等），一旦泄露，影响范围非常广。因此，如何确保数据安全是智能健康管理面临的重大挑战。②事故责任和产品责任。和其他技术一样，智能群体健康管理也有事故和产品责任的问题，一旦算法或产品发生错误，可产生巨大的破坏效应。因此，如何避免系统性的事故和产品责任也是智能群体健康管理领域的重大挑战。③人才培养。要推动人工智能技术在健康管理领域的应用，就需要有医学背景和计算机背景的跨专业人才，目前我国的教育体系中尚缺乏这种跨专业的培养机制。因此，如何培养面向新一代人工智能技术的医学复合人才，是当前医学教育体系面临的重大挑战。

3. 研究内容

关于智能群体健康管理关键技术的研究内容主要有以下几个方面。①制定医学数据交换协议，开发人机智能融合技术，建立面向社会开源的人口信息、电子健康档案和电子病历等多源互联互通的数据云平台，实现跨部门、跨领域、跨人群的群体健康数据的互联互用。②集中优势力量开发通用的医用深度学习工具包，建立群体智能决策机制和智能健康网。③建立智能可视化分析与利用电子健康档案及医疗健康大数据的人工智能开源计算平台，服务于智能健康管理。④积极探索可穿戴设备、社交媒体、食品消费记录、电子健康档案等不同领域、不同维度数据资源的融合，针对重点人群及高危人群，利用人工智能技术建立个性化、智能化的疾病预防和健康管理服务新模式。⑤开展基于传统医学、多维组学、移动穿戴设备及医疗数据的智能疾病预测体系，加快基于群体特征识别、敏感信息预警、趋势动态分析、智能决策分析、机器学习、智能健康决策算法等的人工智能技术的研发，对疾病进行智能预测、预警和干预，提高突发疾病预警与应急响应能力，为群体健康智能化夯实基础。

10.2.4 智能医药监管关键技术

1. 研究背景

医药卫生问题直接关系到人民群众的身体健康和生命安全，随着经济水平的发展和科技的进步，日益成为社会舆论与百姓关注的焦点。对医药监督管理部门来说，监管量大面广、任务繁重以及监管力量相对不足是当前的主要问题。在传统监管方式下，监管工作中存在突出问题和漏洞。如何迅速提高监管工作的效率、加强监管力度，是目前监管部门的首要任务。

当前，我国医药信息化发展进入新常态，大数据、互联网、云计算技术正在引领医药信息化领域的深刻变革。智能医药监管系统建设要顺应这种趋势，充分利用医药大数据，不断推动医药监管工作向智能化、精细化方向发展。发展基于人工智能的智能医药监管系统，可以加快构建智能医药监管产业链，助推医疗、医保、医药联动改革，优化医疗卫生资源布局，不断推进智能医疗监管与医疗、医保、医药等产业协同发展，有效缓解我国医疗资源地域性失衡的问题，有助于解决医患矛盾。

2. 研究现状

医药监管是指政府运用公共权力制定和实施规则和标准，以约束独立运营的医药产品和服务机构，确保提供医药产品和服务的效率及公平性。医药产品和服务具有信息不完全性和信息不对称性，要求消费者对医疗服务、医疗技术和涉医产品（例如药品、仪器、耗材等）的品质进行甄别无疑是天方夜谭；与此同时，医疗服务事关重大，不仅事关患者的健康与生命，而且还与整个国家的社会福利体系和经济发展有关。医药监管是克服自然垄断与信息不对称以及解决公平性问题的重要手段（王圣媛，2017）。

在医药监管领域，医保监管最早采用人工智能技术。智能医保监管是借助医保信息化系统而建立的一种更加科学的医疗保险监管体系，涵盖事前、事中、事后的诊疗全过程，管理对象包括参保人、医师、医院和药店，管理的处方内容包括药品、检验检查及医用材料。如果发现违规问题，监控系统会及时预警，医疗保险经办机构会立即采取措施。以美国为例，当前美国75%的管控型医疗组织机构在医疗反欺诈行动中利用智能反欺诈信息系统帮助稽核人员分析大量的数据，进行前瞻性欺诈调查，以检测和识别不一致的数据或形态（徐兰飞等，2006）。经验显示，该反欺诈的技术水平直接关系到医疗保险反欺诈的效果。智能医保监管改变了以往缺乏专业支持、手段单一、效率低下的审核模式，实现了医保监管智能化、精准化、高效化的转变。我国政府大力支持推广智能医保监管模式，十分重视将人工智能技术与“三医联动改革”相结合，在医保监管领域先后出台了一系列政策，以推动智能医保监管模式在全国范围内的运用。

随着人工智能技术的发展和监管者对人工智能技术认知的提高，越来越多的地方正在将人工智能技术应用于更广的医药监管领域。例如，贵州省高度重视全省医药监管体系建设，要求利用信息化手段，对医疗机构门诊、住院诊疗行为和费用开展全程监控与智能审核，优化诊疗流程，提高全行业、全方位、全天候医疗质量管理水平，并于2017年启动了覆盖省、市、县三级的医药监管平台建设。阿里健康利用其在追溯体系建设领域的丰富经验和技术能力，与监管部门、药品企业、行业组织、第三方技术服务商以及公众共同构建了一个防止假药的药品追溯生态系统，通过追溯系统的智能监测和数据分析定位药品流向，以降低假药事件对公众和企业的危害，减少给其带来的损失。

智能医药监管的目的是增强医疗服务综合监管能力，提升医疗质量和安全水平，控制医疗费用的不合理增长。不过，目前的智能医药监管系统更多地集中在发现、审查和制止不合理使用药品费用方面。要在更广泛的领域实行智能医药监管，还需要实现医疗、医药、医保和健康各相关领域数据的广泛融合，同时需要各级监督机构切实转变监管方式，加快转变监管理念，建立与智能医药监管相适应的制度，服务医改大局（杨燕绥，2015）。

3. 研究内容

关于智能医药监管关键技术的研究内容主要有以下几个方面。

（1）智能医疗服务监管

研究智能医疗应急响应系统，将医疗机构、疾控中心、急救系统、药品供应商等联系在一起，快速应对公共卫生突发事件。

研究智能医疗服务监管系统，加强对医院的业务流程管理、收费管理和医疗质量监控，对相关机构和人员的责任和绩效进行智能评估，对医院各业务流程是否需要改进和如何改进、医生的诊疗行为是否符合临床规范、是否存在过度医疗或医疗缺失行为、用药是否安全、对医保病人的诊疗是否符合医保政策规定等进行智能化分析，保证医疗质量和用药安全，减少不合理支出和浪费，减少管理成本，改进和优化服务流程，以提高社会和经济效益。

研究智能互联网医疗监管系统，通过对互联网医疗服务和医疗信息的智能监管，及时发现非法行医、制假售假、虚假宣传等违法违规行为，提高市场监管机构的执法效率。

（2）智能医疗保险监管

研究智能医疗保险监控系统，逐步实现对患者看门诊、住院、购药等各类医疗行为的全面、及时、高效的监控，对医疗服务供方和需方监管并重，发现疑似违规行为后及时调查和处理，全面提升医疗监管的绩效。

研究药品和诊疗方案智能监控系统，通过对临床过程中药品和诊疗方案的使用进行智能分析，在可比方案中发现有价值的药品和诊疗方案，为医疗保险报销目录和临床路径的制定提供循证医学支持。

（3）智能药品监管

研究智能药品监管系统，借用自动识别及信息技术，通过政府监管职能部门，结合宏观监管和微观控制的手段，使药品和医疗器械从研发、生产出厂、运输、储存直至配送至医疗机构和药店的全过程都处在监管部门的监控之下，建设统一高效、资源共享的国家药品研发、生产和流通信息平台。在药品研发方面，重点对药物临床实验过程进行监管，建立临床试验信息云平台，连接参与临床试验的监管机构、医药企业、合同研究组织（contract research organization，CRO）、临床实验基地、研究者和受试者，通过人工智能技术，按照药物临床实验质量管理规范（good clinical practice，GCP）实时监控临床试验的进行，及时发现和杜绝弄虚作假和不规范的行为。在药品生产方面，主要监督药品的生产过程是否符合药品生产质量管理规范，生产企业是否超资质生产和经营。在药品流通方面，跟踪每一盒、每一箱、每一批药品从生产企业到消费者的整个流向过程，遇到问题可迅速追溯和召回，对药品流通过程中的价格行为进行智能监控，及时发现价格垄断、恶意竞争等不正当竞争行为。加强药品风险监测、风险评估以及日常监管统计数据的采集和分析利用，提升科学监管水平和监管效能。

研究不良反应监控系统，对全国范围内临床过程中药品使用的短期和长期效果进行跟踪监控，通过智能化分析及时发现不良反应事件，评估药品使用风险。

（执笔人：李兰娟，浙江大学医学院附属第一医院；杨仕贵，浙江大学医学院附属第一医院；李劲松，浙江大学生物医学工程与仪器科学学院；郑杰，树兰医疗管理集团；居斌，树兰医疗云服务研究院；吴杰，浙江大学医学院附属第一医院；李易平，浙江数字医疗卫生技术研究院；姜唯，浙江数字医疗卫生技术研究院；夏琦，浙江大学医学院附属第一医院）

参考文献

陈柏炜，刘静，2008. 浅析可穿戴式治疗系统[J]. 科技导报，26（11）：13.

贵州日报，2017. 贵州省今年建信息化医药监管平台 . [2017-03-07]. http://www.cac.gov.cn/2017-03/07/m_1120580988.htm.

郭清，2011. 智能健康管理[J]. 健康研究，31（2）：81-85.

李敬华，李宗友，王映辉，等，2015. 嵌入式临床智能决策支持系统设计与中医临床知识服务研究[J]. 中国数字医学（7）：48-51.

王圣媛，2017. 发展基于人工智能的智能医药监管系统——访中国工程院院士李兰娟[J]. 中国战略新兴产业（13）：32-35.

徐兰飞，陈伟，2006. 美国的医疗服务监管体系[J]. 卫生经济研究（3）：33-35.

杨燕绥，2015. 智能审核与医疗服务治理[J]. 中国医疗保险（7）：12-14.

于彤，苏大明，尹仁芳，等，2014. 中医药知识服务平台构建的研究[J]. 中国医学创新（15）：120-123.

AI行业专题报告，2017. 人工智能+医保控费 如何实现场景落地？ [2017-09-12]. http://www.sohu.com/a/191403090_542739.

Castro V M, Dligach D, Finan S, et al., 2016. Large-scale identification of patients with cerebral aneurysms using natural language processing[J]. Neurology, 88 (2): 164.

Cha K H, Hadjiiski L, Chan H P, et al., 2017. Bladder cancer treatment response assessment in CT using radiomics with deep-learning[J]. Scientific Reports, 7 (1): 1013404.

Dilsizian S E, Siegel E L, 2014. Artificial intelligence in medicine and cardiac imaging: harnessing big data and advanced computing to provide personalized medical diagnosis and treatment[J]. Current Cardiology Reports, 16 (1): 441.

Esteva A, Kuprel B, Novoa R A, et al., 2017. Dermatologist-level classification of skin cancer with deep neural networks[J]. Nature, 542 (7639): 115-118.

Feng W, Liu H K, Kawauchi D, 2017. CRISPR-engineered genome editing for the next generation neurological disease modeling[J]. Progress in Neuro-Psychopharmacology and Biological Psychiatry (81).

Ferrucci D, 2017. Build Watson: An overview of DeepQA for the Jeopardy! Challenge[C]// International Conference on Parallel Architectures and Compilation Techniques. IEEE: 1-2.

Ghafoorian M, Karssemeijer N, Heskes T, et al., 2016. Non-uniform patch sampling with deep convolutional neural networks for white matter hyperintensity segmentation[C]// International Symposium on Biomedical Imaging. IEEE: 1414-1417.

Guo L, Yang J J, Peng L, et al., 2015. A computer-aided healthcare system for cataract classification and grading based on fundus image analysis[J]. Computers in Industry, 69 (C): 72-80.

Hao S, Geng S, Fan L, et al., 2017. Intelligent diagnosis of jaundice with dynamic uncertain causality graph model[J]. Journal of Zhejiang University: Science B, 18 (5): 393.

Jiang F, Jiang Y, Zhi H, et al., 2017. Artificial intelligence in healthcare: past, present and future.[J]. svn-2017-000101.

Kooi T, Litjens G, Van G B, et al., 2016. Large scale deep learning for computer aided detection of mammographic lesions[J]. Medical Image Analysis (35): 303.

Lagzi I, 2013. Chemical robotics —— chemotactic drug carriers[J]. Central European Journal of Medicine, 8 (4): 377-382.

Li J, Green A A, Yan H, et al., 2017. Engineering nucleic acid structures for programmable molecular circuitry and intracellular biocomputation[J]. Nature Chemistry, 9 (11): 1056-1067.

Liu Y, Gadepalli K, Norouzi M, et al., 2017. Detecting Cancer Metastases on Gigapixel Pathology Images[J].

Liu Y, Logan B, Liu N, et al., 2017. Deep reinforcement learning for dynamic treatment regimes on medical registry data[C]// International Conference on Healthcare

Informatics: 380-385.

Long E, Lin H, Liu Z, et al., 2017. An artificial intelligence platform for the multihospital collaborative management of congenital cataracts[J]. Nature, 1 (2): 0024.

Mcleod I K, Mair E A, Melder P C, 2005. Potential applications of the da Vinci minimally invasive surgical robotic system in otolaryngology[J]. Ear Nose & Throat Journal, 84 (8): 483.

Qiu F, Nelson B J, 2015. Magnetic helical micro-and nanorobots: toward their biomedical applications[J]. Engineering, 1 (1): 021-026.

Rajpurkar P, Hannun A Y, Haghpanahi M, et al., 2017a. Cardiologist-level arrhythmia detection with convolutional neural networks[J]. arXiv: 1707.01836.

Rajpurkar P, Irvin J, Zhu K, et al., 2017b. CheXNet: Radiologist-level pneumonia detection on chest X-rays with deep learning[J]. arXiv: 1711.05225.

Satava R M, 1992. Virtual reality surgery simulator: the first steps[J]. Surgical Endoscopy, 7 (3): 203-205.

Somashekhar S P, Kumarc R, Rauthan A, et al., 2017. Abstract S6-07: double blinded validation study to assess performance of IBM artificial intelligence platform, Watson for oncology in comparison with manipal multidisciplinary tumour board? first study of 638 breast cancer cases. Cancer Research, 77 (4 Suppl): S6-07.

Sun M, Burke LE, Mao ZH, et al., 2014. eButton: a wearable computer for health monitoring and personal assistance. Proceeding of Design Automation Conference: 1-6.

索 引

INDEX

S

X

Z